文化蓝皮书

BLUE BOOK OF
CHINA'S CULTURE

中国文化产业供需协调增长测评报告
（2014）

ANNUAL EVALUATION REPORT ON THE COORDINATED
SUPPLY-DEMAND GROWTH OF CHINA'S CULTURAL INDUSTRY
(2014)

主　　编／王亚南
联合主编／郝朴宁　张晓明　祁述裕
副 主 编／魏海燕　刘　婷　方　彧

社会科学文献出版社
SOCIAL SCIENCES ACADEMIC PRESS (CHINA)

图书在版编目（CIP）数据

中国文化产业供需协调增长测评报告. 2014/王亚南主编. —北京：
社会科学文献出版社，2014.2
（文化蓝皮书）
ISBN 978 - 7 - 5097 - 5669 - 0

Ⅰ.①中… Ⅱ.①王… Ⅲ.①文化产业 - 供需平衡 - 协调发展 -
研究报告 - 中国 - 2014 Ⅳ.①G124

中国版本图书馆 CIP 数据核字（2014）第 026910 号

文化蓝皮书
中国文化产业供需协调增长测评报告（2014）

主　　编／王亚南
联合主编／郝朴宁　张晓明　祁述裕
副 主 编／魏海燕　刘　婷　方　彧

出 版 人／谢寿光
出 版 者／社会科学文献出版社
地　　址／北京市西城区北三环中路甲29号院3号楼华龙大厦
邮政编码／100029

责任部门／皮书出版分社（010）59367127　　　　　责任编辑／陈　帅
电子信箱／pishubu@ ssap. cn　　　　　　　　　　责任校对／朱润锋
项目统筹／邓泳红　　　　　　　　　　　　　　　　责任印制／岳　阳
经　　销／社会科学文献出版社市场营销中心（010）59367081　59367089
读者服务／读者服务中心（010）59367028

印　　装／北京季蜂印刷有限公司
开　　本／787mm×1092mm　1/16　　　　　　印　　张／25.25
版　　次／2014年2月第1版　　　　　　　　　　字　　数／405千字
印　　次／2014年2月第1次印刷
书　　号／ISBN 978 - 7 - 5097 - 5669 - 0
定　　价／79.00元

本项研究获得以下机构及其项目支持

中共云南省委宣传部云南省哲学社会科学创新工程

云南省社会科学院中国文化发展研究与评价重点实验室

云南师范大学人文社会科学重点研究项目

发 布 机 制　中国文化消费需求景气评价中心

合 作 单 位　云南省社会科学院文化开发研究中心

云南师范大学公共文化服务与文化产业发展研究所

中国社会科学院文化研究中心

国家行政学院社会和文化教研部

社会科学文献出版社

光明日报文化产业研究中心

联 盟 单 位　上海交通大学国家文化产业创新与发展研究基地

中国传媒大学文化产业研究院

武汉大学国家文化创新研究中心

顾　　　问　王伟光　周文彰　仇　和　张田欣　赵　金

首席科学家　王亚南　张晓明　祁述裕

学术委员会　（以姓氏笔画为序）

王亚南　邓泳红　尹　鸿　包霄林　任　佳

向　勇　刘　巍　刘玉珠　齐勇锋　祁述裕

花　建　李　涛　李康化　范　周　杨　林

杨正权　杨福泉　宋建武　张晓明　张瑞才

陈少峰　金元浦　郑　海　郑晓云　郝朴宁

胡惠林　高书生　殷国俊　崔成泉　章建刚

傅才武　童　怀　谢寿光　蒯大申　熊澄宇

主要编撰者简介

  王亚南 （1956～），男，汉族，云南昆明人，云南省社会科学院研究员，文化开发研究中心主任，云南师范大学公共文化服务与文化产业发展研究所所长。主要学术方向为民俗学、民族学及文化理论、文化战略和文化产业研究，得到国内相关学术界公认的主要学术贡献包括：（1）1985年首次界定"口承文化"概念，随后完成系统研究，提出口承文化传统为人类社会的文明渊薮；（2）1988年解析人生仪礼中"亲长身份晋升仪式"，指出中国传统"政亲合一"社会结构体制和"天赋亲权"社会权力观念；（3）1996年开始从事文化战略和文化产业研究，提出"高文化含量"的"人文经济"论述，概括出文化产业发展的"云南模式"；（4）1999年提出"现代中华民族是56个国内民族平等组成的国民共同体"和"中国是国内多民族的统一国家"论点；（5）近几年研创出"中国文化消费需求景气评价体系"，从2011年起主持撰著发布《中国文化消费需求景气评价报告》（系列）。

  郝朴宁 （1957～），男，汉族，上海人，云南师范大学中国西南对外开放与边疆安全研究中心教授，公共文化服务与文化产业发展研究所常务副所长，硕士生导师，"云南舆情研究基地"首席专家召集人，中国电视艺术家协会会员，中国影视学会理事，教育部中国高校影视教育学会理事，中国广播电视协会西部学术基地学术委员，云南省中国特色社会主义理论体系研究中心特聘研究员。主要学术方向为影视艺术、文化产业、新闻传播学研究。主持完成国家社科基金项目"民族文化原传介质研究"，主持完成省院省校合作项目"云南民族文化遗存形态产业社会化与文化生态建设"。专著《民族文化传播理论描述》为国内第一部系统研究民族文化传播的理论成果。参与多部电视连续剧的拍摄，担任大型电视纪录片《跨越》（六集）的策划和总撰稿。

刘　婷（1978～），女，汉族，云南澄江人，云南省社会科学院文化开发研究中心副研究员，云南大学艺术人类学在读博士生，《云南文化发展蓝皮书》副主编，云南省中青年社会科学工作者协会秘书长。主要学术方向为艺术人类学及休闲文化、休闲产业研究，代表作为《民俗休闲文化论》，独立承担国家社会科学基金西部项目《云南少数民族民俗文化保护的新思路》。全程参与研创"中国文化消费需求景气评价体系"，合作发表《面向协调增长的中国文化消费需求——"十五"以来分析与"十二五"测算》《中国文化产业未来十年发展空间——以扩大文化消费需求与共享为目标》《各省域文化产业未来十年增长空间——基于需求与共享的测算排行》等论文和研究报告，参与组织撰著《中国文化消费需求景气评价报告》（系列），负责人员组织和撰稿统筹。

方　彧（1984～），女，汉族，江西赣州人，民政部中国老龄科学研究中心助理研究员，《中国老龄事业发展报告》执行编委，中国社会科学院博士，获教育部博士研究生学术新人奖。主要学术方向为口头传统、老龄文化和文化产业研究。全程参与研创"中国文化消费需求景气评价体系"，合作发表《中国文化产业新十年路向——基于文化需求和共享的考量》《中国文化产业发展空间：4万亿消费需求透析》等论文和研究报告，参与组织撰著《中国文化消费需求景气评价报告》（系列），负责文稿统改及英译审校。

赵　娟（1981～），女，汉族，湖南邵阳人，云南省社会科学院文化开发研究中心助理研究员，《云南文化发展蓝皮书》副主编，云南省中青年社会科学工作者协会秘书处主任。主要学术方向为比较文学、民族文化和文化产业研究。全程参与研创"中国文化消费需求景气评价体系"，合作发表《以国家统计标准分析各地文化产业发展成效》《中国文化产业未来十年发展空间——以扩大文化消费需求与共享为目标》《各省域文化产业未来十年增长空间——基于需求与共享的测算排行》等论文和研究报告，参与组织撰著《中国文化消费需求景气评价报告》（系列），负责文稿统改。

摘　要

　　基于 1991~2012 年增长，本报告以扩大人民群众文化消费需求和促进城乡、区域共享为目标，检测了 2012 年全国城乡文化消费需求总量的"应有空间"：支柱性产业测算 16387.89 亿元，消除负相关测算 31454.22 亿元，最佳比值测算 35908.14 亿元，最小城乡比测算 46029.58 亿元，弥合城乡比测算 51617.12 亿元，城乡无差距测算 81208.89 亿元，地区无差距测算 109504.06 亿元，而实际总量仅为 11405.97 亿元。文化消费需求增长乏力导致了文化生产供给增长不足，中国文化产业的发展空间必须从增强"内生动力"中拓展出来。

　　基于 2000~2012 年增长，测算至 2020 年各省域增长目标的距离排行：历年均增值测评前 3 位为江苏、辽宁、河南；消除负相关测评前 3 位为江苏、内蒙古、广东；最佳比值测评前 3 位为江苏、上海、辽宁；最小城乡比测评前 3 位为江苏、上海、北京；弥合城乡比测评前 3 位为江苏、上海、北京；城乡无差距测评前 3 位为上海、江苏、黑龙江；支柱性产业测评前 3 位为上海、江苏、辽宁。

　　基于 2005~2012 年增长，测算至 2020 年各中心城市增长目标的距离排行：历年均增值测评前 3 位为合肥、昆明、福州；消除负相关测评前 3 位为广州、合肥、福州；最佳比值测评前 3 位为合肥、昆明、广州；支柱性产业测评前 3 位为合肥、昆明、福州。

目 录

B Ⅰ 总报告

B Ⅱ 综合分析与评价

B Ⅲ 省域篇

B Ⅳ　中心城市篇

皮书数据库阅读**使用指南**

总 报 告

General Report

B.1

中国文化产业面向需求与
共享的发展目标

——1991 年以来分析与至 2020 年测算

王亚南 等*

摘 要：

基于 1991~2012 年增长，本报告以扩大人民群众文化消费需求和促进城乡、区域共享为目标，检测了 2012 年全国城乡文化消费需求总量的"应有空间"：支柱性产业测算 16387.89 亿元，消除负相关测算 31454.22 亿元，最佳比值测算 35908.14 亿元，最小城乡比测算 46029.58 亿元，弥合城乡比测算 51617.12 亿

* 王亚南，云南省社会科学院研究员，文化开发研究中心主任，云南师范大学公共文化服务与文化产业发展研究所所长；郝朴宁，云南师范大学中国西南对外开放与边疆安全研究中心教授，公共文化服务与文化产业发展研究所常务副所长；魏海燕，云南省政协信息中心主任编辑，主要从事传媒信息分析研究；刘婷，云南省社会科学院文化开发研究中心副研究员；方彧，民政部中国老龄科学研究中心助理研究员。

元,城乡无差距测算 81208.89 亿元,地区无差距测算109504.06 亿元,而实际总量仅为 11405.97 亿元。全国城乡文化消费需求相关方面的增长差距一目了然:一方面在于经济增长与基本民生、文化民生增进的协调性差距;另一方面在于城乡之间、地区之间文化民生增进的均衡性差距。基于以上分析,至 2020 年全国文化消费总量增长空间测算如下:历年均增值目标 33616.15 亿元,支柱性产业目标 54838.25 亿元,消除负相关目标 117671.11 亿元,最佳比值目标 120158.23 亿元,最小城乡比目标 155310.50 亿元,弥合城乡比目标 172284.35 亿元,城乡无差距目标 271746.66 亿元,地区无差距目标 381147.04亿元。

关键词:

中国文化产业 扩大文化消费 需求与共享 增长目标

2012 年,我国文化产值比(文化产业增加值总量占 GDP 总量的比重)上升至 3.48%,全国城乡居民文化消费率(文化消费总量与 GDP 总量的比例)却下降到 2.20%。中国文化产业的发展空间必须从增强"内生动力"中拓展出来,更应当落实在自身的"出发点和落脚点"上。推动文化产业成为国民经济支柱性产业只是手段,提升并满足人民群众文化消费需求才是最终目的,源于"GDP 崇拜"的"文化 GDP 追逐"必须休止。

全国文化产值比与文化消费率及其总量关系变动态势见图1。

从 2004 年版《文化及相关产业分类》国家统计标准开始,到 2012 年版《文化及相关产业分类》国家统计标准,中国文化产值比由 2.15% 提高为3.48%,全国城乡居民文化消费率由 2.76% 降低为 2.20%。这两项比值历年增长曲线构成明显的"剪刀差",其相关系数为 - 0.6513,即在 65.13% 的程度上形成反比互动关系。对此不妨简单理解为,全国文化产值比每上升 1%,文化消费率就下降 0.65%,反之亦然。这并不是一种正常、健康的文化供需协调增长关系。长此持续下去,要么城乡文化消费需求增长难以支撑文化产业

	2004年	2005年	2006年	2007年	2008年	2009年	2010年	2011年	2012年
□ 全国文化产值总量	3440.00	4253.00	5123.00	6455.00	7630.00	8594.00	11052.00	15516.00	18071.00
▨ 城乡居民文化消费总量	4415.89	5126.57	5628.83	6282.72	6696.76	7521.44	8778.28	10126.19	11405.97
◆ 全国文化产值比	2.1520	2.3000	2.3680	2.4280	2.4300	2.5210	2.7530	3.2800	3.4800
■ 文化消费率	2.7619	2.7721	2.6021	2.3637	2.1324	2.2061	2.1861	2.1404	2.1979

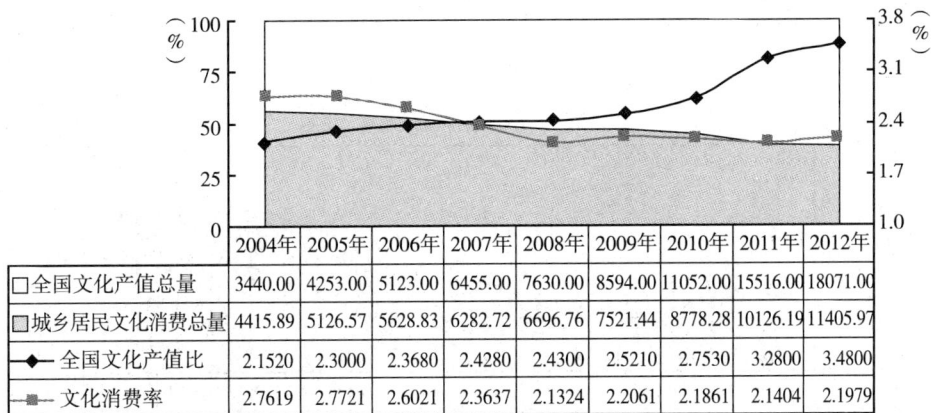

图 1　全国文化产值比与文化消费率及其总量关系变动态势

注：左轴面积为全国文化产值总量、城乡居民文化消费总量（亿元转换为%），二者间年度变动呈直观比例；右轴曲线为全国文化产值比（%）、文化消费率（%），两项比值年度变化相关系数为 −0.6513。文化产值及其占 GDP 比重数据由国家统计局公布，其中 2004～2010 年数据按 2004 年版标准统计，2011 年数据按 2012 年版标准修订。

稳步增长、真正成为国民经济支柱性产业；要么文化产业生产与文化消费需求无关，沦为一种丧失自身应有目的的无效生产、虚假生产。

在社会主义市场经济体制下，所谓"满足需求"，主要体现为满足消费需求，包括属于最低"保基本"的衣食温饱需求。文化建设"以满足人民精神文化需求为出发点和落脚点"，需要落实在促进城乡文化消费需求与共享之上。中国文化产业发展与全国城乡居民文化消费需求提升应当形成一种供需之间协调增长的良好关系，全面建成小康社会进程中的文化发展成效不能仅用"文化 GDP"人均值来衡量。

一　全国城乡文化消费需求及其相关背景增长态势

（一）1991～2012 年城乡文化消费增长状况

1991～2012 年全国城乡文化消费总量和人均值增长态势见图 2，囿于制图篇幅限制，图中各五年期头年与末年直接对接。文中分析历年增长态势时，则运用测评数据库后台演算功能，测算筛选出的最高与最低年度值包含图里省略年度的值（后同）。

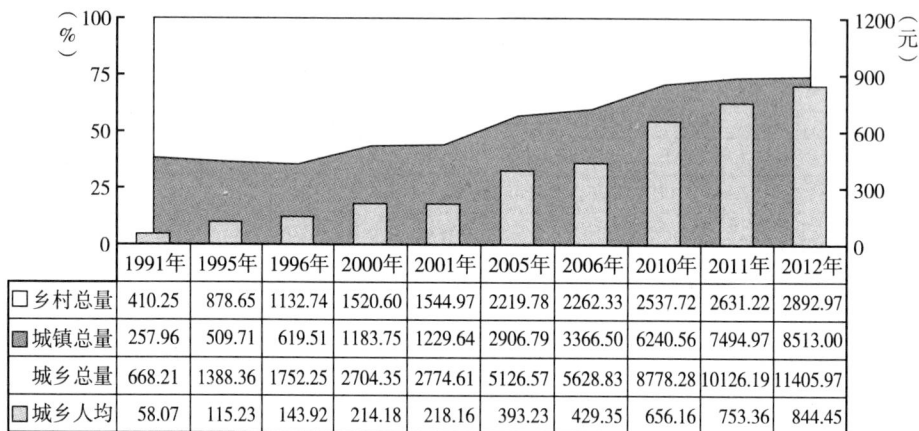

	1991年	1995年	1996年	2000年	2001年	2005年	2006年	2010年	2011年	2012年
□乡村总量	410.25	878.65	1132.74	1520.60	1544.97	2219.78	2262.33	2537.72	2631.22	2892.97
■城镇总量	257.96	509.71	619.51	1183.75	1229.64	2906.79	3366.50	6240.56	7494.97	8513.00
城乡总量	668.21	1388.36	1752.25	2704.35	2774.61	5126.57	5628.83	8778.28	10126.19	11405.97
□城乡人均	58.07	115.23	143.92	214.18	218.16	393.23	429.35	656.16	753.36	844.45

图2 全国城乡文化消费总量和人均值增长态势

注：左轴为全国城乡文化消费总量（亿元转换为%），城乡间历年变动呈面积比例关系，二者之和为城乡总量；右轴为全国城乡人均文化消费（元）增长柱形。

数据演算依据：国家统计局《中国统计年鉴》相应年卷，其中重庆在1997年前尚未作为省域统计，西藏缺1993年、1995年和1997~1998年城镇数据，相应年度总量未含，后表同。

1991~2012年，全国城乡文化消费总量由668.21亿元增长为11405.97亿元，增加10737.76亿元，21年间总增长1606.94%，年均增长14.47%。最高增长年度为2002年，增长率为31.89%；最低增长年度为2001年，增长率为2.60%。其中，"九五"期间年均增长14.26%，"十五"期间年均增长13.65%，"十一五"期间年均增长11.36%。"十一五"年均增速比"十五"低2.29个百分点，比"九五"低2.90个百分点。

同期，全国城镇文化消费总量由257.96亿元增长为8513.00亿元，增加8255.04亿元，21年间总增长3200.12%，年均增长18.12%。最高增长年度为2002年，增长率为62.66%；最低增长年度为1992年，增长率为2.92%。其中，"九五"期间年均增长18.36%，"十五"期间年均增长19.68%，"十一五"期间年均增长16.51%。"十一五"年均增速比"十五"低3.17个百分点，比"九五"低1.85个百分点。

同期，全国乡村文化消费总量由410.25亿元增长至2892.97亿元，增加

2482.72 亿元，21 年间总增长 605.17%，年均增长 9.75%。最高增长年度为 1995 年，增长率为 36.80%；最低增长年度为 2007 年，负增长 1.04%。其中，"九五"期间年均增长 11.59%，"十五"期间年均增长 7.86%，"十一五"期间年均增长 2.71%。"十一五"年均增速比"十五"低 5.15 个百分点，比"九五"低 8.88 个百分点。

1991~2012 年，全国城乡人均文化消费由 58.07 元增长为 844.45 元，增加 786.38 元，21 年间总增长 1354.19%，年均增长 13.60%。最高增长年度为 2002 年，增长率为 31.01%；最低增长年度为 2001 年，增长率为 1.86%。其中，"九五"期间年均增长 13.20%，"十五"期间年均增长 12.92%，"十一五"期间年均增长 10.78%。"十一五"年均增速比"十五"低 2.14 个百分点，比"九五"低 2.42 个百分点。

21 年间，全国城乡文化消费需求增长显露出两个方面的不利态势：（1）全国城镇总量总增长率是乡村总量总增长率的 5.29 倍，城镇人均值年均增速高出乡村年均增速 2.44 个百分点，城乡差距显著扩大；（2）"十一五"期间乡村和城乡综合年均增长速度比"十五"期间有所下降，比"九五"期间更为下降，无论是总量值演算，还是人均值演算，情况都是如此。

在前后时间段之间、城镇与乡村之间进行增长对比只是一种表层比较，文化消费需求态势分析不能局限于自身范围内孤立进行，有必要放到经济增长、民生增进的社会背景当中展开相关各方面的系统考察。鉴于人均数值演算更为精确，以下采用人均值进行后续分析。

（二）1991~2012 年经济和民生背景增长状况

本文后续各图表将逐步展示全国相关背景各方面历年增长数据，此处先把各项绝对值转换为年度增长百分指数，每个年度皆以上一年度数值为 100，起点年 1991 年自成基数。其中包含本项研究精心设置并从基础数据里专门析出的"非文消费"和"积蓄"数值，揭示其中动向所透露的特定规律。1991~2012 年人均产值、人均收入、人均消费（分为人均非文消费与人均文化消费）和人均积蓄增长态势见图 3。

在图 3 各项年度增长指数数据链中，有三对数据项的特定关系值得注

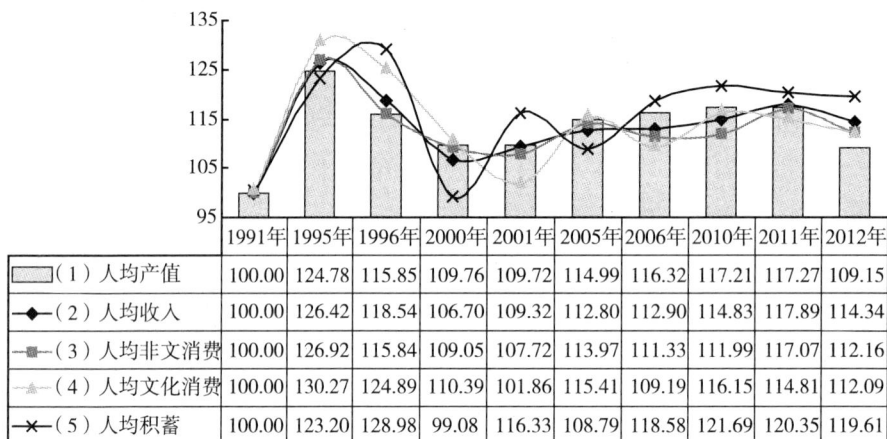

	1991年	1995年	1996年	2000年	2001年	2005年	2006年	2010年	2011年	2012年
□（1）人均产值	100.00	124.78	115.85	109.76	109.72	114.99	116.32	117.21	117.27	109.15
◆（2）人均收入	100.00	126.42	118.54	106.70	109.32	112.80	112.90	114.83	117.89	114.34
■（3）人均非文消费	100.00	126.92	115.84	109.05	107.72	113.97	111.33	111.99	117.07	112.16
△（4）人均文化消费	100.00	130.27	124.89	110.39	101.86	115.41	109.19	116.15	114.81	112.09
✕（5）人均积蓄	100.00	123.20	128.98	99.08	116.33	108.79	118.58	121.69	120.35	119.61

图3 人均产值、人均收入、人均消费和人均积蓄增长态势

注：左轴为年度增长指数（产值为柱形，其余为曲线），上年＝100，小于100为负增长。1992～2012年逐年增长相关系数（1991年为起点不计）如下：（1）与（2）为0.9348；（2）与（3）为0.9483；（4）与（5）为0.0205，其间，2001～2005年为－0.9131，2001～2008年为－0.6531，2002～2008年为－0.7123，文化消费需求的"积蓄增长负相关效应"明显成立。

意，既可通过图示直观看到，又可透过数据精确得知，彼此对应的相关系数颇高。

第一对数据项：（1）系全国人均产值历年增长指数；（2）系城乡人均收入历年增长指数。二者之间1992～2012年相关系数为0.9348，亦即其间历年增长幅度在93.48%的程度上保持同步。这一对数据项及其相关系数揭示的是"国民总收入"与城乡居民收入的关系及其增长的同步程度。

第二对数据项：（2）系城乡人均收入历年增长指数；（3）系城乡人均非文消费历年增长指数。二者之间1992～2012年相关系数为0.9483，亦即其间历年增长幅度在94.83%的程度上保持同步。这一对数据项及其相关系数揭示的是城乡居民收入与必需生活开支（设定全部非文消费为"必需消费"）的关系及其增长的同步程度。

第三对数据项：（4）系人均文化消费历年增长指数，（5）系积蓄历年增长指数。二者之间1992～2012年相关系数为0.0205，似乎显得相关程度很低。然而，分时间段深入考察，2001～2005年相关系数为－0.9131，2001～2008年为－0.6531，2002～2008年为－0.7123，其间存在着极其明显的负相关关系，即日常所说的"成反比"。就此二者历年增长的相关性而言，不妨简单理解为，全国城乡人均积蓄增长幅度每上升1%，城乡人均文化消费增长幅度在2001～2005年下降0.91%，2001～2008年下降0.65%，2002～2008年下降0.71%。若在正相关关系中，这样的相关程度并不算高，但在负相关关系中，这样的相关程度已经很高。这一对数据项及其相关系数揭示的是城乡居民必需消费之外余钱与非必需的精神文化消费的关系及其增长的同步程度。

图3的演算包括了省略的年度，仅从图3所列年度也可以大体看出，2000～2006年，全国城乡人均文化消费与积蓄增长曲线构成近乎"完美"的反向互动关系。进入"十一五"，全国城乡人均文化消费年度增长呈现下滑趋势，与之相对应的是全国城乡人均积蓄年度增长形成高峰。从"九五"末年延至"十一五"开年，在人均文化消费年度增长曲线与人均积蓄年度增长曲线之间，呈现出横向镜面对应或俗称"水中倒影"的负相关关系。这就是本项研究多年以前揭示出的一个"规律性"的重要发现：中国文化消费需求动向体现出"积蓄增长负相关效应"，经不断补充，后续年度数据演算一再加以证实。

本项研究的后台数据库同时对各省域全面展开分析。如果取"十五"以来10余年间的数据（重庆、西藏相应年度数据齐备也予以纳入），有23个省域负相关程度极高或很高，这一"规律"普遍明显成立，尤其是北京、河北、上海、黑龙江、湖北、江西、宁夏、甘肃、四川等负相关程度极其显著；山东、浙江、安徽、湖南、重庆、贵州负相关程度较高，这一"规律"基本成立；仅有内蒙古负相关程度较低，吉林则呈较弱正相关。如果取1992年以来（1991年起点不计）20年间数据展开分析（重庆、西藏因缺相应年度数据不予以纳入），则这一"规律"对25个省域明显成立，对吉林、安徽、湖南、贵州基本成立。这显示出一种情况，即越是长时间段检测，这一"规律"越显得普遍而显著。

同样运用后台数据库对各中心城市全面展开分析，2006年以来（城市年度数据起点2005年不计），有27个中心城市负相关程度极高或很高，这一"规律"普遍明显成立，其中20个城市负相关程度极其显著；大连、西安负相关程度较高，这一"规律"基本成立；仅有沈阳、兰州负相关程度较低，宁波、深圳、海口、哈尔滨、昆明负相关程度极低或呈较弱正相关。这又显示出一种现象，即越是在市场经济发达地区和发达城市，这一"规律"体现得越普遍，发达省域几无例外，极少数发达城市例外。

按照经济社会一般发展的内在逻辑联系和当今中国发展的现实状况，本项研究测评提取出三对数据组，构成一套简明而完整的数据关系链：全国及各地经济增长→居民收入增高→必需消费增加，但所占收入比重降低→必需生活开支之外余钱占收入比重提高，可任意支配的必需消费剩余增多→用于"自我保障"的"必需积蓄"增多→非必需的精神文化消费增加，但与产值、收入和总消费之比有可能下降，尤其是与积蓄之比显著下降。这是本项测评独创的一种分析思路和检测方法，可以揭示出层层累进推演的多重协调关系变动态势。

这三对数据组分别形成特定的比例关系：（1）人均收入与人均产值的比值，定义为"民生基础系数"；（2）人均非文消费占人均收入的比重，定义为"民生消费系数"；（3）人均文化消费与人均非文消费剩余的比值，定义为"文化需求系数"。特别是后两项比例关系分析前所未见，为本项测评从"中国现实"出发，创制出的独到的构思设计，完全没有以往经验和现成数据可供参照，于是由既往事实生成的历年统计数据成为"第一手"参考依据。以全国及各地既往年度三项比值的历年最佳值作为应然参考值，测算"消除负相关"与"最佳比值"应然增长目标，以期各自能够"回复"近期曾经达到的"目标"，这样一种期待无疑更加切合实际。

"城乡比"倒数演算和"地区差"指标演算同样系本项研究的独创方法，用以检测全国及各地民生基础层面、民生消费层面、文化需求层面城乡差距、地区差距的"发展缺陷"。本项测评同时检验既往年度这三个层面的城乡比、地区差变动态势，并提取三项城乡比、地区差历年最小值，作为城乡之间、地区之间相关增长均衡性分析的应然参考值，测算"最小城乡比""弥合城乡比"和"城乡无差距"应然增长目标。就此说明，全国 31 个省域之间差异极大，基于各省域数值的"地区差"指标演算极其复杂，本文最后将采用一种简便方式测算"地区无差距"应然增长目标。

二　全国城乡民生基础系数的增长协调性检测

本项研究测评以"民生基础系数"来定义国民总收入与居民收入的关系，直接反映初次分配状况，居民收入增加构成民生增进的基础（就业不在本项研究范围之内）。由于国民总收入组成中国外净要素收入部分所占甚微，所以本项研究把"国内生产总值"视为"国民总收入"的近似替代数据。在本文里，该项系数值体现为全国及各地居民人均收入与人均产值的比例关系，以数值大者为佳。文中以此系数来检验经济增长带动居民收入增高的变动态势，作为其间增长协调性分析的依据，并提取既往年度历年最佳比值，作为面向未来年度测算增长目标的应然参考值。

1991～2012 年全国城乡人均收入、人均产值，以及二者之比的变动态势见图 4。

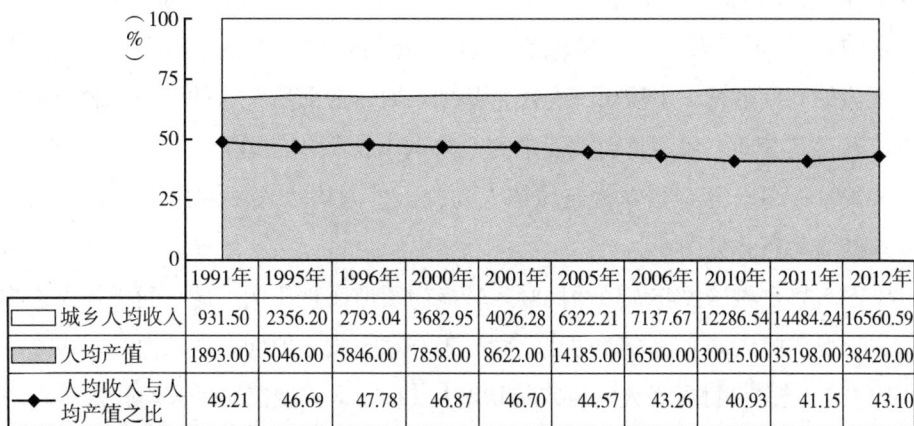

	1991年	1995年	1996年	2000年	2001年	2005年	2006年	2010年	2011年	2012年
城乡人均收入	931.50	2356.20	2793.04	3682.95	4026.28	6322.21	7137.67	12286.54	14484.24	16560.59
人均产值	1893.00	5046.00	5846.00	7858.00	8622.00	14185.00	16500.00	30015.00	35198.00	38420.00
人均收入与人均产值之比	49.21	46.69	47.78	46.87	46.70	44.57	43.26	40.93	41.15	43.10

图4　全国城乡人均收入、人均产值，以及二者之比的变动态势

注：左轴为城乡人均收入、人均产值（元转换为%），二者变动呈面积比例；相互间历年之比形成民生基础系数（%）曲线。

图 4 将人均收入、人均产值转换为图形面积比例，二者历年之比形成民生基础系数变动曲线。1991～2012 年，全国城乡居民人均收入年均增长14.69%；人均产值年均增长 15.41%，比人均收入年均增长率高 0.72 个百分

点。其中，"九五"期间，全国城乡居民人均收入年均增长 9.34%；人均产值年均增长 9.26%，比人均收入年均增长率低 0.08 个百分点。"十五"期间，全国城乡居民人均收入年均增长 11.41%；人均产值年均增长 12.54%，比人均收入年均增长率高 1.13 个百分点。"十一五"期间，全国城乡居民人均收入年均增长 14.21%；人均产值年均增长 16.17%，比人均收入年均增长率高 1.96 个百分点。"九五"期间城乡居民人均收入增长率略高于国民收入增长率，"十五"至"十一五"期间人均产值增长率持续提高，城乡居民收入增长越来越赶不上国民收入增长。

逐年考察，全国城乡居民人均收入与人均产值的比值在 1994 ~ 1996 年、1998 ~ 1999 年、2002 年、2009 年、2011 ~ 2012 年出现回升，而在 1992 ~ 1993 年、1997 年、2000 ~ 2001 年、2003 ~ 2008 年、2010 年出现下降，总体呈现下降趋势，由 1991 年的 49.21% 降低至 2012 年的 43.10%。21 年对比，全国城乡民生基础系数比值的最高（最佳）值为 1991 年的 49.21%，最低值为 2010 年的 40.93%。民生基础系数大体上一直在减小，意味着在经济增长的同时，"人民共享发展成果"程度逐渐降低。这一问题已经引起经济学界、社会学界和政界的高度重视。本项研究将民生基础系数作为前后关联的三项检测指标之首，通过其变动态势测算由此而来的"协调增长"应然差距。

1991 ~ 2012 年全国乡村与城镇人均收入、人均收入城乡比和人均收入地区差的变动态势见图 5。

图 5 将乡村居民与城镇居民收入转换为图形面积比例，城乡间历年人均收入之比形成收入城乡比变动曲线，同时附有城乡收入地区差变动曲线。1991 ~ 2012 年，全国乡村居民人均收入年均增长 12.18%；城镇居民人均收入年均增长 14.08%，比乡村居民人均收入年均增长率高 1.90 个百分点。其中，"九五"期间，全国乡村居民人均收入年均增长 7.39%；城镇居民人均收入年均增长 7.96%，比乡村居民人均收入年均增长率高 0.57 个百分点。"十五"期间，全国乡村居民人均收入年均增长 7.63%；城镇居民人均收入年均增长 10.81%，比乡村居民人均收入年均增长率高 3.18 个百分点。"十一五"期间，全国乡村居民人均收入年均增长 12.70%；城镇居民人均收入年均增长 12.74%，比乡村居民人均收入年均增长率高 0.04 个百分点。"十五"期间全

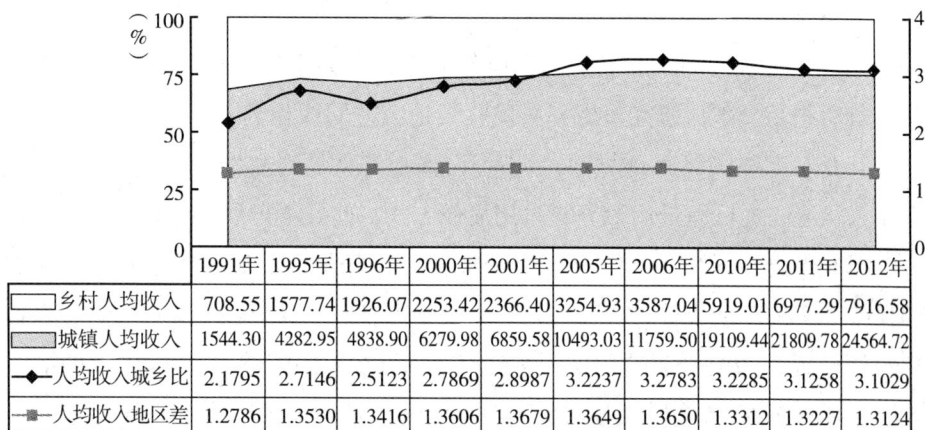

	1991年	1995年	1996年	2000年	2001年	2005年	2006年	2010年	2011年	2012年
□乡村人均收入	708.55	1577.74	1926.07	2253.42	2366.40	3254.93	3587.04	5919.01	6977.29	7916.58
▨城镇人均收入	1544.30	4282.95	4838.90	6279.98	6859.58	10493.03	11759.50	19109.44	21809.78	24564.72
◆人均收入城乡比	2.1795	2.7146	2.5123	2.7869	2.8987	3.2237	3.2783	3.2285	3.1258	3.1029
■人均收入地区差	1.2786	1.3530	1.3416	1.3606	1.3679	1.3649	1.3650	1.3312	1.3227	1.3124

图5　全国乡村与城镇人均收入、人均收入城乡比和人均收入地区差的变动态势

注：左轴为城乡人均收入（元转换为%），城乡间历年变动呈面积比例关系；右轴为收入城乡比曲线（乡村＝1）、城乡收入地区差曲线（无差距＝1）。

国城乡之间收入增长的差距明显加大，"十一五"期间全国城乡之间收入增长的差距有所减小。

逐年考察，在1995~1997年、2004年、2008年、2010~2012年，全国城镇居民人均收入增长率低于乡村居民人均收入增长率；而在1992~1994年、1998~2003年、2005~2007年、2009年，全国城镇居民人均收入增长率高于乡村居民人均收入增长率。作为城乡差距的衡量指标，全国居民人均收入城乡比21年间最小（最佳）值为1991年的2.1795，最大值为2009年的3.3328。前后对比，全国居民人均收入城乡比由1991年的2.1795扩大至2012年的3.1029，总体上呈现明显扩增趋势，意味着民生基础层面城乡之间"共享发展成果"的程度有所降低。这一问题还没有引起学术界和政界的足够重视。本项研究将人均收入城乡比作为一项重要检测指标，通过其变动态势测算城乡之间民生基础层面"均衡发展"的应然差距。·

同期，全国城乡居民人均收入地区差由1991年的1.2786扩大至2012年的1.3124，21年间最小（最佳）值为1991年的1.2786，最大值为2001年的1.3679。逐年考察，城乡居民人均收入地区差在1992~1994年、1999~2001年、2003年、2005~2006年出现扩大，在1995~1998年、2002年、2004年、

2007～2012年出现缩小。人均收入地区差总体上呈现扩大态势，但进入"十一五"以来逐步缩小，民生基础层面各地之间"共享发展成果"的程度近几年来有所提高。本项研究将城乡居民收入地区差同样作为一项重要检测指标，通过其变动态势测算各地城乡之间民生基础层面"均衡发展"的应然差距。鉴于人均收入地区差最后测算将采用简便方式，此处不再展开分析。

据此做出以下假定，作为测算预设：（1）如果全国城乡民生基础系数能够保持1991年的最佳水平，那么2012年全国城乡居民人均收入应达到18905.57元；（2）如果全国民生基础层面的城乡差距能够保持1991年的最低程度，那么2012年全国城乡居民人均收入应达到18173.19元，在民生基础层面保持最佳比值基础上同时保持最小人均收入城乡比，则全国城乡人均收入应达到20746.51元；（3）如果全国民生基础层面的城乡差距能够弥合而实现无差距理想状态，那么全国城乡居民人均收入应达到24564.72元，即2012年城镇人均值，在民生基础层面保持最佳比值基础上同时实现弥合城乡比，则全国城乡居民人均收入应达到28043.08元；（4）如果全国城乡民生基础层面的地区差距得以消减至无差距理想状态，那么全国城乡综合演算的人均收入数值就会有更大的提升，随后逐步推演的一切数值都会发生显著变化。

在全国今后9年"协调增长"与"均衡发展"的预期目标测算中，本文将取全国城乡民生基础系数的历年最佳值，全国民生基础层面城乡差距的历年最小值，以及民生基础层面城乡之间、地区之间的无差距理想值，分别推演后面的各项数值，最终测算出全国城乡文化消费需求应然增长目标。

三　全国城乡民生消费系数的增长协调性检测

本项研究测评以"民生消费系数"来定义居民收入与必需生活开支的关系，类比于放大到极致的"恩格尔定律"关系，市场经济条件下的必需消费正涵盖整个基本民生范畴。在本文里，该项系数值体现为全国及各地居民人均非文消费（界定为必需消费）占人均收入的比重关系，以数值小者为佳，反转过来即以非文消费剩余比重增大者为佳。文中以此系数来检验经济增长、居民收入增高带来必需生活开支之外余钱增多的变动态势，作为其间增长协调性分析的依据，并提取既往年度历年最佳比值，作为面向未来年度测算增长目标的应然参考值。

1991～2012 年全国城乡人均非文消费、人均收入，以及人均非文消费与人均收入之比的变动态势见图 6。

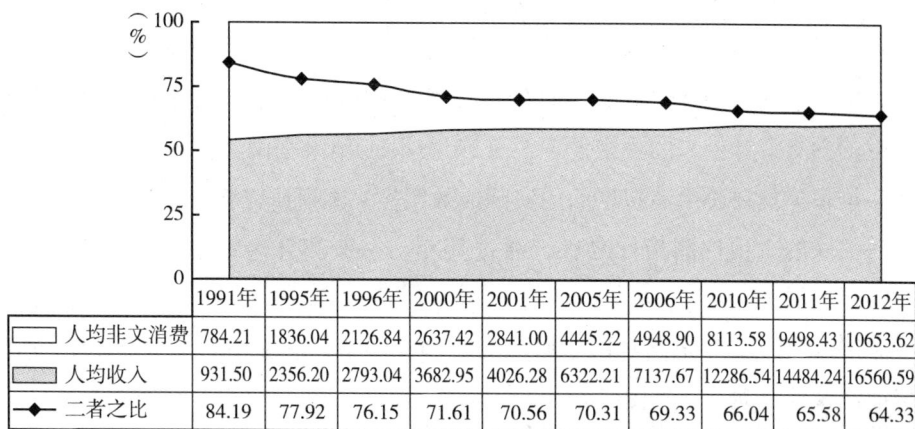

	1991年	1995年	1996年	2000年	2001年	2005年	2006年	2010年	2011年	2012年
人均非文消费	784.21	1836.04	2126.84	2637.42	2841.00	4445.22	4948.90	8113.58	9498.43	10653.62
人均收入	931.50	2356.20	2793.04	3682.95	4026.28	6322.21	7137.67	12286.54	14484.24	16560.59
二者之比	84.19	77.92	76.15	71.61	70.56	70.31	69.33	66.04	65.58	64.33

图 6　全国城乡人均非文消费、人均收入，及二者之比的变动态势

注：左轴为城乡人均非文消费、人均收入（元转换为%），二者变动呈面积比例；相互间历年之比形成民生消费系数（%）曲线。

图 6 也将非文消费、人均收入转换为图形面积比例，二者历年之比形成民生消费系数变动曲线。1991～2012 年，全国城乡居民人均非文消费年均增长 13.23%；人均收入年均增长 14.69%，比人均非文消费年均增长率高 1.46 个百分点。其中，"九五"期间，全国城乡居民人均非文消费年均增长 7.51%；人均收入年均增长 9.34%，比人均非文消费年均增长率高 1.83 个百分点。"十五"期间，全国城乡居民人均非文消费年均增长 11.01%；人均收入年均增长 11.41%，比人均非文消费年均增长率高 0.40 个百分点。"十一五"期间，全国城乡居民人均非文消费年均增长 12.79%；人均收入年均增长 14.21%，比人均非文消费年均增长率高 1.42 个百分点。三个五年期相比，两指标增长差距持续扩大，城乡居民人均非文消费（必需消费）占人均收入的比重越来越低，亦即可以体现生活"富足"的余钱越来越多。

逐年考察，全国城乡居民人均非文消费占人均收入的比值在 1993 年、

1995 年、2000 年、2005 年、2009 年出现回升，而在 1992 年、1994 年、1996～1999 年、2001～2004 年、2006～2008 年、2010～2012 年出现下降，总体呈现下降趋势，由 1991 年的 84.19% 降至 2012 年的 64.33%。21 年间对比，全国城乡民生消费系数的最高值为 1991 年的 84.19%，最低（最佳）值为2012 年的 64.33%。民生消费系数大体上一直在减小，亦即必需消费之外的余钱占收入的比重增大。这意味着，全国城乡居民必需消费之外的余钱正日益增多，在民生消费层面"人民共享发展成果"的效应日益得以显现。这是本项研究的独有设计带来的一个发现，可以说明 21 年来全国经济增长、城乡居民收入增多体现在民生消费层面的实际成效明显。本项研究将民生消费系数作为前后关联的三项检测指标之次，通过其变动态势测算这一方面"协调增长"的实际进展。

1991～2012 年全国乡村与城镇人均非文消费、非文消费城乡比和非文消费地区差的变动态势见图 7。

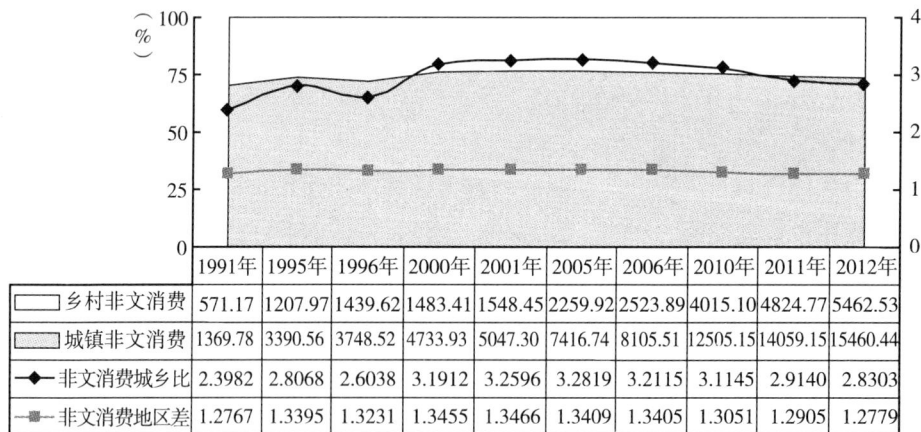

	1991年	1995年	1996年	2000年	2001年	2005年	2006年	2010年	2011年	2012年
乡村非文消费	571.17	1207.97	1439.62	1483.41	1548.45	2259.92	2523.89	4015.10	4824.77	5462.53
城镇非文消费	1369.78	3390.56	3748.52	4733.93	5047.30	7416.74	8105.51	12505.15	14059.15	15460.44
非文消费城乡比	2.3982	2.8068	2.6038	3.1912	3.2596	3.2819	3.2115	3.1145	2.9140	2.8303
非文消费地区差	1.2767	1.3395	1.3231	1.3455	1.3466	1.3409	1.3405	1.3051	1.2905	1.2779

图 7　全国乡村与城镇人均非文消费、非文消费城乡比和非文消费地区差变动态势

注：左轴为城乡人均非文消费（元转换为%），城乡间历年变动呈面积比例关系；右轴为非文消费城乡比（乡村 =1）、城乡非文消费地区差（无差距 =1）。

图 7 也将乡村居民与城镇居民非文消费转换为图形面积比例，城乡间历年之比形成非文消费城乡比变动曲线，同时附有城乡非文消费地区差变动曲线。1991～2012 年，全国乡村居民人均非文消费年均增长 11.35%；城镇居民人均

非文消费年均增长 12.23%，比乡村居民人均非文消费年均增长率高 0.88 个百分点。其中，"九五"期间，全国乡村居民人均非文消费年均增长 4.19%；城镇居民人均非文消费年均增长 6.90%，比乡村居民人均非文消费年均增长率高 2.71 个百分点。"十五"期间，全国乡村居民人均非文消费年均增长 8.78%；城镇居民人均非文消费年均增长 9.40%，比乡村居民人均非文消费年均增长率高 0.62 个百分点。"十一五"期间，全国乡村居民人均非文消费年均增长 12.18%；城镇居民人均非文消费年均增长 11.01%，比乡村居民人均非文消费年均增长率低 1.17 个百分点。三个五年期相比，"十五"期间全国城乡之间非文消费增长的差距有所减小，"十一五"期间全国城乡之间非文消费增长的差距明显减小。

逐年考察，在 1992～1994 年、1997～2003 年，全国城镇人均非文消费增长率高于乡村人均非文消费增长率；而在 1995～1996 年、2004～2012 年，全国城镇人均非文消费增长率低于乡村人均非文消费增长率。作为城乡差距的衡量指标，全国居民人均非文消费城乡比 21 年间最小（最佳）值为 1991 年的 2.3982，最大值为 2003 年的 3.5667。前后对比，人均非文消费城乡比由 1991 年的 2.3982 扩大至 2012 年的 2.8303，总体上出现微弱扩大，但"十五"后期以来呈现持续缩小趋势，意味着民生消费层面城乡之间"共享发展成果"的程度近些年来有所提高。这也是本项研究的独有设计带来的一个发现，至今还没有引起学术界和政界的应有注意。本项研究将必需非文消费城乡比作为一项重要检测指标，通过其变动态势测算城乡之间民生消费层面"均衡发展"的实际进展。

同期，全国城乡人均非文消费地区差由 1991 年的 1.2767 扩大至 2012 年的 1.2779，21 年间最小（最佳）值为 1991 年的 1.2767，最大值为 2003 年的 1.3493。逐年考察，城乡人均非文消费地区差在 1992～1994 年、1998～2001 年、2003 年出现扩大，在 1995～1997 年、2002 年、2004～2012 年出现缩小。非文消费地区差总体上呈现扩大态势，但进入"十五"以来逐步缩小，民生消费层面各地之间"共享发展成果"的程度有所提高。本项研究将城乡非文消费地区差同样作为一项重要检测指标，通过其变动态势测算各地城乡之间民生消费层面"均衡发展"的应然差距。鉴于非文消费地区差最后测算将采用简便方式，此处不再展开分析。

据此做出以下假定，作为测算预设：（1）如果全国城乡民生消费系数能够保持 2012 年的最佳水平，这是当前最新比值而结果不变，取上一类民生基础系数最佳比值叠加测算，那么 2012 年全国城乡人均非文消费应达到12162.18 元，反转则是人均非文消费剩余增长至 6743.39 元；（2）如果全国民生消费层面的城乡差距能够保持 1991 年的最低程度，那么 2012 年全国城乡人均非文消费应达到 11126.79 元，在民生基础层面、民生消费层面保持两项最佳比值基础上，同时保持此项最小城乡比，全国城乡人均非文消费应达到12702.34 元，反转则是人均非文消费剩余增长至 8044.17 元；（3）如果全国民生消费层面的城乡差距能够弥合而实现无差距理想状态，那么全国城乡人均非文消费应达到 15460.44 元，即 2012 年城镇人均值，在民生基础层面、民生消费层面保持两项最佳比值基础上，同时实现弥合此项城乡比，全国城乡人均非文消费应达到 17649.64 元，反转则是人均非文消费剩余增多至 10393.45元；（4）同样将此两类检测叠加，如果全国城乡民生基础层面、民生消费层面的两类地区差距得以消减至无差距理想状态，那么全国城乡综合演算的人均非文消费剩余数值就会有更大的提升，随后推演的相关数值也会发生显著变化。

在全国今后 9 年"协调增长"与"均衡发展"的预期目标测算中，本文将取全国城乡民生消费系数的历年最佳值，全国民生消费层面城乡差距的历年最小值，以及民生消费层面城乡之间、地区之间的无差距理想值，分别推演后面的各项数值，最终测算出全国城乡文化消费需求应然增长目标。

四 全国城乡文化需求系数的增长协调性检测

本项研究测评以"文化需求系数"来定义必需生活开支之外余钱与文化消费需求的关系，间接涉及二次分配状况，必需消费之外余钱是非必需精神消费的前提。在本文里，该项系数值体现为全国及各地居民人均文化消费与人均非文消费剩余（必需生活开支之外余钱部分）的比例关系，以数值大者为佳。文中以此系数来检验各地居民收入增高、必需生活开支之外余钱增多是否带来文化消费需求增进的变动态势，作为其间增长协调性分析的依据，并提取既往年度历年最佳比值，作为面向未来年度测算增长目标的应然参考值。

1991~2012年全国城乡人均文化消费、人均非文消费剩余，以及二者之比的变动态势见图8。

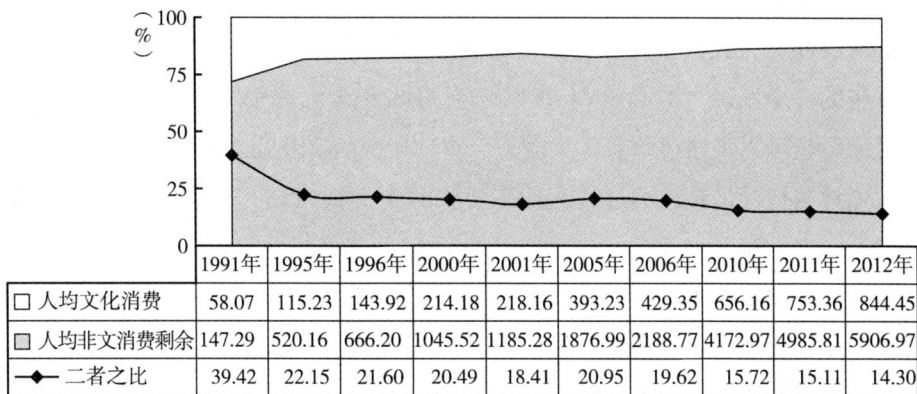

	1991年	1995年	1996年	2000年	2001年	2005年	2006年	2010年	2011年	2012年
□ 人均文化消费	58.07	115.23	143.92	214.18	218.16	393.23	429.35	656.16	753.36	844.45
▨ 人均非文消费剩余	147.29	520.16	666.20	1045.52	1185.28	1876.99	2188.77	4172.97	4985.81	5906.97
◆ 二者之比	39.42	22.15	21.60	20.49	18.41	20.95	19.62	15.72	15.11	14.30

图8　全国城乡人均文化消费、人均非文消费剩余，及二者之比的变动态势

注：左轴为城乡人均文化消费、非文消费剩余（元转换为%），二者变动呈面积比例；相互间历年之比形成文化需求系数（%）曲线。

图8仍将人均文化消费、人均非文消费剩余转换为图形面积比例，二者历年之比形成文化需求系数变动曲线。1991~2012年，全国城乡居民人均文化消费年均增长13.60%；人均非文消费剩余年均增长19.22%，比人均文化消费年均增长率高5.62个百分点。其中，"九五"期间，全国城乡居民人均文化消费年均增长13.20%；人均非文消费剩余年均增长14.98%，比人均文化消费年均增长率高1.78个百分点。"十五"期间，全国城乡居民人均文化消费年均增长12.92%；人均非文消费剩余年均增长12.42%，比人均文化消费年均增长率低0.50个百分点。"十一五"期间，全国城乡居民人均文化消费年均增长10.78%；人均非文消费剩余年均增长17.33%，比人均文化消费年均增长率高6.55个百分点。三个五年期相比，两指标增长差距在"九五"期间已经显现，而在"十五"期间出现"倒置"，但在"十一五"期间明显加大。

逐年考察，全国城乡居民人均文化消费与人均非文消费剩余的比值在1995年、2000年、2002年、2005年、2009年出现回升，而在1992~1994年、

1996～1999 年、2001 年、2003～2004 年、2006～2008 年、2010～2012 年出现下降，总体呈现下降趋势，由 1991 年的 39.42% 降低至 2012 年的 14.30%。21 年间对比，全国城乡文化需求系数比值的最高（最佳）值为 1991 年的 39.42%，最低值为 2012 年的 14.30%。文化需求系数大体上一直在减小，意味着文化消费需求增长继续受到"积蓄增长负相关效应"的反向牵制，在文化需求层面"人民共享发展成果"的效果不容乐观。这是本项研究的独有设计带来的一个发现，揭示出 21 年以来全国城乡文化消费需求增长并不理想，反过来看也可以说还蕴藏着巨大潜力。本项研究将文化需求系数作为前后关联的三项检测指标之末，通过其变动态势测算由此而来的"协调增长"应然差距。

1991～2012 年全国乡村与城镇人均文化消费、文化消费城乡比和文化消费地区差的变动态势见图 9。

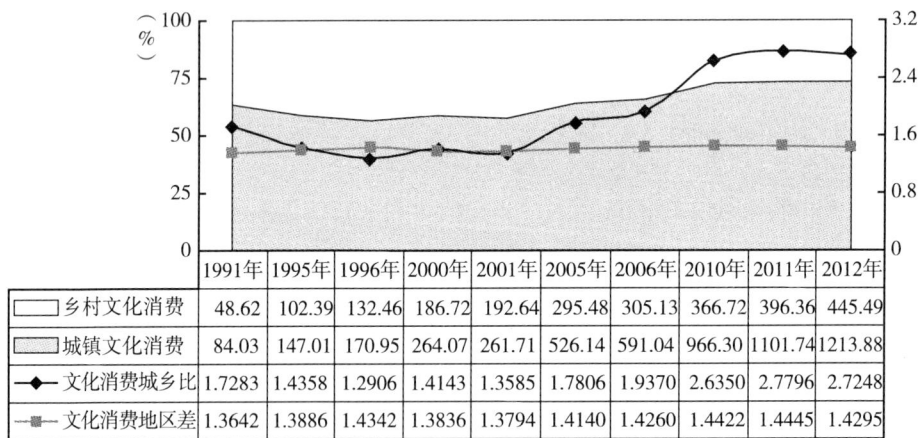

	1991年	1995年	1996年	2000年	2001年	2005年	2006年	2010年	2011年	2012年
乡村文化消费	48.62	102.39	132.46	186.72	192.64	295.48	305.13	366.72	396.36	445.49
城镇文化消费	84.03	147.01	170.95	264.07	261.71	526.14	591.04	966.30	1101.74	1213.88
文化消费城乡比	1.7283	1.4358	1.2906	1.4143	1.3585	1.7806	1.9370	2.6350	2.7796	2.7248
文化消费地区差	1.3642	1.3886	1.4342	1.3836	1.3794	1.4140	1.4260	1.4422	1.4445	1.4295

图 9　全国乡村与城镇人均文化消费、文化消费城乡比和文化消费地区差变动态势

注：左轴为城乡人均文化消费（元转换为%），城乡间历年变动呈面积比例关系；右轴为文化消费城乡比（乡村 = 1）、城乡文化消费地区差（无差距 = 1）。

图 9 仍将乡村居民与城镇居民文化消费转换为图形面积比例，城乡间历年之比形成文化消费城乡比变动曲线，同时附有城乡文化消费地区差变动曲线。1991～2012 年，全国乡村居民人均文化消费年均增长 11.12%；城镇居民人均文化消费年均增长 13.56%，比乡村居民人均文化消费年均增长率高 2.44 个

百分点。其中，"九五"期间，全国乡村居民人均文化消费年均增长12.77%；城镇居民人均文化消费年均增长12.43%，比乡村居民人均文化消费年均增长率低0.34个百分点。"十五"期间，全国乡村居民人均文化消费年均增长9.61%；城镇居民人均文化消费年均增长14.78%，比乡村居民人均文化消费年均增长率高5.17个百分点。"十一五"期间，全国乡村居民人均文化消费年均增长4.41%；城镇居民人均文化消费年均增长12.93%，比乡村居民人均文化消费年均增长率高8.52个百分点。三个五年期相比，全国城乡之间文化消费增长的差距在"十五"期间有所增大，在"十一五"期间持续加速扩大。

逐年考察，在1992年、1994～1996年、1998年、2000～2001年、2003年、2005年、2012年，全国城镇人均文化消费增长率低于乡村人均文化消费增长率；而在1993年、1997年、1999年、2002年、2004年、2006～2011年，全国城镇人均文化消费增长率高于乡村人均文化消费增长率。作为城乡差距的衡量指标，全国居民人均文化消费城乡比21年间最小（最佳）值为1996年的1.2906，最大值为2011年的2.7796。前后对比，人均文化消费城乡比由1991年的1.7283扩大至2012年的2.7248，总体上呈现持续扩增趋势，意味着文化需求层面城乡之间"共享发展成果"的程度有所降低。这仍是本项研究的独有设计带来的一个发现，揭示出21年以来全国城乡之间文化消费需求增长日益失衡。本项研究将文化消费城乡比作为一项重要检测指标，通过其变动态势测算城乡之间文化需求层面"均衡发展"的应然差距。

同期，全国城乡人均文化消费地区差由1991年的1.3642扩大至2012年的1.4295，21年间最小（最佳）值为1992年的1.3490，最大值为2008年的1.4593。逐年考察，城乡人均文化消费地区差在1992年、1995年、1997～1998年、2000～2001年、2003年、2005年、2009～2010年、2012年出现缩小，而在1993～1994年、1996年、1999年、2002年、2004年、2006～2008年、2011年出现增大。文化消费地区差总体上呈现扩大态势，文化需求层面各地之间"共享发展成果"的程度也有所降低。本项研究将城乡文化消费地区差同样作为一项重要检测指标，通过其变动态势测算各地城乡之间文化需求层面"均衡发展"的应然差距。鉴于文化消费地区差最后测算将采用简便方式，此处不再展开分析。

据此做出以下假定，作为测算预设：（1）如果全国城乡文化需求系数能够保持1991年的最佳水平，即文化消费增长与积蓄增长之间不再构成负相关关系（简称"消除负相关测算"），那么2012年全国城乡人均文化消费应达到2328.74元，总量可达到31454.22亿元；（2）如果在保持文化需求系数最佳比值基础上，全国文化需求层面的城乡差距能够保持1996年的最低程度，那么2012年全国城乡人均文化消费应达到2985.15元，总量可达到40320.23亿元；（3）如果同样在保持此项最佳比值基础上，全国文化需求层面的城乡差距能够弥合而实现无差距理想状态，那么全国城乡人均文化消费应达到3347.51元，总量可达到45214.72亿元。这已经超出了根据所谓"国际经验"推算而纯属"传说"的全国文化消费"应有4万亿元"。

至此，全国城乡文化消费需求增长相关方面的诸多差距一目了然：一方面在于经济增长与基本民生、文化民生增进的协调性差距；另一方面在于城乡之间、地区之间文化民生增进的均衡性差距。在全国今后9年"协调增长"与"均衡发展"的预期目标测算中，本文将取全国城乡文化需求系数的历年最佳值，全国文化需求层面城乡差距的历年最小值，以及文化需求层面城乡之间、地区之间的无差距理想值，并叠加民生基础层面、民生消费层面检测出的协调性差距进行推演，最终测算出全国城乡文化消费需求应然增长目标。

有必要补充说明，以上就民生基础系数、民生消费系数和文化需求系数三个层面逐一开展单独分析，类似于设置一种"实验室"提取程序，分别针对全国城乡这三个层面之一的比例关系变化独立进行演算，而暂时搁置其他层面比例关系变化的互动影响。然而实际上，全国城乡这三个层面的比例关系变化恰恰密切联系在一起，因此最终必须综合在一起进行统一分析演算。

就此继续做出以下假定，作为测算预设：（4）如果同时取民生基础系数、民生消费系数和文化需求系数三项最佳比值叠加测算（简称"最佳比值测算"），那么2012年全国城乡人均文化消费应达到2658.49元，总量可达到35908.14亿元；（5）如果在保持民生基础系数、民生消费系数和文化需求系数三项最佳比值基础上，全国文化需求层面的城乡差距能够保持1996年最低程度（简称"最小城乡比测算"），那么2012年全国城乡人均文化消费应达到3407.84元，总量可达到46029.58亿元；（6）如果同样在保持三项最佳比值基础上，全国文化需求层面的城乡差距能够弥合而实现无差距理想状态（简称"弥合城乡比测算"），那么全国城乡人均文化消费应达到 3821.52 元，总量可达到 51617.12 亿元。

综合以上三类检测，最后进行更加理想化的假定测算：（7）如果全国民生基础层面、民生消费层面和文化需求层面的三类城乡差距同时得以消减至无差距理想状态，即取各项城镇人均值，按全国城镇实现三项比值历年最佳值演算（简称"城乡无差距测算"），那么 2012 年全国城乡人均文化消费应达到 6012.38 元，总量可达到 81208.89 亿元；（8）如果全国城乡民生基础层面、民生消费层面和文化需求层面的三类地区差距同时得以消减至无差距理想状态，即取东部城镇各项人均值，按东部城镇实现三项比值历年最佳值演算（简称"地区无差距测算"），那么 2012 年全国城乡人均文化消费应达到 8107.24 元，总量可达到 109504.06 亿元。这两项当然属于理想化测算。

五 文化消费增长空间暨文化产业发展目标测算

基于既往事实、现实期待和未来理想，本项研究测评设置了诸多目标测算方式。

首先是"自然增长"测算：这是基于历年统计数据的概率或然演算，按照以往年度平均增长率推算以后年度增长数值，可反比于气象灾害预测的"多年一遇"。"多年一遇"为低概率极端预测，"多年平均"为高概率常规预测。在此将展开既往 21 年统计数据演算，即"历年均增值"测算。

其次是"现实应然"测算：这是基于现行规划政策的"应该"增长目标演算，按照"协调增长"要求，假设实现以往年度"最佳"状况，推算以后年度增长数值，这是本来就应当做到的。在此也将展开既往 21 年"最佳"数值演算，从中可以看到发展现状的差距，包括"支柱性产业""消除负相关""最佳比值""最小城乡比"测算。

最后是"未来理想"测算：这是基于科学发展战略的"理想"增长目标演算，按照"均衡发展"要求，假设彻底实现城乡一体化、全民均等化理想状态，推算以后年度增长数值，这是今后需要争取做到的。在此仍将展开既往

21年实际数据演算,从中可以看到现实与理想的距离,包括"弥合城乡比""城乡无差距""地区无差距"测算。

2012～2020年全国城乡人均文化消费需求增长测算见图10,其中提供了基于人均值演算的全国文化产业供需协调增长目标的8类测算结果。

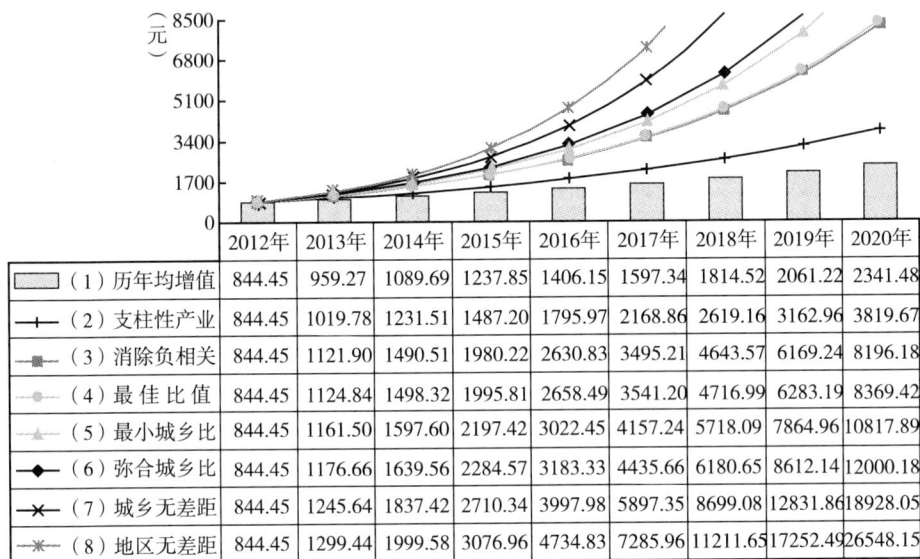

	2012年	2013年	2014年	2015年	2016年	2017年	2018年	2019年	2020年
▢（1）历年均增值	844.45	959.27	1089.69	1237.85	1406.15	1597.34	1814.52	2061.22	2341.48
─┼─（2）支柱性产业	844.45	1019.78	1231.51	1487.20	1795.97	2168.86	2619.16	3162.96	3819.67
─■─（3）消除负相关	844.45	1121.90	1490.51	1980.22	2630.83	3495.21	4643.57	6169.24	8196.18
─●─（4）最佳比值	844.45	1124.84	1498.32	1995.81	2658.49	3541.20	4716.99	6283.19	8369.42
─▲─（5）最小城乡比	844.45	1161.50	1597.60	2197.42	3022.45	4157.24	5718.09	7864.96	10817.89
─◆─（6）弥合城乡比	844.45	1176.66	1639.56	2284.57	3183.33	4435.66	6180.65	8612.14	12000.18
─×─（7）城乡无差距	844.45	1245.64	1837.42	2710.34	3997.98	5897.35	8699.08	12831.86	18928.05
─✳─（8）地区无差距	844.45	1299.44	1999.58	3076.96	4734.83	7285.96	11211.65	17252.49	26548.15

图10　2012～2020年全国城乡人均文化消费需求增长测算

注:作为背景因素,2012～2020年人均产值按1991～2012年实际年均增长率推算。文化消费与产值比:2012年实值为2.20%;2020年测算值为(1)1.94%,(2)3.16%,(3)6.78%,(4)6.92%,(5)8.94%,(6)9.92%,(7)15.65%,(8)21.95%。2012～2020年全国城乡人均文化消费年均增长率为(1)13.60%(1991～2012年实值),(2)20.76%,(3)32.86%,(4)33.20%,(5)37.55%,(6)39.34%,(7)47.51%,(8)53.88%。若产值按年均增长7%推算,则2020年文化消费与产值比测算值(增量、增幅不变)为(1)3.55%,(3)12.42%。2020年全国城乡人均文化消费(与产值比不变)为(2)2084.66元,年增11.96%;(4)4567.79元,年增23.49%;(5)5904.09元,年增27.52%;(6)6549.35元,年增29.18%;(7)10330.38元,年增36.75%;(8)14533.07元,年增42.72%。

图表演算说明:第一,鉴于需要基于现有最新的2012年统计数据进行测算,这里将2012年作为"未来9年"的头一年处理,而2013年统计数据尚待公布,归入未来年度测算。第二,以经济社会发展为背景因素,"未来9年"人均产值增长先按既往年度实际年均增长率推算,演算文化产业供需协调增长目标距离数值;再按国家"十二五"规划预定年均增长率7%推算,演算文化产业供需协调增长目标校正数值。第三，除了历年均增值测算以外，其余各类测算皆以所需年均增长率体现各自距离"协调增长"目标的相应差距，由于其间目标取向不同、演算方式不同，各类增长测算数值即使极为接近，也不可视为彼此涵盖。

（1）历年均增值测算。以城乡文化消费既往年度年均增长率测算增长目标，可以得出统计概率最高的或然增长结果。如果 2012～2020 年全国城乡文化消费增长保持 1991～2012 年平均增长率 13.60%，那么到 2020 年城乡人均文化消费将达到 2341.48 元。在相关各方面增长均依此推算的情况下，由于全国城乡文化消费与产值之比在 1991～2012 年呈现下降态势，至 2020 年文化消费增长与产值增长测算值之比将继续降低至 1.94%。

（2）支柱性产业测算。摒弃单纯的"文化 GDP 追逐"，通过文化消费需求增长空间反推，以文化生产满足文化需求的终极目的定位测算增长目标，即假设文化消费需求增长切实推动文化生产发展，实现文化产业供需协调增长，达到支柱性产业所需占产值比重。全国城乡总体文化消费需求增长支撑文化产业成为支柱性产业的测算值为 3.16%，据此进行反推，到 2020 年全国城乡人均文化消费应达到 3819.67 元，年均增长率需达到 20.76%，为以往 21 年实际年均增长率的 1.53 倍。

本项测评设定全国城乡人均文化消费与人均产值之比 3.16% 为中国文化产业成为国民经济支柱性产业的必需"临界值"，此项比值逐年修订，现为 2012 年数据测算值。其演算依据在于：2012 年全国文化产业增加值为 18071 亿元，占同期 GDP 的 3.48%；全国城乡文化消费总量为 11405.97 亿元，人均值为 844.45 元，与全国人均产值之比为 2.20%（更精确数值为 2.1979%）。在文化产业增加值数据与城乡文化消费需求数据之间，存在着供需对应关系，其间差额主要是公共文化服务计入文化产业增加值部分（大多未能进入人民群众日常生活消费），其次是文化产业提供产品和服务并不进入人民群众日常生活消费部分（譬如各类机构书报刊公费购买订阅等）。以现有最新年度演算修订值来衡量，当全国城乡人均文化消费与人均产值的比值提高到 3.1580%（更精确数值）时，中国文化产业增加值占同期 GDP 的比重将达到 5%。全国及各地此项测算值各有不同，全国为 3.1580%（更精确数值）。

（3）消除负相关测算。以城乡文化需求系数既往年度历年最佳比值测算增长目标，即假设积蓄增长与文化消费增长之间排除负相关关系，必需消费之外余钱增长与精神文化消费需求增长实现同步。如果到2020年全国城乡此项比值实现1991～2012年的最佳状态，那么城乡人均文化消费应达到8196.18元，与产值增长测算值之比将上升至6.78%，年均增长率需达到32.86%，为以往21年实际年均增长率的2.42倍。

（4）最佳比值测算。以城乡民生基础系数、民生消费系数、文化需求系数三项比值既往年度历年最佳值测算增长目标，即假设相关各方面的增长协调性"回复"曾有的三项比例关系的最佳值。如果到2020年全国城乡三项比值同步实现1991～2012年的最佳状态，那么城乡人均文化消费应达到8369.42元，与产值增长测算值之比将上升至6.92%，年均增长率需达到33.20%，为以往21年实际年均增长率的2.44倍。

（5）最小城乡比测算。在三项最佳比值测算基础上，以全国城乡人均文化消费城乡比既往年度历年最小值测算增长目标，即假设"回复"原有的文化消费城乡比最小状态，作为缩小以至于消除城乡差距的基础。如果到2020年全国城乡同时实现1991～2012年三项最佳比值和文化消费最小城乡比，那么城乡人均文化消费应达到10817.89元，与产值增长测算值之比将上升至8.94%，年均增长率需达到37.55%，为以往21年实际年均增长率的2.76倍。

（6）弥合城乡比测算（若历年最小城乡比"倒挂"，此类测算可避免"矫枉过正"）。同样在三项最佳比值测算基础上，以全国城乡人均文化消费城乡比的无差距理想值测算增长目标，即假设文化需求层面的城乡差距得以消除，据此演算校正数值。如果到2020年全国城乡同时实现1991～2012年三项最佳比值和乡村人均文化消费绝对值与城镇水平持平，那么城乡人均文化消费应达到12000.18元，与产值增长测算值之比将上升至9.92%，年均增长率需达到39.34%，为以往21年实际年均增长率的2.89倍。

（7）城乡无差距测算。在民生基础层面、民生消费层面、文化需求层面三项城乡比的无差距理想状态下实现既往年度历年最佳比值测算增长目标，即假设此三个层面的乡村人均值加速增长并与城镇水平持平，统一取城镇标准三项比例关系的最佳值进行演算。如果到2020年全国城乡之间以上三个层面已无差距，统一实现 1991～2012 年城镇标准三项的最佳比值，那么城乡人均文化消费应达到 18928.05 元，与产值增长测算值之比将上升至 15.65%，年均增长率需达到 47.51%，为以往 21 年实际年均增长率的 3.49 倍。

（8）地区无差距测算。全国各地之间差异极大，"地区差"指标演算极其复杂，此处采用一种简便方法测算增长目标，即在"城乡无差距测算"基础上，取东部城镇整体平均值进行演算。如果到 2020 年全国城乡之间、各地之间在此三个层面已无差距，统一达到东部城镇整体平均值，那么城乡人均文化消费应达到 26548.15 元，与产值增长测算值之比将上升至 21.95%，年均增长率需达到 53.88%，为以往 21 年实际年均增长率的 3.96 倍。

如果按照国家"十二五"规划转变发展方式的要求，在"十二五"期间把全国产值年均增长率控制在 7%，并一直延续至 2020 年，那么因为（1）历年均增值、（3）消除负相关两类测算与产值增长演算间接相关，文化消费人均值增长测算的绝对值不变，其与产值之比将分别增高至 3.55%、12.42%；其余各类测算因与产值增长演算直接相关，文化消费人均值增长测算的绝对值相应减少，其所需年均增长率（目标差距）将分别降低至 11.96%、23.49%、27.52%、29.18%、36.75%、42.72%（详见图 10 注），显然更加容易实现。

在人均值增长测算基础上，2012～2020 年全国城乡文化消费需求总量增长测算见图 11，其中同样提供了按照总量演算的全国文化产业供需协调增长目标的 8 类测算结果。总量数值演算无法涉及未来人口增长及其分布变化，难免会有误差，其所需年均增长率演算结果与人均值演算略有差异，仅供参考。

应该看到，以经济（包括文化生产）增长、社会（民生）发展与文化消费需求增进的关系来看，实现"支柱性产业"测算目标并不算困难，但实现各类"协调增长"与"均衡发展"测算的"应该目标"和"理想目标"很不容易。毫无疑问，与"GDP 崇拜"和"文化 GDP 追逐"相比，增强经济与民生（包括文化民生）发展的协调性，增强城乡、区域之间发展的均衡性，更应当成为科学发展理念之下政绩检验的主要指标。

图 11 依据 2004～2012 年文化产业增加值总量年均增长率，同样测算出至 2020 年的可能增长空间。不难看出，只要实现了（3）～（7）任何一种文化消费需求增长目标，不仅远远超过了文化产业成为支柱性产业目标所需的增

	2012年	2013年	2014年	2015年	2016年	2017年	2018年	2019年	2020年
产值年均增长	18071.00	22235.00	27358.00	33662.00	41418.00	50962.00	62705.00	77153.00	94931.00
（1）历年均增值	11405.97	13055.97	14944.66	17106.58	19581.23	22413.88	25656.30	29367.77	33616.15
（2）支柱性产业	11405.97	13879.57	16889.63	20552.47	25009.67	30433.50	37033.58	45065.03	54838.25
（3）消除负相关	11405.97	15269.49	20441.68	27365.84	36635.41	49044.83	65657.66	87897.72	117671.11
（4）最佳比值	11405.97	15309.46	20548.85	27581.33	37020.55	49690.18	66695.76	89521.19	120158.23
（5）最小城乡比	11405.97	15808.50	21910.35	30367.42	42088.80	58334.45	80850.68	112057.84	155310.50
（6）弥合城乡比	11405.97	16014.80	22485.92	31571.84	44329.11	62241.24	87391.15	122703.41	172284.35
（7）城乡无差距	11405.97	16953.57	25199.40	37455.81	55673.46	82751.76	123000.31	182824.84	271746.66
（8）地区无差距	11405.97	17685.90	27423.46	42522.36	65934.45	102236.84	158526.72	245808.85	381147.04

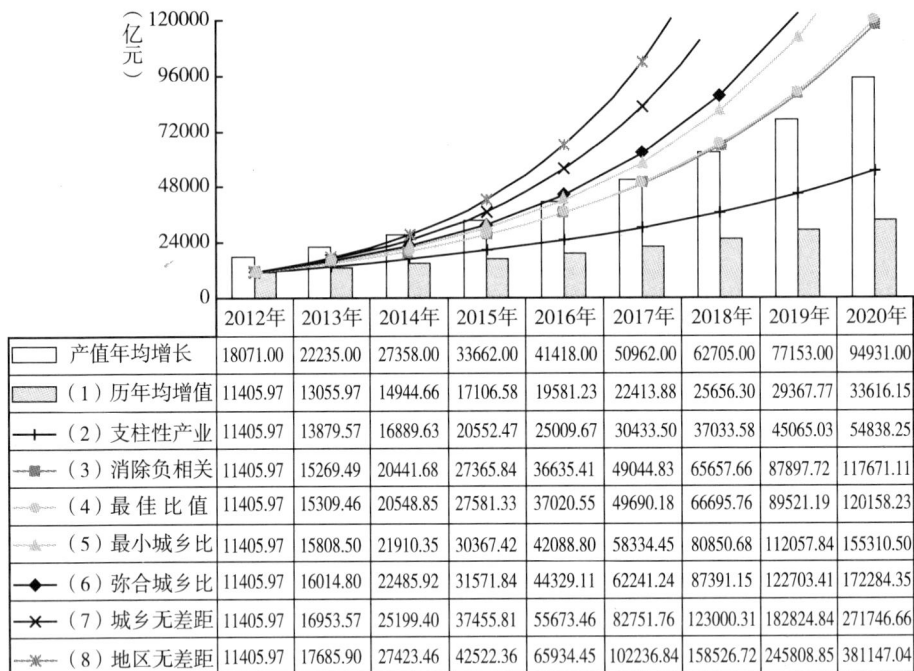

图 11　2012～2020 年全国城乡文化消费需求总量增长测算

注：2012～2020 年全国城乡文化消费总量年均增长为（1）14.47%（1991～2012 年实值），（2）21.69%，（3）33.87%，（4）34.22%，（5）38.60%，（6）40.41%，（7）48.64%，（8）55.06%。若产值按年均增长 7% 推算，则 2020 年全国城乡文化消费总量为（2）29929.13 亿元，年增 12.82%；（4）65578.88 亿元，年增 24.44%；（5）84763.98 亿元，年增 28.49%；（6）94027.81 亿元，年增 30.17%；（7）148311.46 亿元，年增 37.80%；（8）208648.60 亿元，年增 43.81%。

长，而且大大超过了文化产业增加值总量的"自然"增长。以全国城乡文化消费需求增长空间来衡量中国文化产业发展目标，才是可取的正途。

综合分析与评价

Reports on Comprehensive Analysis and Evaluation

省域文化产业与文化消费供需协调增长空间

——2000～2012 年检测与至 2020 年测算

王亚南 等*

摘 要：

以扩大需求、促进共享为目标，测算文化消费需求增长，以此度量文化产业发展空间。基于 2000～2012 年增长，测算至 2020 年各省域增长目标的距离排行：历年均增值测评前 3 位为江苏、辽宁、河南；消除负相关测评前 3 位为江苏、内蒙古、广东；最佳比值测评前 3 位为江苏、上海、辽宁；最小城乡比测评前 3

* 王亚南，云南省社会科学院研究员，文化开发研究中心主任，云南师范大学公共文化服务与文化产业发展研究所所长；郝朴宁，云南师范大学中国西南对外开放与边疆安全研究中心教授，公共文化服务与文化产业发展研究所常务副所长；魏海燕，云南省政协信息中心主任编辑，主要从事传媒信息分析研究；赵娟，云南省社会科学院文化开发研究中心助理研究员；冯瑞，昆明市委宣传部研究室主任，主要从事哲学、文化发展战略研究。

位为江苏、上海、北京；弥合城乡比测评前 3 位为江苏、上海、北京；城乡无差距测评前 3 位为上海、江苏、黑龙江；支柱性产业测评前 3 位为上海、江苏、辽宁。

关键词：

省域文化产业　扩大文化消费　供需协调　2020 年增长目标

一　各省域城乡文化消费需求增长态势

2000～2012 年各省域城乡文化消费总量值、人均值增长状况见表 1，全国城乡总体数据作为测评演算基准列于首行。各地依照属地方位，由北至南、从东到西分为东北和东、中、西部四大区域，按 12 年里文化消费人均值年均增长幅度高低排列。其中，省域主排行以 1、2、3……为序，四大区域附加排行以［1］、［2］、［3］、［4］为序（后同）。

表 1　各省域城乡文化消费总量值、人均值增长状况

地区	省域城乡文化消费总量增长				省域城乡人均文化消费增长			
	2000 年（亿元）	2012 年（亿元）	年均增长		2000 年（元）	2012 年（元）	年均增长	
			增长指数（上年＝100）	指数排序			增长指数（上年＝100）	指数排序
全　国	2704.35	11405.97	112.74	—	214.18	844.45	112.11	—
辽　宁	75.83	378.00	114.32	5	181.51	861.84	113.86	2
吉　林	44.79	189.29	112.76	12	167.77	688.37	112.48	7
黑龙江	55.79	214.10	111.86	17	146.84	558.43	111.77	12
东　北	176.41	781.40	113.20	［2］	165.69	712.31	112.92	［1］
江　苏	202.36	1322.84	116.94	1	278.35	1672.49	116.12	1
福　建	86.32	383.33	113.23	9	256.69	1026.59	112.24	9
广　东	267.89	1487.53	115.36	4	357.74	1410.06	112.11	10
北　京	81.78	469.77	115.68	2	625.71	2298.33	111.45	15
上　海	98.46	548.12	115.38	3	632.15	2318.65	111.44	16
天　津	34.17	169.16	114.26	6	348.67	1222.22	111.02	18
河　北	100.30	382.55	111.80	19	150.96	526.63	110.97	19
浙　江	170.15	712.28	112.67	13	375.16	1302.15	110.93	21
海　南	12.64	44.61	111.08	21	162.96	505.80	109.90	25

续表

地 区	省域城乡文化消费总量增长				省域城乡人均文化消费增长			
	2000 年（亿元）	2012 年（亿元）	年均增长		2000 年（元）	2012 年（元）	年均增长	
			增长指数（上年 = 100）	指数排序			增长指数（上年 = 100）	指数排序
山 东	218.34	715.17	110.39	25	244.22	740.26	109.68	26
东 部	1272.42	6235.34	114.16	[1]	296.87	1216.37	112.47	[2]
河 南	134.13	569.43	112.80	11	142.12	605.97	112.85	3
安 徽	98.99	394.09	112.20	16	158.10	659.23	112.64	5
山 西	49.95	231.82	113.65	7	154.84	643.59	112.61	6
江 西	72.90	278.97	111.83	18	173.98	620.45	111.18	17
湖 北	120.16	389.08	110.29	26	201.98	674.51	110.57	23
湖 南	156.66	431.87	108.82	30	239.28	652.65	108.72	30
中 部	632.79	2295.25	111.33	[3]	177.69	640.08	111.27	[3]
内蒙古	50.45	223.18	113.19	10	213.16	897.82	112.73	4
青 海	5.87	26.65	113.44	8	114.34	466.91	112.44	8
陕 西	71.69	290.52	112.37	15	197.43	775.16	112.07	11
贵 州	45.94	161.80	111.06	22	123.08	465.43	111.72	13
重 庆	61.05	213.43	110.99	23	198.00	727.92	111.46	14
宁 夏	10.32	42.16	112.44	14	188.11	655.32	110.96	20
云 南	65.05	247.86	111.79	20	154.27	533.61	110.89	22
四 川	159.10	484.38	109.72	28	185.52	600.74	110.29	24
甘 肃	46.00	137.19	109.53	29	180.38	533.63	109.46	27
广 西	94.84	260.53	108.79	31	200.44	558.65	108.92	28
新 疆	29.04	98.85	110.75	24	160.28	445.12	108.88	29
西 藏	1.01	3.22	110.14	27	39.23	105.46	108.59	31
西 部	640.36	2189.75	110.79	[4]	177.78	602.83	110.71	[4]

注：（1）表中均为城乡综合演算衍生数值。（2）全国城乡总人口统计包括军队等（计入城镇人口），不涉及各地城乡人口统计，故各地之和不等于全国总量；（3）全国和广东12年的年均增长指数用4位小数进行比较（后同）。数据演算依据为《中国统计年鉴》相应年卷。

2000～2012 年，各省域城乡文化消费需求总量年均增长指数比较，江苏、北京、上海、广东、辽宁、天津、山西、青海、福建、内蒙古、河南、吉林 12 个省域年均增长指数从高到低依次高于全国城乡平均增长指数；浙江、宁夏、陕西、安徽、黑龙江、江西、河北、云南、海南、贵州、重庆、新疆、山东、湖北、西藏、四川、甘肃、湖南、广西 19 个省域年均增长指数从高到低依次低于全国城乡平均增长指数。其中，占据首位的江苏年均增长指数比全国城乡平均增长指数高4.20个点；处于末位的广西年均增长指数比全国城乡平均增长指数低3.95个点。

2000～2012年，各省域城乡人均文化消费需求年均增长指数比较，江苏、辽宁、河南、内蒙古、安徽、山西、吉林、青海、福建9个省域年均增长指数从高到低依次高于全国城乡平均增长指数；广东、陕西、黑龙江、贵州、重庆、北京、上海、江西、天津、河北、宁夏、浙江、云南、湖北、四川、海南、山东、甘肃、广西、新疆、湖南、西藏22个省域年均增长指数从高到低依次低于全国城乡平均增长指数。其中，占据首位的江苏年均增长指数比全国城乡平均增长指数高4.01个点；处于末位的西藏年均增长指数比全国城乡平均增长指数低3.52个百分点。

有必要说明：总量数值演算会产生较大误差，这是由于在既有年度统计数据里，各地各类总量数据之和不等于全国总量，本身就存在误差；在未来年度测算数值里，无法涉及今后人口增长及其分布变化，只能根据人均值测算结果推演。因此，本文主要基于人均数值展开分析测算，仅在开头和结尾处提供总量分析演算数值，以利于把握全国及各地总体态势。

二　各省域城乡文化消费需求增长协调性分析

按照经济社会一般发展的内在逻辑联系和当今中国发展的现实状况，本项研究测评提取出三对数据组，构成一套简明而完整的数据关系链：（1）人均收入与人均产值的比值，定义为"民生基础系数"；（2）人均非文消费占人均收入的比重，定义为"民生消费系数"；（3）人均文化消费与人均非文消费剩余的比值，定义为"文化需求系数"。

这是本项测评独创的一种分析思路和检测方法，可以揭示出层层累进推演的多重协调关系变动态势。特别是其中的后两项比例关系分析前所未见，为本项测评从"中国现实"出发，创制出的独到的构思设计，完全没有以往经验和现成数据可供参照，于是由既往事实生成的历年统计数据成为"第一手"参考依据。以全国及各地既往年度三项比值的历年最佳值为应然参考值，测算

"消除负相关"与"最佳比值"应然增长目标，以期各自能够"回复"近期曾经达到的"目标"，这样一种期待无疑更加切合实际。

各省域城乡文化消费相关比值关系链变动状况见表2，各地按2000年以来三项比值的最佳值与2012年现实值之间的综合差距指数从小到大排列。

表2　各省域城乡文化消费相关比值关系链变动状况

地区	2000年以来最佳比值（%）			2012年现实比值（%）			现实比值与最佳值差距			
							与非文消费剩余比		三项比值	
	收入与产值比	非文消费占收入比	文化消费与非文消费剩余比	收入与产值比	非文消费占收入比	文化消费与非文消费剩余比	单项差距指数（最佳值=1）	差距倒序	综合差距指数（最佳值=1）	差距倒序
全　国	47.69	64.33	21.60	43.10	64.33	14.30	1.5105	—	1.6714	—
江　苏	41.58	58.06	17.61	33.82	58.47	17.42	1.0109	1	1.2551	1
福　建	46.25	62.88	17.70	39.07	62.88	13.42	1.3189	5	1.5613	2
上　海	44.27	59.29	24.31	44.27	59.29	15.07	1.6131	17	1.6131	3
广　东	54.42	67.66	24.19	43.85	67.66	18.38	1.3161	4	1.6334	5
北　京	38.54	59.53	29.47	38.54	59.53	16.85	1.7490	21	1.7490	7
河　北	43.33	58.88	14.24	37.83	58.88	9.25	1.5395	13	1.7633	9
天　津	39.56	61.50	16.76	28.62	62.19	12.12	1.3828	6	1.9463	12
海　南	54.68	64.40	16.36	44.18	64.40	9.93	1.6475	18	2.0391	13
浙　江	50.90	59.72	22.50	42.76	59.72	11.93	1.8860	25	2.2450	17
山　东	43.81	59.79	18.82	34.53	59.79	10.30	1.8272	24	2.3182	20
东　部	44.02	61.50	19.69	38.50	61.50	14.22	1.3847	[2]	1.5832	[1]
辽　宁	37.92	65.41	19.93	32.41	65.41	13.57	1.4687	9	1.7184	6
黑龙江	45.35	66.48	18.31	38.63	67.26	12.37	1.4802	12	1.7791	10
吉　林	49.37	67.57	21.13	34.12	67.57	14.33	1.4745	10	2.1336	15
东　北	42.33	66.48	18.10	34.50	66.48	13.38	1.3528	[1]	1.6598	[2]
河　南	49.88	61.81	16.30	40.91	62.37	12.50	1.3040	3	1.6136	4
安　徽	59.56	68.30	21.33	46.85	68.30	15.42	1.3833	7	1.7585	8
山　西	51.71	61.16	18.40	40.00	61.53	12.44	1.4791	11	1.9305	11
江　西	60.65	60.08	20.23	46.66	60.08	11.57	1.7485	20	2.2727	18
湖　北	56.88	65.82	23.64	38.09	65.82	13.43	1.7602	22	2.6286	22
湖　南	62.01	66.82	33.71	41.24	66.82	14.25	2.3656	30	3.5570	30
中　部	57.05	64.42	20.29	41.86	64.42	13.26	1.5302	[3]	2.0854	[3]
云　南	56.34	66.60	26.85	51.25	66.60	14.04	1.9124	26	2.1023	14

续表

地区	2000年以来最佳比值(%)			2012年现实比值(%)			现实比值与最佳比值差距			
	收入与产值比	非文消费占收入比	文化消费与非文消费剩余比	收入与产值比	非文消费占收入比	文化消费与非文消费剩余比	与非文消费剩余比 单项差距指数(最佳值=1)	差距倒序	三项比值 综合差距指数(最佳值=1)	差距倒序
新　疆	42.76	69.96	22.16	33.84	75.32	15.77	1.4052	8	2.1612	16
四　川	59.38	70.18	26.35	42.83	70.18	15.89	1.6583	19	2.2991	19
甘　肃	57.97	70.08	35.23	42.35	74.29	22.30	1.5798	15	2.5166	21
贵　州	81.50	67.16	23.22	49.37	67.16	14.57	1.5937	16	2.6309	23
宁　夏	50.97	69.14	30.13	35.82	69.60	16.54	1.8216	23	2.6313	24
青　海	53.50	72.07	24.81	33.40	73.59	15.96	1.5545	14	2.6333	25
内蒙古	51.36	69.32	24.53	25.82	72.53	19.82	1.2376	2	2.7495	26
重　庆	58.97	66.80	27.49	41.40	66.80	13.61	2.0198	29	2.8770	27
陕　西	52.46	71.37	40.40	33.83	71.37	20.75	1.9470	27	3.0192	28
广　西	65.21	65.38	26.99	44.75	66.74	13.43	2.0097	28	3.0483	29
西　藏	53.87	55.53	15.34	37.13	55.53	2.78	5.5180	31	8.0058	31
西　部	58.95	69.54	25.83	39.60	69.54	15.94	1.6205	[4]	2.4123	[4]

注：表中均为演算衍生数值，数据演算依据《中国统计年鉴》相应年卷。

（一）民生基础系数的协调性检测

本项研究测评以"民生基础系数"来定义国民总收入与居民收入的关系，直接反映初次分配状况，居民收入增加构成了民生增进的基础（就业不在本项研究范围之内）。由于国民总收入组成中国外净要素收入部分所占甚微，所以本项研究把国内生产总值视为国民总收入的近似替代数据。在本文里，该项系数值体现为全国及各地居民人均收入与人均产值的比例关系，以数值大者为佳。文中以此系数来检验经济增长带动居民收入增高的变动态势，作为其间增长协调性分析的依据，并提取既往年度历年最佳比值，作为未来年度测算增长目标的应然参考值。

2000～2012年，各省域城乡人均收入与当地人均产值比值的历年最佳（最高）值比较，贵州、广西、湖南、江西、安徽、四川、重庆、甘肃、湖北、云南、海南、广东、西藏、青海、陕西、山西、内蒙古、宁夏、浙江、河南、吉林21个省域最佳值从高到低依次高于全国城乡总体最佳值；福建、黑龙江、上海、山东、河北、新疆、江苏、天津、北京、辽宁10个省域最佳值从高到低依次低于全国城乡总体最佳值。其中，占据首位的贵州最佳值比全国城乡总体最佳值高33.81个百分点；处于末位的辽宁最佳值比全国城乡总体最佳值低9.77个百分点。

2012年，各省域城乡人均收入与当地人均产值的比值比较，云南、贵州、安徽、江西、广西、上海、海南、广东8个省域此项比值从高到低依次高于全国城乡总体比值；四川、浙江、甘肃、重庆、湖南、河南、山西、福建、黑龙江、北京、湖北、河北、西藏、宁夏、山东、吉林、新疆、陕西、江苏、青海、辽宁、天津、内蒙古23个省域此项比值从高到低依次低于全国城乡总体比值。其中，占据首位的云南此项比值比全国城乡总体比值高8.15个百分点；处于末位的内蒙古此项比值比全国城乡总体比值低17.28个百分点。

必须引起重视的是，2000～2012年前后相比，仅有北京、上海2012年此项比值为历年最佳值，即呈现上升态势，其余省域2012年此项比值均非历年最佳值，即呈现下降态势。这意味着，在绝大部分省域，居民收入增长幅度与经济增长幅度逐步拉大了距离，在民生基础层面"人民共享发展成果"的程度普遍降低。

（二）民生消费系数的协调性检测

本项研究测评以"民生消费系数"来定义居民收入与必需生活开支的关系，类比于放大到极致的"恩格尔定律"关系，市场经济条件下的必需消费涵盖了整个基本民生范畴。在本文里，该项系数值体现为全国及各地居民人均非文消费（界定为必需消费）占人均收入的比重关系，以数值小者为佳，反转过来即以非文消费剩余比重增大者为佳。文中以此系数来检验经济增长、居民收入增高带来必需生活开支之外余钱增多的变动态势，作为其间增长协调性分析的依据，并提取既往年度历年最佳比值，作为未来年度测算增长目标的应然参考值。

2000～2012年，各省域城乡人均非文消费占人均收入比重的历年最佳

（最低）值比较，西藏、江苏、河北、上海、北京、浙江、山东、江西、山西、天津、河南、福建 12 个省域最佳值从低到高依次低于全国城乡总体最佳值；海南、广西、辽宁、湖北、黑龙江、云南、重庆、湖南、贵州、吉林、广东、安徽、宁夏、内蒙古、新疆、甘肃、四川、陕西、青海 19 个省域最佳值从低到高依次高于全国城乡总体最佳值。其中，占据首位的西藏最佳值低于全国城乡总体最佳值 8.80 个百分点；处于末位的青海最佳值高于全国城乡总体最佳值 7.74 个百分点。

2012 年，各省域城乡人均非文消费占人均收入的比重比较，西藏、江苏、河北、上海、北京、浙江、山东、江西、山西、天津、河南、福建 12 个省域此项比值从低到高依次低于全国城乡总体比值；海南、辽宁、湖北、云南、广西、重庆、湖南、贵州、黑龙江、吉林、广东、安徽、宁夏、四川、陕西、内蒙古、青海、甘肃、新疆 19 个省域此项比值从低到高依次高于全国城乡总体比值。其中，占据首位的西藏此项比值比全国城乡总体比值低 8.80 个百分点；处于末位的新疆此项比值比全国城乡总体比值高 10.99 个百分点。

值得加以注意的是，2000～2012 年前后相比，全国总体、东部、东北、中部、西部和北京、河北、山东、上海、浙江、福建、广东、海南、吉林、辽宁、湖北、江西、湖南、陕西、重庆、四川、贵州、云南、西藏 2012 年此项比值为历年最佳值，即必需消费占人均收入比重下降，反过来则必需生活开支之外余钱比重呈现上升态势；其余省域 2012 年此项比值均非历年最佳值，即必需消费占人均收入比重并未下降。这意味着，在民生消费层面"人民共享发展成果"的程度普遍提高，但仍有少部分省域未能如此。

（三）文化需求系数的协调性检测

本项研究测评以"文化需求系数"来定义必需生活开支之外余钱与文化消费需求的关系，间接涉及二次分配状况，必需消费之外余钱是非必需精神消费的前提。在本文里，该项系数值体现为全国及各地居民人均文化消费与人均非文消费剩余（必需生活开支之外余钱部分）的比例关系，以数值大者为佳。文中以此系数来检验各地居民收入增高、必需生活开支之外余钱增多是否带来文化消费需求增进的变动态势，作为其间增长协调性分析的依据，并提取既往年度历年最佳比值，作为未来年度测算增长目标的应然参考值。

2000～2012年，各省域城乡人均文化消费与人均非文消费剩余比值的历年最佳（最高）值比较，陕西、甘肃、湖南、宁夏、北京、重庆、广西、云南、四川、青海、内蒙古、上海、广东、湖北、贵州、浙江、新疆17个省域最佳值从高到低依次高于全国城乡总体最佳值；安徽、吉林、江西、辽宁、山东、山西、黑龙江、福建、江苏、天津、海南、河南、西藏、河北14个省域最佳值从高到低依次低于全国城乡总体最佳值。其中，占据首位的陕西最佳值比全国城乡总体最佳值高18.80个百分点；处于末位的河北最佳值比全国城乡总体最佳值低7.36个百分点。

2012年，各省域城乡人均文化消费与人均非文消费剩余的比值比较，甘肃、陕西、内蒙古、广东、江苏、北京、宁夏、青海、四川、新疆、安徽、上海、贵州、吉林14个省域此项比值从高到低依次高于全国城乡总体比值；湖南、云南、重庆、辽宁、湖北、广西、福建、河南、山西、黑龙江、天津、浙江、江西、山东、海南、河北、西藏17个省域此项比值从高到低依次低于全国城乡总体比值。其中，占据首位的甘肃此项比值比全国城乡总体比值高8.00个百分点；处于末位的西藏此项比值比全国城乡总体比值低11.52个百分点。

需要特别关注的是，2000～2012年前后相比，全国城乡总体、东中西部和东北四大区域、全部省域2012年此项比值均非历年最佳值，即呈现下降态势。这意味着，在全国和全部省域，居民精神文化消费需求增进幅度与必需生活开支之外余钱增多的幅度拉大了距离，在文化需求层面"人民共享发展成果"的程度普遍降低。

此项系数检验发现，各地城乡文化消费需求增长不足的最大症结就在这里，表2专门设置了单项差距指数分析。以全国城乡总体为例予以说明：如果全国城乡人均文化消费与人均非文消费剩余的比值能够一直保持2000年以来的最佳状态，那么2012年全国城乡文化消费人均值应为现有实际值的151.05%，达到1275.54元。四大区域和各个省域城乡文化消费需求增长不足的此类差距校正依此类推。

各省域城乡这一比值的单项差距指数比较，江苏、内蒙古、河南、广东、福建、天津、安徽、新疆、辽宁、吉林、山西、黑龙江12个省域单项差距指数从小到大依次小于全国城乡总体单项差距指数；河北、青海、甘肃、贵州、上海、海南、四川、江西、北京、湖北、宁夏、山东、浙江、云南、陕西、广西、重庆、湖南、西藏19个省域单项差距指数从小到大依次大于全国城乡总体单项差距指数。其中，占据首位的江苏单项差距指数仅为全国城乡总体单项差距指数的66.92%；处于末位的西藏单项差距指数为全国城乡总体单项差距指数的365.31%。

表2同时设置了以上三项系数检测的综合差距指数。仍以全国城乡总体为例予以说明：如果全国城乡人均收入与人均产值的比值、城乡人均非文消费占人均收入的比重、城乡人均文化消费与人均非文消费剩余的比值能够一致保持2000年以来的最佳状态，那么2012年全国城乡文化消费人均值应为现有实际值的167.14%，达到1411.38元。四大区域和各个省域城乡文化消费需求增长不足的综合差距校正依此类推。

各省域城乡以上三项比值综合差距指数比较，江苏、福建、上海、河南、广东5个省域综合差距指数从小到大依次小于全国城乡总体差距指数；辽宁、北京、安徽、河北、黑龙江、山西、天津、海南、云南、吉林、新疆、浙江、江西、四川、山东、甘肃、湖北、贵州、宁夏、青海、内蒙古、重庆、陕西、广西、湖南、西藏26个省域综合差距指数从小到大依次大于全国城乡总体差距指数。其中，占据首位的江苏综合差距指数仅为全国城乡总体综合差距指数的75.09%；处于末位的西藏综合差距指数为全国城乡总体综合差距指数的478.99%。

在以上第二项民生消费系数检测中已经看到，全国及相当多的省域2012年此项比值恰为2000年以来最佳比值。这就是说，对全国及这些省域而言，三项比值综合差距其实仅仅为其余两项比值综合差距（北京、上海仅为第三项）；再进一步深究，民生消费系数之比变动态势向好，对全国及这些省域的三项比值综合差距起到了正向调节减缓差距的作用。当然，对其他省域来说，三项比值综合差距均为负向发生作用而扩大差距。

三　各省域文化消费需求城乡均衡性分析

"城乡比"倒数演算同样系本项研究的独创方法，用以检测全国及各地民生基础层面、民生消费层面、文化需求层面城乡差距的"发展缺陷"。本项测评同时检验既往年度这三个层面的城乡比变动态势，并提取三项城乡比历年最小值，作为城乡之间相关增长均衡性分析的应然参考值，测算"最小城乡比""弥合城乡比"和"城乡无差距"的应然增长目标。

各省域人均收入、人均非文消费、人均文化消费城乡比状况见表3，各地按人均文化消费城乡比的校正差距指数从小到大排列。

表3　各省域人均收入、人均非文消费、人均文化消费城乡比状况

地　区	2000 年以来最小城乡比（乡村 = 1）			2012 年现实城乡比（乡村 = 1）			2012 年人均文化消费城乡差距校正补差			
	人均收入	人均非文消费	人均文化消费	人均收入	人均非文消费	人均文化消费	文化消费人均值		与补差值差距	
							乡村原值（元）	城乡补差值（元）	差距指数（无差距 = 1）	差距倒序
黑龙江	2.0642	2.3541	0.8101	2.0642	2.3835	1.1375	518.04	589.27	1.0552	1
吉　林	2.3503	2.4828	0.9526	2.3503	2.4828	1.2529	606.26	759.59	1.1035	5
辽　宁	2.2663	2.6868	0.8500	2.4748	2.8605	1.8458	556.56	1027.31	1.1920	8
东　北	2.3120	2.6165	0.9180	2.3346	2.6181	1.4734	556.46	819.87	1.1510	[1]
上　海	2.0939	1.9130	0.9339	2.2573	2.1572	2.6073	952.10	2482.39	1.0706	2
北　京	2.1922	1.9703	1.2512	2.2135	2.0104	2.1530	1152.67	2481.74	1.0798	3
天　津	2.1123	2.4695	1.1741	2.1123	2.4695	1.7348	766.08	1328.97	1.0873	4
江　苏	1.8915	2.1196	0.9764	2.4321	2.1196	1.6603	1184.18	1966.12	1.1756	6
浙　江	2.1814	2.0404	1.1690	2.3743	2.0518	1.7064	902.23	1539.55	1.1823	7
山　东	2.4406	2.3609	1.3081	2.7264	2.3609	1.9240	500.98	963.88	1.3021	10
福　建	2.3007	2.4954	0.9461	2.8148	2.5226	2.3836	565.83	1348.74	1.3138	11
广　东	2.6711	2.9318	1.2633	2.8670	2.9349	4.0198	466.63	1875.74	1.3303	13
河　北	2.2838	2.3591	1.1480	2.5421	2.3591	2.0151	358.49	722.41	1.3718	15
海　南	2.4554	3.0069	0.8311	2.8237	3.0315	2.9423	253.97	747.25	1.4774	21
东　部	2.5641	2.5974	1.4512	2.7984	2.5974	2.5253	628.57	1587.35	1.3050	[2]
山　西	2.4791	2.2543	1.2375	3.2111	2.2543	1.5791	498.02	786.44	1.2220	9
湖　北	2.4352	2.5449	0.9041	2.6541	2.5449	2.3467	394.63	926.08	1.3730	16

地 区	2000 年以来最小城乡比（乡村=1）			2012 年现实城乡比（乡村=1）			2012 年人均文化消费城乡差距校正补差			
							文化消费人均值		与补差值差距	
	人均收入	人均非文消费	人均文化消费	人均收入	人均非文消费	人均文化消费	乡村原值（元）	城乡补差值(元)	差距指数（无差距=1）	差距倒序
全 国	2.7869	2.8303	1.3585	3.1029	2.8303	2.7248	445.49	1213.88	1.4375	—
湖 南	2.8303	2.4970	1.1067	2.8654	2.4970	2.3748	400.22	950.44	1.4563	20
安 徽	2.7363	2.6909	1.1217	2.9362	2.7131	2.5514	385.92	984.62	1.4936	22
江 西	2.3901	2.3842	0.7947	2.5366	2.4729	2.7390	342.70	938.65	1.5129	23
河 南	2.4001	2.7211	1.3004	2.7166	2.7211	2.8371	343.83	975.48	1.6098	26
中 部	2.5762	2.5757	1.1399	2.7876	2.5757	2.4505	382.79	938.05	1.4655	[3]
内蒙古	2.5164	2.7065	0.8017	3.0416	2.8173	2.3061	513.97	1185.26	1.3202	12
重 庆	3.1108	3.3499	1.8691	3.1108	3.3697	2.5114	394.23	990.06	1.3601	14
宁 夏	2.8489	2.6381	1.5492	3.2088	2.6381	2.5036	373.36	934.76	1.4264	17
青 海	3.2746	2.3085	2.2880	3.2746	2.3085	2.3835	283.28	675.19	1.4461	18
陕 西	3.5490	3.0433	1.0443	3.5981	3.0433	2.5210	445.47	1123.04	1.4488	19
新 疆	2.8029	2.6215	1.7895	2.8029	2.6215	2.6010	261.74	680.79	1.5295	24
四 川	2.9004	2.6011	1.5569	2.9004	2.7959	2.9314	329.29	965.27	1.6068	25
甘 肃	3.4411	3.1070	1.6479	3.8070	3.1360	2.6608	327.30	870.89	1.6320	27
广 西	3.1292	2.8516	1.2676	3.5360	2.8516	3.5013	270.24	946.18	1.6937	28
云 南	3.8908	3.0221	2.2221	3.8908	3.0319	3.2202	289.22	931.36	1.7454	29
贵 州	3.7275	3.1806	2.0350	3.9345	3.1806	3.9575	226.44	896.13	1.9254	30
西 藏	3.1521	3.1503	1.3604	3.1521	3.7104	7.9557	40.86	325.07	3.0824	31
西 部	3.3433	3.0055	1.6546	3.3947	3.0055	2.9921	321.70	962.57	1.5968	[4]

注：表中均为演算衍生数值，数据演算依据为《中国统计年鉴》相应年卷；城乡比小于 1 为"城乡倒挂"，即城镇人均值低于乡村。

（一）民生基础层面的城乡均衡性检测

2000~2012 年，各省域人均收入城乡比的历年最小（最佳）值比较，江苏、黑龙江、上海、天津、浙江、北京、辽宁、河北、福建、吉林、江西、河南、湖北、山东、海南、山西、内蒙古、广东、安徽 19 个省域最小城乡比从小到大依次小于全国总体最小城乡比；新疆、湖南、宁夏、四川、重庆、广西、西藏、青海、甘肃、陕西、贵州、云南 12 个省域最小城乡比从小到大依次大于全国总体最小城乡比。其中，占据首位的江苏最小城乡比比全国总体最小城乡比低 32.13%；处于末位的云南最小城乡比比全国总体最小城乡比高 39.61%。

2012年，各省域人均收入城乡比比较，黑龙江、天津、北京、上海、吉林、浙江、江苏、辽宁、江西、河北、湖北、河南、山东、新疆、福建、海南、湖南、广东、四川、安徽、内蒙古21个省域城乡比从小到大依次小于全国总体城乡比；重庆、西藏、宁夏、山西、青海、广西、陕西、甘肃、云南、贵州10个省域城乡比从小到大依次大于全国总体城乡比。其中，占据首位的黑龙江城乡比比全国总体城乡比低 33.48%；处于末位的贵州城乡比比全国总体城乡比高 26.80%。

需要注意，2000～2012年前后相比，仅有天津、黑龙江、吉林、青海、新疆、重庆、四川、云南、西藏2012年此项城乡比为历年最小值，即人均收入的城乡差距呈现缩减态势，其余省域2012年此项城乡比均非历年最小值，即人均收入的城乡差距呈现扩增态势。这意味着，在绝大部分省域，乡村居民与城镇居民收入的增长幅度拉大了距离，在民生基础层面城乡之间"共享发展成果"的程度普遍降低。

（二）民生消费层面的城乡均衡性检测

2000～2012年，各省域人均非文消费城乡比的历年最小（最佳）值比较，上海、北京、浙江、江苏、山西、青海、黑龙江、河北、山东、江西、天津、吉林、福建、湖南、湖北、四川、新疆、宁夏、辽宁、安徽、内蒙古、河南22个省域最小城乡比从小到大依次小于全国总体最小城乡比；广西、广东、海南、云南、陕西、甘肃、西藏、贵州、重庆9个省域最小城乡比从小到大依次大于全国总体最小城乡比。其中，占据首位的上海最小城乡比比全国总体最小城乡比低 32.41%；处于末位的重庆最小城乡比比全国总体最小城乡比高 18.36%。

2012年，各省域人均非文消费城乡比比较，北京、浙江、江苏、上海、山西、青海、河北、山东、黑龙江、天津、江西、吉林、湖南、福建、湖北、新疆、宁夏、安徽、河南、四川、内蒙古21个省域城乡比从小到大依次小于全国总体城乡比；广西、辽宁、广东、海南、云南、陕西、甘肃、贵州、重庆、西藏10个省域城乡比从小到大依次大于全国总体城乡比。其中，占据首位的北京城乡比比全国总体城乡比低28.97%；处于末位的西藏城乡比比全国总体城乡比高31.10%。

需要注意，2000～2012年前后相比，全国总体，东部、中部、西部，以及天津、河北、山东、江苏、吉林、山西、河南、湖北、湖南、陕西、宁夏、青海、新疆、贵州、广西2012年此项城乡比为历年最小值，即人均非文消费的城乡差距呈现缩减态势，城乡之间必需消费逐步趋近，其余省域2012年此项城乡比均非历年最小值，即人均非文消费的城乡差距呈现扩增态势。这意味着，在民生消费层面城乡之间"共享发展成果"的程度普遍增高，但仍有相当一部分省域未能如此。

（三）文化需求层面的城乡均衡性检测

2000～2012年，各省域人均文化消费城乡比的历年最小（最佳）值比较，江西、内蒙古、黑龙江、海南、辽宁、湖北、上海、福建、吉林、江苏、陕西、湖南、安徽、河北、浙江、天津、山西、北京、广东、广西、河南、山东22个省域最小城乡比从小到大依次小于全国总体最小城乡比；西藏、宁夏、四川、甘肃、新疆、重庆、贵州、云南、青海9个省域最小城乡比从小到大依次大于全国总体最小城乡比。其中，占据首位的江西最小城乡比比全国总体最小城乡比低41.50%；处于末位的青海最小城乡比比全国总体最小城乡比高68.42%。

2012年，各省域人均文化消费城乡比比较，黑龙江、吉林、山西、江苏、浙江、天津、辽宁、山东、河北、北京、内蒙古、湖北、湖南、青海、福建、宁夏、重庆、陕西、安徽、新疆、上海、甘肃22个省域城乡比从小到大依次小于全国总体城乡比；江西、河南、四川、海南、云南、广西、贵州、广东、西藏9个省域城乡比从小到大依次大于全国总体城乡比。其中，占据首位的黑龙江城乡比比全国总体城乡比低58.25%；处于末位的西藏城乡比比全国总体城乡比高191.97%。

需要注意，2000～2012年前后相比，全国城乡总体、东中西部和东北四大区域、全部省域2012年此项城乡比均非历年最小值，即人均文化消费的城乡差距呈现扩大态势。这意味着在全国和全部省域，乡村居民与城镇居民文化消费的增长幅度拉大了距离，在文化需求层面城乡之间"共享发展成果"的程度普遍降低。

以上三个层面的城乡差距相互联系，具有前后因果联系。按照本项研究的分析思路，人均收入城乡差距有可能导致人均非文消费城乡差距，人均收入与人均非文消费之差即人均非文消费剩余，为必需消费之外的余钱，人均非文消费剩余城乡差距又有可能导致人均文化消费城乡差距。这里直接切入人均文化消费的城乡差距分析，同样以全国总体为例予以说明：假设2012年全国城镇与乡村居民人均文化消费需求能够弥合城乡比，即城乡之间文化消费人均值持平，那么全国乡村文化消费人均值应为现有实际值的272.48%，达到1213.88元；这其实就是2012年全国城镇人均值的现实值，同时也是补差校正后应有的乡村人均值——继而亦为城乡均等人均值，为现有城乡综合人均实际值的143.75%。四大区域和31个省域文化消费需求增长不足的城乡差距校正依此类推。

以弥合城乡比校正值来衡量，2012年各省域人均文化消费需求与弥合城乡差距比较，黑龙江、上海、北京、天津、吉林、江苏、浙江、辽宁、山西、山东、福建、内蒙古、广东、重庆、河北、湖北、宁夏17个省域的差距指数从小到大依次小于全国总体差距指数；青海、陕西、湖南、海南、安徽、江西、新疆、四川、河南、甘肃、广西、云南、贵州、西藏14个省域的差距指数从小到大依次大于全国总体差距指数。其中，占据首位的黑龙江的差距指数比全国总体差距指数低26.59%；处于末位的西藏的差距指数比全国总体差距指数高114.43%。

四 各省域城乡文化消费需求增长目标测算

（一）历年均增值、全国平均值与支柱性产业目标测算

1. 历年均增值目标测算

2020年各省域城乡文化消费需求历年均增值、全国平均值目标测算见表4，各地按2000～2012年实际年均增长率从大到小排列。

表4 2020年各省域城乡文化消费历年均增值、全国平均值目标测算

地 区	2020年人均文化消费（元）	历年均增值目标测算				全国平均值目标测算		
		2000~2012年平均增长		文化消费与产值比（%）		文化消费所需年均增长		
		增长率（%）	排序	产值年增同前12年年均增长率	产值年增7%	增长率（%）	对比以往	
							增长率（上年=1）	差距倒序
全 国	2107.51	12.1114	—	1.9042	12.11	1	—	
辽 宁	2434.68	13.86	2	1.4566	2.5014	11.83	0.8535	8
吉 林	1764.27	12.48	7	1.2437	2.3651	15.01	1.2027	11
黑龙江	1360.55	11.77	12	1.4395	2.2174	18.06	1.5344	20
东 北	1883.29	12.92	[1]	1.3972	2.3821	14.52	1.1238	[2]
江 苏	5527.70	16.12	1	2.5027	4.7071	2.93	0.1818	3
福 建	2586.59	12.24	9	1.7438	2.8532	9.41	0.7688	7
广 东	3518.42	12.11	10	2.4799	3.7855	5.15	0.4253	4
北 京	5471.50	11.45	15	2.6500	3.6404	-1.08	-0.0943	2
上 海	5514.54	11.44	16	3.1930	3.7594	-1.19	-0.1040	1
天 津	2820.36	11.02	18	0.9872	1.7618	7.05	0.6397	6
河 北	1211.37	10.97	19	1.1606	1.9272	18.93	1.7256	24
浙 江	2985.11	10.93	21	1.6731	2.7414	6.20	0.5672	5
海 南	1076.25	9.90	25	1.1743	1.9347	19.53	1.9727	27
山 东	1550.45	9.68	26	0.9553	1.7431	13.97	1.4432	17
东 部	3114.61	12.47	[2]	1.9256	3.1405	7.11	0.5702	[1]
河 南	1593.34	12.85	3	1.5706	2.9440	16.86	1.3121	15
安 徽	1707.84	12.64	5	1.7915	3.4523	15.64	1.2373	12
山 西	1663.78	12.61	6	1.5192	2.8796	15.98	1.2672	14
江 西	1448.29	11.18	17	1.5338	2.9268	16.52	1.4776	19
湖 北	1506.97	10.57	23	1.1665	2.2739	15.30	1.4475	18
湖 南	1274.05	8.72	30	1.1310	2.2148	15.78	1.8096	26
中 部	1504.11	11.27	[3]	1.3879	2.6996	16.06	1.4250	[3]
内蒙古	2341.63	12.73	4	0.7990	2.1333	11.26	0.8845	9
青 海	1192.83	12.44	8	1.0366	2.0923	20.73	1.6664	22
陕 西	1929.18	12.07	11	1.2760	2.9115	13.32	1.1036	10
贵 州	1129.72	11.72	13	1.5452	3.3359	20.78	1.7730	25
重 庆	1733.93	11.46	14	1.2260	2.5933	14.21	1.2400	13
宁 夏	1505.97	10.96	20	1.1563	2.4083	15.72	1.4343	16
云 南	1220.46	10.89	22	1.9727	3.2004	18.73	1.7199	23
四 川	1314.85	10.29	24	1.3488	2.5846	16.99	1.6511	21
甘 肃	1099.69	9.46	27	1.6413	2.9121	18.73	1.9799	28
广 西	1106.39	8.92	28	1.1976	2.3037	18.05	2.0235	29
新 疆	879.43	8.88	29	0.9429	1.5145	21.45	2.4155	30
西 藏	203.88	8.59	31	0.3033	0.5173	45.41	5.2864	31
西 部	1360.59	10.71	[4]	1.2320	2.5253	16.94	1.5817	[4]

注：全国总体及各省域取2000~2012年年均增速推算至2020年或然增长，随后测算应然增长，表5~表10同。表中出现负值说明，2012年实际人均值已高于2020年全国城乡人均测算值，以持平计算则2012~2020年年均增长率为负值。这只是检测各地人均绝对值增长差距的一种方式。

以城乡文化消费既往年度年均增长率测算增长目标，可以得出统计概率最高的或然增长结果。以全国城乡总体为例具体解释：如果2012～2020年全国城乡文化消费增长保持2000～2012年的平均增长率12.11%，那么到2020年城乡人均文化消费将达到2107.51元。在相关各方面增长均依此推算的情况下，由于全国城乡文化消费与产值之比在2000～2012年呈现下降态势，所以至2020年文化消费增长与产值增长测算值之比将继续降低至1.90%。各地依此类推。

倘若按照国家"十二五"规划转变发展方式的要求，在"十二五"期间把全国产值年均增长率控制在7%，并延续至"十三五"末，按历年均增值测算的全国城乡人均文化消费绝对值不变，年均增长率不变，而与产值增长测算值之比将提高至3.19%。各地依此类推。

实际上，在这一测算中，各省域城乡未来9年人均文化消费增长目标不过是2000～2012年增长态势的精确翻版（对照表1）：江苏、辽宁、河南、内蒙古、安徽、山西、吉林、青海、福建9个省域年均增长率从高到低依次高于全国城乡平均增长率；广东、陕西、黑龙江、贵州、重庆、北京、上海、江西、天津、河北、宁夏、浙江、云南、湖北、四川、海南、山东、甘肃、广西、新疆、湖南、西藏22个省域年均增长率从高到低依次低于全国城乡平均增长率。其中，占据首位的江苏年均增长率比全国城乡平均增长率高4.01个百分点；处于末位的西藏年均增长率比全国城乡平均增长率低3.52个百分点。

2. 全国平均值目标测算

假定各省域城乡人均文化消费绝对值一概实现与全国城乡总体平均值持平，推算各地未来9年文化消费需求增长趋势。这是检测各地现实差距的最典型方式，仅在此作为一项附加的对比测算。以西藏为例具体解释：如果2012～2020年西藏人均文化消费需求增长加快提升，到2020年与全国城乡总体人均文化消费2107.51元持平，那么西藏年均增长率需达到45.41%，为以往12年实际年均增长率的5.29倍，在省域间实际距离最大，比较差距也最大。各地依此类推。

依据这一测算，各省域城乡未来9年文化消费达到增长目标所需年均增长率比较：上海、北京、江苏、广东、浙江、天津、福建、内蒙古、辽宁9个省域城乡目标差距从小到大依次小于全国城乡总体基准;陕西、山东、重庆、吉林、湖北、安徽、宁夏、湖南、山西、江西、河南、四川、广西、黑龙江、甘肃、云南、河北、海南、青海、贵州、新疆、西藏22个省域城乡目标差距从小到大依次大于全国城乡总体基准。其中,占据首位的上海目标差距比全国城乡总体基准低13.30个百分点;处于末位的西藏目标差距比全国城乡总体基准高33.30个百分点。

测算出各省域未来9年文化消费达到增长目标所需年均增长率之后,还需要与各自以往12年实际年均增长率进行比较:上海、北京、江苏、广东、浙江、天津、福建、辽宁、内蒙古9个省域比较差距从小到大依次小于全国城乡总体基准;陕西、吉林、安徽、重庆、山西、河南、宁夏、山东、湖北、江西、黑龙江、四川、青海、云南、河北、贵州、湖南、海南、甘肃、广西、新疆、西藏22个省域比较差距从小到大依次大于全国城乡总体基准。其中,占据首位的上海比较差距比全国城乡总体基准低1.104;处于末位的西藏比较差距比全国城乡总体基准高4.2864。

实际说来,这一附加测算属于各地之间横向比较的差距检测。由于全国各地的发展差异过大,横向比较几乎没有任何意义,尤其是各类总量绝对值比较毫无道理可言,即便是人均绝对值比较也难免有"天壤之别"。因此,本项研究测评更加注重各地前后年度之间的以下各类"协调增长"纵向对比,即将各地当前状况与各自历年各种"最佳状态"进行对比,"回复"自身曾经达到的"最佳状态"不应该是什么难事,甚至可以说是理所应当的。

3. 支柱性产业目标测算

2020年各省域城乡文化消费需求增长达到支柱性产业目标测算见表5,各地按所需年均增长率与2000~2012年实际年均增长率的比较差距从小到大排列。

摒弃单纯的"文化GDP追逐",通过文化消费需求增长空间反推,以文化生产满足文化需求的终极目的定位测算增长目标,即假设文化消费需求增长切实推动文化生产发展,实现文化产业供需协调增长,达到支柱性产业所需占产值的比重。以全国城乡总体为例具体解释:全国城乡文化消费需求增长支撑文化产业成为支柱性产业的测算值为3.16%,据此进行反推,到2020年城乡人均

表5　2020年各省域城乡文化消费达到支柱性产业目标测算

地　区	产值年增按2000～2012年实值推算				文化消费与产值比关系不变（%）	产值年增按"十二五"规划7%推算		
	2020年人均文化消费（元）	增长率（%）	文化消费所需年均增长			2020年人均文化消费（元）	所需年均增长率（%）	对比以往增长率（上年=1）
			增长率（上年=1）	差距倒序				
全　国	3495.12	19.43	1.6045	—	3.1580	2084.66	11.96	0.9876
辽　宁	3653.68	19.79	1.4278	3	2.1859	2127.60	11.96	0.8629
黑龙江	2123.49	18.17	1.5438	6	2.2468	1378.57	11.96	1.0161
吉　林	3231.52	21.32	1.7083	11	2.2781	1699.35	11.96	0.9583
东　北	2997.91	19.68	1.5232	[1]	2.2242	1758.46	11.96	0.9257
上　海	6739.34	14.27	1.2474	1	3.9022	5723.95	11.96	1.0455
江　苏	7765.56	21.16	1.3127	2	3.5159	4128.81	11.96	0.7419
北　京	7794.41	16.49	1.4402	4	3.7750	5673.79	11.96	1.0445
广　东	5313.45	18.04	1.4897	5	3.7452	3480.95	11.96	0.9876
福　建	4146.54	19.07	1.5580	7	2.7955	2534.31	11.96	0.9771
浙　江	5267.18	19.09	1.7466	13	2.9522	3214.57	11.96	1.0942
河　北	2158.68	19.28	1.7575	14	2.0683	1300.08	11.96	1.0902
天　津	5384.57	20.36	1.8475	16	1.8847	3017.25	11.96	1.0853
海　南	2057.20	19.17	1.9364	18	2.2446	1248.66	11.96	1.2081
山　东	3334.42	20.70	2.1384	27	2.0545	1827.45	11.96	1.2355
东　部	4897.27	19.02	1.5253	[2]	3.0277	3002.81	11.96	0.9591
河　南	2803.99	21.11	1.6428	8	2.7640	1495.93	11.96	0.9307
山　西	3011.41	21.27	1.6868	9	2.7498	1588.81	11.96	0.9485
安　徽	3136.08	21.53	1.7033	10	3.2897	1627.43	11.96	0.9462
江　西	2922.85	21.38	1.9123	17	3.0953	1531.68	11.96	1.0698
湖　北	3245.81	21.70	2.0530	22	2.5125	1665.14	11.96	1.1315
湖　南	3154.96	21.77	2.4966	31	2.8008	1611.16	11.96	1.3716
中　部	3073.50	21.67	1.9228	[3]	2.8361	1580.15	11.96	1.0612
云　南	2137.14	18.94	1.7392	12	3.4543	1317.30	11.96	1.0983
青　海	2326.42	22.23	1.7870	15	2.0218	1152.64	11.96	0.9614
贵　州	2480.47	23.26	1.9846	19	3.3928	1148.99	11.96	1.0205
陕　西	4366.34	24.12	1.9983	20	2.8880	1913.61	11.96	0.9909
重　庆	3801.26	22.95	2.0026	21	2.6876	1796.99	11.96	1.0436
宁　夏	3369.45	22.71	2.0721	23	2.5871	1617.77	11.96	1.0912
四　川	2841.79	21.44	2.0836	24	2.9152	1483.01	11.96	1.1623
内蒙古	5917.69	26.58	2.0880	25	2.0192	2216.99	11.96	0.9395
新　疆	1764.91	18.79	2.1160	26	1.8924	1098.85	11.96	1.3468
甘　肃	2337.35	20.42	2.1438	28	3.4885	1317.34	11.96	1.2643
西　藏	444.04	19.69	2.2922	29	0.6606	260.34	11.96	1.3923
广　西	2652.86	21.50	2.4103	30	2.8716	1379.12	11.96	1.3408
西　部	3050.44	22.47	2.0980	[4]	2.7621	1488.18	11.96	1.1167

文化消费应达到3495.12元，2012～2020年年均增长率需达到19.43%，为以往12年实际年均增长率的1.60倍。各地依此类推。

本项测评设定全国城乡人均文化消费与人均产值之比3.16%为中国文化产业成为国民经济支柱性产业的必需临界值，此项比值逐年修订，现为2012年数据测算值。其演算依据在于：2012年全国文化产业增加值为18071亿元，占同期GDP的3.48%；全国城乡文化消费总量为11405.97亿元，人均值为844.45元，与全国人均产值的比值为2.20%（更精确数据为2.1979%）。在文化产业增加值数据与城乡文化消费需求数据之间，存在着供需对应关系，其间差额主要是公共文化服务计入文化产业增加值部分（大多未能进入人民群众日常生活消费），其次是文化产业提供产品和服务并不进入人民群众日常生活消费部分（譬如各类机构书报刊公费购买订阅等）。以现有最新年度演算修订值来衡量，当全国城乡人均文化消费与人均产值的比值增高到3.1580%（更精确数据）时，中国文化产业增加值占同期GDP的比重将达到5%。各地据以演算的此项测算值各有不同，详见表5。

依据这一测算，各省域城乡未来9年文化消费达到增长目标所需年均增长率比较：上海、北京、广东、黑龙江、新疆、云南、福建、浙江、海南、河北10个省域城乡目标差距从小到大依次小于全国城乡平均差距；西藏、辽宁、甘肃、天津、山东、河南、江苏、山西、吉林、江西、四川、广西、安徽、湖北、湖南、青海、宁夏、重庆、贵州、陕西、内蒙古21个省域城乡目标差距从小到大依次大于全国城乡平均差距。其中，占据首位的上海目标差距比全国城乡所需年均增长率低5.16个百分点；处于末位的内蒙古目标差距比全国城乡所需年均增长率高7.15个百分点。

测算出各省域未来9年文化消费达到增长目标所需年均增长率之后，还需要与各自以往12年的实际年均增长率进行比较：上海、江苏、辽宁、北京、广东、黑龙江、福建7个省域比较差距从小到大依次小于全国城乡平均差距；河南、山西、安徽、吉林、云南、浙江、河北、青海、天津、江西、海南、贵州、陕西、重庆、湖北、宁夏、四川、内蒙古、新疆、山东、甘肃、西藏、广西、湖南24个省域比较差距从小到大依次大于全国城乡平均差距。其中，占据首位的上海比较差距比全国城乡比较差距低0.2226；处于末位的湖南比较差距比全国城乡比较差距高 0.5560。

倘若按照国家"十二五"规划转变发展方式的要求，在"十二五"期间把全国产值年均增长率控制在 7%，并延续至"十三五"末，支柱性产业测算目标距离将发生变化：到 2020 年全国城乡人均文化消费应达到 2084.66 元，2012～2020 年年均增长率需达到 11.96%，仅为以往 12 年实际年均增长率的约 99%，而与人均产值增长测算值之间的比值不变，显然更加容易实现。各地依此类推，2012～2020 年年均增长率均为 11.96%。

（二）文化消费需求增长相关协调性测算

1. 消除负相关目标测算

2020 年各省域城乡文化消费增长消除积蓄负相关目标测算见表 6，各地按所需年均增长率与 2000～2012 年实际年均增长率的比较差距从小到大排列。

以城乡文化需求系数既往年度历年最佳比值测算增长目标，即假设积蓄增长与文化消费增长之间排除负相关关系，必需消费之外余钱增长与精神文化消费需求增长实现同步。以全国城乡总体为例具体解释：如果到 2020 年此项比值实现 2000～2012 年最佳状态，那么城乡人均文化消费应达到 3909.02 元，与产值增长测算值之比将达到 3.53%，2012～2020 年年均增长率需达到 21.11%，为以往 12 年实际年均增长率的 1.74 倍。各地依此类推。

倘若按照国家"十二五"规划转变发展方式的要求，在"十二五"期间把全国产值年均增长率控制在 7%，并延续至"十三五"末，消除负相关测算的全国城乡人均文化消费绝对值不变，年均增长率不变，而与人均产值增长测算值之间的比值将提高至 5.92%。各地依此类推。

依据这一测算，各省域城乡未来 9 年人均文化消费达到增长目标所需年均增长率比较：新疆、江苏、广东、内蒙古、天津、福建、甘肃、安徽、黑龙江、河南、河北、上海、青海、山西、海南、吉林 16 个省域城乡目标差距从小到大依次小于全国城乡平均差距；辽宁、四川、贵州、北京、湖北、江西、山东、浙江、宁夏、广西、云南、陕西、重庆、湖南、西藏 15 个省域城乡目标差距从小到大依次大于全国城乡平均差距。其中，占据首位的新疆目标差距比全国城乡所需年均增长率低 5.46 个百分点；处于末位的西藏目标差距比全

表6　2020年各省域城乡文化消费增长消除积蓄负相关目标测算

地　区	2020年人均文化消费（元）	文化消费所需年均增长			人均文化消费与人均产值比			
		增长率（%）	对比以往		产值年增同前12年平均增长率		产值年增7%	
			增长率（上年=1）	差距倒序	与产值比（%）	排序	与产值比（%）	排序
全　国	3909.02	21.11	1.7432	—	3.5319	—	5.9216	—
辽　宁	4092.04	21.50	1.5512	7	2.4481	22	4.2041	23
黑龙江	2222.89	18.85	1.6015	9	2.3519	25	3.6228	26
吉　林	3165.86	21.01	1.6835	12	2.2318	26	4.2441	22
东　北	2915.88	19.26	1.4907	[1]	2.1633	[4]	3.6881	[4]
江　苏	5381.05	15.73	0.9758	1	2.4363	23	4.5822	18
广　东	4790.41	16.52	1.3642	3	3.3765	9	5.1540	16
福　建	3933.92	18.28	1.4935	6	2.6522	17	4.3394	21
天　津	4518.31	17.75	1.6107	10	1.5815	29	2.8224	30
上　海	9841.26	19.81	1.7316	13	5.6982	1	6.7090	9
河　北	2152.29	19.24	1.7539	14	2.0621	27	3.4240	28
北　京	11648.20	22.49	1.9642	18	5.6415	2	7.7501	3
海　南	2319.62	20.97	2.1182	21	2.5309	19	4.1698	25
浙　江	7220.97	23.88	2.1848	24	4.0472	5	6.6315	10
山　东	4032.41	23.60	2.4380	28	2.4846	20	4.5335	19
东　部	4865.12	18.92	1.5172	[2]	3.0079	[1]	4.9055	[3]
安　徽	2595.30	18.68	1.4778	4	2.7224	15	5.2462	14
河　南	2452.89	19.10	1.4864	5	2.4180	24	4.5322	20
山　西	2938.63	20.90	1.6574	11	2.6833	16	5.0860	17
江　西	3354.73	23.49	2.1011	20	3.5527	7	6.7794	8
湖　北	3424.08	22.52	2.1306	22	2.6505	18	5.1666	15
湖　南	4810.01	28.36	3.2523	30	4.2701	4	8.3616	2
中　部	2976.90	21.18	1.8793	[3]	2.7470	[2]	5.3431	[2]
内蒙古	3123.47	16.86	1.3244	2	1.0658	31	2.8455	29
青　海	1995.20	19.91	1.6005	8	1.7339	28	3.4997	27
新　疆	1423.96	15.65	1.7624	15	1.5268	30	2.4522	31
贵　州	2298.67	22.10	1.8857	16	3.1441	11	6.7876	7
甘　肃	2074.99	18.50	1.9556	17	3.0969	12	5.4949	13
四　川	2864.63	21.56	2.0952	19	2.9386	14	5.6311	12
陕　西	4982.05	26.18	2.1690	23	3.2953	10	7.5189	4
宁　夏	3907.07	25.00	2.2810	25	2.9999	13	6.2481	11
云　南	3279.41	25.48	2.3398	26	5.3006	3	8.5994	1
重　庆	4994.61	27.22	2.3752	27	3.5314	8	7.4701	5
广　西	3391.90	25.29	2.8352	29	3.6715	6	7.0625	6
西　藏	1656.19	41.09	4.7835	31	2.4641	21	4.2026	24
西　部	2942.47	21.92	2.0467	[4]	2.6644	[3]	5.4614	[1]

国城乡所需年均增长率高 19.98 个百分点。

测算出各省域未来 9 年文化消费达到增长目标所需年均增长率之后，还需要与各自以往 12 年间实际年均增长率进行比较：江苏、内蒙古、广东、安徽、河南、福建、辽宁、青海、黑龙江、天津、山西、吉林、上海 13 个省域比较差距从小到大依次小于全国城乡平均差距；河北、新疆、贵州、甘肃、北京、四川、江西、海南、湖北、陕西、浙江、宁夏、云南、重庆、山东、广西、湖南、西藏 18 个省域比较差距从小到大依次大于全国城乡平均差距。其中，占据首位的江苏比较差距比全国城乡比较差距低 44.02%；处于末位的西藏比较差距比全国城乡比较差距高 174.41%。

2. 最佳比值目标测算

2020 年各省域城乡文化消费相关最佳比值目标测算见表 7，各地按所需年均增长率与 2000~2012 年实际年均增长率的比较差距从小到大排列。

以各省域城乡民生基础系数、民生消费系数、文化需求系数三项比值既往年度最佳值测算增长目标，即假设相关各方面的增长协调性"回复"曾有的三项比例关系最佳值。以全国城乡总体为例具体解释：如果到 2020 年三项比值同步实现 2000~2012 年最佳状态，那么城乡人均文化消费应达到 4066.82 元，与产值增长测算值之比将达到 3.67%，2012~2020 年年均增长率需达到 21.71%，为以往 12 年实际年均增长率的 1.79 倍。各地依此类推。

依据这一测算，各省域城乡未来 9 年人均文化消费达到增长目标所需年均增长率比较：上海、江苏、北京、广东、福建、黑龙江 6 个省域城乡目标差距从小到大依次小于全国城乡平均差距；河北、辽宁、河南、海南、安徽、云南、新疆、天津、山西、浙江、吉林、山东、江西、四川、甘肃、湖北、青海、宁夏、贵州、广西、重庆、陕西、湖南、内蒙古、西藏 25 个省域城乡目标差距从小到大依次大于全国城乡平均差距。其中，占据首位的上海目标差距比全国城乡所需年均增长率低 5.78 个百分点；处于末位的西藏目标差距比全国城乡所需年均增长率高 26.61 个百分点。

测算出各省域未来 9 年文化消费达到增长目标所需年均增长率之后，还需要与各自以往 12 年的实际年均增长率进行比较：江苏、上海、辽宁、广东、福建、北京、河南 7 个省域比较差距从小到大依次小于全国城乡平均差距；黑

表7 2020年各省域城乡文化消费相关最佳比值目标测算

地区	产值年增按2000～2012年实值推算				文化消费与产值比关系不变(%)	产值年增按"十二五"规划7%推算		
	2020年人均文化消费(元)	文化消费所需年均增长				2020年人均文化消费(元)	所需年均增长率(%)	对比以往增长率(上年=1)
		增长率(%)	对比以往					
			增长率(上年=1)	差距倒序				
全 国	4066.82	21.71	1.7927	—	3.6745	2425.65	14.10	1.1643
江 苏	6783.89	19.13	1.1867	1	3.0714	3606.87	10.08	0.6253
上 海	7566.65	15.93	1.3925	2	4.3812	6426.61	13.59	1.1879
广 东	6039.77	19.94	1.6466	4	4.2571	3956.77	13.77	1.1371
福 建	4508.44	20.32	1.6601	5	3.0395	2755.50	13.14	1.0735
北 京	9488.24	19.39	1.6934	6	4.5954	6906.78	14.74	1.2873
河 北	2647.03	22.36	2.0383	10	2.5362	1594.19	14.85	1.3537
天 津	7291.77	25.01	2.2695	13	2.5523	4085.95	16.28	1.4773
浙 江	8232.34	25.92	2.3715	15	4.6141	5024.21	18.39	1.6825
海 南	2919.35	24.50	2.4747	16	3.1853	1771.96	16.97	1.7141
山 东	5381.90	28.14	2.9070	22	3.3161	2949.59	18.86	1.9483
东 部	5395.68	20.47	1.6415	[1]	3.3359	3308.42	13.32	1.0682
辽 宁	4369.96	22.50	1.6234	3	2.6144	2544.70	14.49	1.0455
黑龙江	2630.51	21.38	1.8165	8	2.7832	1707.73	15.00	1.2744
吉 林	4797.77	27.47	2.2011	12	3.3822	2522.98	17.63	1.4127
东 北	3463.19	21.86	1.6920	[2]	2.5694	2031.37	14.00	1.0836
河 南	3148.93	22.88	1.7805	7	3.1041	1679.96	13.59	1.0576
安 徽	3840.17	24.64	1.9494	9	4.0283	1992.80	14.83	1.1733
山 西	4046.89	25.84	2.0492	11	3.6953	2135.12	16.17	1.2823
江 西	4624.28	28.54	2.5528	17	4.8972	2423.30	18.57	1.6610
湖 北	5935.82	31.24	2.9555	25	4.5948	3045.14	20.73	1.9612
湖 南	7811.23	36.38	4.1720	30	6.9344	3989.02	25.39	2.9117
中 部	4463.23	27.48	2.4383	[3]	4.1185	2294.63	17.30	1.5350
云 南	3126.72	24.73	2.2709	14	5.0538	1927.26	17.41	1.5987
青 海	4265.27	31.85	2.5603	18	3.7068	2113.26	20.77	1.6696
四 川	4549.29	28.80	2.7988	19	4.6668	2374.08	18.74	1.8212
贵 州	4542.42	32.95	2.8114	20	6.2131	2104.11	20.75	1.7705
新 疆	2654.35	25.01	2.8164	21	2.8460	1652.63	17.82	2.0068
内蒙古	11330.38	37.29	2.9293	23	3.8660	4243.67	21.43	1.6834
宁 夏	6173.75	32.36	2.9526	24	4.7403	2964.19	20.76	1.8942
重 庆	7614.03	34.10	2.9756	26	5.3834	3599.42	22.11	1.9293
陕 西	9175.75	36.19	2.9983	27	6.0691	4021.41	22.85	1.8931
甘 肃	4094.01	29.01	3.0666	28	6.1103	2307.40	20.08	2.1226
广 西	5628.41	33.48	3.7534	29	6.0924	2926.00	23.00	2.5785
西 藏	2469.91	48.32	5.6251	31	3.6747	1448.14	38.74	4.5099
西 部	5122.72	30.67	2.8637	[4]	4.6385	2499.15	19.45	1.8161

龙江、安徽、河北、山西、吉林、天津、云南、浙江、海南、江西、青海、四川、贵州、新疆、山东、内蒙古、宁夏、湖北、重庆、陕西、甘肃、广西、湖南、西藏24个省域比较差距从小到大依次大于全国城乡平均差距。其中，占据首位的江苏比较差距比全国城乡比较差距低33.80%；处于末位的西藏比较差距比全国城乡比较差距高213.78%。

倘若按照国家"十二五"规划转变发展方式的要求，在"十二五"期间把全国产值年均增长率控制在7%，并延续至"十三五"末，最佳比值测算目标距离将发生变化：到2020年全国城乡人均文化消费应达到2425.65元，2012～2020年年均增长率需达到14.10%，仅为以往12年实际年均增长率的1.16倍，而与人均产值增长测算值之间的比值不变，显然更加容易实现。各地依此类推。

同样依据这一测算，各省域城乡未来9年人均文化消费达到增长目标所需年均增长率比较：江苏、福建、上海、河南、广东5个省域目标差距从小到大依次小于全国城乡平均差距；辽宁、北京、安徽、河北、黑龙江、山西、天津、海南、云南、吉林、新疆、浙江、江西、四川、山东、甘肃、湖北、贵州、宁夏、青海、内蒙古、重庆、陕西、广西、湖南、西藏26个省域目标差距从小到大依次大于全国城乡平均差距。其中，占据首位的江苏目标差距比全国城乡所需年均增长率低4.02个百分点；处于末位的西藏目标差距比全国城乡所需年均增长率高24.64个百分点。

（三）文化消费需求城乡均衡增长测算

1. 最小城乡比目标测算

2020年各省域基于最佳比值的文化消费需求最小城乡比目标测算见表8，各地按所需年均增长率与2000～2012年实际年均增长率的比较差距从小到大排列。

在三项最佳比值测算基础上，以各省域人均文化消费城乡比既往年度最小值测算增长目标，即假设"回复"原有的文化消费城乡比最小状态，作为缩小以至于消除城乡差距的基础。以全国城乡总体为例具体解释：如果到2020年全国城乡同时实现2000～2012年三项最佳比值和文化消费城乡比最小状态，

表8　2020年各省域文化消费需求最小城乡比目标测算

地区	产值年增按2000~2012年实值推算				文化消费与产值比关系不变（%）	产值年增按"十二五"规划7%推算		
	2020年人均文化消费（元）	文化消费所需年均增长				2020年人均文化消费（元）	所需年均增长率（%）	对比以往增长率（上年=1）
		增长率（%）	对比以往					
			增长率（上年=1）	差距倒序				
全　国	5642.56	26.80	2.2130	—	5.0983	3365.50	18.87	1.5582
江　苏	8681.86	22.86	1.4181	1	3.9307	4615.99	13.53	0.8393
上　海	8463.80	17.57	1.5358	2	4.9006	7188.58	15.19	1.3278
北　京	10070.52	20.28	1.7712	3	4.8774	7330.63	15.60	1.3624
广　东	8365.21	24.93	2.0586	4	5.8962	5480.22	18.49	1.5268
福　建	7230.87	27.64	2.2582	8	4.8749	4419.42	20.02	1.6356
天　津	7581.30	25.62	2.3249	9	2.6536	4248.19	16.85	1.5290
河　北	3381.59	26.17	2.3856	10	3.2400	2036.58	18.42	1.6791
浙　江	9480.28	28.17	2.5773	15	5.3135	5785.83	20.49	1.8747
山　东	6429.48	31.02	3.2045	20	3.9616	3523.73	21.54	2.2252
海　南	6794.02	38.36	3.8747	25	7.4129	4123.76	29.99	3.0293
东　部	6452.98	23.19	1.8597	[1]	3.9896	3956.71	15.89	1.2743
黑龙江	3240.91	24.58	2.0884	5	3.4290	2104.00	18.03	1.5319
辽　宁	6589.65	28.95	2.0887	6	3.9424	3837.26	20.52	1.4805
吉　林	5889.73	30.78	2.4663	13	4.1520	3097.20	20.68	1.6571
东　北	4687.22	26.56	2.0557	[2]	3.4775	2749.34	18.39	1.4234
山　西	4496.86	27.51	2.1816	7	4.1062	2372.52	17.71	1.4044
河　南	5241.75	30.96	2.4093	11	5.1671	2796.49	21.07	1.6397
安　徽	6185.05	32.29	2.5546	14	6.4881	3209.64	21.88	1.7310
湖　北	11118.91	41.95	3.9688	27	8.6069	5704.13	30.59	2.8940
江　西	12100.98	44.97	4.0224	28	12.8151	6341.37	33.72	3.0161
湖　南	12438.91	44.55	5.1089	30	11.0426	6352.27	32.90	3.7729
中　部	7278.50	35.51	3.1508	[3]	6.7163	3742.02	24.70	2.1917
云　南	3514.12	26.57	2.4399	12	5.6799	2166.05	19.14	1.7576
青　海	4339.65	32.14	2.5836	16	3.7714	2150.11	21.03	1.6905
新　疆	2995.25	26.91	3.0304	17	3.2115	1864.87	19.61	2.2083
重　庆	8315.72	35.59	3.1056	18	5.8795	3931.13	23.47	2.0480
宁　夏	7282.54	35.12	3.2044	19	5.5916	3496.55	23.28	2.1241
贵　州	6487.31	39.00	3.3276	21	8.8734	3005.00	26.26	2.2406
四　川	6408.84	34.43	3.3460	22	6.5743	3344.50	23.94	2.3265
甘　肃	5161.69	32.80	3.4672	23	7.7039	2909.15	23.61	2.4958
陕　西	14968.48	44.78	3.7100	24	9.9006	6560.16	30.60	2.5352
内蒙古	22310.49	49.42	3.8822	26	7.6126	8356.00	32.16	2.5263
广　西	10518.70	44.33	4.9697	29	11.3859	5468.27	33.00	3.6996
西　藏	5016.26	62.05	7.2235	31	7.4631	2941.10	51.59	6.0058
西　部	6948.46	35.74	3.3371	[4]	6.2917	3389.85	24.09	2.2493

　　注：最小城乡比"倒挂"地区用弥合城乡比目标测算可以避免"矫枉过正"，这些地区最小城乡比目标测算值大于弥合城乡比目标测算（对照表9）。

那么城乡人均文化消费应达到5642.56元，与产值增长测算值之比将达到5.10%，2012~2020年年均增长率需达到26.80%，为以往12年实际年均增长率的2.21倍。各地依此类推。

依据这一测算，各省域未来9年人均文化消费达到增长目标所需年均增长率比较：上海、北京、江苏、黑龙江、广东、天津、河北、云南8个省域目标差距从小到大依次小于全国平均差距；新疆、山西、福建、浙江、辽宁、吉林、河南、山东、青海、安徽、甘肃、四川、宁夏、重庆、海南、贵州、湖北、广西、湖南、陕西、江西、内蒙古、西藏23个省域目标差距从小到大依次大于全国平均差距。其中，占据首位的上海目标差距比全国所需年均增长率低9.23个百分点；处于末位的西藏目标差距比全国所需年均增长率高35.25个百分点。

测算出各省域未来9年文化消费达到增长目标所需年均增长率之后，还需要与各自以往12年间实际年均增长率进行比较：江苏、上海、北京、广东、黑龙江、辽宁、山西7个省域比较差距从小到大依次小于全国平均差距；福建、天津、河北、河南、云南、吉林、安徽、浙江、青海、新疆、重庆、宁夏、山东、贵州、四川、甘肃、陕西、海南、内蒙古、湖北、江西、广西、湖南、西藏24个省域比较差距从小到大依次大于全国平均差距。其中，占据首位的江苏比较差距比全国比较差距低35.92%；处于末位的西藏比较差距比全国比较差距高226.41%。

倘若按照国家"十二五"规划转变发展方式的要求，在"十二五"期间把全国产值年均增长率控制在7%，并延续至"十三五"末，最小城乡比测算目标距离将发生变化：到2020年全国城乡人均文化消费应达到3365.50元，2012~2020年年均增长率需达到18.87%，仅为以往12年实际年均增长率的1.56倍，而与人均产值增长测算值之间的比值不变，显然更加容易实现。各地依此类推。

同样依据这一测算，各省域未来9年人均文化消费达到增长目标所需年均增长率比较：江苏、上海、北京、天津、山西、黑龙江、河北、广东8个省域目标差距从小到大依次小于全国平均差距；云南、新疆、福建、浙江、辽宁、吉林、青海、河南、山东、安徽、宁夏、重庆、甘肃、四川、贵州、海南、湖北、陕西、内蒙古、湖南、广西、江西、西藏23个省域目标差距从小到大依次大于全国平均差距。其中，占据首位的江苏目标差距比全国所需年均增长率低5.34个百分点；处于末位的西藏目标差距比全国所需年均增长率高32.72个百分点。

2. 弥合城乡比目标测算

2020年各省域基于最佳比值的文化消费需求弥合城乡比目标测算见表9，各地按所需年均增长率与2000～2012年实际年均增长率的比较差距从小到大排列。

表9 2020年各省域文化消费需求弥合城乡比目标测算

地　区	产值年增按2000～2012年实值推算				文化消费与产值比关系不变（%）	产值年增按"十二五"规划7%推算		
	2020年人均文化消费（元）	文化消费所需年均增长				2020年人均文化消费（元）	所需年均增长率（%）	对比以往增长率（上年=1）
		增长率（%）	对比以往					
			增长率（上年=1）	差距倒序				
全　国	6475.86	29.00	2.3947	—	5.8512	3862.52	20.93	1.7283
黑龙江	2926.18	23.00	1.9541	4	3.0960	1899.68	16.54	1.4053
辽　宁	6128.29	27.79	2.0051	5	3.6664	3568.61	19.44	1.4026
吉　林	5748.44	30.38	2.4343	10	4.0524	3022.90	20.32	1.6282
东　北	4503.21	25.92	2.0062	[1]	3.3410	2641.40	17.80	1.3777
江　苏	8601.56	22.72	1.4094	1	3.8944	4573.29	13.40	0.8313
上　海	8388.96	17.44	1.5245	2	4.8573	7125.02	15.07	1.3173
北　京	10327.72	20.66	1.8044	3	5.0020	7517.86	15.97	1.3948
广　东	9081.62	26.22	2.1652	6	6.4011	5949.55	19.72	1.6284
福　建	7041.28	27.21	2.2230	7	4.7471	4303.54	19.62	1.6029
天　津	7730.02	25.93	2.3530	9	2.7057	4331.52	17.13	1.5544
河　北	3594.88	27.14	2.4740	11	3.4443	2165.04	19.33	1.7621
浙　江	9973.81	28.98	2.6514	14	5.5902	6087.04	21.26	1.9451
山　东	7179.23	32.84	3.3926	18	4.4236	3934.63	23.22	2.3988
海　南	6049.10	36.37	3.6737	21	6.6001	3671.61	28.12	2.8404
东　部	7266.09	25.03	2.0072	[2]	4.4923	4455.28	17.62	1.4130
山　西	4892.79	28.86	2.2887	8	4.4677	2581.42	18.96	1.5036
河　南	6105.97	33.48	2.6054	12	6.0190	3257.55	23.40	1.8210
安　徽	6583.22	33.33	2.6369	13	6.9057	3416.27	22.83	1.8062
江　西	10342.59	42.15	3.7701	25	10.9529	5419.91	31.12	2.7835
湖　北	10494.73	40.93	3.8723	26	8.1237	5383.92	29.65	2.8051

续表

地　区	产值年增按2000~2012年实值推算				文化消费 与产值比 关系不变 （％）	产值年增 按"十二五"规划7％推算		
	2020年人均 文化消费 （元）	增长率 （％）	对比以往			2020年人均 文化消费 （元）	所需年均 增长率 （％）	对比以往 增长率 （上年＝1）
			增长率 （上年＝1）	差距倒序				
湖　南	13150.10	45.56	5.2248	29	11.6740	6715.45	33.83	3.8796
中　部	7829.31	36.75	3.2609	[3]	7.2246	4025.21	25.84	2.2928
云　南	4892.59	31.91	2.9302	15	7.9080	3015.72	24.17	2.2195
青　海	5793.85	37.00	2.9743	16	5.0352	2870.61	25.49	2.0490
重　庆	9884.24	38.55	3.3639	17	6.9885	4672.62	26.16	2.2827
宁　夏	8553.42	37.87	3.4553	19	6.5674	4106.73	25.79	2.3531
新　疆	3824.35	30.85	3.4741	20	4.1005	2381.09	23.32	2.6261
内蒙古	19680.72	47.10	3.6999	22	6.7153	7371.30	30.10	2.3645
四　川	8022.81	38.26	3.7182	23	8.2300	4186.76	27.47	2.6696
陕　西	15316.80	45.20	3.7448	24	10.1310	6712.82	30.98	2.5667
甘　肃	6617.57	36.99	3.9101	27	9.8768	3729.69	27.51	2.9080
贵　州	9542.35	45.87	3.9138	28	13.0520	4420.13	32.49	2.7722
广　西	12122.34	46.91	5.2590	30	13.1217	6301.95	35.38	3.9664
西　藏	6250.71	66.57	7.7497	31	9.2997	3664.87	55.82	6.4983
西　部	8868.33	39.94	3.7292	[4]	8.0301	4326.47	27.94	2.6088

注：此类弥合城乡比测算与后一项城乡无差距测算有异曲同工之妙，不过假设条件的逻辑起点不同，带来演算方式不同，最后导致演算结果不同。此为基于三项最佳比值测算再假设城乡之间文化消费数值持平，彼为假设三项城乡比持平再以城镇标准进行三项最佳比值测算。

同样在三项最佳比值测算基础上，以各省域人均文化消费城乡比的无差距理想值测算增长目标，即假设文化需求层面的城乡差距得到消除，据此演算校正数值。以全国城乡总体为例具体解释：如果到2020年同时实现2000~2012年三项最佳比值和乡村人均文化消费绝对值与城镇水平持平，那么城乡人均文化消费应达到6475.86元，与产值增长测算值之比将达到5.85％，2012~2020年年均增长率需达到29.00％，为以往12年实际年均增长率的2.39倍。各地依此类推。

依据这一测算，各省域未来9年人均文化消费达到增长目标所需年均增长率比较：上海、北京、江苏、黑龙江、天津、广东、河北、福建、辽宁、山西、浙江11个省域目标差距从小到大依次小于全国平均差距；吉林、新疆、云南、山东、安徽、河南、海南、甘肃、青海、宁夏、四川、重庆、湖北、江西、陕西、湖南、贵州、广西、内蒙古、西藏20个省域目标差距从小到大依次大于全国平均差距。其中，占据首位的上海目标差距比全国所需年均增长率低11.56个百分点；处于末位的西藏目标差距比全国所需年均增长率高37.57个百分点。

测算出各省域未来9年文化消费达到增长目标所需年均增长率之后，还需要与各自以往12年的实际年均增长率进行比较：江苏、上海、北京、黑龙江、辽宁、广东、福建、山西、天津9个省域比较差距从小到大依次小于全国平均差距；吉林、河北、河南、安徽、浙江、云南、青海、重庆、山东、宁夏、新疆、海南、内蒙古、四川、陕西、江西、湖北、甘肃、贵州、湖南、广西、西藏22个省域比较差距从小到大依次大于全国平均差距。其中，占据首位的江苏比较差距比全国比较差距低41.14%；处于末位的西藏比较差距比全国比较差距高223.62%。

倘若按照国家"十二五"规划转变发展方式的要求，在"十二五"期间把全国产值年均增长率控制在7%，并延续至"十三五"末，弥合城乡比测算目标距离将发生变化：到2020年全国城乡人均文化消费应达到3862.52元，2012～2020年年均增长率需达到20.93%，仅为以往12年实际年均增长率的1.73倍，而与人均产值增长测算值之间的比值不变，显然更加容易实现。各地依此类推。

同样依据这一测算，各省域未来9年人均文化消费达到增长目标所需年均增长率比较：江苏、上海、北京、黑龙江、天津、山西、河北、辽宁、福建、广东、吉林11个省域目标差距从小到大依次小于全国平均差距；浙江、安徽、山东、新疆、河南、云南、青海、宁夏、重庆、四川、甘肃、海南、湖北、内蒙古、陕西、江西、贵州、湖南、广西、西藏20个省域目标差距从小到大依次大于全国平均差距。其中，占据首位的江苏目标差距比全国所需年均增长率低7.53个百分点；处于末位的西藏目标差距比全国所需年均增长率高34.89个百分点。

3. 城乡无差距目标测算

2020年各省域文化消费相关方面城乡无差距目标测算见表10，各地按所需年均增长率与2000～2012年实际年均增长率的比较差距从小到大排列。

表10　2020年各省域文化消费相关方面城乡无差距目标测算

地　区	产值年增按2000～2012年实值推算				文化消费与产值比关系不变（%）	产值年增按"十二五"规划7%推算		
	2020年人均文化消费（元）	文化消费所需年均增长				2020年人均文化消费（元）	所需年均增长率（%）	对比以往增长率（上年＝1）
		增长率（%）	对比以往					
			增长率（上年＝1）	差距倒序				
全　国	6579.36	29.26	2.4162	—	5.9447	3924.25	21.17	1.7481
黑龙江	2656.92	21.53	1.8292	3	2.8112	1724.87	15.14	1.2863
辽　宁	5289.63	25.46	1.8369	4	3.1646	3080.24	17.26	1.2453
吉　林	5502.89	29.67	2.3774	8	3.8793	2893.78	19.66	1.5753
东　北	3958.77	23.91	1.8506	[1]	2.9370	2322.06	15.92	1.2322
上　海	7746.54	16.27	1.4222	1	4.4853	6579.39	13.92	1.2168
江　苏	9104.49	23.59	1.4634	2	4.1221	4840.69	14.21	0.8815
北　京	10820.38	21.37	1.8664	5	5.2406	7876.48	16.64	1.4533
福　建	6268.66	25.38	2.0735	6	4.2262	3831.32	17.89	1.4616
广　东	9086.79	26.23	2.1660	7	6.4048	5952.94	19.73	1.6292
天　津	9194.70	28.69	2.6034	11	3.2184	5152.26	19.70	1.7877
浙　江	9768.28	28.65	2.6212	12	5.4750	5961.60	20.94	1.9158
河　北	4709.92	31.50	2.8715	13	4.5127	2836.57	23.43	2.1358
海　南	4609.25	31.81	3.2131	16	5.0291	2797.67	23.84	2.4081
山　东	8298.08	35.27	3.6436	20	5.1130	4547.82	25.47	2.6312
东　部	8334.85	27.20	2.1812	[2]	5.1530	5110.60	19.65	1.5758
安　徽	5514.99	30.41	2.4059	9	5.7852	2861.93	20.14	1.5934
河　南	5731.65	32.43	2.5237	10	5.6500	3057.85	22.43	1.7455
江　西	5853.09	32.38	2.8962	14	6.1985	3067.24	22.11	1.9776
山　西	8373.59	37.81	2.9984	15	7.6461	4417.87	27.23	2.1594
湖　北	9230.72	38.69	3.6604	21	7.1453	4735.47	27.58	2.6093
湖　南	10653.17	41.78	4.7913	30	9.4574	5440.33	30.35	3.4805
中　部	7222.43	35.38	3.1393	[3]	6.6646	3713.20	24.58	2.1810
内蒙古	15273.25	42.51	3.3394	17	5.2114	5720.44	26.05	2.0463
陕　西	12873.40	42.08	3.4863	18	8.5149	5641.96	28.16	2.3331
云　南	7522.06	39.20	3.5996	19	12.1580	4636.48	31.03	2.8494
青　海	9561.65	45.85	3.6857	22	8.3096	4737.40	33.59	2.7002
四　川	8351.63	38.96	3.7862	23	8.5673	4358.36	28.11	2.7318
宁　夏	11410.58	42.92	3.9161	24	8.7612	5478.53	30.40	2.7737
贵　州	10059.22	46.84	3.9966	25	13.7590	4659.56	33.37	2.8473
甘　肃	7232.61	38.52	4.0719	26	10.7947	4076.33	28.94	3.0592
新　疆	5419.83	36.67	4.1295	27	5.8112	3374.45	28.81	3.2444
重　庆	16764.89	48.01	4.1894	28	11.8534	7925.35	34.78	3.0349
广　西	9012.44	41.57	4.6603	29	9.7555	4685.23	30.45	3.4137
西　藏	10205.37	77.10	8.9756	31	15.1834	5983.54	65.67	7.6449
西　部	9855.11	41.80	3.9029	[4]	8.9236	4807.88	29.63	2.7666

在民生基础层面、民生消费层面、文化需求层面三项城乡比的无差距理想状态下实现既往年度最佳比值测算增长目标，即假设此三个层面的乡村人均值加速增长，并与城镇水平持平，统一取城镇标准三项比例关系最佳值进行演算。以全国城乡总体为例具体解释：如果到2020年城乡之间在此三个层面已无差距，统一实现2000~2012年城镇标准三项最佳比值，那么城乡人均文化消费应达到6579.36元，与产值增长测算值之比将达到5.94%，2012~2020年年均增长率需达到29.26%，为以往12年实际年均增长率的2.42倍。各地依此类推。

依据这一测算，各省域未来9年人均文化消费达到增长目标所需年均增长率比较：上海、北京、黑龙江、江苏、福建、辽宁、广东、浙江、天津9个省域目标差距从小到大依次小于全国平均差距；吉林、安徽、河北、海南、江西、河南、山东、新疆、山西、甘肃、湖北、四川、云南、广西、湖南、陕西、内蒙古、宁夏、青海、贵州、重庆、西藏22个省域目标差距从小到大依次大于全国平均差距。其中，占据首位的上海目标差距比全国所需年均增长率低12.99个百分点；处于末位的西藏目标差距比全国所需年均增长率高47.84个百分点。

测算出各省域未来9年文化消费达到增长目标所需年均增长率之后，还需要与各自以往12年的实际年均增长率进行比较：上海、江苏、黑龙江、辽宁、北京、福建、广东、吉林、安徽9个省域比较差距从小到大依次小于全国平均差距；河南、天津、浙江、河北、江西、山西、海南、内蒙古、陕西、云南、山东、湖北、青海、四川、宁夏、贵州、甘肃、新疆、重庆、广西、湖南、西藏22个省域比较差距从小到大依次大于全国平均差距。其中，占据首位的上海比较差距比全国比较差距低41.14%；处于末位的西藏比较差距比全国比较差距高271.48%。

倘若按照国家"十二五"规划转变发展方式的要求，在"十二五"期间把全国产值年均增长率控制在7%，并延续至"十三五"末，城乡无差距测算目标距离将发生变化：到2020年全国城乡人均文化消费应达到3924.25元，2012~2020年年均增长率需达到21.17%，仅为以往12年实际年均增长率的1.75倍，而与人均产值增长测算值之间的比值不变，显然更加容易实现。各地依此类推。

同样依据这一测算，各省域未来 9 年人均文化消费达到增长目标所需年均增长率比较：上海、江苏、黑龙江、北京、辽宁、福建、吉林、天津、广东、安徽、浙江 11 个省域目标差距从小到大依次小于全国平均差距；江西、河南、河北、海南、山东、内蒙古、山西、湖北、四川、陕西、新疆、甘肃、湖南、宁夏、广西、云南、贵州、青海、重庆、西藏 20 个省域目标差距从小到大依次大于全国平均差距。其中，占据首位的上海目标差距比全国所需年均增长率低 7.25 个百分点；处于末位的西藏目标差距比全国所需年均增长率高 44.50 个百分点。

五　各省域文化消费需求总量增长测算

在人均数值增长测算基础上，最后再进行至 2020 年各省域文化消费需求总量增长目标测算（见表 11A、表 11B）。与人均数值增长的各类测算逐一对应，表中同样提供了总量数值增长的各类测算结果。不过，总量数值演算无法涉及未来人口增长及其分布变化，难免会有误差。其所需年均增长率演算结果与人均值演算略有差异，故而省略总量增长目标测算的年均增长数值，仅供参考。各地分为东北和东部、中部、西部四大区域。

关于省域篇子报告，在此加两点说明。

（1）省域篇选择本文表 5～表 10 共 6 类测算（历年均增值为测算基础，不计）增长目标排行里至少有 1 类处于前 10 位者，按 6 类排行位次之和从小到大排列，形成 15 篇省域分报告：江苏、上海、辽宁、广东、黑龙江、北京、福建、河南、安徽、山西、吉林、天津、河北、青海和内蒙古，取各自最高位次增长目标测算排行确定子报告标题，多类排行最高位次相同则取其间高目标测算（可见各分报告摘要）。这只是限于全书篇幅而选取分报告的简便操作而已，各类测算目标仅为依据至 2012 年各地数据及其增长变化态势的数理推演，提出的各种或然性的趋势、应然性的理想供参考，并不意味着这些省域到 2020 年必定处于领先地位。

表11A 2020年各省域文化消费需求增长总量测算（一）

单位：亿元

地 区	与产值测算间接相关		与产值测算直接相关			
			按以往产值年均增长推算		按"十二五"年增7%推算	
	历年均增值测算	消除负相关测算	支柱性产业测算	最佳比值测算	支柱性产业测算	最佳比值测算
全 国	29774.56	55225.81	49378.42	57455.17	29451.71	34269.08
黑龙江	524.79	857.41	819.07	1014.63	531.74	658.70
吉 林	494.79	887.86	906.28	1345.53	476.58	707.57
辽 宁	1103.09	1854.00	1655.39	1979.92	963.96	1152.94
东 北	2107.51	3263.04	3354.84	3875.51	1967.82	2273.22
北 京	1506.74	3207.69	2146.43	2612.88	1562.45	1901.99
天 津	491.38	787.21	938.14	1270.42	525.69	711.88
河 北	933.87	1659.24	1664.16	2040.64	1002.25	1228.99
山 东	1577.32	4102.29	3392.20	5475.16	1859.12	3000.70
江 苏	4624.80	4502.11	6497.13	5675.81	3454.41	3017.72
上 海	1721.68	3072.52	2104.08	2362.37	1787.06	2006.44
浙 江	1850.07	4475.32	3264.42	5102.13	1992.28	3113.84
福 建	1035.62	1575.06	1660.19	1805.09	1014.69	1103.25
广 东	4664.44	6350.74	7044.14	8007.03	4614.76	5245.57
海 南	103.42	222.89	197.68	280.52	119.98	170.27
东 部	17989.31	28099.84	28285.53	31164.24	17343.57	19108.68
山 西	644.98	1139.18	1167.39	1568.80	615.91	827.69
河 南	1492.97	2298.38	2627.36	2950.58	1401.70	1574.14
安 徽	989.89	1504.28	1817.73	2225.83	943.28	1155.06
湖 北	851.56	1934.88	1834.15	3354.22	940.94	1720.75
江 西	682.53	1580.96	1377.43	2179.26	721.83	1142.01
湖 南	849.10	3205.64	2102.63	5205.81	1073.76	2658.49
中 部	5418.49	10724.19	11072.18	16078.61	5692.43	8266.34
内蒙古	601.39	802.19	1519.82	2909.94	569.23	1089.89
陕 西	738.46	1907.04	1671.36	3512.32	732.50	1539.32
宁 夏	107.75	279.54	241.08	441.72	115.75	212.08
甘 肃	284.26	536.36	604.18	1058.25	340.52	596.44
青 海	73.03	122.16	142.44	261.15	70.57	129.39
新 疆	223.70	362.22	448.95	675.20	279.52	420.39
重 庆	491.60	1416.05	1077.72	2158.70	509.47	1020.49
四 川	1017.47	2216.75	2199.07	3520.39	1147.60	1837.14
贵 州	374.53	762.05	822.33	1505.90	380.91	697.55
广 西	511.01	1566.62	1225.28	2599.60	636.98	1351.43
云 南	604.67	1624.76	1058.83	1549.11	652.65	954.85
西 藏	6.99	56.76	15.22	84.65	8.92	49.63
西 部	4970.22	10748.77	11143.20	18713.15	5436.28	9129.33

注：全国、四大区域和各省域分别演算，未经平衡处理，各地总量之和不等于全国总量，四大区域亦然（后表同）。

表11B 2020年各省域文化消费需求增长总量测算（二）

单位：亿元

地　区	按以往产值年均增长推算			按"十二五"年增7%推算		
	最小城乡比测算	弥合城乡比测算	城乡无差距测算	最小城乡比测算	弥合城乡比测算	城乡无差距测算
全　国	79716.95	91489.66	92951.84	47547.09	54568.92	55441.03
黑龙江	1250.08	1128.68	1024.82	811.55	732.74	665.31
吉　林	1651.77	1612.15	1543.28	868.61	847.77	811.56
辽　宁	2985.61	2776.58	2396.60	1738.57	1616.85	1395.58
东　北	5245.28	5039.36	4430.10	3076.68	2955.89	2598.52
北　京	2773.22	2844.05	2979.72	2018.71	2070.27	2169.03
天　津	1320.87	1346.78	1601.96	740.15	754.67	897.66
河　北	2606.93	2771.36	3630.96	1570.03	1669.06	2186.76
山　东	6540.90	7303.63	8441.87	3584.79	4002.81	4626.63
江　苏	7263.76	7196.57	7617.35	3862.01	3826.29	4050.01
上　海	2642.46	2619.10	2418.53	2244.33	2224.49	2054.14
浙　江	5875.57	6181.44	6054.06	3585.87	3772.55	3694.81
福　建	2895.10	2819.19	2509.85	1769.45	1723.05	1533.99
广　东	11089.92	12039.67	12046.53	7265.23	7887.43	7891.92
海　南	652.84	581.26	442.91	396.25	352.81	268.83
东　部	37270.97	41967.30	48140.26	22853.08	25732.69	29517.70
山　西	1743.23	1896.72	3246.07	919.72	1000.70	1712.61
河　南	4911.57	5721.35	5370.61	2620.34	3052.36	2865.24
安　徽	3584.96	3815.75	3196.58	1860.36	1980.13	1658.82
湖　北	6283.09	5930.37	5216.11	3223.30	3042.35	2675.92
江　西	5702.76	4874.09	2758.35	2988.46	2554.21	1445.48
湖　南	8289.94	8763.92	7099.84	4233.49	4475.53	3625.72
中　部	26220.52	28204.80	26018.56	13480.50	14500.66	13376.67
内蒙古	5729.91	5054.52	3922.57	2146.08	1893.12	1469.16
陕　西	5729.67	5863.00	4927.71	2511.11	2569.55	2159.64
宁　夏	521.05	611.98	816.40	250.17	293.83	391.97
甘　肃	1334.23	1710.56	1869.54	751.98	964.08	1053.68
青　海	265.71	354.74	585.44	131.65	175.76	290.06
新　疆	761.91	972.82	1378.66	474.38	605.69	858.37
重　庆	2357.64	2802.34	4753.11	1114.54	1324.25	2246.96
四　川	4959.37	6208.31	6462.76	2588.08	3239.85	3372.64
贵　州	2150.67	3163.48	3334.83	996.22	1465.36	1544.74
广　西	4858.28	5598.96	4162.58	2525.64	2910.69	2163.97
云　南	1741.04	2423.99	3726.74	1073.15	1494.11	2297.11
西　藏	171.93	214.24	349.78	100.80	125.61	205.08
西　部	25382.53	32395.79	36000.46	12383.03	15804.49	17563.06

（2）在省域篇分报告里，囿于制图篇幅，各图中"十五"规划期头年与末年直接对接，但文中分析历年变化态势时，运用测评数据库后台演算功能，测算筛选出的最高与最低年度值包含图里省略的年度的数据。另因基于2012年数据测算至2020年各类预期增长目标，2012年作为"未来9年"的头一年处理。借此一并说明，以免各文反复交代，显得重复。

B.3

中心城市文化产业与文教消费
供需协调增长空间

——2005～2012 年检测与至 2020 年测算

王亚南 等*

摘　要：

以扩大需求、促进共享为目标，测算文教消费需求增长，以此度量文化产业发展空间。基于 2005～2012 年增长，测算至 2020 年各中心城市增长目标的距离排行：历年均增值测评前 3 位为合肥、昆明、福州；消除负相关测评前 3 位为广州、合肥、福州；最佳比值测评前 3 位为合肥、昆明、广州；支柱性产业测评前 3 位为合肥、昆明、福州。

关键词：

城市文化产业　扩大文教消费　供需协调　2020 年增长目标

本文分析范围首先集中于"领全国风气之先"的各中心城市（4 个直辖市、22 个省会、5 个自治区首府、5 个非省会副省级城市，在相关统计中通称"36 个大中城市"），其次涉及中心城市所在省域（除港澳台外的省级行政区划，包括省、自治区和直辖市，直辖市取全域）相关方面的城乡差距状况。中心城市是各地文化消费的中心市场，同时集中了文化产业的主要行业，中心

---

* 王亚南，云南省社会科学院研究员，文化开发研究中心主任，云南师范大学公共文化服务与文化产业发展研究所所长；刘婷，云南省社会科学院文化开发研究中心副研究员；方矐，民政部中国老龄科学研究中心助理研究员；袁春生，云南省社会科学院科研处助理研究员，主要从事民族文化和政治社会学研究。

城市扩大文化消费、发展文化产业当然走在前面。通过中心城市及其所在省域文化消费需求增长与共享增进分析，测算各地文化产业发展目标，应当是有意义的。

有两点需要说明：（1）我国城市统计发展滞后，年度数据积累不多，在此只能以既往 7 年增长态势推算未来 9 年的增长趋势，严格说来显得"底蕴"不足。不过，其中测算中心城市所在省域城乡差距状况、缩减以至于消除城乡差距的目标距离，则基于既往 12 年省域城镇与乡村的相关增长态势，以此弥补缺憾。（2）中心城市统计数据未区分"文化消费"与"教育消费"，本文只能笼统地进行"文教消费"分析，其总量取市辖区人口计算。全国城镇总体状况作为相关背景基准，中心城市所在省域城乡差距状况，亦取"文教消费"展开分析。此外，2012 年中心城市部分数据处理具有特殊性，参见本项研究系列《中国文化消费需求景气评价报告（2014）》B.2《中国文化消费需求景气评价体系技术报告》的相应具体阐释。

一 各中心城市文教消费需求增长态势

2005 年与 2012 年各中心城市文教消费总量、人均值增长状况见表 1，全国城镇总体数据作为测评演算基准列于首行。各地按 7 年里文教消费人均值年均增长幅度高低排列，以 1、2、3……为序（后同）。

2005~2012 年，各中心城市文教消费需求总量年均增长幅度比较，合肥、昆明、郑州、福州、呼和浩特、银川、广州、南京、南宁、沈阳 10 个城市年均增长水平从高到低依次高于全国城镇平均增长水平；西安、重庆、成都、大连、南昌、济南、北京、长春、长沙、哈尔滨、天津、贵阳、上海、乌鲁木齐、宁波、厦门、石家庄、海口、杭州、青岛、深圳、太原、兰州、武汉、西宁 25 个城市年均增长水平从高到低依次低于全国城镇平均增长水平。其中，占据首位的合肥年均增长水平比全国城镇平均增长水平高 16.76 个百分点；处于末位的西宁年均增长水平比全国城镇平均增长水平低 9.73 个百分点。

2005~2012 年，各中心城市人均文教消费需求年均增长幅度比较，合肥、

表 1　各中心城市文教消费总量、人均值增长状况

城　市	中心城市文教消费总量增长				中心城市人均文教消费增长			
	2005 年总量（亿元）	2012 年总量（亿元）	增长指数（上年=100）	指数排序	2005 年人均值（元）	2012 年人均值（元）	增长指数（上年=100）	指数排序
全国城镇	6063.19	14261.04	113.00	—	1097.46	2033.50	109.21	—
合　肥	9.65	59.76	129.76	1	569.32	2643.34	124.53	1
昆　明	17.23	59.57	119.39	2	755.08	2174.68	116.31	2
福　州	15.43	46.10	116.92	4	889.69	2400.32	115.23	3
广　州	141.74	384.36	115.32	7	2328.97	5667.29	113.55	4
南　京	88.53	236.14	115.05	8	1745.15	4236.08	113.51	5
呼和浩特	12.36	33.73	115.42	5	1126.20	2728.41	113.47	6
沈　阳	51.07	128.36	114.07	10	1033.59	2462.71	113.21	7
武　汉	81.05	114.15	105.01	34	1021.21	2366.57	112.76	8
银　川	7.41	20.17	115.38	6	957.20	2026.07	111.31	9
西　安	71.24	157.63	112.01	11	1357.50	2751.66	110.62	10
济　南	40.73	82.84	110.67	16	1181.16	2371.29	110.47	11
南　昌	18.45	37.78	110.78	15	880.31	1736.99	110.20	12
大　连	33.25	70.18	111.26	14	1189.04	2305.98	109.92	13
北　京	240.90	489.84	110.67	17	2186.55	4035.67	109.15	14
成　都	58.12	124.55	111.50	13	1228.04	2256.47	109.08	15
南　宁	23.19	60.57	114.70	9	1160.45	2117.41	108.97	16
上　海	293.10	552.46	109.48	23	2272.76	4071.82	108.69	17
天　津	98.46	188.44	109.72	21	1283.70	2299.82	108.69	18
长　春	38.40	77.93	110.64	18	1177.93	2103.45	108.64	19
宁　波	39.82	74.14	109.29	25	1878.87	3278.93	108.28	20
贵　阳	22.79	43.06	109.52	22	1112.61	1905.33	107.99	21
哈尔滨	47.42	93.74	110.23	20	1195.16	1931.00	107.09	22
石家庄	20.32	36.10	108.56	27	920.75	1446.20	106.66	23
海　口	13.03	22.00	107.77	28	897.27	1339.08	105.89	24
长　沙	34.65	69.44	110.44	19	1685.70	2465.43	105.58	25
郑　州	26.99	90.99	118.96	3	1064.32	1552.79	105.54	26
厦　门	24.34	43.69	108.72	26	1622.58	2313.06	105.20	27
青　岛	37.59	56.53	106.00	30	1435.28	2027.68	105.06	28
杭　州	79.91	121.41	106.16	29	1970.32	2739.75	104.82	29
乌鲁木齐	18.07	33.99	109.45	24	994.94	1361.07	104.58	30
兰　州	20.10	28.72	105.23	33	1001.01	1359.50	104.47	31
太　原	36.88	53.48	105.45	32	1424.48	1851.70	103.82	32
重　庆	142.40	314.86	112.00	12	1391.11	1754.02	103.37	33
西　宁	7.97	9.98	103.27	35	780.98	884.14	101.79	34
拉　萨	—	1.59	—	—	678.26	755.73	101.56	35
深　圳	54.11	80.76	105.89	31	3118.03	2853.95	98.74	36

注：（1）全国城镇人均文教消费数据来自《中国统计年鉴》，城市人均文教消费数据来自《中国城市（镇）生活与价格年鉴》相应年卷，其余为演算衍生数值。（2）各地年均增长指数小于 100 为负增长。（3）数据演算依据另有《中国城市统计年鉴》相应年卷，其中拉萨缺若干年度人口数据，不纳入总量分析演算（后同）。

昆明、福州、广州、南京、呼和浩特、沈阳、武汉、银川、西安、济南、南昌、大连 13 个城市年均增长水平从高到低依次高于全国城镇平均增长水平；北京、成都、南宁、上海、天津、长春、宁波、贵阳、哈尔滨、石家庄、海口、长沙、郑州、厦门、青岛、杭州、乌鲁木齐、兰州、太原、重庆、西宁、拉萨、深圳 23 个城市年均增长水平从高到低依次低于全国城镇平均增长水平。其中，占据首位的合肥年均增长水平比全国城镇平均增长水平高 15.32 个百分点；处于末位的深圳年均负增长 1.26%。

有必要说明：总量数值演算会产生较大误差，这是由于在既有年度统计数据里，各地各类总量之和不等于全国总量，本身就存在误差；在未来年度测算数值里，无法涉及今后人口增长及其分布变化，只能根据人均值测算结果推演。因此，本文主要基于人均数值展开分析测算，仅在开头和结尾处提供总量分析演算数值，以利于把握全国及各地总体态势。

二 各中心城市文教消费需求增长协调性分析

按照经济社会一般发展的内在逻辑联系和当今中国发展的现实状况，本项研究测评提取出三对数据组，构成一套简明而完整的数据关系链：（1）人均收入与人均产值的比值，定义为"民生基础系数"；（2）人均非文消费占人均收入的比重，定义为"民生消费系数"；（3）人均文教消费与人均非文消费剩余的比值，定义为"文化需求系数"。

这是本项测评独创的一种分析思路和检测方法，可以揭示出层层累进推演的多重协调关系变动态势。特别是其中的后两项比例关系分析前所未见，为本项测评从"中国现实"出发，创制出的独到的构思设计，完全没有以往经验和现成数据可供参照，于是既往事实生成的历年统计数据成为"第一手"参考依据。以全国及各地既往年度三项比值的历年最佳值为应然参考值，测算"消除负相关"和"最佳比值"的应然增长目标，以期各自能够"回复"近期曾经达到的"目标"，这样一种期待无疑更加切合实际。

各中心城市文化消费相关比例关系链变动状况见表 2，各地按 2005 年以来三项比值的最佳值与 2012 年现实值之间的综合差距指数从小到大排列。

表2　各中心城市文教消费相关比例关系链变动状况

城　　市	2005年以来最佳比值(%)			2012年现实比值(%)			现实比值与最佳比值的差距			
	收入与产值比	非文消费占收入比	文教消费与非文消费剩余比	收入与产值比	非文消费占收入比	文教消费与非文消费剩余比	与非文消费剩余比		三项比值	
							单项指数(最佳值=1)	差距倒序	综合指数(最佳值=1)	差距倒序
全国城镇	73.97	59.60	30.09	63.94	59.60	20.49	1.4685	—	1.6989	—
广　　州	26.40	65.06	48.16	23.11	67.58	45.68	1.0543	1	1.2980	1
上　　海	28.54	58.49	31.81	28.54	58.49	24.24	1.3123	13	1.3123	2
合　　肥	51.07	58.63	28.85	43.95	58.63	24.73	1.1666	4	1.3556	3
福　　州	53.25	59.09	24.04	46.56	61.47	20.69	1.1619	3	1.4109	4
南　　京	38.03	51.82	28.92	32.37	51.82	24.04	1.2030	7	1.4133	5
昆　　明	50.07	55.47	25.23	45.65	55.47	19.32	1.3059	10	1.4323	6
北　　京	31.21	56.51	33.15	27.94	56.51	23.92	1.3859	15	1.5481	7
济　　南	42.96	54.35	23.87	41.47	54.35	15.85	1.5060	20	1.5601	8
呼和浩特	36.10	56.20	25.52	30.04	60.32	21.38	1.1936	6	1.5834	9
宁　　波	39.43	52.10	24.96	33.39	54.75	19.03	1.3116	12	1.6396	10
哈 尔 滨	53.47	61.96	35.54	49.05	72.88	31.70	1.1211	2	1.7143	11
武　　汉	38.63	61.47	28.08	27.86	62.86	23.56	1.1919	5	1.7144	12
长　　春	47.97	67.50	40.98	39.30	70.09	30.49	1.3440	14	1.7826	13
西　　安	55.59	65.36	46.49	44.06	65.40	32.82	1.4165	17	1.7893	14
郑　　州	47.52	52.92	22.92	47.52	58.46	14.76	1.5528	22	1.7943	15
南　　昌	47.84	58.75	27.28	39.34	66.84	22.18	1.2135	8	1.8358	16
大　　连	31.40	68.27	37.31	22.98	68.27	26.62	1.4016	16	1.9151	17
沈　　阳	33.73	66.02	45.21	29.40	68.10	29.25	1.5456	21	1.9190	18
石 家 庄	53.77	52.15	24.89	51.48	53.00	13.30	1.8714	27	1.9900	19
贵　　阳	65.96	64.24	35.89	47.94	64.24	24.53	1.4631	19	2.0131	20
银　　川	43.76	66.20	39.80	31.80	66.58	27.29	1.4584	18	2.0297	21
乌鲁木齐	32.45	60.77	28.04	22.27	65.00	22.10	1.2688	9	2.0722	22
南　　宁	91.15	59.03	34.57	63.71	64.18	26.41	1.3090	11	2.1420	23
厦　　门	26.38	59.45	31.13	25.25	59.45	15.08	2.0643	30	2.1567	24
青　　岛	35.62	59.94	32.65	34.29	59.94	15.52	2.1037	32	2.1853	25
天　　津	31.99	59.67	30.07	23.56	59.67	18.67	1.6106	23	2.1869	26
太　　原	39.91	55.38	36.98	35.52	55.38	18.47	2.0022	29	2.2496	27
成　　都	51.31	64.41	41.71	38.90	64.41	23.39	1.7832	25	2.3521	28
兰　　州	46.62	66.33	42.59	36.51	68.68	24.51	1.7377	24	2.3853	29
杭　　州	37.01	57.18	38.38	34.36	57.18	16.66	2.3037	35	2.4814	30
海　　口	51.45	60.81	32.61	44.88	60.81	15.06	2.1653	33	2.4823	31
深　　圳	10.43	57.21	34.05	8.15	57.21	17.55	1.9402	28	2.4829	32
长　　沙	50.36	59.12	37.80	29.55	59.12	21.00	1.8000	26	3.0676	33
重　　庆	107.03	68.05	46.20	72.90	68.05	22.02	2.0981	31	3.0804	34
西　　宁	73.68	60.09	28.19	43.58	60.09	12.58	2.2409	34	3.7886	35
拉　　萨	63.17	66.73	45.45	39.91	67.02	11.88	3.8258	36	6.1087	36

注：表中均为演算衍生数值，数据演算依据《中国统计年鉴》《中国城市统计年鉴》和《中国城市（镇）生活与价格年鉴》相应年卷。

（一）民生基础系数的协调性检测

本项研究测评以"民生基础系数"来定义国民总收入与居民收入的关系，直接反映初次分配状况，居民收入增加构成民生增进的基础（就业不在本项研究范围之内）。由于国民总收入组成中国外净要素收入部分所占甚微，所以本项研究把国内生产总值视为国民总收入的近似替代数据。在本文里，该项系数值体现为全国及各地居民人均收入与人均产值的比例关系，以数值大者为佳。文中以此系数来检验经济增长带动居民收入增高的变动态势，作为其间增长协调性分析的依据，并提取既往年度历年最佳比值，作为未来年度测算增长目标的应然参考值。

此项检测取《中国统计年鉴》历年卷《城市概况》一章之《省会城市和计划单列市主要经济指标》提供的各中心城市的总产值及户籍人口数据，演算各地人均产值。至于如此演算的社会原因、事实依据和设计意图，参见主卷《中国文化消费需求景气评价报告（2014）》B.2文。

2005~2012年，各中心城市人均收入与当地人均产值比值的历年最佳（最高）值比较，重庆、南宁2个城市最佳值从高到低依次高于全国城镇总体最佳值；西宁、贵阳、拉萨、西安、石家庄、哈尔滨、福州、海口、成都、合肥、长沙、昆明、长春、南昌、郑州、兰州、银川、济南、太原、宁波、武汉、南京、杭州、呼和浩特、青岛、沈阳、乌鲁木齐、天津、大连、北京、上海、广州、厦门、深圳34个城市最佳值从高到低依次低于全国城镇总体最佳值。其中，占据首位的重庆最佳值比全国城镇总体最佳值高33.06个百分点；处于末位的深圳最佳值比全国城镇总体最佳值低63.54个百分点。

2012年，各中心城市人均收入与当地人均产值的比值比较，仅有重庆1个城市此项比值高于全国城镇总体比值；南宁、石家庄、哈尔滨、贵阳、郑州、福州、昆明、海口、西安、合肥、西宁、济南、拉萨、南昌、长春、成都、兰州、太原、杭州、青岛、宁波、南京、银川、呼和浩特、长沙、沈阳、上海、北京、武汉、厦门、天津、广州、大连、乌鲁木齐、深圳35个城市此项比值从高到低依次低于全国城镇总体比值。其中，占据首位的重庆此项比值比全国城镇总体比值高8.96个百分点；处于末位的深圳此项比值比全国城镇总体比值低 55.79 个百分点。

必须引起重视的是，2005～2012 年前后相比，仅有上海、郑州 2012 年此项比值为历年最佳值，即呈现上升态势，其余城市 2012 年此项比值均非历年最佳值，即呈现下降态势。这意味着，在绝大部分城市，居民收入增长与经济增长的幅度逐步拉大了距离，在民生基础层面"人民共享发展成果"的程度普遍降低。

（二）民生消费系数的协调性检测

本项研究测评以"民生消费系数"来定义居民收入与必需生活开支的关系，类比于放大到极致的"恩格尔定律"关系，市场经济条件下的必需消费涵盖了整个基本民生范畴。在本文里，该项系数值体现为全国及各地居民人均非文消费（界定为必需消费）占人均收入的比重关系，以数值小者为佳，反转过来即以非文消费剩余比重增大者为佳。文中以此系数来检验经济增长、居民收入增高带来必需生活开支之外余钱增多的变动态势，作为其间增长协调性分析的依据，并提取既往年度历年最佳比值，作为未来年度测算增长目标的应然参考值。

2005～2012 年，各中心城市人均非文消费占人均收入比值的历年最佳（最低）值比较，南京、郑州、宁波、石家庄、济南、太原、昆明、呼和浩特、北京、杭州、深圳、上海、合肥、南昌、南宁、福州、长沙、厦门 18 个城市最佳值从低到高依次低于全国城镇总体最佳值；天津、青岛、西宁、乌鲁木齐、海口、武汉、哈尔滨、贵阳、成都、广州、西安、沈阳、银川、兰州、拉萨、长春、重庆、大连 18 个城市最佳值从低到高依次高于全国城镇总体最佳值。其中，占据首位的南京最佳值比全国城镇总体最佳值低 7.78 个百分点；处于末位的大连最佳值比全国城镇总体最佳值高 8.67 个百分点。

2012 年，各中心城市人均非文消费占人均收入的比值比较，南京、石家庄、济南、宁波、太原、昆明、北京、杭州、深圳、郑州、上海、合肥、长沙、厦门 14 个城市此项比值从低到高依次低于全国城镇总体比值；天津、青岛、西宁、呼和浩特、海口、福州、武汉、南宁、贵阳、成都、乌鲁木齐、西安、银川、南昌、拉萨、广州、重庆、大连、沈阳、兰州、长春、哈尔滨 22 个城市此项比值从低到高依次高于全国城镇总体比值。其中，占据首位的南京此项比值比全国城镇总体比值低 7.78 个百分点；处于末位的哈尔滨此项比值比全国城镇总体比值高 13.28 个百分点。

值得注意的是，2005～2012 年前后相比，全国城镇总体和北京、天津、济南、青岛、南京、上海、杭州、厦门、深圳、海口、大连、太原、合肥、长沙、西宁、重庆、成都、贵阳、昆明 2012 年此项比值为历年最佳值，即必需消费占收入比重下降，反过来则必需生活开支之外余钱比重呈现上升态势；其余城市 2012 年此项比值均非历年最佳值，即必需消费占收入比重并未下降。这意味着，在民生消费层面"人民共享发展成果"的程度较普遍提高，但仍有少部分城市未能如此。

（三）文化需求系数的协调性检测

本项研究测评以"文化需求系数"来定义必需生活开支之外余钱与文化消费需求的关系，间接涉及二次分配状况，必需消费之外余钱是非必需精神消费的前提。在本文里，该项系数值体现为全国及各地居民人均文化消费与人均非文消费剩余（必需生活开支之外余钱部分）的比例关系，以数值大者为佳。文中以此系数来检验各地居民收入增高、必需生活开支之外余钱增多是否带来文教消费需求增进的变动态势，作为其间增长协调性分析的依据，并提取既往年度历年最佳比值，作为未来年度测算增长目标的应然参考值。

2005～2012 年，各中心城市人均文教消费与人均非文消费剩余比值的历年最佳（最高）值比较，广州、西安、重庆、拉萨、沈阳、兰州、成都、长春、银川、杭州、长沙、大连、太原、贵阳、哈尔滨、南宁、深圳、北京、青岛、海口、上海、厦门 22 个城市最佳值从高到低依次高于全国城镇总体最佳值；天津、南京、合肥、西宁、武汉、乌鲁木齐、南昌、呼和浩特、昆明、宁波、石家庄、福州、济南、郑州 14 个城市最佳值从高到低依次低于全国城镇总体最佳值。其中，占据首位的广州最佳值比全国城镇总体最佳值高 18.07 个百分点；处于末位的郑州最佳值比全国城镇总体最佳值高 7.17 个百分点。

2012 年，各中心城市人均文教消费与人均非文消费剩余的比值比较，广州、西安、哈尔滨、长春、沈阳、银川、大连、南宁、合肥、贵阳、兰州、上海、南京、北京、武汉、成都、南昌、乌鲁木齐、重庆、呼和浩特、长沙、福州 22 个城市此项比值从高到低依次高于全国城镇总体比值；昆明、宁波、天津、太原、深圳、杭州、济南、青岛、厦门、海口、郑州、石家庄、西宁、拉萨 14 个城市此项比值从高到低依次低于全国城镇总体比值。其中，占据首位的广州此项比值比全国城镇总体比值高 25.19 个百分点；处于末位的拉萨此项比值比全国城镇总体比值低 8.61 个百分点。

需要特别关注的是，2005～2012 年前后相比，全国城镇总体、全部城市2012 年此项比值均非历年最佳值，即呈现下降态势。这意味着，在全国和全部城市，居民精神文化消费需求增进与必需生活开支之外余钱增多的幅度拉大了距离，在文化需求层面"人民共享发展成果"的程度普遍降低。

此项系数检验发现，各地城镇文教消费需求增长不足的最大症结就在这里，表 2 专门设置了单项差距指数分析。以全国城镇总体为例予以说明：如果全国城镇人均文教消费与人均非文消费剩余的比值能够一直保持 2005 年以来的最佳状态，那么 2012 年全国城镇文教消费人均值应为现有实际值的146.85%，达到 2986.24 元。各个中心城市文教消费需求增长不足的此类差距校正依此类推。

各中心城市这一比值的单项差距指数比较，广州、哈尔滨、福州、合肥、武汉、呼和浩特、南京、南昌、乌鲁木齐、昆明、南宁、宁波、上海、长春、北京、大连、西安、银川、贵阳 19 个城市差距指数从小到大依次小于全国城镇总体差距指数；济南、沈阳、郑州、天津、兰州、成都、长沙、石家庄、深圳、太原、厦门、重庆、青岛、海口、西宁、杭州、拉萨 17 个城市差距指数从小到大依次大于全国城镇总体差距指数。其中，占据首位的广州差距指数仅为全国城镇总体差距的 71.79%；处于末位的拉萨差距指数为全国城镇总体差距的 260.52%。

表 2 同时设置了以上三项系数检测的综合差距指数。仍以全国城镇总体为例予以说明：如果全国城镇人均收入与人均产值的比值、城镇人均非文消费占人均收入的比值、城镇人均文教消费与人均非文消费剩余的比值能够一致保持2005 年以来的最佳状态，那么 2012 年全国城镇文教消费人均值应为现有实际值的 169.89%，达到 3454.68 元。各个中心城市文教消费需求增长不足的综合差距校正依此类推。

各中心城市以上三项比值综合差距指数比较，广州、上海、合肥、福州、南京、昆明、北京、济南、呼和浩特、宁波10个城市综合差距指数从小到大依次小于全国城镇总体差距指数；哈尔滨、武汉、长春、西安、郑州、南昌、大连、沈阳、石家庄、贵阳、银川、乌鲁木齐、南宁、厦门、青岛、天津、太原、成都、兰州、杭州、海口、深圳、长沙、重庆、西宁、拉萨26个城市综合差距指数从小到大依次大于全国城镇总体差距指数。其中，占据首位的广州综合差距指数仅为全国城镇总体差距指数的76.40%；处于末位的拉萨综合差距指数为全国城镇总体差距指数的359.57%。

从以上第二项民生消费系数检测中已经看到，全国及相当多的中心城市2012年此项比值恰为2005年以来最佳比值。这就是说，对全国及这些中心城市而言，三项比值综合差距其实仅仅为其余两项比值综合差距（上海仅为第三项）；再进一步深究，民生消费系数变动态势向好，对全国及这些中心城市的三项比值综合差距起到了正向调节、减缓差距的作用。当然，对其他中心城市来说，三项比值综合差距均为负向发生作用，扩大了差距。

三 所在省域文教消费需求城乡均衡性分析

中心城市的首要职责并不是"率先发展"，而是带动所在省域均衡发展。然而事实上，正是中心城市各方面的突出增长扩大了所在省域的各种城乡差距。在此分析中，4个直辖市转为省域看待，取全域城镇与乡村数据进行演算。对省域同样展开"文教消费"背景检测，由于现行统计制度不区分乡村的文化消费与教育消费，这样得出的"城乡比"指标分析结果将更加准确，由此测算"城乡无差距"应然增长目标也更加合理。

"城乡比"倒数演算同样系本项研究的独创方法，用它可检测全国及各地民生基础层面、民生消费层面、文化需求层面城乡差距的"发展缺陷"。本项测评同时检验既往年度这三个层面的城乡比变动态势，并提取三项城乡比历年最小值，作为城乡之间相关增长均衡性分析的应然参考值，测算"最小城乡比""弥合城乡比"和"城乡无差距"的应然增长目标。

各中心城市所在省域人均收入、人均非文消费、文教消费城乡比状况见表3，各地按文教消费城乡比的校正差距指数从小到大排列。

表3 所在省域人均收入、人均非文消费、人均文教消费城乡比状况

地 区	2000年以来最小城乡比（乡村=1）			2012年现实城乡比（乡村=1）			2012年人均文教消费城乡差距校正补差			
							文教消费人均值		与补差值差距	
	人均收入	人均非文消费	人均文教消费	人均收入	人均非文消费	人均文教消费	乡村原值（元）	城乡补差值（元）	差距指数（无差距=1）	差距倒序
全国城乡	2.7869	2.6802	3.3624	3.1029	2.6802	4.5646	445.49	2033.50	1.6012	—
上 海	2.0939	1.7400	2.0212	2.2573	2.0446	3.9111	952.10	3723.74	1.0865	1
北 京	2.1922	1.8540	2.6404	2.2135	1.8972	3.2065	1152.67	3695.98	1.1049	2
天 津	2.1123	2.3473	2.8566	2.1123	2.3473	2.9425	766.08	2254.22	1.1431	3
江 苏	1.8915	1.9798	2.3491	2.4321	1.9798	2.5991	1184.18	3077.76	1.3004	4
辽 宁	2.2663	2.4806	2.2538	2.4748	2.7104	3.3130	556.56	1843.89	1.3252	5
黑 龙 江	2.0642	2.2312	1.7861	2.0642	2.2629	2.3484	518.04	1216.56	1.3309	6
浙 江	2.1814	1.8878	2.5586	2.3743	1.9023	3.3213	902.23	2996.59	1.3520	7
广 东	2.6711	2.7807	2.9396	2.8670	2.7807	6.3308	466.63	2954.13	1.3856	8
吉 林	2.3503	2.3246	2.5670	2.3503	2.3246	2.7096	606.26	1642.70	1.4146	9
福 建	2.3007	2.3448	2.2933	2.8148	2.4120	3.7199	565.83	2104.83	1.4303	10
内 蒙 古	2.5164	2.4879	2.1008	3.0416	2.6833	3.8364	513.97	1971.78	1.4632	11
重 庆	3.1108	3.2395	3.7304	3.1108	3.2658	3.7304	394.23	1470.64	1.4750	12
山 西	2.4791	2.1123	2.5678	3.2111	2.1123	3.0244	498.02	1506.20	1.4959	13
山 东	2.4406	2.2506	2.7574	2.7264	2.2506	3.3053	500.98	1655.91	1.5081	14
湖 北	2.4352	2.4088	2.8920	2.6541	2.4088	4.1860	394.63	1651.92	1.5632	15
宁 夏	2.8489	2.5213	2.9998	3.2088	2.5213	4.0602	373.36	1515.91	1.6004	16
河 北	2.2838	2.2629	3.1190	2.5421	2.2629	3.3580	358.49	1203.80	1.6071	17
青 海	3.2746	2.2251	3.6465	3.2746	2.2251	3.8732	283.37	1097.21	1.6508	18
海 南	2.4554	2.7565	2.7120	2.8237	2.9049	5.1957	253.97	1319.54	1.6536	19
陕 西	3.5490	2.8387	3.0210	3.5981	2.8387	4.6659	445.47	2078.52	1.6761	20
江 西	2.3901	2.0023	2.2347	2.5366	2.3582	4.3399	342.70	1487.30	1.6975	21
湖 南	2.8303	2.3531	3.3880	2.8654	2.3531	4.3417	400.22	1737.64	1.7140	22
安 徽	2.7363	2.5213	2.5951	2.9362	2.5297	5.0081	385.92	1932.74	1.7698	23
新 疆	2.8029	2.5024	4.6532	2.8029	2.5024	4.8934	261.74	1280.81	1.8098	24
河 南	2.4001	2.6038	3.0603	2.7166	2.6038	4.4363	343.83	1525.33	1.8286	25
四 川	2.9004	2.4676	4.9309	2.9004	2.6724	4.8208	329.29	1587.43	1.8325	26
甘 肃	3.4411	2.9744	3.6558	3.8070	3.0005	4.2414	327.30	1388.21	1.9017	27
广 西	3.1292	2.6813	3.1359	3.5360	2.7058	6.0171	270.24	1626.05	1.9158	28
云 南	3.8908	2.8992	3.8822	3.8908	2.9142	4.9592	289.22	1434.30	1.9783	29
贵 州	3.7275	3.0446	4.7341	3.9345	3.0446	6.1650	226.44	1396.00	2.1683	30
西 藏	3.1521	3.0100	5.5911	3.1521	3.6334	13.4723	40.86	550.48	3.5132	31

注：表中均为演算衍生数值，数据演算依据《中国统计年鉴》相应年卷。中心城市所在省域各项最小城乡比测算取2000年以来数据，与省域同类测算对应。

（一）民生基础层面的城乡均衡性检测

2000～2012年，各中心城市所在省域人均收入城乡比的历年最小（最佳）值比较，南京、哈尔滨、上海、天津、杭州、宁波、北京、沈阳、大连、石家庄、福州、厦门、长春、南昌、郑州、武汉、济南、青岛、海口、太原、呼和浩特、广州、深圳、合肥24个城市所在省域最小城乡比从小到大依次小于全国总体最小城乡比；乌鲁木齐、长沙、银川、成都、重庆、南宁、拉萨、西宁、兰州、西安、贵阳、昆明12个城市所在省域最小城乡比从小到大依次大于全国总体最小城乡比。其中，占据首位的南京所在省域最小城乡比比全国总体最小城乡比低32.13%；处于末位的昆明所在省域最小城乡比比全国总体最小城乡比高39.61%。

2012年，各中心城市所在省域人均收入城乡比比较，哈尔滨、天津、北京、上海、长春、杭州、宁波、南京、沈阳、大连、南昌、石家庄、武汉、郑州、济南、青岛、乌鲁木齐、福州、厦门、海口、长沙、广州、深圳、成都、合肥、呼和浩特26个城市所在省域城乡比从小到大依次小于全国总体城乡比；重庆、拉萨、银川、太原、西宁、南宁、西安、兰州、昆明、贵阳10个城市所在省域城乡比从小到大依次大于全国总体城乡比。其中，占据首位的哈尔滨所在省域城乡比比全国总体城乡比低33.48%；处于末位的贵阳所在省域城乡比比全国总体城乡比高26.80%。

需要注意，2000～2012年前后相比，仅有天津、哈尔滨、长春、西宁、乌鲁木齐、重庆、成都、昆明、拉萨所在省域2012年此项城乡比为历年最小值，即人均收入的城乡差距呈现缩小态势，其余城市所在省域2012年此项城乡比均非历年最小值，即人均收入的城乡差距呈现扩大态势。这意味着，在绝大部分城市所在省域，乡村居民与城镇居民收入的增长差距拉大了，在民生基础层面城乡之间"共享发展成果"的程度普遍降低。

（二）民生消费层面的城乡均衡性检测

2000～2012年，各中心城市所在省域人均非文消费城乡比的历年最小（最佳）值比较，上海、北京、杭州、宁波、南京、太原、南昌、西宁、哈尔滨、济南、青岛、石家庄、长春、福州、厦门、天津、长沙、武汉、成都、沈阳、大连、呼和浩特、乌鲁木齐、合肥、银川、郑州26个城市所在省域最小城乡比从小到大依次小于全国总体最小城乡比；南宁、海口、广州、深圳、西安、昆明、兰州、拉萨、贵阳、重庆10个城市所在省域最小城乡比从小到大依次大于全国总体最小城乡比。其中，占据首位的上海全域最小城乡比比全国总体最小城乡比低35.08%；处于末位的重庆全域最小城乡比比全国总体最小城乡比高20.87%。

2012年，各中心城市所在省域人均非文消费城乡比比较，北京、杭州、宁波、南京、上海、太原、西宁、济南、青岛、哈尔滨、石家庄、长春、天津、长沙、南昌、武汉、福州、厦门、乌鲁木齐、银川、合肥、郑州、成都23个城市所在省域城乡比从小到大依次小于全国总体城乡比；呼和浩特、南宁、沈阳、大连、广州、深圳、西安、海口、昆明、兰州、贵阳、重庆、拉萨13个城市所在省域城乡比从小到大依次大于全国总体城乡比。其中，占据首位的北京全域城乡比比全国总体城乡比低29.21%；处于末位的拉萨所在省域城乡比比全国总体城乡比高35.56%。

需要注意，2000～2012年前后相比，全国城镇总体和天津、石家庄、济南、青岛、南京、广州、深圳、长春、太原、郑州、武汉、长沙、西安、银川、西宁、乌鲁木齐、贵阳所在省域2012年此项城乡比为历年最小值，即人均非文消费的城乡差距呈现缩小态势，城乡之间必需消费逐步趋近，其余城市所在省域2012年此项城乡比均非历年最小值，即人均非文消费的城乡差距呈现扩大态势。这意味着，在民生消费层面城乡之间"共享发展成果"的程度较普遍提高，但仍有相当一部分城市所在省域未能如此。

（三）文化需求层面的城乡均衡性检测

2000～2012年，各中心城市所在省域人均文教消费城乡比的历年最小（最佳）值比较，哈尔滨、上海、呼和浩特、南昌、沈阳、大连、福州、厦门、南京、杭州、宁波、长春、太原、合肥、北京、海口、济南、青岛、天津、武汉、广州、深圳、银川、西安、郑州、石家庄、南宁27个城市所在省域最小城乡比从小到大依次小于全国总体最小城乡比；长沙、西宁、兰州、重庆、昆明、成都、乌鲁木齐、贵阳、拉萨9个城市所在省域最小城乡比从小到大依次大于全国总体最小城乡比。其中，占据首位的哈尔滨所在省域最小城乡比比全国总体最小城乡比低46.88%；处于末位的拉萨所在省域最小城乡比比全国总体最小城乡比高66.28%。

2012年，各中心城市所在省域人均文教消费城乡比比较，哈尔滨、南京、长春、天津、太原、北京、济南、青岛、沈阳、大连、杭州、宁波、石家庄、福州、厦门、重庆、呼和浩特、西宁、上海、银川、武汉、兰州、南昌、长沙、郑州25个城市所在省域城乡比从小到大依次小于全国总体城乡比；西安、成都、乌鲁木齐、昆明、合肥、海口、南宁、贵阳、广州、深圳、拉萨11个城市所在省域城乡比从小到大依次大于全国总体城乡比。其中，占据首位的哈尔滨所在省域城乡比比全国总体城乡比低48.55%；处于末位的拉萨所在省域城乡比比全国总体城乡比高195.15%。

需要注意，2000～2012年前后相比，仅有重庆全域2012年此项城乡比为历年最小值，即人均文教消费的城乡差距呈现缩小态势，其余城市所在省域2012年此项城乡比均非历年最小值，即人均文教消费的城乡差距呈现扩大态势。这意味着，在绝大部分城市所在省域，乡村居民与城镇居民文教消费的增长幅度拉大了距离，在文化需求层面城乡之间"共享发展成果"的程度普遍降低。

以上三个层面的城乡差距相互联系，具有前后因果联系。按照本项研究的分析思路，收入城乡差距有可能导致非文消费城乡差距，收入与非文消费之差即非文消费剩余，为必需消费之外的余钱，非文消费剩余城乡差距又有可能导致文化消费城乡差距。这里直接切入文化消费的城乡差距分析，同样以全国总体为例予以说明：假设2012年全国城镇与乡村居民人均文教消费需求能够弥合城乡比，即城乡之间文教消费人均值持平，那么全国乡村文教消费人均值应为现有实际值的456.46%，达到2033.50元；这其实就是2012年全国城镇人均值的现实值，同时也是补差校正后"应有"的乡村人均值，继而亦为城乡均等人均值，为现有城乡综合人均实际值的160.12%。31个省域文教消费需求增长不足的城乡差距校正依此类推。

以弥合城乡比校正值来衡量，2012年各中心城市所在省域人均文教消费需求与弥合城乡差异的距离比较，上海、北京、天津、南京、沈阳、大连、哈尔滨、杭州、宁波、广州、深圳、长春、福州、厦门、呼和浩特、重庆、太原、济南、青岛、武汉、银川21个城市所在省域的距离从小到大依次小于全国总体距离；石家庄、西宁、海口、西安、南昌、长沙、合肥、乌鲁木齐、郑州、成都、兰州、南宁、昆明、贵阳、拉萨15个城市所在省域的距离从小到大依次大于全国总体差距。其中，占据首位的上海全域的距离比全国总体距离低32.14%；处于末位的拉萨所在省域的距离比全国总体距离高119.41%。

四　各中心城市文教消费需求增长目标测算

（一）历年均增值、全国平均值与支柱性产业目标测算

2020年各中心城市文教消费需求历年均增值、全国平均值目标测算见表4，各地按2005~2012年实际年均增长率从大到小排列。

表4　2020年各中心城市文教消费历年均增值、全国平均值目标测算

城　市	历年均增值目标测算					全国平均值目标测算		
	2020年人均文教消费（元）	2005~2012年平均增长		文教消费与产值比（%）		文教消费所需年均增长		
		增长率（%）	排序	产值年增同前7年	产值年增7%	增长率（%）	对比以往	
							增长率（上年=1）	差距倒序
全国城镇	4114.95	9.21	—	3.4297	6.2336	9.21	1	—
合　肥	15282.96	24.53	1	7.1323	15.1297	5.69	0.2320	6
昆　明	7284.99	16.31	2	4.3418	7.6567	8.30	0.5089	12
福　州	7462.35	15.23	3	3.7386	6.7165	6.97	0.4576	9
广　州	15658.86	13.55	4	3.4934	5.5043	-3.92	-0.2893	2
南　京	11671.15	13.51	5	3.2332	6.0123	-0.36	-0.0266	3
呼和浩特	7500.71	13.47	6	1.9364	4.0786	5.27	0.3912	8
沈　阳	6642.71	13.21	7	2.0376	4.2378	6.63	0.5019	11
武　汉	6183.94	12.76	8	1.5508	3.7074	7.16	0.5611	13
银　川	4773.42	11.31	9	1.7038	3.9763	9.26	0.8187	16
西　安	6170.00	10.62	10	2.9956	6.5296	5.16	0.4859	10
济　南	5258.96	10.47	11	2.3354	3.8735	7.13	0.6810	14

续表

城　市	历年均增值目标测算					全国平均值目标测算		
	2020年人均文教消费（元）	2005～2012年平均增长		文教消费与产值比（%）		文教消费所需年均增长		
		增长率（%）	排序	产值年增同前7年	产值年增7%	增长率（%）	对比以往	
							增长率（上年=1）	差距倒序
南　昌	3776.79	10.20	12	2.0047	3.7099	11.38	1.1157	22
大　连	4915.41	9.92	13	1.1312	2.4079	7.51	0.7566	15
北　京	8130.05	9.15	14	2.1918	3.4079	0.24	0.0262	5
成　都	4522.66	9.08	15	1.7514	3.7784	7.80	0.8590	17
南　宁	4210.10	8.97	16	3.1973	6.9744	8.66	0.9654	19
上　海	7928.65	8.69	17	2.3932	3.2540	0.13	0.0150	4
天　津	4478.15	8.69	18	0.8888	2.0109	7.54	0.8677	18
长　春	4080.55	8.64	19	2.3909	4.0465	8.75	1.0127	20
宁　波	6196.07	8.28	20	1.8362	3.1615	2.88	0.3478	7
贵　阳	3523.48	7.99	21	2.2076	4.5267	10.10	1.2641	24
哈尔滨	3341.22	7.09	22	2.6399	4.2456	9.92	1.3992	25
石家庄	2422.84	6.66	23	2.0602	3.1376	13.96	2.0961	28
海　口	2116.08	5.89	24	1.5139	2.4365	15.07	2.5586	30
长　沙	3807.09	5.58	25	0.8184	2.2803	6.61	1.1846	23
郑　州	2391.03	5.54	26	1.8530	2.6110	12.96	2.3394	29
厦　门	3468.69	5.20	27	0.9252	1.3479	7.47	1.4365	26
青　岛	3009.54	5.06	28	1.0639	1.8421	9.25	1.8281	27
杭　州	3993.36	4.82	29	1.2587	2.0796	5.22	1.0830	21
乌鲁木齐	1947.18	4.58	30	0.8018	1.4339	14.83	3.2380	32
兰　州	1928.91	4.47	31	1.3050	2.3145	14.85	3.3221	33
太　原	2498.66	3.82	32	1.4660	2.2991	10.50	2.7487	31
重　庆	2286.08	3.37	33	1.5891	3.8910	11.25	3.3383	34
西　宁	1018.83	1.79	34	0.5936	1.4675	21.19	11.8380	35
拉　萨	1035.51	1.56	35	0.6120	1.2467	23.59	15.1218	36
深　圳	2579.42	-1.26	36	0.3156	0.3220	4.68	-3.7143	1

注：全国城镇总体及各城市取2005～2012年年均增长率，推算至2020年的或然增长率，随后测算应然增长率，表5～表10同。表中出现负值说明，若2012年实际人均值已高于2020年全国城镇人均测算值，以持平计算则2012～2020年年均增长率为负值。2005～2012年深圳人均文教消费呈负增长，不纳入后面的演算，否则会出现数理推导上的无理结果。

1. 历年均增值目标测算

以城乡文教消费既往年度年均增长率测算增长目标，可以得出统计概率最高的或然增长结果。以全国城镇总体为例具体解释：如果 2012～2020 年全国城镇文教消费增长保持 2005～2012 年的平均增长率 9.21%，那么到 2020 年城镇人均文教消费将达到 4114.95 元。在相关各方面增长均依此推算的情况下，由于全国城镇文教消费与产值之比在 2005～2012 年呈现下降态势，所以至 2020 年文教消费增长与产值增长测算值之比将继续降低至 3.43%。各地依此类推。

倘若按照国家"十二五"规划转变发展方式的要求，在"十二五"期间把全国产值年均增长率控制在 7%，并延续至"十三五"末，历年均增值测算的全国城镇人均文教消费绝对值不变，年均增长率不变，而与产值增长测算值之比将提高至 6.23%。各地依此类推。

实际上，在这一测算中，各中心城市未来 9 年人均文教消费增长目标不过是 2005～2012 年增长态势的精确翻版（对照表 1）：合肥、昆明、福州、广州、南京、呼和浩特、沈阳、武汉、银川、西安、济南、南昌、大连 13 个城市年均增长水平从高到低依次高于全国城镇平均增长水平；北京、成都、南宁、上海、天津、长春、宁波、贵阳、哈尔滨、石家庄、海口、长沙、郑州、厦门、青岛、杭州、乌鲁木齐、兰州、太原、重庆、西宁、拉萨、深圳 23 个城市年均增长水平从高到低依次低于全国城镇平均增长水平。其中，占据首位的合肥年均增长水平比全国城镇平均增长水平高 15.32 个百分点；处于末位的深圳年均负增长 1.26%。

2. 全国平均值目标测算

假定各中心城市人均文教消费绝对值一概实现与全国城镇总体平均值持平，推算各地未来 9 年文教消费需求增长趋势。这是检测各地现实差距的最典型方式，仅在此作为一项附加的对比测算。以拉萨为例具体解释：如果 2012～2020 年拉萨人均文教消费需求增长加快提升，到 2020 年与全国城镇总体人均文教消费 4114.95 元持平，那么拉萨年均增长率需达到 23.59%，为以往 7 年实际年均增长率的 15.12 倍，在中心城市间实际距离最大，比较差距也最大。各地依此类推。

依据这一测算，各中心城市未来 9 年文教消费达到增长目标所需年均增长率比较：广州、南京、上海、北京、宁波、深圳、西安、杭州、呼和浩特、合肥、长沙、沈阳、福州、济南、武汉、厦门、大连、天津、成都、昆明、南宁、长春 22 个中心城市目标差距从小到大依次小于全国城镇总体基准；青岛、银川、哈尔滨、贵阳、太原、重庆、南昌、郑州、石家庄、乌鲁木齐、兰州、海口、西宁、拉萨 14 个中心城市目标差距从小到大依次大于全国城镇总体基准。其中，占据首位的广州目标差距比全国城镇总体基准低13.13 个百分点；处于末位的拉萨目标差距比全国城镇总体基准高 14.38 个百分点。

测算出各城市未来 9 年文教消费达到增长目标所需年均增长率之后，还需要与各自以往 7 年文教消费需求实际年均增长率进行比较：深圳、广州、南京、上海、北京、合肥、宁波、呼和浩特、福州、西安、沈阳、昆明、武汉、济南、大连、银川、成都、天津、南宁 19 个城市比较差距从小到大依次小于全国城镇总体基准；长春、杭州、南昌、长沙、贵阳、哈尔滨、厦门、青岛、石家庄、郑州、海口、太原、乌鲁木齐、兰州、重庆、西宁、拉萨 17 个城市比较差距从小到大依次大于全国城镇总体基准。其中，占据首位的深圳比较差距比全国城镇总体基准低 471.43%；处于末位的拉萨比较差距比全国城镇总体基准高 1412.18%。

实际说来，这一附加测算属于各地之间横向比较的差距检测。由于全国各地的发展差异过大，横向比较几乎没有任何意义，尤其是各类总量绝对值比较毫无道理可言，即便是人均绝对值比较也难免有"天壤之别"。因此，本项研究测评更加注重各地自身前后年度之间的以下各类"协调增长"纵向对比，即各地当前状况与各自历年各种"最佳状态"进行对比，"回复"自身曾经达到的"最佳状态"不应该是什么难事，甚至可以说是理所应当的。

3. 支柱性产业目标测算

2020 年各中心城市文教消费需求增长达到支柱性产业目标测算见表 5，各地按所需年均增长率与 2005～2012 年实际年均增长率的比较差距从小到大排列。

表5　2020年各中心城市文教消费达到支柱性产业目标测算

城　市	产值年增按2005~2012年实值推算				文教消费与产值比关系不变（％）	产值年增按"十二五"规划7％推算		
	2020年人均文教消费（元）	文教消费所需年均增长				2020年人均文教消费（元）	所需年均增长率（％）	对比以往增长率（上年=1）
		增长率（％）	对比以往					
			增长率（上年=1）	差距倒序				
全国城镇	9123.92	20.64	2.2410	—	7.6046	5020.02	11.96	1.2986
合　肥	13842.56	22.99	0.9372	1	6.4601	6525.51	11.96	0.4876
昆　明	9467.43	20.19	1.2379	2	5.6425	5368.55	11.96	0.7333
福　州	10645.40	20.47	1.3441	3	5.3333	5925.57	11.96	0.7853
广　州	22043.99	18.51	1.3661	4	4.9179	13990.60	11.96	0.8827
南　京	19446.06	20.99	1.5537	5	5.3871	10457.43	11.96	0.8853
呼和浩特	14186.56	22.88	1.6986	6	3.6625	6735.51	11.96	0.8879
沈　阳	12644.27	22.69	1.7176	7	3.8786	6079.59	11.96	0.9054
济　南	9709.36	19.27	1.8405	8	4.3117	5853.90	11.96	1.1423
上　海	13667.74	16.34	1.8803	9	4.1254	10051.92	11.96	1.3763
武　汉	13966.44	24.84	1.9467	10	3.5026	5842.24	11.96	0.9373
北　京	15490.18	18.31	2.0011	11	4.1760	9962.68	11.96	1.3071
南　昌	7935.45	20.91	2.0500	12	4.2121	4288.03	11.96	1.1725
银　川	11673.22	24.47	2.1636	13	4.1665	5001.68	11.96	1.0575
西　安	14806.99	23.41	2.2043	14	7.1889	6792.90	11.96	1.1262
长　春	8788.42	19.57	2.2650	15	5.1494	5192.70	11.96	1.3843
大　连	12117.88	23.05	2.3226	16	2.7887	5692.69	11.96	1.2056
宁　波	13936.97	19.83	2.3949	17	4.1302	8094.56	11.96	1.4444
成　都	12017.20	23.25	2.5606	18	4.6538	5570.46	11.96	1.3172
南　宁	11402.18	23.42	2.6109	19	8.6593	5227.15	11.96	1.3333
哈尔滨	7666.52	18.81	2.6530	20	6.0572	4766.98	11.96	1.6869
石家庄	5437.01	18.00	2.7027	21	4.6233	3570.16	11.96	1.7958
天　津	12845.58	23.99	2.7606	22	2.5494	5677.46	11.96	1.3763
贵　阳	9644.83	22.47	2.8123	23	6.0429	4703.60	11.96	1.4969
郑　州	5401.54	16.86	3.0433	24	4.1860	3833.30	11.96	2.1588
海　口	5320.56	18.82	3.1952	25	3.8063	3305.74	11.96	2.0306
厦　门	8318.61	17.35	3.3365	26	2.2189	5710.16	11.96	2.3000
青　岛	8667.26	19.91	3.9348	27	3.0639	5005.65	11.96	2.3636
杭　州	11174.54	19.21	3.9855	28	3.5223	6763.51	11.96	2.4813
乌鲁木齐	6008.69	20.40	4.4541	29	2.4743	3360.02	11.96	2.6114
兰　州	5952.20	20.27	4.5347	30	4.0271	3356.14	11.96	2.6756
太　原	7169.14	18.44	4.8272	31	4.2062	4571.20	11.96	3.1309
长　沙	16957.00	27.26	4.8853	32	3.6454	6086.31	11.96	2.1434
重　庆	10602.61	25.22	7.4837	33	7.3699	4330.09	11.96	3.5490
西　宁	5395.98	25.37	14.1732	34	3.1438	2182.65	11.96	6.6816
拉　萨	3800.51	22.37	14.3397	35	2.2462	1865.64	11.96	7.6667
深　圳	—	—	—	—	—	—	—	—

摒弃单纯的"文化GDP追逐",通过文教消费需求增长空间反推,以文化生产满足文化需求的终极目的定位测算增长目标,即假设文教消费需求增长切实推动文化生产发展,实现文化产业供需协调增长,达到支柱性产业所需占的产值比重。以全国城镇总体为例具体解释:全国城镇文教消费需求增长支撑文化产业成为支柱性产业的测算值为7.60%,据此进行反推,到2020年城镇人均文教消费应达到9123.92元,2012~2020年年均增长率需达到20.64%,为以往7年实际年均增长率的2.24倍。各地依此类推。

本项测评设定全国城镇人均文教消费与人均产值之比7.60%为中国文化产业成为国民经济支柱性产业的必需临界值,此项比值逐年修订,现为2012年数据测算值。其演算依据在于:2012年全国文化产业增加值为18071亿元,占同期GDP的3.48%;全国城镇文教消费总量为14261.04亿元,人均值为2033.50元,与全国人均产值之比为5.29%(更精确数据为5.2928%)。在文化产业增加值数据与城镇文教消费需求数据之间,存在着供需对应关系,其间差额主要在于公共文化服务计入文化产业增加值部分(大多未能进入人民群众日常生活消费),其次是文化产业提供产品和服务并不进入人民群众日常生活消费部分(譬如各类机构书报刊公费购买订阅等)。以现有最新年度演算修订值来衡量,当全国城镇人均文教消费与人均产值的比值增高到7.6046%(更精确数据)时,中国文化产业增加值占同期GDP的比重将达到5%。各地据以演算的此项测算值各有不同,详见表5。

依据这一测算,各中心城市未来9年文教消费达到增长目标所需年均增长率比较:深圳、上海、郑州、厦门、石家庄、北京、太原、广州、哈尔滨、海口、杭州、济南、长春、宁波、青岛、昆明、兰州、乌鲁木齐、福州19个中心城市目标差距从小到大依次小于全国城镇平均差距;南昌、南京、拉萨、贵阳、沈阳、呼和浩特、合肥、大连、成都、西安、南宁、天津、银川、武汉、重庆、西宁、长沙17个中心城市目标差距从小到大依次大于全国城镇平均差距。其中,占据首位的深圳目标差距比全国城镇所需年均差距低20.64个百分点;处于末位的长沙目标差距比全国城镇所需年均差距高6.62个百分点。

测算出各城市未来9年文教消费达到增长目标所需年均增长率之后,还需要与各自以往7年文教消费需求实际年均增长率进行比较:合肥、昆明、福州、广州、南京、呼和浩特、沈阳、济南、上海、武汉、北京、南昌、银川、西安 14 个城市比较差距从小到大依次小于全国城镇比较差距；长春、大连、宁波、成都、南宁、哈尔滨、石家庄、天津、贵阳、郑州、海口、厦门、青岛、杭州、乌鲁木齐、兰州、太原、长沙、重庆、西宁、拉萨 21 个城市比较差距从小到大依次大于全国城镇比较差距。其中，占据首位的合肥比较差距比全国城镇比较差距低 58.18%；处于末位的拉萨比较差距比全国城镇比较差距高 539.87%。

倘若按照国家"十二五"规划转变发展方式的要求，在"十二五"期间把全国产值年均增长率控制在 7%，并延续至"十三五"末，支柱性产业测算目标距离将发生变化：到 2020 年全国城镇人均文教消费应达到 5020.02 元，2012~2020 年年均增长率需达到 11.96%，仅为以往 7 年实际年均增长率的 1.30 倍，而与人均产值增长测算值之间的比值不变，显然更加容易实现。各地依此类推，2012~2020 年年均增长率均为 11.96%。

（二）文教消费需求增长相关协调性测算

1. 消除负相关目标测算

2020 年各中心城市文教消费增长消除积蓄负相关目标测算见表 6，各地按所需年均增长率与 2005~2012 年实际年均增长率的比较差距从小到大排列。

以城乡文化需求系数既往年度历年最佳比值测算增长目标，即假设积蓄增长与文教消费增长之间排除负相关关系，必需消费之外余钱增长与精神文化消费需求增长实现同步。以全国城镇总体为例具体解释：如果到 2020 年此项比值实现 2005~2012 年最佳状态，那么城镇人均文教消费应达到 9067.19 元，与产值增长测算值之比将达到 7.56%，2012~2020 年年均增长率需达到 20.55%，为以往 7 年实际年均增长率的 2.23 倍。各地依此类推。

倘若按照国家"十二五"规划转变发展方式的要求，在"十二五"期间把全国产值年均增长率控制在 7%，并延续至"十三五"末，消除负相关测算的全国城镇人均文教消费绝对值不变，年均增长率不变，而与人均产值增长测算值之间的比值将提高至 13.74%。各地依此类推。

表6　2020年各中心城市文教消费增长消除积蓄负相关目标测算

城　市	2020年人均文教消费（元）	文教消费所需年均增长			人均文教消费与人均产值比			
		增长率（%）	对比以往		产值年增同前7年平均增长率		产值年增7%	
			增长率（上年=1）	差距倒序	与产值比（%）	排序	与产值比（%）	排序
全国城镇	9067.19	20.55	2.2313	—	7.5573	—	13.7355	—
广　州	13414.71	11.37	0.8391	1	2.9927	28	4.7154	33
合　肥	13298.85	22.38	0.9124	2	6.2063	6	13.1655	2
福　州	6910.65	14.13	0.9278	3	3.4622	23	6.2199	24
南　昌	4034.09	11.11	1.0892	4	2.1413	34	3.9626	34
呼和浩特	10083.06	17.75	1.3177	5	2.6031	30	5.4828	27
南　京	16447.51	18.48	1.3679	6	4.5564	15	8.4728	13
昆　明	11124.28	22.63	1.3875	7	6.6299	3	11.6919	5
武　汉	8852.83	17.93	1.4052	8	2.2202	33	5.3075	30
哈尔滨	4173.12	10.11	1.4260	9	3.2971	25	5.3026	31
沈　阳	11261.16	20.93	1.5844	10	3.4543	24	7.1842	21
南　宁	7475.55	17.08	1.9041	11	5.6772	9	12.3840	4
西　安	12211.86	20.48	1.9284	12	5.9289	8	12.9237	3
银　川	9848.71	21.85	1.9319	13	3.5153	22	8.2041	15
上　海	14094.68	16.79	1.9321	14	4.2543	18	5.7846	25
大　连	9711.87	19.69	1.9849	15	2.2350	32	4.7576	32
宁　波	11109.12	16.48	1.9903	16	3.2922	26	5.6683	26
济　南	10877.22	20.97	2.0029	17	4.8303	13	8.0116	17
北　京	15755.62	18.56	2.0284	18	4.2476	19	6.6043	23
长　春	7666.53	17.55	2.0313	19	4.4920	16	7.6025	19
贵　阳	7324.81	18.33	2.2941	20	4.5893	14	9.4104	11
乌鲁木齐	3311.09	11.75	2.5655	21	1.3635	35	2.4383	35
天　津	11904.58	22.82	2.6260	22	2.3627	31	5.3457	28
成　都	13804.99	25.41	2.7985	23	5.3461	10	11.5332	6
郑　州	6354.93	19.26	3.4765	24	4.9249	12	6.9397	22
石家庄	8497.39	24.78	3.7207	25	7.2257	2	11.0040	7
长　沙	13345.67	23.50	4.2115	26	2.8690	29	7.9934	18
海　口	8897.08	26.71	4.5348	27	6.3650	5	10.2444	9
兰　州	6330.21	21.20	4.7427	28	4.2828	17	7.5957	20
厦　门	13709.29	24.91	4.7904	29	3.6568	21	5.3273	29
青　岛	14461.50	27.84	5.5020	30	5.1123	11	8.8518	12
杭　州	20955.34	28.96	6.0083	31	6.6052	4	10.9130	8
太　原	10243.34	23.84	6.2408	32	6.0099	7	9.4254	10
重　庆	11912.35	27.06	8.0297	33	8.2803	1	20.2752	1
西　宁	5573.66	25.88	14.4581	34	3.2473	27	8.0280	16
拉　萨	6834.94	31.69	20.3141	35	4.0396	20	8.2290	14
深　圳				—				—

依据这一测算，各中心城市未来9年人均文教消费达到增长目标所需年均增长率比较：深圳、哈尔滨、南昌、广州、乌鲁木齐、福州、宁波、上海、南宁、长春、呼和浩特、武汉、贵阳、南京、北京、郑州、大连、西安18个中心城市目标差距从小到大依次小于全国城镇平均差距；沈阳、济南、兰州、银川、合肥、昆明、天津、长沙、太原、石家庄、厦门、成都、西宁、海口、重庆、青岛、杭州、拉萨18个中心城市目标差距从小到大依次大于全国城镇平均差距。其中，占据首位的深圳目标差距比全国城镇平均差距低20.55个百分点；处于末位的拉萨目标差距比全国城镇平均差距高11.14个百分点。

测算出各城市未来9年文教消费达到增长目标所需年均增长率之后，还需要与各自以往7年间文教消费需求实际年均增长率进行比较：广州、合肥、福州、南昌、呼和浩特、南京、昆明、武汉、哈尔滨、沈阳、南宁、西安、银川、上海、大连、宁波、济南、北京、长春19个城市比较差距从小到大依次小于全国城镇比较差距；贵阳、乌鲁木齐、天津、成都、郑州、石家庄、长沙、海口、兰州、厦门、青岛、杭州、太原、重庆、西宁、拉萨16个城市比较差距从小到大依次大于全国城镇比较差距。其中，占据首位的广州比较差距比全国城镇比较差距低62.39%；处于末位的拉萨比较差距比全国城镇比较差距高810.43%。

2. 最佳比值目标测算

2020年各中心城市文教消费相关最佳比值目标测算见表7，各地按所需年均增长率与2005~2012年实际年均增长率的比较差距从小到大排列。

以城乡民生基础系数、民生消费系数、文化需求系数三项比值既往年度历年最佳值测算增长目标，即假设相关各方面的增长协调性"回复"曾有的三项比例关系最佳值。以全国城镇总体为例具体解释：如果到2020年三项比值同步实现2005~2012年最佳状态，那么城镇人均文教消费应达到10787.63元，与产值增长测算值之比将达到8.99%，2012~2020年年均增长率需达到23.19%，为以往7年实际年均增长率的2.52倍。各地依此类推。

依据这一测算，各中心城市未来9年人均文教消费达到增长目标所需年均增长率比较：深圳、上海、广州、北京、昆明、郑州、福州、济南、南京、哈尔滨、宁波、合肥、长春、石家庄14个中心城市目标差距从小到大依次小于

表7 2020年各中心城市文教消费相关最佳比值目标测算

城市	产值年增按2005~2012年实值推算				文教消费与产值比关系不变（%）	产值年增按"十二五"规划7%推算		
	2020年人均文教消费（元）	文教消费所需年均增长				2020年人均文教消费（元）	所需年均增长率（%）	对比以往增长率（上年=1）
		增长率（%）	对比以往					
			增长率（上年=1）	差距倒序				
全国城镇	10787.63	23.19	2.5179	—	8.9913	5935.40	14.33	1.5559
合　肥	13062.29	22.10	0.9009	1	6.0959	6157.68	11.15	0.4545
昆　明	9439.46	20.14	1.2348	2	5.6258	5352.69	11.92	0.7308
广　州	19915.57	17.01	1.2554	3	4.4430	12639.76	10.55	0.7786
福　州	10453.85	20.19	1.3257	4	5.2373	5818.95	11.70	0.7682
南　京	19127.42	20.74	1.5352	5	5.2988	10286.07	11.73	0.8682
上　海	12486.61	15.04	1.7307	6	3.7689	9183.26	10.70	1.2313
呼和浩特	15630.31	24.38	1.8099	7	4.0352	7420.98	13.32	0.9889
济　南	10540.24	20.50	1.9580	8	4.6807	6354.85	13.11	1.2521
沈　阳	16893.26	27.21	2.0598	9	5.1819	8122.58	16.09	1.2180
北　京	16689.10	19.42	2.1224	10	4.4993	10733.78	13.01	1.4219
武　汉	16669.60	27.64	2.1661	11	4.1805	6972.99	14.46	1.1332
南　昌	10141.93	24.68	2.4196	12	5.3833	5480.32	15.45	1.5147
西　安	18439.70	26.84	2.5273	13	8.9526	8459.45	15.07	1.4190
宁　波	15907.26	21.82	2.6353	14	4.7141	9238.91	13.82	1.6691
长　春	10904.16	22.84	2.6435	15	6.3890	6442.80	15.02	1.7384
银　川	16492.47	29.97	2.6499	16	5.8866	7066.61	16.90	1.4943
大　连	16150.46	27.55	2.7772	17	3.7167	7587.09	16.05	1.6179
哈尔滨	9150.57	21.47	3.0282	18	7.2298	5689.76	14.46	2.0395
南　宁	16999.36	29.74	3.3155	19	12.9100	7793.09	17.69	1.9721
成　都	19668.83	31.08	3.4229	20	7.6170	9117.31	19.07	2.1002
石家庄	7530.67	22.91	3.4399	21	6.4037	4944.95	16.61	2.4940
贵　阳	13512.23	27.75	3.4731	22	8.4659	6589.66	16.78	2.1001
天　津	19549.70	30.67	3.5293	23	3.8800	8640.54	17.99	2.0702
郑　州	6745.54	20.15	3.6372	24	5.2276	4787.09	15.11	2.7274
厦　门	12480.50	23.45	4.5096	25	3.3291	8567.01	17.78	3.4192
海　口	9190.14	27.22	4.6214	26	6.5747	5709.96	19.87	3.3735
青　岛	13177.70	26.36	5.2095	27	4.6584	7610.58	17.98	3.5534
乌鲁木齐	8670.80	26.04	5.6856	28	3.5706	4848.96	17.21	3.7576
杭　州	19297.33	27.64	5.7344	29	6.0826	11679.91	19.87	4.1224
兰　州	9880.47	28.14	6.2953	30	6.6848	5571.08	19.28	4.3132
太　原	11225.63	25.27	6.6152	31	6.5862	7157.72	18.41	4.8194
长　沙	36196.94	39.91	7.1523	32	7.7816	12992.03	23.09	4.1380
重　庆	22726.09	37.74	11.1988	33	15.7970	9281.30	23.15	6.8694
西　宁	14226.43	41.52	23.1955	34	8.2885	5754.51	26.38	14.7374
拉　萨	16162.22	46.64	29.8974	35	9.5521	7933.92	34.17	21.9038
深　圳	—	—	—	—	—	—	—	—

全国城镇平均差距；厦门、呼和浩特、南昌、太原、乌鲁木齐、青岛、西安、沈阳、海口、大连、杭州、武汉、贵阳、兰州、南宁、银川、天津、成都、重庆、长沙、西宁、拉萨22个中心城市目标差距从小到大依次大于全国城镇平均差距。其中，占据首位的深圳目标差距比全国城镇平均差距低23.19个百分点；处于末位的拉萨目标差距比全国城镇高23.45个百分点。

测算出各城市未来9年文教消费达到增长目标所需年均增长率之后，还需要与各自以往7年间文教消费需求实际年均增长率进行比较：合肥、昆明、广州、福州、南京、上海、呼和浩特、济南、沈阳、北京、武汉、南昌12个城市比较差距从小到大依次小于全国城镇比较差距；西安、宁波、长春、银川、大连、哈尔滨、南宁、成都、石家庄、贵阳、天津、郑州、厦门、海口、青岛、乌鲁木齐、杭州、兰州、太原、长沙、重庆、西宁、拉萨23个城市比较差距从小到大依次大于全国城镇比较差距。其中，占据首位的合肥比较差距比全国城镇比较差距低64.22%；处于末位的拉萨比较差距比全国城镇比较差距高1087.39%。

倘若按照国家"十二五"规划转变发展方式的要求，在"十二五"期间把全国产值年均增长率控制在7%，并延续至"十三五"末，最佳比值测算目标距离将发生变化：到2020年全国城镇人均文教消费应达到5935.40元，2012~2020年年均增长率需达到14.33%，仅为以往7年实际年均增长率的1.56倍，而与人均产值增长测算值之间的比值不变，显然更加容易实现。各地依此类推。

同样依据这一测算，各中心城市未来9年人均文教消费达到增长目标所需年均增长率比较：深圳、广州、上海、合肥、福州、南京、昆明、北京、济南、呼和浩特、宁波11个城市目标差距从小到大依次小于全国城镇平均差距；武汉、哈尔滨、长春、西安、郑州、南昌、大连、沈阳、石家庄、贵阳、银川、乌鲁木齐、南宁、厦门、青岛、天津、太原、成都、兰州、杭州、海口、长沙、重庆、西宁、拉萨25个城市目标差距从小到大依次大于全国城镇平均差距。其中，占据首位的深圳目标差距比全国城镇平均差距低14.33个百分点；处于末位的拉萨目标差距比全国城镇平均差距高19.84个百分点。

五　所在省域文教消费需求城乡均衡增长测算

1. 最小城乡比目标测算

2020 年各中心城市所在省域基于最佳比值的文教消费需求最小城乡比目标测算见表 8，各地按所需年均增长率与 2005～2012 年实际年均增长率的比较差距从小到大排列。在此类测算中，4 个直辖市转为省域看待，演算全域城乡综合数据（表 9～表 10 同）。

在三项最佳比值测算基础上，以人均文教消费城乡比既往年度历年最小值测算增长目标，即假设"回复"原有的文教消费城乡比最小状态，作为缩小以至于消除城乡差距的基础。以全国城镇总体为例具体解释：如果到 2020 年同时实现 2005～2012 年三项最佳比值和文教消费城乡比最小状态，那么城镇人均文教消费应达到 6774.26 元，与产值增长测算值之比将达到 6.12%，2012～2020年年均增长率需达到 23.28%，为以往 7 年实际年均增长率的 2.53 倍。各地依此类推。

依据这一测算，各中心城市所在省域未来 9 年人均文教消费达到增长目标所需年均增长率比较：上海、南京、北京、广州、深圳、福州、厦门、哈尔滨、石家庄 9 个城市所在省域目标差距从小到大依次小于全国平均差距；沈阳、大连、郑州、合肥、杭州、宁波、昆明、太原、乌鲁木齐、天津、长春、济南、青岛、成都、海口、兰州、西宁、银川、南昌、武汉、贵阳、南宁、长沙、重庆、西安、呼和浩特、拉萨 27 个城市所在省域目标差距从小到大依次大于全国平均差距。其中，占据首位的上海全域目标差距比全国平均差距低5.11 个百分点；处于末位的拉萨所在省域目标差距比全国平均差距高 31.34个百分点。

测算出各城市所在省域未来 9 年文教消费达到增长目标所需年均增长率之后，还需要与各自以往 7 年间文教消费需求实际年均增长率进行比较：合肥、福州、厦门、南京、昆明、广州、深圳、沈阳、大连、上海、北京 11 个城市所在省域比较差距从小到大依次小于全国比较差距；武汉、济南、青岛、银川、呼和浩特、天津、南昌、哈尔滨、长春、成都、石家庄、西安、南宁、贵

表8 2020 年所在省域文教消费需求最小城乡比目标测算

地　区	产值年增按 2000～2012 年实值推算				文教消费与产值比关系不变（%）	产值年增按"十二五"规划 7% 推算		
	2020 年人均文教消费（元）	文教消费所需年均增长				2020 年人均文教消费（元）	所需年均增长率（%）	对比以往增长率（上年=1）
		增长率（%）	对比以往					
			增长率（上年=1）	差距倒序				
全　国	6774.26	23.28	2.5277	—	6.1208	4040.50	15.57	1.6906
安　徽	6576.58	25.16	1.0257	1	6.8988	3412.82	15.31	0.6241
福　建	7475.52	22.53	1.4793	2	5.0398	4568.94	15.21	0.9987
江　苏	10370.36	20.28	1.5011	3	4.6952	5513.73	11.15	0.8253
云　南	4532.26	25.75	1.5788	4	7.3256	2793.62	18.37	1.1263
广　东	10526.78	22.09	1.6303	5	7.4197	6896.30	15.80	1.1661
辽　宁	8176.36	24.78	1.8759	6	4.8917	4761.23	16.62	1.2581
上　海	13035.55	18.17	2.0909	7	7.5477	11071.52	15.79	1.8170
北　京	15057.62	20.69	2.2612	8	7.2928	10960.90	15.99	1.7475
湖　北	10518.21	33.27	2.6074	9	8.1419	5395.97	22.61	1.7719
山　东	8502.96	29.16	2.7851	10	5.2392	4660.11	19.81	1.8921
宁　夏	8896.60	32.31	2.8568	11	6.8309	4271.50	20.72	1.8320
内蒙古	21663.96	41.51	3.0817	12	7.3920	8114.01	25.16	1.8679
天　津	13918.81	27.67	3.1841	13	4.8719	7799.42	18.75	2.1577
江　西	8366.06	32.58	3.1941	14	8.8597	4384.13	22.30	2.1863
黑龙江	4703.39	22.72	3.2045	15	4.9764	3053.44	16.27	2.2948
吉　林	8428.21	28.12	3.2546	16	5.9416	4432.10	18.23	2.1100
四　川	6876.76	29.56	3.2555	17	7.0543	3588.69	19.44	2.1410
河　北	3872.90	22.80	3.4234	18	3.7107	2332.48	15.26	2.2913
陕　西	15221.98	36.81	3.4661	19	10.0683	6671.26	23.41	2.2043
广　西	9665.70	35.54	3.9621	20	10.4626	5024.83	24.89	2.7748
贵　州	6882.84	34.47	4.3141	21	9.4144	3188.22	22.14	2.7710
河　南	4921.27	24.84	4.4838	22	4.8512	2625.51	15.41	2.7816
海　南	6354.39	29.61	5.0272	23	6.9332	3856.92	21.77	3.6961
浙　江	13477.01	25.31	5.2510	24	7.5537	8225.05	17.81	3.6950
新　疆	4637.98	26.49	5.7838	25	4.9729	2887.66	19.22	4.1965
湖　南	11866.89	36.00	6.4516	26	10.5348	6060.15	25.05	4.4892
甘　肃	6082.09	30.34	6.7875	27	9.0776	3427.89	21.33	4.7718
山　西	6509.27	26.28	6.8796	28	5.9438	3434.26	16.58	4.3403
重　庆	11854.71	36.27	10.7626	29	8.3817	5604.13	24.09	7.1484
青　海	6195.55	32.19	17.9832	30	5.3843	3069.63	21.08	11.7765
西　藏	5118.38	54.62	35.0128	31	7.6151	3000.97	44.64	28.6154

　　注：最小城乡比"倒挂"地区用弥合城乡比目标测算可以避免"矫枉过正"，这些地区最小城乡比目标测算值大于弥合城乡比目标测算（对照表9）。

阳、郑州、海口、杭州、宁波、乌鲁木齐、长沙、兰州、太原、重庆、西宁、拉萨 25 个城市所在省域比较差距从小到大依次大于全国比较差距。其中，占据首位的合肥所在省域比较差距比全国比较差距低 59.42%；处于末位的拉萨所在省域比较差距比全国比较差距高 1285.17%。

倘若按照国家"十二五"规划转变发展方式的要求，在"十二五"期间把全国产值年均增长率控制在 7%，并延续至"十三五"末，最小城乡比测算目标距离将发生变化：到 2020 年全国城乡人均文教消费应达到 4040.50 元，2012 ~ 2020 年年均增长率需达到 15.57%，仅为以往 7 年实际年均增长率的 1.69 倍，而与人均产值增长测算值之间的比值不变，显然更加容易实现。各地依此类推。

同样依据这一测算，各中心城市所在省域未来 9 年人均文教消费达到增长目标所需年均增长率比较：南京、福州、厦门、石家庄、合肥、郑州 6 个城市所在省域目标差距从小到大依次小于全国平均差距；上海、广州、深圳、北京、哈尔滨、太原、沈阳、大连、杭州、宁波、长春、昆明、天津、乌鲁木齐、成都、济南、青岛、银川、西宁、兰州、海口、贵阳、南昌、武汉、西安、重庆、南宁、长沙、呼和浩特、拉萨 30 个城市所在省域目标差距从小到大依次大于全国平均差距。其中，占据首位的南京所在省域目标差距比全国平均差距低 4.42 个百分点；处于末位的拉萨所在省域目标差距比全国平均差距高 29.07 个百分点。

2. 弥合城乡比目标测算

2020 年各中心城市所在省域基于最佳比值的文教消费需求弥合城乡比目标测算见表 9，各地按所需年均增长率与 2005 ~ 2012 年实际年均增长率的比较差距从小到大排列。

同样在三项最佳比值测算基础上，以人均文教消费城乡比的无差距理想值测算增长目标，即假设文化需求层面的城乡差距得以消除，据此演算校正数值。以全国城镇总体为例具体解释：如果到 2020 年同时实现 2005 ~ 2012 年三项最佳比值和乡村人均文教消费绝对值与城镇水平持平，那么城镇人均文教消费应达到 9301.49 元，与产值增长测算值之比将达到 8.40%，2012 ~ 2020 年年均增长率需达到 28.26%，为以往 7 年实际年均增长率的 3.07 倍。各地依此类推。

表9 2020年所在省域文教消费需求弥合城乡比目标测算

地 区	产值年增按2000~2012年实值推算				文教消费与产值比关系不变（%）	产值年增按"十二五"规划7%推算		
	2020年人均文教消费（元）	文教消费所需年均增长				2020年人均文教消费（元）	所需年均增长率（%）	对比以往增长率（上年=1）
		增长率（%）	对比以往					
			增长率（上年=1）	差距倒序				
全 国	9301.49	28.26	3.0684	—	8.4042	5547.87	20.24	2.1976
安 徽	9005.63	30.18	1.2303	1	9.4468	4673.34	19.93	0.8125
江 苏	11825.44	22.27	1.6484	2	5.3540	6287.37	12.99	0.9615
福 建	9271.05	25.87	1.6986	3	6.2503	5666.34	18.36	1.2055
广 东	12979.90	25.33	1.8694	4	9.1488	8503.39	18.88	1.3934
云 南	6943.58	32.63	2.0006	5	11.2230	4279.91	24.85	1.5236
辽 宁	9793.15	27.62	2.0908	6	5.8589	5702.71	19.28	1.4595
上 海	13781.90	19.00	2.1864	7	7.9799	11705.42	16.60	1.9102
北 京	15897.98	21.51	2.3508	8	7.6998	11572.62	16.78	1.8339
湖 北	14389.69	38.60	3.0251	9	11.1387	7382.08	27.50	2.1552
山 东	11069.58	33.49	3.1987	10	6.8206	6066.77	23.82	2.2751
宁 夏	11721.46	36.95	3.2670	11	8.9999	5627.79	24.95	2.2060
天 津	15031.77	28.90	3.3257	12	5.2615	8423.06	19.90	2.2900
内蒙古	27300.24	45.66	3.3898	13	9.3151	10225.02	28.83	2.1403
黑龙江	5660.61	25.60	3.6107	14	5.9892	3674.86	19.00	2.6798
江 西	11461.00	37.90	3.7157	15	12.1373	6006.00	27.20	2.6667
吉 林	11471.61	33.15	3.8368	16	8.0870	6032.52	22.87	2.6470
河 北	4964.92	26.67	4.0045	17	4.7570	2990.15	18.89	2.8363
四 川	10487.14	36.58	4.0286	18	10.7580	5472.79	25.91	2.8535
陕 西	21444.74	42.80	4.0301	19	14.1842	9398.47	28.81	2.7128
广 西	15013.33	43.21	4.8172	20	16.2511	7804.86	31.96	3.5630
贵 州	12430.26	44.78	5.6045	21	17.0021	5757.85	31.50	3.9424
河 南	7334.00	31.22	5.6354	22	7.2295	3912.71	21.31	3.8466
浙 江	16225.17	28.25	5.8610	23	9.0940	9902.25	20.58	4.2697
海 南	8941.55	35.26	5.9864	24	9.7560	5427.25	27.08	4.5976
新 疆	7403.62	34.11	7.4476	25	7.9383	4609.58	26.39	5.7620
湖 南	17178.21	42.44	7.6057	26	15.2500	8772.52	30.96	5.5484
山 西	8193.82	29.96	7.8456	27	7.4820	4323.03	19.98	5.2304
甘 肃	9714.54	38.20	8.5459	28	14.4990	5475.16	28.64	6.4072
重 庆	13603.90	38.63	11.4629	29	9.6184	6431.04	26.21	7.7864
青 海	8737.97	37.99	21.2235	30	7.5938	4329.30	26.39	14.7430
西 藏	13628.11	74.75	47.9167	31	20.2758	7990.33	63.47	40.6859

注：此类弥合城乡比测算与后一类城乡无差距测算有异曲同工之妙，不过假设条件的逻辑起点不同，带来演算方式不同，最后导致演算结果不同。此为基于三项最佳比值测算再假设城乡之间文化消费数值持平，彼为假设三项城乡比持平再以城镇标准进行三项最佳比值测算。

依据这一测算，各中心城市所在省域未来9年人均文教消费达到增长目标所需年均增长率比较：上海、北京、南京、广州、深圳、哈尔滨、福州、厦门、石家庄、沈阳、大连、杭州、宁波13个城市所在省域目标差距从小到大依次小于全国平均差距；天津、太原、合肥、郑州、昆明、长春、济南、青岛、乌鲁木齐、海口、成都、银川、南昌、西宁、兰州、武汉、重庆、长沙、西安、南宁、贵阳、呼和浩特、拉萨23个城市所在省域目标差距从小到大依次大于全国平均差距。其中，占据首位的上海全域目标差距比全国平均差距低9.26个百分点；处于末位的拉萨所在省域目标差距比全国平均差距高46.49个百分点。

测算出各城市所在省域未来9年文教消费达到增长目标所需年均增长率之后，还需要与各自以往7年的文教消费需求实际年均增长率进行比较：合肥、南京、福州、厦门、广州、深圳、昆明、沈阳、大连、上海、北京、武汉12个城市所在省域比较差距从小到大依次小于全国比较差距；济南、青岛、银川、天津、呼和浩特、哈尔滨、南昌、长春、石家庄、成都、西安、南宁、贵阳、郑州、杭州、宁波、海口、乌鲁木齐、长沙、太原、兰州、重庆、西宁、拉萨24个城市所在省域比较差距从小到大依次大于全国比较差距。其中，占据首位的合肥所在省域比较差距比全国比较差距低59.90%；处于末位的拉萨所在省域比较差距比全国比较差距高1461.62%。

倘若按照国家"十二五"规划转变发展方式的要求，在"十二五"期间把全国产值年均增长率控制在7%，并延续至"十三五"末，弥合城乡比测算目标距离将发生变化：到2020年全国城乡人均文教消费应达到5547.87元，2012~2020年年均增长率需达到20.24%，仅为以往7年实际年均增长率的2.20倍，而与人均产值增长测算值之间的比值不变，显然更加容易实现。各地依此类推。

同样依据这一测算，各中心城市所在省域未来9年人均文教消费达到增长目标所需年均增长率比较：南京、上海、北京、福州、厦门、广州、深圳、石家庄、哈尔滨、沈阳、大连、天津、合肥、太原14个城市所在省域目标差距从小到大依次小于全国平均差距；杭州、宁波、郑州、长春、济南、青岛、昆明、银川、成都、重庆、乌鲁木齐、西宁、海口、南昌、武汉、兰州、西安、呼和浩特、长沙、贵阳、南宁、拉萨 22 个城市所在省域目标差距从小到大依次大于全国平均差距。其中，占据首位的南京所在省域目标差距比全国平均差距低 7.25 个百分点；处于末位的拉萨所在省域目标差距比全国平均差距高 43.23 个百分点。

3. 城乡无差距目标测算

2020 年各中心城市所在省域文教消费相关方面城乡无差距目标测算见表 10，各地按所需年均增长率与 2005～2012 年实际年均增长率的比较差距从小到大排列。

在民生基础层面、民生消费层面、文化需求层面三项城乡比的无差距理想状态下实现既往年度历年最佳比值测算增长目标，即假设此三个层面的乡村人均值加速增长并与城镇水平持平，统一取城镇标准三项比例关系最佳值进行演算。以全国城镇总体为例具体解释：如果到 2020 年城乡之间在此三个层面已无差距，统一实现 2005～2012 年城镇标准三项最佳比值，那么城镇人均文教消费应达到 12840.10 元，与产值增长测算值之比将达到 11.60%，2012～2020 年年均增长率需达到 33.54%，为以往 7 年实际年均增长率的 3.64 倍。各地依此类推。

依据这一测算，各中心城市所在省域未来 9 年人均文教消费达到增长目标所需年均增长率比较：上海、北京、广州、深圳、哈尔滨、福州、厦门、南京、杭州、宁波、沈阳、大连、天津 13 个城市所在省域目标差距从小到大依次小于全国平均差距；长春、合肥、海口、石家庄、南昌、郑州、乌鲁木齐、济南、青岛、兰州、太原、昆明、武汉、成都、银川、长沙、西安、南宁、呼和浩特、西宁、重庆、贵阳、拉萨 23 个城市所在省域目标差距从小到大依次大于全国平均差距。其中，占据首位的上海全域目标差距比全国平均差距低 14.98 个百分点；处于末位的拉萨所在省域目标差距比全国平均差距高 50.20 个百分点。

测算出各城市所在省域未来 9 年文教消费达到增长目标所需年均增长率之后，还需要与各自以往 7 年间文教消费需求实际年均增长率进行比较：合肥、福州、厦门、广州、深圳、上海、南京、沈阳、北京、昆明、大连、武汉、呼和浩特 13 个城市所在省域比较差距从小到大依次小于全国比较差距；天津、

表10　2020年所在省域文教消费相关方面城乡无差距目标测算

地　区	产值年增按2000～2012年实值推算				文教消费与产值比关系不变（%）	产值年增按"十二五"规划7%推算		
	2020年人均文教消费（元）	文教消费所需年均增长				2020年人均文教消费（元）	所需年均增长率（%）	对比以往增长率（上年=1）
		增长率（%）	对比以往					
			增长率（上年=1）	差距倒序				
全　国	12840.10	33.54	3.6417	—	11.6015	7658.46	25.18	2.7340
安　徽	13499.66	36.93	1.5055	1	14.1610	7005.46	26.15	1.0660
福　建	11223.96	28.91	1.8982	2	7.5669	6859.94	21.22	1.3933
广　东	15214.43	27.84	2.0546	3	10.7238	9967.28	21.26	1.5690
上　海	13379.91	18.56	2.1358	4	7.7471	11364.00	16.16	1.8596
江　苏	18709.67	29.49	2.1828	5	8.4709	9947.59	19.66	1.4552
辽　宁	12108.37	31.06	2.3512	6	7.2441	7050.90	22.49	1.7025
北　京	17760.55	23.21	2.5366	7	8.6019	12928.44	18.41	2.0120
云　南	13070.01	43.55	2.6701	8	21.1253	8056.15	35.12	2.1533
湖　北	19117.23	43.61	3.4177	9	14.7982	9807.36	32.11	2.5165
内蒙古	30336.66	47.59	3.5330	10	10.3512	11362.28	30.54	2.2673
天　津	18721.96	32.49	3.7388	11	6.5532	10490.86	23.24	2.6743
江　西	11964.19	38.65	3.7892	12	12.6702	6269.69	27.89	2.7343
山　东	16682.70	40.51	3.8691	13	10.2792	9143.08	30.34	2.8978
黑龙江	6704.36	28.28	3.9887	14	7.0935	4352.47	21.54	3.0381
宁　夏	18859.14	45.34	4.0088	15	14.4803	9054.79	32.60	2.8824
吉　林	13420.08	35.79	4.1424	16	9.4606	7057.16	25.30	2.9282
陕　西	27034.36	47.00	4.4256	17	17.8814	11848.21	32.59	3.0687
四　川	15999.38	43.98	4.8436	18	16.4125	8349.39	32.74	3.6057
广　西	19008.91	47.49	5.2943	19	20.5761	9882.01	35.91	4.0033
河　北	10033.43	38.31	5.7523	20	9.6132	6042.68	29.82	4.4775
浙　江	18752.23	30.59	6.3465	21	10.5103	11444.53	22.78	4.7261
海　南	10610.75	38.19	6.4839	22	11.5773	6440.40	29.83	5.0645
贵　州	19243.67	52.91	6.6220	23	26.3215	8913.91	38.89	4.8673
河　南	12063.04	39.65	7.1570	24	11.8912	6435.67	29.10	5.2527
湖　南	21992.55	46.91	8.4068	25	19.5239	11231.09	35.07	6.2849
新　疆	10708.97	40.44	8.8297	26	11.4823	6667.53	32.36	7.0655
甘　肃	12436.05	42.53	9.5145	27	18.5609	7009.02	32.68	7.3110
山　西	17915.35	43.31	11.3377	28	16.3589	9452.06	32.30	8.4555
重　庆	29673.22	52.83	15.6766	29	20.9800	14027.57	39.17	11.6231
青　海	16626.50	49.55	27.6816	30	14.4493	8237.73	36.98	20.6592
西　藏	20352.10	83.74	53.6795	31	30.2796	11932.69	71.87	46.0705

南昌、济南、青岛、哈尔滨、银川、长春、西安、成都、南宁、石家庄、杭州、宁波、海口、贵阳、郑州、长沙、乌鲁木齐、兰州、太原、重庆、西宁、拉萨23个城市所在省域比较差距从小到大依次大于全国比较差距。其中，占据首位的合肥所在省域比较差距比全国比较差距低58.66%；处于末位的拉萨所在省域比较差距比全国比较差距高1374.03%。

倘若按照国家"十二五"规划转变发展方式的要求，在"十二五"期间把全国产值年均增长率控制在7%，并延续至"十三五"末，城乡无差距测算目标距离将发生变化：到2020年全国城乡人均文教消费应达到7658.46元，2012~2020年年均增长率需达到25.18%，仅为以往7年实际年均增长率的2.73倍，而与人均产值增长测算值之间的比值不变，显然更加容易实现。各地依此类推。

同样依据这一测算，各中心城市所在省域未来9年人均文教消费达到增长目标所需年均增长率比较：上海、北京、南京、福州、厦门、广州、深圳、哈尔滨、沈阳、大连、杭州、宁波、天津13个城市所在省域目标差距从小到大依次小于全国平均差距；长春、合肥、南昌、郑州、石家庄、海口、济南、青岛、呼和浩特、武汉、太原、乌鲁木齐、西安、银川、兰州、成都、长沙、昆明、南宁、西宁、贵阳、重庆、拉萨23个城市所在省域目标差距从小到大依次大于全国平均差距。其中，占据首位的上海全域目标差距比全国平均差距低9.02个百分点；处于末位的拉萨所在省域目标差距比全国平均差距高46.69个百分点。

六　中心城市及所在省域文教消费总量增长测算

在人均数值增长测算基础上，进行至2020年各中心城市及所在省域文教消费需求总量增长目标测算（见表11A、表11B）。与人均数值增长的各类测算逐一对应，表中同样提供了总量数值增长的各类测算结果。不过，总量数值演算无法涉及未来人口增长及其分布变化，难免会有误差。其所需年均增长率演算结果与人均值演算略有差异，故而省略总量增长目标测算的年均增长数值，仅供参考。各地分为东北和东部、中部、西部四大区域，以由北至南、从东到西的大致地理分布排列。

表11A 2020年各中心城市文教消费需求增长总量测算

单位：亿元

城　市	与产值测算间接相关		与产值测算直接相关			
			按以往产值年均增长推算		按"十二五"年增7%推算	
	历年均增值测算	消除负相关测算	支柱性产业测算	最佳比值测算	支柱性产业测算	最佳比值测算
全国城镇	37902.26	83516.65	84039.15	99363.42	46238.70	54670.17
哈尔滨	204.25	255.11	468.66	559.39	291.41	347.82
长　春	175.01	328.80	376.92	467.66	222.70	276.32
沈　阳	368.02	623.90	700.53	935.93	336.83	450.01
大　连	164.82	325.66	406.33	541.55	190.89	254.41
北　京	1102.34	2136.27	2100.28	2262.84	1350.82	1455.37
天　津	395.69	1051.89	1135.03	1727.41	501.66	763.48
石家庄	69.62	244.18	156.24	216.40	102.59	142.10
济　南	186.51	385.77	344.35	373.82	207.61	225.38
青　岛	90.10	432.94	259.47	394.50	149.86	227.84
南　京	724.57	1021.10	1207.25	1187.47	649.22	638.58
上　海	1140.00	2026.57	1965.18	1795.36	1445.29	1320.39
杭　州	195.82	1027.58	547.96	946.27	331.66	572.74
宁　波	150.86	270.48	339.33	387.30	197.08	224.94
福　州	161.01	149.11	229.69	225.55	127.85	125.55
厦　门	85.26	336.96	204.46	306.75	140.35	210.57
广　州	1201.92	1029.67	1692.02	1528.65	1073.87	970.18
深　圳	127.64	—	—	—	—	—
海　口	40.04	168.35	100.68	173.90	62.55	108.05
太　原	81.78	335.25	234.64	367.40	149.61	234.26
郑　州	364.81	969.61	824.15	1029.21	584.87	730.39
合　肥	480.43	418.06	435.15	410.62	205.13	193.57
武　汉	168.85	241.73	381.35	455.16	159.52	190.40
南　昌	85.67	91.51	180.01	230.06	97.27	124.32
长　沙	153.69	538.74	684.53	1461.21	245.69	524.47
呼和浩特	106.28	142.87	201.01	221.47	95.44	105.15
西　安	390.72	773.32	937.66	1167.70	430.16	535.70
银　川	63.32	130.64	154.84	218.77	66.35	93.74
兰　州	43.20	141.76	133.29	221.27	75.16	124.76
西　宁	12.91	70.62	68.37	180.25	27.65	72.91
乌鲁木齐	69.97	118.98	215.91	311.57	120.74	174.23
重　庆	779.74	4063.10	3616.37	7751.48	1476.92	3165.69
成　都	297.59	908.36	790.73	1294.20	366.53	599.91
贵　阳	89.11	185.25	243.93	341.74	118.96	166.66
南　宁	181.42	322.14	491.35	732.54	225.25	335.82
昆　明	245.98	375.62	319.67	318.73	181.27	180.74
拉　萨	2.92	19.30	10.73	45.63	5.27	22.40

表11B 2020年所在省域文教消费需求增长总量测算

单位：亿元

地　　区	按以往产值年均增长推算			按"十二五"年增7%推算		
	最小城乡比测算	弥合城乡比测算	城乡无差距测算	最小城乡比测算	弥合城乡比测算	城乡无差距测算
全　　国	95705.45	131409.68	181402.39	57083.42	78379.17	108197.28
黑 龙 江	1814.18	2183.39	2585.99	1177.76	1417.46	1678.82
吉　　林	2363.69	3217.21	3763.66	1242.98	1691.82	1979.18
辽　　宁	3704.50	4437.03	5486.00	2157.19	2583.75	3194.59
北　　京	4146.58	4378.00	4890.91	3018.42	3186.88	3560.24
天　　津	2425.03	2618.94	3261.87	1358.87	1467.52	1827.79
河　　北	2985.69	3827.54	7734.94	1798.14	2305.16	4658.40
山　　东	8650.31	11261.39	16971.78	4740.87	6171.89	9301.51
江　　苏	8676.46	9893.86	15653.62	4613.12	5260.39	8322.75
上　　海	4069.80	4302.81	4177.31	3456.61	3654.52	3547.93
浙　　江	8352.61	10055.83	11622.02	5097.62	6137.09	7092.94
福　　建	2993.05	3711.94	4493.85	1829.31	2268.69	2746.58
广　　东	13955.55	17207.70	20170.06	9142.56	11273.11	13213.81
海　　南	610.60	859.20	1019.59	370.61	521.51	618.86
山　　西	2523.35	3176.38	6944.99	1331.31	1675.85	3664.15
河　　南	4611.27	6872.03	11303.19	2460.13	3666.25	6030.28
安　　徽	3811.89	5219.81	7824.63	1978.13	2708.75	4060.48
湖　　北	5943.64	8131.34	10802.79	3049.16	4171.47	5541.96
江　　西	3942.62	5401.16	5638.29	2066.08	2830.41	2954.68
湖　　南	7908.72	11448.47	14657.00	4038.80	5846.47	7484.99
内 蒙 古	5563.87	7011.41	7791.24	2083.89	2626.05	2918.13
陕　　西	5826.70	8208.67	10348.28	2553.64	3597.57	4535.28
宁　　夏	636.53	838.64	1349.32	305.62	402.65	647.85
甘　　肃	1572.15	2511.09	3214.57	886.07	1415.26	1811.75
青　　海	379.34	535.01	1018.00	187.95	265.07	504.38
新　　疆	1179.78	1883.29	2724.08	734.54	1172.56	1696.04
重　　庆	3361.00	3856.92	8412.83	1588.86	1823.30	3977.04
四　　川	5321.46	8115.29	12380.84	2777.04	4235.02	6461.03
贵　　州	2281.80	4120.88	6379.66	1056.96	1908.84	2955.14
广　　西	4464.31	6934.22	8779.67	2320.82	3604.84	4564.21
云　　南	2245.47	3440.14	6475.43	1384.07	2120.45	3991.35
西　　藏	175.43	467.09	697.55	102.86	273.86	408.98

注：全国和各省域分别演算，未经平衡处理，各地总量之和不等于全国总量。

关于中心城市篇分报告，在此加以下三点说明。

（1）中心城市篇选择本文表 5 ～表 7 共 3 类测算（历年均增值为测算基础，不计）增长目标排行里至少有 1 类处于前 10 位者，按 3 类排行位次之和从小到大排列，形成 12 篇中心城市分报告：合肥、广州、福州、昆明、南京、呼和浩特、沈阳、南昌、上海、武汉、济南和北京，取各自最高位次增长目标测算排行确定分报告标题，多类排行最高位次相同则取其间高目标测算（可见各地子报告摘要）。这只是限于全书篇幅而选取分报告的简便操作而已，各类测算目标仅为依据至 2012 年各地数据及其增长变化态势的数理推演，提出的各种或然性的趋势、应然性的理想供参考，并不意味着这些中心城市到 2020 年必定处于领先地位。

（2）直辖市既是省域，又是中心城市，但这两个方面的基础数据来源和取值范围不一，城市文化消费与教育消费数据未加以区分，导致所在省域（直辖市取全域）城乡差距进一步拉大，尤其是中心城市必须检测“辐射和带动作用”详见《中国文化消费需求景气评价报告（2014）》B.2 有关中心城市测评的特殊思考阐释。因此，二者此项测算结果不一，直辖市作为中心城市的测算比作为省域的测算更为严苛。

（3）中心城市篇分报告展开了各地 2005 ～ 2012 年数据增长态势分析，对所在省域（直辖市为全域）城乡差距等背景状况检测则取 2000 ～ 2012 年相应数据，但囿于制图篇幅的局限，2000 ～ 2004 年城乡比变动状况置于后台，图中显示与城市数据并行的 2005 ～ 2012 年变动态势。另因基于 2012 年数据测算至 2020 年各类预期增长目标，2012 年作为“未来 9 年”的头一年处理。借此一并说明，以免各文反复交代，显得重复。

省 域 篇

Reports on Provinces

B.4

江苏：弥合城乡比增长目标测算第1位

张 林*

摘　要：

江苏文化消费增长目标暨文化产业发展空间测评：2000～2012年省域间实际增长排名，历年均增值测算为第1位；2012～2020年省域间目标距离排名，支柱性产业测算为第2位；消除负相关测算为第1位；最佳比值测算为第1位；最小城乡比测算为第1位；弥合城乡比测算为第1位；城乡无差距测算为第2位。

关键词：

江苏文化产业　扩大文化消费　需求与共享　增长目标

一　城乡文化消费需求及相关方面增长态势

2000～2012年江苏城乡文化消费总量和人均值增长态势见图1。

---

* 张林，云南省社会科学院培训部副译审，主要从事语言、文化、民族学研究。

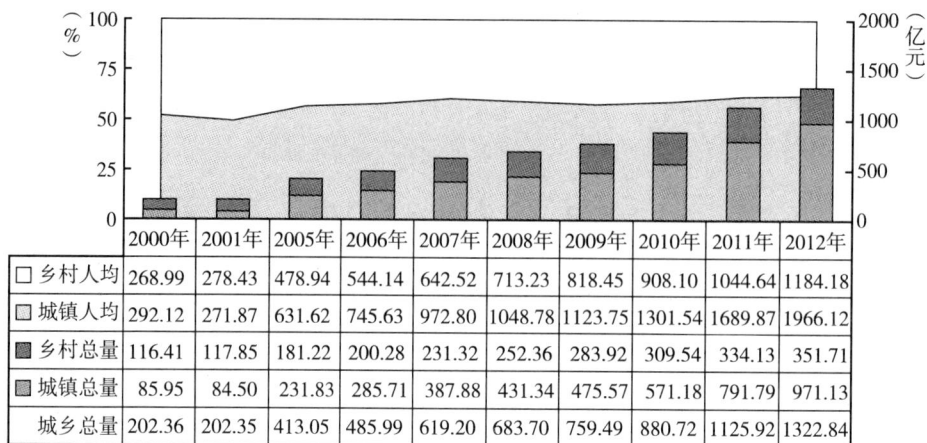

	2000年	2001年	2005年	2006年	2007年	2008年	2009年	2010年	2011年	2012年
□ 乡村人均	268.99	278.43	478.94	544.14	642.52	713.23	818.45	908.10	1044.64	1184.18
□ 城镇人均	292.12	271.87	631.62	745.63	972.80	1048.78	1123.75	1301.54	1689.87	1966.12
■ 乡村总量	116.41	117.85	181.22	200.28	231.32	252.36	283.92	309.54	334.13	351.71
▨ 城镇总量	85.95	84.50	231.83	285.71	387.88	431.34	475.57	571.18	791.79	971.13
城乡总量	202.36	202.35	413.05	485.99	619.20	683.70	759.49	880.72	1125.92	1322.84

图1　江苏城乡文化消费总量和人均值增长态势

注：左轴为城乡人均文化消费（元转换为%），城乡间历年变动呈面积比例关系；右轴为文化消费总量（亿元），柱形上下之和为城乡总量。

2000~2012年，江苏城乡文化消费总量由202.36亿元增高为1322.84亿元，增加1120.48亿元，12年间总增长553.71%，年均增长率16.94%。其中，"十五"期间年均增长15.34%；"十一五"期间年均增长16.35%；"十二五"头两年年均增长22.56%。"十二五"头两年年均增速比"十一五"高6.21个百分点；比"十五"高7.22个百分点。

同期，江苏城镇人均文化消费由292.12元增高为1966.12元，增加1674.00元，12年间总增长573.05%，年均增长率17.22%。其中，"十五"期间年均增长16.68%；"十一五"期间年均增长15.56%；"十二五"头两年年均增长22.91%。"十二五"头两年年均增速比"十一五"高7.35个百分点；比"十五"高6.23个百分点。乡村人均文化消费由268.99元增高为1184.18元，增加915.19元，12年间总增长340.23%，年均增长率13.15%。其中，"十五"期间年均增长12.23%；"十一五"期间年均增长13.65%；"十二五"头两年年均增长14.19%。"十二五"头两年年均增速比"十一五"高0.54个百分点；比"十五"高1.96个百分点。

应予以注意的是，江苏城镇人均值"十五"年均增长率比乡村高4.45个百分点，"十一五"年均增长率比乡村高1.91个百分点，"十二五"头两年年均增长率比乡村高 8.72 个百分点，城乡差距持续扩大。

后续各图表将逐步展示江苏相关背景各方面历年增长数据。在此，把各项绝对值转换为以上一年数值为 100 的年度增长百分指数，形成 2000～2012 年江苏人均产值、城乡人均收入、人均消费（分为人均非文消费与人均文化消费）和人均积蓄增长态势（见图 2）。

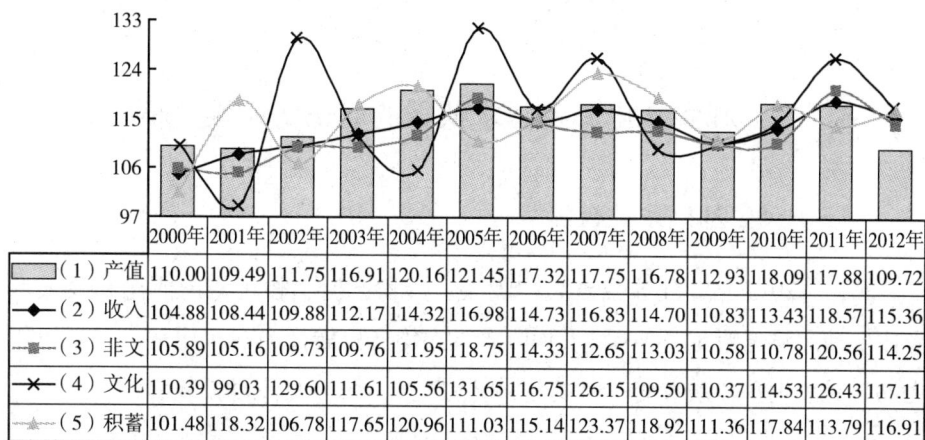

	2000年	2001年	2002年	2003年	2004年	2005年	2006年	2007年	2008年	2009年	2010年	2011年	2012年
（1）产值	110.00	109.49	111.75	116.91	120.16	121.45	117.32	117.75	116.78	112.93	118.09	117.88	109.72
（2）收入	104.88	108.44	109.88	112.17	114.32	116.98	114.73	116.83	114.70	110.83	113.43	118.57	115.36
（3）非文	105.89	105.16	109.73	109.76	111.95	118.75	114.33	112.65	113.03	110.58	110.78	120.56	114.25
（4）文化	110.39	99.03	129.60	111.61	105.56	131.65	116.75	126.15	109.50	110.37	114.53	126.43	117.11
（5）积蓄	101.48	118.32	106.78	117.65	120.96	111.03	115.14	123.37	118.92	111.36	117.84	113.79	116.91

图 2　江苏人均产值、城乡人均收入、人均消费和人均积蓄增长态势

注：年度增长指数（产值为柱形，其余为曲线），上年 = 100，小于 100 为负增长。2000～2012 年增长相关系数，（1）与（2）为 0.7046；（2）与（3）为 0.8972；（4）与（5）为 −0.2295，其间，2001～2005 年为 −0.8946，2002～2006 年为 −0.9426，文化消费需求的"积蓄增长负相关效应"明显。为图表简洁，图例各指标表述予以简化，本篇各文章同此。

在江苏人均产值、城乡人均收入、人均非文消费、人均文化消费和人均积蓄的年度增长指数中，选取三对具有特定相关关系的数据项：（1）系人均产值历年增长指数，（2）系人均收入历年增长指数，二者相关系数为 0.7046，即历年增长保持 70.46% 的同步；（2）系人均收入历年增长指数，（3）系人均非文消费历年增长指数，二者相关系数为 0.8972，即历年增长保持 89.72% 的同步；（4）系人均文化消费历年增长指数，（5）系人均积蓄历年增长指数，二者相关系数为 −0.2295，负相关程度较低，但分时间段深入考察，2001～2005 年为 −0.8946，2002～2006 年为 −0.9426，构成很明显的反向互动关系。

就江苏城乡人均积蓄与人均文化消费二者历年增长幅度变化的相关性而言，

不妨简单理解为，前者每上升1%，后者在2001～2005年下降0.89%，2002～2006年下降0.94%。对比江苏城乡人均积蓄与人均文化消费两条年度增长曲线，大体呈现似"水中倒影"的负相关关系。其中，2002年、2005年人均积蓄年度增长跌入低谷，与之对应的是人均文化消费年度增长出现高峰；2001年、2004年人均积蓄年度增长形成高峰，与之对应的是人均文化消费年度增长陷入低谷，甚至呈负增长。江苏城乡文化消费的"积蓄增长负相关效应"明显。

二 城乡文化消费需求背景的增长协调性分析

（一）民生基础系数检测

2000～2012年，江苏城乡人均收入、人均产值、收入与产值比和收入城乡比变动态势见图3，其中将人均收入、人均产值转换为面积比例，二者历年之比形成民生基础系数变动曲线，同时附有收入城乡比变动曲线。

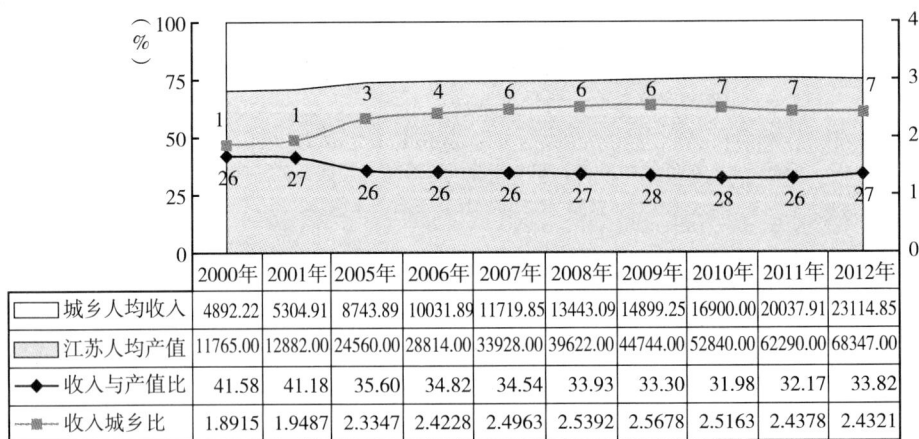

	2000年	2001年	2005年	2006年	2007年	2008年	2009年	2010年	2011年	2012年
城乡人均收入	4892.22	5304.91	8743.89	10031.89	11719.85	13443.09	14899.25	16900.00	20037.91	23114.85
江苏人均产值	11765.00	12882.00	24560.00	28814.00	33928.00	39622.00	44744.00	52840.00	62290.00	68347.00
收入与产值比	41.58	41.18	35.60	34.82	34.54	33.93	33.30	31.98	32.17	33.82
收入城乡比	1.8915	1.9487	2.3347	2.4228	2.4963	2.5392	2.5678	2.5163	2.4378	2.4321

图3 江苏城乡人均收入、人均产值、收入与产值比、收入城乡比变动态势

注：左轴为城乡人均收入、人均产值（元转换为%），二者变动呈面积比例，相互间历年之比形成民生基础系数（%）曲线；右轴为收入城乡比（乡村=1）。标明历年省域排序。

2000～2012年，江苏城乡居民人均收入年均增长13.81%，人均产值年均增长15.79%，比人均收入增速高出1.98个百分点。12年间，江苏城乡居民人均收入与人均产值之比的最高（最佳）值为 2000 年的 41.58%，最低值为 2010 年的 31.98%。逐年考察，除了 2011～2012 年出现上升以外，江苏城乡此项比值逐步下降，由 2000 年的 41.58% 降低至 2012 年的 33.82%，比值处于 31 个省域的第 27 位。民生基础系数呈现降低趋势，意味着在经济增长的同时，"人民共享发展成果"程度逐渐降低。

2000～2012 年，江苏乡村居民人均收入年均增长 10.72%，城镇居民人均收入年均增长 13.06%，比乡村增速高出 2.34 个百分点。12 年间，江苏人均收入城乡比的最小（最佳）值为 2000 年的 1.8915，最大值为 2009 年的 2.5678。逐年考察，除了 2010～2012 年出现下降以外，江苏此项城乡比逐步上升，由 2000 年的 1.8915 提高至 2012 年的 2.4321，处于 31 个省域的第 7 位。人均收入的城乡差距呈现扩大趋势，意味着在民生基础层面城乡之间"共享发展成果"的程度有所降低。

如果江苏城乡民生基础系数能够保持 2000 年的最佳水平，江苏民生基础层面的城乡差距能够保持 2000 年的最低程度，并实现城乡无差距理想状态，那么在"国民收入再分配"演算和城乡综合重新演算当中，江苏人均收入应有很大提高，这样随后逐步推演的一切测算值都会发生变化。

（二）民生消费系数检测

2000～2012 年江苏城乡人均非文消费、城乡人均收入、非文占收入比和非文城乡比变动态势见图 4，其中将人均非文消费、城乡人均收入转换为图形面积比例，二者历年之比形成民生消费系数变动曲线，同时附有非文消费城乡比变动曲线。

2000～2012 年，江苏城乡居民人均非文消费年均增长 12.56%，人均收入年均增长 13.81%，比人均非文消费增速高出 1.25 个百分点。12 年间，江苏城乡居民人均非文消费占人均收入比重的最高值为 2000 年的 66.79%，最低（最佳）值为 2010 年的 58.06%。逐年考察，除了 2005 年、2011 年出现上升以外，江苏城乡此项比值逐步下降，由 2000 年的 66.79% 降低至 2012 年的 58.47%，处于 31 个省域的第 2 位。民生消费系数呈现下降趋势，亦即必需消费之外的余钱占收入的比重增高，意味着从"基本小康"到"全面小康"建

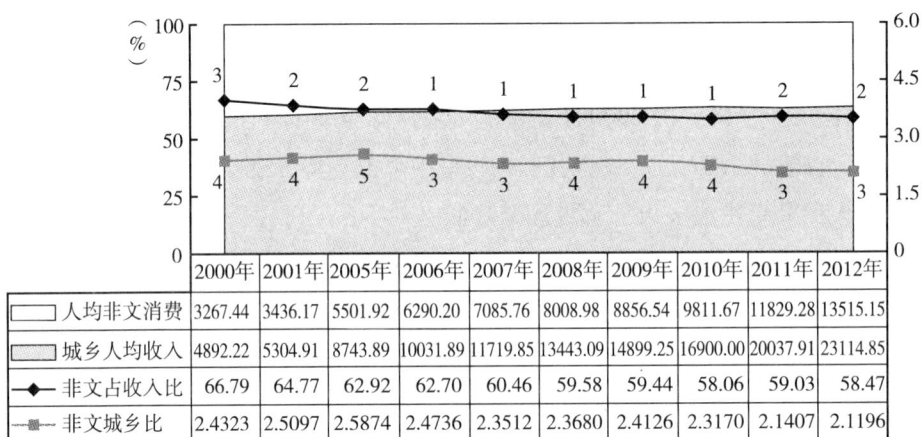

图4　江苏城乡人均非文消费、城乡人均收入、非文占收入比和非文城乡比变动态势

注：左轴为城乡人均非文消费、城乡人均收入（元转换为%），二者变动呈面积比例，相互间历年之比形成民生消费系数（%）曲线；右轴为非文消费城乡比（乡村＝1）。标明历年省域排序。

设的民生效应日益得到显现。

2000～2012年，江苏乡村居民人均非文消费年均增长11.88%，城镇居民人均非文消费年均增长10.60%，比乡村增速低了1.28个百分点。12年间，江苏人均非文消费城乡比的最大值为2003年的2.7037，最小（最佳）值为2012年的2.1196。逐年考察，除了2001年、2003年、2008～2009年出现上升以外，江苏此项城乡比逐步下降，由2000年的2.4323下降至2012年的2.1196，处于31个省域的第3位。必需非文消费的城乡差距呈现缩小趋势，意味着在民生消费层面城乡之间"共享发展成果"的程度有所提高。

如果江苏城乡民生消费系数能够保持2010年的最佳水平，江苏民生消费层面的城乡差距能够保持2012年的最低程度，并实现城乡无差距理想状态，那么在必需消费占收入比重再度演算和城乡综合重新演算当中，江苏人均非文消费应有较大不同，反转则是人均非文消费剩余应有很大增多，这样随后推演的相关数值也会发生变化。

（三）文化需求系数检测

2000～2012年，江苏城乡人均文化消费、人均非文消费剩余、文化与非余比和文化城乡比变动态势见图5，其中将人均文化消费、人均非文消费剩余转换为面积比例，二者历年之比形成文化需求系数变动曲线，同时附有文化消费城乡比变动曲线。

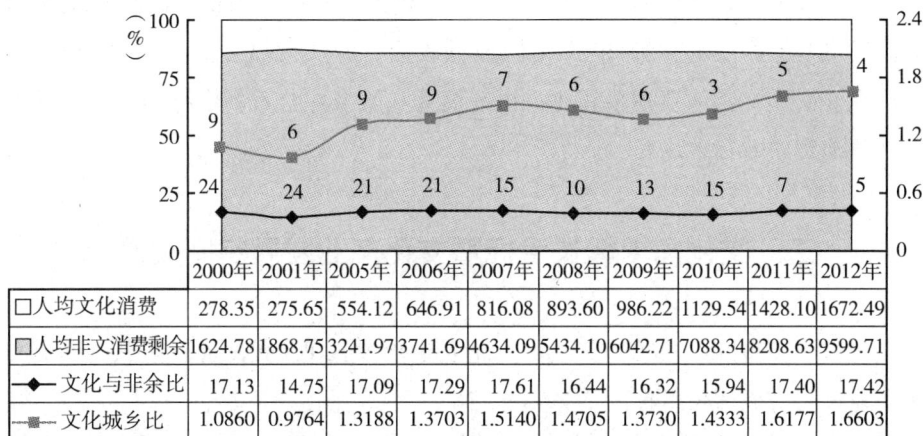

	2000年	2001年	2005年	2006年	2007年	2008年	2009年	2010年	2011年	2012年
□人均文化消费	278.35	275.65	554.12	646.91	816.08	893.60	986.22	1129.54	1428.10	1672.49
▨人均非文消费剩余	1624.78	1868.75	3241.97	3741.69	4634.09	5434.10	6042.71	7088.34	8208.63	9599.71
◆文化与非余比	17.13	14.75	17.09	17.29	17.61	16.44	16.32	15.94	17.40	17.42
▪文化城乡比	1.0860	0.9764	1.3188	1.3703	1.5140	1.4705	1.3730	1.4333	1.6177	1.6603

图5　江苏城乡人均文化消费、人均非文消费剩余、
文化与非余比和文化城乡比变动态势

注：左轴为城乡人均文化消费、人均非文消费剩余（元转换为%），二者变动呈面积比例，相互间历年之比形成文化需求系数（%）曲线；右轴为文化消费城乡比（乡村＝1，小于1为"城乡倒挂"，即城镇人均值低于乡村）。标明历年省域排序。

2000～2012年，江苏城乡居民人均文化消费年均增长16.12%，人均非文消费剩余年均增长15.95%，比人均文化消费增速低了0.17个百分点。12年间，江苏城乡居民人均文化消费与人均非文消费剩余比值的最低值为2001年的14.75%，最高（最佳）值为2007年的17.61%。逐年考察，除了2001年、2003～2004年、2008～2010年出现下降以外，江苏城乡此项比值逐步上升，由2000年的17.13%提高至2012年的17.42%，处于31个省域的第5位。文化需求系数呈现增高趋势，意味着非必需的文化消费需求增长受"积蓄增长负相关效应"反向牵制的影响有所减弱。

2000～2012年，江苏乡村居民人均文化消费年均增长13.15%，城镇居民人均文化消费年均增长17.22%，比乡村增速高出4.07个百分点。12年间，江苏人均文化消费城乡比的最小（最佳）值为2001年的0.9764，最大值为2012年的1.6603。逐年考察，除了2001年、2003年、2008～2009年出现下降以外，江苏此项城乡比逐步上升，由 2000 年的 1.0860 提高至 2012 年的 1.6603，处于 31 个省域的第 4 位。文化消费需求的城乡差距呈现扩大趋势，意味着在文化需求层面城乡之间"共享发展成果"的程度有所降低。

如果江苏城乡文化需求系数能够保持 2007 年的最佳水平，江苏文化需求层面的城乡差距能够保持 2001 年的最低程度，并实现城乡无差距理想状态，那么在非必需文化消费占余钱比重再度演算和城乡综合重新演算当中，江苏人均文化消费应有很大增长。

三 文化需求增长目标暨文化产业发展空间测算

2012～2020 年江苏城乡人均文化消费需求增长测算见图 6，其中提供了文化产业供需协调增长目标的 7 类测算结果。

（1）历年均增值测算：以城乡文化消费既往年度年均增长率测算增长目标，可以得出统计概率最高的或然增长结果。如果 2012～2020 年江苏城乡文化消费增长保持 2000～2012 年平均增长率 16.12%（省域间实际增长第 1位），那么到 2020 年城乡人均文化消费将达到 5527.70 元。在相关各方面增长均依此推算的情况下，由于江苏城乡文化消费与产值之比在 2000～2012 年呈现上升态势，至 2020 年文化消费增长与产值增长测算值之比将继续升高至2.50%。

（2）消除负相关测算：以城乡文化需求系数既往年度历年最佳比值测算增长目标，即假设积蓄增长与文化消费增长之间排除负相关关系，必需消费之外余钱增长与精神文化消费需求增长实现同步。如果到 2020 年江苏城乡此项比值实现 2000～2012 年最佳状态，那么城乡人均文化消费应达到 5381.05 元，与产值增长测算值之比将上升至 2.44%，年均增长率需达到 15.73%，为以往12 年实际年均增长率的 0.98 倍（省域间目标距离第 1 位）。

（3）最佳比值测算：以城乡民生基础系数、民生消费系数、文化需求系数三项比值既往年度历年最佳值测算增长目标，即假设相关各方面的增长协调性"回复"曾有的三项比例关系最佳值。如果到 2020 年江苏城乡三项比值同步实现 2000～2012 年最佳状态，那么城乡人均文化消费应达到 6783.89 元，

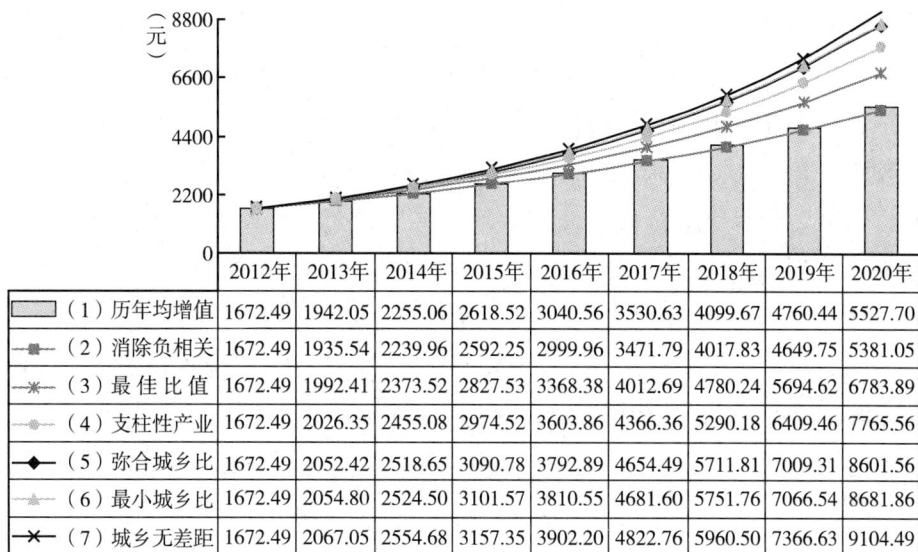

	2012年	2013年	2014年	2015年	2016年	2017年	2018年	2019年	2020年
（1）历年均增值	1672.49	1942.05	2255.06	2618.52	3040.56	3530.63	4099.67	4760.44	5527.70
（2）消除负相关	1672.49	1935.54	2239.96	2592.25	2999.96	3471.79	4017.83	4649.75	5381.05
（3）最佳比值	1672.49	1992.41	2373.52	2827.53	3368.38	4012.69	4780.24	5694.62	6783.89
（4）支柱性产业	1672.49	2026.35	2455.08	2974.52	3603.86	4366.36	5290.18	6409.46	7765.56
（5）弥合城乡比	1672.49	2052.42	2518.65	3090.78	3792.89	4654.49	5711.81	7009.31	8601.56
（6）最小城乡比	1672.49	2054.80	2524.50	3101.57	3810.55	4681.60	5751.76	7066.54	8681.86
（7）城乡无差距	1672.49	2067.05	2554.68	3157.35	3902.20	4822.76	5960.50	7366.63	9104.49

图6　2012～2020年江苏城乡人均文化消费需求增长测算

注：作为背景因素，2012～2020年人均产值按2000～2012年实际年均增长率推算。2012年文化消费与产值比实际值为2.45%；2020年测算值为（1）2.50%，（2）2.44%，（3）3.07%，（4）3.52%，（5）3.89%，（6）3.93%，（7）4.12%。2012～2020年文化消费年均增长为（1）16.12%（2000～2012年实际值，以下为测算值），（2）15.73%，（3）19.13%，（4）21.16%，（5）22.72%，（6）22.86%，（7）23.59%。若产值按年均增长率7%推算，则2020年文化消费与产值比（增量、增幅不变）为（1）4.71%，（2）4.58%。2020年文化消费（与产值比不变）为（3）3606.87元，年增10.08%；（4）4128.81元，年增11.96%；（5）4573.29元，年增13.40%；（6）4615.99元，年增13.53%；（7）4840.69元，年增14.21%。

与产值增长测算值之比将上升至3.07%，年均增长率需达到19.13%，为以往12年实际年均增长率的1.19倍（省域间目标距离第1位）。

（4）支柱性产业测算：摒弃单纯的"文化GDP追逐"，通过文化消费需求增长空间反推，以文化生产满足文化需求的终极目的定位测算增长目标，即假设文化消费需求增长切实推动文化生产发展，实现文化产业供需协调增长，达到支柱性产业所需占产值的比重。各地城乡文化消费需求增长支撑文化产业成为支柱性产业的测算值各有不同，江苏测算值为3.52%。据此反推，到2020年江苏城乡人均文化消费应达到7765.56元，年均增长率需达到21.16%，为以往12年实际年均增长率的1.31倍（省域间目标距离第2位）。

（5）弥合城乡比测算（江苏历年最小城乡比"倒挂"，此类测算可避免"矫枉过正"）：同样在三项最佳比值测算基础上，以人均文化消费城乡比的无差距理想值测算增长目标，即假设文化需求层面的城乡差距得以消除，据此演算校正数值。如果到2020年江苏城乡同时实现2000～2012年三项最佳比值和乡村人均文化消费绝对值与城镇水平持平，那么城乡人均文化消费应达到8601.56元，与产值增长测算值之比将上升至3.89%，年均增长率需达到22.72%，为以往12年实际年均增长率的1.41倍（省域间目标距离第1位）。

（6）最小城乡比测算：在三项最佳比值测算基础上，以人均文化消费城乡比既往年度历年最小值测算增长目标，即假设"回复"原有的文化消费城乡比最小状态，作为缩小以至于消除城乡差距的基础。如果到2020年江苏城乡同时实现2000～2012年三项最佳比值和文化消费最小城乡比，那么城乡人均文化消费应达到8681.86元，与产值增长测算值之比将上升至3.93%，年均增长率需达到22.86%，为以往12年实际年均增长率的1.42倍（省域间目标距离第1位）。

（7）城乡无差距测算：在民生基础层面、民生消费层面、文化需求层面三项城乡比的无差距理想状态下实现既往年度历年最佳比值测算增长目标，即假设此三个层面的乡村人均值加速增长并与城镇水平持平，统一取城镇标准三项比例关系最佳值进行演算。如果到2020年江苏在此三个层面消除城乡差距，实现按城镇标准衡量的2000～2012年三项最佳比值，那么城乡人均文化消费应达到9104.49元，与产值增长测算值之比将上升至4.12%，年均增长率需达到23.59%，为以往12年实际年均增长率的1.46倍（省域间目标距离第2位）。

如果按照国家"十二五"规划转变发展方式的要求，在"十二五"期间把江苏产值年均增长率控制在7%，并一直延续至2020年，那么（1）历年均增值、（2）消除负相关两类增长测算的绝对值不变，其与产值之比将分别增高至4.71%和4.58%；因其余各类测算与产值增长演算直接相关，文化消费人均值增长测算的绝对值相应减小，其所需年均增长幅度（目标差距）将分别降低至10.08%、11.96%、13.40%、13.53%、14.21%（详见图6注），显然更加容易实现。

上海：城乡无差距增长目标测算第1位

陈玡[*]

摘 要：

上海文化消费增长目标暨文化产业发展空间测评：2000～2012年省域间实际增长排名，历年均增值测算为第16位；2012～2020年省域间目标距离排名，支柱性产业测算为第1位；消除负相关测算为第13位；最佳比值测算为第2位；最小城乡比测算为第2位；弥合城乡比测算为第2位；城乡无差距测算为第1位。

关键词：

上海文化产业　扩大文化消费　需求与共享　增长目标

一　城乡文化消费需求及相关方面增长态势

2000～2012年上海城乡文化消费总量和人均值增长态势见图1。

2000～2012年，上海城乡文化消费总量由98.46亿元增高为548.11亿元，增加449.65亿元，12年间总增长456.68%，年均增长率15.38%。其中，"十五"期间年均增长14.78%；"十一五"期间年均增长17.24%；"十二五"头两年年均增长12.30%。"十二五"头两年年均增速比"十一五"高4.94个百分点；比"十五"低2.48个百分点。

同期，上海城镇人均文化消费由642.25元增高为2482.39元，增加1840.14元，12年间总增长286.51%，年均增长率11.93%。其中，"十五"期间年均增长12.09%；"十一五"期间年均增长14.07%；"十二五"头两年

---

* 陈玡，云南省社会科学院财务部高级会计师，中国注册税务师，主要从事经济数据分析研究。

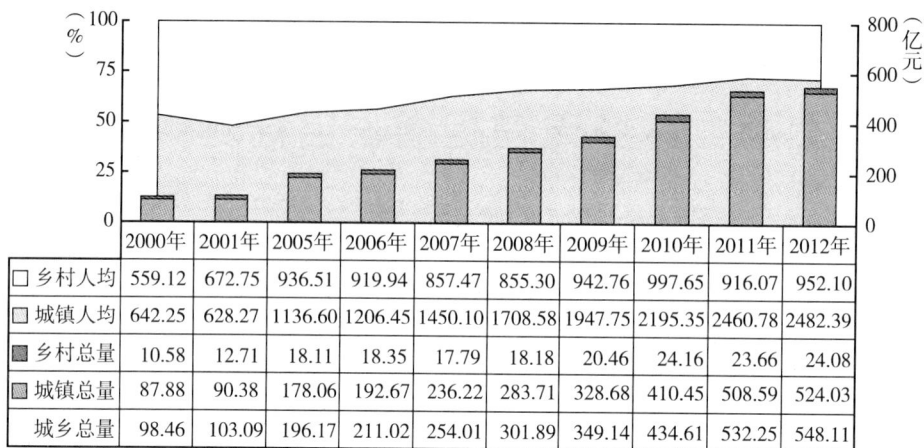

	2000年	2001年	2005年	2006年	2007年	2008年	2009年	2010年	2011年	2012年
☐ 乡村人均	559.12	672.75	936.51	919.94	857.47	855.30	942.76	997.65	916.07	952.10
☐ 城镇人均	642.25	628.27	1136.60	1206.45	1450.10	1708.58	1947.75	2195.35	2460.78	2482.39
▨ 乡村总量	10.58	12.71	18.11	18.35	17.79	18.18	20.46	24.16	23.66	24.08
▦ 城镇总量	87.88	90.38	178.06	192.67	236.22	283.71	328.68	410.45	508.59	524.03
城乡总量	98.46	103.09	196.17	211.02	254.01	301.89	349.14	434.61	532.25	548.11

图1 上海城乡文化消费总量和人均值增长态势

注：左轴为城乡人均文化消费（元转换为%），城乡间历年变动呈面积比例关系；右轴：文化消费总量（亿元），柱形上下之和为城乡总量。

年均增长6.34%。"十二五"头两年年均增速比"十一五"高7.73个百分点；比"十五"高5.75个百分点。乡村人均文化消费由559.12元增高为952.10元，增加392.98元，12年间总增长70.29%，年均增长率4.54%。其中，"十五"期间年均增长10.87%；"十一五"期间年均增长1.27%；"十二五"头两年年均负增长2.31%。"十二五"头两年年均增速比"十一五"低3.58个百分点；比"十五"低13.18个百分点。

应予以注意的是，上海城镇人均值"十五"年均增长率比乡村高1.22个百分点，"十一五"年均增长率比乡村高12.80个百分点，"十二五"头两年年均增长率比乡村高8.65个百分点，城乡差距持续扩大。

后续各图表将逐步展示上海相关背景各方面历年增长数据。在此，把各项绝对值转换为以上一年数值为100的年度增长百分指数，形成2000~2012年上海人均产值、城乡人均收入、人均消费（分为人均非文消费与人均文化消费）和人均积蓄增长态势（见图2）。

在上海人均产值、城乡人均收入、人均非文消费、人均文化消费和人均积蓄的年度增长指数中，选取三对具有特定相关关系的数据项：（1）系人均产值历年增长指数，（2）系人均收入历年增长指数，二者相关系数为0.1465，

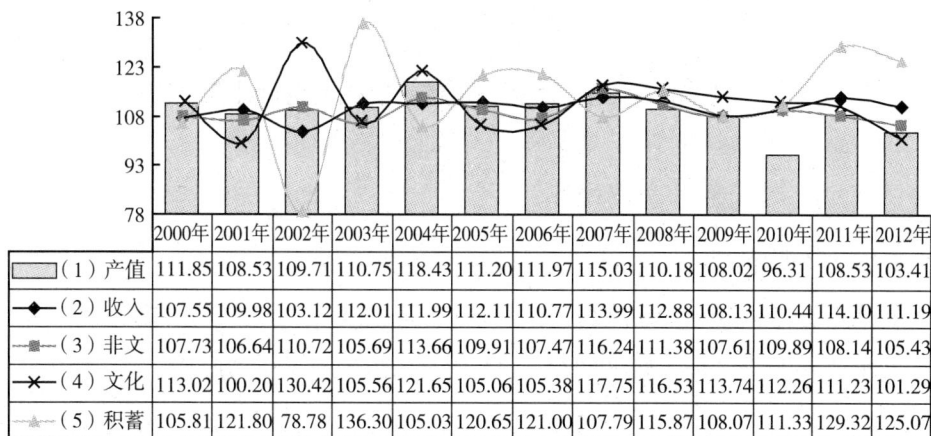

	2000年	2001年	2002年	2003年	2004年	2005年	2006年	2007年	2008年	2009年	2010年	2011年	2012年
（1）产值	111.85	108.53	109.71	110.75	118.43	111.20	111.97	115.03	110.18	108.02	96.31	108.53	103.41
（2）收入	107.55	109.98	103.12	112.01	111.99	112.11	110.77	113.99	112.88	108.81	110.44	114.10	111.19
（3）非文	107.73	106.64	110.72	105.69	113.66	109.91	107.47	116.24	111.38	107.61	109.89	108.14	105.43
（4）文化	113.02	100.20	130.42	105.56	121.65	105.06	105.38	117.75	116.53	113.74	112.26	111.23	101.29
（5）积蓄	105.81	121.80	78.78	136.30	105.03	120.65	121.00	107.79	115.87	108.07	111.33	129.32	125.07

图2　上海人均产值、城乡人均收入、人均消费和人均积蓄增长态势

注：年度增长指数（产值为柱形，其余为曲线），上年＝100，小于100为负增长。2000～2012年增长相关系数，（1）与（2）为0.1465；（2）与（3）为0.2068；（4）与（5）为－0.8403，其间，2001～2005年为－0.9018，2001～2008年为－0.8828，2002～2008年－0.9194，文化消费需求的"积蓄增长负相关效应"显著。

即历年增长保持14.65%的同步；（2）系人均收入历年增长指数，（3）系人均非文消费历年增长指数，二者相关系数为0.2068，即历年增长保持20.68%的同步；（4）系人均文化消费历年增长指数，（5）系人均积蓄历年增长指数，二者相关系数为－0.8403，"负相关"程度很高，分时间段继续考察，2001～2005年为－0.9018，2001～2008年为－0.8828，2002～2008年为－0.9194，构成很明显的反向互动关系。

就上海城乡人均积蓄与人均文化消费二者历年增长幅度变化的相关性而言，不妨简单理解为，前者每上升1%，后者在2000～2012年下降0.84%，2001～2005年下降0.90%，2001～2008年下降0.88%，2002～2008年下降0.92%。对比上海城乡人均积蓄与人均文化消费年度增长曲线，只有2008～2010年显得例外，其余年度呈现似"水中倒影"的负相关关系。其中，2002年人均积蓄年度增长跌入低谷，呈现为负增长，与之对应的是人均文化消费年度增长出现高峰；2001年、2003年、2005～2006年、2011～2012年人均积蓄年度增长形成高峰，与之对应的是人均文化消费年度增长陷入低谷。上海城乡文化消费的"积蓄增长负相关效应"显著。

二 城乡文化消费需求背景的增长协调性分析

(一)民生基础系数检测

2000～2012 年,上海城乡人均收入、人均产值,以及二者之比、收入城乡比变动态势见图3,其中将人均收入、人均产值转换为面积比例,二者历年之比形成民生基础系数变动曲线,同时附有收入城乡比变动曲线。

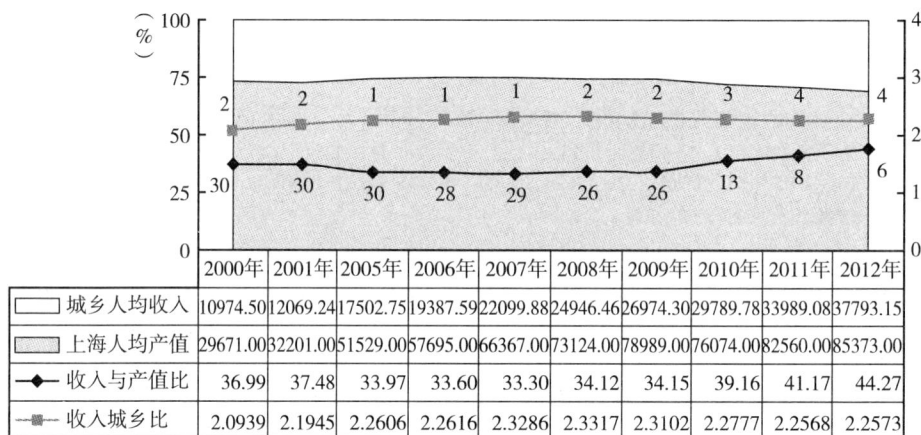

	2000年	2001年	2005年	2006年	2007年	2008年	2009年	2010年	2011年	2012年
城乡人均收入	10974.50	12069.24	17502.75	19387.59	22099.88	24946.46	26974.30	29789.78	33989.08	37793.15
上海人均产值	29671.00	32201.00	51529.00	57695.00	66367.00	73124.00	78989.00	76074.00	82560.00	85373.00
收入与产值比	36.99	37.48	33.97	33.60	33.30	34.12	34.15	39.16	41.17	44.27
收入城乡比	2.0939	2.1945	2.2606	2.2616	2.3286	2.3317	2.3102	2.2777	2.2568	2.2573

图3 上海城乡人均收入、人均产值、收入与产值比和收入城乡比变动态势

注:左轴为城乡人均收入、人均产值(元转换为%),二者变动呈面积比例,相互间历年之比形成民生基础系数(%)曲线;右轴为收入城乡比(乡村=1)。标明历年省域排序。

2000～2012 年,上海城乡居民人均收入年均增长 10.85%,人均产值年均增长 9.21%,比人均收入增速低了 1.64 个百分点。12 年间,上海城乡居民人均收入与人均产值之比的最低值为 2007 年的 33.30%,最高(最佳)值为 2012 年的 44.27%。逐年考察,除了 2002 年、2004 年、2006～2007 年出现下降以外,上海城乡此项比值逐步上升,由 2000 年的 36.99% 提高至 2012 年的 44.27%,比值处于 31 个省域的第 6 位。民生基础系数呈现上升趋势,意味着在经济增长的同时,"人民共享发展成果"程度逐渐提高。

2000～2012 年,上海乡村居民人均收入年均增长 10.12%,城镇居民人均收入年均增长10.82%，比乡村增速高出0.70个百分点。12年间，上海人均收入城乡比的最小（最佳）值为2000年的2.0939，最大值为2004年的2.3609。逐年考察，除了2002年、2005年、2009～2011年出现下降以外，此项城乡比逐步提高，由2000年的2.0939提高至2012年的2.2573，处于31个省域的第4位。人均收入的城乡差距呈现出扩大趋势，意味着在民生基础层面城乡之间"共享发展成果"的程度有所降低。

如果上海城乡民生基础系数能够保持2012年的最佳水平，上海民生基础层面的城乡差距能够保持2000年的最低程度，并实现城乡无差距理想状态，那么在"国民收入再分配"演算和城乡综合重新演算当中，上海人均收入应有很大提高，这样随后逐步推演的一切测算值都会发生变化。

（二）民生消费系数检测

2000～2012年上海城乡人均非文消费、城乡人均收入、非文占收入比和非文城乡比变动态势见图4，其中将人均非文消费、城乡人均收入转换为图形面积比例，二者历年之比形成民生消费系数变动曲线，同时附有非文消费城乡比变动曲线。

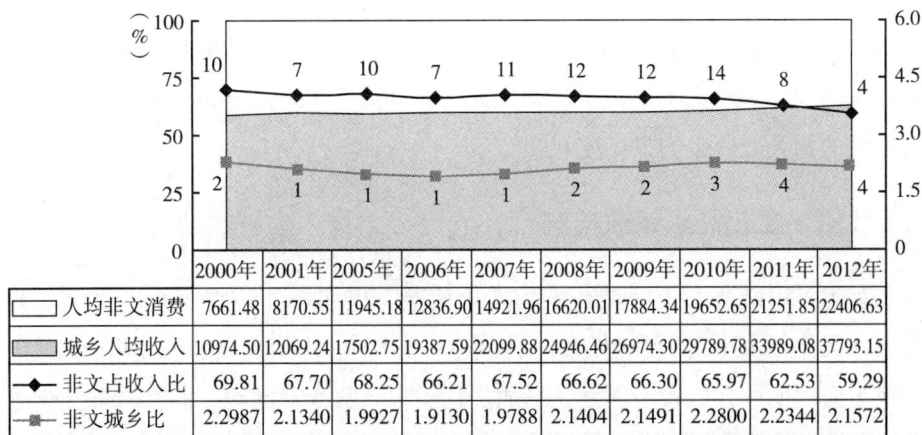

	2000年	2001年	2005年	2006年	2007年	2008年	2009年	2010年	2011年	2012年
人均非文消费	7661.48	8170.55	11945.18	12836.90	14921.96	16620.01	17884.34	19652.65	21251.85	22406.63
城乡人均收入	10974.50	12069.24	17502.75	19387.59	22099.88	24946.46	26974.30	29789.78	33989.08	37793.15
非文占收入比	69.81	67.70	68.25	66.21	67.52	66.62	66.30	65.97	62.53	59.29
非文城乡比	2.2987	2.1340	1.9927	1.9130	1.9788	2.1404	2.1491	2.2800	2.2344	2.1572

图4 上海城乡人均非文消费、城乡人均收入、非文占收入比和非文城乡比变动态势

注：左轴为城乡人均非文消费、城乡人均收入（元转换为%），二者变动呈面积比例，相互间历年之比形成民生消费系数（%）曲线；右轴为非文消费城乡比（乡村＝1）。标明历年省域排序。

2000～2012 年，上海城乡居民人均非文消费年均增长 9.36%，人均收入年均增长 10.85%，比人均非文消费增速高出 1.49 个百分点。12 年间，上海城乡居民人均非文消费占人均收入比重的最高值为 2002 年的 72.69%，最低（最佳）值为 2012 年的 59.29%。逐年考察，除了 2002 年、2004 年、2007 年出现回升以外，上海城乡此项比值逐步下降，由 2000 年的 69.81% 降低至 2012 年的 59.29%，比值处于 31 个省域的第 4 位。民生消费系数呈现降低趋势，亦即必需消费之外的余钱占收入的比重增高，意味着从"基本小康"到"全面小康"建设的民生效应日益得到显现。

2000～2012 年，上海乡村居民人均非文消费年均增长 9.83%，城镇居民人均非文消费年均增长 9.25%，比乡村增速低了 0.58 个百分点。12 年间，上海人均非文消费城乡比的最大值为 2000 年的 2.2987，最小（最佳）值为 2006 年的 1.9130。逐年考察，除了 2004 年、2007～2010 年出现上升以外，上海此项城乡比逐步下降，由 2000 年的 2.2987 缩小至 2012 年的 2.1572，处于 31 个省域的第 4 位。必需非文消费的城乡差距呈现缩小趋势，意味着在民生消费层面城乡之间"共享发展成果"的程度有所提高。

如果上海城乡民生消费系数能够保持 2012 年的最佳水平，上海民生消费层面的城乡差距能够保持 2006 年的最低程度，并实现城乡无差距理想状态，那么在"必需消费"占收入比重再度演算和城乡综合重新演算当中，上海人均非文消费应有较大不同，反转则是人均非文消费剩余应有很大增多，这样随后推演的相关数值也会发生变化。

（三）文化需求系数检测

2000～2012 年，上海城乡人均文化消费、人均非文消费剩余、文化与非余比和文化城乡比变动态势见图 5，其中将人均文化消费、人均非文消费剩余转换为面积比例，二者历年之比形成文化需求系数变动曲线，同时附有文化消费城乡比变动曲线。

2000～2012 年，上海城乡居民人均文化消费年均增长 11.44%，人均非文消费剩余年均增长 13.65%，比人均文化消费增速高出 2.21 个百分点。12 年间，上海城乡居民人均文化消费与人均非文消费剩余比值的最高（最佳）值

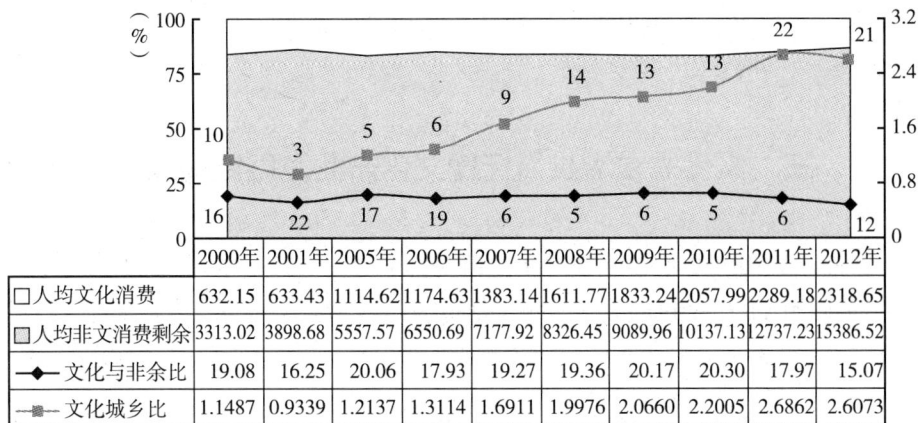

图 5　上海城乡人均文化消费、人均非文消费剩余、
文化与非余比和文化城乡比变动态势

注：左轴为城乡人均文化消费、人均非文消费剩余（元转换为%），二者变动呈面积比例，相
互间历年之比形成文化需求系数（%）曲线；右轴为文化消费城乡比（乡村 =1，小于 1 为"城乡
倒挂"，即城镇人均值低于乡村）。标明历年省域排序。

为 2002 年的 24.31%，最低值为 2012 年的 15.07%。逐年考察，除了 2002
年、2004 年、2007～2010 年出现回升以外，此项比值逐步下降，由 2000 年的
19.08% 降低至 2012 年的 15.07%，处于 31 个省域的第 12 位。文化需求系数
呈现降低趋势，意味着非必需的文化消费需求增长依然受到"积蓄增长负相
关效应"的反向牵制。

　　2000～2012 年，上海乡村居民人均文化消费年均增长 4.54%，城镇
居民人均文化消费年均增长 11.93%，比乡村增速高出 7.39 个百分点。
12 年间，上海人均文化消费城乡比的最小（最佳）值为 2001 年的
0.9339，最大值为 2011 年的 2.6862。逐年考察，除了 2001 年、2005 年、
2012 年出现降低以外，此项城乡比逐步提高，由 2000 年的 1.1487 提高
至 2012 年的 2.6073，处于 31 个省域的第 21 位。文化消费需求的城乡差
距呈现扩大趋势，意味着在文化需求层面城乡之间"共享发展成果"的程
度有所降低。

　　如果上海城乡文化需求系数能够保持 2002 年的最佳水平，上海文化需求
层面的城乡差距能够保持 2001 年的最低程度，并实现城乡无差距理想状态，

那么在"非必需"文化消费占余钱比重再度演算和城乡综合重新演算当中，上海人均文化消费应有很大增长。

三 文化需求增长目标暨文化产业发展空间测算

2012～2020年上海城乡人均文化消费需求增长测算见图6，其中提供了文化产业供需协调增长目标的7类测算结果。

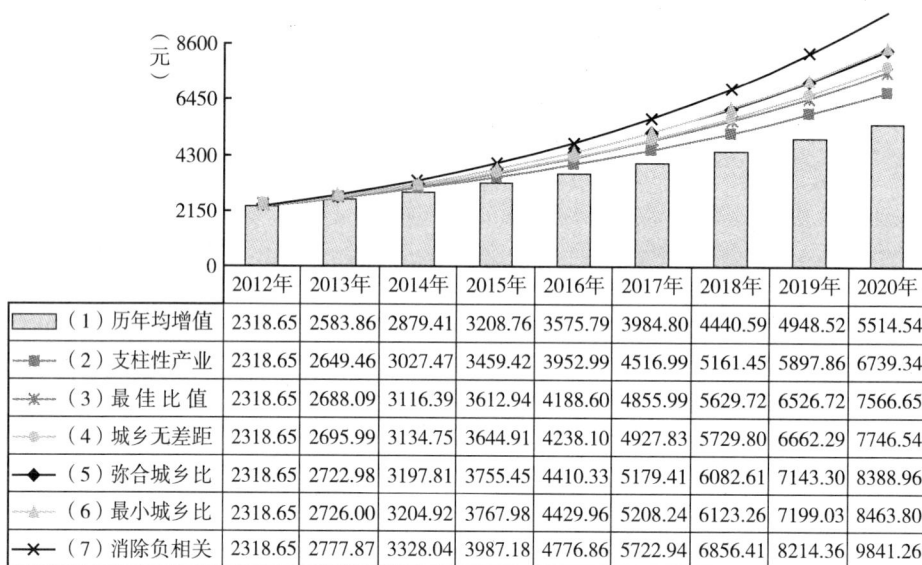

	2012年	2013年	2014年	2015年	2016年	2017年	2018年	2019年	2020年
（1）历年均增值	2318.65	2583.86	2879.41	3208.76	3575.79	3984.80	4440.59	4948.52	5514.54
（2）支柱性产业	2318.65	2649.46	3027.47	3459.42	3952.99	4516.99	5161.45	5897.86	6739.34
（3）最佳比值	2318.65	2688.09	3116.39	3612.94	4188.60	4855.99	5629.72	6526.72	7566.65
（4）城乡无差距	2318.65	2695.99	3134.75	3644.91	4238.10	4927.83	5729.80	6662.29	7746.54
（5）弥合城乡比	2318.65	2722.98	3197.81	3755.45	4410.33	5179.41	6082.61	7143.30	8388.96
（6）最小城乡比	2318.65	2726.00	3204.92	3767.98	4429.96	5208.24	6123.26	7199.03	8463.80
（7）消除负相关	2318.65	2777.87	3328.04	3987.18	4776.86	5722.94	6856.41	8214.36	9841.26

图6 2012～2020年上海城乡人均文化消费需求增长测算

注：作为背景因素，2012～2020年人均产值按2000～2012年实际年均增长率推算。2012年文化消费与产值比实际值为2.72%；2020年测算值为（1）3.19%，（2）3.90%，（3）4.38%，（4）4.49%，（5）4.86%，（6）4.90%，（7）5.70%。2012～2020年文化消费年均增长为（1）11.44%（2000～2012年实际值，以下为测算值），（2）14.27%，（3）15.93%，（4）16.27%，（5）17.44%，（6）17.57%，（7）19.81%。若产值按年均增长率7%推算，则2020年文化消费与产值比（增量、增幅不变）：（1）3.76%，（7）6.71%；2020年文化消费（与产值比不变）为（2）5723.95元，年增11.96%；（3）6426.61元，年增13.59%；（4）6579.39元，年增13.92%；（5）7125.02元，年增15.07%；（6）7188.58元，年增15.19%。

（1）历年均增值测算：以城乡文化消费既往年度年均增长率测算增长目标，可以得出统计概率最高的或然增长结果。如果2012～2020年上海城乡文化消费增长保持 2000～2012 年平均增长率 11.44%（省域间实际增长第 16 位），那么到 2020 年城乡人均文化消费将达到 5514.54 元。在相关各方面增长均依此推算的情况下，由于上海城乡文化消费与产值之比在 2000～2012 年呈现上升态势，至 2020 年文化消费增长与产值增长测算值之比将继续升高至 3.19%。

（2）支柱性产业测算：摒弃单纯的"文化 GDP 追逐"，通过文化消费需求增长空间反推，以文化生产满足文化需求的终极目的定位测算增长目标，即假设文化消费需求增长切实推动文化生产发展，实现文化产业供需协调增长，达到支柱性产业所需占产值比重。各地城乡文化消费需求增长支撑文化产业成为支柱性产业的测算值各有不同，上海测算值为 3.90%。据此反推，到 2020 年上海城乡人均文化消费应达到 6739.34 元，年均增长率需达到 14.27%，为以往 12 年实际年均增长率的 1.25 倍（省域间目标距离第 1 位）。

（3）最佳比值测算：以城乡民生基础系数、民生消费系数、文化需求系数三项比值既往年度历年最佳值测算增长目标，即假设相关各方面的增长协调性"回复"曾有的三项比例关系最佳值。如果到 2020 年上海城乡三项比值同步实现 2000～2012 年最佳状态，那么城乡人均文化消费应达到 7566.65 元，与产值增长测算值之比将上升至 4.38%，年均增长率需达到 15.93%，为以往 12 年实际年均增长率的 1.39 倍（省域间目标距离第 2 位）。

（4）城乡无差距测算：在民生基础层面、民生消费层面、文化需求层面三项城乡比的无差距理想状态下实现既往年度历年最佳比值测算增长目标，即假设此三个层面的乡村人均值加速增长并与城镇水平持平，统一取城镇标准三项比例关系最佳值进行演算。如果到 2020 年上海在此三个层面消除城乡差距，实现按城镇标准衡量的 2000～2012 年三项最佳比值，那么城乡人均文化消费应达到 7746.54 元，与产值增长测算值之比将上升至 4.49%，年均增长率需达到 16.27%，为以往 12 年实际年均增长率的 1.42 倍（省域间目标距离第 1 位）。

（5）弥合城乡比测算（上海历年最小城乡比"倒挂"，此类测算可避免"矫枉过正"）：同样在三项最佳比值测算基础上，以人均文化消费城乡比的无差距理想值测算增长目标，即假设文化需求层面的城乡差距得以消除，据此演算校正数值。如果到2020年上海城乡同时实现2000~2012年三项最佳比值和乡村人均文化消费绝对值与城镇水平持平,那么城乡人均文化消费应达到8388.96元,与产值增长测算值之比将上升至4.86%,年均增长率需达到17.44%,为以往12年实际年均增长率的1.52倍(省域间目标距离第2位)。

(6)最小城乡比测算:在三项最佳比值测算基础上,以人均文化消费城乡比既往年度历年最小值测算增长目标,即假设"回复"原有的文化消费城乡比最小状态,作为缩小以至于消除城乡差距的基础。如果到2020年上海城乡同时实现2000~2012年三项最佳比值和文化消费最小城乡比,那么城乡人均文化消费应达到8463.80元,与产值增长测算值之比将上升至4.90%,年均增长率需达到17.57%,为以往12年实际年均增长率的1.54倍(省域间目标距离第2位)。

(7)消除负相关测算:以城乡文化需求系数既往年度历年最佳比值测算增长目标,即假设积蓄增长与文化消费增长之间排除负相关关系,必需消费之外余钱增长与精神文化消费需求增长实现同步。如果到2020年上海城乡此项比值实现2000~2012年最佳状态,那么城乡人均文化消费应达到9841.26元,与产值增长测算值之比将上升至5.70%,年均增长率需达到19.81%,为以往12年实际年均增长率的1.73倍(省域间目标距离第13位)。由于上海三项系数比值有的在2012年呈现向好发展态势,这一单项比值测算的目标距离反而大于三项比值测算。

如果按照国家"十二五"规划转变发展方式的要求,在"十二五"期间把上海产值年均增长率控制在7%,并一直延续至2020年,那么(1)历年均增值、(7)消除负相关两类增长测算的绝对值不变,其与产值之比将分别增高至3.76%和6.71%;因其余各类测算与产值增长演算直接相关,文化消费人均值增长测算的绝对值相应减小,其所需年均增长幅度(目标差距)将分别降低至11.96%、13.59%、13.92%、15.07%、15.19%(详见图6注),显然更加容易实现。

辽宁：最佳比值增长目标测算第 3 位

杨绍军*

摘　要：

辽宁文化消费增长目标暨文化产业发展空间测评：2000～2012 年省域间实际增长排名，历年均增值测算为第 2 位；2012～2020 年省域间目标距离排名，支柱性产业测算为第 3 位；消除负相关测算为第 7 位；最佳比值测算为第 3 位；最小城乡比测算为第 6 位；弥合城乡比测算为第 5 位；城乡无差距测算为第 4 位。

关键词：

辽宁文化产业　扩大文化消费　需求与共享　增长目标

一　城乡文化消费需求及相关方面增长态势

2000～2012 年辽宁城乡文化消费总量和人均值增长态势见图 1。

2000～2012 年，辽宁城乡文化消费总量由 75.82 亿元增高为 378.00 亿元，增加 302.18 亿元，12 年间总增长 398.55%，年均增长率 14.33%。其中，"十五"期间年均增长 13.87%；"十一五"期间年均增长 14.59%；"十二五"头两年年均增长 14.81%。"十二五"头两年年均增速比"十一五"高 0.22 个百分点；比"十五"高 0.94 个百分点。

同期，辽宁城镇人均文化消费由 169.55 元增高为 1027.31 元，增加 857.76 元，12 年间总增长 505.90%，年均增长率 16.20%。其中，"十五"期

---

* 杨绍军，云南大学人文学院教授，主要从事现代文学、现代文化研究。

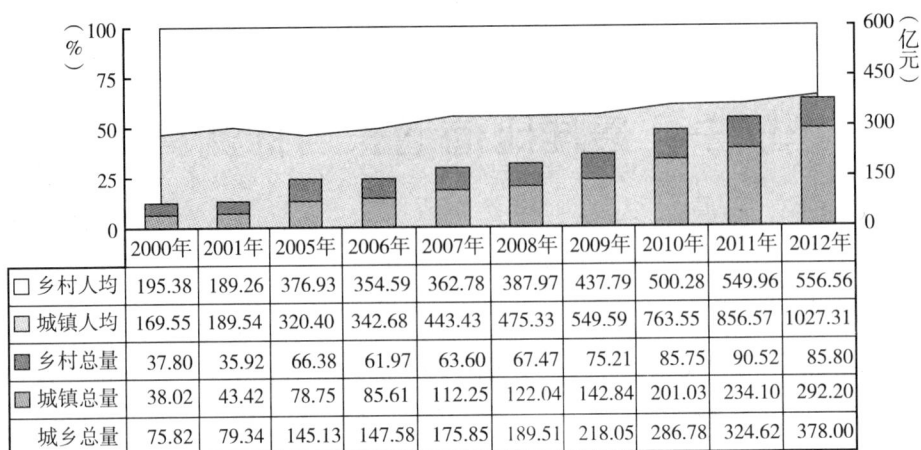

	2000年	2001年	2005年	2006年	2007年	2008年	2009年	2010年	2011年	2012年
□ 乡村人均	195.38	189.26	376.93	354.59	362.78	387.97	437.79	500.28	549.96	556.56
□ 城镇人均	169.55	189.54	320.40	342.68	443.43	475.33	549.59	763.55	856.57	1027.31
▨ 乡村总量	37.80	35.92	66.38	61.97	63.60	67.47	75.21	85.75	90.52	85.80
▨ 城镇总量	38.02	43.42	78.75	85.61	112.25	122.04	142.84	201.03	234.10	292.20
城乡总量	75.82	79.34	145.13	147.58	175.85	189.51	218.05	286.78	324.62	378.00

图1 辽宁城乡文化消费总量和人均值增长态势

注：左轴为城乡人均文化消费（元转换为%），城乡间历年变动呈面积比例关系；右轴为文化消费总量（亿元），柱形上下之和为城乡总量。

间年均增长 13.57%；"十一五"期间年均增长 18.97%；"十二五"头两年年均增长 15.99%。"十二五"头两年年均增速比"十一五"高 2.98 个百分点；比"十五"高 2.42 个百分点。乡村人均文化消费由 195.38 元增高为 556.56 元，增加 361.18 元，12 年间总增长 184.86%，年均增长率 9.12%。其中，"十五"期间年均增长 14.04%；"十一五"期间年均增长 5.83%；"十二五"头两年年均增长 5.47%。"十二五"头两年年均增速比"十一五"低 0.36 个百分点；比"十五"低 8.57 个百分点。

应予以注意的是，辽宁城镇人均值"十五"年均增长率比乡村低 0.47 个百分点，城乡差距有所缩小；"十一五"年均增长率比乡村高 13.14 个百分点，城乡差距转为扩大；"十二五"头两年年均增长率比乡村高 10.52 个百分点，城乡差距继续扩大。

后续各图表将逐步展示辽宁相关背景各方面历年增长数据。在此，把各项绝对值转换为以上一年数值为 100 的年度增长百分指数，形成 2000～2012 年辽宁人均产值、城乡人均收入、人均消费（分为人均非文消费与人均文化消费）和人均积蓄增长态势（见图2）。

在辽宁人均产值、城乡人均收入、人均非文消费、人均文化消费和人均积

	2000年	2001年	2002年	2003年	2004年	2005年	2006年	2007年	2008年	2009年	2010年	2011年	2012年
（1）产值	110.82	107.50	108.20	109.77	110.97	117.66	116.94	118.09	121.49	112.73	120.19	119.84	111.60
（2）收入	105.48	109.13	112.00	110.68	111.87	114.03	113.71	118.44	117.48	109.48	113.42	118.14	115.52
（3）非文	110.19	106.61	111.26	113.70	109.58	116.69	109.65	116.47	119.22	110.41	106.35	114.94	114.12
（4）文化	106.73	104.35	126.19	103.97	100.46	137.79	101.04	118.08	107.22	114.78	130.62	112.37	116.26
（5）积蓄	91.07	119.34	111.63	102.39	122.66	101.14	131.92	124.59	114.32	105.81	132.44	127.25	118.56

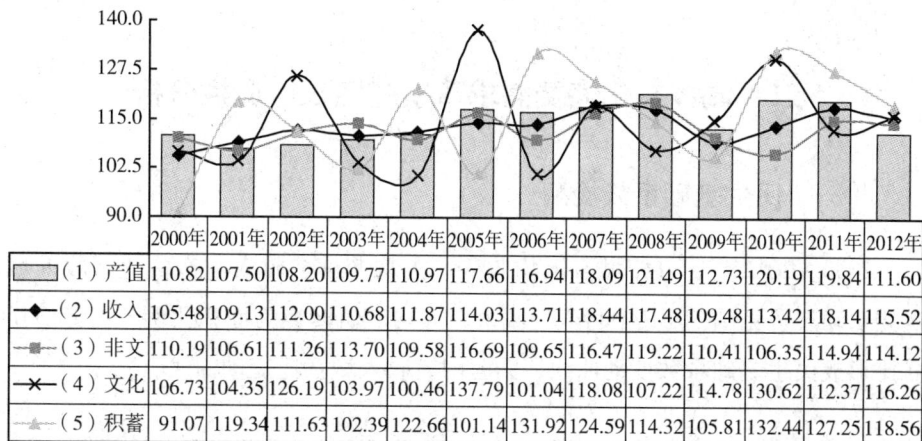

图 2　辽宁人均产值、城乡人均收入、人均消费和人均积蓄增长态势

注：年度增长指数（产值为柱形，其余为曲线），上年 = 100，小于 100 为负增长。2000～2012 年增长相关系数，（1）与（2）为 0.7163；（2）与（3）为 0.6455；（4）与（5）为 - 0.0666，其间，2001～2006 年为 - 0.6430，2004～2008 年为 - 0.8013，2005～2009 年 - 0.7240，文化消费需求的"积蓄增长负相关效应"明显。

蓄的年度增长指数中，选取三对具有特定相关关系的数据项：（1）系人均产值历年增长指数，（2）系人均收入历年增长指数，二者相关系数为 0.7163，即历年增长保持 71.63% 同步；（2）系收入历年增长指数，（3）系人均非文消费历年增长指数，二者相关系数为 0.6455，即历年增长保持 64.55% 的同步；（4）系人均文化消费历年增长指数，（5）系人均积蓄历年增长指数，二者相关系数为 - 0.0666，负相关程度较低，但分时间段深入考察，2001～2006 年为 - 0.6430，2004～2008 年为 - 0.8013，2005～2009 年为 - 0.7240，构成较明显的反向互动关系。

就辽宁城乡人均积蓄与人均文化消费二者历年增长幅度变化的相关性而言，不妨简单理解为，前者每上升 1%，后者在 2001～2006 年下降 0.64%，2004～2008 年下降 0.80%，2005～2009 年下降 0.72%。对比辽宁城乡人均积蓄与人均文化消费年度增长曲线，只有 2010 年明显例外，其余年度大体呈现似"水中倒影"的负相关关系。其中，2005 年人均积蓄年度增长跌入低谷，与之对应的是人均文化消费年度增长出现高峰；2004 年、2006 年人均积蓄年度增长形成高峰，与之对应的是人均文化消费年度增长陷入低谷。辽宁城乡文化消费的"积蓄增长负相关效应"明显。

二 城乡文化消费需求背景的增长协调性分析

（一）民生基础系数检测

2000～2012年，辽宁城乡人均收入、人均产值、收入与产值比和收入城乡比变动态势见图3，其中将人均收入、人均产值转换为面积比例，二者历年之比形成民生基础系数变动曲线，同时附有收入城乡比变动曲线。

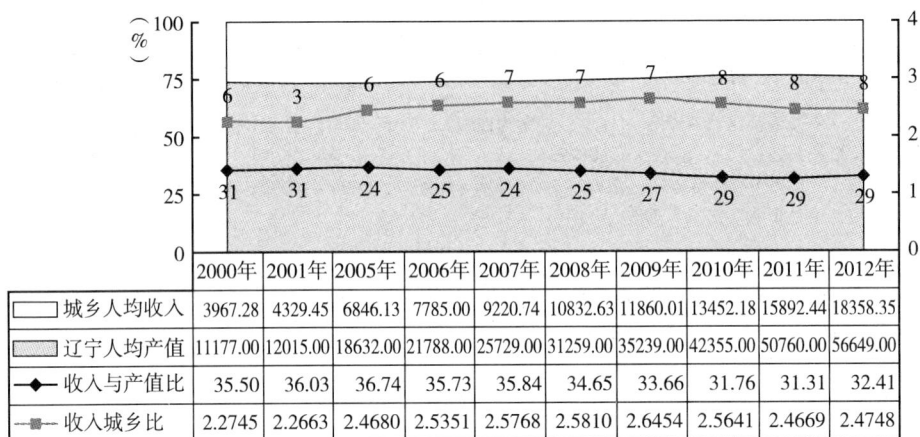

	2000年	2001年	2005年	2006年	2007年	2008年	2009年	2010年	2011年	2012年
城乡人均收入	3967.28	4329.45	6846.13	7785.00	9220.74	10832.63	11860.01	13452.18	15892.44	18358.35
辽宁人均产值	11177.00	12015.00	18632.00	21788.00	25729.00	31259.00	35239.00	42355.00	50760.00	56649.00
收入与产值比	35.50	36.03	36.74	35.73	35.84	34.65	33.66	31.76	31.31	32.41
收入城乡比	2.2745	2.2663	2.4680	2.5351	2.5768	2.5810	2.6454	2.5641	2.4669	2.4748

图3 辽宁城乡人均收入、人均产值、收入与产值比和收入城乡比变动态势

注：左轴为城乡人均收入、人均产值（元转换为%），二者变动呈面积比例，相互间历年之比形成民生基础系数（%）曲线；右轴为收入城乡比（乡村=1）。标明历年省域排序。

2000～2012年，辽宁城乡居民人均收入年均增长13.62%，人均产值年均增长14.48%，比人均收入增速高出0.86个百分点。12年间，辽宁城乡居民人均收入与人均产值之比的最高（最佳）值为2004年的37.92%，最低值为2011年的31.31%。逐年考察，除了2001～2004年、2007年、2012年出现上升以外，辽宁城乡此项比值逐步下降，由2000年的35.50%降低至2012年的32.41%，比值处于31个省域的第29位。民生基础系数呈现降低趋势，意味着在经济增长的同时，"人民共享发展成果"程度逐渐降低。

2000～2012年，辽宁乡村居民人均收入年均增长12.21%，城镇居民人均收入年均增长 13.00%，比乡村增速高出 0.79 个百分点。12 年间，辽宁人均收入城乡比的最小（最佳）值为 2001 年的 2.2663，最大值为 2009 年的 2.6454。逐年考察，除了 2001 年、2004 年、2010～2011 年出现下降以外，此项城乡比逐步提高，由 2000 年的 2.2745 提高至 2012 年的 2.4748，处于 31 个省域的第 8 位。人均收入的城乡差距呈现扩大趋势，意味着在民生基础层面城乡之间"共享发展成果"的程度有所降低。

如果辽宁城乡民生基础系数能够保持 2004 年的最佳水平，辽宁民生基础层面的城乡差距能够保持 2001 年的最低程度，并实现城乡无差距理想状态，那么在"国民收入再分配"演算和城乡综合重新演算当中，辽宁人均收入应有很大提高，这样随后逐步推演的一切测算值都会发生变化。

（二）民生消费系数检测

2000～2012 年辽宁城乡人均非文消费、城乡人均收入、非文占收入比和非文城乡比变动态势见图 4，其中将人均非文消费、城乡人均收入转换为面积比例，二者历年之比形成民生消费系数变动曲线，同时附有非文消费城乡比变动曲线。

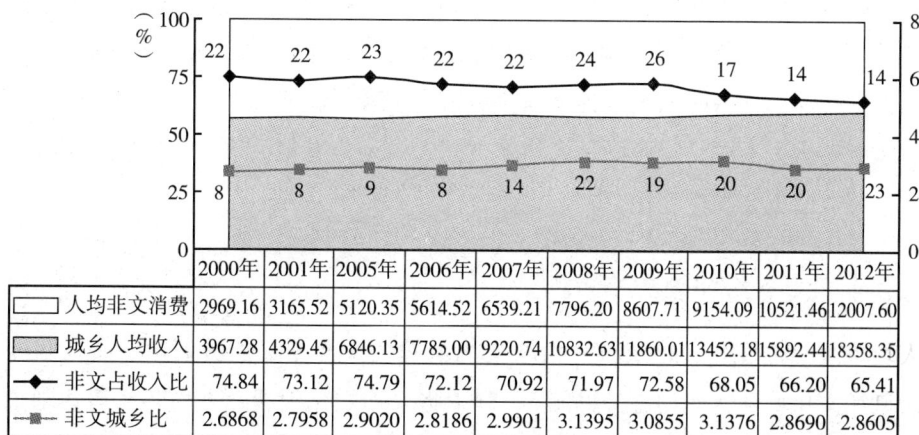

	2000年	2001年	2005年	2006年	2007年	2008年	2009年	2010年	2011年	2012年
人均非文消费	2969.16	3165.52	5120.35	5614.52	6539.21	7796.20	8607.71	9154.09	10521.46	12007.60
城乡人均收入	3967.28	4329.45	6846.13	7785.00	9220.74	10832.63	11860.01	13452.18	15892.44	18358.35
非文占收入比	74.84	73.12	74.79	72.12	70.92	71.97	72.58	68.05	66.20	65.41
非文城乡比	2.6868	2.7958	2.9020	2.8186	2.9901	3.1395	3.0855	3.1376	2.8690	2.8605

图 4　辽宁城乡人均非文消费、城乡人均收入、非文占收入比和非文城乡比变动态势

注：左轴为城乡人均非文消费、城乡人均收入（元转换为%），二者变动呈面积比例，相互间历年之比形成民生消费系数（%）曲线；右轴为非文消费城乡比（乡村＝1）。标明历年省域排序。

2000～2012 年，辽宁城乡居民人均非文消费年均增长 12.35%，人均收入年均增长 13.62%，比人均非文消费增速高出 1.27 个百分点。12 年间，辽宁城乡居民人均非文消费占人均收入比重的最高值为 2000 年的 74.84%，最低（最佳）值为 2012 年的 65.41%。逐年考察，除了 2003 年、2005 年、2008～2009 年出现上升以外，辽宁城乡此项比值逐步下降，由 2000 年的 74.84% 降低至 2012 年的 65.41%，比值处于 31 个省域的第 14 位。民生消费系数呈现出减低趋势，亦即"必需消费"之外的余钱占收入比重增高，意味着从"基本小康"到"全面小康"建设的民生效应日益得到显现。

2000～2012 年，辽宁乡村居民人均非文消费年均增长 10.98%，城镇居民人均非文消费年均增长 11.56%，比乡村增速高出 0.58 个百分点。12 年间，辽宁人均非文消费城乡比的最小（最佳）值为 2000 年的 2.6868，最大值为 2003 年的 3.4873。逐年考察，除了 2004～2006 年、2009 年、2011～2012 年出现下降以外，辽宁此项城乡比逐步上升，由 2000 年的 2.6868 扩大至 2012 年的 2.8605，处于 31 个省域的第 23 位。必需非文消费的城乡差距呈现扩大趋势，意味着在民生消费层面城乡之间"共享发展成果"的程度有所降低。

如果辽宁城乡民生消费系数能够保持 2012 年的最佳水平，辽宁民生消费层面的城乡差距能够保持 2000 年的最低程度，并实现城乡无差距理想状态，那么在必需消费占收入比重再度演算和城乡综合重新演算当中，辽宁人均非文消费应有较大不同，反转则是人均非文消费剩余应有很大增多，这样随后推演的相关数值也会发生变化。

（三）文化需求系数检测

2000～2012 年，辽宁城乡人均文化消费、人均非文消费剩余、文化与非余比和文化城乡比变动态势见图 5，其中将人均文化消费、人均非文消费剩余转换为面积比例，二者历年之比形成文化需求系数变动曲线，同时附有文化消费城乡比变动曲线。

2000～2012 年，辽宁城乡居民人均文化消费年均增长 13.86%，人均非文消费剩余年均增长 16.67%，比人均文化消费增速高出 2.81 个百分点。12 年

	2000年	2001年	2005年	2006年	2007年	2008年	2009年	2010年	2011年	2012年
□人均文化消费	181.51	189.41	344.00	347.58	410.43	440.05	505.10	659.74	741.33	861.84
■人均非文消费剩余	998.12	1163.94	1725.78	2170.48	2681.53	3036.43	3252.30	4298.09	5370.98	6350.76
◆文化与非余比	18.19	16.27	19.93	16.01	15.31	14.49	15.53	15.35	13.80	13.57
■文化城乡比	0.8678	1.0015	0.8500	0.9664	1.2223	1.2252	1.2554	1.5262	1.5575	1.8458

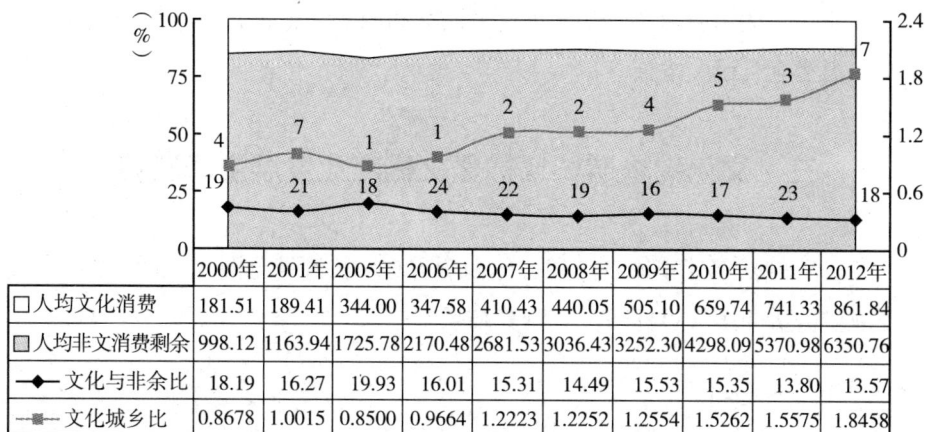

**图 5 辽宁城乡人均文化消费、人均非文消费剩余、
文化与非余比和文化城乡比变动态势**

注: 左轴为城乡人均文化消费、人均非文消费剩余 (元转换为%), 二者变动呈面积比例, 相互间历年之比形成文化需求系数 (%) 曲线; 右轴为文化消费城乡比 (乡村 = 1, 小于 1 为 "城乡倒挂", 即城镇人均值低于乡村)。标明历年省域排序。

间, 辽宁城乡居民人均文化消费与人均非文消费剩余比值的最高 (最佳) 值为 2005 年的 19.93%, 最低值为 2012 年的 13.57%。逐年考察, 除了 2002~2003 年、2005 年、2009 年出现上升以外, 此项比值逐步下降, 由 2000 年的 18.19% 降低至 2012 年的 13.57%, 处于 31 个省域的第 18 位。文化需求系数呈现降低趋势, 意味着非必需的文化消费需求增长依然受到 "积蓄增长负相关效应" 的反向牵制。

2000~2012 年, 辽宁乡村居民人均文化消费年均增长 9.12%, 城镇居民人均文化消费年均增长 16.20%, 比乡村增速高出 7.08 个百分点。12 年间, 辽宁人均文化消费城乡比的最小 (最佳) 值为 2005 年的 0.8500, 最大值为 2012 年的 1.8458。逐年考察, 除了 2003 年、2005 年出现下降以外, 此项城乡比逐步上升, 由 2000 年的 0.8678 提高至 2012 年的 1.8458, 处于 31 个省域的第 7 位。文化消费需求的城乡差距呈现扩大趋势, 意味着在文化需求层面城乡之间 "共享发展成果" 的程度有所降低。

如果辽宁城乡文化需求系数能够保持 2005 年的最佳水平, 辽宁文化需求层面的城乡差距能够保持 2005 年的最低程度, 并实现城乡无差距理想状态,那么在非必需文化消费占余钱比重再度演算和城乡综合重新演算当中，辽宁人均文化消费应有很大增长。

三 文化需求增长目标暨文化产业发展空间测算

2012～2020 年辽宁城乡人均文化消费需求增长测算见图 6，其中提供了文化产业供需协调增长目标的 7 类测算结果。

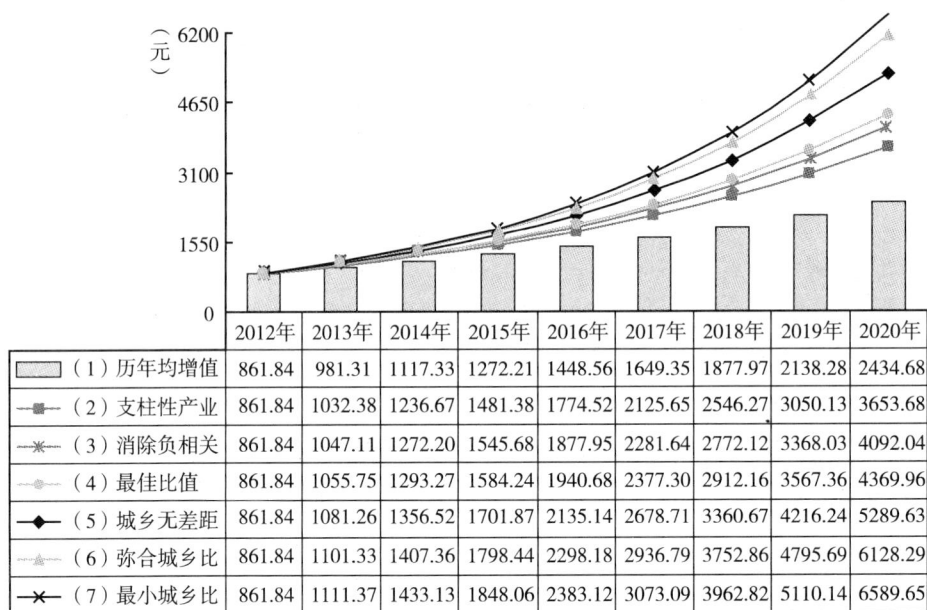

	2012年	2013年	2014年	2015年	2016年	2017年	2018年	2019年	2020年
（1）历年均增值	861.84	981.31	1117.33	1272.21	1448.56	1649.35	1877.97	2138.28	2434.68
（2）支柱性产业	861.84	1032.38	1236.67	1481.38	1774.52	2125.65	2546.27	3050.13	3653.68
（3）消除负相关	861.84	1047.11	1272.20	1545.68	1877.95	2281.64	2772.12	3368.03	4092.04
（4）最佳比值	861.84	1055.75	1293.27	1584.24	1940.68	2377.30	2912.16	3567.36	4369.96
（5）城乡无差距	861.84	1081.26	1356.52	1701.87	2135.14	2678.71	3360.67	4216.24	5289.63
（6）弥合城乡比	861.84	1101.33	1407.36	1798.44	2298.18	2936.79	3752.86	4795.69	6128.29
（7）最小城乡比	861.84	1111.37	1433.13	1848.06	2383.12	3073.09	3962.82	5110.14	6589.65

图 6　2012～2020 年辽宁城乡人均文化消费需求增长测算

注：作为背景因素，2012～2020 年人均产值按 2000～2012 年实际年均增长率推算。2012 年文化消费与产值比实际值为 1.52%；2020 年测算值为（1）1.46%，（2）2.19%，（3）2.45%，（4）2.61%，（5）3.16%，（6）3.67%，（7）3.94%。2012～2020 年文化消费年均增长为（1）13.86%（即 2000～2012 年实际值，以下为测算值），（2）19.79%，（3）21.50%，（4）22.50%，（5）25.46%，（6）27.79%，（7）28.95%。若产值按年均增长率 7% 推算，则 2020 年文化消费与产值比（增量、增幅不变）为（1）2.50%，（3）4.20%。2020 年文化消费（与产值比不变）为（2）2127.60 元，年增 11.96%；（4）2544.70 元，年增 14.49%；（5）3080.24 元，年增 17.26%；（6）3568.61 元，年增 19.44%；（7）3837.26 元，年增 20.52%。

（1）历年均增值测算：以城乡文化消费既往年度年均增长率测算增长目标，可以得出统计概率最高的或然增长结果。如果 2012～2020 年辽宁城乡文化消费增长保持 2000～2012 年平均增长率 13.86%（省域间实际增长第 2 位），那么到 2020 年城乡人均文化消费将达到 2434.68 元。在相关各方面增长均依此推算的情况下，由于辽宁城乡文化消费与产值之比在 2000～2012 年呈现下降态势，至 2020 年文化消费增长与产值增长测算值之比将继续降低至 1.46%。

（2）支柱性产业测算：摒弃单纯的"文化 GDP 追逐"，通过文化消费需求增长空间反推，以文化生产满足文化需求的终极目的定位测算增长目标，即假设文化消费需求增长切实推动文化生产发展，实现文化产业供需协调增长，达到支柱性产业所需占产值的比重。各地城乡文化消费需求增长支撑文化产业成为支柱性产业的测算值各有不同，辽宁测算值为 2.19%。据此反推，到 2020 年辽宁城乡人均文化消费应达到 3653.68 元，年均增长率需达到 19.79%，为以往 12 年实际年均增长率的 1.43 倍（省域间目标距离第 3 位）。

（3）消除负相关测算：以城乡文化需求系数既往年度历年最佳比值测算增长目标，即假设积蓄增长与文化消费增长之间排除负相关关系，必需消费之外余钱增长与精神文化消费需求增长实现同步。如果到 2020 年辽宁城乡此项比值实现 2000～2012 年最佳状态，那么城乡人均文化消费应达到 4092.04 元，与产值增长测算值之比将上升至 2.45%，年均增长率需达到 21.50%，为以往 12 年实际年均增长率的 1.55 倍（省域间目标距离第 7 位）。

（4）最佳比值测算：以城乡民生基础系数、民生消费系数、文化需求系数三项比值既往年度历年最佳值测算增长目标，即假设相关各方面的增长协调性"回复"曾有的三项比例关系最佳值。如果到 2020 年辽宁城乡三项比值同步实现 2000～2012 年最佳状态，那么城乡人均文化消费应达到 4369.96 元，与产值增长测算值之比将上升至 2.61%，年均增长率需达到 22.50%，为以往 12 年实际年均增长率的 1.62 倍（省域间目标距离第 3 位）。

（5）城乡无差距测算：在民生基础层面、民生消费层面、文化需求层面三项城乡比的无差距理想状态下实现既往年度历年最佳比值测算增长目标，即假设此三个层面的乡村人均值加速增长并与城镇水平持平，统一取城镇标准三项比例关系最佳值进行演算。如果到 2020 年辽宁在此三个层面消除城乡差距，实现按城镇标准衡量的 2000～2012 年三项最佳比值，那么城乡人均文化消费应达到 5289.63 元，与产值增长测算值之比将上升至 3.16%，年均增长率需达到 25.46%，为以往 12 年实际年均增长率的 1.84 倍（省域间目标距离第 4 位）。

（6）弥合城乡比测算（辽宁历年最小城乡比"倒挂"，此类测算可避免"矫枉过正"）：同样在三项最佳比值测算基础上，以人均文化消费城乡比的无差距理想值测算增长目标，即假设文化需求层面的城乡差距得以消除，据此演算校正数值。如果到 2020 年辽宁城乡同时实现 2000～2012 年三项最佳比值和乡村人均文化消费绝对值与城镇水平持平，那么城乡人均文化消费应达到 6128.29 元，与产值增长测算值之比将上升至 3.67%，年均增长率需达到 27.79%，为以往 12 年实际年均增长率的 2.01 倍（省域间目标距离第 5 位）。

（7）最小城乡比测算：在三项最佳比值测算基础上，以人均文化消费城乡比既往年度历年最小值测算增长目标，即假设"回复"原有的文化消费城乡比最小状态，作为缩小以至于消除城乡差距的基础。如果到 2020 年辽宁城乡同时实现 2000～2012 年三项最佳比值和文化消费最小城乡比，那么城乡人均文化消费应达到 6589.65 元，与产值增长测算值之比将上升至 3.94%，年均增长率需达到 28.95%，为以往 12 年实际年均增长率的 2.09 倍（省域间目标距离第 6 位）。

如果按照国家"十二五"规划转变发展方式的要求，在"十二五"期间把辽宁产值年均增长率控制在 7%，并一直延续至 2020 年，那么（1）历年均增值、（3）消除负相关两类增长测算的绝对值不变，其与产值之比将分别增高至 2.50% 和 4.20%；因其余各类测算与产值增长演算直接相关，文化消费人均值增长测算的绝对值相应减小，其所需年均增长幅度（目标差距）将分别降低至 11.96%、14.49%、17.26%、19.44%、20.52%（详见图 6 注），显然更加容易实现。

广东：消除负相关增长目标测算第 3 位

田 娟*

摘　要:

广东文化消费增长目标暨文化产业发展空间测评：2000～2012
年省域间实际增长排名，历年均增值测算为第 10 位；2012～
2020 年省域间目标距离排名，支柱性产业测算为第 5 位；消除
负相关测算为第 3 位；最佳比值测算为第 4 位；最小城乡比测
算为第 4 位；弥合城乡比测算为第 6 位；城乡无差距测算为第 7
位。

关键词:

广东文化产业　扩大文化消费　需求与共享　增长目标

一　城乡文化消费需求及相关方面增长态势

2000～2012 年广东城乡文化消费总量和人均值增长态势见图 1。

2000～2012 年，广东城乡文化消费总量由 267.89 亿元增高为 1487.53 亿
元，增加 1219.64 亿元，12 年间总增长 455.28%，年均增长率 15.36%。其
中，"十五"期间年均增长 17.75%；"十一五"期间年均增长 12.88%；"十
二五"头两年年均增长 15.70%。"十二五"头两年年均增速比"十一五"高
2.82 个百分点；比"十五"低 2.05 个百分点。

同期，广东城镇人均文化消费由 396.00 元增高为 1875.74 元，增加
1479.74 元，12 年间总增长 373.67%，年均增长率 13.84%。其中，"十五"

---

* 田娟，云南省社会科学院培训部助理研究员，主要从事教育文化研究。

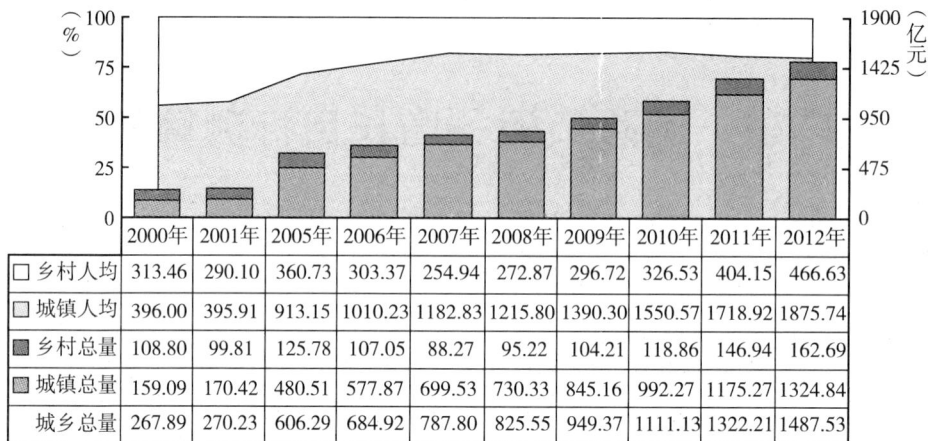

	2000年	2001年	2005年	2006年	2007年	2008年	2009年	2010年	2011年	2012年
□ 乡村人均	313.46	290.10	360.73	303.37	254.94	272.87	296.72	326.53	404.15	466.63
□ 城镇人均	396.00	395.91	913.15	1010.23	1182.83	1215.80	1390.30	1550.57	1718.92	1875.74
▨ 乡村总量	108.80	99.81	125.78	107.05	88.27	95.22	104.21	118.86	146.94	162.69
▨ 城镇总量	159.09	170.42	480.51	577.87	699.53	730.33	845.16	992.27	1175.27	1324.84
城乡总量	267.89	270.23	606.29	684.92	787.80	825.55	949.37	1111.13	1322.21	1487.53

图 1 广东城乡文化消费总量和人均值增长态势

注：左轴为城乡人均文化消费（元转换为%），城乡间历年变动呈面积比例关系；右轴为文化消费总量（亿元），柱形上下之和为城乡总量。

期间年均增长 18.19%；"十一五"期间年均增长 11.17%；"十二五"头两年年均增长 9.99%。"十二五"头两年年均增速比"十一五"低 1.18 个百分点；比"十五"低 8.20 个百分点。乡村人均文化消费由 313.46 元增高为 466.63元，增加 153.17 元，12 年间总增长 48.86%，年均增长率 3.37%。其中，"十五"期间年均增长 2.85%；"十一五"期间年均负增长 1.97%；"十二五"头两年年均增长 19.54%。"十二五"头两年年均增速比"十一五"高 21.51个百分点；比"十五"高 16.69 个百分点。

应予以注意的是，广东城镇人均值"十五"年均增长率比乡村高 15.34个百分点，"十一五"年均增长率比乡村高 13.14 个百分点，城乡差距持续扩大；"十二五"头两年年均增长率比乡村低 9.55 个百分点，城乡差距转为缩小。

后续各图表将逐步展示广东相关背景各方面历年增长数据。在此，把各项绝对值转换为以上一年数值为 100 的年度增长百分指数，形成 2000～2012 年广东人均产值、城乡人均收入、人均消费（分为人均非文消费与人均文化消费）和人均积蓄增长态势（见图 2）。

在广东人均产值、城乡人均收入、人均非文消费、人均文化消费和人均积

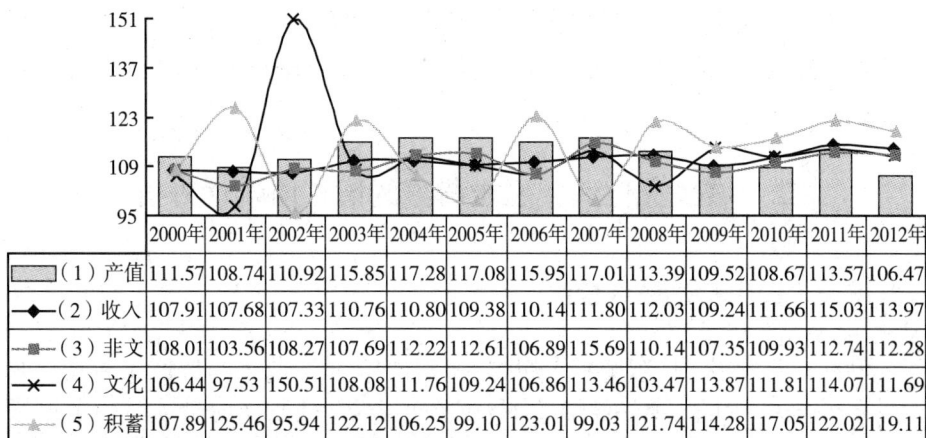

图 2　广东人均产值、城乡人均收入、人均消费和人均积蓄增长态势

	2000年	2001年	2002年	2003年	2004年	2005年	2006年	2007年	2008年	2009年	2010年	2011年	2012年
（1）产值	111.57	108.74	110.92	115.85	117.28	117.08	115.95	117.01	113.39	109.52	108.67	113.57	106.47
（2）收入	107.91	107.68	107.33	110.76	110.80	109.38	110.14	111.80	112.03	109.24	111.66	115.03	113.97
（3）非文	108.01	103.56	108.27	107.69	112.22	112.61	106.89	115.69	110.14	107.35	109.93	112.74	112.28
（4）文化	106.44	97.53	150.51	108.08	111.76	109.24	106.86	113.46	103.47	113.87	111.81	114.07	111.69
（5）积蓄	107.89	125.46	95.94	122.12	106.25	99.10	123.01	99.03	121.74	114.28	117.05	122.02	119.11

注：年度增长指数（产值为柱形，其余为曲线），上年 = 100，小于 100 为负增长。2000～2012 年增长相关系数，（1）与（2）为 0.0389；（2）与（3）为 0.6410；（4）与（5）为 - 0.6006，其间，2000～2008 年为 - 0.6571，2001～2006 年为 - 0.7166，2003～2008 年为 - 0.7846，2004～2008 年为 - 0.8250，文化消费需求的"积蓄增长负相关效应"明显。

蓄的年度增长指数中，选取三对具有特定相关关系的数据项：（1）系人均产值历年增长指数，（2）系人均收入历年增长指数，二者相关系数为 0.0389，即历年增长保持 3.89% 的同步；（2）系人均收入历年增长指数，（3）系人均非文消费历年增长指数，二者相关系数为 0.6410，即历年增长保持 64.10% 的同步；（4）系人均文化消费历年增长指数，（5）系人均积蓄历年增长指数，二者相关系数为 - 0.6006，负相关程度较高，分时间段继续考察，2000～2008 年为 - 0.6571，2001～2006 年为 - 0.7166,2003～2008 年为 - 0.7846，2004～2008 年为 - 0.8250，构成较明显的反向互动关系。

就广东城乡人均积蓄与人均文化消费二者历年增长幅度变化的相关性而言，不妨简单理解为，前者每上升 1%，后者在 2000～2012 年下降 0.60%，2000～2008 年下降 0.66%，2001～2006 年下降 0.72%，2003～2008 年下降 0.78%，2004～2008 年下降 0.83%。对比广东城乡人均积蓄与人均文化消费两条年度增长曲线，只有最近几年稍显例外，其余年度呈现似"水中倒影"的负相关关系。其中，2002 年人均积蓄年度增长跌入低谷，呈现为负增长，与之对应的是人均文化消费年度增长出现高峰；2001 年、2003 年、2006 年、

2008 年人均积蓄年度增长形成高峰，与之对应的是人均文化消费年度增长陷入低谷，甚至呈负增长。广东城乡文化消费的"积蓄增长负相关效应"明显。

二 城乡文化消费需求背景的增长协调性分析

（一）民生基础系数检测

2000～2012 年，广东城乡人均收入、人均产值、收入与产值比和收入城乡比变动态势见图 3，其中将人均收入、人均产值转换为面积比例，二者历年之比形成民生基础系数变动曲线，同时附有收入城乡比变动曲线。

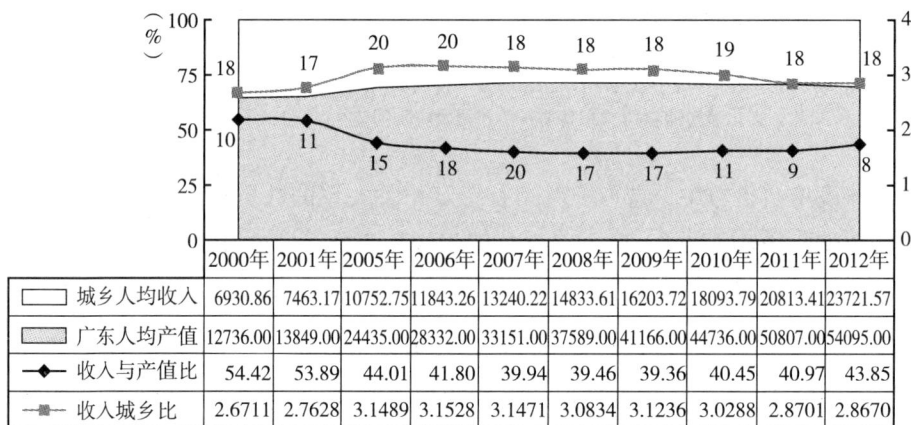

	2000年	2001年	2005年	2006年	2007年	2008年	2009年	2010年	2011年	2012年
城乡人均收入	6930.86	7463.17	10752.75	11843.26	13240.22	14833.61	16203.72	18093.79	20813.41	23721.57
广东人均产值	12736.00	13849.00	24435.00	28332.00	33151.00	37589.00	41166.00	44736.00	50807.00	54095.00
收入与产值比	54.42	53.89	44.01	41.80	39.94	39.46	39.36	40.45	40.97	43.85
收入城乡比	2.6711	2.7628	3.1489	3.1528	3.1471	3.0834	3.1236	3.0288	2.8701	2.8670

图 3　广东城乡人均收入、人均产值、收入与产值比和收入城乡比变动态势

注：左轴为城乡人均收入、人均产值（元转换为%），二者变动呈面积比例，相互间历年之比形成民生基础系数（%）曲线；右轴为收入城乡比（乡村 =1）。标明历年省域排序。

2000～2012 年，广东城乡居民人均收入年均增长 10.80%，人均产值年均增长 12.81%，比人均收入增速高出 2.01 个百分点。12 年间，广东城乡居民人均收入与人均产值之比的最高（最佳）值为 2000 年的 54.42%，最低值为 2009 年的 39.36%。逐年考察，除了 2010～2012 年出现上升以外，广东城乡此项比值逐步下降，由 2000 年的 54.42% 降低至 2012 年的 43.85%，比值处于 31 个省域的第 8 位。民生基础系数呈现降低趋势，意味着在经济增长的同时，"人民共享发展成果"程度逐渐降低。

2000～2012 年，广东乡村居民人均收入年均增长 9.23%，城镇居民人均收入年均增长 9.88%，比乡村增速高出 0.65 个百分点。12 年间，广东人均收入城乡比的最小（最佳）值为 2000 年的 2.6711，最大值为 2006 年的 3.1528。逐年考察，除了 2007～2008 年、2010～2012 年出现下降以外，此项城乡比逐步上升，由 2000 年的 2.6711 提高至 2012 年的 2.8670，处于 31 个省域的第 18 位。人均收入的城乡差距呈现扩大趋势，意味着在民生基础层面城乡之间"共享发展成果"的程度有所降低。

如果广东城乡民生基础系数能够保持 2000 年的最佳水平，广东民生基础层面的城乡差距能够保持 2000 年的最低程度，并实现城乡无差距理想状态，那么在"国民收入再分配"演算和城乡综合重新演算当中，广东人均收入应有很大提高，这样随后逐步推演的一切测算值都会发生变化。

（二）民生消费系数检测

2000～2012 年广东城乡人均非文消费、城乡人均收入、非文占收入比和非文城乡比变动态势见图 4，其中将人均非文消费、城乡人均收入转换为面积比例，二者历年之比形成民生消费系数变动曲线，同时附有非文消费城乡比变动曲线。

2000～2012 年，广东城乡居民人均非文消费年均增长 9.90%，人均收入年均增长 10.80%，比人均非文消费增速高出 0.90 个百分点。12 年间，广东城乡居民人均非文消费占人均收入比重的最高值为 2000 年的 74.59%，最低（最佳）值为 2012 年的 67.66%。逐年考察，除了 2002 年、2004～2005 年、2007 年出现回升以外，广东城乡此项比值逐步下降，由 2000 年的 74.59% 降低至 2012 年的 67.66%，比值处于 31 个省域的第 23 位。民生消费系数呈现降低趋势，亦即必需消费之外的余钱占收入的比重增高，意味着从"基本小康"到"全面小康"建设的民生效应日益得到显现。

2000～2012 年，广东乡村居民人均非文消费年均增长 9.58%，城镇居民人均非文消费年均增长 8.60%，比乡村增速低了 0.98 个百分点。12 年间，广东人均非文消费城乡比的最大值为 2003 年的 3.3867，最小（最佳）值为 2011

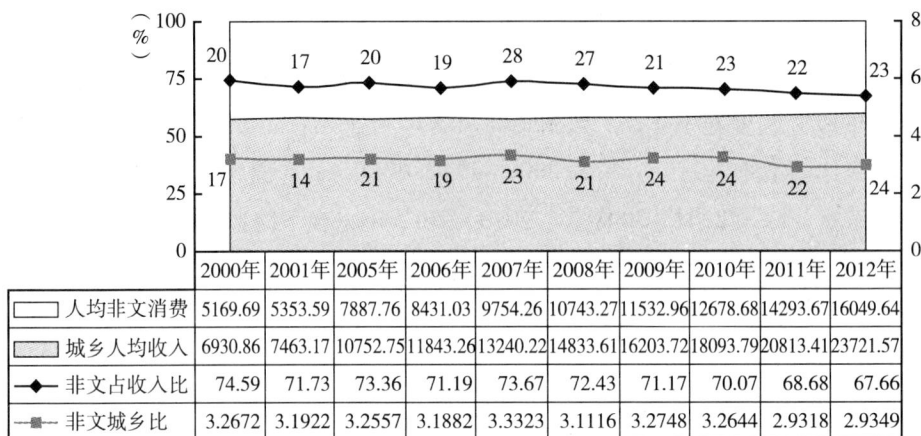

	2000年	2001年	2005年	2006年	2007年	2008年	2009年	2010年	2011年	2012年
人均非文消费	5169.69	5353.59	7887.76	8431.03	9754.26	10743.27	11532.96	12678.68	14293.67	16049.64
城乡人均收入	6930.86	7463.17	10752.75	11843.26	13240.22	14833.61	16203.72	18093.79	20813.41	23721.57
◆ 非文占收入比	74.59	71.73	73.36	71.19	73.67	72.43	71.17	70.07	68.68	67.66
■ 非文城乡比	3.2672	3.1922	3.2557	3.1882	3.3323	3.1116	3.2748	3.2644	2.9318	2.9349

图4　广东城乡人均非文消费、城乡人均收入、非文占收入比和非文城乡比变动态势

注：左轴为城乡人均非文消费、城乡人均收入（元转换为%），二者变动呈面积比例，相互间历年之比形成民生消费系数（%）曲线；右轴为非文消费城乡比（乡村＝1）。标明历年省域排序。

年的2.9318。逐年考察，除了2002～2003年、2007年、2009年、2012年出现上升以外，广东此项城乡比逐步下降，由2000年的3.2672缩小至2012年的2.9349，处于31个省域的第24位。必需非文消费的城乡差距呈现缩小趋势，意味着在民生消费层面城乡之间"共享发展成果"的程度有所提高。

如果广东城乡民生消费系数能够保持2012年的最佳水平，广东民生消费层面的城乡差距能够保持2011年的最低程度，并实现城乡无差距理想状态，那么在必需消费占收入比重再度演算和城乡综合重新演算当中，广东人均非文消费应有较大不同，反转则是人均非文消费剩余应有很大增多，这样随后推演的相关数值也会发生变化。

（三）文化需求系数检测

2000～2012年，广东城乡人均文化消费、人均非文消费剩余、文化与非余比和文化城乡比变动态势见图5，其中将人均文化消费、人均非文消费剩余转换为面积比例，二者历年之比形成文化需求系数变动曲线，同时附有文化消费城乡比变动曲线。

2000～2012年，广东城乡居民人均文化消费年均增长12.11%，人均非文

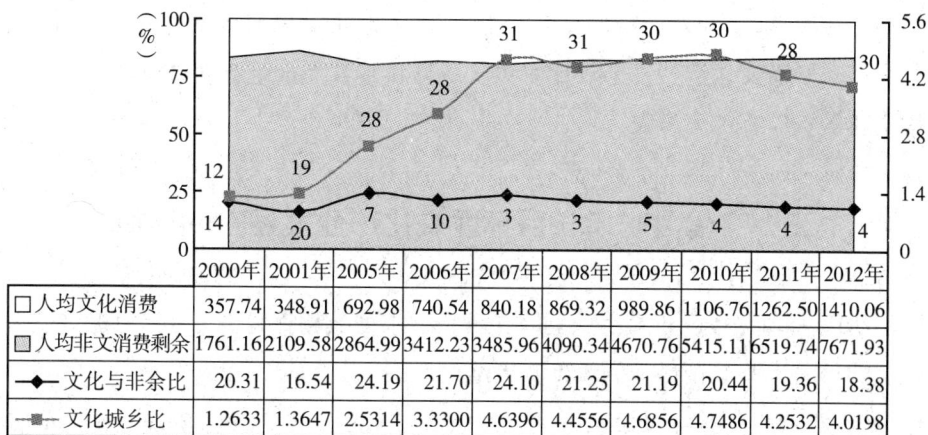

	2000年	2001年	2005年	2006年	2007年	2008年	2009年	2010年	2011年	2012年
□人均文化消费	357.74	348.91	692.98	740.54	840.18	869.32	989.86	1106.76	1262.50	1410.06
▨人均非文消费剩余	1761.16	2109.58	2864.99	3412.23	3485.96	4090.34	4670.76	5415.11	6519.74	7671.93
◆文化与非余比	20.31	16.54	24.19	21.70	24.10	21.25	21.19	20.44	19.36	18.38
—■—文化城乡比	1.2633	1.3647	2.5314	3.3300	4.6396	4.4556	4.6856	4.7486	4.2532	4.0198

图 5　广东城乡人均文化消费、人均非文消费剩余、
文化与非余比和文化城乡比变动态势

注：左轴为城乡人均文化消费、人均非文消费剩余（元转换为%），二者变动呈面积比例；相互间历年之比形成文化需求系数（%）曲线；右轴为文化消费城乡比（乡村 = 1，小于 1 为"城乡倒挂"，即城镇人均值低于乡村）。标明历年省域排序。

消费剩余年均增长 13.05%，比人均文化消费增速高出 0.94 个百分点。12 年间，广东城乡居民人均文化消费与人均非文消费剩余比值的最高（最佳）值为 2005 年的 24.19%，最低值为 2001 年的 16.54%。逐年考察，除了 2002 年、2004 ~ 2005 年、2007 年出现回升以外，广东城乡此项比值逐步下降，由 2000 年的 20.31% 降低至 2012 年的 18.38%，比值处于 31 个省域的第 4 位。文化需求系数呈现降低趋势，意味着非必需的文化消费需求增长依然受到"积蓄增长负相关效应"的反向牵制。

2000 ~ 2012 年，广东乡村居民人均文化消费年均增长 3.37%，城镇居民人均文化消费年均增长 13.84%，比乡村增速高出 10.47 个百分点。12 年间，广东人均文化消费城乡比的最小（最佳）值为 2000 年的 1.2633，最大值为 2010 年的 4.7486。逐年考察，除了 2005 年、2008 年、2011 ~ 2012 年出现下降以外，此项城乡比逐步上升，由 2000 年的 1.2633 提高至 2012 年的 4.0198，处于 31 个省域的第 30 位。文化消费需求的城乡差距呈现扩大趋势，意味着在文化需求层面城乡之间"共享发展成果"的程度有所降低。

如果广东城乡文化需求系数能够保持 2005 年的最佳水平，广东文化需求层面的城乡差距能够保持 2000 年的最低程度，并实现城乡无差距理想状态，那么在非必需文化消费占余钱比重再度演算和城乡综合重新演算当中，广东人均文化消费应有很大增长。

三 文化需求增长目标暨文化产业发展空间测算

2012～2020 年广东城乡人均文化消费需求增长测算见图 6，其中提供了文化产业供需协调增长目标的 7 类测算结果。

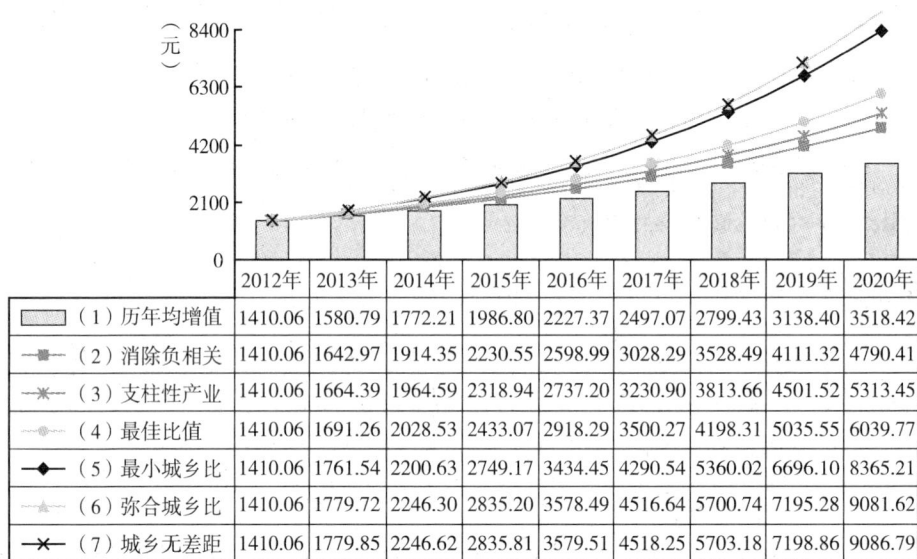

（元）	2012年	2013年	2014年	2015年	2016年	2017年	2018年	2019年	2020年
（1）历年均增值	1410.06	1580.79	1772.21	1986.80	2227.37	2497.07	2799.43	3138.40	3518.42
（2）消除负相关	1410.06	1642.97	1914.35	2230.55	2598.99	3028.29	3528.49	4111.32	4790.41
（3）支柱性产业	1410.06	1664.39	1964.59	2318.94	2737.20	3230.90	3813.66	4501.52	5313.45
（4）最佳比值	1410.06	1691.26	2028.53	2433.07	2918.29	3500.27	4198.31	5035.55	6039.77
（5）最小城乡比	1410.06	1761.54	2200.63	2749.17	3434.45	4290.54	5360.02	6696.10	8365.21
（6）弥合城乡比	1410.06	1779.72	2246.30	2835.20	3578.49	4516.64	5700.74	7195.28	9081.62
（7）城乡无差距	1410.06	1779.85	2246.62	2835.81	3579.51	4518.25	5703.18	7198.86	9086.79

图 6 2012～2020 年广东城乡人均文化消费需求增长测算

注：作为背景因素，2012～2020 年人产值按 2000～2012 年实际年均增长率推算。2012 年文化消费与产值比实际值为 2.61%；2020 年测算值为（1）2.48%，（2）3.38%，（3）3.75%，（4）4.26%，（5）5.90%，（6）6.40%，（7）6.40%。2012～2020 年文化消费年均增长为（1）12.11%（即 2000～2012 年实际值，以下为测算值），（2）16.52%，（3）18.04%，（4）19.94%，（5）24.93%，（6）26.22%，（7）26.23%。若产值按年均增长率 7% 推算，则 2020 年文化消费与产值比（增量、增幅不变）为（1）3.79%，（2）5.15%。2020 年文化消费（与产值比不变）为（3）3480.95 元，年增 11.96%；（4）3956.77 元，年增 13.77%；（5）5480.22 元，年增 18.49%；（6）5949.55 元，年增 19.72%；（7）5952.94 元，年增 19.73%。

（1）历年均增值测算：以城乡文化消费既往年度年均增长率测算增长目标，可以得出统计概率最高的或然增长结果。如果 2012～2020 年广东城乡文化消费增长保持 2000～2012 年平均增长率 12.11%（省域间实际增长第 10 位），那么到 2020 年城乡人均文化消费将达到 3518.42 元。在相关各方面增长均依此推算的情况下，由于广东城乡文化消费与产值之比在 2000～2012 年呈现下降态势，至 2020 年文化消费增长与产值增长测算值之比将继续降低至 2.48%。

（2）消除负相关测算：以城乡文化需求系数既往年度历年最佳比值测算增长目标，即假设积蓄增长与文化消费增长之间排除负相关关系，必需消费之外余钱增长与精神文化消费需求增长实现同步。如果到 2020 年广东城乡此项比值实现 2000～2012 年最佳状态，那么城乡人均文化消费应达到 4790.41 元，与产值增长测算值之比将上升至 3.38%，年均增长率需达到 16.52%，为以往 12 年实际年均增长率的 1.36 倍（省域间目标距离第 3 位）。

（3）支柱性产业测算：摒弃单纯的"文化 GDP 追逐"，通过文化消费需求增长空间反推，以文化生产满足文化需求的终极目的定位测算增长目标，即假设文化消费需求增长切实推动文化生产发展，实现文化产业供需协调增长，达到支柱性产业所需占产值的比重。各地城乡文化消费需求增长支撑文化产业成为支柱性产业的测算值各有不同，广东测算值为 3.75%。据此反推，到 2020 年广东城乡人均文化消费应达到 5313.45 元，年均增长率需达到 18.04%，为以往 12 年实际年均增长率的 1.49 倍（省域间目标距离第 5 位）。

（4）最佳比值测算：以城乡民生基础系数、民生消费系数、文化需求系数三项比值既往年度历年最佳值测算增长目标，即假设相关各方面的增长协调性"回复"曾有的三项比例关系最佳值。如果到 2020 年广东城乡三项比值同步实现 2000～2012 年最佳状态，那么城乡人均文化消费应达到 6039.77 元，与产值增长测算值之比将上升至 4.26%，年均增长率需达到 19.94%，为以往 12 年实际年均增长率的 1.65 倍（省域间目标距离第 4 位）。

（5）最小城乡比测算：在三项最佳比值测算基础上，以人均文化消费城乡比既往年度历年最小值测算增长目标，即假设"回复"原有的文化消费城乡比最小状态，作为缩小以至于消除城乡差距的基础。如果到 2020 年广东城乡同时实现 2000～2012 年三项最佳比值和文化消费最小城乡比，那么城乡人均文化消费应达到 8365.21 元，与产值增长测算值之比将上升至 5.90%，年均增长率需达到 24.93%，为以往 12 年实际年均增长率的 2.06 倍（省域间目标距离第 4 位）。

（6）弥合城乡比测算：同样在三项最佳比值测算基础上，以人均文化消费城乡比的无差距理想值测算增长目标，即假设文化需求层面的城乡差距得以消除，据此演算校正数值。如果到 2020 年广东城乡同时实现 2000～2012 年三项最佳比值和乡村人均文化消费绝对值与城镇水平持平，那么城乡人均文化消费应达到 9081.62 元，与产值增长测算值之比将上升至 6.40%，年均增长率需达到 26.22%，为以往 12 年实际年均增长率的 2.17 倍（省域间目标距离第 6 位）。

（7）城乡无差距测算：在民生基础层面、民生消费层面、文化需求层面三项城乡比的无差距理想状态下实现既往年度历年最佳比值测算增长目标，即假设此三个层面的乡村人均值加速增长并与城镇水平持平，统一取城镇标准三项比例关系最佳值进行演算。如果到 2020 年广东在此三个层面消除城乡差距，实现按城镇标准衡量的 2000～2012 年三项最佳比值，那么城乡人均文化消费应达到 9086.79 元，与产值增长测算值之比将上升至 6.40%，年均增长率需达到 26.23%，为以往 12 年实际年均增长率的 2.17 倍（省域间目标距离第 7 位）。

如果按照国家"十二五"规划转变发展方式的要求，在"十二五"期间把广东产值年均增长率控制在 7%，并一直延续至 2020 年，那么（1）历年均增值、（2）消除负相关两类增长测算的绝对值不变，其与产值比将分别增高至 3.79% 和 5.15%；因其余各类测算与产值增长演算直接相关，文化消费人均值增长测算的绝对值相应减小，其所需年均增长幅度（目标差距）将分别降低至 11.96%、13.77%、18.49%、19.72%、19.73%（详见图 6 注），显然更加容易实现。

黑龙江：城乡无差距增长目标测算第3位

范 刚[*]

摘 要：

黑龙江文化消费增长目标暨文化产业发展空间测评：2000～2012年省域间实际增长排名，历年均增值测算为第12位；2012～2020年省域间目标距离排名，支柱性产业测算为第6位；消除负相关测算为第9位；最佳比值测算为第8位；最小城乡比测算为第5位；弥合城乡比测算为第4位；城乡无差距测算为第3位。

关键词：

黑龙江文化产业 扩大文化消费 需求与共享 增长目标

一 城乡文化消费需求及相关方面增长态势

2000～2012年黑龙江城乡文化消费总量和人均值增长态势见图1。

2000～2012年，黑龙江城乡文化消费总量由55.79亿元增高为214.10亿元，增加158.31亿元，12年间总增长283.76%，年均增长率11.86%。其中，"十五"期间年均增长15.57%；"十一五"期间年均增长11.25%；"十二五"头两年年均增长4.52%。"十二五"头两年年均增速比"十一五"低6.73个百分点；比"十五"低11.05个百分点。

同期，黑龙江城镇人均文化消费由143.16元增高为589.27元，增加

---

* 范刚，云南省社会科学院经济研究所助理研究员，主要从事生态文化、低碳经济、县域经济等研究。

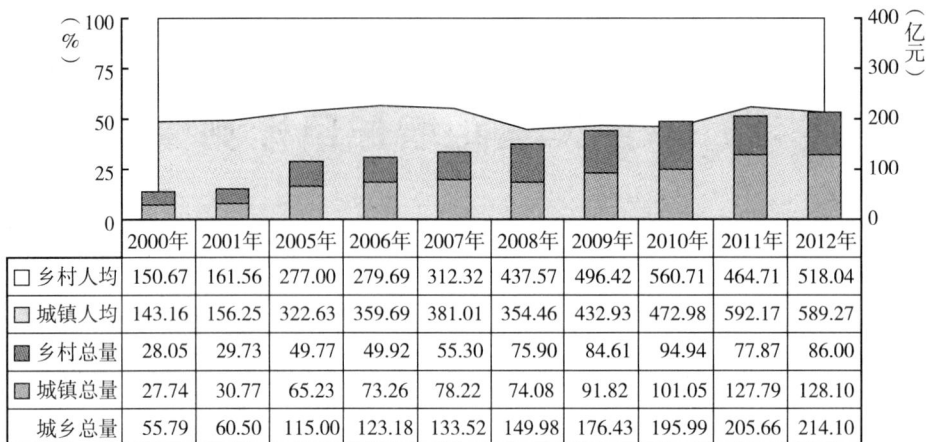

	2000年	2001年	2005年	2006年	2007年	2008年	2009年	2010年	2011年	2012年
□ 乡村人均	150.67	161.56	277.00	279.69	312.32	437.57	496.42	560.71	464.71	518.04
□ 城镇人均	143.16	156.25	322.63	359.69	381.01	354.46	432.93	472.98	592.17	589.27
▨ 乡村总量	28.05	29.73	49.77	49.92	55.30	75.90	84.61	94.94	77.87	86.00
▨ 城镇总量	27.74	30.77	65.23	73.26	78.22	74.08	91.82	101.05	127.79	128.10
城乡总量	55.79	60.50	115.00	123.18	133.52	149.98	176.43	195.99	205.66	214.10

图1　黑龙江城乡文化消费总量和人均值增长态势

注：左轴为城乡人均文化消费（元转换为%），城乡间历年变动呈面积比例关系；右轴为文化消费总量（亿元），柱形上下之和为城乡总量。

446.11 元，12 年间总增长 311.62%，年均增长率 12.51%。其中，"十五"期间年均增长 17.65%；"十一五"期间年均增长 7.95%；"十二五"头两年年均增长 11.62%。"十二五"头两年年均增速比"十一五"高 3.67 个百分点；比"十五"低 6.03 个百分点。乡村人均文化消费由 150.67 元增高为 518.04 元，增加 367.37 元，12 年间总增长 243.82%，年均增长率 10.84%。其中，"十五"期间年均增长 12.95%；"十一五"期间年均增长 15.15%；"十二五"头两年年均负增长 3.88%。"十二五"头两年年均增速比"十一五"低 19.03 个百分点；比"十五"低 16.83 个百分点。

应予以注意的是，黑龙江城镇人均值"十五"年均增长率比乡村高 4.70 个百分点，城乡差距有所扩大；"十一五"年均增长率比乡村低 7.20 个百分点，城乡差距转为缩小；"十二五"头两年年均增长率比乡村高 15.50 个百分点，城乡差距又转为扩大。

后续各图表将逐步展示黑龙江相关背景各方面历年增长数据。在此，把各项绝对值转换为以上一年数值为 100 的年度增长百分指数，形成 2000 ~ 2012 年黑龙江人均产值、城乡人均收入、人均消费（分为人均非文消费与人均文化消费）和人均积蓄增长态势（见图2）。

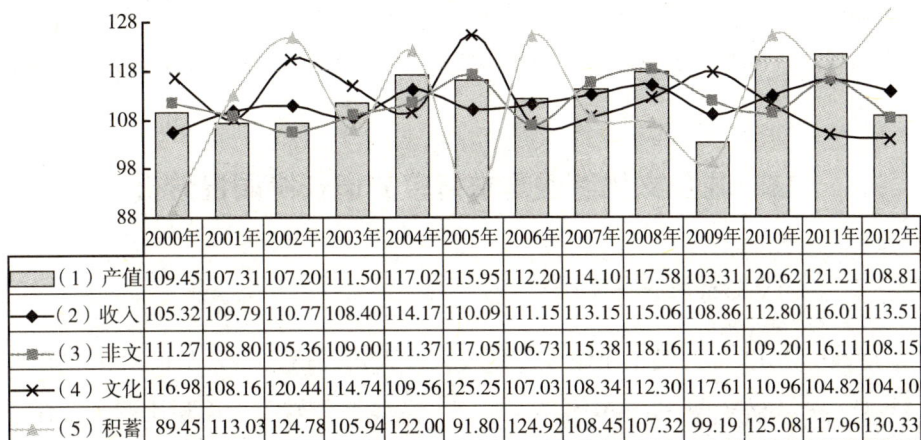

	2000年	2001年	2002年	2003年	2004年	2005年	2006年	2007年	2008年	2009年	2010年	2011年	2012年
（1）产值	109.45	107.31	107.20	111.50	117.02	115.95	112.20	114.10	117.58	103.31	120.62	121.21	108.81
（2）收入	105.32	109.79	110.77	108.40	114.17	110.09	111.15	113.15	115.06	108.86	112.80	116.01	113.51
（3）非文	111.27	108.80	105.36	109.00	111.37	117.05	106.73	115.38	118.16	111.61	109.20	116.11	108.15
（4）文化	116.98	108.16	120.44	114.74	109.56	125.25	107.03	108.34	112.30	117.61	110.96	104.82	104.10
（5）积蓄	89.45	113.03	124.78	105.94	122.00	91.80	124.92	108.45	107.32	99.19	125.08	117.96	130.33

图 2 黑龙江人均产值、城乡人均收入、人均消费和人均积蓄增长态势

年度增长指数（产值为柱形，其余为曲线），上年 = 100，小于 100 为负增长。2000～2012 年增长相关系数，（1）与（2）为 0.6500；（2）与（3）为 0.3545；（4）与（5）为 - 0.6359，其间，2003～2012 年为 - 0.8597，2003～2009 年为 - 0.8848，2005～2009 年为 - 0.8990，文化消费需求的"积蓄增长负相关效应"显著。

在黑龙江人均产值、城乡人均收入、人均非文消费、人均文化消费和人均积蓄的年度增长指数中，选取三对具有特定相关关系的数据项：（1）系人均产值历年增长指数，（2）系人均收入历年增长指数，二者相关系数为 0.6500，即历年增长保持 65.00% 的同步；（2）系人均收入历年增长指数，（3）系人均非文消费历年增长指数，二者相关系数为 0.3545，即历年增长保持 35.45% 的同步；（4）系人均文化消费历年增长指数，（5）系人均积蓄历年增长指数，二者相关系数为 - 0.6359，负相关程度较高，分时间段继续考察，2003～2012 年为 - 0.8597，2003～2009 年为 - 0.8848，2005～2009 年为 - 0.8990，构成很明显的反向互动关系。

就黑龙江城乡人均积蓄与人均文化消费二者历年增长幅度变化的相关性而言，不妨简单理解为，前者每上升 1%，后者在 2000～2012 年下降 0.64%，2003～2012 年下降 0.86%，2003～2009 年下降 0.88%，2005～2009 年下降 0.90%。对比黑龙江城乡人均积蓄与人均文化消费两条年度增长曲线，局部年度呈现似"水中倒影"的负相关关系。其中，2005 年人均积蓄年度增长跌入低谷，呈现为负增长，与之对应的是人均文化消费年度增长出现高峰；2004 年、2006

141

年、2010年、2012年人均积蓄年度增长形成高峰，与之对应的是人均文化消费年度增长陷入低谷。黑龙江城乡文化消费的"积蓄增长负相关效应"显著成立。

二 城乡文化消费需求背景的增长协调性分析

（一）民生基础系数检测

2000~2012年，黑龙江城乡人均收入、人均产值、收入与产值比和收入城乡比变动态势见图3，其中将人均收入、人均产值转换为面积比例，二者历年之比形成民生基础系数变动曲线，同时附有收入城乡比变动曲线。

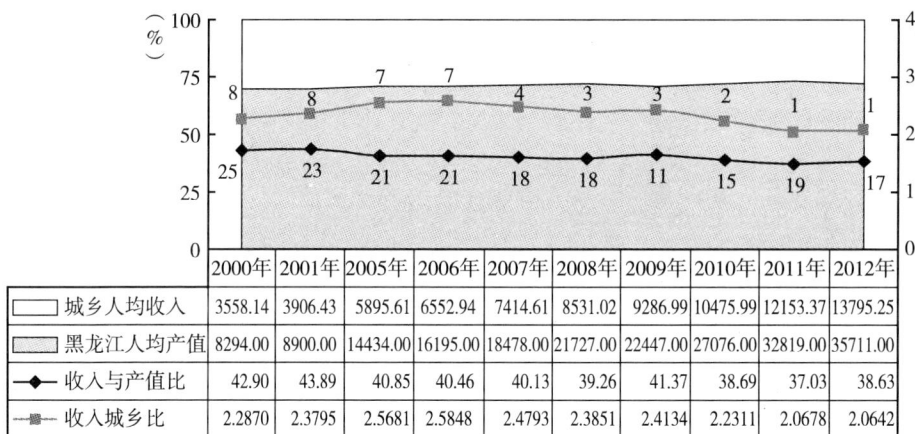

	2000年	2001年	2005年	2006年	2007年	2008年	2009年	2010年	2011年	2012年
城乡人均收入	3558.14	3906.43	5895.61	6552.94	7414.61	8531.02	9286.99	10475.99	12153.37	13795.25
黑龙江人均产值	8294.00	8900.00	14434.00	16195.00	18478.00	21727.00	22447.00	27076.00	32819.00	35711.00
收入与产值比	42.90	43.89	40.85	40.46	40.13	39.26	41.37	38.69	37.03	38.63
收入城乡比	2.2870	2.3795	2.5681	2.5848	2.4793	2.3851	2.4134	2.2311	2.0678	2.0642

图3 黑龙江城乡人均收入、人均产值、收入与产值比和收入城乡比变动态势

注：左轴为城乡人均收入、人均产值（元转换为%），二者变动呈面积比例，相互间历年之比形成民生基础系数（%）曲线；右轴为收入城乡比（乡村=1）。标明历年省域排序。

2000~2012年，黑龙江城乡居民人均收入年均增长11.95%，人均产值年均增长12.94%，比人均收入增速高出0.99个百分点。12年间，黑龙江城乡居民人均收入与人均产值之比的最高（最佳）值为2002年的45.35%，最低值为2011年的37.03%。逐年考察，除了2001~2002年、2009年、2012年出现上升以外，黑龙江城乡此项比值逐步下降，由2000年的42.90%降低至2012年的38.63%，比值数值处于31个省域里第17位。民生基础系数呈现降低趋势，意味着在经济增长的同时，"人民共享发展成果"程度逐渐降低。

2000～2012 年，黑龙江乡村居民人均收入年均增长 12.26%，城镇居民人均收入年均增长 11.30%，比乡村增速低了 0.96 个百分点。12 年间，黑龙江人均收入城乡比的最大值为 2003 年的 2.6620，最小（最佳）值为 2012 年的 2.0642。逐年考察，除了 2001～2003 年、2005～2006 年、2009 年出现上升以外，黑龙江此项城乡比逐步下降，由 2000 年的 2.2870 降低至 2012 年的 2.0642，城乡比数值处于 31 个省域的第 1 位。人均收入的城乡差距呈现缩小趋势，意味着在民生基础层面城乡之间"共享发展成果"的程度有所提高。

如果黑龙江城乡民生基础系数能够保持 2002 年的最佳水平，黑龙江民生基础层面的城乡差距能够保持 2012 年的最低程度，并实现城乡无差距理想状态，那么在"国民收入再分配"演算和城乡综合重新演算当中，黑龙江人均收入应有很大提高，这样随后逐步推演的一切测算值都会发生变化。

（二）民生消费系数检测

2000～2012 年黑龙江城乡人均非文消费、城乡人均收入、非文占收入比和非文城乡比变动态势见图 4，其中将人均非文消费、城乡人均收入转换为面积比例，二者历年之比形成民生消费系数变动曲线，同时附有非文消费城乡比变动曲线。

2000～2012 年，黑龙江城乡居民人均非文消费年均增长 11.33%，人均收入年均增长 11.95%，比人均非文消费增速高出 0.62 个百分点。12 年间，黑龙江城乡居民人均非文消费占人均收入比重的最高值为 2009 年的 72.87%，最低（最佳）值为 2004 年的 66.48%。逐年考察，除了 2003 年、2005 年、2007～2009 年、2011 年出现上升以外，黑龙江城乡此项比值逐步下降，由 2000 年的 71.90% 降低至 2012 年的 67.26%，比值处于 31 个省域的第 21 位。民生消费系数呈现降低趋势，亦即必需消费之外的余钱占收入的比重增高，意味着从"基本小康"到"全面小康"建设的民生效应日益得到显现。

2000～2012 年，黑龙江乡村居民人均非文消费年均增长 11.62%，城镇居民人均非文消费年均增长 10.65%，比乡村增速低了 0.97 个百分点。12 年间，黑龙江人均非文消费城乡比的最大值为 2003 年的 3.2354，最小（最佳）值为

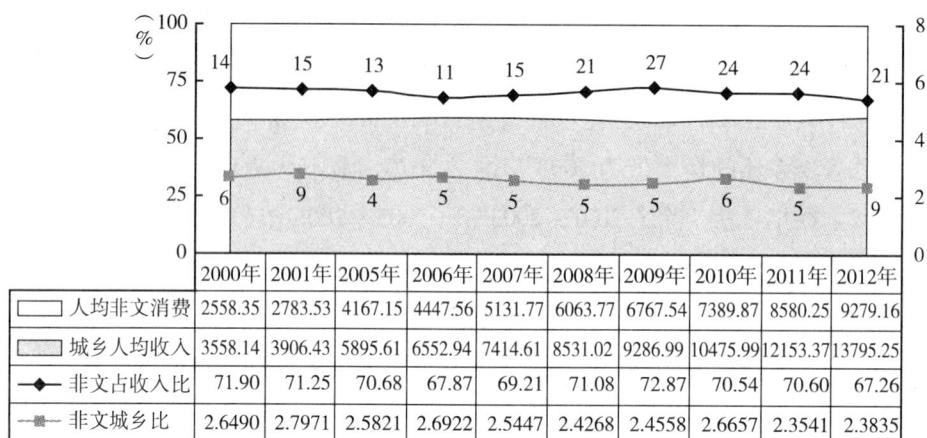

	2000年	2001年	2005年	2006年	2007年	2008年	2009年	2010年	2011年	2012年
人均非文消费	2558.35	2783.53	4167.15	4447.56	5131.77	6063.77	6767.54	7389.87	8580.25	9279.16
城乡人均收入	3558.14	3906.43	5895.61	6552.94	7414.61	8531.02	9286.99	10475.99	12153.37	13795.25
非文占收入比	71.90	71.25	70.68	67.87	69.21	71.08	72.87	70.54	70.60	67.26
非文城乡比	2.6490	2.7971	2.5821	2.6922	2.5447	2.4268	2.4558	2.6657	2.3541	2.3835

图4 黑龙江城乡人均非文消费、城乡人均收入、非文占收入比和非文城乡比变动态势

注：左轴为城乡人均非文消费、城乡人均收入（元转换为%），二者变动呈面积比例，相互间历年之比形成民生消费系数（%）曲线；右轴为非文消费城乡比（乡村=1）。标明历年省域排序。

2011年的2.3541。逐年考察，除了2001~2003年、2006年、2009~2010年、2012年出现上升以外，黑龙江此项城乡比逐步下降，由2000年的2.6490缩小至2012年的2.3835，城乡比数值处于31个省域的第9位。"必需"非文消费的城乡差距呈现缩小趋势，意味着在民生消费层面城乡之间"共享发展成果"的程度有所提高。

如果黑龙江城乡民生消费系数能够保持2004年的最佳水平，黑龙江民生消费层面的城乡差距能够保持2011年的最低程度，并实现城乡无差距理想状态，那么在必需消费占收入比重再度演算和城乡综合重新演算当中，黑龙江人均非文消费应有较大不同，反转则是人均非文消费剩余应有很大增多，这样随后推演的相关数值也会发生变化。

（三）文化需求系数检测

2000~2012年，黑龙江城乡人均文化消费、人均非文消费剩余、文化与非余比和文化城乡比变动态势见图5，其中将人均文化消费、人均非文消费剩余转换为面积比例，二者历年之比形成文化需求系数变动曲线，同时附有文化消费城乡比变动曲线。

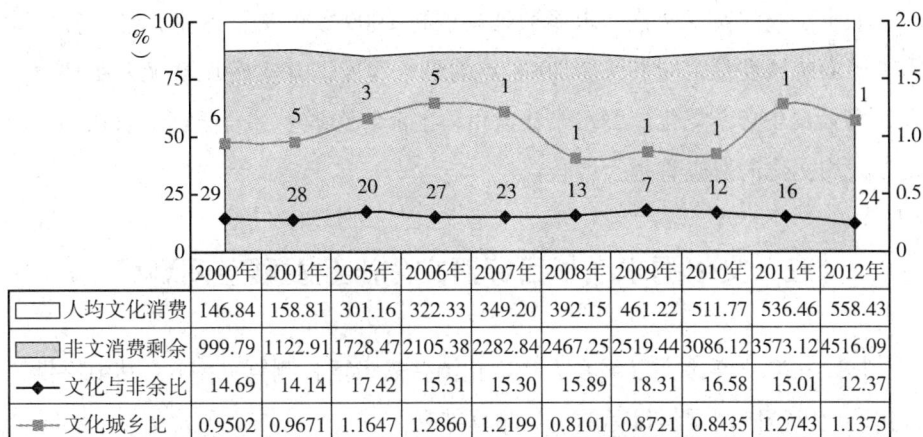

	2000年	2001年	2005年	2006年	2007年	2008年	2009年	2010年	2011年	2012年
人均文化消费	146.84	158.81	301.16	322.33	349.20	392.15	461.22	511.77	536.46	558.43
非文消费剩余	999.79	1122.91	1728.47	2105.38	2282.84	2467.25	2519.44	3086.12	3573.12	4516.09
文化与非余比	14.69	14.14	17.42	15.31	15.30	15.89	18.31	16.58	15.01	12.37
文化城乡比	0.9502	0.9671	1.1647	1.2860	1.2199	0.8101	0.8721	0.8435	1.2743	1.1375

图 5　黑龙江城乡人均文化消费、人均非文消费剩余、
文化与非余比和文化城乡比变动态势

注：左轴为城乡人均文化消费、人均非文消费剩余（元转换为%），二者变动呈面积比例，相互间历年之比形成文化需求系数（%）曲线；右轴为文化消费城乡比（乡村 = 1，小于 1 为"城乡倒挂"，即城镇人均值低于乡村）。标明历年省域排序。

2000 ~ 2012 年，黑龙江城乡居民人均文化消费年均增长 11.77%，人均非文消费剩余年均增长 13.39%，比人均文化消费增速高出 1.62 个百分点。12 年间，黑龙江城乡居民人均文化消费与人均非文消费剩余比值的最高（最佳）值为 2009 年的 18.31%，最低值为 2012 年的 12.37%。逐年考察，除了 2003 年、2005 年、2008 ~ 2009 年出现上升以外，黑龙江城乡此项比值逐步下降，由 2000 年的 14.69% 降低至 2012 年的 12.37%，处于 31 个省域的第 24 位。文化需求系数呈现下降趋势，意味着非必需的文化消费需求增长依然受到"积蓄增长负相关效应"的反向牵制。

2000 ~ 2012 年，黑龙江乡村居民人均文化消费年均增长 10.84%，城镇居民人均文化消费年均增长 12.51%，比乡村增速高出 1.67 个百分点。12 年间，黑龙江人均文化消费城乡比的最小（最佳）值为 2008 年的 0.8101，最大值为 2004 年的 1.5235。逐年考察，除了 2005 年、2007 ~ 2008 年、2010 年、2012 年出现下降以外，黑龙江此项城乡比逐步上升，由 2000 年的 0.9502 提高至 2012 年的 1.1375，处于 31 个省域的第 1 位。文化消费需求的城乡差距呈现扩大趋势，意味着在文化需求层面城乡之间"共享发展成果"的程度有所降低。

如果黑龙江城乡文化需求系数能够保持 2009 年的最佳水平，黑龙江文化需求层面的城乡差距能够保持 2008 年的最低程度，并实现城乡无差距理想状态，那么在非必需文化消费占余钱比重再度演算和城乡综合重新演算当中，黑龙江人均文化消费应有很大增长。

三　文化需求增长目标暨文化产业发展空间测算

2012～2020 年黑龙江城乡人均文化消费需求增长测算见图 6，其中提供了文化产业供需协调增长目标的 7 类测算结果。

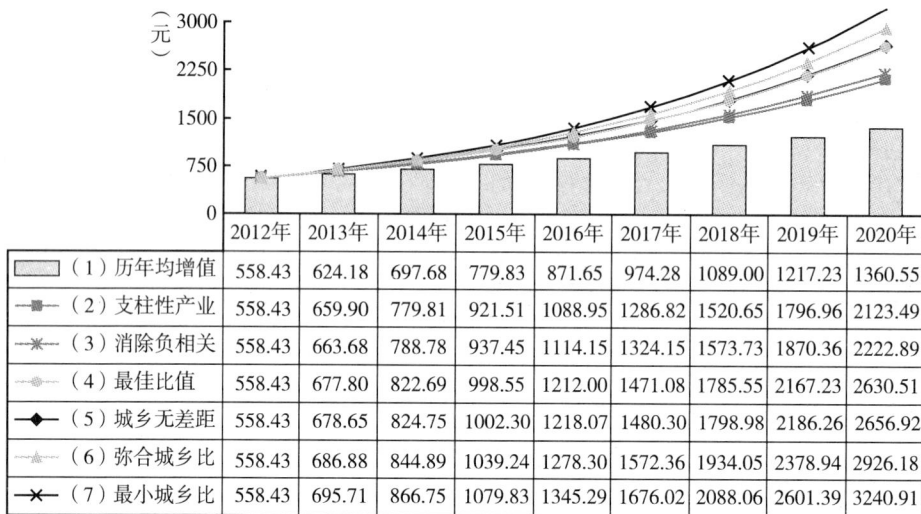

	2012年	2013年	2014年	2015年	2016年	2017年	2018年	2019年	2020年
（1）历年均增值	558.43	624.18	697.68	779.83	871.65	974.28	1089.00	1217.23	1360.55
（2）支柱性产业	558.43	659.90	779.81	921.51	1088.95	1286.82	1520.65	1796.96	2123.49
（3）消除负相关	558.43	663.68	788.78	937.45	1114.15	1324.15	1573.73	1870.36	2222.89
（4）最佳比值	558.43	677.80	822.69	998.55	1212.00	1471.08	1785.55	2167.23	2630.51
（5）城乡无差距	558.43	678.65	824.75	1002.30	1218.07	1480.30	1798.98	2186.26	2656.92
（6）弥合城乡比	558.43	686.88	844.89	1039.24	1278.30	1572.36	1934.05	2378.94	2926.18
（7）最小城乡比	558.43	695.71	866.75	1079.83	1345.29	1676.02	2088.06	2601.39	3240.91

图 6　2012～2020 年黑龙江城乡人均文化消费需求增长测算

注：作为背景因素，2012～2020 年人均产值按 2000～2012 年实际年均增长率推算。2012 年文化消费与产值比实际值为 1.56%；2020 年测算值为（1）1.44%，（2）2.25%，（3）2.35%，（4）2.78%，（5）2.81%，（6）3.10%，（7）3.43%。2012～2020 年文化消费年均增长为（1）11.77%（2000～2012 年实际值，以下为测算值），（2）18.17%，（3）18.85%，（4）21.38%，（5）21.53%，（6）23.00%，（7）24.58%。若产值按年均增长率 7% 推算，则 2020 年文化消费与产值比（增量、增幅不变）为（1）2.22%，（3）3.62%。2020 年文化消费（与产值比不变）为（2）1378.57 元，年增 11.96%；（4）1707.73 元，年增 15.00%；（5）1724.87 元，年增 15.14%；（6）1899.68 元，年增 16.54%；（7）2104.00 元，年增 18.03%。

（1）历年均增值测算：以城乡文化消费既往年度年均增长率测算增长目标，可以得出统计概率最高的或然增长结果。如果 2012～2020 年黑龙江城乡文化消费增长保持 2000 ~ 2012 年平均增长率 11.77% （省域间实际增长第 12 位），那么到 2020 年城乡人均文化消费将达到 1360.55 元。在相关各方面增长均依此推算的情况下，由于黑龙江城乡文化消费与产值之比在 2000 ~ 2012 年呈现下降态势，至 2020 年文化消费增长与产值增长测算值之比将继续降低至 1.44%。

（2）支柱性产业测算：摒弃单纯的"文化 GDP 追逐"，通过文化消费需求增长空间反推，以文化生产满足文化需求的终极目的定位测算增长目标，即假设文化消费需求增长切实推动文化生产发展，实现文化产业供需协调增长，达到支柱性产业所需占产值的比重。各地城乡文化消费需求增长支撑文化产业成为支柱性产业的测算值各有不同，黑龙江测算值为 2.25%。据此反推，到 2020 年黑龙江城乡人均文化消费应达到 2123.49 元，年均增长率需达到 18.17%，为以往 12 年实际年均增长率的 1.54 倍（省域间目标距离第 6 位）。

（3）消除负相关测算：以城乡文化需求系数既往年度历年最佳比值测算增长目标，即假设积蓄增长与文化消费增长之间排除负相关关系，必需消费之外余钱增长与精神文化消费需求增长实现同步。如果到 2020 年黑龙江城乡此项比值实现 2000 ~ 2012 年最佳状态，那么城乡人均文化消费应达到 2222.89 元，与产值增长测算值之比将上升至 2.35%，年均增长率需达到 18.85%，为以往 12 年实际年均增长率的 1.60 倍（省域间目标距离第 9 位）。

（4）最佳比值测算：以城乡民生基础系数、民生消费系数、文化需求系数三项比值既往年度历年最佳值测算增长目标，即假设相关各方面的增长协调性"回复"曾有的三项比例关系最佳值。如果到 2020 年黑龙江城乡三项比值同步实现 2000 ~ 2012 年最佳状态，那么城乡人均文化消费应达到 2630.51 元，与产值增长测算值之比将上升至 2.78%，年均增长率需达到 21.38%，为以往 12 年实际年均增长率的 1.82 倍（省域间目标距离第 8 位）。

（5）城乡无差距测算：在民生基础层面、民生消费层面、文化需求层面三项城乡比的无差距理想状态下实现既往年度历年最佳比值测算增长目标，即假设此三个层面的乡村人均值加速增长并与城镇水平持平，统一取城镇标准三项比例关系最佳值进行演算。如果到 2020 年黑龙江在此三个层面消除城乡差距，实现按城镇标准衡量的 2000 ~ 2012 年三项最佳比值，那么城乡人均文化消费应达到 2656.92 元，与产值增长测算值之比将上升至 2.81%，年均增长率需达到 21.53%，为以往 12 年实际年均增长率的 1.83 倍（省域间目标距离第 3 位）。

（6）弥合城乡比测算（黑龙江历年最小城乡比"倒挂"，此类测算可避免"矫枉过正"）：同样在三项最佳比值测算基础上，以人均文化消费城乡比的无差距理想值测算增长目标，即假设文化需求层面的城乡差距得以消除，据此演算校正数值。如果到 2020 年黑龙江城乡同时实现 2000~2012 年三项最佳比值和乡村人均文化消费绝对值与城镇水平持平，那么城乡人均文化消费应达到 2926.18 元，与产值增长测算值之比将上升至 3.10%，年均增长率需达到 23.00%，为以往 12 年实际年均增长率的 1.95 倍（省域间目标距离第 4 位）。

（7）最小城乡比测算：在三项最佳比值测算基础上，以人均文化消费城乡比既往年度历年最小值测算增长目标，即假设"回复"原有的文化消费城乡比最小状态，作为缩小以至于消除城乡差距的基础。如果到 2020 年黑龙江城乡同时实现 2000~2012 年三项最佳比值和文化消费最小城乡比，那么城乡人均文化消费应达到 3240.91 元，与产值增长测算值之比将上升至 3.43%，年均增长率需达到 24.58%，为以往 12 年实际年均增长率的 2.09 倍（省域间目标距离第 5 位）。

如果按照国家"十二五"规划转变发展方式的要求，在"十二五"期间把黑龙江产值年均增长率控制在 7%，并一直延续至 2020 年，那么（1）历年均增值、（3）消除负相关两类增长测算的绝对值不变，其与产值之比将分别增高至 2.22% 和 3.62%；其余各类测算因与产值增长演算直接相关，文化消费人均值增长测算的绝对值相应减小，其所需年均增长幅度（目标差距）将分别降低至 11.96%、15.00%、15.14%、16.54%、18.03%（详见图 6 注），显然更加容易实现。

B.9

北京：最小城乡比增长目标测算第 3 位

肖云鑫 *

摘　要：

北京文化消费增长目标暨文化产业发展空间测评：2000～2012 年省域间实际增长排名，历年均增值测算为第 15 位；2012～2020 年省域间目标距离排名，支柱性产业测算为第 4 位；消除负相关测算为第 18 位；最佳比值测算为第 6 位；最小城乡比测算为第 3 位；弥合城乡比测算为第 3 位；城乡无差距测算为第 5 位。

关键词：

北京文化产业　扩大文化消费　需求与共享　增长目标

一　城乡文化消费需求及相关方面增长态势

2000～2012 年北京城乡文化消费总量和人均值增长态势见图 1。

2000～2012 年，北京城乡文化消费总量由 81.78 亿元增高为 469.76 亿元，增加 387.98 亿元，12 年间总增长 474.42%，年均增长率 15.68%。其中，"十五"期间年均增长 17.00%；"十一五"期间年均增长 12.47%；"十二五"头两年年均增长 20.65%。"十二五"头两年年均增速比"十一五"高 8.18 个百分点；比"十五"高 3.65 个百分点。

同期，北京城镇人均文化消费由 667.58 元增高为 2481.74 元，增加 1814.16 元，12 年间总增长 271.75%，年均增长率 11.56%。其中，"十五"

---

* 肖云鑫，云南省社会科学院办公室主任助理、助理研究员，主要从事旅游、文化相关研究。

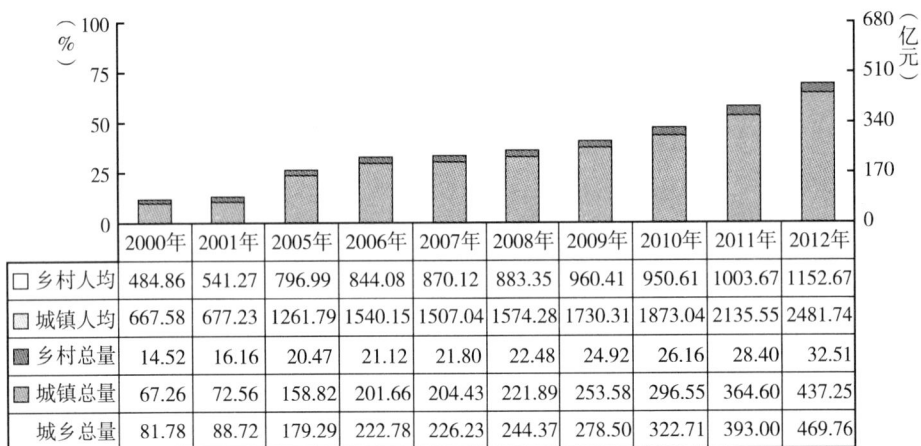

	2000年	2001年	2005年	2006年	2007年	2008年	2009年	2010年	2011年	2012年
□ 乡村人均	484.86	541.27	796.99	844.08	870.12	883.35	960.41	950.61	1003.67	1152.67
□ 城镇人均	667.58	677.23	1261.79	1540.15	1507.04	1574.28	1730.31	1873.04	2135.55	2481.74
▨ 乡村总量	14.52	16.16	20.47	21.12	21.80	22.48	24.92	26.16	28.40	32.51
▨ 城镇总量	67.26	72.56	158.82	201.66	204.43	221.89	253.58	296.55	364.60	437.25
城乡总量	81.78	88.72	179.29	222.78	226.23	244.37	278.50	322.71	393.00	469.76

图1 北京城乡文化消费总量和人均值增长态势

注：左轴为城乡人均文化消费（元转换为%），城乡间历年变动呈面积比例关系；右轴为文化消费总量（亿元），柱形上下之和为城乡总量。

期间年均增长 13.58%；"十一五"期间年均增长 8.22%；"十二五"头两年年均增长 15.11%。"十二五"头两年年均增速比"十一五"高 6.89 个百分点；比"十五"高 1.53 个百分点。乡村人均文化消费由 484.86 元增高为 1152.67 元，增加 667.81 元，12 年间总增长 137.73%，年均增长率 7.48%。其中，"十五"期间年均增长 10.45%；"十一五"期间年均增长 3.59%；"十二五"头两年年均增长 10.12%。"十二五"头两年年均增速比"十一五"高 6.53 个百分点；比"十五"低 0.33 个百分点。

应予以注意的是，北京城镇人均值"十五"年均增长率比乡村高 3.13 个百分点，"十一五"年均增长率比乡村高 4.63 个百分点，"十二五"头两年年均增长率比乡村高 4.99 个百分点，城乡差距持续扩大。

后续各图表将逐步展示北京相关背景各方面历年增长数据。在此，把各项绝对值转换为以上一年数值为 100 的年度增长百分指数，形成 2000～2012 年北京人均产值、城乡人均收入、人均消费（分为人均非文消费与人均文化消费）和人均积蓄增长态势（见图2）。

在北京人均产值、城乡人均收入、人均非文消费、人均文化消费和人均积蓄的年度增长指数中，选取三对具有特定相关关系的数据项：（1）系人均产

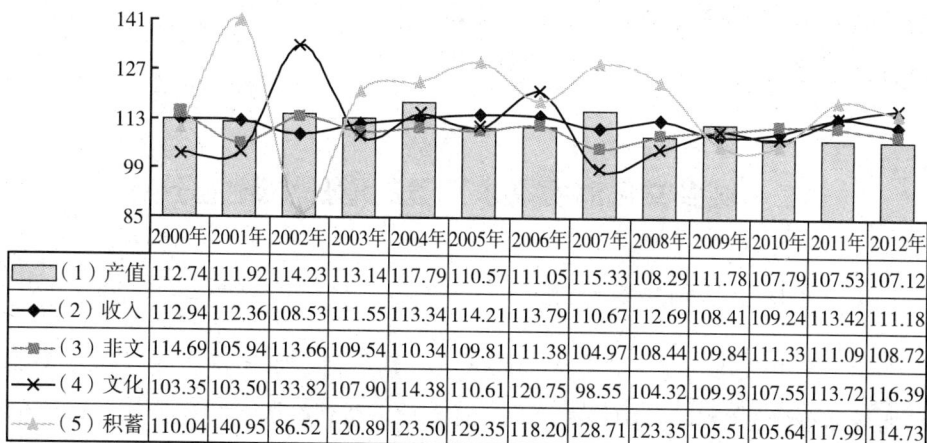

	2000年	2001年	2002年	2003年	2004年	2005年	2006年	2007年	2008年	2009年	2010年	2011年	2012年
（1）产值	112.74	111.92	114.23	113.14	117.79	110.57	111.05	115.33	108.29	111.78	107.79	107.53	107.12
（2）收入	112.94	112.36	108.53	111.55	113.34	114.21	113.79	110.67	112.69	108.41	109.24	113.42	111.18
（3）非文	114.69	105.94	113.66	109.54	110.34	109.81	111.38	104.97	108.44	109.84	111.33	111.09	108.72
（4）文化	103.35	103.50	133.82	107.90	114.38	110.61	120.75	98.55	104.32	109.93	107.55	113.72	116.39
（5）积蓄	110.04	140.95	86.52	120.89	123.50	129.35	118.20	128.71	123.35	105.51	105.64	117.99	114.73

图 2　北京人均产值、城乡人均收入、人均消费和人均积蓄增长态势

注：年度增长指数（产值为柱形，其余为曲线），上年＝100，小于100为负增长。2000～2012年增长相关系数，（1）与（2）为－0.0454；（2）与（3）为－0.0319；（4）与（5）为－0.6409，其间，2001～2012年为－0.7153，2001～2006年为－0.9400，2002～2006年为－0.9161，2002～2008年为－0.8660，文化消费需求的"积蓄增长负相关效应"显著。

值历年增长指数，（2）系人均收入历年增长指数，二者相关系数为－0.0454，即历年增长形成4.54%的反向同步；（2）系人均收入历年增长指数，（3）系人均非文消费历年增长指数，二者相关系数为－0.0319，即历年增长形成3.19%的反向同步；（4）系人均文化消费历年增长指数，（5）系人均积蓄历年增长指数，二者相关系数为－0.6409，负相关程度较高，分时间段继续考察，2001～2012年为－0.7153，2001～2006年为－0.9400，2002～2006年为－0.9161，2002～2008年为－0.8660，构成很明显的反向互动关系。

就北京城乡人均积蓄与人均文化消费二者历年增长幅度变化的相关性而言，不妨简单理解为，前者每上升1%，后者在2000～2012年下降0.64%，2001～2012年下降0.72%，2001～2006年下降0.94%，2002～2006年下降0.92%，2002～2008年下降0.87%。对比北京城乡人均积蓄与人均文化消费两条年度增长曲线，只有最近几年显得例外，其余年度呈现似"水中倒影"的负相关关系。其中，2002年人均积蓄年度增长跌入低谷，呈现为负增长，与之对应的是人均文化消费年度增长出现高峰；2001年、2003～2005年、2007～2008年人均积蓄年度增长形成高峰，与之对应的是人均文化消费年度增长陷入低谷，甚至呈负增长。北京城乡文化消费的"积蓄增长负相关效应"显著。

二 城乡文化消费需求背景的增长协调性分析

（一）民生基础系数检测

2000～2012年，北京城乡人均收入、人均产值、收入与产值比和收入城乡比变动态势见图3，其中将人均收入、人均产值转换为面积比例，二者历年之比形成民生基础系数变动曲线，同时附有收入城乡比变动曲线。

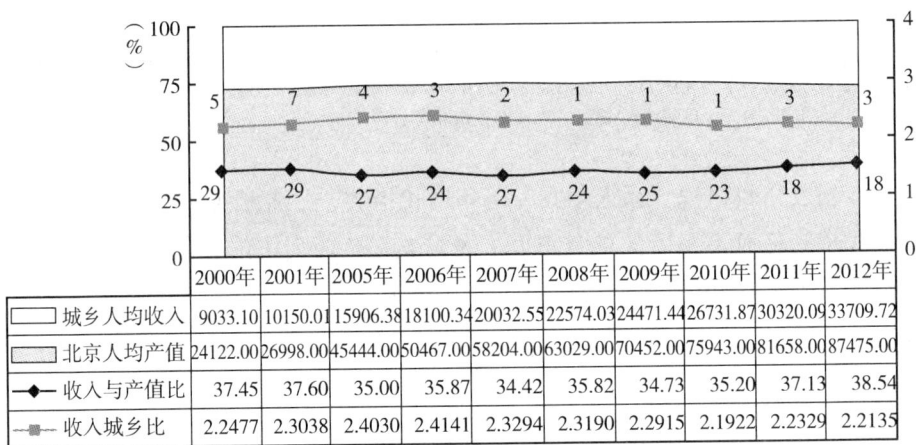

	2000年	2001年	2005年	2006年	2007年	2008年	2009年	2010年	2011年	2012年
城乡人均收入	9033.10	10150.01	15906.38	18100.34	20032.55	22574.03	24471.44	26731.87	30320.09	33709.72
北京人均产值	24122.00	26998.00	45444.00	50467.00	58204.00	63029.00	70452.00	75943.00	81658.00	87475.00
收入与产值比	37.45	37.60	35.00	35.87	34.42	35.82	34.73	35.20	37.13	38.54
收入城乡比	2.2477	2.3038	2.4030	2.4141	2.3294	2.3190	2.2915	2.1922	2.2329	2.2135

图3 北京城乡人均收入、人均产值、收入与产值比和收入城乡比变动态势

注：左轴：城乡人均收入、人均产值（元转换为%），二者变动呈面积比例，相互间历年之比形成民生基础系数（%）曲线；右轴为收入城乡比（乡村=1）。标明历年省域排序。

2000～2012年，北京城乡居民人均收入年均增长11.60%，人均产值年均增长11.33%，比人均收入增速低了0.27个百分点。12年间，北京城乡居民人均收入与人均产值之比的最低值为2004年的33.89%，最高（最佳）值为2012年的38.54%。逐年考察，除了2002～2004年、2007年、2009年出现下降以外，北京城乡此项比值逐步上升，由2000年的37.45%提高至2012年的38.54%，比值处于31个省域的第18位。民生基础系数呈现上升趋势，意味着在经济增长的同时，"人民共享发展成果"程度逐渐提高。

2000～2012 年，北京乡村居民人均收入年均增长 11.21%，城镇居民人均收入年均增长 11.07%，比乡村增速低了 0.14 个百分点。12 年间，北京人均收入城乡比的最大值为 2004 年的 2.5344，最小（最佳）值为 2010 年的 2.1922。逐年考察，除了 2001～2004 年、2006 年、2011 年出现上升以外，北京此项城乡比逐步下降，由 2000 年的 2.2477 下降至 2012 年的 2.2135，处于 31 个省域的第 3 位。人均收入的城乡差距呈现缩小趋势，意味着在民生基础层面城乡之间"共享发展成果"的程度有所提高。

如果北京城乡民生基础系数能够保持 2012 年的最佳水平，北京民生基础层面的城乡差距能够保持 2010 年的最低程度，并实现城乡无差距理想状态，那么在"国民收入再分配"演算和城乡综合重新演算当中，北京人均收入应有很大提高，这样随后逐步推演的一切测算值都会发生变化。

（二）民生消费系数检测

2000～2012 年北京城乡人均非文消费、城乡人均收入、非文占收入比和非文城乡比变动态势见图 4，其中将人均非文消费、城乡人均收入转换为图形面积比例，二者历年之比形成民生消费系数变动曲线，同时附有非文消费城乡比变动曲线。

2000～2012 年，北京城乡居民人均非文消费年均增长 9.56%，人均收入年均增长 11.60%，比人均非文消费增速高出 2.04 个百分点。12 年间，北京城乡居民人均非文消费占人均收入比重的最高值为 2000 年的 74.24%，最低（最佳）值为 2012 年的 59.53%。逐年考察，除了 2002 年、2009～2010 年出现上升以外，北京城乡此项比值逐步下降，由 2000 年的 74.24% 降低至 2012 年的 59.53%，处于 31 个省域的第 5 位。民生消费系数呈现出下降趋势，亦即必需消费之外的余钱占收入的比重增高，意味着从"基本小康"到"全面小康"建设的民生效应日益得到显现。

2000～2012 年，北京乡村居民人均非文消费年均增长 11.39%，城镇居民人均非文消费年均增长 8.81%，比乡村增速低了 2.58 个百分点。12 年间，北京人均非文消费城乡比的最大值为 2002 年的 3.0114，最小（最佳）值为 2011

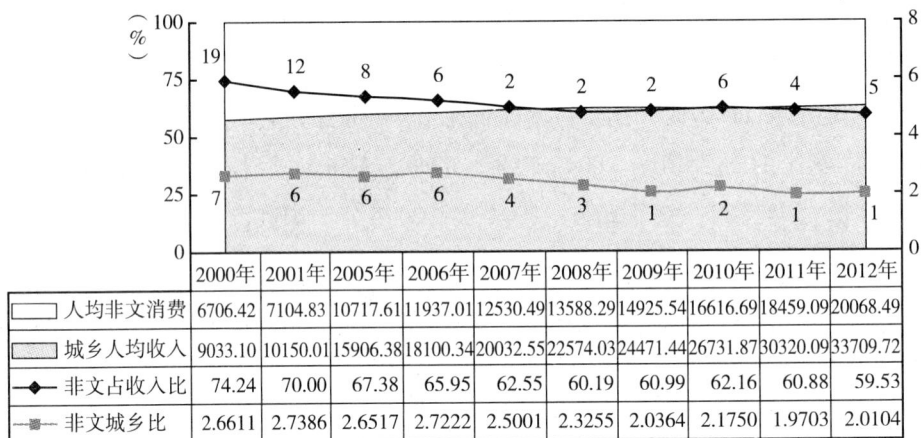

	2000年	2001年	2005年	2006年	2007年	2008年	2009年	2010年	2011年	2012年
人均非文消费	6706.42	7104.83	10717.61	11937.01	12530.49	13588.29	14925.54	16616.69	18459.09	20068.49
城乡人均收入	9033.10	10150.01	15906.38	18100.34	20032.55	22574.03	24471.44	26731.87	30320.09	33709.72
非文占收入比	74.24	70.00	67.38	65.95	62.55	60.19	60.99	62.16	60.88	59.53
非文城乡比	2.6611	2.7386	2.6517	2.7222	2.5001	2.3255	2.0364	2.1750	1.9703	2.0104

图4 北京城乡人均非文消费、城乡人均收入、
非文占收入比和城乡比变动态势

注：左轴为城乡人均非文消费、城乡人均收入（元转换为%），二者变动呈面积比例，相互间历年之比形成民生消费系数（%）曲线；右轴为非文消费城乡比（乡村=1）。标明历年省域排序。

年的 1.9703。逐年考察，除了 2001~2002 年、2006 年、2010 年、2012 年出现上升以外，北京此项城乡比逐步下降，由 2000 年的 2.6611 缩小至 2012 年的 2.0104，处于 31 个省域的第 1 位。必需非文消费的城乡差距呈现缩小趋势，意味着在民生消费层面城乡之间"共享发展成果"的程度有所提高。

如果北京城乡民生消费系数能够保持 2012 年的最佳水平，北京民生消费层面的城乡差距能够保持 2011 年的最低程度，并实现城乡无差距理想状态，那么在必需消费占收入比重再度演算和城乡综合重新演算当中，北京人均非文消费应有较大不同，反转则是人均非文消费剩余应有很大增多，这样随后推演的相关数值也会发生变化。

（三）文化需求系数检测

2000~2012 年，北京城乡人均文化消费、人均非文消费剩余、文化与非余比和文化城乡比变动态势见图5，其中将人均文化消费、人均非文消费剩余转换为面积比例，二者历年之比形成文化需求系数变动曲线，同时附有文化消费城乡比变动曲线。

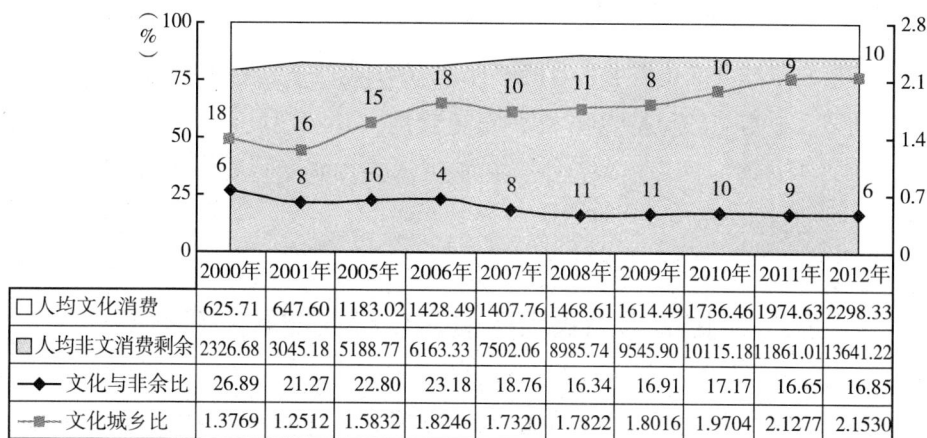

	2000年	2001年	2005年	2006年	2007年	2008年	2009年	2010年	2011年	2012年
□ 人均文化消费	625.71	647.60	1183.02	1428.49	1407.76	1468.61	1614.49	1736.46	1974.63	2298.33
□ 人均非文消费剩余	2326.68	3045.18	5188.77	6163.33	7502.06	8985.74	9545.90	10115.18	11861.01	13641.22
◆ 文化与非余比	26.89	21.27	22.80	23.18	18.76	16.34	16.91	17.17	16.65	16.85
■ 文化城乡比	1.3769	1.2512	1.5832	1.8246	1.7320	1.7822	1.8016	1.9704	2.1277	2.1530

**图 5　北京城乡人均文化消费、人均非文消费剩余、
文化与非余比和文化城乡比变动态势**

注：左轴为城乡人均文化消费、人均非文消费剩余（元转换为%），二者变动呈面积比例，相互间历年之比形成文化需求系数（%）曲线；右轴为文化消费城乡比（乡村 = 1，小于 1 为"城乡倒挂"，即城镇人均值低于乡村）。标明历年省域排序。

2000～2012 年，北京城乡居民人均文化消费年均增长 11.45%，人均非文消费剩余年均增长 15.88%，比人均文化消费增速高出 4.43 个百分点。12 年间，北京城乡居民人均文化消费与人均非文消费剩余比值的最高（最佳）值为 2002 年的 29.47%，最低值为 2008 年的 16.34%。逐年考察，除了 2002 年、2006 年、2009～2010 年、2012 年出现上升以外，北京城乡此项比值逐步下降，由 2000 年的 26.89% 降低至 2012 年的 16.85%，处于 31 个省域的第 6 位。文化需求系数呈现下降趋势，意味着非必需的文化消费需求增长依然受到"积蓄增长负相关效应"的反向牵制。

2000～2012 年，北京乡村居民人均文化消费年均增长 7.48%，城镇居民人均文化消费年均增长 11.56%，比乡村增速高出 4.08 个百分点。12 年间，北京人均文化消费城乡比的最小（最佳）值为 2001 年的 1.2512，最大值为 2012 年的 2.1530。逐年考察，除了 2001 年、2003 年、2007 年出现下降以外，北京此项城乡比逐步上升，由 2000 年的 1.3769 提高至 2012 年的 2.1530，处于 31 个省域的第 10 位。文化消费需求的城乡差距呈现扩大趋势，意味着在文化需求层面城乡之间"共享发展成果"的程度有所降低。

如果北京城乡文化需求系数能够保持 2002 年的最佳水平，北京文化需求层面的城乡差距能够保持 2001 年的最低程度，并实现城乡无差距理想状态，那么在"非必需"文化消费占余钱比重再度演算和城乡综合重新演算当中，北京人均文化消费应有很大增长。

三 文化需求增长目标暨文化产业发展空间测算

2012 ~ 2020 年北京城乡人均文化消费需求增长测算见图 6，其中提供了文化产业供需协调增长目标的 7 类测算结果。

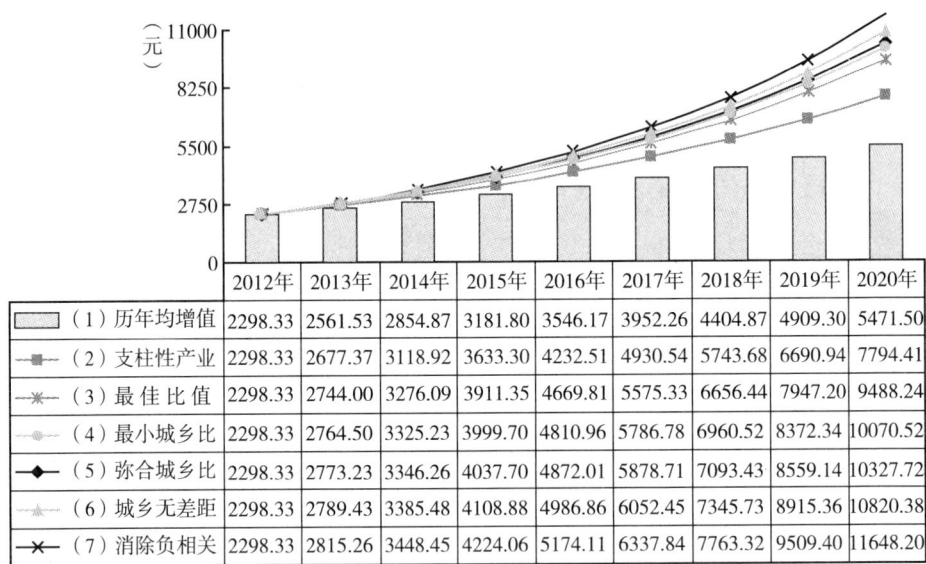

	2012年	2013年	2014年	2015年	2016年	2017年	2018年	2019年	2020年
（1）历年均增值	2298.33	2561.53	2854.87	3181.80	3546.17	3952.26	4404.87	4909.30	5471.50
（2）支柱性产业	2298.33	2677.37	3118.92	3633.30	4232.51	4930.54	5743.68	6690.94	7794.41
（3）最佳比值	2298.33	2744.00	3276.09	3911.35	4669.81	5575.33	6656.44	7947.20	9488.24
（4）最小城乡比	2298.33	2764.50	3325.23	3999.70	4810.96	5786.78	6960.52	8372.34	10070.52
（5）弥合城乡比	2298.33	2773.23	3346.26	4037.70	4872.01	5878.71	7093.43	8559.14	10327.72
（6）城乡无差距	2298.33	2789.43	3385.48	4108.88	4986.86	6052.45	7345.73	8915.36	10820.38
（7）消除负相关	2298.33	2815.26	3448.45	4224.06	5174.11	6337.84	7763.32	9509.40	11648.20

图 6　2012 ~ 2020 年北京城乡人均文化消费需求增长测算

注：作为背景因素，2012 ~ 2020 年人均产值按 2000 ~ 2012 年实际年均增长率推算。2012 年文化消费与产值比实际值为 2.63%；2020 年测算值为（1）2.65%，（2）3.78%，（3）4.60%，（4）4.88%，（5）5.00%，（6）5.24%，（7）5.64%。2012 ~ 2020 年文化消费年均增长：（1）11.45%（2000 ~ 2012 年实际值，以下为测算值），（2）16.49%，（3）19.39%，（4）20.28%，（5）20.66%，（6）21.37%，（7）22.49%。若产值按年均增长率 7% 推算，则 2020 年文化消费与产值比（增量、增幅不变）为（1）3.64%，（7）7.75%；2020 年文化消费（与产值比不变）为（2）5673.79 元，年增 11.96%；（3）6906.78 元，年增 14.74%；（4）7330.63 元，年增 15.60%；（5）7517.86 元，年增 15.97%；（6）7876.48 元，年增 16.64%。

（1）历年均增值测算：以城乡文化消费既往年度年均增长率测算增长目标，可以得出统计概率最高的或然增长结果。如果 2012～2020 年北京城乡文化消费增长保持 2000～2012 年平均增长率 11.45%（省域间实际增长第 15 位），那么到 2020 年城乡人均文化消费将达到 5471.50 元。在相关各方面增长均依此推算的情况下，由于北京城乡文化消费与产值之比在 2000～2012 年呈现上升态势，至 2020 年文化消费增长与产值增长测算值之比将继续升高至 2.65%。

（2）支柱性产业测算：摒弃单纯的"文化 GDP 追逐"，通过文化消费需求增长空间反推，以文化生产满足文化需求的终极目的定位测算增长目标，即假设文化消费需求增长切实推动文化生产发展，实现文化产业供需协调增长，达到支柱性产业所需占产值的比重。各地城乡文化消费需求增长支撑文化产业成为支柱性产业的测算值各有不同，北京测算值为 3.78%。据此反推，到 2020 年北京城乡人均文化消费应达到 7794.41 元，年均增长率需达到 16.49%，为以往 12 年实际年均增长率的 1.44 倍（省域间目标距离第 4 位）。

（3）最佳比值测算：以城乡民生基础系数、民生消费系数、文化需求系数三项比值既往年度历年最佳值测算增长目标，即假设相关各方面的增长协调性"回复"曾有的三项比例关系最佳值。如果到 2020 年北京城乡三项比值同步实现 2000～2012 年最佳状态，那么城乡人均文化消费应达到 9488.24 元，与产值增长测算值之比将上升至 4.60%，年均增长率需达到 19.39%，为以往 12 年实际年均增长率的 1.69 倍（省域间目标距离第 6 位）。

（4）最小城乡比测算：在三项最佳比值测算基础上，以人均文化消费城乡比既往年度历年最小值测算增长目标，即假设"回复"原有的文化消费城乡比最小状态，作为缩小以至于消除城乡差距的基础。如果到 2020 年北京城乡同时实现 2000～2012 年三项最佳比值和文化消费最小城乡比，那么城乡人均文化消费应达到 10070.52 元，与产值增长测算值之比将上升至 4.88%，年均增长率需达到 20.28%，为以往 12 年实际年均增长率的 1.77 倍（省域间目标距离第 3 位）。

（5）弥合城乡比测算：同样在三项最佳比值测算基础上，以人均文化消费城乡比的无差距理想值测算增长目标，即假设文化需求层面的城乡差距得以消除，据此演算校正数值。如果到2020年北京城乡同时实现2000~2012年三项最佳比值和乡村人均文化消费绝对值与城镇水平持平，那么城乡人均文化消费应达到10327.72元，与产值增长测算值之比将上升至5.00%，年均增长率需达到20.66%，为以往12年实际年均增长率的1.80倍（省域间目标距离第3位）。

（6）城乡无差距测算：在民生基础层面、民生消费层面、文化需求层面三项城乡比的无差距理想状态下实现既往年度历年最佳比值测算增长目标，即假设此三个层面的乡村人均值加速增长并与城镇水平持平，统一取城镇标准三项比例关系最佳值进行演算。如果到2020年北京在此三个层面消除城乡差距，实现按城镇标准衡量的2000~2012年三项最佳比值，那么城乡人均文化消费应达到10820.38元，与产值增长测算值之比将上升至5.24%，年均增长率需达到21.37%，为以往12年实际年均增长率的1.87倍（省域间目标距离第5位）。

（7）消除负相关测算：以城乡文化需求系数既往年度历年最佳比值测算增长目标，即假设积蓄增长与文化消费增长之间排除负相关关系，必需消费之外余钱增长与精神文化消费需求增长实现同步。如果到2020年北京城乡此项比值实现2000~2012年最佳状态，那么城乡人均文化消费应达到11648.20元，与产值增长测算值之比将上升至5.64%，年均增长率需达到22.49%，为以往12年实际年均增长率的1.96倍（省域间目标距离第18位）。由于北京三项系数比值有的在2012年呈现向好发展态势，这一单项比值测算的目标距离反而大于三项比值测算。

如果按照国家"十二五"规划转变发展方式的要求，在"十二五"期间把北京产值年均增长率控制在7%，并一直延续至2020年，那么（1）历年均增值、（7）消除负相关两类增长测算的绝对值不变，其与产值之比将分别增高至3.64%和7.75%；因其余各类测算与产值增长演算直接相关，文化消费人均值增长测算的绝对值相应减小，其所需年均增长幅度（目标差距）将分别降低至11.96%、14.74%、15.60%、15.97%、16.64%（详见图6注），显然更加容易实现。

B.10

福建：最佳比值增长目标测算第 5 位

刘娟娟 *

摘　要：

福建文化消费增长目标暨文化产业发展空间测评：2000～2012 年省域间实际增长排名，历年均增值测算为第 9 位；2012～2020 年省域间目标距离排名，支柱性产业测算为第 7 位；消除负相关测算为第 6 位；最佳比值测算为第 5 位；最小城乡比测算为第 8 位；弥合城乡比测算为第 7 位；城乡无差距测算为第 6 位。

关键词：

福建文化产业　扩大文化消费　需求与共享　增长目标

一　城乡文化消费需求及相关方面增长态势

2000～2012 年福建城乡文化消费总量和人均值增长态势见图 1。

2000～2012 年，福建城乡文化消费总量由 86.32 亿元增高为 383.33 亿元，增加 297.01 亿元，12 年间总增长 344.08%，年均增长率 13.23%。其中，"十五"期间年均增长 13.37%；"十一五"期间年均增长 13.59%；"十二五"头两年年均增长 11.99%。"十二五"头两年年均增速比"十一五"高 1.60 个百分点；比"十五"低 1.38 个百分点。

同期，福建城镇人均文化消费由 260.19 元增高为 1348.74 元，增加 1088.55 元，12 年间总增长 418.37%，年均增长率 14.70%。其中，"十五"

---

* 刘娟娟，西双版纳职业技术学院助教，主要从事民族音乐、民族文化研究。

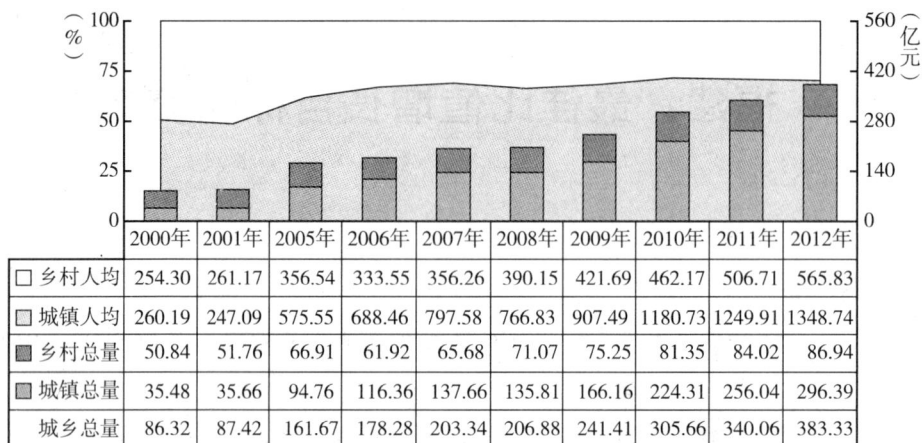

	2000年	2001年	2005年	2006年	2007年	2008年	2009年	2010年	2011年	2012年
□ 乡村人均	254.30	261.17	356.54	333.55	356.26	390.15	421.69	462.17	506.71	565.83
□ 城镇人均	260.19	247.09	575.55	688.46	797.58	766.83	907.49	1180.73	1249.91	1348.74
■ 乡村总量	50.84	51.76	66.91	61.92	65.68	71.07	75.25	81.35	84.02	86.94
■ 城镇总量	35.48	35.66	94.76	116.36	137.66	135.81	166.16	224.31	256.04	296.39
城乡总量	86.32	87.42	161.67	178.28	203.34	206.88	241.41	305.66	340.06	383.33

图 1　福建城乡文化消费总量和人均值增长态势

注：左轴为城乡人均文化消费（元转换为%），城乡间历年变动呈面积比例关系；右轴为文化消费总量（亿元），柱形上下之和为城乡总量。

期间年均增长 17.21%；"十一五"期间年均增长 15.46%；"十二五"头两年年均增长 6.88%。"十二五"头两年年均增速比"十一五"低 8.58 个百分点；比"十五"低 10.33 个百分点。乡村人均文化消费由 254.30 元增高为 565.83元，增加 311.53 元，12 年间总增长 122.50%，年均增长率 6.89%。其中，"十五"期间年均增长 6.99%；"十一五"期间年均增长 5.33%；"十二五"头两年年均增长 10.65%。"十二五"头两年年均增速比"十一五"高 5.32 个百分点；比"十五"高 3.66 个百分点。

应予以注意的是，福建城镇人均值"十五"年均增长率比乡村高 10.22个百分点，"十一五"年均增长率比乡村高 10.13 个百分点，城乡差距持续扩大；"十二五"头两年年均增长率比乡村低 3.77 个百分点，城乡差距转为缩小。

后续各图表将逐步展示福建相关背景各方面历年增长数据。在此，把各项绝对值转换为以上一年数值为 100 的年度增长百分指数，形成 2000~2012 年福建人均产值、城乡人均收入、人均消费（分为人均非文消费与人均文化消费）和人均积蓄增长态势（见图 2）。

	2000年	2001年	2002年	2003年	2004年	2005年	2006年	2007年	2008年	2009年	2010年	2011年	2012年
（1）产值	108.44	106.24	108.80	110.78	114.90	113.22	115.15	120.67	116.27	112.34	118.28	118.37	111.37
（2）收入	108.64	110.64	109.62	108.91	112.30	111.06	111.77	113.61	116.23	110.13	112.61	118.92	116.51
（3）非文	112.57	107.67	106.91	110.98	111.68	109.42	111.96	113.52	115.74	108.42	109.81	118.50	115.56
（4）文化	125.19	99.43	137.10	101.26	118.89	108.93	109.55	113.32	101.09	115.95	125.08	109.85	111.90
（5）积蓄	96.39	121.47	111.71	105.53	112.52	115.66	111.76	113.87	120.38	113.10	116.65	121.44	119.17

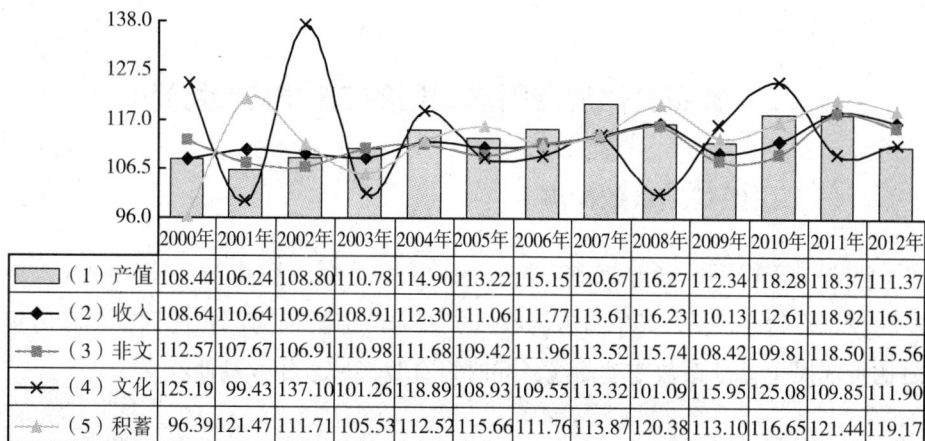

图 2　福建人均产值、城乡人均收入、人均消费和人均积蓄增长态势

注：年度增长指数（产值为柱形，其余为曲线），上年＝100，小于 100 为负增长。2000～2012 年增长相关系数，（1）与（2）为 0.6065；（2）与（3）为 0.8268；（4）与（5）为 -0.3894，其间，2004～2009 年为 -0.8179，2005～2009 年为 -0.8264，文化消费需求的"积蓄增长负相关效应"明显。

　　在福建人均产值、城乡人均收入、人均非文消费、人均文化消费和人均积蓄的年度增长指数中，选取三对具有特定相关关系的数据项：（1）系人均人均产值历年增长指数，（2）系人均收入历年增长指数，二者相关系数为 0.6065，即历年增长保持 60.65% 的同步；（2）系人均收入历年增长指数，（3）系人均非文消费历年增长指数，二者相关系数为 0.8268，即历年增长保持 82.68% 的同步；（4）系人均文化消费历年增长指数，（5）系人均积蓄历年增长指数，二者相关系数为 -0.3894，负相关程度较低，但分时间段深入考察，2004～2009 年为 -0.8179，2005～2009 年为 -0.8264，构成较明显的反向互动关系。

　　就福建城乡人均积蓄与人均文化消费二者历年增长幅度变化的相关性而言，不妨简单理解为，前者每上升 1%，后者在 2004～2009 年下降 0.82%，2005～2009 年下降 0.83%。对比福建城乡人均积蓄与人均文化消费两条年度增长曲线，局部年度明显似"水中倒影"的负相关关系。其中，2000 年人均积蓄年度增长跌入低谷，甚至为负增长，与之对应的是人均文化消费年度增长出现高峰；2001 年、2008 年、2011 年人均积蓄年度增长形成高峰，与之对应的是人均文化消费年度增长陷入低谷，甚至呈负增长。福建城乡文化消费的"积蓄增长负相关效应"明显。

二 城乡文化消费需求背景的增长协调性分析

（一）民生基础系数检测

2000～2012 年，福建城乡人均收入、人均产值、收入与产值比和收入城乡比变动态势见图3，其中将人均收入、人均产值转换为面积比例，二者历年之比形成民生基础系数变动曲线，同时附有收入城乡比变动曲线。

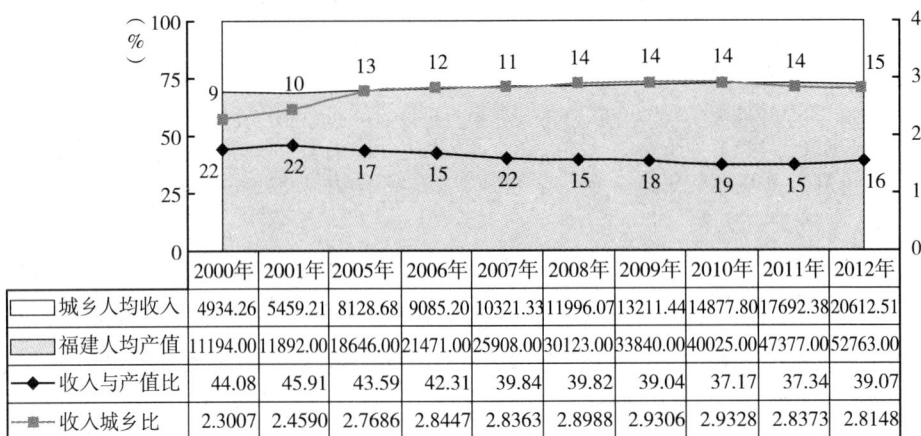

	2000年	2001年	2005年	2006年	2007年	2008年	2009年	2010年	2011年	2012年
城乡人均收入	4934.26	5459.21	8128.68	9085.20	10321.33	11996.07	13211.44	14877.80	17692.38	20612.51
福建人均产值	11194.00	11892.00	18646.00	21471.00	25908.00	30123.00	33840.00	40025.00	47377.00	52763.00
收入与产值比	44.08	45.91	43.59	42.31	39.84	39.82	39.04	37.17	37.34	39.07
收入城乡比	2.3007	2.4590	2.7686	2.8447	2.8363	2.8988	2.9306	2.9328	2.8373	2.8148

图3 福建城乡人均收入、人均产值、收入与产值比和收入城乡比变动态势

注：左轴为城乡人均收入、人均产值（元转换为%），二者变动呈面积比例，相互间历年之比形成民生基础系数（%）曲线；右轴为收入城乡比（乡村＝1）。标明历年省域排序。

2000～2012 年，福建城乡居民人均收入年均增长 12.65%，人均产值年均增长 13.79%，比人均收入增速高出 1.14 个百分点。12 年间，福建城乡居民人均收入与人均产值之比的最高（最佳）值为 2002 年的 46.25%，最低值为 2010 年的 37.17%。逐年考察，除了 2001～2002 年、2011～2012 年出现上升以外，福建城乡此项比值逐步下降，由 2000 年的 44.08% 降低至 2012 年的 39.07%，处于 31 个省域的第 16 位。民生基础系数呈现降低趋势，意味着在经济增长的同时，"人民共享发展成果"程度逐渐降低。

2000～2012 年，福建乡村居民人均收入年均增长 9.84%，城镇居民人均收入年均增长 11.71%，比乡村增速高出 1.87 个百分点。12 年间，福建人均收入城乡比的最小（最佳）值为 2000 年的 2.3007，最大值为 2010 年的 2.9328。逐年考察，除了 2007 年、2011～2012 年出现下降以外，福建此项城乡比逐步上升，由 2000 年的 2.3007 提高至 2012 年的 2.8148，处于 31 个省域的第 15 位。人均收入的城乡差距呈现扩大趋势，意味着在民生基础层面城乡之间"共享发展成果"的程度有所降低。

如果福建城乡民生基础系数能够保持 2002 年的最佳水平，福建民生基础层面的城乡差距能够保持 2000 年的最低程度，并实现城乡无差距理想状态，那么在"国民收入再分配"演算和城乡综合重新演算当中，福建人均收入应有很大提高，这样随后逐步推演的一切测算值都会发生变化。

（二）民生消费系数检测

2000～2012 年福建城乡人均非文消费、城乡人均收入、非文占收入比和非文城乡比变动态势见图 4，其中将人均非文消费、城乡人均收入转换为面积比例，二者历年之比形成民生消费系数变动曲线，同时附有非文消费城乡比变动曲线。

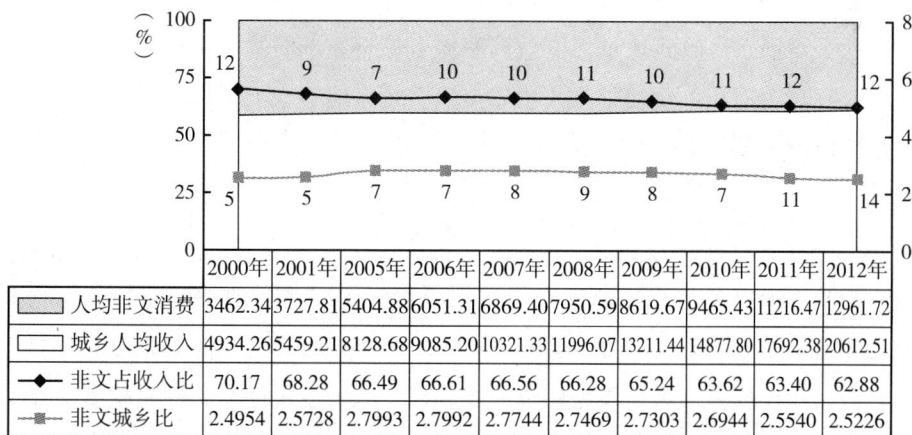

	2000年	2001年	2005年	2006年	2007年	2008年	2009年	2010年	2011年	2012年
人均非文消费	3462.34	3727.81	5404.88	6051.31	6869.40	7950.59	8619.67	9465.43	11216.47	12961.72
城乡人均收入	4934.26	5459.21	8128.68	9085.20	10321.33	11996.07	13211.44	14877.80	17692.38	20612.51
非文占收入比	70.17	68.28	66.49	66.61	66.56	66.28	65.24	63.62	63.40	62.88
非文城乡比	2.4954	2.5728	2.7993	2.7992	2.7744	2.7469	2.7303	2.6944	2.5540	2.5226

图 4　福建城乡人均非文消费、城乡人均收入、非文占收入比和非文城乡比变动态势

注：左轴为城乡人均非文消费、城乡人均收入（元转换为%），二者变动呈面积比例，相互间历年之比形成民生消费系数（%）曲线；右轴为非文消费城乡比（乡村＝1）。标明历年省域排序。

2000~2012 年，福建城乡居民人均非文消费年均增长 11.63%，人均收入年均增长 12.65%，比人均非文消费增速高出 1.02 个百分点。12 年间，福建城乡居民人均非文消费占人均收入比重的最高值为 2000 年的 70.17%，最低（最佳）值为 2012 年的 62.88%。逐年考察，除了 2003 年、2006 年出现上升以外，福建城乡此项比值逐步下降，由 2000 年的 70.17% 降低至 2012 年的62.88%，处于 31 个省域的第 12 位。民生消费系数呈现下降趋势，亦即必需消费之外的余钱占收入的比重增高，意味着从"基本小康"到"全面小康"建设的民生效应日益得到显现。

2000~2012 年，福建乡村居民人均非文消费年均增长 10.10%，城镇居民人均非文消费年均增长 10.20%，比乡村增速高出 0.10 个百分点。12 年间，福建人均非文消费城乡比的最小（最佳）值为 2000 年的 2.4954，最大值为2003 年的 2.8649。逐年考察，除了 2004~2012 年出现下降以外，福建此项城乡比逐步上升，由 2000 年的 2.4954 提高至 2012 年的 2.5226，处于 31 个省域的第 14 位。必需非文消费的城乡差距呈现出扩大趋势，意味着在民生消费层面城乡之间"共享发展成果"的程度有所降低。

如果福建城乡民生消费系数能够保持 2012 年的最佳水平，福建民生消费层面的城乡差距能够保持 2000 年的最低程度，并实现城乡无差距理想状态，那么在必需消费占收入比重再度演算和城乡综合重新演算当中，福建人均非文消费应有较大不同，反转则是人均非文消费剩余应有很大增多，这样随后推演的相关数值也会发生变化。

（三）文化需求系数检测

2000~2012 年，福建城乡人均文化消费、人均非文消费剩余、文化与非余比和文化城乡比变动态势见图 5，其中将人均文化消费、人均非文消费对值转换为面积比例，二者历年之比形成文化需求系数变动曲线，同时附有文化消费城乡比变动曲线。

2000~2012 年，福建城乡居民人均文化消费年均增长 12.24%，人均非文消费剩余年均增长 14.72%，比人均文化消费增速高出 2.48 个百分点。12 年间，福建城乡居民人均文化消费与人均非文消费剩余比值的最高（最佳）值

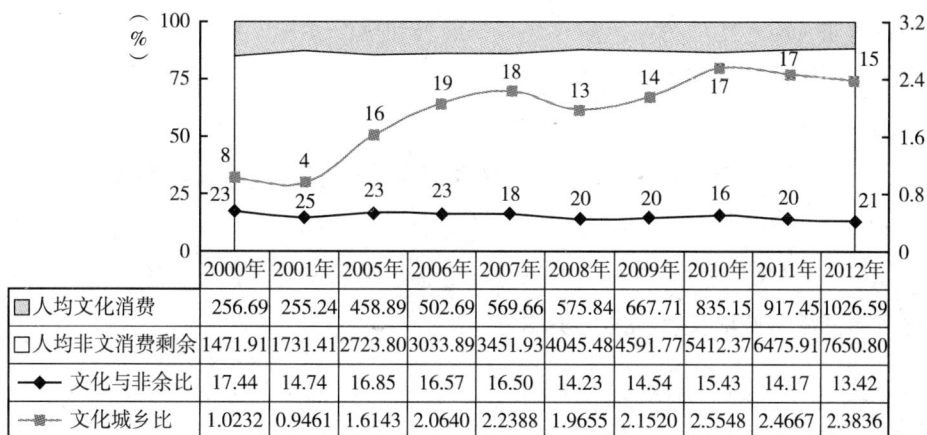

	2000年	2001年	2005年	2006年	2007年	2008年	2009年	2010年	2011年	2012年
人均文化消费	256.69	255.24	458.89	502.69	569.66	575.84	667.71	835.15	917.45	1026.59
人均非文消费剩余	1471.91	1731.41	2723.80	3033.89	3451.93	4045.48	4591.77	5412.37	6475.91	7650.80
文化与非余比	17.44	14.74	16.85	16.57	16.50	14.23	14.54	15.43	14.17	13.42
文化城乡比	1.0232	0.9461	1.6143	2.0640	2.2388	1.9655	2.1520	2.5548	2.4667	2.3836

图 5　福建城乡人均文化消费、人均非文消费剩余、文化与
非余化和文化城乡比变动态势

注：左轴为城乡人均文化消费、人均非文消费剩余（元转换为%），二者变动呈面积比例，相
互间历年之比形成文化需求系数（%）曲线；右轴为文化消费城乡比（乡村 =1，小于 1 为"城乡
倒挂"，即城镇人均值低于乡村）。标明历年省域排序。

为 2004 年的 17.70%，最低值为 2012 年的 13.42%。逐年考察，除了 2002
年、2004 年、2009 ~ 2010 年出现上升以外，福建城乡此项比值逐步下降，由
2000 年的 17.44% 降低至 2012 年的 13.42%，处于 31 个省域的第 21 位。文化
需求系数呈现下降趋势，意味着非必需的文化消费需求增长依然受到"积蓄
增长负相关效应"的反向牵制。

2000 ~ 2012 年，福建乡村居民人均文化消费年均增长 6.89%，城镇居民
人均文化消费年均增长 14.70%，比乡村增速高出 7.81 个百分点。12 年间，
福建人均文化消费城乡比的最小（最佳）值为 2001 年的 0.9461，最大值为
2010 年的 2.5548。逐年考察，除了 2001 年、2003 年、2005 年、2008 年、
2011 ~ 2012 年出现下降以外，福建此项城乡比逐步上升，由 2000 年的 1.0232
提高至 2012 年的 2.3836，处于 31 个省域的第 15 位。文化消费需求的城乡差
距呈现扩大趋势，意味着在文化需求层面城乡之间"共享发展成果"的程度
有所降低。

如果福建城乡文化需求系数能够保持 2004 年的最佳水平，福建文化需求
层面的城乡差距能够保持 2001 年的最低程度，并实现城乡无差距理想状态，

那么在非必需文化消费占余钱比重再度演算和城乡综合重新演算当中，福建人均文化消费应有很大增长。

三 文化需求增长目标暨文化产业发展空间测算

2012～2020年福建城乡人均文化消费需求增长测算见图6，其中提供了文化产业供需协调增长目标的7类测算结果。

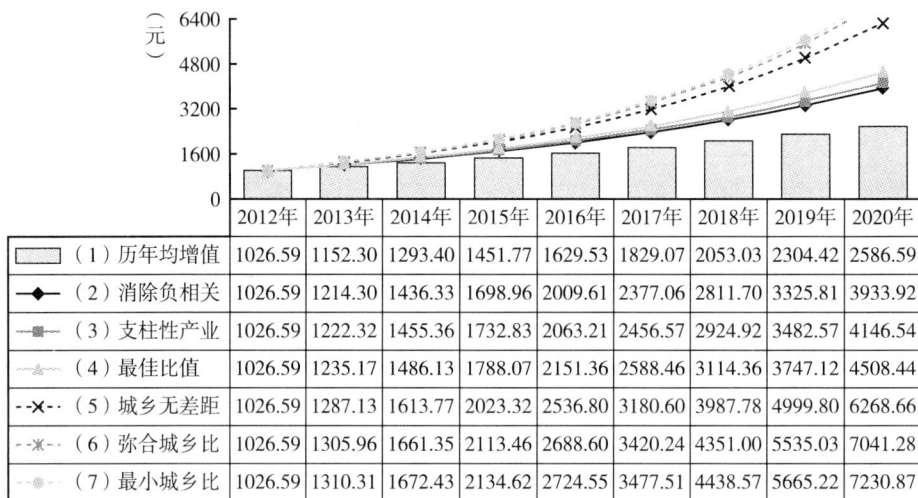

（元）	2012年	2013年	2014年	2015年	2016年	2017年	2018年	2019年	2020年
（1）历年均增值	1026.59	1152.30	1293.40	1451.77	1629.53	1829.07	2053.03	2304.42	2586.59
（2）消除负相关	1026.59	1214.30	1436.33	1698.96	2009.61	2377.06	2811.70	3325.81	3933.92
（3）支柱性产业	1026.59	1222.32	1455.36	1732.83	2063.21	2456.57	2924.92	3482.57	4146.54
（4）最佳比值	1026.59	1235.17	1486.13	1788.07	2151.36	2588.46	3114.36	3747.12	4508.44
（5）城乡无差距	1026.59	1287.13	1613.77	2023.32	2536.80	3180.60	3987.78	4999.80	6268.66
（6）弥合城乡比	1026.59	1305.96	1661.35	2113.46	2688.60	3420.24	4351.00	5535.03	7041.28
（7）最小城乡比	1026.59	1310.31	1672.43	2134.62	2724.55	3477.51	4438.57	5665.22	7230.87

图6 2012～2020年福建城乡人均文化消费需求增长测算

注：作为背景因素，2012～2020年人均产值按2000～2012年实际年均增长率推算。2012年文化消费与产值比实际值为1.95%；2020年测算值为（1）1.74%，（2）2.65%，（3）2.80%，（4）3.04%，（5）4.23%，（6）4.75%，（7）·4.87%。2012～2020年文化消费年均增长为（1）12.24%（2000～2012年实际值，以下为测算值），（2）18.28%，（3）19.07%，（4）20.32%，（5）25.38%，（6）27.21%，（7）27.64%。若产值按年均增长率7%推算，则2020年文化消费与产值比（增量、增幅不变）为（1）2.85%，（2）4.34%。2020年文化消费（与产值比不变）为（3）2534.31元，年增11.96%；（4）2755.50元，年增13.14%；（5）3831.32元，年增17.89%；（6）4303.54元，年增19.62%；（7）4419.42元，年增20.02%。

（1）历年均增值测算：以城乡文化消费既往年度年均增长率测算增长目标，可以得出统计概率最高的或然增长结果。如果2012～2020年福建城乡文化消费增长保持2000～2012年平均增长率12.24%（省域间实际增长第9位），那么到2020年城乡人均文化消费将达到2586.59元。在相关各方面增长均依此推算的情况下, 由于福建城乡文化消费与产值之比在 2000~2012 年呈现下降态势, 至 2020 年文化消费增长与产值增长测算值之比将继续降低至 1.74%。

(2) 消除负相关测算: 以城乡文化需求系数既往年度历年最佳比值测算增长目标, 即假设积蓄增长与文化消费增长之间排除负相关关系, 必需消费之外余钱增长与精神文化消费需求增长实现同步。如果到 2020 年福建城乡此项比值实现 2000~2012 年最佳状态, 那么城乡人均文化消费应达到 3933.92 元, 与产值增长测算值之比将上升至 2.65%, 年均增长率需达到 18.28%, 为以往 12 年实际年均增长率的 1.49 倍 (省域间目标距离第 6 位)。

(3) 支柱性产业测算: 摒弃单纯的 "文化 GDP 追逐", 通过文化消费需求增长空间反推, 以文化生产满足文化需求的终极目的定位测算增长目标, 即假设文化消费需求增长切实推动文化生产发展, 实现文化产业供需协调增长, 达到支柱性产业所需占产值的比重。各地城乡文化消费需求增长支撑文化产业成为支柱性产业的测算值各有不同, 福建测算值为 2.80%。据此反推, 到 2020 年福建城乡人均文化消费应达到 4146.54 元, 年均增长率需达到 19.07%, 为以往 12 年实际年均增长率的 1.56 倍 (省域间目标距离第 7 位)。

(4) 最佳比值测算: 以城乡民生基础系数、民生消费系数、文化需求系数三项比值既往年度历年最佳值测算增长目标, 即假设相关各方面的增长协调性 "回复" 曾有的三项比关系最佳值。如果到 2020 年福建城乡三项比值同步实现 2000~2012 年最佳状态, 那么城乡人均文化消费应达到 4508.44 元, 与产值增长测算值之比将上升至 3.04%, 年均增长率需达到 20.32%, 为以往 12 年实际年均增长率的 1.66 倍 (省域间目标距离第 5 位)。

(5) 城乡无差距测算: 在民生基础层面、民生消费层面、文化需求层面三项城乡比的无差距理想状态下实现既往年度历年最佳比值测算增长目标, 即假设此三个层面的乡村人均值加速增长并与城镇水平持平, 统一取城镇标准三项比例关系最佳值进行演算。如果到 2020 年福建在此三个层面消除城乡差距, 实现按城镇标准衡量的 2000~2012 年三项最佳比值, 那么城乡人均文化消费应达到 6268.66 元, 与产值增长测算值之比将上升至 4.23%, 年均增长率需达到 25.38%, 为以往 12 年实际年均增长率的 2.07 倍 (省域间目标距离第 6

位）。

（6）弥合城乡比测算（福建历年最小城乡比"倒挂"，此类测算可避免"矫枉过正"）：同样在三项最佳比值测算基础上，以人均文化消费城乡比的无差距理想值测算增长目标，即假设文化需求层面的城乡差距得以消除，据此演算校正数值。如果到 2020 年福建城乡同时实现 2000～2012 年三项最佳比值和乡村人均文化消费绝对值与城镇水平持平，那么城乡人均文化消费应达到 7041.28 元，与产值增长测算值之比将上升至 4.75%，年均增长率需达到 27.21%，为以往 12 年实际年均增长率的 2.22 倍（省域间目标距离第 7 位）。

（7）最小城乡比测算：在三项最佳比值测算基础上，以人均文化消费城乡比既往年度历年最小值测算增长目标，即假设"回复"原有的文化消费城乡比最小状态，作为缩小以至于消除城乡差距的基础。如果到 2020 年福建城乡同时实现 2000～2012 年三项最佳比值和文化消费最小城乡比，那么城乡人均文化消费应达到 7230.87 元，与产值增长测算值之比将上升至 4.87%，年均增长率需达到 27.64%，为以往 12 年实际年均增长率的 2.26 倍（省域间目标距离第 8 位）。

如果按照国家"十二五"规划转变发展方式的要求，在"十二五"期间把福建产值年均增长率控制在 7%，并一直延续至 2020 年，那么（1）历年均增值、（2）消除负相关两类增长测算的绝对值不变，其与产值之比将分别增高至 2.85% 和 4.34%；因其余各类测算与产值增长演算直接相关，文化消费人均值增长测算的绝对值相应减小，其所需年均增长幅度（目标差距）将分别降低至 11.96%、13.14%、17.89%、19.62%、20.02%（详见图 6 注），显然更加容易实现。

河南：消除负相关增长目标测算第5位

马建宇*

摘　要：

河南文化消费增长目标暨文化产业发展空间测评：2000～2012年
省域间实际增长排名，历年均增值测算为第3位；2012～2020年
省域间目标距离排名，支柱性产业测算为第8位；消除负相关测
算为第5位；最佳比值测算为第7位；最小城乡比测算为第11
位；弥合城乡比测算为第12位；城乡无差距测算为第10位。

关键词：

河南文化产业　扩大文化消费　需求与共享　增长目标

一　城乡文化消费需求及相关方面增长态势

2000～2012年河南城乡文化消费总量和人均值增长态势见图1。

2000～2012年，河南城乡文化消费总量由134.12亿元增高为569.43亿
元，增加435.31亿元，12年间总增长324.57%，年均增长率12.81%。其中，
"十五"期间年均增长11.22%；"十一五"期间年均增长12.73%；"十二五"
头两年年均增长17.06%。"十二五"头两年年均增速比"十一五"高4.33个
百分点；比"十五"高5.84个百分点。

同期，河南城镇人均文化消费由173.06元增高为975.48元，增加802.42
元，12年间总增长463.67%，年均增长率15.50%。其中，"十五"期间年均
增长17.24%；"十一五"期间年均增长14.08%；"十二五"头两年年均增长

---

* 马建宇，云南省社会科学院经济研究所所长助理、助理研究员，主要从事旅游产业研究。

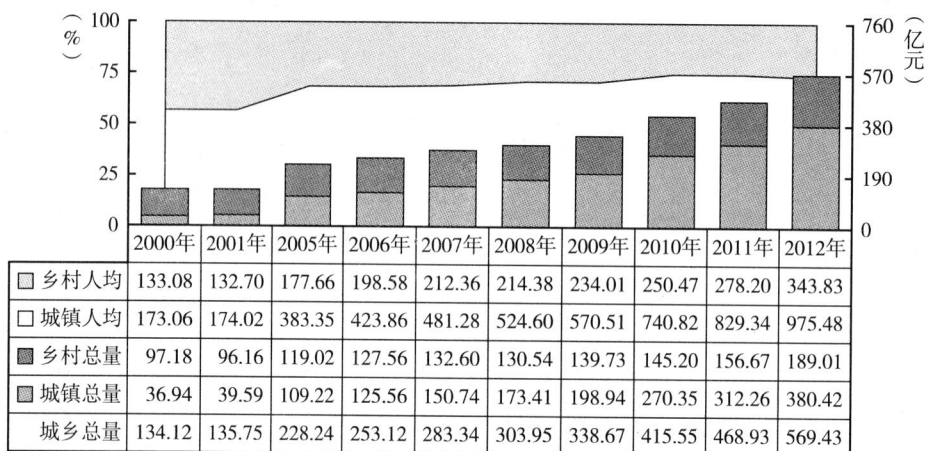

	2000年	2001年	2005年	2006年	2007年	2008年	2009年	2010年	2011年	2012年
☐ 乡村人均	133.08	132.70	177.66	198.58	212.36	214.38	234.01	250.47	278.20	343.83
☐ 城镇人均	173.06	174.02	383.35	423.86	481.28	524.60	570.51	740.82	829.34	975.48
■ 乡村总量	97.18	96.16	119.02	127.56	132.60	130.54	139.73	145.20	156.67	189.01
▦ 城镇总量	36.94	39.59	109.22	125.56	150.74	173.41	198.94	270.35	312.26	380.42
城乡总量	134.12	135.75	228.24	253.12	283.34	303.95	338.67	415.55	468.93	569.43

图1 河南城乡文化消费总量和人均值增长态势

注：左轴为城乡人均文化消费（元转换为%），城乡间历年变动呈面积比例关系；右轴为文化消费总量（亿元），柱形上下之和为城乡总量。

14.75%。"十二五"头两年年均增速比"十一五"高0.67个百分点；比"十五"低2.49个百分点。乡村人均文化消费由133.08元增高为343.83元，增加210.75元，12年间总增长158.36%，年均增长率8.23%。其中，"十五"期间年均增长5.95%；"十一五"期间年均增长7.11%；"十二五"头两年年均增长17.16%。"十二五"头两年年均增速比"十一五"高10.05个百分点；比"十五"高11.21个百分点。

应予以注意的是，河南城镇人均值"十五"年均增长率比乡村高11.29个百分点，"十一五"年均增长率比乡村高6.97个百分点，城乡差距持续扩大；"十二五"头两年年均增长率比乡村低2.41个百分点，城乡差距转为缩小。

后续各图表将逐步展示河南相关背景各方面历年增长数据。在此，把各项绝对值转换为以上一年数值为100的年度增长百分指数，形成2000~2012年河南人均产值、城乡人均收入、人均消费（分为人均非文消费与人均文化消费）和人均积蓄增长态势（见图2）。

在河南人均产值、城乡人均收入、人均非文消费、人均文化消费和人均积蓄的年度增长指数中，选取三对具有特定相关关系的数据项：（1）系人均产

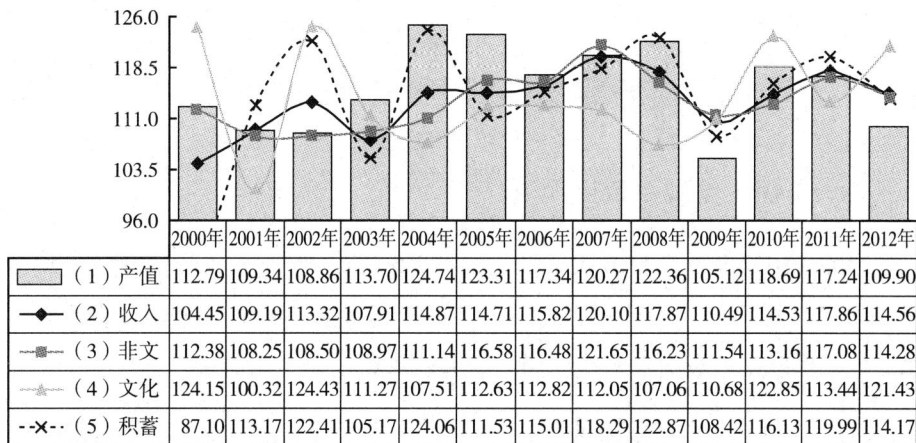

	2000年	2001年	2002年	2003年	2004年	2005年	2006年	2007年	2008年	2009年	2010年	2011年	2012年
（1）产值	112.79	109.34	108.86	113.70	124.74	123.31	117.34	120.27	122.36	105.12	118.69	117.24	109.90
（2）收入	104.45	109.19	113.32	107.91	114.87	114.71	115.82	120.10	117.87	110.49	114.53	117.86	114.56
（3）非文	112.38	108.25	108.50	108.97	111.14	116.58	116.48	121.65	116.23	111.54	113.16	117.08	114.28
（4）文化	124.15	100.32	124.43	111.27	107.51	112.63	112.82	112.05	107.06	110.68	122.85	113.44	121.43
（5）积蓄	87.10	113.17	122.41	105.17	124.06	111.53	115.01	118.29	122.87	108.42	116.13	119.99	114.17

图 2　河南人均产值、城乡人均收入、人均消费和人均积蓄增长态势

注：年度增长指数（产值为柱形，其余为曲线），上年 = 100，小于 100 为负增长。2000～2012年增长相关系数，（1）与（2）为 0.5664；（2）与（3）为 0.7327；（4）与（5）为 - 0.2872，其间，2003～2008 年为 - 0.6940，2004～2008 年为 - 0.9089，2004～2009 年为 - 0.7146，文化消费需求的"积蓄增长负相关效应"明显。

值历年增长指数，（2）系人均收入历年增长指数，二者相关系数为 0.5664，即历年增长保持 56.64% 的同步；（2）系人均收入历年增长指数，（3）系人均非文消费历年增长指数，二者相关系数为 0.7327，即历年增长保持 73.27% 的同步；（4）系人均文化消费历年增长指数，（5）系人均积蓄历年增长指数，二者相关系数为 - 0.2872，负相关程度较低，但分时间段深入考察，2003～2008 年为 - 0.6940，2004～2008 年为 - 0.9089，2004～2009 年为 - 0.7146，构成较明显的反向互动关系。

就河南城乡人均积蓄与人均文化消费二者历年增长幅度变化的相关性而言，不妨简单理解为，前者每上升 1%，后者在 2003～2008 年下降 0.69%，2004～2008 年下降 0.91%，2004～2009 年下降 0.71%。对比河南城乡人均积蓄与人均文化消费两条年度增长曲线，有几个年度呈现似"水中倒影"的负相关关系。其中，2000 年人均积蓄年度增长跌入低谷，甚至为负增长，与之对应的是人均文化消费年度增长出现高峰；2004 年、2008 年人均积蓄年度增长形成高峰，与之对应的是人均文化消费年度增长陷入低谷。河南城乡文化消费的"积蓄增长负相关效应"明显。

二 城乡文化消费需求背景的增长协调性分析

（一）民生基础系数检测

2000～2012年河南城乡人均收入、人均产值、收入与产值比和收入城乡比变动态势见图3，其中将人均收入、人均产值转换为面积比例，二者历年之比形成民生基础系数变动曲线，同时附有收入城乡比变动曲线。

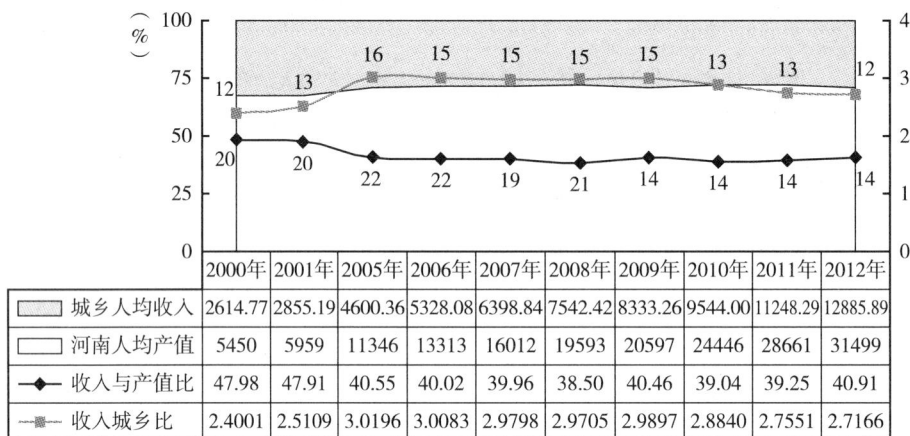

	2000年	2001年	2005年	2006年	2007年	2008年	2009年	2010年	2011年	2012年
城乡人均收入	2614.77	2855.19	4600.36	5328.08	6398.84	7542.42	8333.26	9544.00	11248.29	12885.89
河南人均产值	5450	5959	11346	13313	16012	19593	20597	24446	28661	31499
收入与产值比	47.98	47.91	40.55	40.02	39.96	38.50	40.46	39.04	39.25	40.91
收入城乡比	2.4001	2.5109	3.0196	3.0083	2.9798	2.9705	2.9897	2.8840	2.7551	2.7166

图3 河南城乡人均收入、人均产值、收入与产值比和收入城乡比变动态势

注：左轴为城乡人均收入、人均产值（元转换为%），二者变动呈面积比例，相互间历年之比形成民生基础系数（%）曲线；右轴为收入城乡比（乡村=1）。标明历年省域排序。

2000～2012年，河南城乡居民人均收入年均增长14.22%，人均产值年均增长15.74%，比人均收入增速高出1.52个百分点。12年间，河南城乡居民人均收入与人均产值之比的最高（最佳）值为2002年的49.88%，最低值为2008年的38.50%。逐年考察，除了2002年、2009年、2011～2012年出现上升以外，河南城乡此项比值逐步下降，由2000年的47.98%降低至2012年的40.91%，处于31个省域的第14位。民生基础系数呈现降低趋势，意味着在经济增长的同时，"人民共享发展成果"程度逐渐降低。

2000～2012年，河南乡村居民人均收入年均增长11.74%，城镇居民人均收入年均增长 12.90%，比乡村增速高出 1.16 个百分点。12 年间，河南人均收入城乡比的最小（最佳）值为 2000 年的 2.4001，最大值为 2003 年的 3.0980。逐年考察，除了 2004 年、2006～2008 年、2010～2012 年出现下降以外，河南此项城乡比逐步上升，由 2000 年的 2.4001 提高至 2012 年的 2.7166，处于 31 个省域的第 12 位。人均收入的城乡差距呈现扩大增趋势，意味着在民生基础层面城乡之间"共享发展成果"的程度有所降低。

如果河南城乡民生基础系数能够保持 2002 年的最佳水平，河南民生基础层面的城乡差距能够保持 2000 年的最低程度，并实现城乡无差距理想状态，那么在"国民收入再分配"演算和城乡综合重新演算当中，河南人均收入应有很大提高，这样随后逐步推演的一切测算值都会发生变化。

（二）民生消费系数检测

2000～2012 年河南城乡人均非文消费、城乡人均收入、非文占收入比和非文城乡比变动态势见图 4，其中将人均非文消费、城乡人均收入转换为面积比例，二者历年之比形成民生消费系数变动曲线，同时附有非文消费城乡比变动曲线。

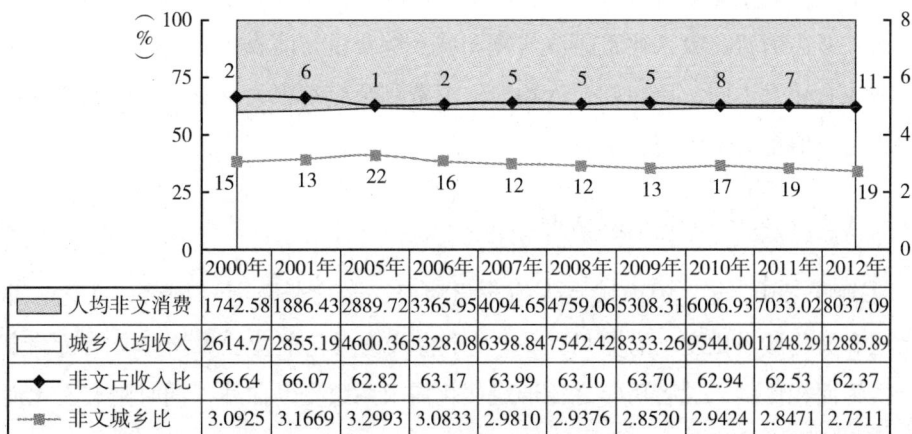

	2000年	2001年	2005年	2006年	2007年	2008年	2009年	2010年	2011年	2012年
人均非文消费	1742.58	1886.43	2889.72	3365.95	4094.65	4759.06	5308.31	6006.93	7033.02	8037.09
城乡人均收入	2614.77	2855.19	4600.36	5328.08	6398.84	7542.42	8333.26	9544.00	11248.29	12885.89
非文占收入比	66.64	66.07	62.82	63.17	63.99	63.10	63.70	62.94	62.53	62.37
非文城乡比	3.0925	3.1669	3.2993	3.0833	2.9810	2.9376	2.8520	2.9424	2.8471	2.7211

图 4　河南城乡人均非文消费、城乡人均收入、非文占收入比和非文城乡比变动态势

注：左轴为城乡人均非文消费、城乡人均收入（元转换为%），二者变动呈面积比例，相互间历年之比形成民生消费系数（%）曲线；右轴为非文消费城乡比（乡村=1）。标明历年省域排序。

2000～2012 年，河南城乡居民人均非文消费年均增长 13.59%，人均收入年均增长 14.22%，比人均非文消费增速高出 0.63 个百分点。12 年间，河南城乡居民人均非文消费占人均收入比重的最高值为 2000 年的 66.64%，最低（最佳）值为 2004 年的 61.81%。逐年考察，除了 2003 年、2005～2007 年、2009 年出现上升以外，河南城乡此项比值逐步下降，由 2000 年的 66.64%降低至 2012 年的 62.37%，处于 31 个省域的第 11 位。民生消费系数呈现下降趋势，亦即必需消费之外的余钱占收入的比重增高，意味着从"基本小康"到"全面小康"建设的民生效应日益得到显现。

2000～2012 年，河南乡村居民人均非文消费年均增长 12.16%，城镇居民人均非文消费年均增长 10.97%，比乡村增速低了 1.19 个百分点。12 年间，河南人均非文消费城乡比的最大值为 2003 年的 3.4461，最小（最佳）值为 2012 年的 2.7211。逐年考察，除了 2001～2003 年、2010 年出现上升以外，河南此项城乡比逐步下降，由 2000 年的 3.0925 下降至 2012 年的 2.7211，处于 31 个省域的第 19 位。必需非文消费的城乡差距呈现缩小趋势，意味着在民生消费层面城乡之间"共享发展成果"的程度有所提高。

如果河南城乡民生消费系数能够保持 2004 年的最佳水平，河南民生消费层面的城乡差距能够保持 2012 年的最低程度，并实现城乡无差距理想状态，那么在必需消费占收入比重再度演算和城乡综合重新演算当中，河南人均非文消费应有较大不同，反转则是人均非文消费剩余应有很大增多，这样随后推演的相关数值也会发生变化。

（三）文化需求系数检测

2000～2012 年，河南城乡人均文化消费、人均非文消费剩余、文化与非余比和文化城乡比变动态势见图 5，其中将人均文化消费、人均非文消费剩余转换为面积比例，二者历年之比形成文化需求系数变动曲线，同时附有文化消费城乡比变动曲线。

2000～2012 年，河南城乡居民人均文化消费年均增长 12.85%，人均非文消费剩余年均增长 15.37%，比人均文化消费增速高出 2.52 个百分点。12 年间，河南城乡居民人均文化消费与人均非文消费剩余比值的最高（最佳）值

	2000年	2001年	2005年	2006年	2007年	2008年	2009年	2010年	2011年	2012年
人均文化消费	142.12	142.57	239.03	269.68	302.19	323.53	358.07	439.90	499.03	605.97
人均非文消费剩余	872.18	968.77	1710.64	1962.12	2304.19	2783.36	3024.94	3537.06	4215.27	4848.81
文化与非余比	16.30	14.72	13.97	13.74	13.11	11.62	11.84	12.44	11.84	12.50
文化城乡比	1.3004	1.3114	2.1578	2.1345	2.2663	2.4471	2.4380	2.9577	2.9811	2.8371

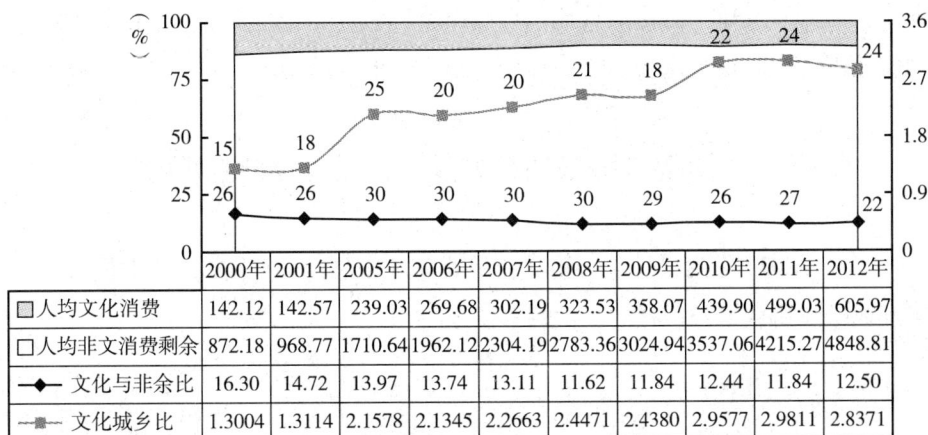

图 5　河南城乡人均文化消费、人均非文消费剩余、文化与非余比和文化城乡比变动态势

注：左轴为城乡人均文化消费、人均非文消费剩余（元转换为%），二者变动呈面积比例，相互间历年之比形成文化需求系数（%）曲线；右轴为文化消费城乡比（乡村＝1，小于1为"城乡倒挂"，即城镇人均值低于乡村）。标明历年省域排序。

为 2000 年的 16.30%，最低值为 2008 年的 11.62%。逐年考察，除了 2002～2003 年、2005 年、2009～2010 年、2012 年出现上升以外，河南城乡此项比值逐步下降，由 2000 年的 16.30% 降低至 2012 年的 12.50%，处于 31 个省域的第 22 位。文化需求系数呈现下降趋势，意味着非必需的文化消费需求增长依然受到"积蓄增长负相关效应"的反向牵制。

2000～2012 年，河南乡村居民人均文化消费年均增长 8.23%，城镇居民人均文化消费年均增长 15.50%，比乡村增速高出 7.27 个百分点。12 年间，河南人均文化消费城乡比的最小（最佳）值为 2000 年的 1.3004，最大值为 2011 年的 2.9811。逐年考察，除了 2003 年、2006 年、2009 年、2012 年出现下降以外，河南此项城乡比逐步上升，由 2000 年的 1.3004 提高至 2012 年的 2.8371，处于 31 个省域的第 24 位。文化消费需求的城乡差距呈现出扩大趋势，意味着在文化需求层面城乡之间"共享发展成果"的程度有所降低。

如果河南城乡文化需求系数能够保持 2000 年的最佳水平，河南文化需求层面的城乡差距能够保持 2000 年的最低程度，并实现城乡无差距理想状态，那么在非必需文化消费占余钱比重再度演算和城乡综合重新演算当中，河南人均文化消费应有很大增长。

三 文化需求增长目标暨文化产业发展空间测算

2012～2020年河南城乡人均文化消费需求增长测算见图6，其中提供了文化产业供需协调增长目标的7类测算结果。

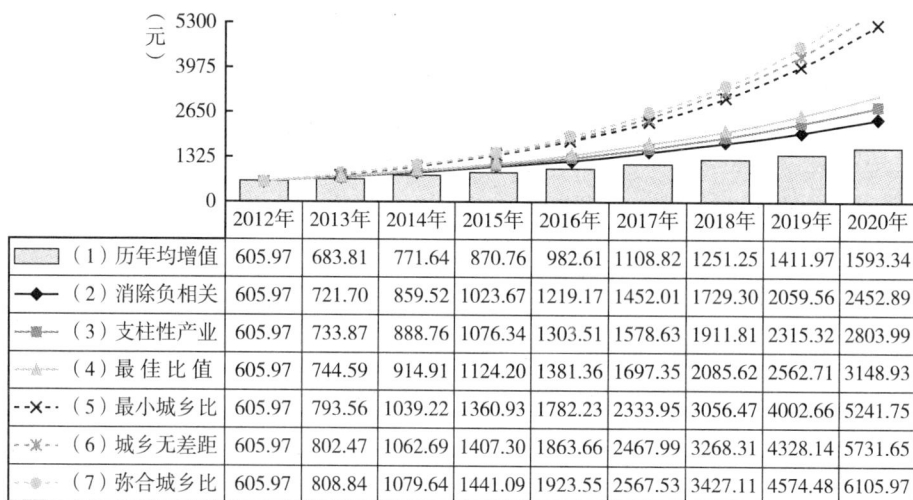

	2012年	2013年	2014年	2015年	2016年	2017年	2018年	2019年	2020年
（1）历年均增值	605.97	683.81	771.64	870.76	982.61	1108.82	1251.25	1411.97	1593.34
（2）消除负相关	605.97	721.70	859.52	1023.67	1219.17	1452.01	1729.30	2059.56	2452.89
（3）支柱性产业	605.97	733.87	888.76	1076.34	1303.51	1578.63	1911.81	2315.32	2803.99
（4）最佳比值	605.97	744.59	914.91	1124.20	1381.36	1697.35	2085.62	2562.71	3148.93
（5）最小城乡比	605.97	793.56	1039.22	1360.93	1782.23	2333.95	3056.47	4002.66	5241.75
（6）城乡无差距	605.97	802.47	1062.69	1407.30	1863.66	2467.99	3268.31	4328.14	5731.65
（7）弥合城乡比	605.97	808.84	1079.64	1441.09	1923.55	2567.53	3427.11	4574.48	6105.97

图6 2012～2020年河南城乡人均文化消费需求增长测算

注：作为背景因素，2012～2020年人均产值按2000～2012年实际年均增长率推算。2012年文化消费与产值比实际值为1.92%；2020年测算值为（1）1.57%，（2）2.42%，（3）2.76%，（4）3.10%，（5）5.17%，（6）5.65%，（7）6.02%。2012～2020年文化消费年均增长为（1）12.84%（2000～2012年实际值，以下为测算值），（2）19.10%，（3）21.11%，（4）22.88%，（5）30.96%，（6）32.43%，（7）33.48%。若产值按年增长率7%推算，则2020年文化消费与产值比（增量、增幅不变）为（1）2.94%，（2）4.53%。2020年文化消费（与产值比不变）为（3）1495.93元，年增11.96%；（4）1679.96元，年增13.59%；（5）2796.49元，年增21.07%；（6）3057.85元，年增22.43%；（7）3257.55元，年增23.40%。

（1）历年均增值测算：以城乡文化消费既往年度年均增长率测算增长目标，可以得出统计概率最高的或然增长结果。如果2012～2020年河南城乡文化消费增长保持2000～2012年平均增长率12.84%（省域间实际增长第3位），那么到2020年城乡人均文化消费将达到1593.34元。在相关各方面增长均依此推算的情况下，由于河南城乡文化消费与产值之比在 2000～2012 年呈现下降态势，至 2020 年文化消费增长与产值增长测算值之比将继续降低至 1.57%。

（2）消除负相关测算：以城乡文化需求系数既往年度历年最佳比值测算增长目标，即假设积蓄增长与文化消费增长之间排除负相关关系，必需消费之外余钱增长与精神文化消费需求增长实现同步。如果到 2020 年河南城乡此项比值实现 2000～2012 年最佳状态，那么城乡人均文化消费应达到 2452.89 元，与产值增长测算值之比将上升至 2.42%，年均增长率需达到 19.10%，为以往 12 年实际年均增长率的 1.49 倍（省域间目标距离第 5 位）。

（3）支柱性产业测算：摒弃单纯的"文化 GDP 追逐"，通过文化消费需求增长空间反推，以文化生产满足文化需求的终极目的定位测算增长目标，即假设文化消费需求增长切实推动文化生产发展，实现文化产业供需协调增长，达到支柱性产业所需占产值的比重。各地城乡文化消费需求增长支撑文化产业成为支柱性产业的测算值各有不同，河南测算值为 2.76%。据此反推，到 2020 年河南城乡人均文化消费应达到 2803.99 元，年均增长率需达到 21.11%，为以往 12 年实际年均增长率的 1.64 倍（省域间目标距离第 8 位）。

（4）最佳比值测算：以城乡民生基础系数、民生消费系数、文化需求系数三项比值既往年度历年最佳值测算增长目标，即假设相关各方面的增长协调性"回复"曾有的三项比关系最佳值。如果到 2020 年河南城乡三项比值同步实现 2000～2012 年最佳状态，那么城乡人均文化消费应达到 3148.93 元，与产值增长测算值之比将上升至 3.10%，年均增长率需达到 22.88%，为以往 12 年实际年均增长率的 1.78 倍（省域间目标距离第 7 位）。

（5）最小城乡比测算：在三项最佳比值测算基础上，以人均文化消费城乡比既往年度历年最小值测算增长目标，即假设"回复"原有的文化消费城乡比最小状态，作为缩小以至消除城乡差距的基础。如果到 2020 年河南城乡同时实现 2000～2012 年三项最佳比值和文化消费最小城乡比，那么城乡人均文化消费应达到 5241.75 元，与产值增长测算值之比将上升至 5.17%，年均增长率需达到 30.96%，为以往 12 年实际年均增长率的 2.41 倍（省域间目标距离第 11 位）。

（6）城乡无差距测算：在民生基础层面、民生消费层面、文化需求层面三项城乡比的无差距理想状态下实现既往年度历年最佳比值测算增长目标，即假设此三个层面的乡村人均值加速增长并与城镇水平持平，统一取城镇标准三项比例关系最佳值进行演算。如果到2020年河南在此三个层面消除城乡差距，实现按城镇标准衡量的2000～2012年三项最佳比值，那么城乡人均文化消费应达到5731.65元，与产值增长测算值之比将上升至5.65%，年均增长率需达到32.43%，为以往12年实际年均增长率的2.53倍（省域间目标距离第10位）。

（7）弥合城乡比测算：同样在三项最佳比值测算基础上，以人均文化消费城乡比的无差距理想值测算增长目标，即假设文化需求层面的城乡差距得以消除，据此演算校正数值。如果到2020年河南城乡同时实现2000～2012年三项最佳比值和乡村人均文化消费绝对值与城镇水平持平，那么城乡人均文化消费应达到6105.97元，与产值增长测算值之比将上升至6.02%，年均增长率需达到33.48%，为以往12年实际年均增长率的2.61倍（省域间目标距离第12位）。

如果按照国家"十二五"规划转变发展方式的要求，在"十二五"期间把河南产值年均增长率控制在7%，并一直延续至2020年，那么（1）历年均增值、（2）消除负相关两类增长测算的绝对值不变，其与产值之比将分别增高至2.94%和4.53%；因其余各类测算与产值增长演算直接相关，文化消费人均值增长测算的绝对值相应减小，其所需年均增长幅度（目标差距）将分别降低至11.96%、13.59%、21.07%、22.43%、23.40%（详见图6注），显然更加容易实现。

安徽：消除负相关增长目标测算第 4 位

王国爱*

摘　要：

安徽文化消费增长目标暨文化产业发展空间测评：2000～2012 年
省域间实际增长排名，历年均增值测算为第 5 位；2012～2020 年
省域间目标距离排名，支柱性产业测算为第 10 位；消除负相关测
算为第 4 位；最佳比值测算为第 9 位；最小城乡比测算为第 14
位；弥合城乡比测算为第 13 位；城乡无差距测算为第 9 位。

关键词：

安徽文化产业　扩大文化消费　需求与共享　增长目标

一　城乡文化消费需求及相关方面增长态势

2000～2012 年安徽城乡文化消费总量和人均值增长态势见图 1。

2000～2012 年，安徽城乡文化消费总量由 98.99 亿元增高为 394.09 亿元，
增加 295.10 亿元，12 年间总增长 298.11%，年均增长率 12.20%。其中，"十
五"期间年均增长 11.93%；"十一五"期间年均增长 13.57%；"十二五"头
两年年均增长 9.50%。"十二五"头两年年均增速比"十一五"低 4.07 个百
分点；比"十五"低 2.43 个百分点。

同期，安徽城镇人均文化消费由 192.03 元增高为 984.62 元，增加 792.59
元，12 年间总增长 412.74%，年均增长率 14.59%。其中，"十五"期间年均
增长 10.31%；"十一五"期间年均增长 20.08%；"十二五"头两年年均增长

---

* 王国爱，云南省社会科学院科研处助理研究员，主要从事民族文化、社会学研究。

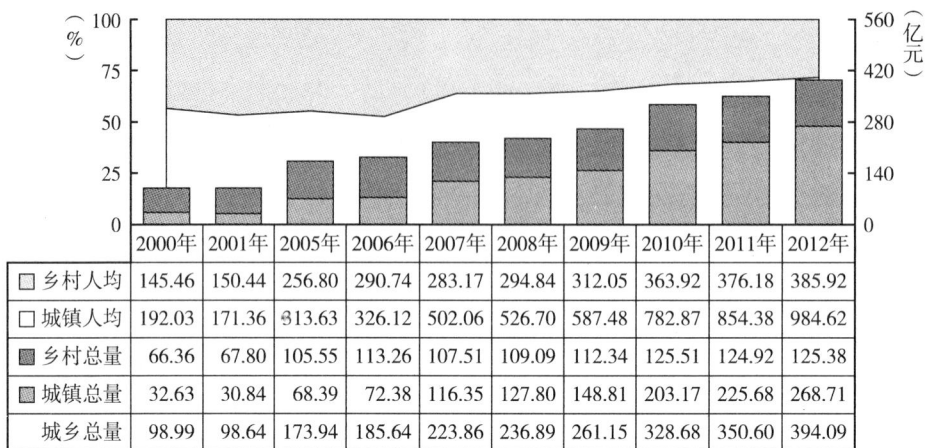

	2000年	2001年	2005年	2006年	2007年	2008年	2009年	2010年	2011年	2012年
乡村人均	145.46	150.44	256.80	290.74	283.17	294.84	312.05	363.92	376.18	385.92
城镇人均	192.03	171.36	313.63	326.12	502.06	526.70	587.48	782.87	854.38	984.62
乡村总量	66.36	67.80	105.55	113.26	107.51	109.09	112.34	125.51	124.92	125.38
城镇总量	32.63	30.84	68.39	72.38	116.35	127.80	148.81	203.17	225.68	268.71
城乡总量	98.99	98.64	173.94	185.64	223.86	236.89	261.15	328.68	350.60	394.09

图1 安徽城乡文化消费总量和人均值增长态势

注：左轴为城乡人均文化消费（元转换为%），城乡间历年变动呈面积比例关系；右轴为文化消费总量（亿元），柱形上下之和为城乡总量。

12.15%。"十二五"头两年年均增速比"十一五"低 7.93 个百分点；比"十五"高 1.84 个百分点。乡村人均文化消费由 145.46 元增高为 385.92 元，增加 240.46 元，12 年间总增长 165.31%，年均增长率 8.47%。其中，"十五"期间年均增长 12.04%；"十一五"期间年均增长 7.22%；"十二五"头两年年均增长 2.98%。"十二五"头两年年均增速比"十一五"低 4.24 个百分点；比"十五"低 9.06 个百分点。

应予以注意的是，安徽城镇人均值"十五"年均增长率比乡村低 1.73 个百分点，城乡差距有所缩小；"十一五"年均增长率比乡村高 12.86 个百分点，城乡差距转为扩大；"十二五"头两年年均增长率比乡村高 9.17 个百分点，城乡差距持续扩大。

后续各图表将逐步展示安徽相关背景各方面历年增长数据。在此，把各项绝对值转换为以上一年数值为 100 的年度增长百分指数，形成 2000~2012 年安徽人均产值、城乡人均收入、人均消费（分为人均非文消费与人均文化消费）和人均积蓄增长态势（见图2）。

在安徽人均产值、城乡人均收入、人均非文消费、人均文化消费和人均积蓄的年度增长指数中，选取三对具有特定相关关系的数据项：（1）系人均产

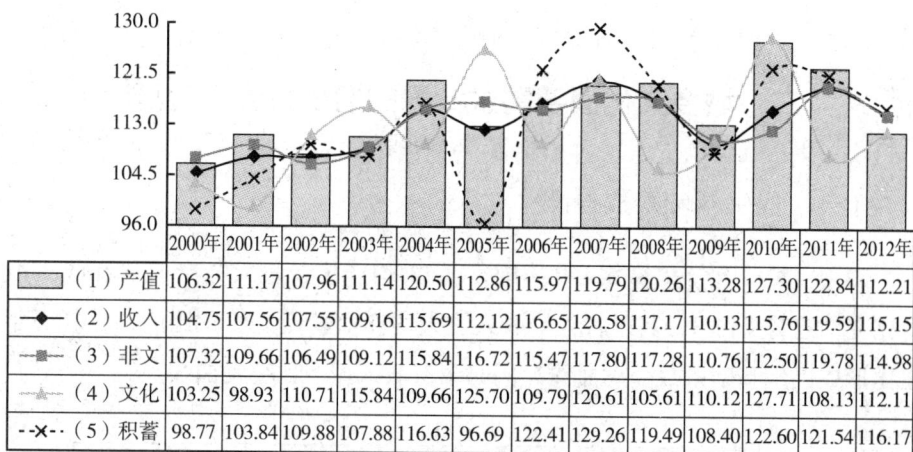

	2000年	2001年	2002年	2003年	2004年	2005年	2006年	2007年	2008年	2009年	2010年	2011年	2012年
（1）产值	106.32	111.17	107.96	111.14	120.50	112.86	115.97	119.79	120.26	113.28	127.30	122.84	112.21
（2）收入	104.75	107.56	107.55	109.16	115.69	112.12	116.65	120.58	117.17	110.13	115.76	119.59	115.15
（3）非文	107.32	109.66	106.49	109.12	115.84	116.72	115.47	117.80	117.28	110.76	112.50	119.78	114.98
（4）文化	103.25	98.93	110.71	115.84	109.66	125.70	109.79	120.61	105.61	110.12	127.71	108.13	112.11
（5）积蓄	98.77	103.84	109.88	107.88	116.63	96.69	122.41	129.26	119.49	108.40	122.60	121.54	116.17

图 2　安徽人均产值、城乡人均收入、人均消费和人均积蓄增长态势

注：年度增长指数（产值为柱形，其余为曲线），上年 = 100，小于 100 为负增长。2000 ~ 2012年增长相关系数：（1）与（2）为 0. 8238；（2）与（3）为 0. 9086；（4）与（5）为 0. 2001，其间，2002 ~ 2006 年为 - 0. 9087，2003 ~ 2008 年为 - 0. 4791，2004 ~ 2008 年为 - 0. 4789，文化消费需求的"积蓄增长负相关效应"基本成立。

值历年增长指数，（2）系人均收入历年增长指数，二者相关系数为 0. 8238，即历年增长保持82. 38%的同步；（2）系人均收入历年增长指数，（3）系人均非文消费历年增长指数，二者相关系数为 0. 9086，即历年增长保持 90. 86%的同步；（4）系人均文化消费历年增长指数，（5）系人均积蓄历年增长指数，二者相关系数为 0. 2001，负相关程度较低，但分时间段深入考察，2002 ~ 2006 年为 - 0. 9087，2003 ~ 2008 年为 - 0. 4791，2004 ~ 2008 年为 - 0. 4789，构成一定的反向互动关系。

就安徽城乡人均积蓄与人均文化消费二者历年增长幅度变化的相关性而言，不妨简单理解为，前者每上升 1%，后者在 2002 ~ 2006 年下降 0. 91%，2003 ~ 2008 年下降 0. 48%，2004 ~ 2008 年下降 0. 48%。对比安徽城乡人均积蓄与人均文化消费两条年度增长曲线，较多年度呈现似"水中倒影"的负相关。其中，2005 年人均积蓄年度增长跌入低谷，呈现为负增长，与之对应的是人均文化消费年度增长出现高峰；2006 ~ 2008 年人均积蓄年度增长形成高峰，与之对应的是人均文化消费年度增长陷入低谷（其中 2007 年显得反常）。安徽城乡文化消费的"积蓄增长负相关效应"基本成立。

二 城乡文化消费需求背景的增长协调性分析

（一）民生基础系数检测

2000～2012 年，安徽城乡人均收入、人均产值、收入与产值比和收入城乡比变动态势见图3，其中将人均收入、人均产值转换为面积比例，二者历年之比形成民生基础系数变动曲线，同时附有收入城乡比变动曲线。

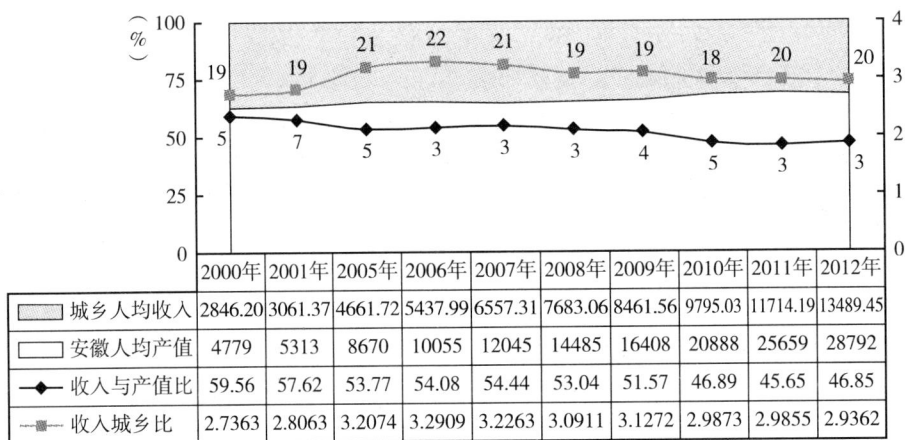

	2000年	2001年	2005年	2006年	2007年	2008年	2009年	2010年	2011年	2012年
城乡人均收入	2846.20	3061.37	4661.72	5437.99	6557.31	7683.06	8461.56	9795.03	11714.19	13489.45
安徽人均产值	4779	5313	8670	10055	12045	14485	16408	20888	25659	28792
收入与产值比	59.56	57.62	53.77	54.08	54.44	53.04	51.57	46.89	45.65	46.85
收入城乡比	2.7363	2.8063	3.2074	3.2909	3.2263	3.0911	3.1272	2.9873	2.9855	2.9362

图3　安徽城乡人均收入、人均产值、收入与产值比和收入城乡比变动态势

注：左轴为城乡人均收入、人均产值（元转换为%），二者变动呈面积比例，相互间历年之比形成民生基础系数（%）曲线；右轴为收入城乡比（乡村＝1）。标明历年省域排序。

2000～2012 年，安徽城乡居民人均收入年均增长 13.84%，人均产值年均增长 16.14%，比人均收入增速高出 2.30 个百分点。12 年间，安徽城乡居民人均收入与人均产值之比的最高（最佳）值为 2000 年的 59.56%，最低值为 2011 年的 45.65%。逐年考察，除了 2006～2007 年、2012 年出现上升以外，安徽城乡此项比值逐步下降，由 2000 年的 59.56% 降低至 2012 年的 46.85%，比值处于 31 个省域的第 3 位。民生基础系数呈现降低趋势，意味着在经济增长的同时，"人民共享发展成果"程度逐渐降低。

2000～2012 年，安徽乡村居民人均收入年均增长 11.52%，城镇居民人均收入年均增长 12.18%，比乡村增速高出 0.66 个百分点。12 年间，安徽人均收入城乡比的最小（最佳）值为 2000 年的 2.7363，最大值为 2006 年的 3.2909。逐年考察，除了 2004 年、2007～2008 年、2010～2012 年出现下降以外，安徽此项城乡比逐步上升，由 2000 年的 2.7363 提高至 2012 年的 2.9362，处于 31 个省域的第 20 位。人均收入的城乡差距呈现扩大趋势，意味着在民生基础层面城乡之间"共享发展成果"的程度有所降低。

如果安徽城乡民生基础系数能够保持 2000 年的最佳水平，安徽民生基础层面的城乡差距能够保持 2000 年的最低程度，并实现城乡无差距理想状态，那么在"国民收入再分配"演算和城乡综合重新演算当中，安徽人均收入应有很大提高，这样随后逐步推演的一切测算值都会发生变化。

（二）民生消费系数检测

2000～2012 年安徽城乡人均非文消费、城乡人均收入、非文占收入比和非文城乡比变动态势见图 4，其中将人均非文消费、城乡人均收入转换为图形面积比例，二者历年之比形成民生消费系数变动曲线，同时附有非文消费城乡比变动曲线。

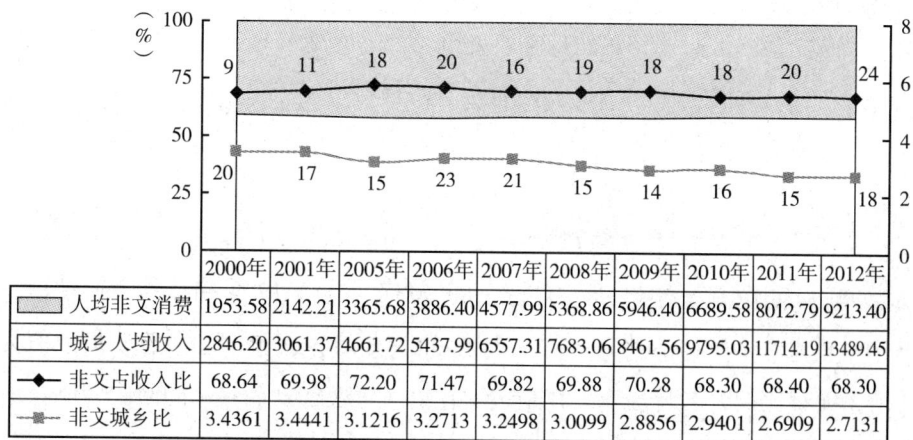

	2000年	2001年	2005年	2006年	2007年	2008年	2009年	2010年	2011年	2012年
人均非文消费	1953.58	2142.21	3365.68	3886.40	4577.99	5368.86	5946.40	6689.58	8012.79	9213.40
城乡人均收入	2846.20	3061.37	4661.72	5437.99	6557.31	7683.06	8461.56	9795.03	11714.19	13489.45
非文占收入比	68.64	69.98	72.20	71.47	69.82	69.88	70.28	68.30	68.40	68.30
非文城乡比	3.4361	3.4441	3.1216	3.2713	3.2498	3.0099	2.8856	2.9401	2.6909	2.7131

图 4 安徽城乡人均非文消费、城乡人均收入、非文占收入比和非文城乡比变动态势

注：左轴为城乡人均非文消费、城乡人均收入（元转换为%），二者变动呈面积比例，相互间历年之比形成民生消费系数（%）曲线；右轴为非文消费城乡比（乡村=1）。标明历年省域排序。

2000~2012 年，安徽城乡居民人均非文消费年均增长 13.80%，人均收入年均增长 13.84%，比人均非文消费增速高出 0.04 个百分点。12 年间，安徽城乡居民人均非文消费占人均收入比重的最高值为 2005 年的 72.20%，最低（最佳）值为 2010 年的 68.30%。逐年考察，除了 2001 年、2004~2005 年、2008~2009 年、2011 年出现上升以外，安徽城乡此项比值逐步下降，由 2000 年的 68.64% 降低至 2012 年的 68.30%，比值处于 31 个省域的第 24 位。民生消费系数呈现下降趋势，亦即必需消费之外的余钱占收入比重增高，意味着从"基本小康"到"全面小康"建设的民生效应日益得到显现。

2000~2012 年，安徽乡村居民人均非文消费年均增长 13.13%，城镇居民人均非文消费年均增长 10.93%，比乡村增速低了 2.20 个百分点。12 年间，安徽人均非文消费城乡比的最大值为 2001 年的 3.4441，最小（最佳）值为 2011 年的 2.6909。逐年考察，除了 2001 年、2006 年、2010 年、2012 年出现上升以外，安徽此项城乡比逐步下降，由 2000 年的 3.4361 降低至 2012 年的 2.7131，处于 31 个省域的第 18 位。必需非文消费的城乡差距呈现缩小趋势，意味着在民生消费层面城乡之间"共享发展成果"的程度有所提高。

如果安徽城乡民生消费系数能够保持 2010 年的最佳水平，安徽民生消费层面的城乡差距能够保持 2011 年的最低程度，并实现城乡无差距理想状态，那么在必需消费占收入比重再度演算和城乡综合重新演算当中，安徽人均非文消费应有较大不同，反转则是人均非文消费剩余应有很大增多，这样随后推演的相关数值也会发生变化。

（三）文化需求系数检测

2000~2012 年，安徽城乡人均文化消费、人均非文消费剩余、文化与非余比和文化城乡比变动态势见图 5，其中将人均文化消费、人均非文消费剩余转换为面积比例，二者历年之比形成文化需求系数变动曲线，同时附有文化消费城乡比变动曲线。

2000~2012 年，安徽城乡居民人均文化消费年均增长 12.64%，人均非文消费剩余年均增长 13.95%，比人均文化消费增速高出 1.31 个百分点。12 年间，安徽城乡居民人均文化消费与人均非文消费剩余比值的最高（最佳）值

	2000年	2001年	2005年	2006年	2007年	2008年	2009年	2010年	2011年	2012年
□ 人均文化消费	158.10	156.41	276.50	303.58	366.14	386.67	425.81	543.81	588.04	659.23
□ 人均非文消费剩余	892.62	919.16	1296.04	1551.59	1979.32	2314.20	2515.16	3105.45	3701.41	4276.05
◆ 文化与非余比	17.71	17.02	21.33	19.57	18.50	16.71	16.93	17.51	15.89	15.42
■ 文化城乡比	1.3202	1.1391	1.2213	1.1217	1.7730	1.7864	1.8826	2.1512	2.2712	2.5514

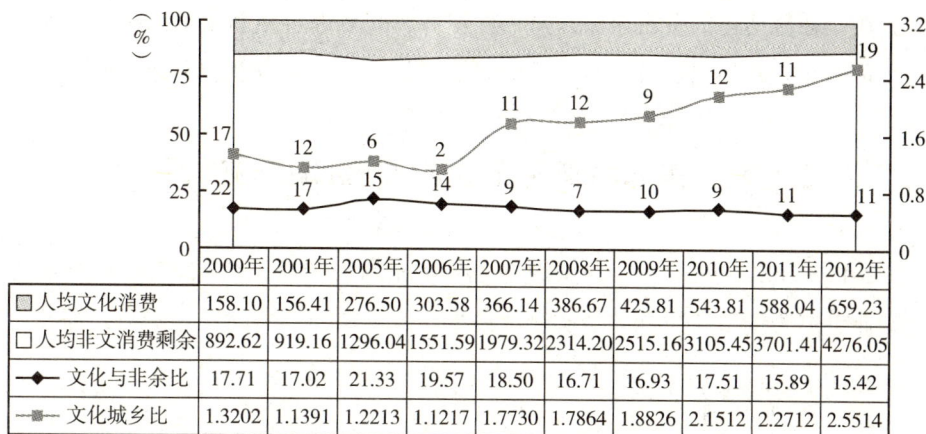

图 5　安徽城乡人均文化消费、人均非文消费剩余、文化与非余比和文化城乡比变动态势

注：左轴为城乡人均文化消费、人均非文消费剩余（元转换为%），二者变动呈面积比例，相互间历年之比形成文化需求系数（%）曲线；右轴为文化消费城乡比（乡村 = 1，小于 1 为"城乡倒挂"，即城镇人均值低于乡村）。标明历年省域排序。

为 2005 年的 21.33%，最低值为 2012 年的 15.42%。逐年考察，除了 2002 ~ 2003 年、2005 年、2009 ~ 2010 年出现上升以外，安徽城乡此项比值逐步下降，由 2000 年的 17.71% 降低至 2012 年的 15.42%，比值处于 31 个省域的第 11 位。文化需求系数呈现降低趋势，意味着非必需的文化消费需求增长依然受到"积蓄增长负相关效应"的反向牵制。

2000 ~ 2012 年，安徽乡村居民人均文化消费年均增长 8.47%，城镇居民人均文化消费年均增长 14.59%，比乡村增速高出 6.12 个百分点。12 年间，安徽人均文化消费城乡比的最小（最佳）值为 2006 年的 1.1217，最大值为 2012 年的 2.5514。逐年考察，除了 2001 年、2003 年、2005 ~ 2006 年出现下降以外，安徽此项城乡比逐步上升，由 2000 年的 1.3202 提高至 2012 年的 2.5514，处于 31 个省域的第 19 位。文化消费需求的城乡差距呈现扩大趋势，意味着在文化需求层面城乡之间"共享发展成果"的程度有所降低。

如果安徽城乡文化需求系数能够保持 2005 年的最佳水平，安徽文化需求层面的城乡差距能够保持 2006 年的最低程度，并实现城乡无差距理想状态，那么在非必需文化消费占余钱比重再度演算和城乡综合重新演算当中，安徽人均文化消费应有很大增长。

三　文化需求增长目标暨文化产业发展空间测算

2012～2020年安徽城乡人均文化消费需求增长测算见图6，其中提供了文化产业供需协调增长目标的7类测算结果。

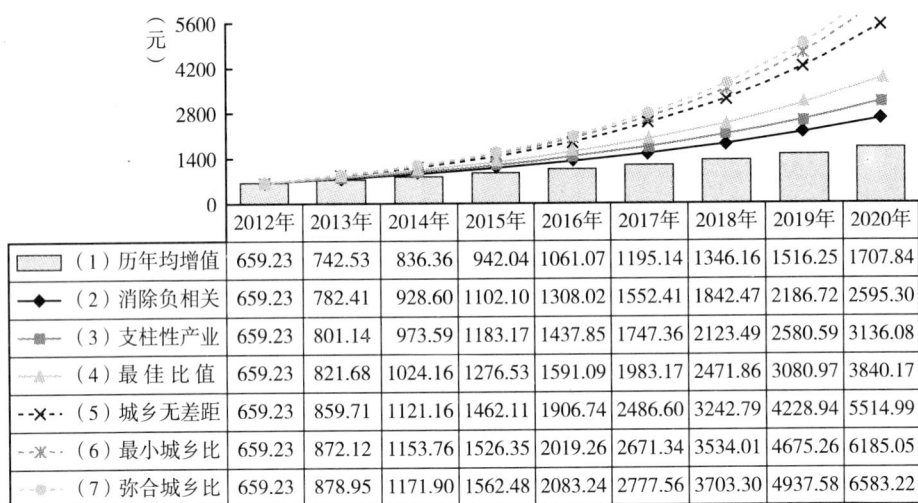

（元）	2012年	2013年	2014年	2015年	2016年	2017年	2018年	2019年	2020年
（1）历年均增值	659.23	742.53	836.36	942.04	1061.07	1195.14	1346.16	1516.25	1707.84
（2）消除负相关	659.23	782.41	928.60	1102.10	1308.02	1552.41	1842.47	2186.72	2595.30
（3）支柱性产业	659.23	801.14	973.59	1183.17	1437.85	1747.36	2123.49	2580.59	3136.08
（4）最佳比值	659.23	821.68	1024.16	1276.53	1591.09	1983.17	2471.86	3080.97	3840.17
（5）城乡无差距	659.23	859.71	1121.16	1462.11	1906.74	2486.60	3242.79	4228.94	5514.99
（6）最小城乡比	659.23	872.12	1153.76	1526.35	2019.26	2671.34	3534.01	4675.26	6185.05
（7）弥合城乡比	659.23	878.95	1171.90	1562.48	2083.24	2777.56	3703.30	4937.58	6583.22

图6　2012～2020年安徽城乡人均文化消费需求增长测算

注：作为背景因素，2012～2020年人均产值按2000～2012年实际年均增长率推算。2012年文化消费与产值比实际值为2.29%；2020年测算值为（1）1.79%，（2）2.72%，（3）3.29%，（4）4.03%，（5）5.79%，（6）6.49%，（7）6.91%。2012～2020年文化消费年均增长为（1）12.64%（2000～2012年实际值，以下为测算值），（2）18.68%，（3）21.53%，（4）24.64%，（5）30.41%，（6）32.29%，（7）33.33%。若产值按年均增长率7%推算，则2020年文化消费与产值比（增量、增幅不变）为（1）3.45%，（2）5.25%。2020年文化消费（与产值比不变）为（3）1627.43元，年增11.96%；（4）1992.80元，年增14.83%；（5）2861.93元，年增20.14%；（6）3209.64元，年增21.88%；（7）3416.27元，年增22.83%。

（1）历年均增值测算：以城乡文化消费既往年度年均增长率测算增长目标，可以得出统计概率最高的或然增长结果。如果2012～2020年安徽城乡文化消费增长保持2000～2012年平均增长率12.64%（省域间实际增长第5位），那么到2020年城乡人均文化消费将达到1707.84元。在相关各方面增长均依此推算的情况下，由于安徽城乡文化消费与产值之比在 2000～2012 年呈现下降态势，至 2020 年文化消费增长与产值增长测算值之比将继续降低至 1.79%。

（2）消除负相关测算：以城乡文化需求系数既往年度历年最佳比值测算增长目标，即假设积蓄增长与文化消费增长之间排除负相关关系，必需消费之外余钱增长与精神文化消费需求增长实现同步。如果到 2020 年安徽城乡此项比值实现 2000～2012 年最佳状态，那么城乡人均文化消费应达到 2595.30 元，与产值增长测算值之比将上升至 2.72%，年均增长率需达到 18.68%，为以往 12 年实际年均增长率的 1.48 倍（省域间目标距离第 4 位）。

（3）支柱性产业测算：摒弃单纯的"文化 GDP 追逐"，通过文化消费需求增长空间反推，以文化生产满足文化需求的终极目的定位测算增长目标，即假设文化消费需求增长切实推动文化生产发展，实现文化产业供需协调增长，达到支柱性产业所需占产值的比重。各地城乡文化消费需求增长支撑文化产业成为支柱性产业的测算值各有不同，安徽测算值为 3.29%。据此反推，到 2020 年安徽城乡人均文化消费应达到 3136.08 元，年均增长率需达到 21.53%，为以往 12 年实际年均增长率的 1.70 倍（省域间目标距离第 10 位）。

（4）最佳比值测算：以城乡民生基础系数、民生消费系数、文化需求系数三项比值既往年度历年最佳值测算增长目标，即假设相关各方面的增长协调性"回复"曾有的三项比例关系最佳值。如果到 2020 年安徽城乡三项比值同步实现 2000～2012 年最佳状态，那么城乡人均文化消费应达到 3840.17 元，与产值增长测算值之比将上升至 4.03%，年均增长率需达到 24.64%，为以往 12 年实际年均增长率的 1.95 倍（省域间目标距离第 9 位）。

（5）城乡无差距测算：在民生基础层面、民生消费层面、文化需求层面三项城乡比的无差距理想状态下实现既往年度历年最佳比值测算增长目标，即假设此三个层面的乡村人均值加速增长并与城镇水平持平，统一取城镇标准三项比例关系最佳值进行演算。如果到 2020 年安徽在此三个层面消除城乡差距，实现按城镇标准衡量的 2000～2012 年三项最佳比值，那么城乡人均文化消费应达到 5514.99 元，与产值增长测算值之比将上升至 5.79%，年均增长率需达到 30.41%，为以往 12 年实际年均增长率的 2.41 倍（省域间目标距离第 9 位)。

(6) 最小城乡比测算:在三项最佳比值测算基础上,以人均文化消费城乡比既往年度历年最小值测算增长目标,即假设"回复"原有的文化消费城乡比最小状态,作为缩小以至于消除城乡差距的基础。如果到 2020 年安徽城乡同时实现 2000～2012 年三项最佳比值和文化消费最小城乡比,那么城乡人均文化消费应达到 6185.05 元,与产值增长测算值之比将上升至 6.49%,年均增长率需达到 32.29%,为以往 12 年实际年均增长率的 2.55 倍(省域间目标距离第 14 位)。

(7) 弥合城乡比测算:同样在三项最佳比值测算基础上,以人均文化消费城乡比的无差距理想值测算增长目标,即假设文化需求层面的城乡差距得以消除,据此演算校正数值。如果到 2020 年安徽城乡同时实现 2000～2012 年三项最佳比值和乡村人均文化消费绝对值与城镇水平持平,那么城乡人均文化消费应达到 6583.22 元,与产值增长测算值之比将上升至 6.91%,年均增长率需达到 33.33%,为以往 12 年实际年均增长率的 2.64 倍(省域间目标距离第 13 位)。

如果按照国家"十二五"规划转变发展方式的要求,在"十二五"期间把安徽产值年均增长率控制在 7%,并一直延续至 2020 年,那么(1)历年均增值、(2)消除负相关两类增长测算的绝对值不变,其与产值之比将分别增高至 3.45% 和 5.25%;因其余各类测算与产值增长演算直接相关,文化消费人均值增长测算的绝对值相应减小,其所需年均增长幅度(目标差距)将分别减低至 11.96%、14.83%、20.14%、21.88%、22.83%(详见图 6 注),显然更加容易实现。

山西：最小城乡比增长目标测算第 7 位

张德兵 *

摘 要：

山西文化消费增长目标暨文化产业发展空间测评：2000～2012 年
省域间实际增长排名，历年均增值测算为第 6 位；2012～2020 年
省域间目标距离排名，支柱性产业测算为第 9 位；消除负相关测
算为第 11 位；最佳比值测算为第 11 位；最小城乡比测算为第 7
位；弥合城乡比测算为第 8 位；城乡无差距测算为第 15 位。

关键词：

山西文化产业　扩大文化消费　需求与共享　增长目标

一　城乡文化消费需求及相关方面增长态势

2000～2012 年山西城乡文化消费总量和人均值增长态势见图 1。

2000～2012 年，山西城乡文化消费总量由 49.95 亿元增高为 231.81 亿元，
增加 181.86 亿元，12 年间总增长 364.08%，年均增长率 13.64%。其中，"十
五"期间年均增长 16.66%；"十一五"期间年均增长 10.76%；"十二五"头
两年年均增长 13.51%。"十二五"头两年年均增速比"十一五"高 2.75 个百
分点；比"十五"低 3.15 个百分点。

同期，山西城镇人均文化消费由 192.25 元增高为 786.44 元，增加 594.19
元，12 年间总增长 309.07%，年均增长率 12.46%。其中，"十五"期间年均
增长 14.82%；"十一五"期间年均增长 10.14%；"十二五"头两年年均增长

---

* 张德兵，云南省社会科学院研究实习员，主要从事中国特色社会主义理论和文化建设研究。

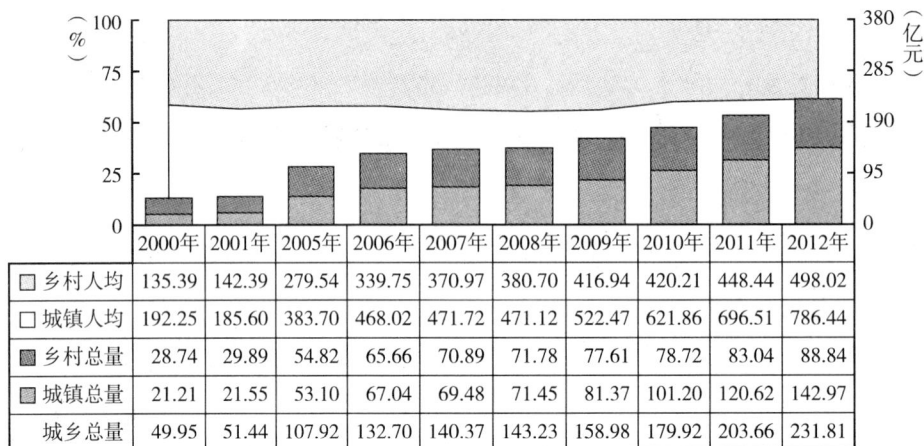

	2000年	2001年	2005年	2006年	2007年	2008年	2009年	2010年	2011年	2012年
□ 乡村人均	135.39	142.39	279.54	339.75	370.97	380.70	416.94	420.21	448.44	498.02
□ 城镇人均	192.25	185.60	383.70	468.02	471.72	471.12	522.47	621.86	696.51	786.44
■ 乡村总量	28.74	29.89	54.82	65.66	70.89	71.78	77.61	78.72	83.04	88.84
▨ 城镇总量	21.21	21.55	53.10	67.04	69.48	71.45	81.37	101.20	120.62	142.97
城乡总量	49.95	51.44	107.92	132.70	140.37	143.23	158.98	179.92	203.66	231.81

图1 山西城乡文化消费总量和人均值增长态势

注：左轴为城乡人均文化消费（元转换为%），城乡间历年变动呈面积比例关系；右轴为文化消费总量（亿元），柱形上下之和为城乡总量。

12.46%。"十二五"头两年年均增速比"十一五"高2.32个百分点；比"十五"低2.36个百分点。乡村人均文化消费由135.39元增高为498.02元，增加362.63元，12年间总增长267.84%，年均增长率11.46%。其中，"十五"期间年均增长15.60%；"十一五"期间年均增长8.49%；"十二五"头两年年均增长8.87%。"十二五"头两年年均增速比"十一五"高0.38个百分点；比"十五"低6.73个百分点。

应予以注意的是，山西城镇人均值"十五"年均增长率比乡村低0.78个百分点，城乡差距有所缩小；"十一五"年均增长率比乡村高1.65个百分点，城乡差距转为扩大；"十二五"头两年年均增长率比乡村高3.59个百分点，城乡差距持续扩大。

后续各图表将逐步展示山西相关背景各方面历年增长数据。在此，把各项绝对值转换为以上一年数值为100的年度增长百分指数，形成2000～2012年山西人均产值、城乡人均收入、人均消费（分为人均非文消费与人均文化消费）和人均积蓄增长态势（见图2）。

在山西人均产值、城乡人均收入、人均非文消费、人均文化消费和人均积蓄的年度增长指数中，选取三对具有特定相关关系的数据项：（1）系人均产值历年

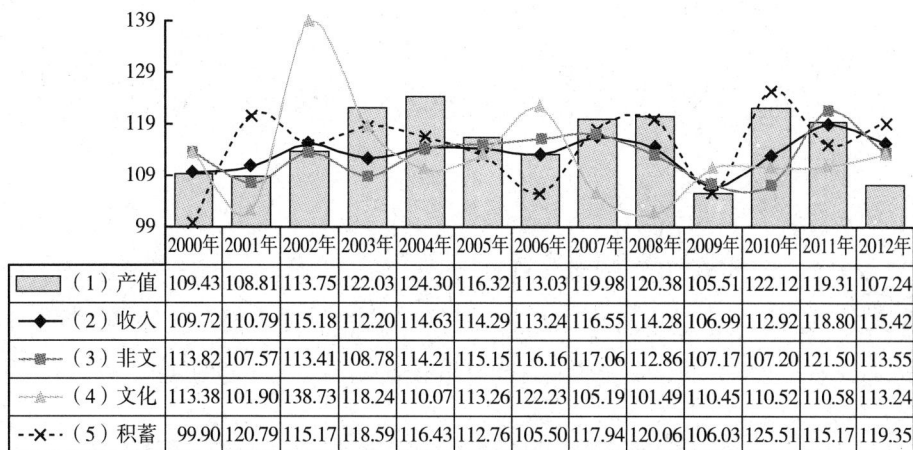

	2000年	2001年	2002年	2003年	2004年	2005年	2006年	2007年	2008年	2009年	2010年	2011年	2012年
（1）产值	109.43	108.81	113.75	122.03	124.30	116.32	113.03	119.98	120.38	105.51	122.12	119.31	107.24
（2）收入	109.72	110.79	115.18	112.20	114.63	114.29	113.24	116.55	114.28	106.99	112.92	118.80	115.42
（3）非文	113.82	107.57	113.41	108.78	114.21	115.15	116.16	117.06	112.86	107.17	107.20	121.50	113.55
（4）文化	113.38	101.90	138.73	118.24	110.07	113.26	122.23	105.19	101.49	110.45	110.52	110.58	113.24
（5）积蓄	99.90	120.79	115.17	118.59	116.43	112.76	105.50	117.94	120.06	106.03	125.51	115.17	119.35

图2　山西人均产值、城乡人均收入、人均消费和人均积蓄增长态势

注：年度增长指数（产值为柱形，其余为曲线），上年 = 100，小于 100 为负增长。2000～2012 年增长相关系数，（1）与（2）为 0.5319；（2）与（3）为 0.7596；（4）与（5）为 - 0.2685，其间 2005～2012 年为 - 0.5619，2003～2008 年为 - 0.7305，2004～2008 年为 - 0.9849，2005～2009 年为 - 0.8375，文化消费需求的"积蓄增长负相关效应"明显。

增长指数，（2）系人均收入历年增长指数，二者相关系数为 0.5319，即历年增长保持 53.19% 的同步；（2）系人均收入历年增长指数，（3）系人均非文消费历年增长指数，二者相关系数为 0.7596，即历年增长保持 75.96% 的同步；（4）系人均文化消费历年增长指数，（5）系人均积蓄历年增长指数，二者相关系数为 - 0.2685，负相关程度较低，但分时间段深入考察，2004～2012 年为 - 0.5631，2003～2008 年为 - 0.7305，2004～2008 年为 - 0.9849，2005～2009 年为 - 0.8375，构成较明显的反向互动关系。

就山西城乡人均积蓄与人均文化消费二者历年增长幅度变化的相关性而言，不妨简单理解为，前者每上升 1%，后者在 2004～2012 年下降 0.56%，2003～2008 年下降 0.73%，2004～2008 年下降 0.98%，2005～2009 年下降 0.84%。对比山西城乡人均积蓄与人均文化消费两条年度增长曲线，大体呈现似"水中倒影"的负相关关系。其中，2000 年、2006 年人均积蓄年度增长跌入低谷，甚至为负增长，与之对应的是人均文化消费年度增长出现高峰；2001 年、2007～2008 年人均积蓄年度增长形成高峰，与之对应的是人均文化消费年度增长陷入低谷。山西城乡文化消费的"积蓄增长负相关效应"明显。

二 城乡文化消费需求背景的增长协调性分析

（一）民生基础系数检测

2000～2012 年，山西城乡人均收入、人均产值、收入与产值比和收入城乡比变动态势见图 3，其中将人均收入、人均产值转换为面积比例，二者历年之比形成民生基础系数变动曲线，同时附有收入城乡比变动曲线。

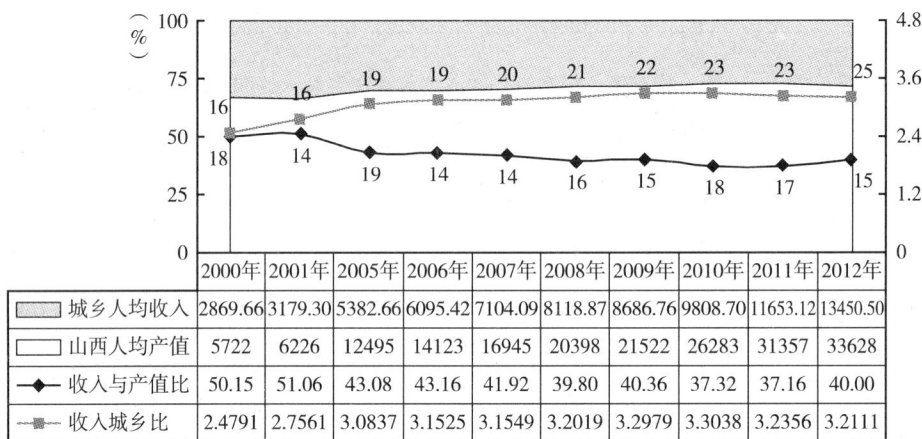

	2000年	2001年	2005年	2006年	2007年	2008年	2009年	2010年	2011年	2012年
城乡人均收入	2869.66	3179.30	5382.66	6095.42	7104.09	8118.87	8686.76	9808.70	11653.12	13450.50
山西人均产值	5722	6226	12495	14123	16945	20398	21522	26283	31357	33628
收入与产值比	50.15	51.06	43.08	43.16	41.92	39.80	40.36	37.32	37.16	40.00
收入城乡比	2.4791	2.7561	3.0837	3.1525	3.1549	3.2019	3.2979	3.3038	3.2356	3.2111

图 3　山西城乡人均收入、人均产值、收入与产值比和收入城乡比变动态势

注：左轴为城乡人均收入、人均产值（元转换为%），二者变动呈面积比例，相互间历年之比形成民生基础系数（%）曲线；右轴为收入城乡比（乡村 =1）。标明历年省域排序。

2000～2012 年，山西城乡居民人均收入年均增长 13.74%，人均产值年均增长 15.90%，比人均收入增速高出 2.16 个百分点。12 年间，山西城乡居民人均收入与人均产值之比的最高（最佳）值为 2002 年的 51.71%，最低值为 2011 年的 37.16%。逐年考察，除了 2001～2002 年、2006 年、2009 年、2012 年出现上升以外，山西城乡此项比值逐步下降，由 2000 年的 50.15% 降低至 2012 年的 40.00%，比值处于 31 个省域的第 15 位。民生基础系数呈现下降趋势，意味着在经济增长的同时，"人民共享发展成果"程度逐渐降低。

2000～2012 年，山西乡村居民人均收入年均增长 10.56%，城镇居民人均收入年均增长 12.97%，比乡村增速高出 2.41 个百分点。12 年间，山西人均收入城乡比的最小（最佳）值为 2000 年的 2.4791，最大值为 2010 年的 3.3038。逐年考察，除了 2011~2012 年出现下降以外，山西此项城乡比逐步上升，由 2000 年的 2.4791 提高至 2012 年的 3.2111，城乡比数值处于 31 个省域的第 25 位。人均收入的城乡差距呈现扩大趋势，意味着在民生基础层面，城乡之间"共享发展成果"的程度有所降低。

如果山西城乡民生基础系数能够保持 2002 年的最佳水平，山西民生基础层面的城乡差距能够保持 2000 年的最低程度，并实现城乡无差距理想状态，那么在"国民收入再分配"演算和城乡综合重新演算当中，山西人均收入应有很大提高，这样随后逐步推演的一切测算值都会发生变化。

（二）民生消费系数检测

2000~2012 年山西城乡人均非文消费、城乡人均收入、非文占收入比和非文城乡比变动态势见图 4，其中将人均非文消费、城乡人均收入转换为面积比例，二者历年之比形成民生消费系数变动曲线，同时附有非文消费城乡比变动曲线。

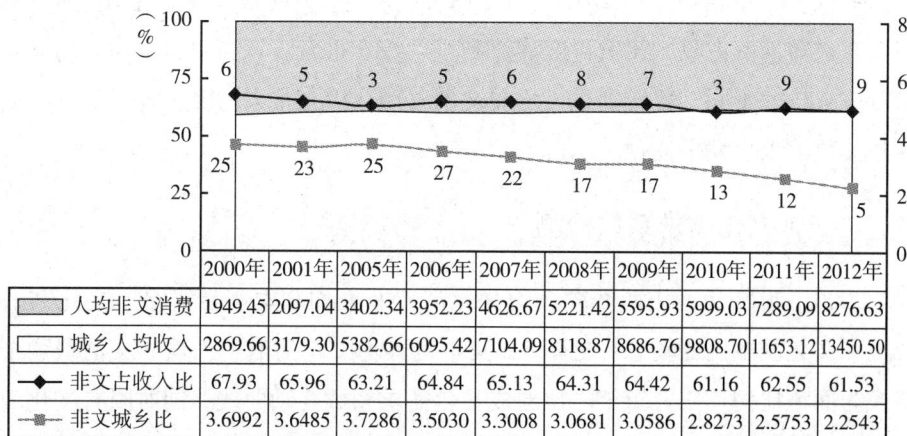

	2000年	2001年	2005年	2006年	2007年	2008年	2009年	2010年	2011年	2012年
人均非文消费	1949.45	2097.04	3402.34	3952.23	4626.67	5221.42	5595.93	5999.03	7289.09	8276.63
城乡人均收入	2869.66	3179.30	5382.66	6095.42	7104.09	8118.87	8686.76	9808.70	11653.12	13450.50
非文占收入比	67.93	65.96	63.21	64.84	65.13	64.31	64.42	61.16	62.55	61.53
非文城乡比	3.6992	3.6485	3.7286	3.5030	3.3008	3.0681	3.0586	2.8273	2.5753	2.2543

图 4　山西城乡人均非文消费、城乡人均收入、非文占收入比和非文城乡比变动态势

注：左轴为城乡人均非文消费、城乡人均收入（元转换为%），二者变动呈面积比例，相互间历年之比形成民生消费系数（%）曲线；右轴为非文消费城乡比（乡村＝1）。标明历年省域排序。

2000～2012 年，山西城乡居民人均非文消费年均增长 12.81%，人均收入年均增长 13.74%，比人均非文消费增速高出 0.93 个百分点。12 年间，山西城乡居民人均非文消费占人均收入比重的最高值为 2000 年的 67.93%，最低（最佳）值为 2010 年的 61.16%。逐年考察，除了 2005～2007 年、2009 年、2011 年出现上升以外，山西城乡此项比值逐步下降，由 2000 年的 67.93% 降低至 2012 年的 61.53%，处于 31 个省域的第 9 位。民生消费系数呈现下降趋势，亦即必需消费之外的余钱占收入比重增高，意味着从"基本小康"到"全面小康"建设的民生效应日益得到显现。

2000～2012 年，山西乡村居民人均非文消费年均增长 14.35%，城镇居民人均非文消费年均增长 9.73%，比乡村增速低了 4.62 个百分点。12 年间，山西人均非文消费城乡比的最大值为 2003 年的 3.9087，最小（最佳）值为 2012 年的 2.2543。逐年考察，除了 2002～2003 年出现上升以外，山西此项城乡比逐步缩减，由 2000 年的 3.6992 降低至 2012 年的 2.2543，处于 31 个省域的第 5 位。必需非文消费的城乡差距呈现缩小趋势，意味着在民生消费层面城乡之间"共享发展成果"的程度有所提高。

如果山西城乡民生消费系数能够保持 2010 年的最佳水平，山西民生消费层面的城乡差距能够保持 2012 年的最低程度，并实现城乡无差距理想状态，那么在必需消费占收入比重再度演算和城乡综合重新演算当中，山西人均非文消费应有较大不同，反转则是人均非文消费剩余应有很大增多，这样随后推演的相关数值也会发生变化。

（三）文化需求系数检测

2000～2012 年，山西城乡人均文化消费、人均非文消费剩余、文化与非余比和文化城乡比变动态势见图 5，其中将人均文化消费、人均非文消费剩余转换为面积比例，二者历年之比形成文化需求系数变动曲线，同时附有文化消费城乡比变动曲线。

2000～2012 年，山西城乡居民人均文化消费年均增长 12.61%，人均非文消费剩余年均增长 15.48%，比人均文化消费增速高出 2.87 个百分点。12 年间，山西城乡居民人均文化消费与人均非文消费剩余比值的最高（最佳）值

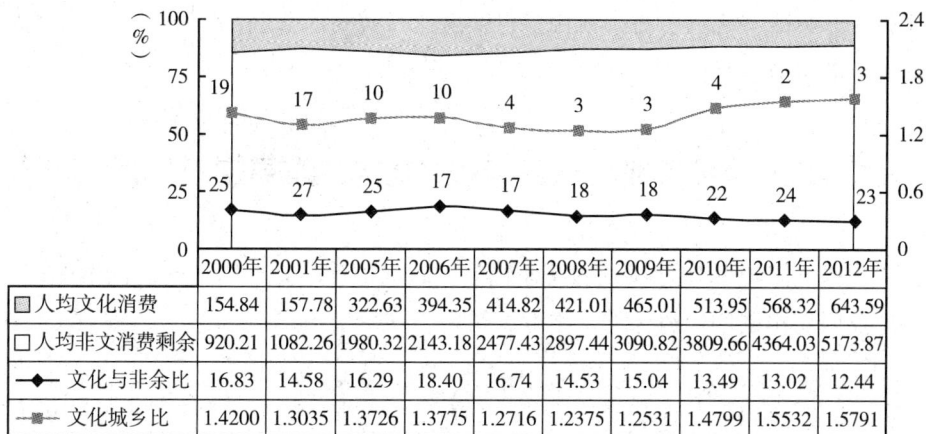

	2000年	2001年	2005年	2006年	2007年	2008年	2009年	2010年	2011年	2012年
▢ 人均文化消费	154.84	157.78	322.63	394.35	414.82	421.01	465.01	513.95	568.32	643.59
▢ 人均非文消费剩余	920.21	1082.26	1980.32	2143.18	2477.43	2897.44	3090.82	3809.66	4364.03	5173.87
◆ 文化与非余比	16.83	14.58	16.29	18.40	16.74	14.53	15.04	13.49	13.02	12.44
▪ 文化城乡比	1.4200	1.3035	1.3726	1.3775	1.2716	1.2375	1.2531	1.4799	1.5532	1.5791

图 5　山西城乡人均文化消费、人均非文消费剩余、文化与非余比和文化城乡比变动态势

注：左轴为城乡人均文化消费、人均非文消费剩余（元转换为%），二者变动呈面积比例，相互间历年之比形成文化需求系数（%）曲线；右轴为文化消费城乡比（乡村＝1，小于1为"城乡倒挂"，即城镇人均值低于乡村）。标明历年省域排序。

为 2006 年的 18.40%，最低值为 2012 年的 12.44%。逐年考察，除了 2002 年、2005～2006 年、2009 年出现上升以外，山西城乡此项比值逐步下降，由 2000 年的 16.83% 降低至 2012 年的 12.44%，比值处于 31 个省域的第 23 位。文化需求系数呈现下降趋势，意味着非必需的文化消费需求增长依然受到 "积蓄增长负相关效应"的反向牵制。

2000～2012 年，山西乡村居民人均文化消费年均增长 11.46%，城镇居民人均文化消费年均增长 12.46%，比乡村增速高出 1.00 个百分点。12 年间，山西人均文化消费城乡比的最小（最佳）值为 2008 年的 1.2375，最大值为 2002 年的 1.6461。逐年考察，除了 2001 年、2003～2005 年、2007～2008 年出现下降以外，山西此项城乡比逐步上升，由 2000 年的 1.4200 提高至 2012 年的 1.5791，处于 31 个省域的第 3 位。文化消费需求的城乡差距呈现扩大趋势，意味着在文化需求层面城乡之间"共享发展成果"的程度有所降低。

如果山西城乡文化需求系数能够保持 2006 年的最佳水平，山西文化需求层面的城乡差距能够保持 2008 年的最低程度，并实现城乡无差距理想状态，那么在非必需文化消费占余钱比重再度演算和城乡综合重新演算当中，山西人均文化消费应有很大增长。

三 文化需求增长目标暨文化产业发展空间测算

2012～2020年山西城乡人均文化消费需求增长测算见图6，其中提供了文化产业供需协调增长目标的7类测算结果。

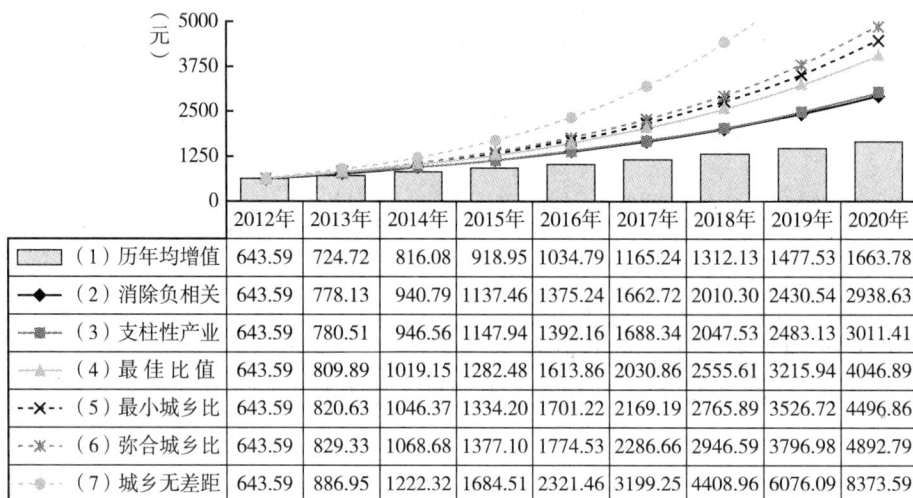

	2012年	2013年	2014年	2015年	2016年	2017年	2018年	2019年	2020年
（1）历年均增值	643.59	724.72	816.08	918.95	1034.79	1165.24	1312.13	1477.53	1663.78
（2）消除负相关	643.59	778.13	940.79	1137.46	1375.24	1662.72	2010.30	2430.54	2938.63
（3）支柱性产业	643.59	780.51	946.56	1147.94	1392.16	1688.34	2047.53	2483.13	3011.41
（4）最佳比值	643.59	809.89	1019.15	1282.48	1613.86	2030.86	2555.61	3215.94	4046.89
（5）最小城乡比	643.59	820.63	1046.37	1334.20	1701.22	2169.19	2765.89	3526.72	4496.86
（6）弥合城乡比	643.59	829.33	1068.68	1377.10	1774.53	2286.66	2946.59	3796.98	4892.79
（7）城乡无差距	643.59	886.95	1222.32	1684.51	2321.46	3199.25	4408.96	6076.09	8373.59

图6 2012～2020年山西城乡人均文化消费需求增长测算

注：作为背景因素，2012～2020年人均产值按2000～2012年实际年均增长率推算。2012年文化消费与产值比实际值为1.91%；2020年测算值为（1）1.52%，（2）2.68%，（3）2.75%，（4）3.70%，（5）4.11%，（6）4.47%，（7）7.65%。2012～2020年文化消费年均增长：（1）12.61%（2000～2012年实际值，以下为测算值），（2）20.90%，（3）21.27%，（4）25.84%，（5）27.51%，（6）28.86%，（7）37.81%。若产值按年均增长率7%推算，则2020年文化消费与产值比（增量、增幅不变）为（1）2.88%，（2）5.09%。2020年文化消费（与产值比不变）为（3）1588.81元，年增11.96%；（4）2135.12元，年增16.17%；（5）2372.52元，年增17.71%；（6）2581.42元，年增18.96%；（7）4417.87元，年增27.23%。

（1）历年均增值测算：以城乡文化消费既往年度年均增长率测算增长目标，可以得出统计概率最高的或然增长结果。如果2012～2020年山西城乡文化消费增长保持2000～2012年平均增长率12.61%（省域间实际增长第6位），那么到2020年城乡人均文化消费将达到1663.78元。在相关各方面增长均依此推算的情况下，由于山西城乡文化消费与产值之比在 2000～2012 年呈现下降态势，至 2020 年文化消费增长与产值增长测算值之比将继续降低至 1.52%。

（2）消除负相关测算：以城乡文化需求系数既往年度历年最佳比值测算增长目标，即假设积蓄增长与文化消费增长之间排除负相关关系，必需消费之外余钱增长与精神文化消费需求增长实现同步。如果到 2020 年山西城乡此项比值实现 2000～2012 年最佳状态，那么城乡人均文化消费应达到 2938.63 元，与产值增长测算值之比将上升至 2.68%，年均增长率需达到 20.90%，为以往 12 年实际年均增长率的 1.66 倍（省域间目标距离第 11 位）。

（3）支柱性产业测算：摒弃单纯的"文化 GDP 追逐"，通过文化消费需求增长空间反推，以文化生产满足文化需求的终极目的定位测算增长目标，即假设文化消费需求增长切实推动文化生产发展，实现文化产业供需协调增长，达到支柱性产业所需占产值的比重。各地城乡文化消费需求增长支撑文化产业成为支柱性产业的测算值各有不同，山西测算值为 2.75%。据此反推，到 2020 年山西城乡人均文化消费应达到 3011.41 元，年均增长率需达到 21.27%，为以往 12 年实际年均增长率的 1.69 倍（省域间目标距离第 9 位）。

（4）最佳比值测算：以城乡民生基础系数、民生消费系数、文化需求系数三项比值既往年度历年最佳值测算增长目标，即假设相关各方面的增长协调性"回复"曾有的三项比例关系最佳值。如果到 2020 年山西城乡三项比值同步实现 2000～2012 年最佳状态，那么城乡人均文化消费应达到 4046.89 元，与产值增长测算值之比将上升至 3.70%，年均增长率需达到 25.84%，为以往 12 年实际年均增长率的 2.05 倍（省域间目标距离第 11 位）。

（5）最小城乡比测算：在三项最佳比值测算基础上，以人均文化消费城乡比既往年度历年最小值测算增长目标，即假设"回复"原有的文化消费城乡比最小状态，作为缩小以至于消除城乡差距的基础。如果到 2020 年山西城乡同时实现 2000～2012 年三项最佳比值和文化消费最小城乡比，那么城乡人均文化消费应达到 4496.86 元，与产值增长测算值之比将上升至 4.11%，年均增长率需达到 27.51%，为以往 12 年实际年均增长率的 2.18 倍（省域间目标距离第 7 位）。

（6）弥合城乡比测算：同样在三项最佳比值测算基础上，以人均文化消费城乡比的无差距理想值测算增长目标，即假设文化需求层面的城乡差距得以消除，据此演算校正数值。如果到2020年山西城乡同时实现2000~2012年三项最佳比值和乡村人均文化消费绝对值与城镇水平持平，那么城乡人均文化消费应达到4892.79元，与产值增长测算值之比将上升至4.47%，年均增长率需达到28.86%，为以往12年实际年均增长率的2.29倍（省域间目标距离第8位）。

（7）城乡无差距测算：在民生基础层面、民生消费层面、文化需求层面三项城乡比的无差距理想状态下实现既往年度历年最佳比值测算增长目标，即假设此三个层面的乡村人均值加速增长并与城镇水平持平，统一取城镇标准三项比例关系最佳值进行演算。如果到2020年山西在此三个层面消除城乡差距，实现按城镇标准衡量的2000~2012年三项最佳比值，那么城乡人均文化消费应达到8373.59元，与产值增长测算值之比将上升至7.65%，年均增长率需达到37.81%，为以往12年实际年均增长率的3.00倍（省域间目标距离第15位）。

如果按照国家"十二五"规划转变发展方式的要求，在"十二五"期间把山西产值年均增长率控制在7%，并一直延续至2020年，那么（1）历年均增值、（2）消除负相关两类增长测算的绝对值不变，其与产值比将分别增高至2.88%和5.09%；因其余各类测算与产值增长演算直接相关，文化消费人均值增长测算的绝对值相应减小，其所需年均增长幅度（目标差距）将分别降低至11.96%、16.17%、17.71%、18.96%、27.23%（详见图6注），显然更加容易实现。

吉林：城乡无差距增长目标测算第8位

郭　娜*

摘　要：

吉林文化消费增长目标暨文化产业发展空间测评：2000～2012年省域间实际增长排名，历年均增值测算为第7位；2012～2020年省域间目标距离排名，支柱性产业测算为第11位；消除负相关测算为第12位；最佳比值测算为第12位；最小城乡比测算为第13位；弥合城乡比测算为第10位；城乡无差距测算为第8位。

关键词：

吉林文化产业　扩大文化消费　需求与共享　增长目标

一　城乡文化消费需求及相关方面增长态势

2000～2012年吉林城乡文化消费总量和人均值增长态势见图1。

2000～2012年，吉林城乡文化消费总量由44.79亿元增高为189.29亿元，增加144.50亿元，12年间总增长322.62%，年均增长率12.76%。其中，"十五"期间年均增长11.17%；"十一五"期间年均增长13.47%；"十二五"头两年年均增长15.02%。"十二五"头两年年均增速比"十一五"高1.55个百分点；比"十五"高3.85个百分点。

同期，吉林城镇人均文化消费由163.62元增高为759.59元，增加595.97元，12年间总增长364.24%，年均增长率13.65%。其中，"十五"期间年均

---

* 郭娜，云南省社会科学院科研处处长助理、助理研究员，主要从事生态文化、环境经济相关研究。

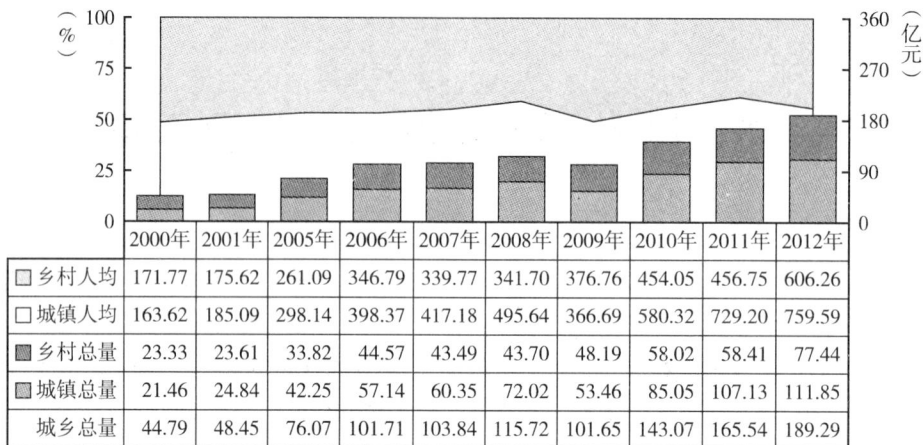

	2000年	2001年	2005年	2006年	2007年	2008年	2009年	2010年	2011年	2012年
□ 乡村人均	171.77	175.62	261.09	346.79	339.77	341.70	376.76	454.05	456.75	606.26
□ 城镇人均	163.62	185.09	298.14	398.37	417.18	495.64	366.69	580.32	729.20	759.59
▨ 乡村总量	23.33	23.61	33.82	44.57	43.49	43.70	48.19	58.02	58.41	77.44
▨ 城镇总量	21.46	24.84	42.25	57.14	60.35	72.02	53.46	85.05	107.13	111.85
城乡总量	44.79	48.45	76.07	101.71	103.84	115.72	101.65	143.07	165.54	189.29

图1 吉林城乡文化消费总量和人均值增长态势

注：左轴为城乡人均文化消费（元转换为%），城乡间历年变动呈面积比例关系；右轴为文化消费总量（亿元），柱形上下之和为城乡总量。

增长12.75%；"十一五"期间年均增长14.25%；"十二五"头两年年均增长14.41%。"十二五"头两年年均增速比"十一五"高0.16个百分点；比"十五"高1.66个百分点。乡村人均文化消费由171.77元增高为606.26元，增加434.49元，12年间总增长252.95%，年均增长率11.08%。其中，"十五"期间年均增长8.73%；"十一五"期间年均增长11.70%；"十二五"头两年年均增长15.55%。"十二五"头两年年均增速比"十一五"高3.85个百分点；比"十五"高6.82个百分点。

应予以注意的是，吉林城镇人均值"十五"年均增长率比乡村高4.02个百分点，"十一五"年均增长率比乡村高2.55个百分点，城乡差距持续扩大；"十二五"头两年年均增长率比乡村低1.14个百分点，城乡差距转为缩小。

后续各图表将逐步展示吉林相关背景各方面历年增长数据。在此，把各项绝对值转换为以上一年数值为100的年度增长百分指数，形成2000～2012年吉林人均产值、城乡人均收入、人均消费（分为人均非文消费与人均文化消费）和人均积蓄增长态势（见图2）。

在吉林人均产值、城乡人均收入、人均非文消费、人均文化消费和人均积蓄的年度增长指数中，选取三对具有特定相关关系的数据项：（1）系人均产

	2000年	2001年	2002年	2003年	2004年	2005年	2006年	2007年	2008年	2009年	2010年	2011年	2012年
（1）产值	115.18	107.37	110.40	113.08	117.08	115.70	117.77	123.30	121.31	113.10	118.82	121.71	112.88
（2）收入	101.98	110.86	114.40	111.98	114.20	110.87	112.75	115.69	114.80	108.64	112.26	116.80	113.88
（3）非文	112.94	108.49	111.17	110.05	110.56	114.66	109.37	117.15	113.62	114.20	105.27	115.34	113.47
（4）文化	105.81	107.50	117.42	116.44	112.27	101.30	133.36	101.83	111.22	87.68	140.42	115.51	114.27
（5）积蓄	72.21	121.62	125.65	117.31	125.80	102.52	118.93	114.65	118.83	97.34	129.93	120.79	114.84

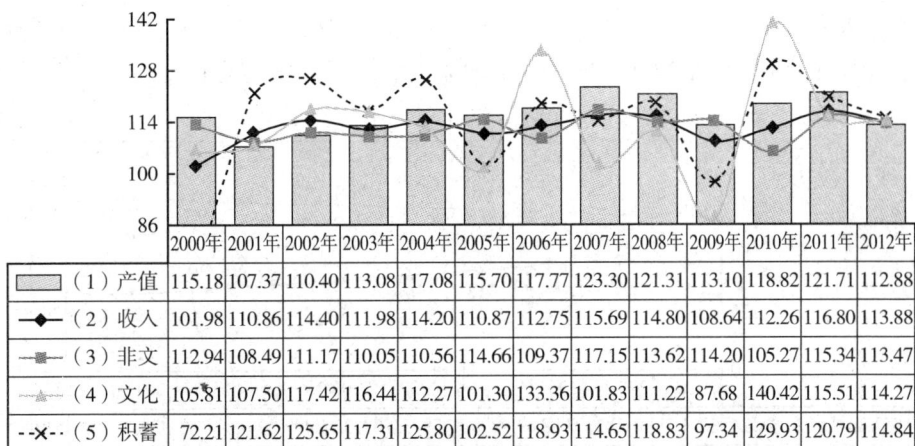

图 2　吉林人均产值、城乡人均收入、消费和积蓄增长态势

注：年度增长指数（产值为柱形，其余为曲线），上年 = 100，小于 100 为负增长，2000～2012 年增长相关系数，（1）与（2）为 0.3898；（2）与（3）为 0.1187；（4）与（5）为 0.5633，文化消费需求的"积蓄增长负相关效应"显得不成立。

值历年增长指数，（2）系人均收入历年增长指数，二者相关系数为 0.3898，即历年增长保持 38.98% 的同步；（3）系人均收入历年增长指数，（4）系人均非文消费历年增长指数，二者相关系数为 0.1187，即历年增长保持 11.87% 的同步；（5）系人均文化消费历年增长指数，（6）系人均积蓄历年增长指数，二者相关系数为 0.5633，构成一定的正相关增长互动关系，文化消费的"积蓄增长负相关效应"显得不成立。

但是，深入细致地分析下来，在 2000～2012 年的绝大部分年度，每当吉林城乡积蓄增长处于相对高位时，文化消费增长就处于相对低位，仅有极少数年度显得例外。这表明，在吉林城乡积蓄增长与文化消费增长之间，其实仍存在一定程度的反向互动关系，形成文化消费需求"积蓄增长负相关效应"的一种特殊形式。

二　城乡文化消费需求背景的增长协调性分析

（一）民生基础系数检测

2000～2012 年，吉林城乡人均收入、人均产值、收入与产值比和收入城乡比变动态势见图3，其中将人均收入、人均产值转换为面积比例，二者历年之比形成民生基础系数变动曲线，同时附有收入城乡比变动曲线。

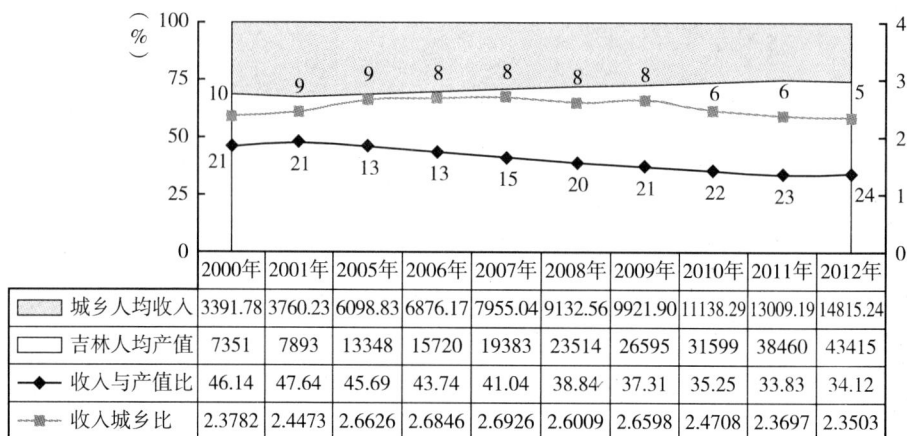

	2000年	2001年	2005年	2006年	2007年	2008年	2009年	2010年	2011年	2012年
城乡人均收入	3391.78	3760.23	6098.83	6876.17	7955.04	9132.56	9921.90	11138.29	13009.19	14815.24
吉林人均产值	7351	7893	13348	15720	19383	23514	26595	31599	38460	43415
收入与产值比	46.14	47.64	45.69	43.74	41.04	38.84	37.31	35.25	33.83	34.12
收入城乡比	2.3782	2.4473	2.6626	2.6846	2.6926	2.6009	2.6598	2.4708	2.3697	2.3503

图3　吉林城乡人均收入、人均产值、收入与产值比和收入城乡比变动态势

注：左轴为城乡人均收入、人均产值（元转换为%），二者变动呈面积比例，相互间历年之比形成民生基础系数（%）曲线；右轴为收入城乡比（乡村＝1）。标明历年省域排序。

2000～2012年，吉林城乡居民人均收入年均增长13.07%，人均产值年均增长15.95%，比人均收入增速高出2.88个百分点。12年间，吉林城乡居民人均收入与人均产值之比的最高（最佳）值为2002年的49.37%，最低值为2011年的33.83%。逐年考察，除了2001～2002年、2012年出现上升以外，吉林城乡此项比值逐步下降，由2000年的46.14%降低至2012年的34.12%，比值处于31个省域的第24位。民生基础系数呈现降低趋势，意味着在经济增长的同时，"人民共享发展成果"程度逐渐降低。

2000～2012年，吉林乡村居民人均收入年均增长12.82%，城镇居民人均收入年均增长12.71%，比乡村增速低了0.11个百分点。12年间，吉林人均收入城乡比的最大值为2003年的2.7684，最小（最佳）值为2012年的2.3503。逐年考察，除了2001～2003年、2005～2007年、2009年出现上升以外，吉林此项乡村比逐步下降，由2000年的2.3782降低至2012年的2.3503，处于31个省域的第5位。人均收入的城乡差距呈现缩小趋势，意味着在民生基础层面城乡之间"共享发展成果"的程度有所提高。

如果吉林城乡民生基础系数能够保持 2002 年的最佳水平，吉林民生基础层面的城乡差距能够保持 2012 年的最低程度，并实现城乡无差距理想状态，那么在"国民收入再分配"演算和城乡综合重新演算当中，吉林人均收入应有很大提高，这样随后逐步推演的一切测算值都会发生变化。

（二）民生消费系数检测

2000～2012 年吉林城乡人均非文消费、城乡人均收入、非文占收入比和非文城乡比变动态势见图 4，其中将人均非文消费、城乡人均收入转换为面积比例，二者历年之比形成民生消费系数变动曲线，同时附有非文消费城乡比变动曲线。

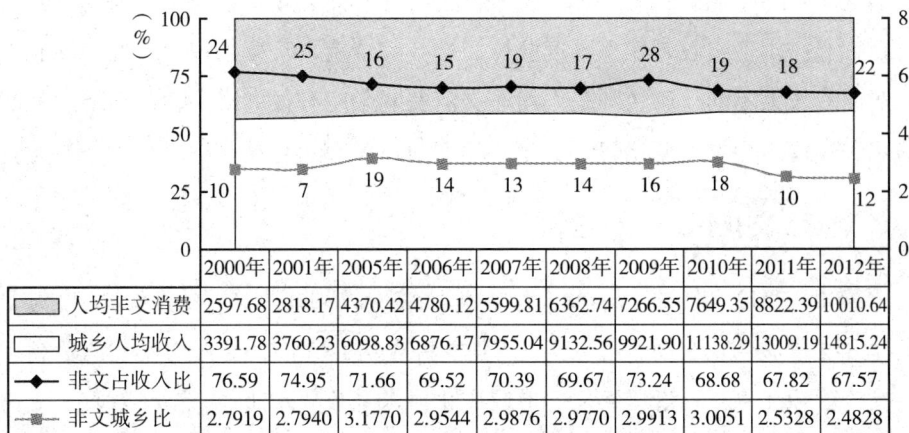

	2000年	2001年	2005年	2006年	2007年	2008年	2009年	2010年	2011年	2012年
人均非文消费	2597.68	2818.17	4370.42	4780.12	5599.81	6362.74	7266.55	7649.35	8822.39	10010.64
城乡人均收入	3391.78	3760.23	6098.83	6876.17	7955.04	9132.56	9921.90	11138.29	13009.19	14815.24
非文占收入比	76.59	74.95	71.66	69.52	70.39	69.67	73.24	68.68	67.82	67.57
非文城乡比	2.7919	2.7940	3.1770	2.9544	2.9876	2.9770	2.9913	3.0051	2.5328	2.4828

图 4　吉林城乡人均非文消费、城乡人均收入、非文占收入比和非文城乡比变动态势

注：左轴为城乡人均非文消费、城乡人均收入（元转换为%），二者变动呈面积比例，相互间历年之比形成民生消费系数（%）曲线；右轴为非文消费城乡比（乡村＝1）。标明历年省域排序。

2000～2012 年，吉林城乡居民人均非文消费年均增长 11.90%，人均收入年均增长 13.07%，比人均非文消费增速高出 1.17 个百分点。12 年间，吉林城乡居民人均非文消费占人均收入比重的最高值为 2000 年的 76.59%，最低（最佳）值为 2012 年的 67.57%。逐年考察，除了 2005 年、2007 年、2009 年出现上升以外，吉林城乡此项比值逐步下降，由 2000 年的 76.59% 降低至 2012 年的 67.57%，处于 31 个省域的第 22 位。民生消费系数呈现下降趋势，亦即必需消费之外的余钱占收入的比重增高，意味着从"基本小康"到"全面小康"建设的民生效应日益得到显现。

2000~2012年，吉林乡村居民人均非文消费年均增长12.34%，城镇居民人均非文消费年均增长11.24%，比乡村增速低了1.10个百分点。12年间，吉林人均非文消费城乡比的最大值为2004年的3.3193，最小（最佳）值为2012年的2.4828。逐年考察，除了2001~2004年、2007年、2009~2010年出现上升以外，吉林此项城乡比逐步下降，由2000年的2.7919下降至2012年的2.4828，处于31个省域的第12位。必需非文消费的城乡差距呈现缩小趋势，意味着在民生消费层面城乡之间"共享发展成果"的程度有所提高。

如果吉林城乡民生消费系数能够保持2012年的最佳水平，吉林民生消费层面的城乡差距能够保持2012年的最低程度，并实现城乡无差距理想状态，那么在必需消费占收入比重再度演算和城乡综合重新演算当中，吉林人均非文消费应有较大不同，反转则是人均非文消费剩余应有很大增多，这样随后推演的相关数值也会发生变化。

（三）文化需求系数检测

2000~2012年，吉林城乡人均文化消费、人均非文消费剩余、文化与非余比和文化城乡比变动态势见图5，其中将人均文化消费、人均非文消费剩余转换为面积比例，二者历年之比形成文化需求系数变动曲线，同时附有文化消费城乡比变动曲线。

2000~2012年，吉林城乡居民人均文化消费年均增长12.48%，人均非文消费剩余年均增长16.18%，比人均文化消费增速高出3.70个百分点。12年间，吉林城乡居民人均文化消费与人均非文消费剩余比值的最高（最佳）值为2000年的21.13%，最低值为2009年的13.99%。逐年考察，除了2006年、2010年出现上升以外，吉林城乡此项比值逐步下降，由2000年的21.13%降低至2012年的14.33%，比值处于31个省域的第14位。文化需求系数呈现降低趋势，意味着非必需的文化消费需求增长依然受到"积蓄增长负相关效应"的反向牵制。

2000~2012年，吉林乡村居民人均文化消费年均增长11.08%，城镇居民

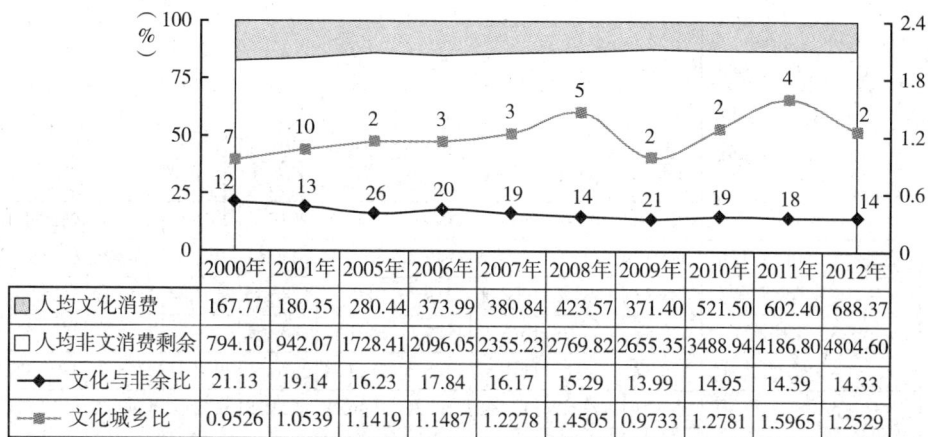

	2000年	2001年	2005年	2006年	2007年	2008年	2009年	2010年	2011年	2012年
人均文化消费	167.77	180.35	280.44	373.99	380.84	423.57	371.40	521.50	602.40	688.37
人均非文消费剩余	794.10	942.07	1728.41	2096.05	2355.23	2769.82	2655.35	3488.94	4186.80	4804.60
文化与非余比	21.13	19.14	16.23	17.84	16.17	15.29	13.99	14.95	14.39	14.33
文化城乡比	0.9526	1.0539	1.1419	1.1487	1.2278	1.4505	0.9733	1.2781	1.5965	1.2529

图 5　吉林城乡人均文化消费、人均非文消费剩余、文化与非余比和文化城乡比变动态势

注：左轴为城乡人均文化消费、人均非文消费剩余（元转换为%），二者变动呈面积比例，相互间历年之比形成文化需求系数（%）曲线；右轴为文化消费城乡比（乡村＝1，小于1为"城乡倒挂"，即城镇人均值低于乡村）。标明历年省域排序。

人均文化消费年均增长 13.65%，比乡村增速高出 2.57 个百分点。12 年间，吉林人均文化消费城乡比的最小（最佳）值为 2000 年的 0.9526，最大值为 2011 年的 1.5965。逐年考察，除了 2003 年、2005 年、2009 年、2012 年出现下降以外，吉林此项城乡比逐步上升，由 2000 年的 0.9526 提高至 2012 年的 1.2529，处于 31 个省域的第 2 位。文化消费需求的城乡差距呈现扩大趋势，意味着在文化需求层面城乡之间"共享发展成果"的程度有所降低。

如果吉林城乡文化需求系数能够保持 2000 年的最佳水平，吉林文化需求层面的城乡差距能够保持 2000 年的最低程度，并实现城乡无差距理想状态，那么在非必需文化消费占余钱比重再度演算和城乡综合重新演算当中，吉林人均文化消费应有很大增长。

三　文化需求增长目标暨文化产业发展空间测算

2012～2020 年吉林城乡人均文化消费需求增长测算见图 6，其中提供了文化产业供需协调增长目标的 7 类测算结果。

	2012年	2013年	2014年	2015年	2016年	2017年	2018年	2019年	2020年
（1）历年均增值	688.37	774.31	870.98	979.71	1102.03	1239.61	1394.37	1568.45	1764.27
（2）消除负相关	688.37	833.02	1008.06	1219.89	1476.24	1786.45	2161.84	2616.12	3165.86
（3）支柱性产业	688.37	835.16	1013.25	1229.32	1491.47	1809.51	2195.38	2663.54	3231.52
（4）最佳比值	688.37	877.45	1118.47	1425.70	1817.31	2316.50	2952.81	3763.89	4797.77
（5）城乡无差距	688.37	892.62	1157.48	1500.93	1946.28	2523.78	3272.64	4243.70	5502.89
（6）弥合城乡比	688.37	897.50	1170.18	1525.70	1989.23	2593.59	3381.56	4408.93	5748.44
（7）最小城乡比	688.37	900.23	1177.31	1539.66	2013.53	2633.25	3443.71	4503.61	5889.73

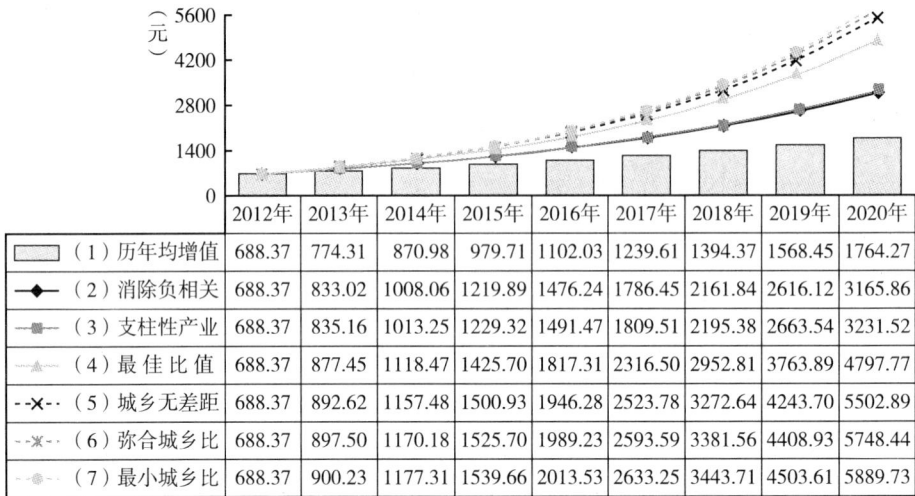

图6 2012～2020年吉林城乡人均文化消费需求增长测算

作为背景因素，2012～2020年人均产值按2000～2012年实际年均增长率推算。2012年文化消费与产值比实际值为1.59%；2020年测算值为（1）1.24%，（2）2.23%，（3）2.28%，（4）3.38%，（5）3.88%，（6）4.05%，（7）4.15%。2012～2020年文化消费年均增长为（1）12.48%（2000～2012年实际值，以下为测算值），（2）21.01%，（3）21.32%，（4）27.47%，（5）29.67%，（6）30.38%，（7）30.78%。若产值按年均增长率7%推算，则2020年文化消费与产值比（增量、增幅不变）为（1）2.37%，（2）4.24%。2020年文化消费（与产值比不变）为（3）1699.35元，年增11.96%；（4）2522.98元，年增17.63%；（5）2893.78元，年增19.66%；（6）3022.90元，年增20.32%；（7）3097.20元，年增20.68%。

（1）历年均增值测算：以城乡文化消费既往年度年均增长率测算增长目标，可以得出统计概率最高的或然增长结果。如果2012～2020年吉林城乡文化消费增长保持2000～2012年平均增长率12.48%（省域间实际增长第7位），那么到2020年城乡人均文化消费将达到1764.27元。在相关各方面增长均依此推算的情况下，由于吉林城乡文化消费与产值之比在2000～2012年呈现下降态势，至2020年文化消费增长与产值增长测算值之比将继续降低至1.24%。

（2）消除负相关测算：以城乡文化需求系数既往年度历年最佳比值测算增长目标，即假设积蓄增长与文化消费增长之间排除负相关关系，必需消费之外余钱增长与精神文化消费需求增长实现同步。如果到2020年吉林城乡此项比值实现2000～2012年最佳状态，那么城乡人均文化消费应达到3165.86元，与产值增长测算值之比将上升至2.23%，年均增长率需达到21.01%，为以往12年实际年均增长率的1.68倍（省域间目标距离第12位）。

（3）支柱性产业测算：摒弃单纯的"文化GDP追逐"，通过文化消费需求增长空间反推，以文化生产满足文化需求的终极目的定位测算增长目标，即假设文化消费需求增长切实推动文化生产发展，实现文化产业供需协调增长，达到支柱性产业所需占产值的比重。各地城乡文化消费需求增长支撑文化产业成为支柱性产业的测算值各有不同，吉林测算值为2.28%。据此反推，到2020年吉林城乡人均文化消费应达到3231.52元，年均增长率需达到21.32%，为以往12年实际年均增长率的1.71倍（省域间目标距离第11位）。

（4）最佳比值测算：以城乡民生基础系数、民生消费系数、文化需求系数三项比值既往年度历年最佳值测算增长目标，即假设相关各方面的增长协调性"回复"曾有的三项比例关系最佳值。如果到2020年吉林城乡三项比值同步实现2000~2012年最佳状态，那么城乡人均文化消费应达到4797.77元，与产值增长测算值之比将上升至3.38%，年均增长率需达到27.47%，为以往12年实际年均增长率的2.20倍（省域间目标距离第12位）。

（5）城乡无差距测算：在民生基础层面、民生消费层面、文化需求层面三项城乡比的无差距理想状态下实现既往年度历年最佳比值测算增长目标，即假设此三个层面的乡村人均值加速增长并与城镇水平持平，统一取城镇标准三项比例关系最佳值进行演算。如果到2020年吉林在此三个层面消除城乡差距，实现按城镇标准衡量的2000~2012年三项最佳比值，那么城乡人均文化消费应达到5502.89元，与产值增长测算值之比将上升至3.88%，年均增长率需达到29.67%，为以往12年实际年均增长率的2.38倍（省域间目标距离第8位）。

（6）弥合城乡比测算（吉林历年最小城乡比"倒挂"，此类测算可避免"矫枉过正"）：同样在三项最佳比值测算基础上，以人均文化消费城乡比的无差距理想值测算增长目标，即假设文化需求层面的城乡差距得以消除，据此演算校正数值。如果到2020年吉林城乡同时实现2000~2012年三项最佳比值和乡村人均文化消费绝对值与城镇水平持平，那么城乡人均文化消费应达到5748.44元，与产值增长测算值之比将上升至4.05%，年均增长率需达到

30.38%，为以往12年实际年均增长率的2.43倍（省域间目标距离第10位）。

（7）最小城乡比测算：在三项最佳比值测算基础上，以人均文化消费城乡比既往年度历年最小值测算增长目标，即假设"回复"原有的文化消费城乡比最小状态，作为缩小以至于消除城乡差距的基础。如果到2020年吉林城乡同时实现2000~2012年三项最佳比值和文化消费最小城乡比，那么城乡人均文化消费应达到5889.73元，与产值增长测算值之比将上升至4.15%，年均增长率需达到30.78%，为以往12年实际年均增长率的2.47倍（省域间目标距离第13位）。

如果按照国家"十二五"规划转变发展方式的要求，在"十二五"期间把吉林产值年均增长率控制在7%，并一直延续至2020年，那么（1）历年均增值、（2）消除负相关两类增长测算的绝对值不变，其与产值之比将分别增高至2.37%和4.24%；因其余各类测算与产值增长演算直接相关，文化消费人均值增长测算的绝对值相应减小，其所需年均增长幅度（目标差距）将分别降低至11.96%、17.63%、19.66%、20.32%、20.68%（详见图6注），显然更加容易实现。

天津：弥合城乡比增长目标测算第9位

王 玉*

摘 要：

天津文化消费增长目标暨文化产业发展空间测评：2000~2012
年省域间实际增长排名，历年均增值测算为第18位；2012~
2020年省域间目标距离排名，支柱性产业测算为第16位；消除
负相关测算为第10位；最佳比值测算为第13位；最小城乡比
测算为第9位；弥合城乡比测算为第9位；城乡无差距测算为
第11位。

关键词：

天津文化产业 扩大文化消费 需求与共享 增长目标

一 城乡文化消费需求及相关方面增长态势

2000~2012年天津城乡文化消费总量和人均值增长态势见图1。

2000~2012年，天津城乡文化消费总量由34.17亿元增高为169.17亿元，增加135.00亿元，12年间总增长395.08%，年均增长率14.26%。其中，"十五"期间年均增长8.94%；"十一五"期间年均增长19.21%；"十二五"头两年年均增长15.77%。"十二五"头两年年均增速比"十一五"低3.44个百分点；比"十五"高6.83个百分点。

同期，天津城镇人均文化消费由393.83元增高为1328.97元，增加935.14元，12年间总增长237.45%，年均增长率10.67%。其中，"十五"期

---

* 王玉，云南省社会科学院助理研究员，主要从事社会、信息相关研究。

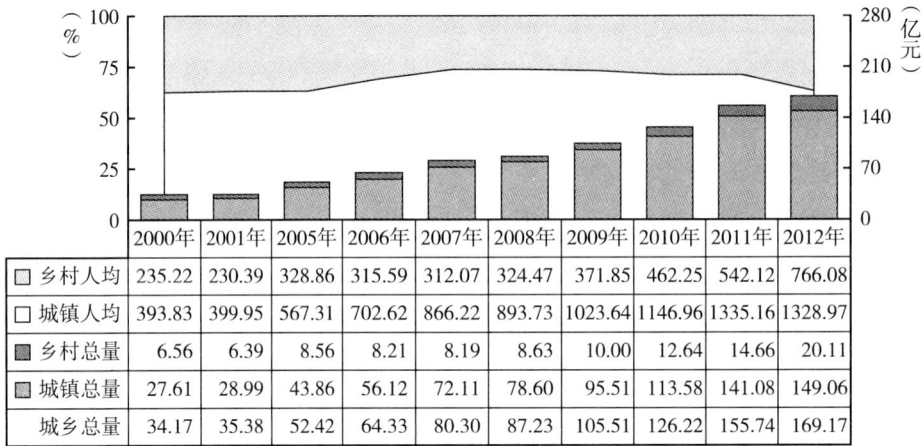

	2000年	2001年	2005年	2006年	2007年	2008年	2009年	2010年	2011年	2012年
乡村人均	235.22	230.39	328.86	315.59	312.07	324.47	371.85	462.25	542.12	766.08
城镇人均	393.83	399.95	567.31	702.62	866.22	893.73	1023.64	1146.96	1335.16	1328.97
乡村总量	6.56	6.39	8.56	8.21	8.19	8.63	10.00	12.64	14.66	20.11
城镇总量	27.61	28.99	43.86	56.12	72.11	78.60	95.51	113.58	141.08	149.06
城乡总量	34.17	35.38	52.42	64.33	80.30	87.23	105.51	126.22	155.74	169.17

图1 天津城乡文化消费总量和人均值增长态势

注：左轴为城乡人均文化消费（元转换为%），城乡间历年变动呈面积比例关系；右轴为文化消费总量（亿元），柱形上下之和为城乡总量。

间年均增长7.57%；"十一五"期间年均增长15.12%；"十二五"头两年年均增长7.64%。"十二五"头两年年均增速比"十一五"低7.48个百分点；比"十五"高0.07个百分点。乡村人均文化消费由235.22元增高为766.08元，增加530.86元，12年间总增长225.69%，年均增长率10.34%。其中，"十五"期间年均增长6.93%；"十一五"期间年均增长7.05%；"十二五"头两年年均增长28.74%。"十二五"头两年年均增速比"十一五"高21.69个百分点；比"十五"高21.81个百分点。

应予以注意的是，天津城镇人均值"十五"年均增长率比乡村高0.64个百分点，"十一五"年均增长率比乡村高8.07个百分点，城乡差距持续扩大；"十二五"头两年年均增长率比乡村低21.10个百分点，城乡差距转为缩小。

后续各图表将逐步展示天津相关背景各方面历年增长数据。在此，把各项绝对值转换为以上一年数值为100的年度增长百分指数，形成2000~2012年天津人均产值、城乡人均收入、人均消费（分为人均非文消费与人均文化消费）和人均积蓄增长态势（见图2）。

在天津人均产值、城乡人均收入、人均非文消费、人均文化消费和人均

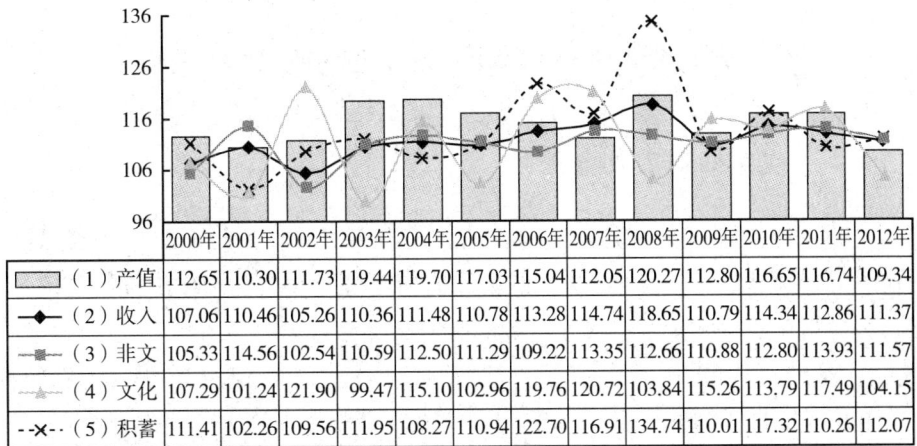

	2000年	2001年	2002年	2003年	2004年	2005年	2006年	2007年	2008年	2009年	2010年	2011年	2012年
（1）产值	112.65	110.30	111.73	119.44	119.70	117.03	115.04	112.05	120.27	112.80	116.65	116.74	109.34
（2）收入	107.06	110.46	105.26	110.36	111.48	110.78	113.28	114.74	118.65	110.79	114.34	112.86	111.37
（3）非文	105.33	114.56	102.54	110.59	112.50	111.29	109.22	113.35	112.66	110.88	112.80	113.93	111.57
（4）文化	107.29	101.24	121.90	99.47	115.10	102.96	119.76	120.72	103.84	115.26	113.79	117.49	104.15
（5）积蓄	111.41	102.26	109.56	111.95	108.27	110.94	122.70	116.91	134.74	110.01	117.32	110.26	112.07

图 2　天津人均产值、城乡人均收入、人均消费和人均积蓄增长态势

注：年度增长指数（产值为柱形，其余为曲线）：上年 = 100，小于 100 为负增长。2000～2012 年增长相关系数，（1）与（2）为 0.4477；（2）与（3）为 0.7189；（4）与（5）为 0.0487，其间，2006～2010 年为 - 0.6772，2007～2011 年为 - 0.8356，2008～2012 年为 - 0.6185，文化消费需求的"积蓄增长负相关效应"明显。

积蓄的年度增长指数中，选取三对具有特定相关关系的数据项：（1）系人均产值历年增长指数，（2）系人均收入历年增长指数，二者相关系数为 0.4477，即历年增长保持 44.77% 的同步；（2）系人均收入历年增长指数，（3）系人均非文消费历年增长指数，二者相关系数为 0.7189，即历年增长保持 71.89% 的同步；（4）系人均文化消费历年增长指数，（5）系人均积蓄历年增长指数，二者相关系数为 0.0487，构成一定的正相关增长互动关系，但分时间段深入考察，2006～2010 年为 - 0.6772，2007～2011 年为 - 0.8356，2008～2012 年为 - 0.6185，构成较明显的反向互动关系。

就天津城乡人均积蓄与文化消费二者历年增长幅度变化的相关性而言，不妨简单理解为，前者每上升 1%，后者在 2006～2010 年下降 0.68%，2007～2011 年下降 0.84%，2008～2012 年下降 0.62%。对比天津城乡人均积蓄与文化消费两条年度增长曲线，部分年度明显似"水中倒影"的负相关关系。其中，2010 年人均积蓄年度增长形成高峰，与之对应的是人均文化消费年度增长陷入低谷。天津城乡文化消费的"积蓄增长负相关效应"明显。

二 城乡文化消费需求背景的增长协调性分析

（一）民生基础系数检测

2000~2012 年，天津城乡人均收入、人均产值、收入与产值比和收入城乡比变动态势见图3，其中将人均收入、人均产值转换为面积比例，二者历年之比形成民生基础系数变动曲线，同时附有收入城乡比变动曲线。

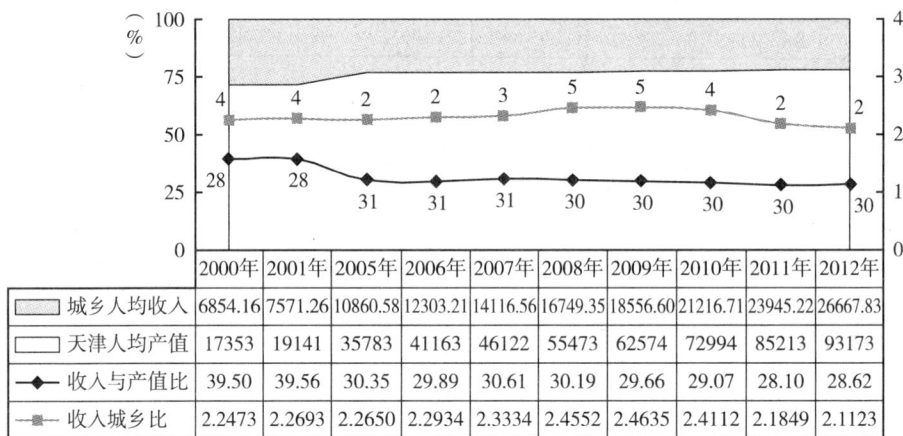

	2000年	2001年	2005年	2006年	2007年	2008年	2009年	2010年	2011年	2012年
城乡人均收入	6854.16	7571.26	10860.58	12303.21	14116.56	16749.35	18556.60	21216.71	23945.22	26667.83
天津人均产值	17353	19141	35783	41163	46122	55473	62574	72994	85213	93173
收入与产值比	39.50	39.56	30.35	29.89	30.61	30.19	29.66	29.07	28.10	28.62
收入城乡比	2.2473	2.2693	2.2650	2.2934	2.3334	2.4552	2.4635	2.4112	2.1849	2.1123

图 3 天津城乡人均收入、人均产值、收入与产值比和收入城乡比变动态势

注：左轴为城乡人均收入、人均产值（元转换为%），二者变动呈面积比例，相互间历年之比形成民生基础系数（%）曲线；右轴为收入城乡比（乡村=1）。标明历年省域排序。

2000~2012 年，天津城乡居民人均收入年均增长 11.99%，人均产值年均增长 15.03%，比人均收入增速高出 3.04 个百分点。12 年间，天津城乡居民人均收入与人均产值之比的最高（最佳）值为 2001 年 39.56%，最低值为2011 年的 28.10%。逐年考察，除了 2001 年、2007 年、2012 年出现上升以外，天津城乡此项比值逐步下降，由 2000 年的 39.50% 降低至 2012 年的28.62%，比值处于 31 个省域的第 30 位。民生基础系数呈现降低趋势，意味着在经济增长的同时，"人民共享发展成果"程度逐渐降低。

2000~2012 年，天津乡村居民人均收入年均增长 11.94%，城镇居民人均收入年均增长 11.37%，比乡村增速低了 0.57 个百分点。12 年间，天津人均收入城乡比的最大值为 2009 年的 2.4635，最小（最佳）值为 2012 年的 2.1123。逐年考察，除了 2001 年、2003～2004 年、2006～2009 年出现上升以外，天津此项城乡比逐步下降，由 2000 年的 2.2473 降低至 2012 年的 2.1123，处于 31 个省域的第 2 位。人均收入的城乡差距呈现缩小趋势，意味着在民生基础层面城乡之间"共享发展成果"的程度有所提高。

如果天津城乡民生基础系数能够保持 2001 年的最佳水平，天津民生基础层面的城乡差距能够保持 2012 年的最低程度，并实现城乡无差距理想状态，那么在"国民收入再分配"演算和城乡综合重新演算当中，天津人均收入应有很大提高，这样随后逐步推演的一切测算值都会发生变化。

（二）民生消费系数检测

2000～2012 年天津城乡人均非文消费、城乡人均收入、非文占收入比和非文城乡比变动态势见图 4，其中将人均非文消费、城乡人均收入转换为面积比例，二者历年之比形成民生消费系数变动曲线，同时附有非文消费城乡比变动曲线。

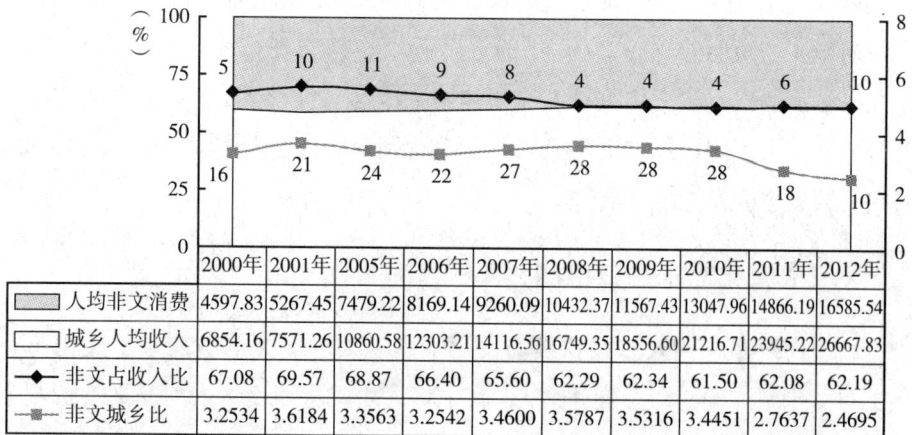

	2000年	2001年	2005年	2006年	2007年	2008年	2009年	2010年	2011年	2012年
人均非文消费	4597.83	5267.45	7479.22	8169.14	9260.09	10432.37	11567.43	13047.96	14866.19	16585.54
城乡人均收入	6854.16	7571.26	10860.58	12303.21	14116.56	16749.35	18556.60	21216.71	23945.22	26667.83
非文占收入比	67.08	69.57	68.87	66.40	65.60	62.29	62.34	61.50	62.08	62.19
非文城乡比	3.2534	3.6184	3.3563	3.2542	3.4600	3.5787	3.5316	3.4451	2.7637	2.4695

图 4 天津城乡人均非文消费、城乡人均收入、非文占收入比和非文城乡比变动态势

注：左轴为城乡人均非文消费、城乡人均收入（元转换为%），二者变动呈面积比例，相互间历年之比形成民生消费系数（%）曲线；右轴为非文消费城乡比（乡村 =1）。标明历年省域排序。

2000~2012 年，天津城乡居民人均非文消费年均增长 11.28%，人均收入年均增长 11.99%，比人均非文消费增速高出 0.71 个百分点。12 年间，天津城乡居民人均非文消费占人均收入比重的最高值为 2001 年的 69.57%，最低（最佳）值为 2010 年的 61.50%。逐年考察，除了 2001 年、2003~2005 年、2009 年、2011~2012 年出现上升以外，天津城乡此项比值逐步下降，由 2000 年的 67.08% 降低至 2012 年的 62.19%，比值处于 31 个省域的第 10 位。民生消费系数呈现降低趋势，亦即必需消费之外的余钱占收入的比重增高，意味着从"基本小康"到"全面小康"建设的民生效应日益得到显现。

2000~2012 年，天津乡村居民人均非文消费年均增长 12.93%，城镇居民人均非文消费年均增长 10.36%，比乡村增速低了 2.57 个百分点。12 年间，天津人均非文消费城乡比的最大值为 2003 年的 3.8256，最小（最佳）值为 2012 年的 2.4695。逐年考察，除了 2001 年、2003 年、2007~2008 年出现上升以外，天津此项城乡比逐步下降，由 2000 年的 3.2534 降低至 2012 年的 2.4695，处于 31 个省域的第 10 位。必需非文消费的城乡差距呈现缩小趋势，意味着在民生消费层面城乡之间"共享发展成果"的程度有所提高。

如果天津城乡民生消费系数能够保持 2010 年的最佳水平，天津民生消费层面的城乡差距能够保持 2012 年的最低程度，并实现城乡无差距理想状态，那么在必需消费占收入比重再度演算和城乡综合重新演算当中，天津人均非文消费应有较大不同，反转则是人均非文消费剩余应有很大增多，这样随后推演的相关数值也会发生变化。

（三）文化需求系数检测

2000~2012 年，天津城乡人均文化消费、人均非文消费剩余、文化与非余比和文化城乡比变动态势见图 5，其中将人均文化消费、人均非文消费剩余转换为面积比例，二者历年之比形成文化需求系数变动曲线，同时附有文化消费城乡比变动曲线。

2000~2012 年，天津城乡居民人均文化消费年均增长 11.02%，人均非文消费剩余年均增长 13.29%，比人均文化消费增速高出 2.27 个百分点。12 年

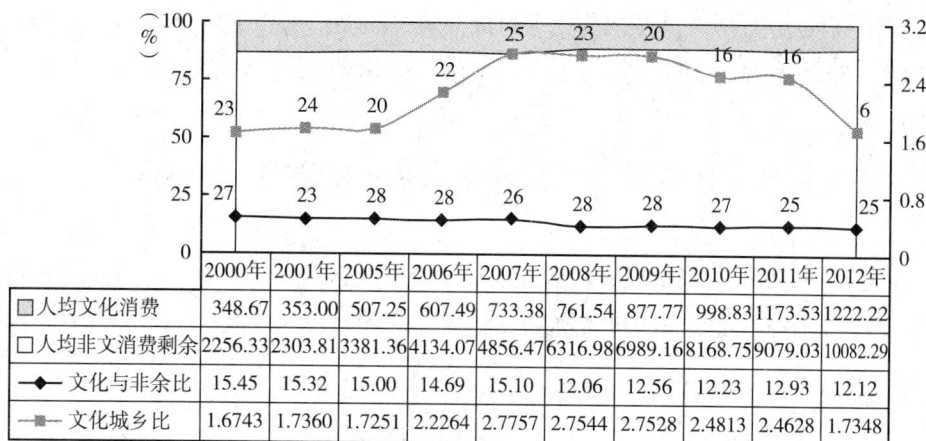

	2000年	2001年	2005年	2006年	2007年	2008年	2009年	2010年	2011年	2012年
□ 人均文化消费	348.67	353.00	507.25	607.49	733.38	761.54	877.77	998.83	1173.53	1222.22
□ 人均非文消费剩余	2256.33	2303.81	3381.36	4134.07	4856.47	6316.98	6989.16	8168.75	9079.03	10082.29
◆ 文化与非余比	15.45	15.32	15.00	14.69	15.10	12.06	12.56	12.23	12.93	12.12
■ 文化城乡比	1.6743	1.7360	1.7251	2.2264	2.7757	2.7544	2.7528	2.4813	2.4628	1.7348

**图 5　天津城乡人均文化消费、非文消费剩余、文化与
非余比和文化城乡比变动态势**

注：左轴为城乡人均文化消费、人均非文消费剩余（元转换为%），二者变动呈面积比例，相互间历年之比形成文化需求系数（%）曲线；右轴为文化消费城乡比（乡村=1，小于1为"城乡倒挂"，即城镇人均值低于乡村）。标明历年省域排序。

间，天津城乡居民人均文化消费与人均非文消费剩余比值的最高（最佳）值为 2002 年的 16.76%，最低值为 2008 年的 12.06%。逐年考察，除了 2002 年、2004 年、2007 年、2009 年、2011 年出现上升以外，天津城乡此项比值逐步下降，由 2000 年的 15.45% 降低至 2012 年的 12.12%，比值处于 31 个省域的第 25 位。文化需求系数呈现降低趋势，意味着非必需的文化消费需求增长依然受到"积蓄增长负相关效应"的反向牵制。

2000～2012 年，天津乡村居民人均文化消费年均增长 10.34%，城镇居民人均文化消费年均增长 10.67%，比乡村增速高出 0.33 个百分点。12 年间，天津人均文化消费城乡比的最小（最佳）值为 2003 年的 1.1741，最大值为 2007 年的 2.7757。逐年考察，除了 2003 年、2008～2012 年出现下降以外，天津此项城乡比逐步上升，由 2000 年的 1.6743 提高至 2012 年的 1.7348，处于 31 个省域的第 6 位。文化消费需求的城乡差距呈现扩大趋势，意味着在文化需求层面城乡之间"共享发展成果"的程度有所降低。

如果天津城乡文化需求系数能够保持 2002 年的最佳水平，天津文化需求层面的城乡差距能够保持 2003 年的最低程度，并实现城乡无差距理想状态，那么在非必需文化消费占余钱比重再度演算和城乡综合重新演算当中，天津人均文化消费应有很大增长。

三 文化需求增长目标暨文化产业发展空间测算

2012～2020年天津城乡人均文化消费需求增长测算见图6，其中提供了文化产业供需协调增长目标的7类测算结果。

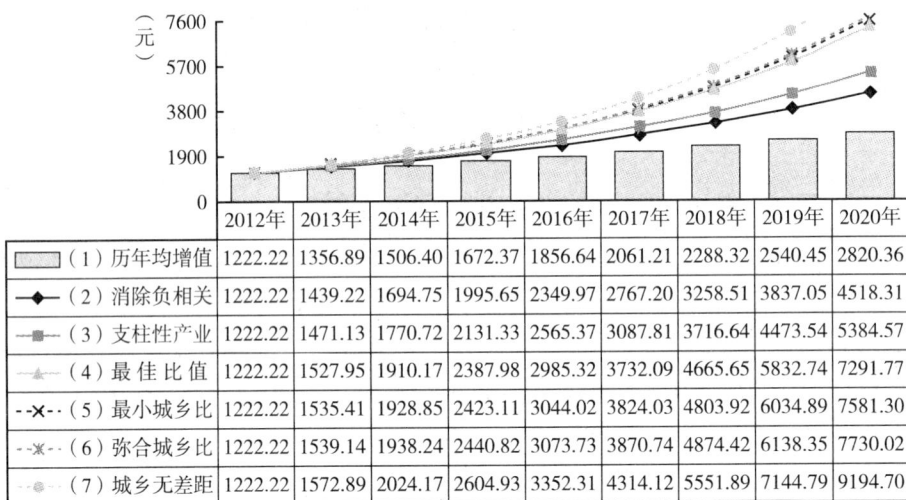

（元）	2012年	2013年	2014年	2015年	2016年	2017年	2018年	2019年	2020年
（1）历年均增值	1222.22	1356.89	1506.40	1672.37	1856.64	2061.21	2288.32	2540.45	2820.36
（2）消除负相关	1222.22	1439.22	1694.75	1995.65	2349.97	2767.20	3258.51	3837.05	4518.31
（3）支柱性产业	1222.22	1471.13	1770.72	2131.33	2565.37	3087.81	3716.64	4473.54	5384.57
（4）最佳比值	1222.22	1527.95	1910.17	2387.98	2985.32	3732.09	4665.65	5832.74	7291.77
（5）最小城乡比	1222.22	1535.41	1928.85	2423.11	3044.02	3824.03	4803.92	6034.89	7581.30
（6）弥合城乡比	1222.22	1539.14	1938.24	2440.82	3073.73	3870.74	4874.42	6138.35	7730.02
（7）城乡无差距	1222.22	1572.89	2024.17	2604.93	3352.31	4314.12	5551.89	7144.79	9194.70

图6 2012～2020年天津城乡人均文化消费需求增长测算

注：作为背景因素，2012～2020年人均产值按2000～2012年实际年均增长率推算。2012年文化消费与产值比实际值为1.31%；2020年测算值为（1）0.99%，（2）1.58%，（3）1.88%，（4）2.55%，（5）2.65%，（6）2.71%，（7）3.22%。2012～2020年文化消费年均增长为（1）11.02%（2000～2012年实际值，以下为测算值），（2）17.75%，（3）20.36%，（4）25.01%，（5）25.62%，（6）25.93%，（7）28.69%。若产值按年均增长率7%推算，则2020年文化消费与产值比（增量、增幅不变）为（1）1.76%，（2）2.82%。2020年文化消费（与产值比不变）为（3）3017.25元，年增11.96%；（4）4085.95元，年增16.28%；（5）4248.19元，年增16.85%；（6）4331.52元，年增17.13%；（7）5152.26元，年增19.70%。

（1）历年均增值测算：以城乡文化消费既往年度年均增长率测算增长目标，可以得出统计概率最高的或然增长结果。如果2012～2020年天津城乡文化消费增长保持2000～2012年平均增长率11.02%（省域间实际增长第18位），那么到2020年城乡人均文化消费将达到2820.36元。在相关各方面增长均依此推算的情况下，由于天津城乡文化消费与产值之比在 2000～2012 年呈现下降态势，至 2020 年文化消费增长与产值增长测算值之比将继续降低至 0.99%。

（2）消除负相关测算：以城乡文化需求系数既往年度历年最佳比值测算增长目标，即假设积蓄增长与文化消费增长之间排除负相关关系，必需消费之外余钱增长与精神文化消费需求增长实现同步。如果到 2020 年天津城乡此项比值实现 2000～2012 年最佳状态，那么城乡人均文化消费应达到 4518.31 元，与产值增长测算值之比将上升至 1.58%，年均增长率需达到 17.75%，为以往12 年实际年均增长率的 1.61 倍（省域间目标距离第 10 位）。

（3）支柱性产业测算：摒弃单纯的"文化 GDP 追逐"，通过文化消费需求增长空间反推，以文化生产满足文化需求的终极目的定位测算增长目标，即假设文化消费需求增长切实推动文化生产发展，实现文化产业供需协调增长，达到支柱性产业所需占产值的比重。各地城乡文化消费需求增长支撑文化产业成为支柱性产业的测算值各有不同，天津测算值为 1.88%。据此反推，到 2020 年天津城乡人均文化消费应达到 5384.57 元，年均增长率需达到 20.36%，为以往 12 年实际年均增长率的 1.85 倍（省域间目标距离第 16 位）。

（4）最佳比值测算：以城乡民生基础系数、民生消费系数、文化需求系数三项比值既往年度历年最佳值测算增长目标，即假设相关各方面的增长协调性"回复"曾有的三项比例关系最佳值。如果到 2020 年天津城乡三项比值同步实现 2000～2012 年最佳状态，那么城乡人均文化消费应达到 7291.77 元，与产值增长测算值之比将上升至 2.55%，年均增长率需达到 25.01%，为以往12 年实际年均增长率的 2.27 倍（省域间目标距离第 13 位）。

（5）最小城乡比测算：在三项最佳比值测算基础上，以人均文化消费城乡比既往年度历年最小值测算增长目标，即假设"回复"原有的文化消费城乡比最小状态，作为缩小以至于消除城乡差距的基础。如果到 2020 年天津城乡同时实现 2000～2012 年三项最佳比值和文化消费最小城乡比，那么城乡人均文化消费应达到 7581.30 元，与产值增长测算值之比将上升至 2.65%，年均增长率需达到 25.62%，为以往 12 年实际年均增长率的 2.32 倍（省域间目标距离第 9 位）。

（6）弥合城乡比测算：同样在三项最佳比值测算基础上，以人均文化消费城乡比的无差距理想值测算增长目标，即假设文化需求层面的城乡差距得以消除，据此演算校正数值。如果到2020年天津城乡同时实现2000～2012年三项最佳比值和乡村人均文化消费绝对值与城镇水平持平，那么城乡人均文化消费应达到7730.02元，与产值增长测算值之比将上升至2.71%，年均增长率需达到25.93%，为以往12年实际年均增长率的2.35倍（省域间目标距离第9位）。

（7）城乡无差距测算：在民生基础层面、民生消费层面、文化需求层面三项城乡比的无差距理想状态下实现既往年度历年最佳比值测算增长目标，即假设此三个层面的乡村人均值加速增长并与城镇水平持平，统一取城镇标准三项比例关系最佳值进行演算。如果到2020年天津在此三个层面消除城乡差距，实现按城镇标准衡量的2000～2012年三项最佳比值，那么城乡人均文化消费应达到9194.70元，与产值增长测算值之比将上升至3.22%，年均增长率需达到28.69%，为以往12年实际年均增长率的2.60倍（省域间目标距离第11位）。

如果按照国家"十二五"规划转变发展方式的要求，在"十二五"期间把天津产值年均增长率控制在7%，并一直延续至2020年，那么（1）历年均增值、（2）消除负相关两类增长测算的绝对值不变，其与产值之比将分别增高至1.76%和2.82%；其余各类测算因与产值增长演算直接相关，文化消费人均值增长测算的绝对值相应减小，其所需年均增长幅度（目标差距）将分别降低至11.96%、16.28%、16.85%、17.13%、19.70%（详见图6注），显然更加容易实现。

B.16

河北：最小城乡比增长目标测算第10位

蒋坤洋 *

摘　要：

河北文化消费增长目标暨文化产业发展空间测评：2000～2012年省域间实际增长排名，历年均增值测算为第19位；2012～2020年省域间目标距离排名，支柱性产业测算为第14位；消除负相关测算为第14位；最佳比值测算为第10位；最小城乡比测算为第10位；弥合城乡比测算为第11位；城乡无差距测算为第13位。

关键词：

河北文化产业　扩大文化消费　需求与共享　增长目标

一　城乡文化消费需求及相关方面增长态势

2000～2012年河北城乡文化消费总量和人均值增长态势见图1。

2000～2012年，河北城乡文化消费总量由100.30亿元增高为382.55亿元，增加282.25亿元，12年间总增长281.41%，年均增长率11.80%。其中，"十五"期间年均增长14.14%；"十一五"期间年均增长9.01%；"十二五"头两年年均增长13.10%。"十二五"头两年年均增速比"十一五"高4.09个百分点；比"十五"低1.04个百分点。

同期，河北城镇人均文化消费由210.21元增高为722.41元，增加512.20元，12年间总增长243.66%，年均增长率10.84%。其中，"十五"期间年均

---

* 蒋坤洋，云南省社会科学院培训部研究实习员，主要从事教育文化学研究。

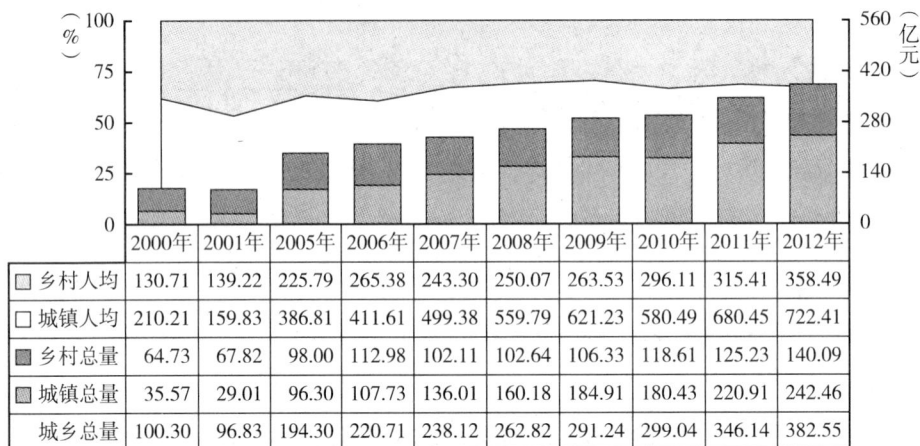

	2000年	2001年	2005年	2006年	2007年	2008年	2009年	2010年	2011年	2012年
□ 乡村人均	130.71	139.22	225.79	265.38	243.30	250.07	263.53	296.11	315.41	358.49
□ 城镇人均	210.21	159.83	386.81	411.61	499.38	559.79	621.23	580.49	680.45	722.41
■ 乡村总量	64.73	67.82	98.00	112.98	102.11	102.64	106.33	118.61	125.23	140.09
■ 城镇总量	35.57	29.01	96.30	107.73	136.01	160.18	184.91	180.43	220.91	242.46
城乡总量	100.30	96.83	194.30	220.71	238.12	262.82	291.24	299.04	346.14	382.55

图 1 河北城乡文化消费总量和人均值增长态势

注：左轴为城乡人均文化消费（元转换为%），城乡间历年变动呈面积比例关系；右轴为文化消费总量（亿元），柱形上下之和为城乡总量。

增长 12.97%；"十一五"期间年均增长 8.46%；"十二五"头两年年均增长 11.56%。"十二五"头两年年均增速比"十一五"高 3.10 个百分点；比"十五"低 1.41 个百分点。乡村人均文化消费由 130.71 元增高为 358.49 元，增加 227.78 元，12 年间总增长 174.26%，年均增长率 8.77%。其中，"十五"期间年均增长 11.55%；"十一五"期间年均增长 5.57%；"十二五"头两年年均增长 10.03%。"十二五"头两年年均增速比"十一五"高 4.46 个百分点；比"十五"低 1.52 个百分点。

应予以注意的是，河北城镇人均值"十五"年均增长率比乡村高 1.42 个百分点，"十一五"年均增长率比乡村高 2.89 个百分点，"十二五"头两年年均增长率比乡村高 1.53 个百分点，城乡差距持续扩大。

后续各图表将逐步展示河北相关背景各方面历年增长数据。在此，把各项绝对值转换为以上一年数值为 100 的年度增长百分指数，形成 2000～2012 年河北人均产值、城乡人均收入、人均消费（分为人均非文消费与人均文化消费）和人均积蓄增长态势（见图 2）。

在河北人均产值、城乡人均收入、人均非文消费、人均文化消费和积蓄的年度增长指数中，选取三对具有特定相关关系的数据项：（1）系人均产值历

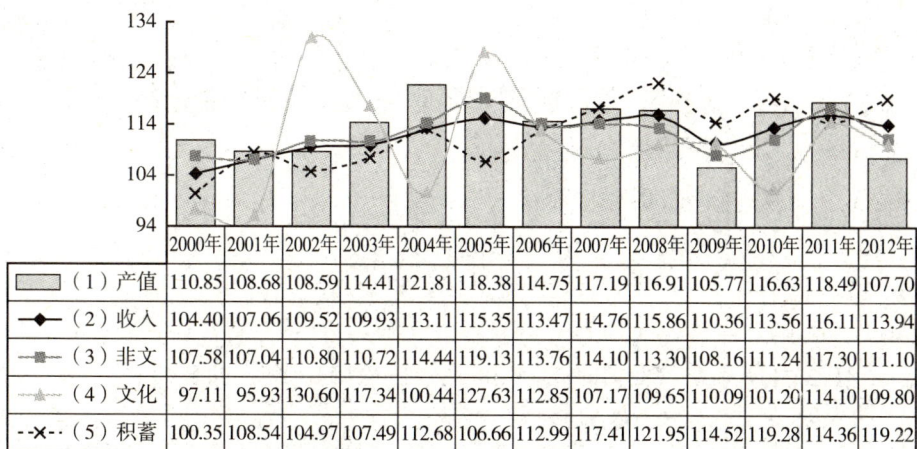

	2000年	2001年	2002年	2003年	2004年	2005年	2006年	2007年	2008年	2009年	2010年	2011年	2012年
（1）产值	110.85	108.68	108.59	114.41	121.81	118.38	114.75	117.19	116.91	105.77	116.63	118.49	107.70
（2）收入	104.40	107.06	109.52	109.93	113.11	115.35	113.47	114.76	115.86	110.36	113.56	116.11	113.94
（3）非文	107.58	107.04	110.80	110.72	114.44	119.13	113.76	114.10	113.30	108.16	111.24	117.30	111.10
（4）文化	97.11	95.93	130.60	117.34	100.44	127.63	112.85	107.17	109.65	110.09	101.20	114.10	109.80
（5）积蓄	100.35	108.54	104.97	107.49	112.68	106.66	112.99	117.41	121.95	114.52	119.28	114.36	119.22

图2　河北人均产值、城乡人均收入、人均消费和人均积蓄增长态势

注：年度增长指数（产值为柱形，其余为曲线），上年＝100，小于100为负增长。2000～2012年增长相关系数，（1）与（2）为0.6070；（2）与（3）为0.8236；（4）与（5）为－0.1869，其间，2002～2012年为－0.7643，2005～2012年为－0.8423，2002～2007年为－0.8375，2005～2010年为－0.8545，文化消费需求的"积蓄增长负相关效应"显著。

年增长指数，（2）系人均收入历年增长指数，二者相关系数为0.6070，即历年增长保持60.70%的同步；（2）系人均收入历年增长指数，（3）系人均非文消费历年增长指数，二者相关系数为0.8236，即历年增长保持82.36%的同步；（4）系人均文化消费历年增长指数；（5）系人均积蓄历年增长指数，二者相关系数为－0.1869，负相关程度较低，但分时间段深入考察，2002～2012年为－0.7643，2005～2012年为－0.8423，2002～2007年为－0.8375，2005～2010年为－0.8545，构成很明显的反向互动关系。

就河北城乡人均积蓄与人均文化消费二者历年增长幅度变化的相关性而言，不妨简单理解为，前者每上升1%，后者在2002～2012年下降0.76%，2005～2012年下降0.84%，2002～2007年下降0.84%，2005～2010年下降0.85%。对比河北城乡人均积蓄与人均文化消费两条年度增长曲线，大体呈现似"水中倒影"的负相关关系。其中，2002年、2005年人均积蓄年度增长跌入低谷，与之对应的是人均文化消费年度增长出现高峰；2007～2008年、2010年人均积蓄年度增长形成高峰，与之对应的是人均文化消费年度增长陷入低谷。河北城乡文化消费的"积蓄增长负相关效应"显著。

二 城乡文化消费需求背景的增长协调性分析

（一）民生基础系数检测

2000～2012 年，河北城乡人均收入、人均产值、收入与产值比和收入城乡比变动态势见图 3，其中将人均收入、人均产值转换为面积比例，二者历年之比形成民生基础系数变动曲线，同时附有收入城乡比变动曲线。

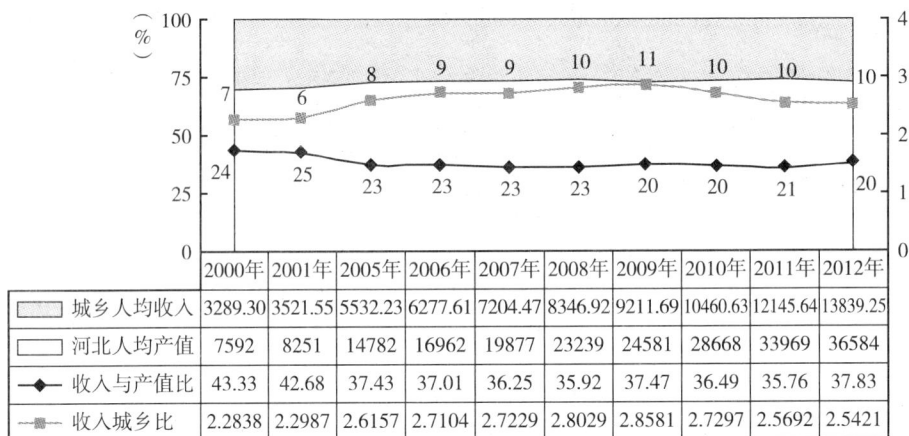

	2000年	2001年	2005年	2006年	2007年	2008年	2009年	2010年	2011年	2012年
城乡人均收入	3289.30	3521.55	5532.23	6277.61	7204.47	8346.92	9211.69	10460.63	12145.64	13839.25
河北人均产值	7592	8251	14782	16962	19877	23239	24581	28668	33969	36584
收入与产值比	43.33	42.68	37.43	37.01	36.25	35.92	37.47	36.49	35.76	37.83
收入城乡比	2.2838	2.2987	2.6157	2.7104	2.7229	2.8029	2.8581	2.7297	2.5692	2.5421

图 3　河北城乡人均收入、人均产值、收入与产值比和收入城乡比变动态势

注：左轴为城乡人均收入、人均产值（元转换为%），二者变动呈面积比例，相互间历年之比形成民生基础系数（%）曲线；右轴为收入城乡比（乡村 =1）。标明历年省域排序。

2000～2012 年，河北城乡居民人均收入年均增长 12.72%，人均产值年均增长 14.00%，比人均收入增速高出 1.28 个百分点。12 年间，河北城乡居民人均收入与人均产值之比的最高（最佳）值为 2000 年的 43.33%，最低值为 2011 年的 35.76%。逐年考察，除了 2002 年、2009 年、2012 年出现上升以外，河北城乡此项比值逐步下降，由 2000 年的 43.33% 降低至 2012 年的 37.83%，比值处于 31 个省域的第 20 位。民生基础系数呈现降低趋势，意味着在经济增长的同时，"人民共享发展成果"程度逐渐降低。

2000～2012 年，河北乡村居民人均收入年均增长 10.35%，城镇居民人均收入年均增长 11.34%，比乡村增速高出 0.99 个百分点。12 年间，河北人均收入城乡比的最小（最佳）值为 2000 年的 2.2838，最大值为 2009 年的 2.8581。逐年考察，除了 2004 年、2010～2012 年出现下降以外，河北此项城乡比逐步上升，由 2000 年的 2.2838 提高至 2012 年的 2.5421，处于 31 个省域的第 10 位。人均收入的城乡差距呈现扩大趋势，意味着在民生基础层面城乡之间"共享发展成果"的程度有所降低。

如果河北城乡民生基础系数能够保持 2000 年的最佳水平，河北民生基础层面的城乡差距能够保持 2000 年的最低程度，并实现城乡无差距理想状态，那么在"国民收入再分配"演算和城乡综合重新演算当中，河北人均收入应有很大提高，这样随后逐步推演的一切测算值都会发生变化。

（二）民生消费系数检测

2000～2012 年河北城乡人均非文消费、城乡人均收入、非文占收入比和非文城乡比变动态势见图 4，其中将人均非文消费、城乡人均收入转换为面积比例，二者历年之比形成民生消费系数变动曲线，同时附有非文消费城乡比变动曲线。

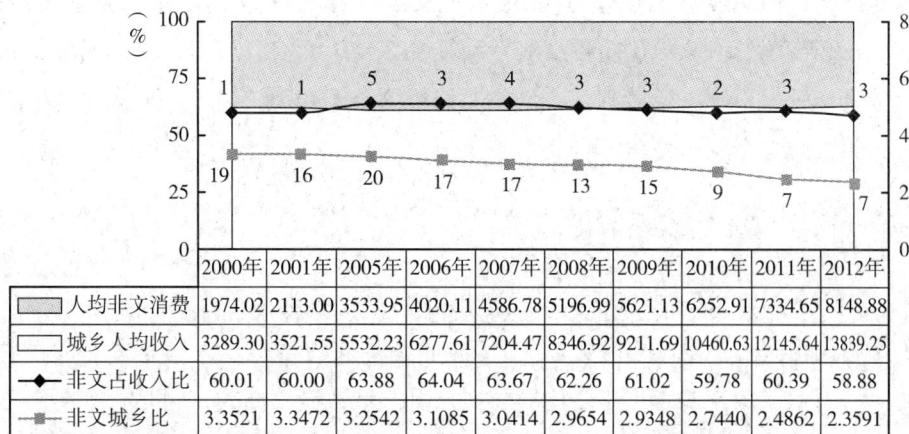

	2000年	2001年	2005年	2006年	2007年	2008年	2009年	2010年	2011年	2012年
人均非文消费	1974.02	2113.00	3533.95	4020.11	4586.78	5196.99	5621.13	6252.91	7334.65	8148.88
城乡人均收入	3289.30	3521.55	5532.23	6277.61	7204.47	8346.92	9211.69	10460.64	12145.64	13839.25
非文占收入比	60.01	60.00	63.88	64.04	63.67	62.26	61.02	59.78	60.39	58.88
非文城乡比	3.3521	3.3472	3.2542	3.1085	3.0414	2.9654	2.9348	2.7440	2.4862	2.3591

图 4　河北城乡人均非文消费、城乡人均收入、非文占收入比和非文城乡比变动态势

注：左轴为城乡人均非文消费、城乡人均收入（元转换为%），二者变动呈面积比例，相互间历年之比形成民生消费系数（%）曲线；右轴为非文消费城乡比（乡村＝1）。标明历年省域排序。

2000~2012年，河北城乡居民人均非文消费年均增长12.54%，人均收入年均增长12.72%，比人均非文消费增速高出0.18个百分点。12年间，河北城乡居民人均非文消费占人均收入比重的最高值为2006年的64.04%，最低（最佳）值为2012年的58.88%。逐年考察，除了2002~2006年、2011年出现上升以外，河北城乡此项比值逐步下降，由2000年的60.01%降低至2012年的58.88%，处于31个省域的第3位。民生消费系数呈现降低趋势，亦即必需消费之外的余钱占收入的比重增高，意味着从"基本小康"到"全面小康"建设的民生效应日益得到显现。

2000~2012年，河北乡村居民人均非文消费年均增长12.37%，城镇居民人均非文消费年均增长9.13%，比乡村增速低了3.24个百分点。12年间，河北人均非文消费城乡比的最大值为2002年的3.6396，最小（最佳）值为2012年的2.3591。逐年考察，除了2002年出现上升以外，河北此项城乡比逐步下降，由2000年的3.3521降低至2012年的2.3591，处于31个省域的第7位。必需非文消费的城乡差距呈现缩小趋势，意味着在民生消费层面城乡之间"共享发展成果"的程度有所提高。

如果河北城乡民生消费系数能够保持2012年的最佳水平，河北民生消费层面的城乡差距能够保持2012年的最低程度，并实现城乡无差距理想状态，那么在必需消费占收入比重再度演算和城乡综合重新演算当中，河北人均非文消费应有较大不同，反转则是人均非文消费剩余应有很大增多，这样随后推演的相关数值也会发生变化。

（三）文化需求系数检测

2000~2012年，河北城乡人均文化消费、人均非文消费剩余、文化与非余比和文化城乡比变动态势见图5，其中将人均文化消费、人均非文消费剩余转换为面积比例，二者历年之比形成文化需求系数变动曲线，同时附有文化消费城乡比变动曲线。

2000~2012年，河北城乡居民人均文化消费年均增长10.97%，人均非文消费剩余年均增长12.98%，比人均文化消费增速高出2.01个百分点。12年间，河北城乡居民人均文化消费与人均非文消费剩余比值的最高（最佳）值

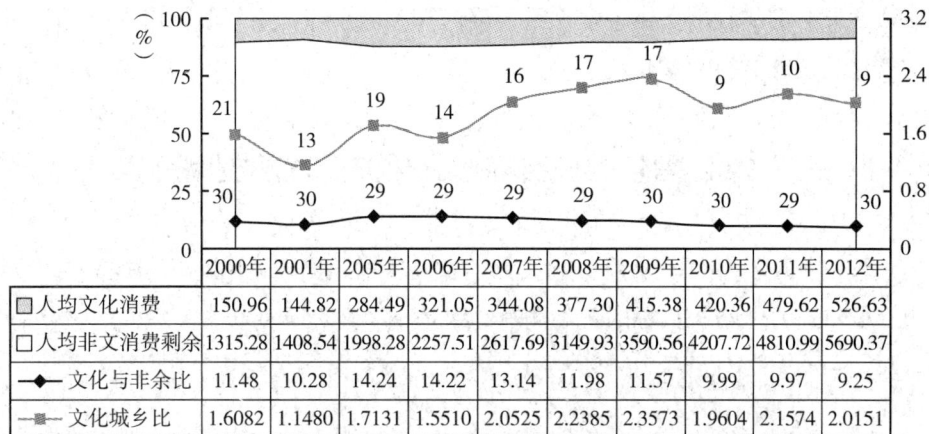

	2000年	2001年	2005年	2006年	2007年	2008年	2009年	2010年	2011年	2012年
□ 人均文化消费	150.96	144.82	284.49	321.05	344.08	377.30	415.38	420.36	479.62	526.63
□ 人均非文消费剩余	1315.28	1408.54	1998.28	2257.51	2617.69	3149.93	3590.56	4207.72	4810.99	5690.37
◆ 文化与非余比	11.48	10.28	14.24	14.22	13.14	11.98	11.57	9.99	9.97	9.25
■ 文化城乡比	1.6082	1.1480	1.7131	1.5510	2.0525	2.2385	2.3573	1.9604	2.1574	2.0151

图5　河北城乡人均文化消费、人均非文消费剩余、文化与非余比和文化城乡比变动态势

注：左轴为城乡人均文化消费、人均非文消费剩余（元转换为%），二者变动呈面积比例，相互间历年之比形成文化需求系数（%）曲线；右轴为文化消费城乡比（乡村＝1，小于1为"城乡倒挂"，即城镇人均值低于乡村）。标明历年省域排序。

为2005年的14.24%，最低值为2012年的9.25%。逐年考察，除了2002～2003年、2005年出现上升以外，河北城乡此项比值逐步下降，由2000年的11.48%降低至2012年的9.25%，比值处于31个省域的第30位。文化需求系数呈现降低趋势，意味着非必需的文化消费需求增长依然受到"积蓄增长负相关效应"的反向牵制。

2000～2012年，河北乡村居民人均文化消费年均增长8.77%，城镇居民人均文化消费年均增长10.84%，比乡村增速高出2.07个百分点。12年间，河北人均文化消费城乡比的最小（最佳）值为2001年的1.1480，最大值为2009年的2.3573。逐年考察，除了2001年、2003年、2006年、2010年、2012年出现下降以外，河北此项城乡比逐步上升，由2000年的1.6082提高至2012年的2.0151，城乡比数值处于31个省域的第9位。文化消费需求的城乡差距呈现扩大趋势，意味着在文化需求层面城乡之间"共享发展成果"的程度有所降低。

如果河北城乡文化需求系数能够保持2005年的最佳水平，河北文化需求层面的城乡差距能够保持2001年的最低程度，并实现城乡无差距理想状态，那么在非必需文化消费占余钱比重再度演算和城乡综合重新演算当中，河北人均文化消费应有很大增长。

三 文化需求增长目标暨文化产业发展空间测算

2012～2020 年河北城乡人均文化消费需求增长测算见图 6，其中提供了文化产业供需协调增长目标的 7 类测算结果。

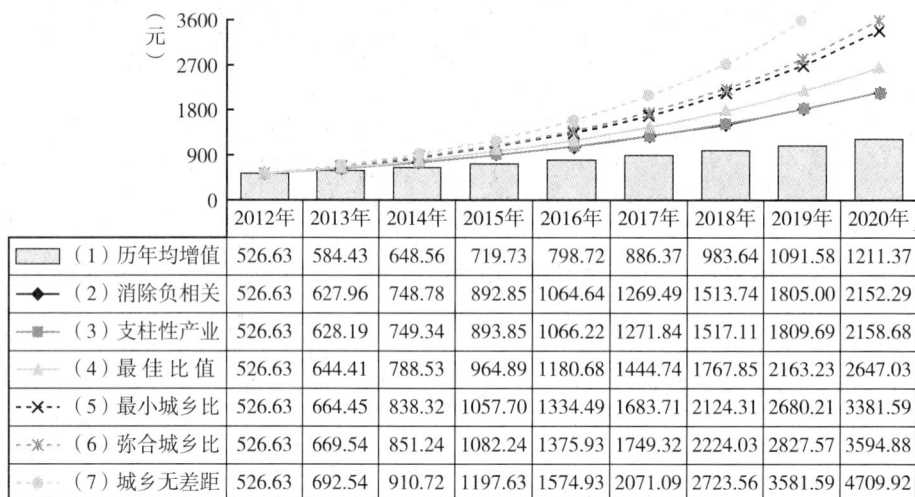

	2012年	2013年	2014年	2015年	2016年	2017年	2018年	2019年	2020年
（1）历年均增值	526.63	584.43	648.56	719.73	798.72	886.37	983.64	1091.58	1211.37
（2）消除负相关	526.63	627.96	748.78	892.85	1064.64	1269.49	1513.74	1805.00	2152.29
（3）支柱性产业	526.63	628.19	749.34	893.85	1066.22	1271.84	1517.11	1809.69	2158.68
（4）最佳比值	526.63	644.41	788.53	964.89	1180.68	1444.74	1767.85	2163.23	2647.03
（5）最小城乡比	526.63	664.45	838.32	1057.70	1334.49	1683.71	2124.31	2680.21	3381.59
（6）弥合城乡比	526.63	669.54	851.24	1082.24	1375.93	1749.32	2224.03	2827.57	3594.88
（7）城乡无差距	526.63	692.54	910.72	1197.63	1574.93	2071.09	2723.56	3581.59	4709.92

图 6　2012～2020 年河北城乡人均文化消费需求增长测算

注：作为背景因素，2012～2020 年人均产值按 2000～2012 年实际年均增长率推算。2012 年文化消费与产值比实际值为 1.44%；2020 年测算值为（1）1.16%，（2）2.06%，（3）2.07%，（4）2.54%，（5）3.24%，（6）3.44%，（7）4.51%。2012～2020 年文化消费年均增长：（1）10.97%（2000～2012 年实际值，以下为测算值），（2）19.24%，（3）19.28%，（4）22.36%，（5）26.17%，（6）27.14%，（7）31.50%。若产值按年均增长率 7% 推算，则 2020 年文化消费与产值比（增量、增幅不变）为（1）1.93%，（2）3.42%。2020 年文化消费（与产值比不变）为（3）1300.08 元，年增 11.96%；（4）1594.19 元，年增 14.85%；（5）2036.58 元，年增 18.42%；（6）2165.04 元，年增 19.33%；（7）2836.57 元，年增 23.43%。

（1）历年均增值测算：以城乡文化消费既往年度年均增长率测算增长目标，可以得出统计概率最高的或然增长结果。如果 2012～2020 年河北城乡文化消费增长保持 2000～2012 年平均增长率 10.97%（省域间实际增长第 19 位），那么到 2020 年城乡人均文化消费将达到 1211.37 元。在相关各方面增长均依此推算的情况下，由于河北城乡文化消费与产值之比在 2000～2012 年呈现下降态势，至 2020 年文化消费增长与产值增长测算值之比将继续降低至 1. 16%。

（2）消除负相关测算：以城乡文化需求系数既往年度历年最佳比值测算增长目标，即假设积蓄增长与文化消费增长之间排除负相关关系，必需消费之外余钱增长与精神文化消费需求增长实现同步。如果到 2020 年河北城乡此项比值实现 2000～2012 年最佳状态，那么城乡人均文化消费应达到 2152. 29 元，与产值增长测算值之比将上升至 2. 06%，年均增长率需达到 19. 24%，为以往 12 年实际年均增长率的 1. 75 倍（省域间目标距离第 14 位）。

（3）支柱性产业测算：摒弃单纯的"文化 GDP 追逐"，通过文化消费需求增长空间反推，以文化生产满足文化需求的终极目的定位测算增长目标，即假设文化消费需求增长切实推动文化生产发展，实现文化产业供需协调增长，达到支柱性产业所需占产值的比重。各地城乡文化消费需求增长支撑文化产业成为支柱性产业的测算值各有不同，河北测算值为 2. 07%。据此反推，到 2020 年河北城乡人均文化消费应达到 2158. 68 元，年均增长率需达到 19. 28%，为以往 12 年实际年均增长率的 1. 76 倍（省域间目标距离第 14 位）。

（4）最佳比值测算：以城乡民生基础系数、民生消费系数、文化需求系数三项比值既往年度历年最佳值测算增长目标，即假设相关各方面的增长协调性"回复"曾有的三项比例关系最佳值。如果到 2020 年河北城乡三项比值同步实现 2000～2012 年最佳状态，那么城乡人均文化消费应达到 2647. 03 元，与产值增长测算值之比将上升至 2. 54%，年均增长率需达到 22. 36%，为以往 12 年实际年均增长率的 2. 04 倍（省域间目标距离第 10 位）。

（5）最小城乡比测算：在三项最佳比值测算基础上，以人均文化消费城乡比既往年度历年最小值测算增长目标，即假设"回复"原有的文化消费城乡比最小状态，作为缩小以至于消除城乡差距的基础。如果到 2020 年河北城乡同时实现 2000～2012 年三项最佳比值和文化消费最小城乡比，那么城乡人均文化消费应达到 3381. 59 元，与产值增长测算值之比将上升至 3. 24%，年均增长率需达到 26. 17%，为以往 12 年实际年均增长率的 2. 39 倍（省域间目标距离第 10 位）。

（6）弥合城乡比测算：同样在三项最佳比值测算基础上，以人均文化消费城乡比的无差距理想值测算增长目标，即假设文化需求层面的城乡差距得以消除，据此演算校正数值。如果到2020年河北城乡同时实现2000～2012年三项最佳比值和乡村人均文化消费绝对值与城镇水平持平，那么城乡人均文化消费应达到3594.88元，与产值增长测算值之比将上升至3.44%，年均增长率需达到27.14%，为以往12年实际年均增长率的2.47倍（省域间目标距离第11位）。

（7）城乡无差距测算：在民生基础层面、民生消费层面、文化需求层面三项城乡比的无差距理想状态下实现既往年度历年最佳比值测算增长目标，即假设此三个层面的乡村人均值加速增长并与城镇水平持平，统一取城镇标准三项比例关系最佳值进行演算。如果到2020年河北在此三个层面消除城乡差距，实现按城镇标准衡量的2000～2012年三项最佳比值，那么城乡人均文化消费应达到4709.92元，与产值增长测算值之比将上升至4.51%，年均增长率需达到31.50%，为以往12年实际年均增长率的2.87倍（省域间目标距离第13位）。

如果按照国家"十二五"规划转变发展方式的要求，在"十二五"期间把河北产值年均增长率控制在7%，并一直延续至2020年，那么（1）历年均增值、（2）消除负相关两类增长测算的绝对值不变，其与产值之比将分别增高至1.93%和3.42%；因其余各类测算与产值增长演算直接相关，文化消费人均值增长测算的绝对值相应减小，其所需年均增长幅度（目标差距）将分别降低至11.96%、14.85%、18.42%、19.33%、23.43%（详见图6注），显然更加容易实现。

青海：消除负相关增长目标测算第8位

宁发金*

摘　要：

青海文化消费增长目标暨文化产业发展空间测评：2000～2012年省域间实际增长排名，历年均增值测算为第8位；2012～2020年省域间目标距离排名，支柱性产业测算为第15位；消除负相关测算为第8位；最佳比值测算为第18位；最小城乡比测算为第16位；弥合城乡比测算为第16位；城乡无差距测算为第22位。

关键词：

青海文化产业　扩大文化消费　需求与共享　增长目标

一　城乡文化消费需求及相关方面增长态势

2000～2012年青海城乡文化消费总量和人均值增长态势见图1。

2000～2012年，青海城乡文化消费总量由5.87亿元增高为26.64亿元，增加20.77亿元，12年间总增长353.83%，年均增长率13.43%。其中，"十五"期间年均增长17.09%；"十一五"期间年均增长8.70%；"十二五"头两年年均增长16.55%。"十二五"头两年年均增速比"十一五"高7.85个百分点；比"十五"低0.54个百分点。

同期，青海城镇人均文化消费由181.62元增高为675.19元，增加493.57元，12年间总增长271.76%，年均增长率11.56%。其中，"十五"期间年均

---

* 宁发金，云南省社会科学院科研处助理研究员，主要从事信息分析相关研究。

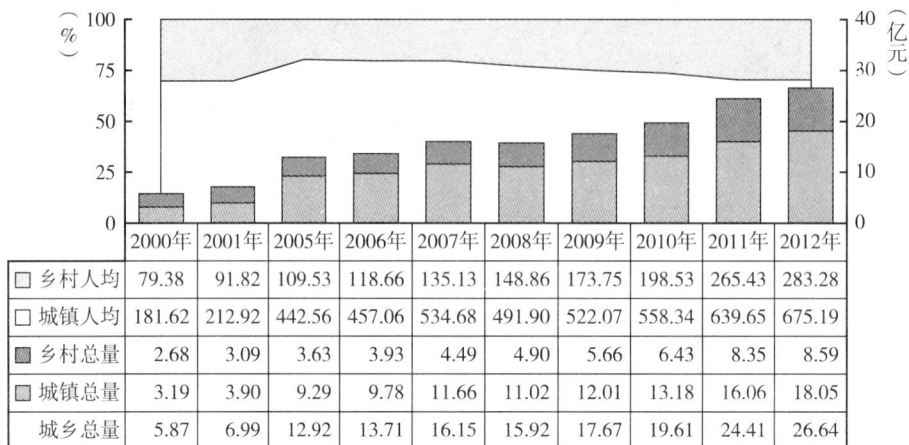

	2000年	2001年	2005年	2006年	2007年	2008年	2009年	2010年	2011年	2012年
□ 乡村人均	79.38	91.82	109.53	118.66	135.13	148.86	173.75	198.53	265.43	283.28
□ 城镇人均	181.62	212.92	442.56	457.06	534.68	491.90	522.07	558.34	639.65	675.19
■ 乡村总量	2.68	3.09	3.63	3.93	4.49	4.90	5.66	6.43	8.35	8.59
▨ 城镇总量	3.19	3.90	9.29	9.78	11.66	11.02	12.01	13.18	16.06	18.05
城乡总量	5.87	6.99	12.92	13.71	16.15	15.92	17.67	19.61	24.41	26.64

图1 青海城乡文化消费总量和人均值增长态势

注：左轴为城乡人均文化消费（元转换为%），城乡间历年变动呈面积比例关系；右轴为文化消费总量（亿元），柱形上下之和为城乡总量。

增长 19.50%；"十一五"期间年均增长 4.76%；"十二五"头两年年均增长 9.97%。"十二五"头两年年均增速比"十一五"高 5.21 个百分点；比"十五"低 9.53 个百分点。乡村人均文化消费由 79.38 元增高为 283.28 元，增加 203.90 元，12 年间总增长 256.87%，年均增长率 11.18%。其中，"十五"期间年均增长 6.65%；"十一五"期间年均增长 12.63%；"十二五"头两年年均增长 19.45%。"十二五"头两年年均增速比"十一五"高 6.82 个百分点；比"十五"高 12.80 个百分点。

应予以注意的是，青海城镇人均值"十五"年均增长率比乡村高 12.85 个百分点，城乡差距有所扩大；"十一五"年均增长率比乡村低 7.87 个百分点，城乡差距转为缩小；"十二五"头两年年均增长率比乡村低 9.48 个百分点，城乡差距持续缩小。

后续各图表将逐步展示青海相关背景各方面历年增长数据。在此，把各项绝对值转换为以上一年数值为 100 的年度增长百分指数，形成 2000～2012 年青海人均产值、城乡人均收入、人均消费（分为人均非文消费与人均文化消费）和人均积蓄增长态势（见图2）。

在青海人均产值、城乡人均收入、人均非文消费、人均文化消费和人均积

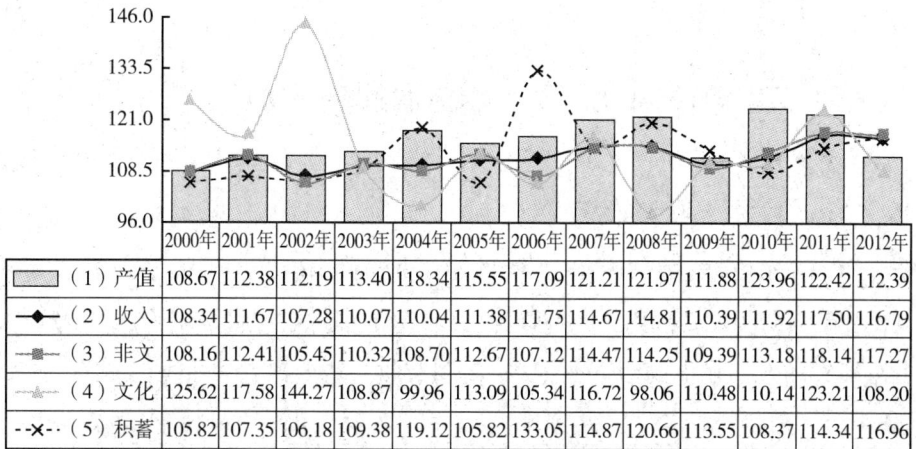

	2000年	2001年	2002年	2003年	2004年	2005年	2006年	2007年	2008年	2009年	2010年	2011年	2012年
（1）产值	108.67	112.38	112.19	113.40	118.34	115.55	117.09	121.21	121.97	111.88	123.96	122.42	112.39
（2）收入	108.34	111.67	107.28	110.07	110.04	111.38	111.75	114.67	114.81	110.39	111.92	117.50	116.79
（3）非文	108.16	112.41	105.45	110.32	108.70	112.67	107.12	114.47	114.25	109.39	113.18	118.14	117.27
（4）文化	125.62	117.58	144.27	108.87	99.96	113.09	105.34	116.72	98.06	110.48	110.14	123.21	108.20
（5）积蓄	105.82	107.35	106.18	109.38	119.12	105.82	133.05	114.87	120.66	113.55	108.37	114.34	116.96

图 2　青海人均产值、城乡人均收入、人均消费和人均积蓄增长态势

注：年度增长指数（产值为柱形，其余为曲线），上年 = 100，小于 100 为负增长。2000 ~ 2012 年增长相关系数，（1）与（2）为 0.5525；（2）与（3）为 0.9184；（4）与（5）为 - 0.5763，其间，2000 ~ 2009 年为 - 0.6230，2001 ~ 2005 年为 - 0.6523，文化消费需求的"积蓄增长负相关效应"明显。

蓄的年度增长指数中，选取三对具有特定相关关系的数据项：（1）系人均产值历年增长指数，（2）系人均收入历年增长指数，二者相关系数为 0.5525，即历年增长保持 55.25% 的同步；（2）系人均收入历年增长指数，（3）系人均非文消费历年增长指数，二者相关系数为 0.9184，即历年增长保持 91.84% 的同步；（4）系人均文化消费历年增长指数，（5）系人均积蓄历年增长指数，二者相关系数为 - 0.5763，负相关程度较高，分时间段继续考察，2000 ~ 2009 年为 - 0.6230，2001 ~ 2005 年为 - 0.6523，构成较明显的反向互动关系。

就青海城乡人均积蓄与人均文化消费二者历年增长幅度变化的相关性而言，不妨简单理解为，前者每上升 1%，后者在 2000 ~ 2009 年下降 0.62%，2001 ~ 2005 年下降 0.65%。对比青海城乡人均积蓄与人均文化消费两条年度增长曲线，只有最近几年显得例外，其余年度呈现似"水中倒影"的负相关关系。其中，2002 年人均积蓄年度增长跌入低谷，与之对应的是人均文化消费年度增长出现高峰；2004 年、2006 年、2008 年人均积蓄年度增长形成高峰，与之对应的是人均文化消费年度增长陷入低谷，甚至呈负增长。青海城乡文化消费的"积蓄增长负相关效应"明显。

二 城乡文化消费需求背景的增长协调性分析

（一）民生基础系数检测

2000～2012 年，青海城乡人均收入、人均产值、收入与产值比和收入城乡比变动态势见图 3，其中将人均收入、人均产值转换为面积比例，二者历年之比形成民生基础系数变动曲线，同时附有收入城乡比变动曲线。

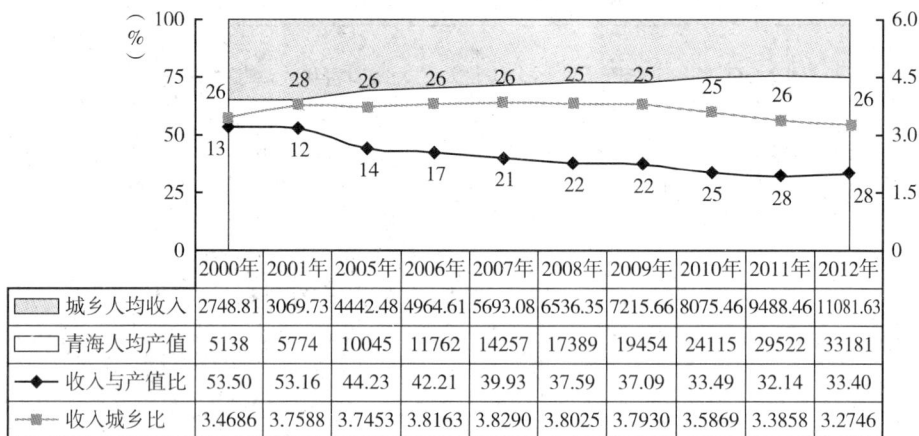

	2000年	2001年	2005年	2006年	2007年	2008年	2009年	2010年	2011年	2012年
城乡人均收入	2748.81	3069.73	4442.48	4964.61	5693.08	6536.35	7215.66	8075.46	9488.46	11081.63
青海人均产值	5138	5774	10045	11762	14257	17389	19454	24115	29522	33181
收入与产值比	53.50	53.16	44.23	42.21	39.93	37.59	37.09	33.49	32.14	33.40
收入城乡比	3.4686	3.7588	3.7453	3.8163	3.8290	3.8025	3.7930	3.5869	3.3858	3.2746

图 3　青海城乡人均收入、人均产值、收入与产值比和收入城乡比变动态势

注：左轴为城乡人均收入、人均产值（元转换为%），二者变动呈面积比例，相互间历年之比形成民生基础系数（%）曲线；右轴为收入城乡比（乡村=1）。标明历年省域排序。

2000～2012 年，青海城乡居民人均收入年均增长 12.32%，人均产值年均增长 16.82%，比人均收入增速高出 4.50 个百分点。12 年间，青海城乡居民人均收入与人均产值之比的最高（最佳）值为 2000 年的 53.50%，最低值为 2011 年的 32.14%。逐年考察，除了 2012 年出现上升以外，青海城乡此项比值逐步下降，由 2000 年的 53.50%降低至 2012 年的 33.40%，比值处于 31 个省域的第 28 位。民生基础系数呈现降低趋势，意味着在经济增长的同时，"人民共享发展成果"程度逐渐降低。

2000～2012 年，青海乡村居民人均收入年均增长 11.26%，城镇居民人均收入年均增长 10.73%，比乡村增速低了 0.53 个百分点。12 年间，青海人均收入城乡比的最大值为 2007 年的 3.8290，最小（最佳）值为 2012 年的 3.2746。逐年考察，除了 2001 年、2003 年、2005~2007 年出现上升以外，青海此项城乡比逐步缩减，由 2000 年的 3.4686 降低至 2012 年的 3.2746，处于 31 个省域的第 26 位。人均收入的城乡差距呈现缩小趋势，意味着在民生基础层面城乡之间"共享发展成果"的程度有所提高。

如果青海城乡民生基础系数能够保持 2000 年的最佳水平，青海民生基础层面的城乡差距能够保持 2012 年的最低程度，并实现城乡无差距理想状态，那么在"国民收入再分配"演算和城乡综合重新演算当中，青海人均收入应有很大提高，这样随后逐步推演的一切测算值都会发生变化。

（二）民生消费系数检测

2000~2012 年青海城乡人均非文消费、城乡人均收入、非文占收入比和非文城乡比变动态势见图 4，其中将非文消费、城乡人均收入转换为面积比例，二者历年之比形成民生消费系数变动曲线，同时附有非文消费城乡比变动曲线。

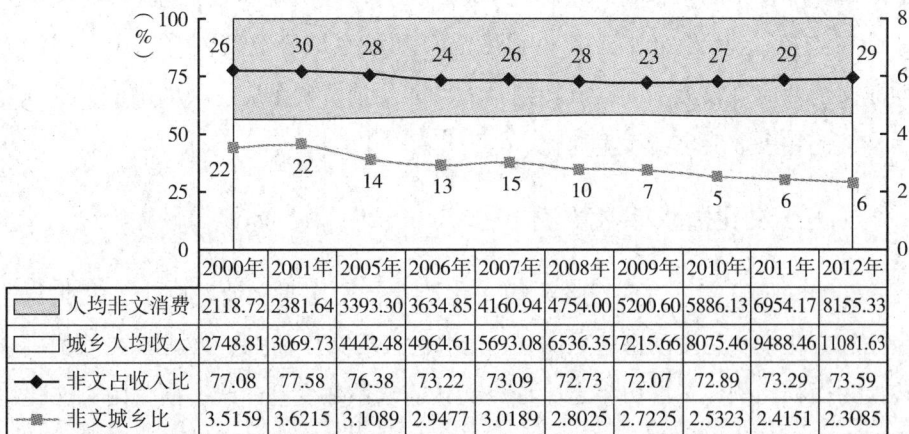

	2000年	2001年	2005年	2006年	2007年	2008年	2009年	2010年	2011年	2012年
人均非文消费	2118.72	2381.64	3393.30	3634.85	4160.94	4754.00	5200.60	5886.13	6954.17	8155.33
城乡人均收入	2748.81	3069.73	4442.48	4964.61	5693.08	6536.35	7215.66	8075.46	9488.46	11081.63
非文占收入比	77.08	77.58	76.38	73.22	73.09	72.73	72.07	72.89	73.29	73.59
非文城乡比	3.5159	3.6215	3.1089	2.9477	3.0189	2.8025	2.7225	2.5323	2.4151	2.3085

图 4　青海城乡人均非文消费、城乡人均收入、非文占收入比和非文城乡比变动态势

注：左轴为城乡人均非文消费、城乡人均收入（元转换为%），二者变动呈面积比例，相互间历年之比形成民生消费系数（%）曲线；右轴为非文消费城乡比（乡村=1）。标明历年省域排序。

2000~2012 年，青海城乡居民人均非文消费年均增长 11.89%，人均收入年均增长 12.32%，比人均非文消费增速高出 0.43 个百分点。12 年间，青海城乡居民人均非文消费占人均收入比重的最高值为 2001 年的 77.58%，最低（最佳）值为 2009 年的 72.07%。逐年考察，除了 2001 年、2003 年、2005 年、2010~2012 年出现上升以外，青海城乡此项比值逐步下降，由 2000 年的 77.08% 降低至 2012 年的 73.59%，比值处于 31 个省域的第 29 位。民生消费系数呈现降低趋势，亦即必需消费之外的余钱占收入的比重增高，意味着从"基本小康"到"全面小康"建设的民生效应日益得到显现。

2000~2012 年，青海乡村居民人均非文消费年均增长 13.23%，城镇居民人均非文消费年均增长 9.32%，比乡村增速低了 3.91 个百分点。12 年间，青海人均非文消费城乡比的最大值为 2002 年的 3.6740，最小（最佳）值为 2012 年的 2.3085。逐年考察，除了 2001~2002 年、2007 年出现上升以外，青海此项城乡比逐步下降，由 2000 年的 3.5159 降低至 2012 年的 2.3085，处于 31 个省域的第 6 位。必需非文消费的城乡差距呈现缩小趋势，意味着在民生消费层面城乡之间"共享发展成果"的程度有所提高。

如果青海城乡民生消费系数能够保持 2009 年的最佳水平，青海民生消费层面的城乡差距能够保持 2012 年的最低程度，并实现城乡无差距理想状态，那么在"必需消费"占收入比重再度演算和城乡综合重新演算当中，青海人均非文消费应有较大不同，反转则是人均非文消费剩余应有很大增多，这样随后推演的相关数值也会发生变化。

（三）文化需求系数检测

2000~2012 年，青海城乡人均文化消费、人均非文消费剩余、文化与非余比和文化城乡比变动态势见图 5，其中将人均文化消费、人均非文消费剩余转换为面积比例，二者历年之比形成文化需求系数变动曲线，同时附有文化消费城乡比变动曲线。

2000~2012 年，青海城乡居民人均文化消费年均增长 12.44%，人均非文消费剩余年均增长 13.65%，比人均文化消费增速高出 1.21 个百分点。12 年间，青海城乡居民人均文化消费与人均非文消费剩余比值的最高（最佳）值

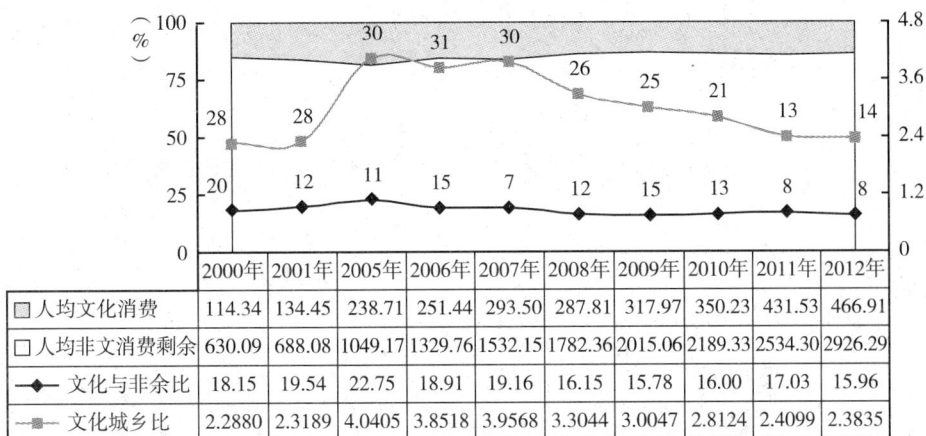

	2000年	2001年	2005年	2006年	2007年	2008年	2009年	2010年	2011年	2012年
人均文化消费	114.34	134.45	238.71	251.44	293.50	287.81	317.97	350.23	431.53	466.91
人均非文消费剩余	630.09	688.08	1049.17	1329.76	1532.15	1782.36	2015.06	2189.33	2534.30	2926.29
文化与非余比	18.15	19.54	22.75	18.91	19.16	16.15	15.78	16.00	17.03	15.96
文化城乡比	2.2880	2.3189	4.0405	3.8518	3.9568	3.3044	3.0047	2.8124	2.4099	2.3835

**图 5　青海城乡人均文化消费、人均非文消费剩余、文化与
非余比和文化城乡比变动态势**

注：左轴为城乡人均文化消费、人均非文消费剩余（元转换为%），二者变动呈面积比例，相互间历年之比形成文化需求系数（%）曲线；右轴为文化消费城乡比（乡村＝1，小于 1 为"城乡倒挂"，即城镇人均值低于乡村）。标明历年省域排序。

为 2002 年的 24.81%，最低值为 2009 年的 15.78%。逐年考察，除了 2001 ~ 2002 年、2005 年、2007 年、2010 ~ 2011 年出现上升以外，青海城乡此项比值逐步下降，由 2000 年的 18.15% 降低至 2012 年的 15.96%，比值处于 31 个省域的第 8 位。文化需求系数呈现降低趋势，意味着非必需的文化消费需求增长依然受到"积蓄增长负相关效应"的反向牵制。

2000 ~ 2012 年，青海乡村居民人均文化消费年均增长 11.18%，城镇居民人均文化消费年均增长 11.56%，比乡村增速高出 0.38 个百分点。12 年间，青海人均文化消费城乡比的最小（最佳）值为 2000 年的 2.2880，最大值为 2005 年的 4.0405。逐年考察，除了 2003 年、2006 年、2008 ~ 2012 年出现下降以外，青海此项城乡比逐步上升，由 2000 年的 2.2880 提高至 2012 年的 2.3835，处于 31 个省域的第 14 位。文化消费需求的城乡差距呈现扩大趋势，意味着在文化需求层面城乡之间"共享发展成果"的程度有所降低。

如果青海城乡文化需求系数能够保持 2002 年的最佳水平，青海文化需求层面的城乡差距能够保持 2000 年的最低程度，并实现城乡无差距理想状态，那么在非必需文化消费占余钱比重再度演算和城乡综合重新演算当中,青海人均文化消费应有很大增长。

三 文化需求增长目标暨文化产业发展空间测算

2012~2020年青海城乡人均文化消费需求增长测算见图6,其中提供了文化产业供需协调增长目标的7类测算结果。

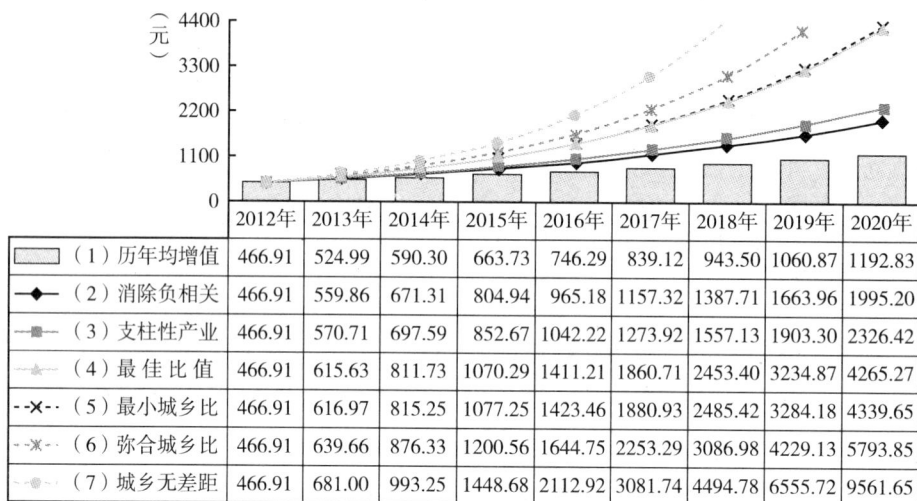

	2012年	2013年	2014年	2015年	2016年	2017年	2018年	2019年	2020年
（1）历年均增值	466.91	524.99	590.30	663.73	746.29	839.12	943.50	1060.87	1192.83
（2）消除负相关	466.91	559.86	671.31	804.94	965.18	1157.32	1387.71	1663.96	1995.20
（3）支柱性产业	466.91	570.71	697.59	852.67	1042.22	1273.92	1557.13	1903.30	2326.42
（4）最佳比值	466.91	615.63	811.73	1070.29	1411.21	1860.71	2453.40	3234.87	4265.27
（5）最小城乡比	466.91	616.97	815.25	1077.25	1423.46	1880.93	2485.42	3284.18	4339.65
（6）弥合城乡比	466.91	639.66	876.33	1200.56	1644.75	2253.29	3086.98	4229.13	5793.85
（7）城乡无差距	466.91	681.00	993.25	1448.68	2112.92	3081.74	4494.78	6555.72	9561.65

图6 2012~2020年青海城乡人均文化消费需求增长测算

注:作为背景因素,2012~2020年人均产值按2000~2012年实际年均增长率推算。2012年文化消费与产值比实际值为1.41%;2020年测算值为(1)1.04%,(2)1.73%,(3)2.02%,(4)3.71%,(5)3.77%,(6)5.04%,(7)8.31%。2012~2020年文化消费年均增长为(1)12.44%(2000~2012年实际值,以下为测算值),(2)19.91%,(3)22.23%,(4)31.85%,(5)32.14%,(6)37.00%,(7)45.85%。若产值按年均增长率7%推算,则2020年文化消费与产值比(增量、增幅不变)为(1)2.09%,(2)3.50%。2020年文化消费(与产值比不变)为(3)1152.64元,年增11.96%;(4)2113.26元,年增20.77%;(5)2150.11元,年增21.03%;(6)2870.61元,年增25.49%;(7)4737.40元,年增33.59%。

（1）历年均增值测算:以城乡文化消费既往年度年均增长率测算增长目标,可以得出统计概率最高的或然增长结果。如果2012~2020年青海城乡文化消费增长保持2000~2012年平均增长率12.44%(省域间实际增长第8位),那么到2020年城乡人均文化消费将达到1192.83元。在相关各方面增长均依此推算的情况下，由于青海城乡文化消费与产值之比在 2000～2012 年呈现下降态势，至 2020 年文化消费增长与产值增长测算值之比将继续降低至 1.04%。

（2）消除负相关测算：以城乡文化需求系数既往年度历年最佳比值测算增长目标，即假设积蓄增长与文化消费增长之间排除负相关关系，必需消费之外余钱增长与精神文化消费需求增长实现同步。如果到 2020 年青海城乡此项比值实现 2000～2012 年最佳状态，那么城乡人均文化消费应达到 1995.20 元，与产值增长测算值之比将上升至 1.73%，年均增长率需达到 19.91%，为以往 12 年实际年均增长率的 1.60 倍（省域间目标距离第 8 位）。

（3）支柱性产业测算：摒弃单纯的"文化 GDP 追逐"，通过文化消费需求增长空间反推，以文化生产满足文化需求的终极目的定位测算增长目标，即假设文化消费需求增长切实推动文化生产发展，实现文化产业供需协调增长，达到支柱性产业所需占产值的比重。各地城乡文化消费需求增长支撑文化产业成为支柱性产业的测算值各有不同，青海测算值为 2.02%。据此反推，到 2020 年青海城乡人均文化消费应达到 2326.42 元，年均增长率需达到 22.23%，为以往 12 年实际年均增长率的 1.79 倍（省域间目标距离第 15 位）。

（4）最佳比值测算：以城乡民生基础系数、民生消费系数、文化需求系数三项比值既往年度历年最佳值测算增长目标，即假设相关各方面的增长协调性"回复"曾有的三项比例关系最佳值。如果到 2020 年青海城乡三项比值同步实现 2000～2012 年最佳状态，那么城乡人均文化消费应达到 4265.27 元，与产值增长测算值之比将上升至 3.71%，年均增长率需达到 31.85%，为以往 12 年实际年均增长率的 2.56 倍（省域间目标距离第 18 位）。

（5）最小城乡比测算：在三项最佳比值测算基础上，以人均文化消费城乡比既往年度历年最小值测算增长目标，即假设"回复"原有的文化消费城乡比最小状态，作为缩小以至于消除城乡差距的基础。如果到 2020 年青海城乡同时实现 2000～2012 年三项最佳比值和文化消费最小城乡比，那么城乡人均文化消费应达到 4339.65 元，与产值增长测算值之比将上升至 3.77%，年均增长率需达到 32.14%，为以往 12 年实际年均增长率的 2.58 倍（省域间目标距离第 16 位）。

（6）弥合城乡比测算：同样在三项最佳比值测算基础上，以人均文化消费城乡比的无差距理想值测算增长目标，即假设文化需求层面的城乡差距得以消除，据此演算校正数值。如果到2020年青海城乡同时实现2000～2012年三项最佳比值和乡村人均文化消费绝对值与城镇水平持平，那么城乡人均文化消费应达到5793.85元，与产值增长测算值之比将上升至5.04%，年均增长率需达到37.00%，为以往12年实际年均增长率的2.97倍（省域间目标距离第16位）。

（7）城乡无差距测算：在民生基础层面、民生消费层面、文化需求层面三项城乡比的无差距理想状态下实现既往年度历年最佳比值测算增长目标，即假设此三个层面的乡村人均值加速增长并与城镇水平持平，统一取城镇标准三项比例关系最佳值进行演算。如果到2020年青海在此三个层面消除城乡差距，实现按城镇标准衡量的2000～2012年三项最佳比值，那么城乡人均文化消费应达到9561.65元，与产值增长测算值之比将上升至8.31%，年均增长率需达到45.85%，为以往12年实际年均增长率的3.69倍（省域间目标距离第22位）。

如果按照国家"十二五"规划转变发展方式的要求，在"十二五"期间把青海产值年均增长率控制在7%，并一直延续至2020年，那么（1）历年均增值、（2）消除负相关两类增长测算的绝对值不变，其与产值之比将分别增高至2.09%和3.50%；因其余各类测算与产值增长演算直接相关，文化消费人均值增长测算的绝对值相应减小，其所需年均增长幅度（目标差距）将分别降低至11.96%、20.77%、21.03%、25.49%、33.59%（详见图6注），显然更加容易实现。

内蒙古：消除负相关增长目标测算第 2 位

杨媛媛 *

摘　要：

内蒙古文化消费增长目标暨文化产业发展空间测评：2000～
2012 年省域间实际增长排名，历年均增值测算为第 4 位；
2012～2020 年省域间目标距离排名，支柱性产业测算为第 25
位；消除负相关测算为第 2 位；最佳比值测算为第 23 位；最小
城乡比测算为第 26 位；弥合城乡比测算为第 22 位；城乡无差
距测算为第 17 位。

关键词：

内蒙古文化产业　扩大文化消费　需求与共享　增长目标

一　城乡文化消费需求及相关方面增长态势

2000～2012 年内蒙古城乡文化消费总量和人均值增长态势见图 1。

2000～2012 年，内蒙古城乡文化消费总量由 50.45 亿元增高为 223.18 亿
元，增加 172.73 亿元，12 年间总增长 342.38%，年均增长率 13.19%。其中，
"十五"期间年均增长 12.53%；"十一五"期间年均增长 13.83%；"十二五"
头两年年均增长 13.25%。"十二五"头两年年均增速比"十一五"低 0.58 个
百分点；比"十五"高 0.72 个百分点。

同期，内蒙古城镇人均文化消费由 186.45 元增高为 1185.26 元，增加
998.81 元，12 年间总增长 535.70%，年均增长率 16.66%。其中，"十五"期

---

* 杨媛媛，云南省社会科学院财务部副主任、助理研究员，主要从事区域经济研究。

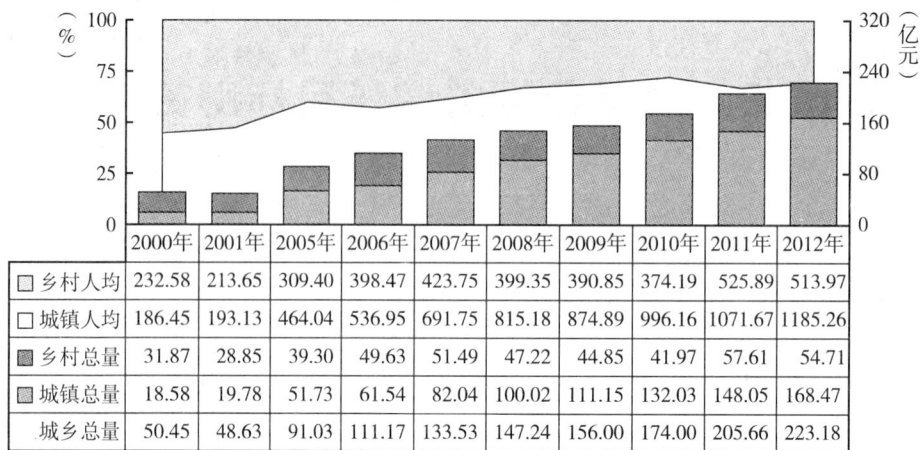

	2000年	2001年	2005年	2006年	2007年	2008年	2009年	2010年	2011年	2012年
乡村人均	232.58	213.65	309.40	398.47	423.75	399.35	390.85	374.19	525.89	513.97
城镇人均	186.45	193.13	464.04	536.95	691.75	815.18	874.89	996.16	1071.67	1185.26
乡村总量	31.87	28.85	39.30	49.63	51.49	47.22	44.85	41.97	57.61	54.71
城镇总量	18.58	19.78	51.73	61.54	82.04	100.02	111.15	132.03	148.05	168.47
城乡总量	50.45	48.63	91.03	111.17	133.53	147.24	156.00	174.00	205.66	223.18

图1 内蒙古城乡文化消费总量和人均值增长态势

注：左轴为城乡人均文化消费（元转换为%），城乡间历年变动呈面积比例关系；右轴为文化消费总量（亿元），柱形上下之和为城乡总量。

间年均增长20.00%；"十一五"期间年均增长16.51%；"十二五"头两年年均增长9.08%。"十二五"头两年年均增速比"十一五"低7.43个百分点；比"十五"低10.92个百分点。乡村人均文化消费由232.58元增高为513.97元，增加281.39元，12年间总增长120.99%，年均增长率6.83%。其中，"十五"期间年均增长5.87%；"十一五"期间年均增长3.88%；"十二五"头两年年均增长17.20%。"十二五"头两年年均增速比"十一五"高13.32个百分点；比"十五"高11.33个百分点。

应予以注意的是，内蒙古城镇人均值"十五"年均增长率比乡村高14.13个百分点，"十一五"年均增长率比乡村高12.63个百分点，城乡差距持续扩大；"十二五"头两年年均增长率比乡村低8.12个百分点，城乡差距转为缩小。

后续各图表将逐步展示内蒙古相关背景各方面历年增长数据。在此，把各项绝对值转换为以上一年数值为100的年度增长百分指数，形成2000~2012年内蒙古人均产值、城乡人均收入、人均消费（分为人均非文消费与人均文化消费）和人均积蓄增长态势（见图2）。

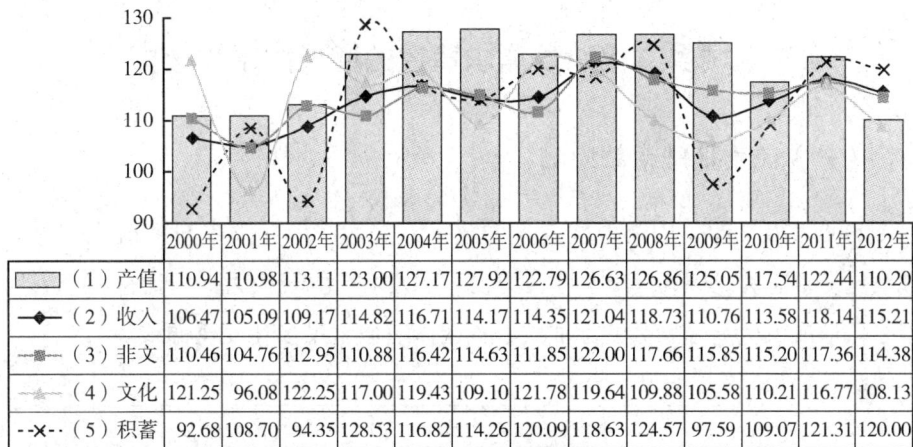

	2000年	2001年	2002年	2003年	2004年	2005年	2006年	2007年	2008年	2009年	2010年	2011年	2012年
□（1）产值	110.94	110.98	113.11	123.00	127.17	127.92	122.79	126.63	126.86	125.05	117.54	122.44	110.20
◆（2）收入	106.47	105.09	109.17	114.82	116.71	114.17	114.35	121.04	118.73	110.76	113.58	118.14	115.21
■（3）非文	110.46	104.76	112.95	110.88	116.42	114.63	111.85	122.00	117.66	115.85	115.20	117.36	114.38
▲（4）文化	121.25	96.08	122.25	117.00	119.43	109.10	121.78	119.64	109.88	105.58	110.21	116.77	108.13
×（5）积蓄	92.68	108.70	94.35	128.53	116.82	114.26	120.09	118.63	124.57	97.59	109.07	121.31	120.00

图 2　内蒙古人均产值、城乡人均收入、人均消费和人均积蓄增长态势

注：年度增长指数（产值为柱形，其余为曲线），上年 = 100，小于 100 为负增长。2000～2012 年增长相关系数，（1）与（2）为 0.6933；（2）与（3）为 0.8359；（4）与（5）为 0.0021，其间，2002～2008 年为 - 0.3710，2002～2007 年为 - 0.2440，文化消费需求的"积蓄增长负相关效应"不明显。

在内蒙古人均产值、城乡人均收入、人均非文消费、人均文化消费和人均积蓄的年度增长指数中，选取三对具有特定相关关系的数据项：（1）系人均产值历年增长指数，（2）系人均收入历年增长指数，二者相关系数为 0.6933，即历年增长保持 69.33% 的同步；（2）系人均收入历年增长指数，（3）系人均非文消费历年增长指数，二者相关系数为 0.8359，即历年增长保持 83.59% 的同步；（4）系人均文化消费历年增长指数，（5）系人均积蓄历年增长指数，二者相关系数为 0.0021，分时间段深入考察，2002～2008 年为 - 0.3710，2002～2007 年为 - 0.2440，负相关程度很低，似乎文化消费的"积蓄增长负相关效应"不明显。

但是，深入细致地分析下来，2000～2005 年，内蒙古城乡文化消费需求的"积蓄增长负相关效应"基本成立；尤其是在 2000～2003 年，内蒙古城乡文化消费需求的"积蓄增长负相关效应"明显成立。最显著之处在于，2000 年、2002 年文化消费增长处于高位时，积蓄增长处于低位；2001 年、2003 年文化消费增长处于低位时，积蓄增长处于高位。这局部的几年，二者增长曲线明显呈现似"水中倒影"的负相关关系。

二 城乡文化消费需求背景的增长协调性分析

(一)民生基础系数检测

2000~2012 年,内蒙古城乡人均收入、人均产值、收入与产值比和收入城乡比变动态势见图3,其中将人均收入、人均产值转换为面积比例,二者历年之比形成民生基础系数变动曲线,同时附有收入城乡比变动曲线。

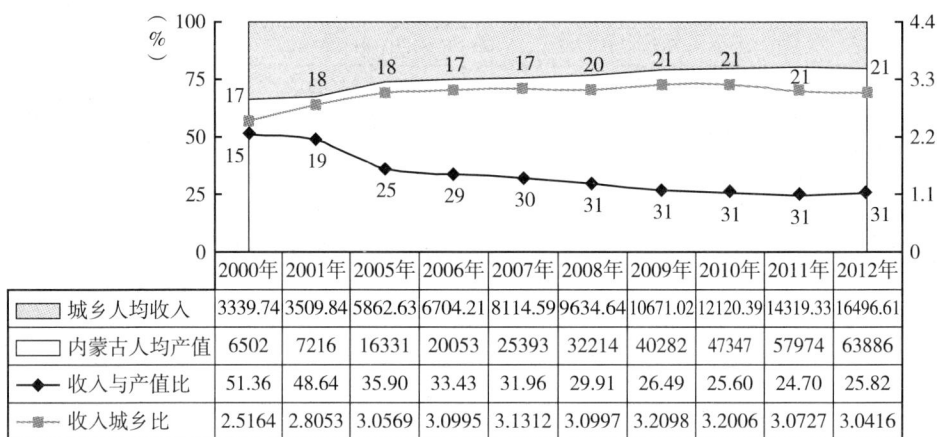

	2000年	2001年	2005年	2006年	2007年	2008年	2009年	2010年	2011年	2012年
城乡人均收入	3339.74	3509.84	5862.63	6704.21	8114.59	9634.64	10671.02	12120.39	14319.33	16496.61
内蒙古人均产值	6502	7216	16331	20053	25393	32214	40282	47347	57974	63886
收入与产值比	51.36	48.64	35.90	33.43	31.96	29.91	26.49	25.60	24.70	25.82
收入城乡比	2.5164	2.8053	3.0569	3.0995	3.1312	3.0997	3.2098	3.2006	3.0727	3.0416

图3 内蒙古城乡人均收入、人均产值、收入与产值比和文化城乡比变动态势

注:左轴为城乡人均收入、人均产值(元转换为%),二者变动呈面积比例,相互间历年之比形成民生基础系数(%)曲线;右轴为收入城乡比(乡村=1)。标明历年省域排序。

2000~2012 年,内蒙古城乡居民人均收入年均增长 14.24%,人均产值年均增长 20.98%,比人均收入增速高出 6.74 个百分点。12 年间,内蒙古城乡居民人均收入与人均产值之比的最高(最佳)值为 2000 年的 51.36%,最低值为 2011 年的 24.70%。逐年考察,除了 2012 年出现上升以外,内蒙古城乡此项比值逐步下降,由 2000 年的 51.36% 降低至 2012 年的 25.82%,比值处于 31 个省域的第 31 位。民生基础系数呈现降低趋势,意味着在经济增长的同时,"人民共享发展成果"程度逐渐降低。

2000~2012 年,内蒙古乡村居民人均收入年均增长 11.61%,城镇居民人均收入年均增长 13. 38%，比乡村增速高出 1. 77 个百分点。12 年间，内蒙古人均收入城乡比的最小（最佳）值为 2000 年的 2. 5164，最大值为 2009 年的 3. 2098。逐年考察，除了 2005 年、2008 年、2010～2012 年出现下降以外，内蒙古此项城乡比逐步上升，由 2000 年的 2. 5164 提高至 2012 年的 3. 0416，处于 31 个省域的第 21 位。人均收入的城乡差距呈现扩大趋势，意味着在民生基础层面城乡之间"共享发展成果"的程度有所降低。

如果内蒙古城乡民生基础系数能够保持 2000 年的最佳水平，内蒙古民生基础层面的城乡差距能够保持 2000 年的最低程度，并实现城乡无差距理想状态，那么在"国民收入再分配"演算和城乡综合重新演算当中，内蒙古人均收入应有很大提高，这样随后逐步推演的一切测算值都会发生变化。

（二）民生消费系数检测

2000～2012 年内蒙古城乡人均非文消费、城乡人均收入、非文占收入比和非文城乡比变动态势见图 4，其中将人均非文消费、城乡人均收入转换为面积比例，二者历年之比形成民生消费系数变动曲线，同时附有非文消费城乡比变动曲线。

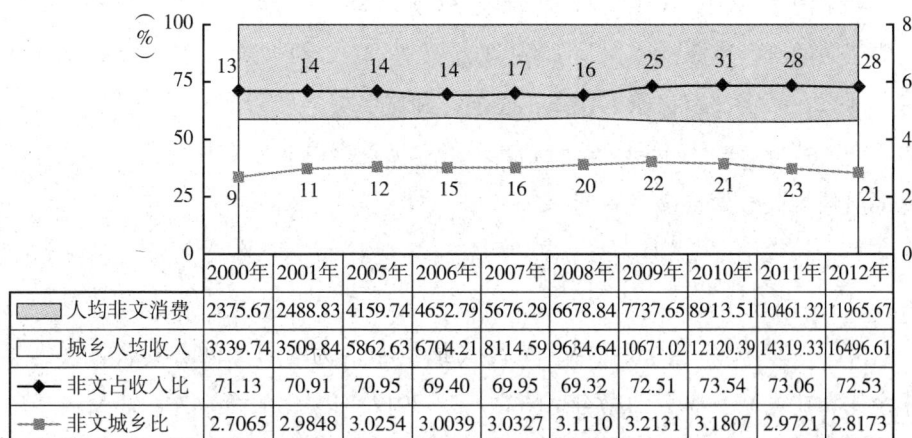

	2000年	2001年	2005年	2006年	2007年	2008年	2009年	2010年	2011年	2012年
人均非文消费	2375.67	2488.83	4159.74	4652.79	5676.29	6678.84	7737.65	8913.51	10461.32	11965.67
城乡人均收入	3339.74	3509.84	5862.63	6704.21	8114.59	9634.64	10671.02	12120.39	14319.33	16496.61
非文占收入比	71.13	70.91	70.95	69.40	69.95	69.32	72.51	73.54	73.06	72.53
非文城乡比	2.7065	2.9848	3.0254	3.0039	3.0327	3.1110	3.2131	3.1807	2.9721	2.8173

图 4　内蒙古城乡人均非文消费、城乡人均收入、非文占收入比和非文城乡比变动态势

注：左轴为城乡人均非文消费、城乡人均收入（元转换为%），二者变动呈面积比例，相互间历年之比形成民生消费系数（%）曲线；右轴为非文消费城乡比（乡村=1）。标明历年省域排序。

2000～2012 年，内蒙古城乡居民人均非文消费年均增长 14.42%，人均收入年均增长 14.24%，比人均非文消费增速低了 0.18 个百分点。12 年间，内蒙古城乡居民人均非文消费占人均收入比重的最低（最佳）值为 2008 年的69.32%，最高值为 2010 年的 73.54%。逐年考察，除了 2001 年、2003～2004年、2006 年、2008 年、2011～2012 年出现下降以外，内蒙古城乡此项比值逐步上升，由 2000 年的 71.13% 提高至 2012 年的 72.53%，处于 31 个省域的第28 位。民生消费系数呈现增高趋势，亦即必需消费之外的余钱占收入的比重减低，意味着从"基本小康"到"全面小康"建设的民生效应还不够显著。

2000～2012 年，内蒙古乡村居民人均非文消费年均增长 12.80%，城镇居民人均非文消费年均增长 13.18%，比乡村增速高出 0.38 个百分点。12 年间，内蒙古人均非文消费城乡比的最小（最佳）值为 2000 年的2.7065，最大值为 2003 年的 3.3553。逐年考察，除了 2004～2006 年、2010～2012 年出现下降以外，内蒙古此项城乡比逐步上升，由 2000 年的2.7065 提高至 2012 年的 2.8173，处于 31 个省域的第 21 位。必需非文消费的城乡差距呈现扩大趋势，意味着在民生消费层面城乡之间"共享发展成果"的程度有所降低。

如果内蒙古城乡民生消费系数能够保持 2008 年的最佳水平，内蒙古民生消费层面的城乡差距能够保持 2000 年的最低程度，并实现城乡无差距理想状态，那么在必需消费占收入比重再度演算和城乡综合重新演算当中，内蒙古人均非文消费应有较大不同，反转则是人均非文消费剩余应有很大增多，这样随后推演的相关数值也会发生变化。

（三）文化需求系数检测

2000～2012 年，内蒙古城乡人均文化消费、人均非文消费剩余、文化与非余比和文化城乡比变动态势见图 5，其中将人均文化消费、人均非文消费剩余转换为面积比例，二者历年之比形成文化需求系数变动曲线，同时附有文化消费城乡比变动曲线。

2000～2012 年，内蒙古城乡居民人均文化消费年均增长 12.73%，人均非文消费剩余年均增长 13.76%，比人均文化消费增速高出 1.03 个百分点。12

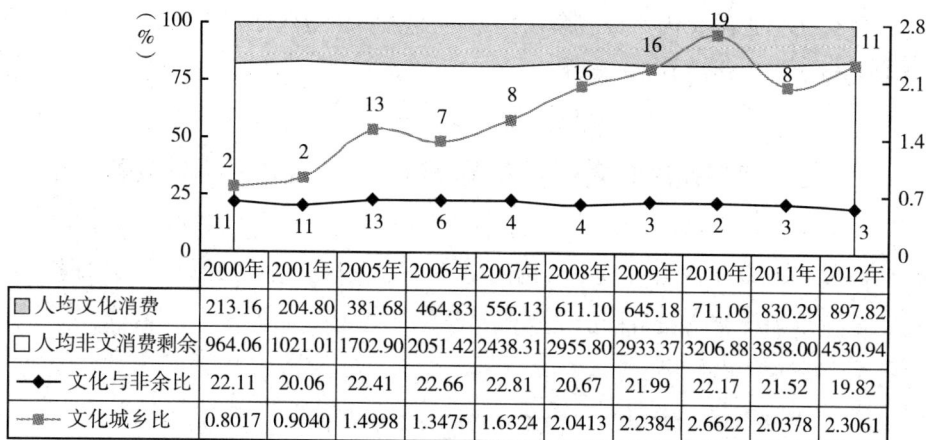

	2000年	2001年	2005年	2006年	2007年	2008年	2009年	2010年	2011年	2012年
□ 人均文化消费	213.16	204.80	381.68	464.83	556.13	611.10	645.18	711.06	830.29	897.82
□ 人均非文消费剩余	964.06	1021.01	1702.90	2051.42	2438.31	2955.80	2933.37	3206.88	3858.00	4530.94
◆ 文化与非余比	22.11	20.06	22.41	22.66	22.81	20.67	21.99	22.17	21.52	19.82
■ 文化城乡比	0.8017	0.9040	1.4998	1.3475	1.6324	2.0413	2.2384	2.6622	2.0378	2.3061

**图5　内蒙古城乡人均文化消费、人均非文消费剩余、文化与
非余比和文化城乡比变动态势**

注：左轴为城乡人均文化消费、人均非文消费剩余（元转换为%），二者变动呈面积比例，相互间历年之比形成文化需求系数（%）曲线；右轴为文化消费城乡比（乡村＝1，小于1为"城乡倒挂"，即城镇人均值低于乡村）。标明历年省域排序。

年间，内蒙古城乡居民人均文化消费与人均非文消费剩余比值的最高（最佳）值为2002年的24.53%，最低值为2012年的19.82%。逐年考察，除了2002年、2004年、2006～2007年、2009～2010年出现上升以外，内蒙古城乡此项比值逐步下降，由2000年的22.11%降低至2012年的19.82%，比值处于31个省域的第3位。文化需求系数呈现降低趋势，意味着非必需的文化消费需求增长依然受到"积蓄增长负相关效应"的反向牵制。

2000～2012年，内蒙古乡村居民人均文化消费年均增长6.83%，城镇居民人均文化消费年均增长16.66%，比乡村增速高出9.83个百分点。12年间，内蒙古人均文化消费城乡比的最小（最佳）值为2000年的0.8017，最大值为2010年的2.6622。逐年考察，除了2006年、2011年出现下降以外，内蒙古此项城乡比逐步上升，由2000年的0.8017提高至2012年的2.3061，处于31个省域的第11位。文化消费需求的城乡差距呈现扩大趋势，意味着在文化需求层面城乡之间"共享发展成果"的程度有所降低。

如果内蒙古城乡文化需求系数能够保持2002年的最佳水平，内蒙古文化需求层面的城乡差距能够保持2000年的最低程度，并实现城乡无差距理想状态，那么在非必需文化消费占余钱比重再度演算和城乡综合重新演算当中，内蒙古人均文化消费应有很大增长。

三 文化需求增长目标暨文化产业发展空间测算

2012～2020年内蒙古城乡人均文化消费需求增长测算见图6，其中提供了文化产业供需协调增长目标的7类测算结果。

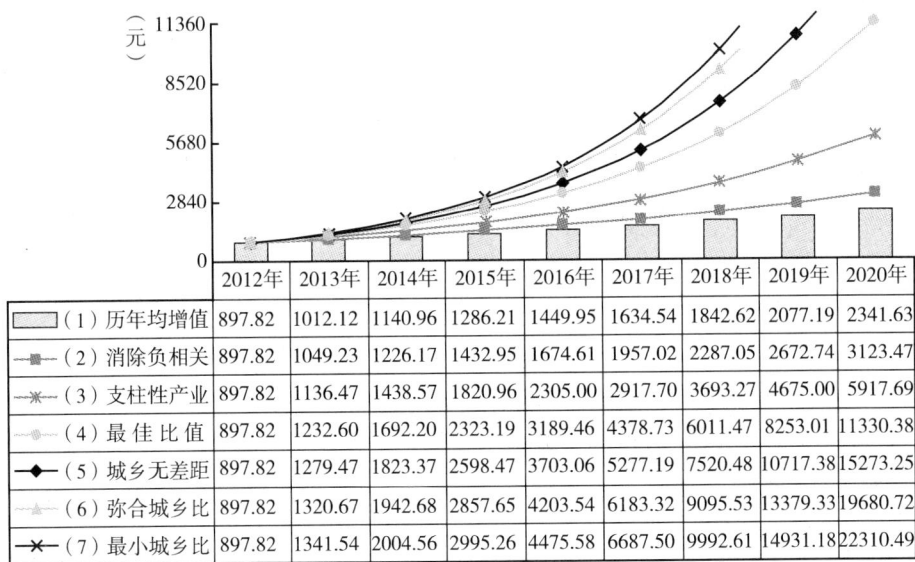

	2012年	2013年	2014年	2015年	2016年	2017年	2018年	2019年	2020年
（1）历年均增值	897.82	1012.12	1140.96	1286.21	1449.95	1634.54	1842.62	2077.19	2341.63
（2）消除负相关	897.82	1049.23	1226.17	1432.95	1674.61	1957.02	2287.05	2672.74	3123.47
（3）支柱性产业	897.82	1136.47	1438.57	1820.96	2305.00	2917.70	3693.27	4675.00	5917.69
（4）最佳比值	897.82	1232.60	1692.20	2323.19	3189.46	4378.73	6011.47	8253.01	11330.38
（5）城乡无差距	897.82	1279.47	1823.37	2598.47	3703.06	5277.19	7520.48	10717.38	15273.25
（6）弥合城乡比	897.82	1320.67	1942.68	2857.65	4203.54	6183.32	9095.53	13379.33	19680.72
（7）最小城乡比	897.82	1341.54	2004.56	2995.26	4475.58	6687.50	9992.61	14931.18	22310.49

图6　2012～2020年内蒙古城乡人均文化消费需求增长测算

注：作为背景因素，2012～2020年人均产值按2000～2012年实际年均增长率推算。2012年文化消费与产值比实际值为1.41%；2020年测算值为（1）0.80%，（2）1.07%，（3）2.02%，（4）3.87%，（5）5.21%，（6）6.72%，（7）7.61%。2012～2020年文化消费年均增长：（1）12.73%（2000～2012年实际值，以下为测算值），（2）16.86%，（3）26.58%，（4）37.29%，（5）42.51%，（6）47.10%，（7）49.42%。若产值按年均增长率7%推算，则2020年文化消费与产值比（增量、增幅不变）为（1）2.13%，（2）2.85%。2020年文化消费（与产值比不变）为（3）2216.41元，年增11.96%；（4）4243.67元，年增21.43%；（5）5720.44元，年增26.05%；（6）7371.21元，年增30.10%；（7）8356.16元，年增32.16%。

（1）历年均增值测算：以城乡文化消费既往年度年均增长率测算增长目标，可以得出统计概率最高的或然增长结果。如果2012～2020年内蒙古城乡文化消费增长保持2000～2012年平均增长率12.73%（省域间实际增长第4

位），那么到 2020 年城乡人均文化消费将达到 2341.63 元。在相关各方面增长均依此推算的情况下，由于内蒙古城乡文化消费与产值之比在 2000～2012 年呈现下降态势，至 2020 年文化消费增长与产值增长测算值之比将继续降低至 0.80%。

（2）消除负相关测算：以城乡文化需求系数既往年度历年最佳比值测算增长目标，即假设积蓄增长与文化消费增长之间排除负相关关系，必需消费之外余钱增长与精神文化消费需求增长实现同步。如果到 2020 年内蒙古城乡此项比值实现 2000～2012 年最佳状态，那么城乡人均文化消费应达到 3123.47 元，与产值增长测算值之比将上升至 1.07%，年均增长率需达到 16.86%，为以往 12 年实际年均增长率的 1.32 倍（省域间目标距离第 2 位）。

（3）支柱性产业测算：摒弃单纯的"文化 GDP 追逐"，通过文化消费需求增长空间反推，以文化生产满足文化需求的终极目的定位测算增长目标，即假设文化消费需求增长切实推动文化生产发展，实现文化产业供需协调增长，达到支柱性产业所需占产值的比重。各地城乡文化消费需求增长支撑文化产业成为支柱性产业的测算值各有不同，内蒙古测算值为 2.02%。据此反推，到 2020 年内蒙古城乡人均文化消费应达到 5917.69 元，年均增长率需达到 26.58%，为以往 12 年实际年均增长率的 2.09 倍（省域间目标距离第 25 位）。

（4）最佳比值测算：以城乡民生基础系数、民生消费系数、文化需求系数三项比值既往年度历年最佳值测算增长目标，即假设相关各方面的增长协调性"回复"曾有的三项比关系最佳值。如果到 2020 年内蒙古城乡三项比值同步实现 2000～2012 年最佳状态，那么城乡人均文化消费应达到 11330.38 元，与产值增长测算值之比将上升至 3.87%，年均增长率需达到 37.29%，为以往 12 年实际年均增长率的 2.93 倍（省域间目标距离第 23 位）。

（5）城乡无差距测算：在民生基础层面、民生消费层面、文化需求层面三项城乡比的无差距理想状态下实现既往年度历年最佳比值测算增长目标，即假设此三个层面的乡村人均值加速增长并与城镇水平持平，统一取城镇标准三项比例关系最佳值进行演算。如果到 2020 年内蒙古在此三个层面消除城乡差距，实现按城镇标准衡量的 2000～2012 年三项最佳比值，那么城乡人均文化消费应达到 15273.25 元，与产值增长测算值之比将上升至 5.21%，年均增长率需达到 42.51%，为以往 12 年实际年均增长率的 3.34 倍（省域间目标距离第 17 位）。

（6）弥合城乡比测算（内蒙古历年最小城乡比"倒挂"，此类测算可避免"矫枉过正"）：同样在三项最佳比值测算基础上，以人均文化消费城乡比的无差距理想值测算增长目标，即假设文化需求层面的城乡差距得以消除，据此演算校正数值。如果到 2020 年内蒙古城乡同时实现 2000～2012 年三项最佳比值和乡村人均文化消费绝对值与城镇水平持平，那么城乡人均文化消费应达到 19680.72 元，与产值增长测算值之比将上升至 6.72%，年均增长率需达到 47.10%，为以往 12 年实际年均增长率的 3.70 倍（省域间目标距离第 22 位）。

（7）最小城乡比测算：在三项最佳比值测算基础上，以人均文化消费城乡比既往年度历年最小值测算增长目标，即假设"回复"原有的文化消费城乡比最小状态，作为缩小以至于消除城乡差距的基础。如果到 2020 年内蒙古城乡同时实现 2000～2012 年三项最佳比值和文化消费最小城乡比，那么城乡人均文化消费应达到 22310.49 元，与产值增长测算值之比将上升至 7.61%，年均增长率需达到 49.42%，为以往 12 年实际年均增长率的 3.88 倍（省域间目标距离第 26 位）。

如果按照国家"十二五"规划转变发展方式的要求，在"十二五"期间把内蒙古产值年均增长率控制在 7%，并一直延续至 2020 年，那么（1）历年均增值、（2）消除负相关两类增长测算的绝对值不变，其与产值之比将分别增高至 2.13% 和 2.85%；因其余各类测算与产值增长演算直接相关，文化消费人均值增长测算的绝对值相应减小，其所需年均增长幅度（目标差距）将分别降低至 11.96%、21.43%、26.05%、30.10%、32.16%（详见图 6 注），显然更加容易实现。

中心城市篇

Reports on Key Cities

B.19

合肥：最佳比值增长目标测算第1位

宫　珏*

摘　要：

合肥市文教消费增长目标暨文化产业发展空间测评：2005～2012年中心城市实际增长排名，历年均增值为第1位；2012～2020年中心城市目标距离排名，消除负相关测算为第2位，最佳比值测算为第1位，支柱性产业测算为第1位；所在省域最小城乡比测算为第1位，弥合城乡比测算为第1位，城乡无差距测算为第1位。

关键词：

合肥市文化产业　扩大文教消费　需求与共享　增长目标

本文展开2005～2012年合肥市（市辖区）居民文教消费相关状态综合分析，对所在省域城乡差距状况的检测则取2000～2012年相应数据。

---

* 宫珏，云南省社会科学院科研处助理研究员，主要从事民族、文化相关研究。

一 城市文教消费需求及相关方面增长态势

2005 年以来合肥市文教消费总量和人均值增长态势见图 1。

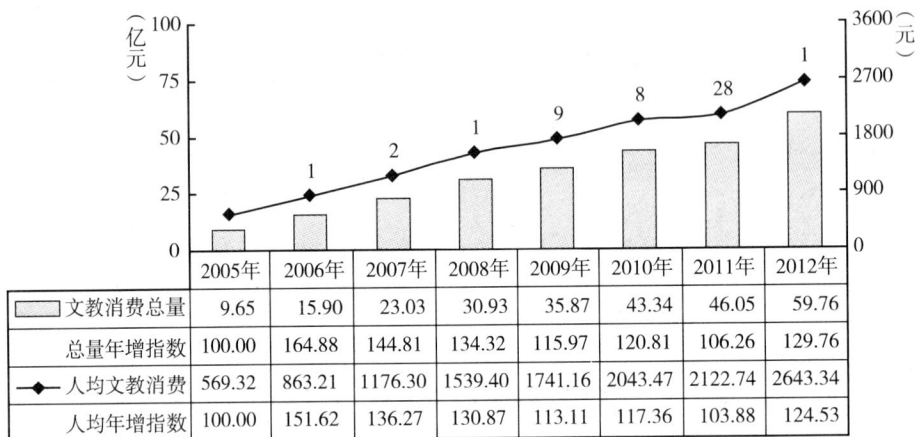

	2005年	2006年	2007年	2008年	2009年	2010年	2011年	2012年
文教消费总量	9.65	15.90	23.03	30.93	35.87	43.34	46.05	59.76
总量年增指数	100.00	164.88	144.81	134.32	115.97	120.81	106.26	129.76
人均文教消费	569.32	863.21	1176.30	1539.40	1741.16	2043.47	2122.74	2643.34
人均年增指数	100.00	151.62	136.27	130.87	113.11	117.36	103.88	124.53

图 1 合肥市文教消费总量和人均值增长态势

注: 左轴为文教消费总量; 右轴为人均文教消费, 附年度增长指数 (上年 = 100)。标明历年增长中心城市排序, 起点年度不计。

2005 ~ 2012 年, 合肥市文教消费总量由 9.65 亿元增高为 59.76 亿元, 增加 50.11 亿元, 总增长 519.27%, 年均增长率 29.76%。其中,"十一五"期间总增长 349.12%, 年均增长 35.04%;"十二五"头两年总增长 37.89%, 年均增长 17.43%,"十二五"以来年均增速比"十一五"年均增速低 17.61 个百分点。

同期, 合肥市文教消费人均值由 569.32 元增高为 2643.34 元, 增加 2074.02 元, 总增长 364.30%, 年均增长率 24.53%。其中,"十一五"期间总增长 258.93%, 年均增长 29.12%;"十二五"头两年总增长 29.36%, 年均增长 13.73%,"十二五"以来年均增速比"十一五"年均增速低 15.39 个百分点。

后续各图表将逐步展示合肥市相关背景各方面历年增长数据。在此, 把各项绝对值转换为以上一年数值为 100 的年度增长百分指数, 形成 2005 年以来合肥市人均产值和人均收入、人均消费 (分为人均非文消费与人均文教消费)、人均积蓄增长态势 (见图 2)。

在合肥市人均产值、人均收入、人均非文消费、人均文教消费和人均积蓄

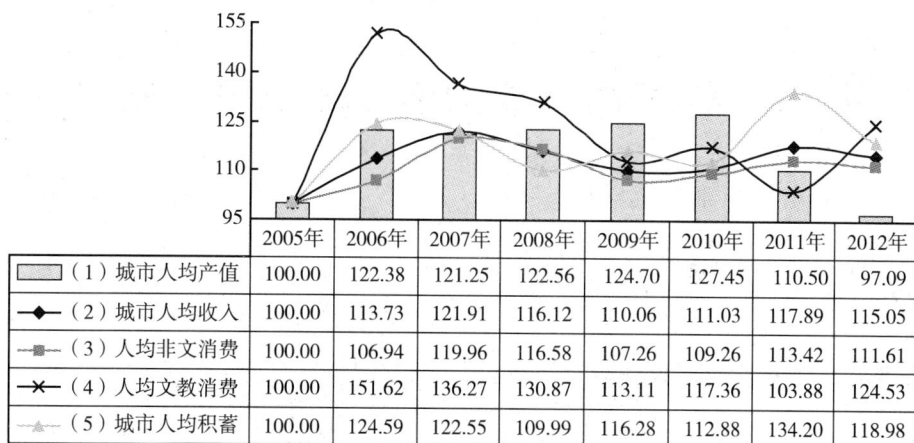

图 2 合肥人均产值和人均收入、人均消费、人均积蓄增长态势

	2005年	2006年	2007年	2008年	2009年	2010年	2011年	2012年
（1）城市人均产值	100.00	122.38	121.25	122.56	124.70	127.45	110.50	97.09
（2）城市人均收入	100.00	113.73	121.91	116.12	110.06	111.03	117.89	115.05
（3）人均非文消费	100.00	106.94	119.96	116.58	107.26	109.26	113.42	111.61
（4）人均文教消费	100.00	151.62	136.27	130.87	113.11	117.36	103.88	124.53
（5）城市人均积蓄	100.00	124.59	122.55	109.99	116.28	112.88	134.20	118.98

注：年度增长指数（产值为柱形，其余为曲线），上年＝100，小于100为负增长；2006～2012年增长相关系数（2005年为起点不计）为（1）与（2）－0.2753；（2）与（3）0.8839；（4）与（5）－0.1404，其间，2008～2012年为－0.8003，2008～2011年为－0.8676，2009～2012年为－0.7255。文教消费需求的"积蓄增长负相关效应"显著。

的年度增长指数中，选取三对具有特定相关关系的数据项：图中标号（1）柱形系人均产值历年增长指数，（2）带菱形曲线系人均收入历年增长指数，二者相关系数为－0.2753，即历年增长形成27.53%反向同步。图中标号（2）系人均收入历年增长指数，（3）带方形曲线系人均非文消费历年增长指数，二者相关系数为0.8839，即历年增长保持88.39%同步。图中标号（4）带叉形曲线系人均文教消费历年增长指数，（5）带三角形曲线系人均积蓄历年增长指数，二者相关系数为－0.1404，负相关程度较低，但分时间段深入考察，2008～2012年为－0.8003，2008～2011年为－0.8676，2009～2012年为－0.7255，构成很明显的反向互动关系。

就合肥市人均积蓄与人均文化消费二者历年增长幅度变化的相关性而言，不妨简单理解为，前者每上升1%，后者在2008～2012年下降0.80%，2008～2011年下降0.87%，2009～2012年下降0.73%。对比合肥市人均积蓄与人均文教消费两条年度增长曲线，呈现似"水中倒影"的负相关关系。其中，2008年人均积蓄年度增长跌入低谷，与之对应的是人均文教消费年度增长出现高峰；2011年人均积蓄年度增长形成高峰，与之对应的是人均文教消费年度增长陷入低谷。合肥市居民文教消费的"积蓄增长负相关效应"显著。

二 城市文教消费需求背景的增长协调性分析

（一）民生基础系数检测

2005 年以来合肥市人均产值、人均收入、收入与产值比、省域收入城乡比变动态势见图 3，其中将人均收入、人均产值转换为面积比例，二者历年之比形成民生基础系数变动曲线，同时附有所在省域收入城乡比变动曲线。

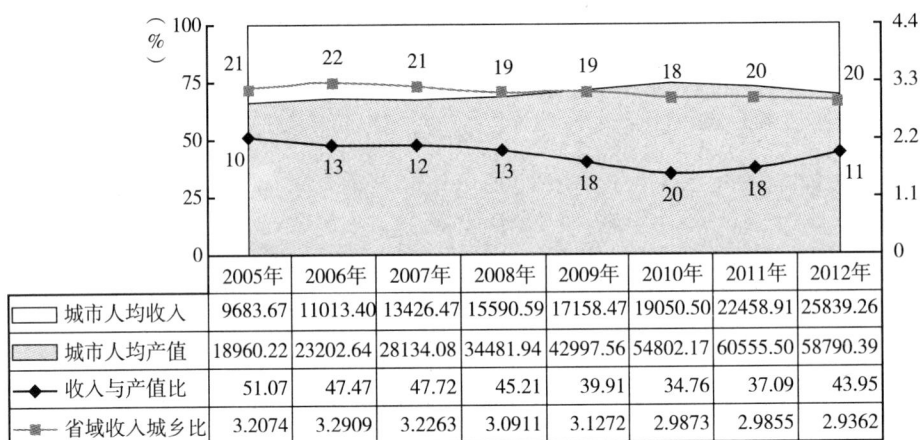

	2005年	2006年	2007年	2008年	2009年	2010年	2011年	2012年
城市人均收入	9683.67	11013.40	13426.47	15590.59	17158.47	19050.50	22458.91	25839.26
城市人均产值	18960.22	23202.64	28134.08	34481.94	42997.56	54802.17	60555.50	58790.39
收入与产值比	51.07	47.47	47.72	45.21	39.91	34.76	37.09	43.95
省域收入城乡比	3.2074	3.2909	3.2263	3.0911	3.1272	2.9873	2.9855	2.9362

图 3　合肥市人均收入、人均产值、收入与产值比、省域收入城乡比变动态势

注：左轴面积为人均产值、人均收入（元转换为%），二者历年变动呈直观比例；左轴曲线为收入与产值比；右轴曲线为省域收入城乡比（乡村 = 1）。标明历年中心城市排序。

2005~2012 年，合肥市居民人均收入年均增长 15.05%，人均产值年均增长 17.55%，比人均收入增速高出 2.50 个百分点。7 年间，合肥市居民人均收入与人均产值之比的最高（最佳）值为 2005 年的 51.07%，最低值为 2010 年的 34.76%。逐年考察，除了 2007 年、2011~2012 年出现上升以外，合肥市此项比值逐步下降，由 2005 年的 51.07% 降低至 2012 年的 43.95%，比值处于 36 个中心城市的第 11 位。民生基础系数呈现降低趋势，意味着在经济增长的同时，"人民共享发展成果"程度逐渐降低。

2000~2012 年，合肥市所在省域乡村人均收入年均增长 11.52%，城镇人均收入年均增长 12.18%，比乡村增速高出 0.66 个百分点。城乡综合演算，2012 年省域人均收入为 13489.45 元。12 年间，合肥市所在省域人均收入城乡比的最小（最佳）值为 2000 年的 2.7363，最大值为 2006 年的 3.2909。逐年考察，除了 2004 年、2007～2008 年、2010～2012 年出现下降以外，所在省域此项城乡比逐步上升，由 2000 年的 2.7363 提高至 2012 年的 2.9362，处于 31 个省域里第 20 位。收入的城乡差距呈现扩大趋势，意味着在民生基础层面城乡之间"共享发展成果"的程度有所降低。

如果合肥市民生基础系数能够保持 2005 年最佳水平，能够带动所在省域民生基础层面的城乡差距保持 2000 年最低程度，并实现城乡无差距理想状态，那么在"国民收入分配"演算和城乡综合演算当中，合肥市及其所在省域人均收入应有很大提高，这样随后逐步推演的一切测算值都会发生变化。

（二）民生消费系数检测

2005 年以来合肥市人均收入、人均非文消费、非文占收入比、省域非文城乡比变动态势见图 4，其中将人均非文消费、人均收入转换为图形面积比例，二者历年之比形成民生消费系数变动曲线，同时附有所在省域非文城乡比变动曲线。

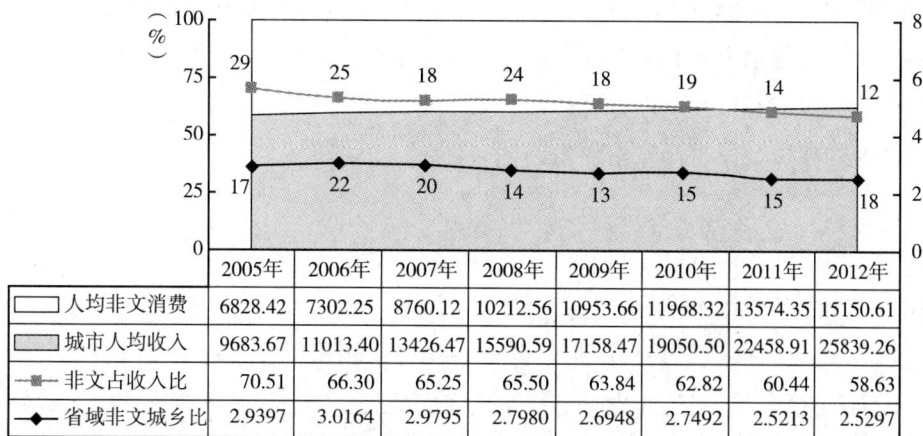

	2005年	2006年	2007年	2008年	2009年	2010年	2011年	2012年
人均非文消费	6828.42	7302.25	8760.12	10212.56	10953.66	11968.32	13574.35	15150.61
城市人均收入	9683.67	11013.40	13426.47	15590.59	17158.47	19050.50	22458.91	25839.26
非文占收入比	70.51	66.30	65.25	65.50	63.84	62.82	60.44	58.63
省域非文城乡比	2.9397	3.0164	2.9795	2.7980	2.6948	2.7492	2.5213	2.5297

图 4　合肥市人均非文消费、人均收入、非文占收入比、省域非文城乡比变动态势

注：左轴面积为人均收入、人均非文消费（元转换为%），二者历年变化呈直观比例；左轴曲线为非文占收入比；右轴曲线为省域非文城乡比（乡村 =1）。标明历年中心城市排序。

2005～2012 年，合肥市居民人均非文消费年均增长 12.06%，人均收入年均增长 15.05%，比人均非文消费增速高出 2.99 个百分点。7 年间，合肥市居民人均非文消费占人均收入比重的最高值为 2005 年的 70.51%，最低（最佳）值为 2012 年的 58.63%。逐年考察，除了 2008 年出现上升以外，合肥市此项比值逐步下降，由 2005 年的 70.51% 降低至 2012 年的 58.63%，比值处于 36 个中心城市的第 12 位。民生消费系数呈现降低趋势，亦即必需消费之外的余钱占收入比重增高，意味着从"基本小康"到"全面小康"建设的民生效应日益得以显现。

2000～2012 年，合肥市所在省域乡村人均非文消费年均增长 13.13%，城镇人均非文消费年均增长 11.04%，比乡村增速低了 2.09 个百分点。城乡综合演算，2012 年省域人均非文消费为 8780.57 元。12 年间，合肥市所在省域人均非文消费城乡比的最大值为 2002 年的 3.2331，最小（最佳）值为 2011 年的 2.5213。逐年考察，除了 2002 年、2006 年、2010 年、2012 年出现上升以外，所在省域此项城乡比逐步下降，由 2000 年的 3.1669 降低至 2012 年的 2.5297，处于 31 个省域的第 18 位。必需非文消费的城乡差距呈现缩小趋势，意味着在民生消费层面城乡之间"共享发展成果"的程度有所提高。

如果合肥市民生消费系数能够保持 2012 年最佳水平，能够带动所在省域民生消费层面的城乡差距保持 2011 年最低程度，并实现城乡无差距理想状态，那么在必需消费演算和城乡综合演算当中，合肥市及其所在省域人均非文消费占收入比重应有较大不同，反转则是人均非文消费剩余应有很大增多，这样随后推演的相关数值也会发生变化。

（三）文化需求系数检测

2005 年以来合肥市人均非文消费剩余、人均文教消费、文教与非余比、省域文教城乡比变动态势见图 5，其中将人均文教消费、人均非文消费剩余转换为面积比例，二者历年之比形成文化需求系数变动曲线，同时附有所在省域文教城乡比变动曲线。

2005～2012 年，合肥市居民人均文教消费年均增长 24.53%，人均非文消费剩余年均增长 20.75%，比人均文教消费增速低了 3.78 个百分点。7 年间，

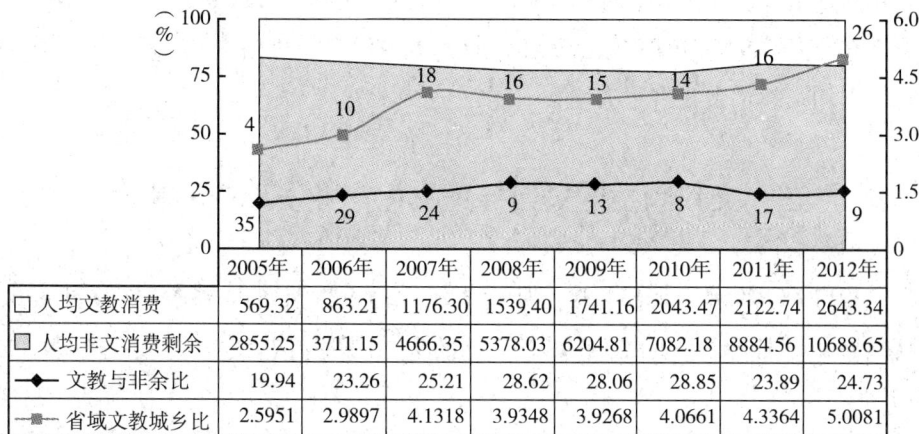

	2005年	2006年	2007年	2008年	2009年	2010年	2011年	2012年
□ 人均文教消费	569.32	863.21	1176.30	1539.40	1741.16	2043.47	2122.74	2643.34
□ 人均非文消费剩余	2855.25	3711.15	4666.35	5378.03	6204.81	7082.18	8884.56	10688.65
◆ 文教与非余比	19.94	23.26	25.21	28.62	28.06	28.85	23.89	24.73
■ 省域文教城乡比	2.5951	2.9897	4.1318	3.9348	3.9268	4.0661	4.3364	5.0081

图5　合肥市人均文教消费、人均非文消费剩余、文教与
非余比、省域文教城乡比变动态势

注：左轴面积为人均非文消费剩余、人均文教消费（元转换为%），二者历年变化呈直观比例；
左轴曲线为文教与非余比；右轴曲线为省域文教城乡比（乡村＝1）。标明历年中心城市排序。

合肥市居民人均文教消费与人均非文消费剩余比值的最低值为2005年的19.94%，最高（最佳）值为2010年的28.85%。逐年考察，除了2009年、2011年出现下降以外，合肥市此项比值逐步上升，由2005年的19.94%提高至2012年的24.73%，比值处于36个中心城市的第9位。文化需求系数呈现增高趋势，意味着非必需的文教消费需求增长受"积蓄增长负相关效应"反向牵制的影响有所减弱。

2000～2012年，合肥市所在省域乡村人均文教消费年均增长8.47%，城镇人均文教消费年均增长11.77%，比乡村增速高出3.30个百分点。城乡综合演算，2012年省域人均文教消费为1092.06元。12年间，合肥市所在省域人均文教消费城乡比的最小（最佳）值为2005年的2.5951，最大值为2012年的5.0081。逐年考察，除了2002～2003年、2005年、2008～2009年出现下降以外，所在省域此项城乡比逐步扩增，由2000年的3.4966提高至2012年的5.0081，处于31个省域的第26位。人均文教消费需求的城乡差距呈现出扩增趋势，意味着在文化需求层面城乡之间"共享发展成果"的程度有所降低。

如果合肥市文化需求系数能够保持2010年最佳水平，能够带动所在省域文化需求层面的城乡差距保持 2005 年最低程度，并实现城乡无差距理想状态，那么在非必需文教消费占余钱比重演算和城乡综合演算当中，合肥市及其所在省域人均文教消费应有很大增长。

三 文教消费增长目标暨文化产业发展空间测算

2012～2020 年合肥市辖区及所在省域人均文教消费需求增长测算见图 6，其中提供了文化产业供需协调增长目标的 7 类测算结果。

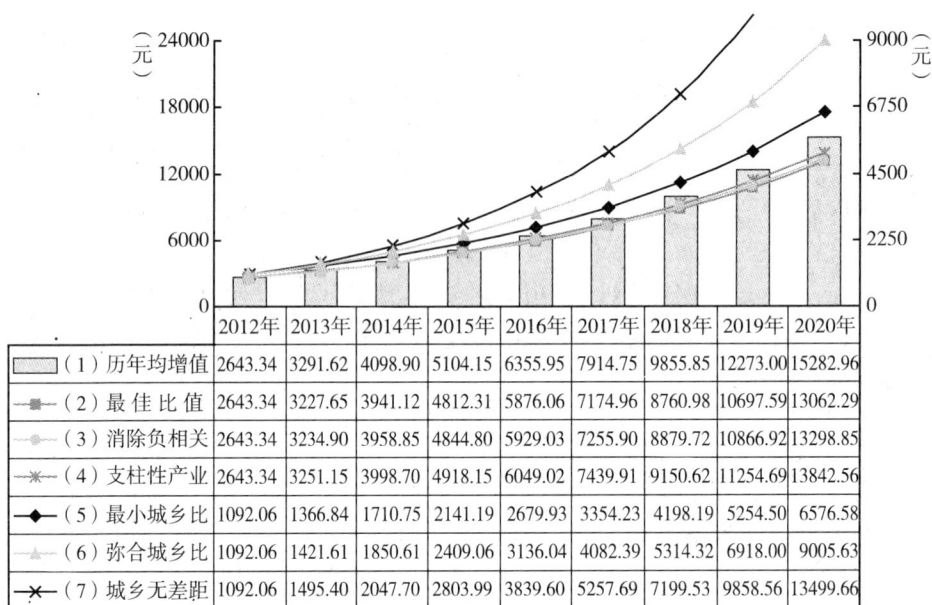

	2012年	2013年	2014年	2015年	2016年	2017年	2018年	2019年	2020年
（1）历年均增值	2643.34	3291.62	4098.90	5104.15	6355.95	7914.75	9855.85	12273.00	15282.96
（2）最佳比值	2643.34	3227.65	3941.12	4812.31	5876.06	7174.96	8760.98	10697.59	13062.29
（3）消除负相关	2643.34	3234.90	3958.85	4844.80	5929.03	7255.90	8879.72	10866.92	13298.85
（4）支柱性产业	2643.34	3251.15	3998.70	4918.15	6049.02	7439.91	9150.62	11254.69	13842.56
（5）最小城乡比	1092.06	1366.84	1710.75	2141.19	2679.93	3354.23	4198.19	5254.50	6576.58
（6）弥合城乡比	1092.06	1421.61	1850.61	2409.06	3136.04	4082.39	5314.32	6918.00	9005.63
（7）城乡无差距	1092.06	1495.40	2047.70	2803.99	3839.60	5257.69	7199.53	9858.56	13499.66

图 6　合肥市及所在省域人均文教消费需求增长测算

注：左轴（1）～（4）为城市辖区测算，2012～2020 年各方面增长按 2005～2012 年实际年均增速推算；右轴（5）～（7）为所在省域测算，2012～2020 年各方面增长按 2000～2012 年实际年均增速推算。文教与产值比，城市 2012 年实值为 4.50%，省域 2012 年实值为 3.79%；2020 年测算值为（1）7.13%，（2）6.10%，（3）6.21%，（4）6.46%，（5）6.90%，（6）9.45%，（7）14.16%。2012～2020 年人均文教消费年均增长为（1）24.53%（2005～2012 年实值，以下为测算值）；（2）22.10%，（3）22.38%，（4）22.99%，（5）25.16%，（6）30.18%，（7）36.93%。若产值按年均增长 7% 推算，则 2020 年文教与产值比测算值（增量、增幅不变）为（1）15.13；（3）13.17%。2020 年人均文教消费（与产值比不变）为（2）6157.68 元，年增 11.15%；（4）6525.51 元，年增 11.96%；（5）3412.82 元，年增 15.31%；（6）4673.34 元，年增 19.93%；（7）7005.46 元，年增 26.15%。

（1）历年均增值测算：以城乡文教消费既往年度年均增长率测算增长目标，可以得出统计概率最高的或然增长结果。如果 2012～2020 年合肥市文教消费增长保持 2005～2012 年平均增长率 24.53%（城市间实际增长第 1 位），那么到 2020 年文教消费将达到 15282.96 元。在相关各方面增长均依此推算的情况下，由于文教消费与产值之比在 2005～2012 年呈现上升态势，至 2020 年文教消费增长与产值增长测算值之比将继续升高至 7.13%。

（2）最佳比值测算：以城乡民生基础系数、民生消费系数、文化需求系数三项比值既往年度历年最佳值测算增长目标，即假设相关各方面的增长协调性"回复"曾有的三项比例关系最佳值。如果到 2020 年合肥市三项比值同步实现 2005～2012 年最佳状态，那么城市人均文教消费应达到 13062.29 元，与产值增长测算值之比将上升至 6.10%，年均增长率需达到 22.10%，为以往实际年均增长率的 90.09%（城市间目标距离第 1 位）。

（3）消除负相关测算：以城乡文化需求系数既往年度历年最佳比值测算增长目标，即假设积蓄增长与文教消费增长之间排除负相关关系，必需消费之外余钱增长与精神文化消费需求增长实现同步。如果到 2020 年合肥市此项比值实现 2005～2012 年最佳状态，那么城市人均文教消费应达到 13298.85 元，与产值增长测算值之比将上升至 6.21%，年均增长率需达到 22.38%，为以往实际年均增长率的 91.24%（城市间目标距离第 2 位）。

（4）支柱性产业测算：摒弃单纯的"文化 GDP 追逐"，通过文教消费需求增长空间反推，以文化生产满足文化需求的终极目的定位测算增长目标，即假设文教消费需求增长切实推动文化生产发展，实现文化产业供需协调增长，达到支柱性产业所需占产值的比重。各城市文教消费需求增长支撑文化产业成为支柱性产业的测算值各有不同，合肥市测算值为 6.46%。据此反推，到 2020 年合肥市人均文教消费应达到 13842.56 元，年均增长率需达到 22.99%，为以往实际年均增长率的 93.72%（城市间目标距离第 1 位）。

（5）最小城乡比测算：在三项最佳比值测算基础上，以人均文教消费城乡比既往年度历年最小值测算增长目标，即假设"回复"原有的文教消费城乡比最小状态，作为缩小以至于消除城乡差距的基础。如果到 2020 年合肥市带动所在省域同时实现 2000～2012 年三项最佳比值和文教消费最小城乡比，那么人均文教消费应达到 6576.58 元，与产值增长测算值之比将上升至 6.90%，年均增长率需达到 25.16%，为合肥市以往实际年均增长率的 1.03 倍（省域间目标距离第 1 位）。

（6）弥合城乡比测算：同样在三项最佳比值测算基础上，以人均文教消费城乡比的无差距理想值测算增长目标，即假设文化需求层面的城乡差距得以消除，据此演算校正数值。如果到 2020 年合肥市带动所在省域同时实现 2000~2012 年三项最佳比值和乡村人均文教消费绝对值与城镇水平持平，那么人均文教消费应达到 9005.63 元，与产值增长测算值之比将上升至 9.45%，年均增长率需达到 30.18%，为合肥市以往实际年均增长率的 1.23 倍（省域间目标距离第 1 位）。

（7）城乡无差距测算：在民生基础层面、民生消费层面、文化需求层面三项城乡比的无差距理想状态下实现既往年度历年最佳比值测算增长目标，即假设此三个层面的乡村人均值加速增长并与城镇水平持平，统一取城镇标准三项比例关系最佳值进行演算。如果到 2020 年合肥市带动所在省域在此三个层面消除城乡差距，实现按城镇标准衡量的 2000~2012 年三项最佳比值，那么人均文教消费应达到 13499.66 元，与产值增长测算值之比将上升至 14.16%，年均增长率需达到 36.93%，为合肥市以往实际年均增长率的 1.51 倍（省域间目标距离第 1 位）。

如果按照国家"十二五"规划转变发展方式的要求，在"十二五"期间把合肥市产值年均增长率控制在 7%，并一直延续至 2020 年，那么（1）历年均增值、（3）消除负相关两类增长测算的绝对值不变，其与产值之比将分别增高至 15.13% 和 13.17%；因其余各类测算与产值增长演算直接相关，增长测算的绝对值相应减小，其所需年均增长幅度（目标差距）将分别降低至 11.15%、11.96%、15.31%、19.93%、26.15%（详见图 6 注），更加容易实现。

广州：消除负相关增长目标测算第1位

李雪*

摘 要：

广州市文教消费增长目标暨文化产业发展空间测评：2005～
2012年中心城市实际增长排名，历年均增值为第4位；2012～
2020年中心城市目标距离排名，消除负相关测算为第1位，最
佳比值测算为第3位，支柱性产业测算为第4位；所在省域最
小城乡比测算为第5位，弥合城乡比测算为第4位，城乡无差
距测算为第3位。

关键词：

广州市文化产业 扩大文教消费 需求与共享 增长目标

本文展开2005～2012年广州市（市辖区）居民文教消费相关状态综合分
析，对所在省域城乡差距状况的检测则取2000～2012年相应数据。

一 城市文教消费需求及相关方面增长态势

2005年以来广州市文教消费总量和人均值增长态势见图1。

2005～2012年，广州市文教消费总量由141.74亿元增高为384.36亿元，
增加242.62亿元，总增长171.17%，年均增长率15.32%。其中，"十一五"
期间总增长114.55%，年均增长16.50%；"十二五"头两年总增长26.39%，
年均增长12.42%，"十二五"以来年均增速比"十一五"年均增速低4.08个

---

* 李雪，云南省社会科学院研究实习员，主要从事文学、文化相关研究。

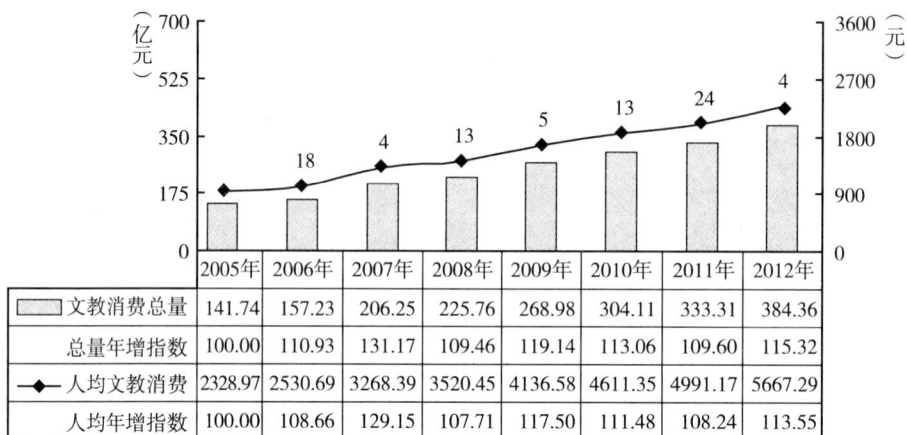

图1 广州市文教消费总量和人均值增长态势

	2005年	2006年	2007年	2008年	2009年	2010年	2011年	2012年
文教消费总量	141.74	157.23	206.25	225.76	268.98	304.11	333.31	384.36
总量年增指数	100.00	110.93	131.17	109.46	119.14	113.06	109.60	115.32
人均文教消费	2328.97	2530.69	3268.39	3520.45	4136.58	4611.35	4991.17	5667.29
人均年增指数	100.00	108.66	129.15	107.71	117.50	111.48	108.24	113.55

注：左轴为文教消费总量；右轴为人均文教消费，附年度增长指数（上年＝100）。标明历年增长中心城市排序，起点年度不计。

百分点。

同期，广州市文教消费人均值由 2328.97 元增高为 5667.29 元，增加 3338.32 元，总增长 143.34%，年均增长率 13.55%。其中，"十一五"期间总增长 98.00%，年均增长 14.64%；"十二五"头两年总增长 22.90%，年均增长 10.86%，"十二五"以来年均增速比"十一五"年均增速低 3.78 个百分点。

后续各图表将逐步展示广州市相关背景各方面历年增长数据。在此，把各项绝对值转换为以上一年数值为 100 的年度增长百分指数，形成 2005 年以来广州市人均产值和人均收入、人均消费（分为人均非文消费与人均文教消费）、人均积蓄增长态势（见图2）。

在广州市人均产值、人均收入、人均非文消费、人均文教消费和人均积蓄的年度增长指数中，选取三对具有特定相关关系的数据项：图中标号（1）柱形系人均产值历年增长指数，（2）带菱形曲线系人均收入历年增长指数，二者相关系数为0.1805，即历年增长保持18.05%同步。图中标号（2）系人均收入历年增长指数，（3）带方形曲线系人均非文消费历年增长指数，二者相关系数为0.7948，即历年增长保持79.48%同步。图中标号（4）带叉形曲线系人均文教消费历年增

	2005年	2006年	2007年	2008年	2009年	2010年	2011年	2012年
（1）城市人均产值	100.00	116.04	115.30	113.83	109.71	116.01	114.19	108.00
（2）城市人均收入	100.00	108.55	113.19	112.67	109.06	111.04	112.33	111.13
（3）人均非文消费	100.00	106.38	121.44	110.41	107.91	109.18	113.82	111.39
（4）人均文教消费	100.00	108.66	129.15	107.71	117.50	111.48	108.24	113.55
（5）城市人均积蓄	100.00	115.36	79.85	127.37	106.87	117.92	110.30	108.20

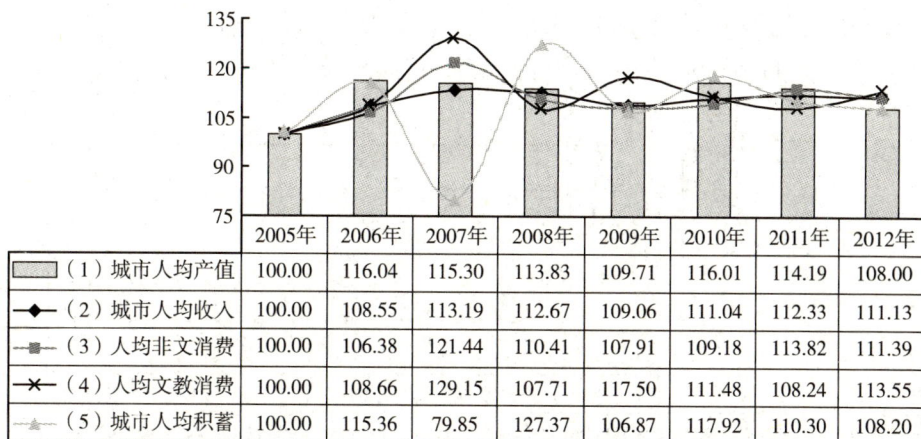

图2　广州人均产值和人均收入、人均消费、人均积蓄增长态势

注：年度增长指数（产值为柱形，其余为曲线），上年＝100，小于100为负增长；2006～2012年增长相关系数（2005年为起点不计）为（1）与（2）0.1805；（2）与（3）0.7948；（4）与（5）－0.9267。其间，2007～2010年为－0.9990。文教消费需求的"积蓄增长负相关效应"显著。

长指数，（5）带三角形曲线系人均积蓄历年增长指数，二者相关系数为－0.9267，负相关程度很高，2007～2010年为－0.9990，构成极显著的反向互动关系。

就广州市人均积蓄与人均文化消费二者历年增长幅度变化的相关性而言，不妨简单理解为，前者每上升1%，后者在2006～2012年下降0.93%，2007～2010年下降1.00%。对比广州市人均积蓄与人均文教消费两条年度增长曲线，只有最近年度显得例外，其余年度明显呈现似"水中倒影"的负相关。其中，2007年、2009年人均积蓄年度增长跌入低谷，甚至为负增长，与之对应的是人均文教消费年度增长出现高峰；2008年人均积蓄年度增长形成高峰，与之对应的是人均文教消费年度增长陷入低谷。广州市居民文教消费的"积蓄增长负相关效应"显著。

二　城市文教消费需求背景的增长协调性分析

（一）民生基础系数检测

2005年以来广州市人均产值、人均收入、收入与产值比、省域收入城乡

比变动态势见图3，其中将人均收入、人均产值转换为面积比例，二者历年之
比形成民生基础系数变动曲线，同时附有所在省域收入城乡比变动曲线。

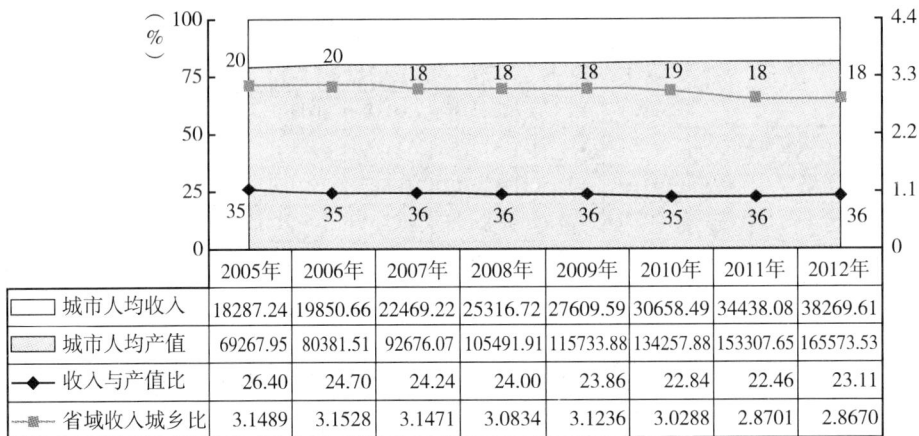

	2005年	2006年	2007年	2008年	2009年	2010年	2011年	2012年
城市人均收入	18287.24	19850.66	22469.22	25316.72	27609.59	30658.49	34438.08	38269.61
城市人均产值	69267.95	80381.51	92676.07	105491.91	115733.88	134257.88	153307.65	165573.53
收入与产值比	26.40	24.70	24.24	24.00	23.86	22.84	22.46	23.11
省域收入城乡比	3.1489	3.1528	3.1471	3.0834	3.1236	3.0288	2.8701	2.8670

图3 广州市人均收入、人均产值、收入与产值比、省域收入城乡比变动态势

注：左轴面积为人均产值、人均收入（元转换为%），二者历年变动呈直观比例；左轴曲线为
收入与产值比；右轴曲线为省域收入城乡比（乡村=1）。标明历年中心城市排序。

2005~2012年，广州市居民人均收入年均增长11.13%，人均产值年均增长
13.26%，比人均收入增速高出2.13个百分点。7年间，广州市居民人均收入与人
均产值之比的最高（最佳）值为2005年的26.40%，最低值为2011年的22.46%。
逐年考察，除了2012年出现上升以外，广州市此项比值逐步下降，由2005年的
26.40%降低至2012年的23.11%，比值处于36个中心城市的第36位。民生基础系
数呈现降低趋势，意味着在经济增长的同时，"人民共享发展成果"程度逐渐降低。

2000~2012年，广州市所在省域乡村人均收入年均增长9.23%，城镇人
均收入年均增长9.88%，比乡村增速高出0.65个百分点。城乡综合演算，
2012年省域人均收入为23721.57元。12年间，广州市所在省域人均收入城乡
比的最小（最佳）值为2000年的2.6711，最大值为2006年的3.1528。逐年
考察，除了2007~2008年、2010~2012年出现下降以外，所在省域此项城乡
比逐步上升，由2000年的2.6711提高至2012年的2.8670，处于31个省域里
第18位。收入的城乡差距呈现扩大趋势，意味着在民生基础层面城乡之间
"共享发展成果"的程度有所降低。

如果广州市民生基础系数能够保持 2005 年最佳水平，能够带动所在省域民生基础层面的城乡差距保持 2000 年最低程度，并实现城乡无差距理想状态，那么在"国民收入分配"演算和城乡综合演算当中，广州市及其所在省域人均收入应有很大提高，这样随后逐步推演的一切测算值都会发生变化。

（二）民生消费系数检测

2005 年以来广州市人均收入、人均非文消费、非文占收入比、省域非文城乡比变动态势见图 4，其中将人均非文消费、人均收入转换为面积比例，二者历年之比形成民生消费系数变动曲线，同时附有所在省域非文城乡比变动曲线。

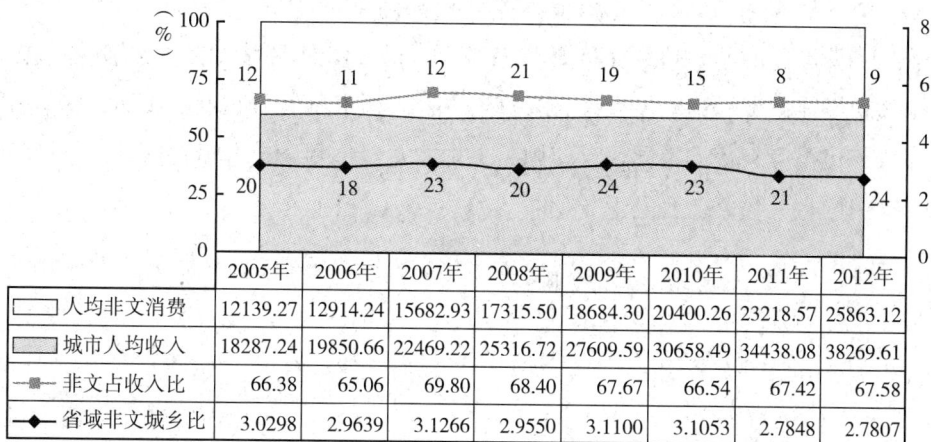

	2005年	2006年	2007年	2008年	2009年	2010年	2011年	2012年
人均非文消费	12139.27	12914.24	15682.93	17315.50	18684.30	20400.26	23218.57	25863.12
城市人均收入	18287.24	19850.66	22469.22	25316.72	27609.59	30658.49	34438.08	38269.61
非文占收入比	66.38	65.06	69.80	68.40	67.67	66.54	67.42	67.58
省域非文城乡比	3.0298	2.9639	3.1266	2.9550	3.1100	3.1053	2.7848	2.7807

图 4　广州市人均非文消费、人均收入、非文占收入比、省域非文城乡比变动态势

注：左轴面积为人均收入、人均非文消费（元转换为%），二者历年变化呈直观比例；左轴曲线为非文占收入比；右轴曲线为省域非文城乡比（乡村 =1）。标明历年中心城市排序。

2005～2012 年，广州市居民人均非文消费年均增长 11.41%，人均收入年均增长 11.13%，比人均非文消费增速低了 0.28 个百分点。7 年间，广州市居民人均非文消费占人均收入比重的最低（最佳）值为 2006 年的 65.06%，最高值为 2007 年的 69.80%。逐年考察，除了 2006 年、2008～2010 年出现下降以外，广州市此项比值逐步上升，由 2005 年的 66.38% 提高至 2012 年的 67.58%，处于 36 个中心城市的第 9 位。民生消费系数呈现增高趋势，亦即必需消费之外的余钱占收入比重减低，意味着从"基本小康"到"全面小康"

建设的民生效应尚未得以显现。

2000~2012 年，广州市所在省域乡村人均非文消费年均增长 9.58%，城镇人均非文消费年均增长 8.76%，比乡村增速低了 0.82 个百分点。城乡综合演算，2012 年省域人均非文消费为 15327.64 元。12 年间，广州市所在省域人均非文消费城乡比的最大值为 2003 年的 3.1277，最小（最佳）值为 2012 年的 2.7807。逐年考察，除了 2002~2003 年、2007 年、2009 年出现上升以外，所在省域此项城乡比逐步下降，由 2000 年的 3.0419 下降至 2012 年的 2.7807，处于 31 个省域的第 24 位。必需非文消费的城乡差距呈现缩小趋势，意味着在民生消费层面城乡之间"共享发展成果"的程度有所提高。

如果广州市民生消费系数能够保持 2006 年最佳水平，能够带动所在省域民生消费层面的城乡差距保持 2012 年最低程度，并实现城乡无差距理想状态，那么在必需消费演算和城乡综合演算当中，广州市及其所在省域人均非文消费占收入比重应有较大不同，反转则是人均非文消费剩余应有很大增多，这样随后推演的相关数值也会发生变化。

（三）文化需求系数检测

2005 年以来广州市人均非文消费剩余、人均文教消费、文教与非余比、省域文教城乡比变动态势见图 5，其中将人均文教消费、人均非文消费剩余转换为面积比例，二者历年之比形成文化需求系数变动曲线，同时附有所在省域文教消费城乡比变动曲线。

2005~2012 年，广州市居民人均文教消费年均增长 13.55%，人均非文消费剩余年均增长 10.55%，比人均文教消费增速低了 3.00 个百分点。7 年间，广州市居民人均文教消费与人均非文消费剩余比值的最低值为 2006 年的 36.48%，最高（最佳）值为 2007 年的 48.16%。逐年考察，除了 2006 年、2008 年、2010~2011 年出现下降以外，广州市此项比值逐步上升，由 2005 年的 37.88% 提高至 2012 年的 45.68%，比值处于 36 个中心城市的第 1 位。文化需求系数呈现增高趋势，意味着非必需的文教消费需求增长受"积蓄增长负相关效应"反向牵制的影响有所减弱。

2000~2012 年，广州市所在省域乡村人均文教消费年均增长 3.37%，城

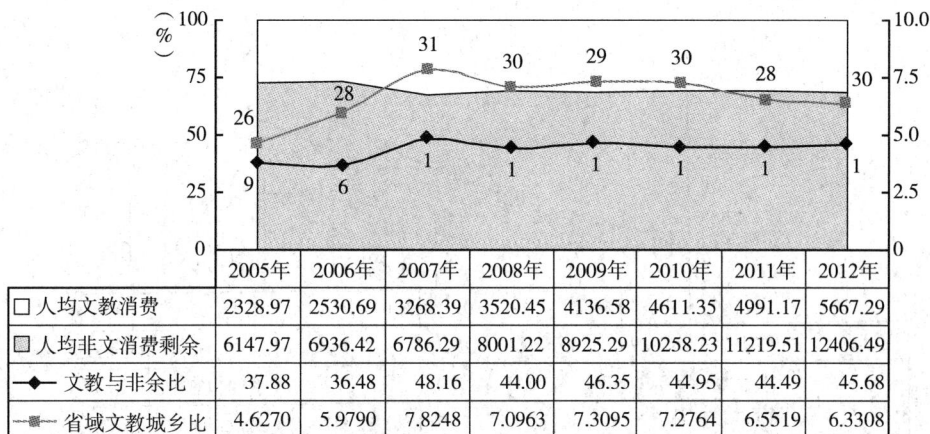

	2005年	2006年	2007年	2008年	2009年	2010年	2011年	2012年
□ 人均文教消费	2328.97	2530.69	3268.39	3520.45	4136.58	4611.35	4991.17	5667.29
▨ 人均非文消费剩余	6147.97	6936.42	6786.29	8001.22	8925.29	10258.23	11219.51	12406.49
◆ 文教与非余比	37.88	36.48	48.16	44.00	46.35	44.95	44.49	45.68
▩ 省域文教城乡比	4.6270	5.9790	7.8248	7.0963	7.3095	7.2764	6.5519	6.3308

图 5 广州市人均文教消费、人均非文消费剩余、文教与
非余比、省域文教城乡比变动态势

注：左轴面积为人均非文消费剩余、人均文教消费（元转换为%），二者历年变化呈直观比例；
左轴曲线为文教与非余比；右轴曲线为省域文教城乡比（乡村 = 1）。标明历年中心城市排序。

镇人均文教消费年均增长 10.20%，比乡村增速高出 6.83 个百分点。城乡综合演算，2012 年省域人均文教消费为 2132.06 元。12 年间，广州市所在省域人均文教消费城乡比的最小（最佳）值为 2000 年的 2.9396，最大值为 2007 年的 7.8248。逐年考察，除了 2005 年、2008 年、2010～2012 年出现下降以外，所在省域此项城乡比逐步上升，由 2000 年的 2.9396 提高至 2012 年的 6.3308，处于 31 个省域的第 30 位。人均文教消费需求的城乡差距呈现出扩增趋势，意味着在文化需求层面城乡之间"共享发展成果"的程度有所降低。

如果广州市文化需求系数能够保持 2007 年最佳水平，能够带动所在省域文化需求层面的城乡差距保持 2000 年最低程度，并实现城乡无差距理想状态，那么在非必需文教消费占余钱比重演算和城乡综合演算当中，广州市及其所在省域人均文教消费应有很大增长。

三 文教消费增长目标暨文化产业发展空间测算

2012～2020 年广州市辖区及所在省域人均文教消费需求增长测算见图 6，其中提供了文化产业供需协调增长目标的 7 类测算结果。

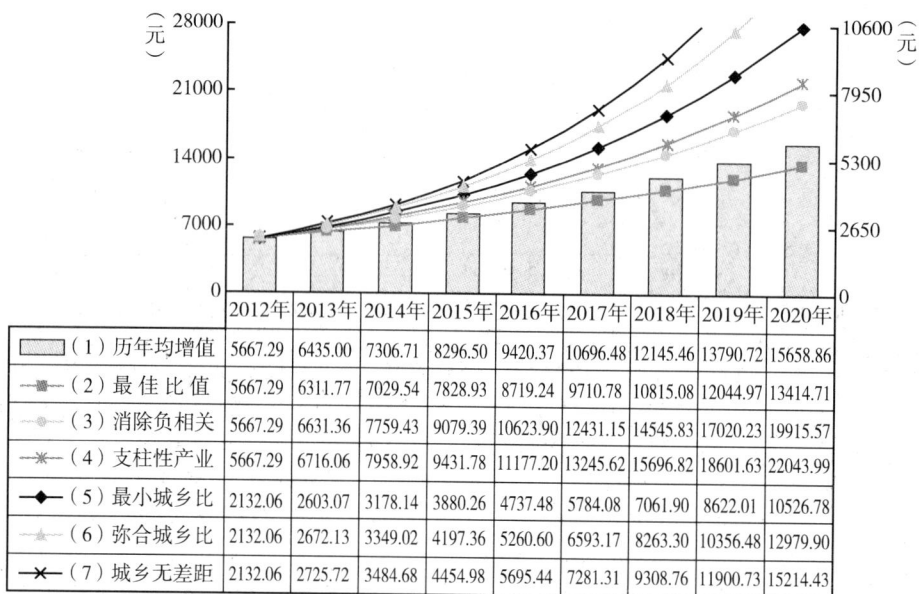

图6 广州市及所在省域人均文教消费需求增长测算

	2012年	2013年	2014年	2015年	2016年	2017年	2018年	2019年	2020年
（1）历年均增值	5667.29	6435.00	7306.71	8296.50	9420.37	10696.48	12145.46	13790.72	15658.86
（2）最佳比值	5667.29	6311.77	7029.54	7828.93	8719.24	9710.78	10815.08	12044.97	13414.71
（3）消除负相关	5667.29	6631.36	7759.43	9079.39	10623.90	12431.15	14545.83	17020.23	19915.57
（4）支柱性产业	5667.29	6716.06	7958.92	9431.78	11177.20	13245.62	15696.82	18601.63	22043.99
（5）最小城乡比	2132.06	2603.07	3178.14	3880.26	4737.48	5784.08	7061.90	8622.01	10526.78
（6）弥合城乡比	2132.06	2672.13	3349.02	4197.36	5260.60	6593.17	8263.30	10356.48	12979.90
（7）城乡无差距	2132.06	2725.72	3484.68	4454.98	5695.44	7281.31	9308.76	11900.73	15214.43

注：左轴（1）~（4）为城市辖区测算，2012~2020年各方面增长按2005~2012年实际年均增速推算；右轴（5）~（7）为所在省域测算，2012~2020年各方面增长按2000~2012年实际年均增速推算。文教与产值比，城市2012年实值为3.42%，省域2012年实值为3.94%；2020年测算值为（1）3.49%，（2）2.99%，（3）4.44%，（4）4.92%，（5）7.42%，（6）9.15%，（7）10.72%。2012~2020年人均文教消费年均增长为（1）13.55%（2005~2012年实值，以下为测算值）；（2）11.37%，（3）17.01%，（4）18.51%，（5）22.09%，（6）25.33%，（7）27.84%。若产值按年均增长7%推算，则2020年文教与产值比测算值（增量、增幅不变）为（1）5.50%；（2）4.72%。2020年人均文教消费（与产值比不变）为（3）12639.76元，年增10.55%；（4）13990.60元，年增11.96%；（5）6896.30元，年增15.80%；（6）8503.39元，年增18.88%；（7）9967.28元，年增21.26%。

（1）历年均增值测算：以城乡文教消费既往年度年均增长率测算增长目标，可以得出统计概率最高的或然增长结果。如果2012~2020年广州市文教消费增长保持2005~2012年平均增长率13.55%（城市间实际增长第4位），那么到2020年文教消费将达到15658.86元。在相关各方面增长均依此推算的情况下，由于文教消费与产值之比在2005~2012年呈现上升态势，至2020年文教消费增长与产值增长测算值之比将继续升高至3.49%。

（2）消除负相关测算：以城乡文化需求系数既往年度历年最佳比值测算增长目标，即假设积蓄增长与文教消费增长之间排除负相关关系，必需消费之外余钱增长与精神文化消费需求增长实现同步。如果到 2020 年广州市此项比值实现 2005 ~ 2012 年最佳状态，那么城市人均文教消费应达到 13414.71 元，与产值增长测算值之比将上升至 2.99%，年均增长率需达到 11.37%，为以往实际年均增长率的 83.91%（城市间目标距离第 1 位）。

（3）最佳比值测算：以城乡民生基础系数、民生消费系数、文化需求系数三项比值既往年度历年最佳值测算增长目标，即假设相关各方面的增长协调性"回复"曾有的三项比关系最佳值。如果到 2020 年广州市三项比值同步实现 2005 ~ 2012 年最佳状态，那么城市人均文教消费应达到 19915.57 元，与产值增长测算值之比将上升至 4.44%，年均增长率需达到 17.01%，为以往实际年均增长率的 1.26 倍（城市间目标距离第 3 位）。

（4）支柱性产业测算：摒弃单纯的"文化 GDP 追逐"，通过文教消费需求增长空间反推，以文化生产满足文化需求的终极目的定位测算增长目标，即假设文教消费需求增长切实推动文化生产发展，实现文化产业供需协调增长，达到支柱性产业所需占产值的比重。各城市文教消费需求增长支撑文化产业成为支柱性产业的测算值各有不同，广州市测算值为 4.92%。据此反推，到 2020 年广州市人均文教消费应达到 22043.99 元，年均增长率需达到 18.51%，为以往实际年均增长率的 1.37 倍（城市间目标距离第 4 位）。

（5）最小城乡比测算：在三项最佳比值测算基础上，以人均文教消费城乡比既往年度历年最小值测算增长目标，即假设"回复"原有的文教消费城乡比最小状态，作为缩小以至于消除城乡差距的基础。如果到 2020 年广州市带动所在省域同时实现 2000 ~ 2012 年三项最佳比值和文教消费最小城乡比，那么人均文教消费应达到 10526.78 元，与产值增长测算值之比将上升至 7.42%，年均增长率需达到 22.09%，为广州市以往实际年均增长率的 1.63 倍（省域间目标距离第 5 位）。

（6）弥合城乡比测算：同样在三项最佳比值测算基础上，以人均文教消费城乡比的无差距理想值测算增长目标，即假设文化需求层面的城乡差距得以消除，据此演算校正数值。如果到 2020 年广州市带动所在省域同时实现 2000 ~ 2012 年三项最佳比值和乡村人均文教消费绝对值与城镇水平持平，那么人均文教消费应达到 12979.90 元，与产值增长测算值之比将上升至 9.15%，年均增长率需达到25.33%，为广州市以往实际年均增长率的1.87倍（省域间目标距离第4位）。

（7）城乡无差距测算：在民生基础层面、民生消费层面、文化需求层面三项城乡比的无差距理想状态下实现既往年度历年最佳比值测算增长目标，即假设此三个层面的乡村人均值加速增长并与城镇水平持平，统一取城镇标准三项比例关系最佳值进行演算。如果到2020年广州市带动所在省域在此三个层面消除城乡差距，实现按城镇标准衡量的2000～2012年三项最佳比值，那么人均文教消费应达到15214.43元，与产值增长测算值之比将上升至10.72%，年均增长率需达到27.84%，为广州市以往实际年均增长率的2.05倍（省域间目标距离第3位）。

如果按照国家"十二五"规划转变发展方式的要求，在"十二五"期间把广州市产值年均增长率控制在7%，并一直延续至2020年，那么（1）历年均增值、（2）消除负相关两类增长测算的绝对值不变，其与产值之比将分别增高至5.50%和4.72%；因其余各类测算与产值增长演算直接相关，增长测算的绝对值相应减小，其所需年均增长幅度（目标差距）将分别降低至10.55%、11.96%、15.80%、18.88%、21.26%（详见图6注），更加容易实现。

B . 21
BLUE BOOK

福州：消除负相关增长目标测算第 3 位

孟玲美 *

摘 要：

福州市文教消费增长目标暨文化产业发展空间测评：2005 ~ 2012 年中心城市实际增长排名，历年均增值为第 3 位；2012 ~ 2020 年中心城市目标距离排名，消除负相关测算为第 3 位，最佳比值测算为第 4 位，支柱性产业测算为第 3 位；所在省域最小城乡比测算为第 2 位，弥合城乡比测算为第 3 位，城乡无差距测算为第 2 位。

关键词：

福州市文化产业 扩大文教消费 需求与共享 增长目标

本文展开 2005 ~ 2012 年福州市（市辖区）居民文教消费相关状态综合分析，对所在省域城乡差距状况的检测则取 2000 ~ 2012 年相应数据。

一 城市文教消费需求及相关方面增长态势

2005 年以来福州市文教消费总量和人均值增长态势见图 1。

2005 ~ 2012 年，福州市文教消费总量由 15.43 亿元增高到 46.10 亿元，增加 30.67 亿元，总增长 198.77%，年均增长率 16.92%。其中，"十一五"期间总增长 166.88%，年均增长 21.69%；"十二五"头两年总增长 11.95%，年均增长 5.81%，"十二五"以来年均增速比"十一五"年均增速低 15.88 个百分点。

---

* 孟玲美，云南民族大学民俗学在读硕士研究生，参与导师主持文化相关研究。

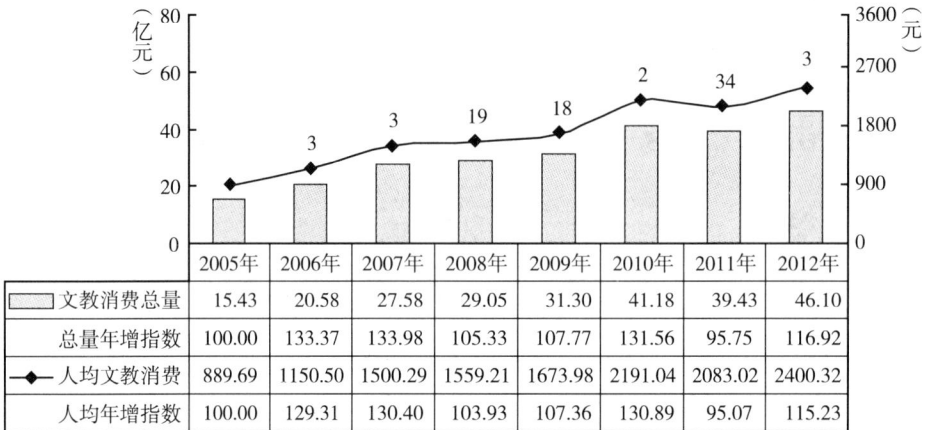

	2005年	2006年	2007年	2008年	2009年	2010年	2011年	2012年
文教消费总量	15.43	20.58	27.58	29.05	31.30	41.18	39.43	46.10
总量年增指数	100.00	133.37	133.98	105.33	107.77	131.56	95.75	116.92
◆ 人均文教消费	889.69	1150.50	1500.29	1559.21	1673.98	2191.04	2083.02	2400.32
人均年增指数	100.00	129.31	130.40	103.93	107.36	130.89	95.07	115.23

图1 福州市文教消费总量和人均值增长态势

注：左轴为文教消费总量；右轴为人均文教消费，附年度增长指数（上年＝100，小于100为负增长）。标明历年增长中心城市排序，起点年度不计。

同期，福州市文教消费人均值由889.69元增高到2400.32元，增加1510.63元，总增长169.79%，年均增长率15.23%。其中，"十一五"期间总增长146.27%，年均增长19.75%；"十二五"头两年总增长9.55%，年均增长4.67%，"十二五"以来年均增速比"十一五"年均增速低15.08个百分点。

后续各图表将逐步展示福州市相关背景各方面历年增长数据。在此，把各项绝对值转换为以上一年数值为100的年度增长百分指数，形成2005年以来福州市人均产值和人均收入、人均消费（分为人均非文消费与人均文教消费）、人均积蓄增长态势（见图2）。

在福州市人均产值、人均收入、人均非文消费、人均文教消费和人均积蓄的年度增长指数中，选取三对具有特定相关关系的数据项：图中标号（1）柱形系人均产值历年增长指数，（2）带菱形曲线系人均收入历年增长指数，二者相关系数为0.4082，即历年增长保持40.82%同步。图中标号（2）系人均收入历年增长指数，（3）带方形曲线系人均非文消费历年增长指数，二者相关系数为0.9571，即历年增长保持95.71%同步。图中标号（4）带叉形曲线系人均文教消费历年增长指数，（5）带三角形曲线系人均积蓄历年增长指数，二者相关系数为 -0.8224，负相关程度很高，分时间段继续考察，2006～2009

	2005年	2006年	2007年	2008年	2009年	2010年	2011年	2012年
（1）城市人均产值	100.00	111.50	117.20	114.47	113.31	119.02	118.57	112.09
（2）城市人均收入	100.00	112.26	117.07	114.10	108.46	112.04	114.57	113.05
（3）人均非文消费	100.00	113.04	121.95	115.84	107.17	109.55	115.20	113.68
（4）人均文教消费	100.00	129.31	130.40	103.93	107.36	130.89	95.07	115.23
（5）城市人均积蓄	100.00	107.40	104.82	113.54	111.57	112.14	119.46	111.26

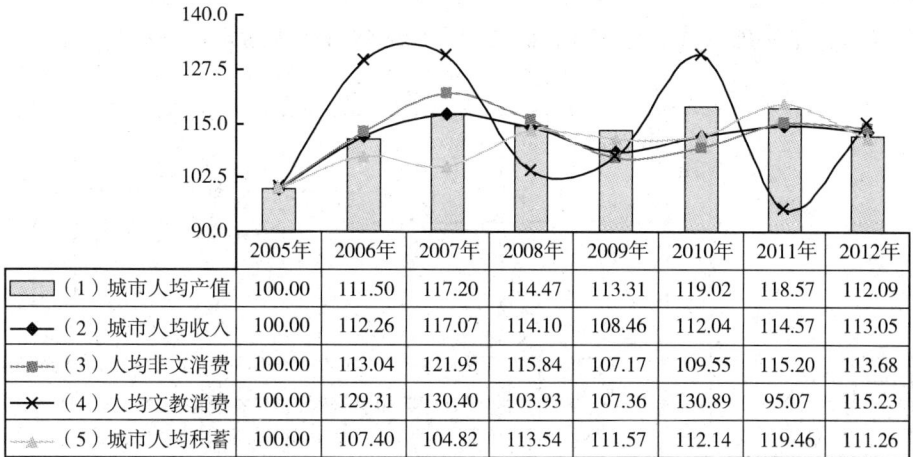

图 2　福州人均产值和人均收入、人均消费、人均积蓄增长态势

注：年度增长指数（产值为柱形，其余为曲线）为上年 = 100，小于 100 为负增长；2006 ~ 2012 年增长相关系数（2005 年为起点不计）为（1）与（2）0.4082；（2）与（3）0.9571；（4）与（5）- 0.8224。其间，2006 ~ 2009 年为 - 0.9655，文教消费需求的"积蓄增长负相关效应"显著成立。

年为 - 0.9655，构成极显著反向互动关系。

就福州市人均积蓄与人均文化消费二者历年增长幅度变化的相关性而言，不妨简单理解为，前者每上升 1%，后者在 2006 ~ 2012 年下降 0.82%，2006 ~ 2009 年下降 0.97%。对比福州市人均积蓄与人均文教消费两条年度增长曲线，大体呈现似"水中倒影"的负相关关系。其中，2006 ~ 2007 年人均积蓄年度增长跌入低谷，与之对应的是人均文教消费年度增长出现高峰；2011 年人均积蓄年度增长形成高峰，与之对应的是人均文教消费年度增长陷入低谷，甚至为负增长。福州市居民文教消费的"积蓄增长负相关效应"显著。

二　城市文教消费需求背景的增长协调性分析

（一）民生基础系数检测

2005 年以来福州市人均产值、人均收入、收入与产值比、省域收入城乡比变动态势见图3,其中将人均收入、人均产值转换为面积比例,二者历年之比形成民生基础系数变动曲线,同时附有所在省域收入城乡比变动曲线。

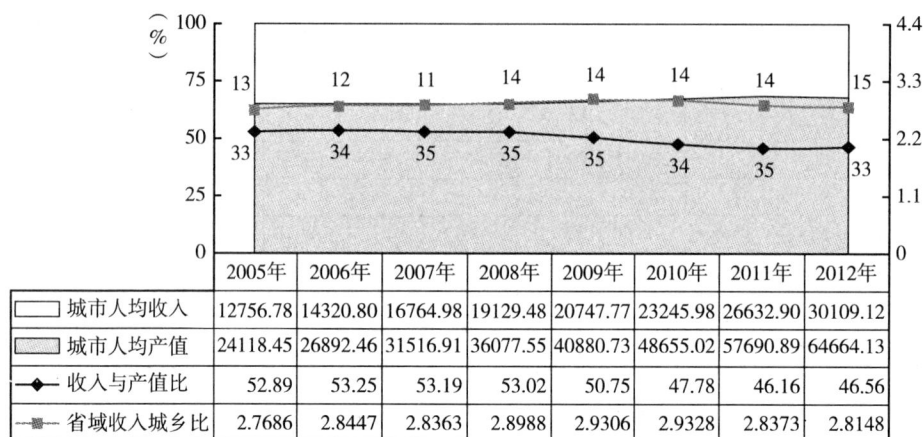

	2005年	2006年	2007年	2008年	2009年	2010年	2011年	2012年
城市人均收入	12756.78	14320.80	16764.98	19129.48	20747.77	23245.98	26632.90	30109.12
城市人均产值	24118.45	26892.46	31516.91	36077.55	40880.73	48655.02	57690.89	64664.13
收入与产值比	52.89	53.25	53.19	53.02	50.75	47.78	46.16	46.56
省域收入城乡比	2.7686	2.8447	2.8363	2.8988	2.9306	2.9328	2.8373	2.8148

图3 福州市人均收入、人均产值、收入与产值比、省域收入城乡比变动态势

注:左轴面积为人均产值、人均收入(元转换为%),二者历年变动呈直观比例;左轴曲线为收入与产值比;右轴曲线为省域收入城乡比(乡村=1)。标明历年中心城市排序。

2005~2012年,福州市居民人均收入年均增长13.05%,人均产值年均增长15.13%,比人均收入增速高出2.08个百分点。7年间,福州市居民人均收入与人均产值之比的最高(最佳)值为2006年的53.25%,最低值为2011年的46.16%。逐年考察,除了2006年、2012年出现上升以外,福州市此项比值逐步下降,由2005年的52.89%降低至2012年的46.56%,比值处于36个中心城市的第33位。民生基础系数呈现降低趋势,意味着在经济增长的同时,"人民共享发展成果"程度逐渐降低。

2000~2012年,福州市所在省域乡村人均收入年均增长9.84%,城镇人均收入年均增长11.71%,比乡村增速高出1.87个百分点。城乡综合演算,2012年省域人均收入为20612.51元。12年间,福州市所在省域人均收入城乡比的最小(最佳)值为2000年的2.3007,最大值为2010年的2.9328。逐年考察,除了2007年、2011~2012年出现下降以外,所在省域此项城乡比逐步上升,由2000年的2.3007提高至2012年的2.8148,城乡比数值处于31个省域里第15位。收入的城乡差距呈现扩大趋势,意味着在民生基础层面城乡之

间 "共享发展成果" 的程度有所降低。

如果福州市民生基础系数能够保持 2006 年最佳水平，能够带动所在省域民生基础层面的城乡差距保持 2000 年最低程度，并实现城乡无差距理想状态，那么在 "国民收入分配" 演算和城乡综合演算当中，福州市及其所在省域人均收入应有很大提高，这样随后逐步推演的一切测算值都会发生变化。

（二）民生消费系数检测

2005 年以来福州市人均收入、人均非文消费、非文占收入比、省域非文城乡比变动态势见图 4，其中将人均非文消费、人均收入转换为面积比例，二者历年之比形成民生消费系数变动曲线，同时附有所在省域非文城乡比变动曲线。

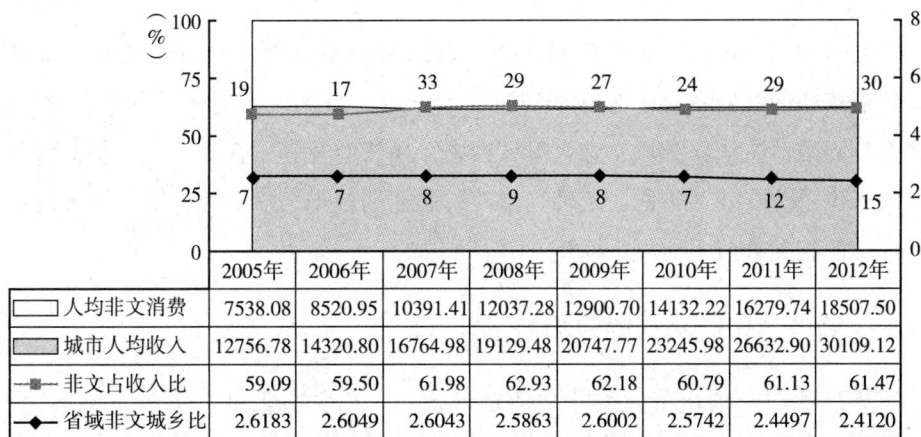

	2005年	2006年	2007年	2008年	2009年	2010年	2011年	2012年
人均非文消费	7538.08	8520.95	10391.41	12037.28	12900.70	14132.22	16279.74	18507.50
城市人均收入	12756.78	14320.80	16764.98	19129.48	20747.77	23245.98	26632.90	30109.12
非文占收入比	59.09	59.50	61.98	62.93	62.18	60.79	61.13	61.47
省域非文城乡比	2.6183	2.6049	2.6043	2.5863	2.6002	2.5742	2.4497	2.4120

图 4　福州市人均非文消费、人均收入、非文占收入比、省域非文城乡比变动态势

注：左轴面积为人均收入、人均非文消费（元转换为%），二者历年变化呈直观比例；左轴曲线为非文占收入比；右轴曲线为省域非文消费城乡比（乡村 =1）。标明历年中心城市排序。

2005～2012 年，福州市居民人均非文消费年均增长 13.69%，人均收入年均增长 13.05%，比人均非文消费增速低了 0.64 个百分点。7 年间，福州市居民人均非文消费占人均收入比重的最低（最佳）值为 2005 年的 59.09%，最高值为 2008 年的 62.93%。逐年考察，除了 2009～2010 年出现下降以外，福州市此项比值逐步上升，由 2005 年的 59.09% 提高至 2012 年的 61.47%，处于36个中心城市的第30位。民生消费系数呈现增高趋势，亦即必需消费之外的余钱占收入比重减低，意味着从"基本小康"到"全面小康"建设的民生效应尚未得以显现。

2000～2012年，福州市所在省域乡村人均非文消费年均增长10.10%，城镇人均非文消费年均增长10.36%，比乡村增速高出0.26个百分点。城乡综合演算，2012年省域人均非文消费为12516.74元。12年间，福州市所在省域人均非文消费城乡比的最小（最佳）值为2000年的2.3448，最大值为2003年的2.6697。逐年考察，除了2004～2008年、2010～2012年出现下降以外，所在省域此项城乡比逐步上升，由2000年的2.3448提高至2012年的2.4120，处于31个省域里第15位。必需非文消费的城乡差距呈现扩大趋势，意味着在民生消费层面城乡之间"共享发展成果"的程度有所降低。

如果福州市民生消费系数能够保持2005年最佳水平，能够带动所在省域民生消费层面的城乡差距保持2012年最低程度，并实现城乡无差距理想状态，那么在必需消费演算和城乡综合演算当中，福州市及其所在省域人均非文消费占收入比重应有较大不同，反转则是人均非文消费剩余应有很大增多，这样随后推演的相关数值也会发生变化。

（三）文化需求系数检测

2005年以来福州市人均非文消费剩余、人均文教消费、文教与非余比、省域文教城乡比变动态势见图5，其中将文教消费、人均非文消费剩余转换为面积比例，二者历年之比形成文化需求系数变动曲线，同时附有所在省域文教消费城乡比变动曲线。

2005～2012年，福州市居民人均文教消费年均增长15.23%，人均非文消费剩余年均增长12.09%，比人均文教消费增速低了3.14个百分点。7年间，福州市居民人均文教消费与人均非文消费剩余比值的最低值为2005年的17.05%，最高（最佳）值为2010年的24.04%。逐年考察，除了2008～2009年、2011年出现下降以外，福州市此项比值逐步上升，由2005年的17.05%提高至2012年的20.69%，比值数值处于36个中心城市的第22位。文化需求

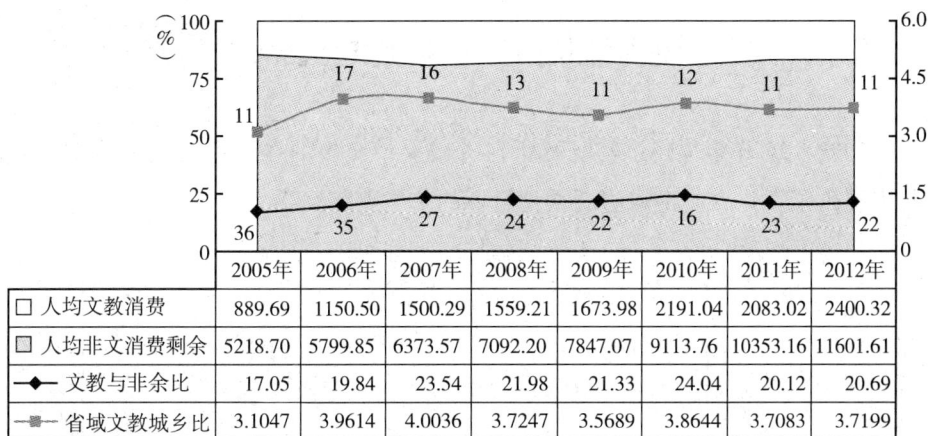

	2005年	2006年	2007年	2008年	2009年	2010年	2011年	2012年
□ 人均文教消费	889.69	1150.50	1500.29	1559.21	1673.98	2191.04	2083.02	2400.32
▨ 人均非文消费剩余	5218.70	5799.85	6373.57	7092.20	7847.07	9113.76	10353.16	11601.61
◆ 文教与非余比	17.05	19.84	23.54	21.98	21.33	24.04	20.12	20.69
▪ 省域文教城乡比	3.1047	3.9614	4.0036	3.7247	3.5689	3.8644	3.7083	3.7199

图 5 福州市人均文教消费、人均非文消费剩余、文教与
非余比、省域文教城乡比变动态势

注: 左轴面积为人均非文消费剩余、人均文教消费（元转换为%），二者历年变化呈直观比例；
左轴曲线为文教与非余比；右轴曲线为省域文教城乡比（乡村 = 1）。标明历年中心城市排序。

系数呈现增高趋势，意味着非必需的文教消费需求增长受"积蓄增长负相关
效应"反向牵制的影响有所减弱。

2000～2012 年，福州市所在省域乡村人均文教消费年均增长 6.89%，城
镇人均文教消费年均增长 11.26%，比乡村增速高出 4.37 个百分点。城乡综
合演算，2012 年省域人均文教消费为 1471.58 元。12 年间，福州市所在省域
人均文教消费城乡比的最小（最佳）值为 2001 年的 2.2933，最大值为 2007
年的 4.0036。逐年考察，除了 2001 年、2003 年、2005 年、2008～2009 年、
2011 年出现下降以外，所在省域此项城乡比逐步上升，由 2000 年的 2.2995
提高至 2012 年的 3.7199，处于 31 个省域的第 11 位。人均文教消费需求的城
乡差距呈现出扩增趋势，意味着在文化需求层面城乡之间"共享发展成果"
的程度有所降低。

如果福州市文化需求系数能够保持 2010 年最佳水平，能够带动所在省域
文化需求层面的城乡差距保持 2001 年最低程度，并实现城乡无差距理想状态，
那么在非必需文教消费占余钱比重演算和城乡综合演算当中，福州市及其所在
省域人均文教消费应有很大增长。

三 文教消费增长目标暨文化产业发展空间测算

2012～2020 年福州市辖区及所在省域人均文教消费需求增长测算见图 6，其中提供了文化产业供需协调增长目标的 7 类测算结果。

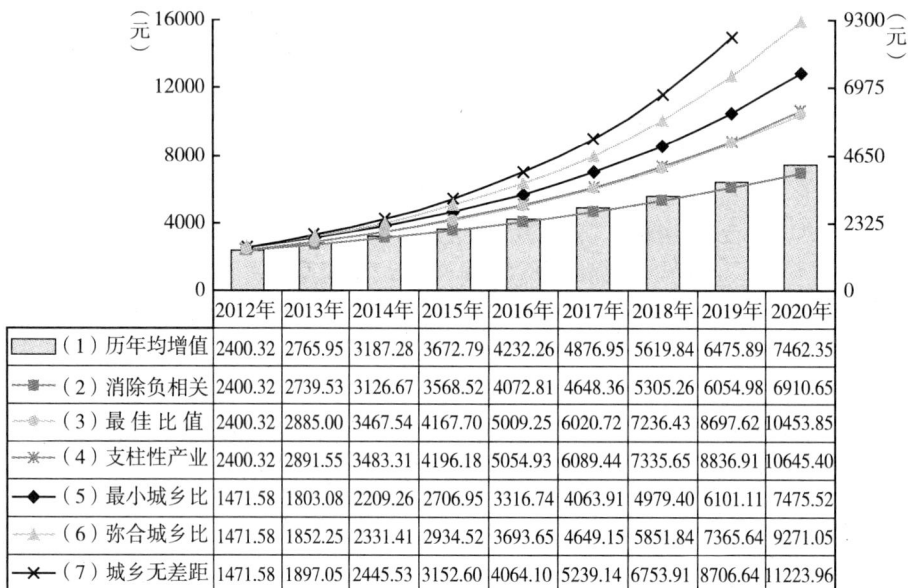

图 6 福州市及所在省域人均文教消费需求增长测算

	2012年	2013年	2014年	2015年	2016年	2017年	2018年	2019年	2020年
（1）历年均增值	2400.32	2765.95	3187.28	3672.79	4232.26	4876.95	5619.84	6475.89	7462.35
（2）消除负相关	2400.32	2739.53	3126.67	3568.52	4072.81	4648.36	5305.26	6054.98	6910.65
（3）最佳比值	2400.32	2885.00	3467.54	4167.70	5009.25	6020.72	7236.43	8697.62	10453.85
（4）支柱性产业	2400.32	2891.55	3483.31	4196.18	5054.93	6089.44	7335.65	8836.91	10645.40
（5）最小城乡比	1471.58	1803.08	2209.26	2706.95	3316.74	4063.91	4979.40	6101.11	7475.52
（6）弥合城乡比	1471.58	1852.25	2331.41	2934.52	3693.65	4649.15	5851.84	7365.64	9271.05
（7）城乡无差距	1471.58	1897.05	2445.53	3152.60	4064.10	5239.14	6753.91	8706.64	11223.96

注：左轴（1）～（4）为城市辖区测算，2012～2020 年各方面增长按 2005～2012 年实际年均增速推算；右轴（5）～（7）为所在省域测算，2012～2020 年各方面增长按 2000～2012 年实际年均增速推算。文教与产值比，城市 2012 年实值为 3.71%，省域 2012 年实值为 2.79%；2020 年测算值为（1）3.74%，（2）3.46%，（3）5.24%，（4）5.33%，（5）5.04%，（6）6.25%，（7）7.57%。2012～2020 年人均文教消费年均增长为（1）15.23%（2005～2012 年实值，以下为测算值）；（2）14.13%，（3）20.19%，（4）20.47%，（5）22.53%，（6）25.87%，（7）28.91%。

若产值按年均增长 7% 推算，则 2020 年文教消费与产值比测算值（增量、增幅不变）：（1）6.72%；（2）6.22%。2020 年人均文教消费（与产值比不变）：（3）5818.95 元，年增 11.70%；（4）5925.57 元，年增 11.96%；（5）4568.94 元，年增 15.21%；（6）5666.34 元，年增 18.36%；（7）6859.94 元，年增 21.22%。

（1）历年均增值测算：以城乡文教消费既往年度年均增长率测算增长目标，可以得出统计概率最高的或然增长结果。如果 2012～2020 年福州市文教消费增长保持 2005～2012 年平均增长率 15.23%（城市间实际增长第 3 位），那么到 2020 年文教消费将达到 7462.35 元。在相关各方面增长均依此推算的情况下，由于文教消费与产值之比在 2005～2012 年呈现上升态势，至 2020 年文教消费增长与产值增长测算值之比将继续升高至 3.74%。

（2）消除负相关测算：以城乡文化需求系数既往年度历年最佳比值测算增长目标，即假设积蓄增长与文教消费增长之间排除负相关关系，必需消费之外余钱增长与精神文化消费需求增长实现同步。如果到 2020 年福州市此项比值实现 2005～2012 年最佳状态，那么城市人均文教消费应达到 6910.65 元，与产值增长测算值之比将上升至 3.46%，年均增长率需达到 14.13%，为以往实际年均增长率的 92.78%（城市间目标距离第 3 位）。

（3）最佳比值测算：以城乡民生基础系数、民生消费系数、文化需求系数三项比值既往年度历年最佳值测算增长目标，即假设相关各方面的增长协调性"回复"曾有的三项比例关系最佳值。如果到 2020 年福州市三项比值同步实现 2005～2012 年最佳状态，那么城市人均文教消费应达到 10453.85 元，与产值增长测算值之比将上升至 5.24%，年均增长率需达到 20.19%，为以往实际年均增长率的 1.33 倍（城市间目标距离第 4 位）。

（4）支柱性产业测算：摒弃单纯的"文化 GDP 追逐"，通过文教消费需求增长空间反推，以文化生产满足文化需求的终极目的定位测算增长目标，即假设文教消费需求增长切实推动文化生产发展，实现文化产业供需协调增长，达到支柱性产业所需占产值的比重。各城市文教消费需求增长支撑文化产业成为支柱性产业的测算值各有不同，福州市测算值为 5.33%。据此反推，到 2020 年福州市人均文教消费应达到 10645.40 元，年均增长率需达到 20.47%，为以往实际年均增长率的 1.34 倍（城市间目标距离第 3 位）。

（5）最小城乡比测算：在三项最佳比值测算基础上，以人均文教消费城乡比既往年度历年最小值测算增长目标，即假设"回复"原有的文教消费城乡比最小状态，作为缩小以至于消除城乡差距的基础。如果到 2020 年福州市带动所在省域同时实现 2000～2012 年三项最佳比值和文教消费最小城乡比，那么人均文教消费应达到 7475.52 元，与产值增长测算值之比将上升至 5.04%，年均增长率需达到 22.53%，为福州市以往实际年均增长率的 1.48 倍（省域间目标距离第 2 位）。

（6）弥合城乡比测算：同样在三项最佳比值测算基础上，以人均文教消费城乡比的无差距理想值测算增长目标，即假设文化需求层面的城乡差距得以消除，据此演算校正数值。如果到 2020 年福州市带动所在省域同时实现 2000～2012 年三项最佳比值和乡村人均文教消费绝对值与城镇水平持平，那么人均文教消费应达到 9271.05 元，与产值增长测算值之比将上升至 6.25%，年均增长率需达到 25.87%，为福州市以往实际年均增长率的 1.70 倍（省域间目标距离第 3 位）。

（7）城乡无差距测算：在民生基础层面、民生消费层面、文化需求层面三项城乡比的无差距理想状态下实现既往年度历年最佳比值测算增长目标，即假设此三个层面的乡村人均值加速增长并与城镇水平持平，统一取城镇标准三项比例关系最佳值进行演算。如果到 2020 年福州市带动所在省域在此三个层面消除城乡差距，实现按城镇标准衡量的 2000～2012 年三项最佳比值，那么人均文教消费应达到 11223.96 元，与产值增长测算值之比将上升至 7.57%，年均增长率需达到 28.91%，为福州市以往实际年均增长率的 1.90 倍（省域间目标距离第 2 位）。

如果按照国家"十二五"规划转变发展方式的要求，在"十二五"期间把福州市产值年均增长率控制在 7%，并一直延续至 2020 年，那么（1）历年均增值、（2）消除负相关两类增长测算的绝对值不变，其与产值之比将分别增高至 6.72% 和 6.22%；因其余各类测算与产值增长演算直接相关，增长测算的绝对值相应减小，其所需年均增长幅度（目标差距）将分别降低至 11.70%、11.96%、15.21%、18.36%、21.22%（详见图 6 注），更加容易实现。

B.22

昆明：最佳比值增长目标测算第 2 位

张 戈*

摘 要：

昆明市文教消费增长目标暨文化产业发展空间测评：2005～2012 年中心城市实际增长排名，历年均增值为第 2 位；2012～2020 年中心城市目标距离排名，消除负相关测算为第 7 位，最佳比值测算为第 2 位，支柱性产业测算为第 2 位；所在省域最小城乡比测算为第 4 位，弥合城乡比测算为第 5 位，城乡无差距测算为第 8 位。

关键词：

昆明市文化产业　扩大文教消费　需求与共享　增长目标

本文展开 2005～2012 年昆明市（市辖区）居民文教消费相关状态综合分析，对所在省域相关背景状况的检测则取 2000～2012 年相应数据。

一 城市文教消费需求及相关方面增长态势

2005 年以来昆明市文教消费总量和人均值增长态势见图 1。

2005～2012 年，昆明市文教消费总量由 17.23 亿元增高为 59.57 亿元，增加 42.34 亿元，总增长 245.73%，年均增长率 19.39%。其中，"十一五"期间总增长 100.70%，年均增长 14.95%；"十二五"头两年总增长 72.27%，年均增长 31.25%，"十二五"以来年均增速比"十一五"年均增速高 16.30

---

* 张戈，云南省社会科学院科研处助理研究员，主要从事中国特色社会主义理论与实践研究。

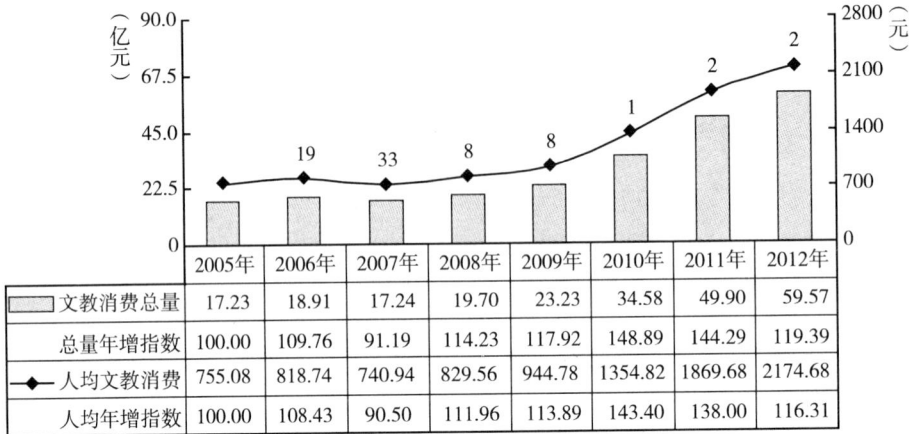

图1 昆明市文教消费总量和人均值增长态势

注：左轴为文教消费总量；右轴为人均文教消费，附年度增长指数（上年＝100，小于100为负增长）。标明历年增长中心城市排序，起点年度不计。

个百分点。

同期，昆明市文教消费人均值由755.08元增高为2174.68元，增加1419.60元，总增长188.01%，年均增长率16.31%。其中，"十一五"期间总增长79.43%，年均增长12.40%；"十二五"头两年总增长60.51%，年均增长26.69%，"十二五"以来年均增速比"十一五"年均增速高14.29个分点。

后续各图表将逐步展示昆明市相关背景各方面历年增长数据。在此，把各项绝对值转换为以上一年数值为100的年度增长百分指数，形成2005年以来昆明市人均产值和人均收入、人均消费（分为人均非文消费与人均文教消费）、人均积蓄增长态势（见图2）。

在昆明市人均产值、人均收入、人均非文消费、人均文教消费和人均积蓄的年度增长指数中，选取三对具有特定相关关系的数据项。图中标号（1）柱形系人均产值历年增长指数，（2）带菱形曲线系人均收入历年增长指数，二者相关系数为－0.2672，即历年增长形成26.72%反向同步。图中标号（2）系人均收入历年增长指数，（3）带方形曲线系人均非文消费历年增长指数，二者相关系数为－0.4944，即历年增长形成49.44%反向同步。图中标号（4）带

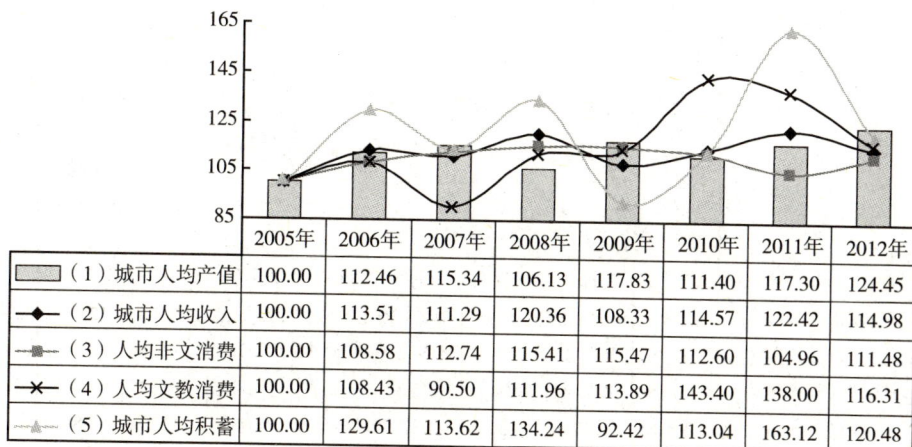

	2005年	2006年	2007年	2008年	2009年	2010年	2011年	2012年
（1）城市人均产值	100.00	112.46	115.34	106.13	117.83	111.40	117.30	124.45
（2）城市人均收入	100.00	113.51	111.29	120.36	108.33	114.57	122.42	114.98
（3）人均非文消费	100.00	108.58	112.74	115.41	115.47	112.60	104.96	111.48
（4）人均文教消费	100.00	108.43	90.50	111.96	113.89	143.40	138.00	116.31
（5）城市人均积蓄	100.00	129.61	113.62	134.24	92.42	113.04	163.12	120.48

图 2　昆明人均产值和人均收入、人均消费、人均积蓄增长态势

注：年度增长指数（产值为柱形，其余为曲线），上年＝100，小于100为负增长；2006～2012
年增长相关系数（2005年为起点不计）为（1）与（2）－0.2672；（2）与（3）－0.4944；（4）
与（5）0.3402。文教消费需求的"积蓄增长负相关效应"似乎不成立。

叉形曲线系人均文教消费历年增长指数，（5）带三角形曲线系人均积蓄历年
增长指数，二者相关系数为 0.3402，构成一定的正相关增长互动关系，昆明
市居民文教消费的"积蓄增长负相关效应"在表面上看似乎不成立。

但是，细致对比昆明市人均积蓄与文教消费两条年度增长曲线，积蓄增长
曲线处于高处时，文教消费增长曲线处于低处，二者之间其实也存在一种较为
明显的反向互动关系。2009 年，文教消费年度增长出现很大幅度回升，增长
态势延续到 2010 年。与此同时，积蓄增长同样出现很大幅度回升，当 2011 年
积蓄增长继续升至高峰时，文教消费增长却转而下降。

二　城市文教消费需求背景的增长协调性分析

（一）民生基础系数检测

2005 年以来昆明市人均产值、人均收入、收入与产值比、省域收入城乡
比变动态势见图 3，其中将人均收入、人均产值转换为面积比例，二者历年之
比形成民生基础系数变动曲线，同时附有所在省域收入城乡比变动曲线。

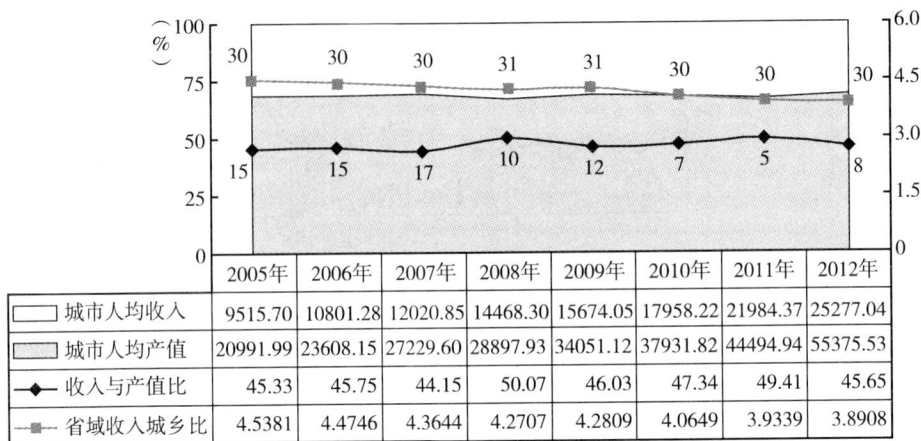

	2005年	2006年	2007年	2008年	2009年	2010年	2011年	2012年
城市人均收入	9515.70	10801.28	12020.85	14468.30	15674.05	17958.22	21984.37	25277.04
城市人均产值	20991.99	23608.15	27229.60	28897.93	34051.12	37931.82	44494.94	55375.53
收入与产值比	45.33	45.75	44.15	50.07	46.03	47.34	49.41	45.65
省域收入城乡比	4.5381	4.4746	4.3644	4.2707	4.2809	4.0649	3.9339	3.8908

图3　昆明市人均收入、人均产值、收入与产值比、省域收入城乡比变动态势

注：左轴面积为人均产值、人均收入（元转换为%），二者历年变动呈直观比例；左轴曲线为收入与产值比；右轴曲线为省域收入城乡比（乡村＝1）。标明历年中心城市排序。

2005～2012年，昆明市居民人均收入年均增长14.98%，人均产值年均增长14.86%，比人均收入增速低了0.12个百分点。7年间，昆明市居民人均收入与人均产值之比的最低值为2007年的44.15%，最高（最佳）值为2008年的50.07%。逐年考察，除了2007年、2009年、2012年出现下降以外，昆明市此项比值逐步上升，由2005年的45.33%提高至2012年的45.65%，比值处于36个中心城市的第8位。民生基础系数呈现增高趋势，意味着在经济增长的同时，"人民共享发展成果"程度逐渐提高。

2000～2012年，昆明市所在省域乡村居民人均收入年均增长11.43%，城镇居民人均收入年均增长10.55%，比乡村增速低了0.88个百分点。城乡综合演算，2012年省域人均收入为11375.76元。12年间，昆明市所在省域人均收入城乡比的最大值为2004年的4.7586，最小（最佳）值为2012年的3.8908。逐年考察，除了2001～2004年、2009年出现上升以外，所在省域此项城乡比逐步下降，由2000年的4.2775下降至2012年的3.8908，处于31个省域的第30位。收入的城乡差距呈现缩小趋势，意味着在民生基础层面城乡之间"共享发展成果"的程度有所提高。

如果昆明市民生基础系数能够保持2008年最佳水平，能够带动所在省域民生基础层面的城乡差距保持 2012 年最低程度，并实现城乡无差距理想状态，那么在"国民收入分配"演算和城乡综合演算当中，昆明市及其所在省域人均收入应有很大提高，这样随后逐步推演的一切测算值都会发生变化。

（二）民生消费系数检测

2005 年以来昆明市人均收入、人均非文消费、非文占收入比、省域非文城乡比变动态势见图 4，其中将人均非文消费、人均收入转换为面积比例，二者历年之比形成民生消费系数变动曲线，同时附有所在省域非文城乡比变动曲线。

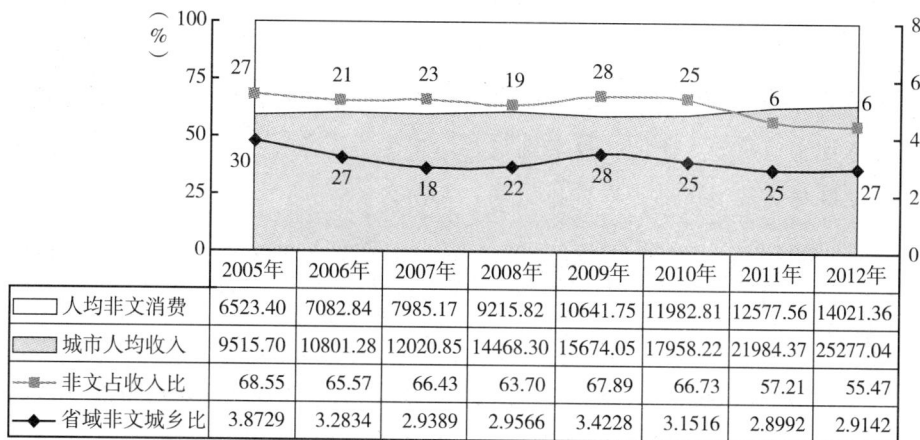

	2005年	2006年	2007年	2008年	2009年	2010年	2011年	2012年
□ 人均非文消费	6523.40	7082.84	7985.17	9215.82	10641.75	11982.81	12577.56	14021.36
▨ 城市人均收入	9515.70	10801.28	12020.85	14468.30	15674.05	17958.22	21984.37	25277.04
■ 非文占收入比	68.55	65.57	66.43	63.70	67.89	66.73	57.21	55.47
◆ 省域非文城乡比	3.8729	3.2834	2.9389	2.9566	3.4228	3.1516	2.8992	2.9142

图 4　昆明市人均非文消费、人均收入、非文占收入比、省域非文城乡比变动态势

注：左轴面积为人均收入、人均非文消费（元转换为%），二者历年变化呈直观比例；左轴曲线为非文占收入比；右轴曲线为省域非文城乡比（乡村 =1）。标明历年中心城市排序。

2005 ~ 2012 年，昆明市居民人均非文消费年均增长 11.55%，人均收入年均增长 14.98%，比人均非文消费增速高出 3.43 个百分点。7 年间，昆明市居民人均非文消费占人均收入比重的最高值为 2005 年 68.55%，最低（最佳）值为 2012 年的 55.47%。逐年考察，除了 2007 年、2009 年出现上升以外，昆明市此项比值逐步下降，由 2005 年的 68.55% 降低至 2012 年的 55.47%，比值处于 36 个中心城市的第 6 位。民生消费系数呈现降低趋势，亦即"必需消费"之外的余钱占收入比重增高，意味着从"基本小康"到"全面小康"建设的民生效应日益得以显现。

2000～2012 年，昆明市所在省域乡村居民人均非文消费年均增长 11.44%，城镇居民人均非文消费年均增长 8.78%，比乡村增速低了 2.66 个百分点。城乡综合演算，2012 年省域人均非文消费为 7384.37 元。12 年间，昆明市所在省域人均非文消费城乡比的最大值为 2004 年的 4.2805，最小（最佳）值为 2011 年的 2.8992。逐年考察，除了 2002～2004 年、2008～2009 年、2012 年出现上升以外，所在省域此项城乡比逐步下降，由 2000 年的 3.8946 下降至 2012 年的 2.9142，处于 31 个省域的第 27 位。必需非文消费的城乡差距呈现缩小趋势，意味着在民生消费层面城乡之间"共享发展成果"的程度有所提高。

如果昆明市民生消费系数能够保持 2012 年最佳水平，能够带动所在省域民生消费层面的城乡差距保持 2011 年最低程度，并实现城乡无差距理想状态，那么在必需消费演算和城乡综合演算当中，昆明市及其所在省域人均非文消费占收入比重应有较大不同，反转则是人均非文消费剩余应有很大增多，这样随后推演的相关数值也会发生变化。

（三）文化需求系数检测

2005 年以来昆明市人均非文消费剩余、人均文教消费、文教与非余比、省域文教城乡比变动态势见图 5，其中将人均文教消费、人均非文消费剩余转换为面积比例，二者历年之比形成文化需求系数变动曲线，同时附有所在省域文教消费城乡比变动曲线。

2005～2012 年，昆明市居民人均文教消费年均增长 16.31%，人均非文消费剩余年均增长 20.84%，比人均文教消费增速高出 4.53 个百分点。7 年间，昆明市居民人均文教消费与人均非文消费剩余比值的最高（最佳）值为 2005 年的 25.23%，最低值为 2008 年的 15.79%。逐年考察，除了 2009～2010 年出现上升以外，昆明市此项比值逐步下降，由 2005 年的 25.23% 降低至 2012 年的 19.32%，比值处于 36 个中心城市的第 23 位。文化需求系数呈现降低趋势，意味着"非必需"的文教消费需求增长依然受到"积蓄增长负相关效应"的反向牵制。

2000～2012 年，昆明市所在省域乡村居民人均文教消费年均增长 8.71%，城镇居民人均文教消费年均增长 6.83%，比乡村增速低了 1.88 个百分点。城

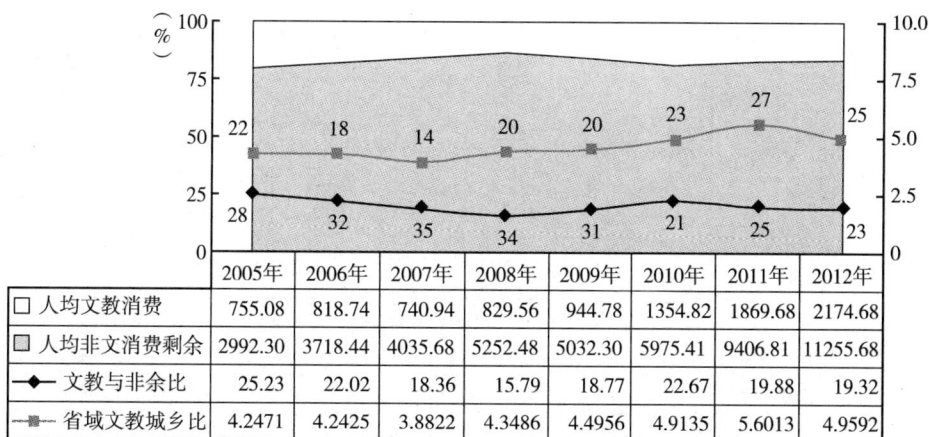

	2005年	2006年	2007年	2008年	2009年	2010年	2011年	2012年
□ 人均文教消费	755.08	818.74	740.94	829.56	944.78	1354.82	1869.68	2174.68
▨ 人均非文消费剩余	2992.30	3718.44	4035.68	5252.48	5032.30	5975.41	9406.81	11255.68
◆ 文教与非余比	25.23	22.02	18.36	15.79	18.77	22.67	19.88	19.32
■ 省域文教城乡比	4.2471	4.2425	3.8822	4.3486	4.4956	4.9135	5.6013	4.9592

图 5 昆明市人均文教消费、人均非文消费剩余、文教与非余比、省域文教城乡比变动态势

注：左轴面积为人均非文消费剩余、人均文教消费（元转换为%），二者历年变化呈直观比例；左轴曲线为文教与非余比；右轴曲线为省域文教城乡比（乡村 =1）。标明历年中心城市排序。

乡综合演算，2012 年省域人均文教消费为 725. 02 元。12 年间，昆明市所在省域人均文教消费城乡比的最大值为 2002 年的 7. 5000，最小（最佳）值为 2007 年的 3. 8822。逐年考察，除了 2002 年、2008～2011 年出现上升以外，所在省域此项城乡比逐步下降，由 2000 年的 6. 1177 下降至 2012 年的 4. 9592，处于 31 个省域的第 25 位。人均文教消费需求的城乡差距呈现出缩减趋势，意味着在文化需求层面城乡之间"共享发展成果"的程度有所提高。

如果昆明市文化需求系数能够保持 2005 年最佳水平，能够带动所在省域文化需求层面的城乡差距保持 2007 年最低程度，并实现城乡无差距理想状态，那么在非必需文教消费占余钱比重演算和城乡综合演算当中，昆明市及其所在省域人均文教消费应有很大增长。

三 文教消费增长目标暨文化产业发展空间测算

2012～2020 年昆明市辖区及所在省域人均文教消费需求增长测算见图 6，其中提供了文化产业供需协调增长目标的 7 类测算结果。

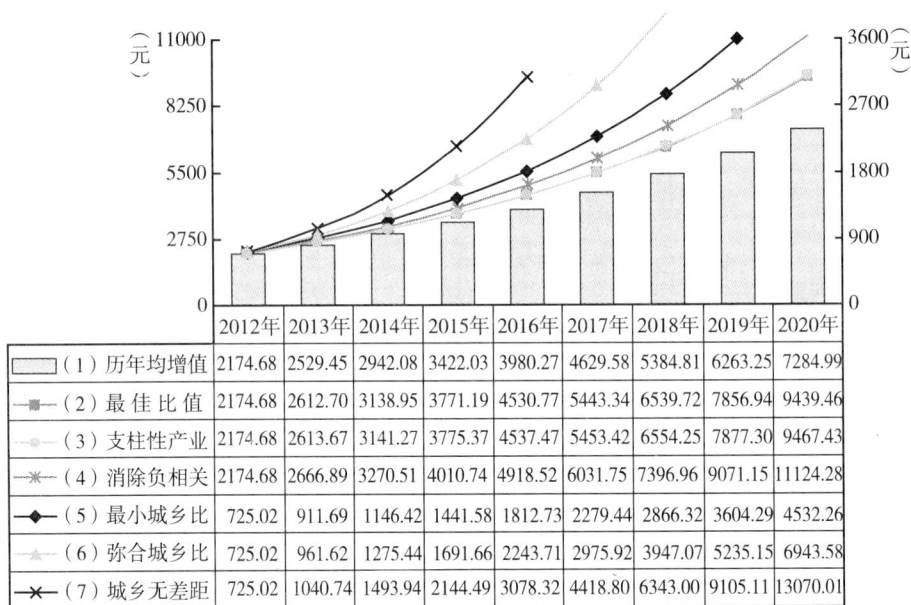

	2012年	2013年	2014年	2015年	2016年	2017年	2018年	2019年	2020年
（1）历年均增值	2174.68	2529.45	2942.08	3422.03	3980.27	4629.58	5384.81	6263.25	7284.99
（2）最佳比值	2174.68	2612.70	3138.95	3771.19	4530.77	5443.34	6539.72	7856.94	9439.46
（3）支柱性产业	2174.68	2613.67	3141.27	3775.37	4537.47	5453.42	6554.25	7877.30	9467.43
（4）消除负相关	2174.68	2666.89	3270.51	4010.74	4918.52	6031.75	7396.96	9071.15	11124.28
（5）最小城乡比	725.02	911.69	1146.42	1441.58	1812.73	2279.44	2866.32	3604.29	4532.26
（6）弥合城乡比	725.02	961.62	1275.44	1691.66	2243.71	2975.92	3947.07	5235.15	6943.58
（7）城乡无差距	725.02	1040.74	1493.94	2144.49	3078.32	4418.80	6343.00	9105.11	13070.01

图6 昆明市及所在省域人均文教消费需求增长测算

注：左轴（1）～（4）为城市辖区测算，2012～2020年各方面增长按2005～2012年实际年均增速推算；右轴（5）～（7）为所在省域测算，2012～2020年各方面增长按2000～2012年实际年均增速推算。文教与产值比，城市2012年实值为3.93%，省域2012年实值为3.27%；2020年测算值为（1）4.34%，（2）5.63%，（3）5.64%，（4）6.63%，（5）7.33%，（6）11.22%，（7）21.13%。2012～2020年人均文教消费年均增长为（1）16.31（2005～2012年实值，以下为测算值）；（2）20.14%，（3）20.19%，（4）22.63%，（5）25.75%，（6）32.63%，（7）43.55%。若产值按年均增长7%推算，则2020年文教与产值比测算值（增量、增幅不变）为（1）7.66%，（4）11.69%。2020年人均文教消费（与产值比不变）为（2）5352.69元，年增11.92%；（3）5368.55元，年增11.96%；（5）2793.62元，年增18.37%；（6）4279.91元，年增24.85%；（7）8056.15元，年增35.12%。

（1）历年均增值测算：以城乡文教消费既往年度年均增长率测算增长目标，可以得出统计概率最高的或然增长结果。如果2012～2020年昆明市文教消费增长保持2005～2012年平均增长率16.31%（城市间实际增长第2位），那么到2020年文教消费将达到7284.99元。在相关各方面增长均依此推算的情况下，由于文教消费与产值之比在2005～2012年呈现上升态势，至2020年文教消费增长与产值增长测算值之比将继续升高至4.34%。

（2）最佳比值测算：以城乡民生基础系数、民生消费系数、文化需求系数三项比值既往年度历年最佳值测算增长目标，即假设相关各方面的增长协调性"回复"曾有的三项比关系最佳值。如果到 2020 年昆明市三项比值同步实现 2005～2012 年最佳状态，那么城市人均文教消费应达到 9439.46 元，与产值增长测算值之比将上升至 5.63%，年均增长率需达到 20.14%，为以往实际年均增长率的 1.23 倍（城市间目标距离第 2 位）。

（3）支柱性产业测算：摒弃单纯的"文化 GDP 追逐"，通过文教消费需求增长空间反推，以文化生产满足文化需求的终极目的定位测算增长目标，即假设文教消费需求增长切实推动文化生产发展，实现文化产业供需协调增长，达到支柱性产业所需占产值的比重。各城市文教消费需求增长支撑文化产业成为支柱性产业的测算值各有不同，昆明市测算值为 5.64%。据此反推，到 2020 年昆明市人均文教消费应达到 9467.43 元，年均增长率需达到 20.19%，为以往实际年均增长率的 1.24 倍（城市间目标距离第 2 位）。

（4）消除负相关测算：以城乡文化需求系数既往年度历年最佳比值测算增长目标，即假设积蓄增长与文教消费增长之间排除负相关关系，必需消费之外余钱增长与精神文化消费需求增长实现同步。如果到 2020 年昆明市此项比值实现 2005～2012 年最佳状态，那么城市人均文教消费应达到 11124.28 元，与产值增长测算值之比将上升至 6.63%，年均增长率需达到 22.63%，为以往实际年均增长率的 1.39 倍（城市间目标距离第 7 位）。由于昆明市三项系数比值有的在 2012 年呈现向好发展态势，这一单项比值测算的目标距离反而大于三项比值测算。

（5）最小城乡比测算：在三项最佳比值测算基础上，以人均文教消费城乡比既往年度历年最小值测算增长目标，即假设"回复"原有的文教消费城乡比最小状态，作为缩小以至于消除城乡差距的基础。如果到 2020 年昆明市带动所在省域同时实现 2000～2012 年三项最佳比值和文教消费最小城乡比，那么人均文教消费应达到 4532.26 元，与产值增长测算值之比将上升至 7.33%，年均增长率需达到 25.75%，为昆明市以往实际年均增长率的 1.58 倍（省域间目标距离第 4 位）。

（6）弥合城乡比测算：同样在三项最佳比值测算基础上，以人均文教消费城乡比的无差距理想值测算增长目标，即假设文化需求层面的城乡差距得以消除，据此演算校正数值。如果到 2020 年昆明市带动所在省域同时实现 2000～

2012 年三项最佳比值和乡村人均文教消费绝对值与城镇水平持平，那么人均文教消费应达到 6943.58 元，与产值增长测算值之比将上升至 11.22%，年均增长率需达到 32.63%，为昆明市以往实际年均增长率的 2.00 倍（省域间目标距离第 5 位）。

（7）城乡无差距测算：在民生基础层面、民生消费层面、文化需求层面三项城乡比的无差距理想状态下实现既往年度历年最佳比值测算增长目标，即假设此三个层面的乡村人均值加速增长并与城镇水平持平，统一取城镇标准三项比例关系最佳值进行演算。如果到 2020 年昆明市带动所在省域在此三个层面消除城乡差距，实现按城镇标准衡量的 2000～2012 年三项最佳比值，那么人均文教消费应达到 13070.01 元，与产值增长测算值之比将上升至 21.13%，年均增长率需达到 43.55%，为昆明市以往实际年均增长率的 2.67 倍（省域间目标距离第 8 位）。

如果按照国家"十二五"规划转变发展方式的要求，在"十二五"期间把昆明市产值年均增长率控制在 7%，并一直延续至 2020 年，那么（1）历年均增值、（4）消除负相关两类增长测算的绝对值不变，其与产值之比将分别增高至 7.66% 和 11.69%；其余各类测算因与产值增长演算直接相关，增长测算的绝对值相应减小，其所需年均增长幅度（目标差距）将分别降低至 11.92%、11.96%、18.37%、24.85%、35.12%（详见图 6 注），更加容易实现。

B.23

南京：最佳比值增长目标测算第 5 位

平金良*

摘　要：

南京市文教消费增长目标暨文化产业发展空间测评：2005～
2012 年中心城市实际增长排名，历年均增值为第 5 位；2012～
2020 年中心城市目标距离排名，消除负相关测算为第 6 位，最
佳比值测算为第 5 位，支柱性产业测算为第 5 位；所在省域最
小城乡比测算为第 3 位，弥合城乡比测算为第 2 位，城乡无差
距测算为第 5 位。

关键词：

南京市文化产业　扩大文教消费　需求与共享　增长目标

本文展开 2005～2012 年南京市（市辖区）居民文教消费相关状态综合分析，对所在省域城乡差距状况的检测则取 2000～2012 年相应数据。

一　城市文教消费需求及相关方面增长态势

2005 年以来南京市文教消费总量和人均值增长态势见图 1。

2005～2012 年，南京市文教消费总量由 88.53 亿元增高为 236.14 亿元，增加 147.61 亿元，总增长 166.73%，年均增长率 15.05%。其中，"十一五"期间总增长 101.78%，年均增长 15.07%；"十二五"头两年总增长 32.19%，年均增长 14.97%，"十二五"以来年均增速比"十一五"年均增速低 0.10 个百分点。

＊ 平金良，云南省社会科学院助理研究员，主要从事社会管理相关研究。

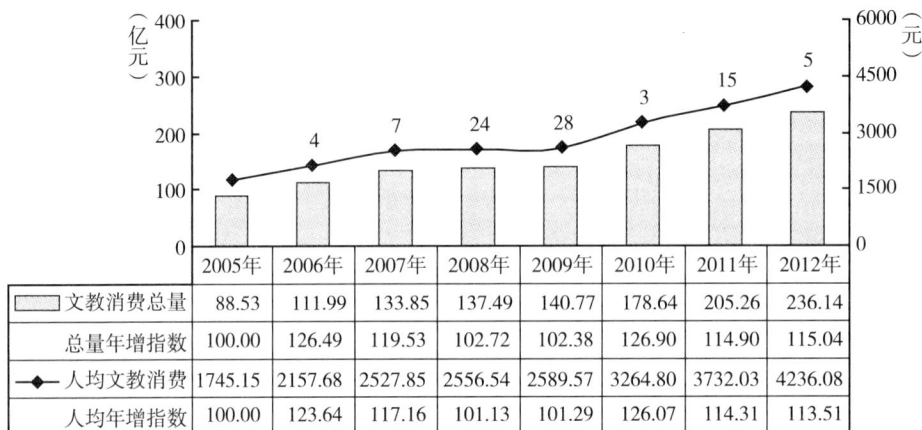

	2005年	2006年	2007年	2008年	2009年	2010年	2011年	2012年
文教消费总量	88.53	111.99	133.85	137.49	140.77	178.64	205.26	236.14
总量年增指数	100.00	126.49	119.53	102.72	102.38	126.90	114.90	115.04
人均文教消费	1745.15	2157.68	2527.85	2556.54	2589.57	3264.80	3732.03	4236.08
人均年增指数	100.00	123.64	117.16	101.13	101.29	126.07	114.31	113.51

图1 南京市文教消费总量和人均值增长态势

注：左轴为文教消费总量；右轴为人均文教消费，附年度增长指数（上年＝100）。标明历年增长中心城市排序，起点年度不计。

同期，南京市文教消费人均值由1745.15元增高为4236.08元，增加2490.93元，总增长142.73%，年均增长率13.51%。其中，"十一五"期间总增长87.08%，年均增长13.35%；"十二五"头两年总增长29.75%，年均增长13.91%，"十二五"以来年均增速比"十一五"年均增速高0.56个百分点。

后续各图表将逐步展示南京市相关背景各方面历年增长数据。在此，把各项绝对值转换为以上一年数值为100的年度增长百分指数，形成2005年以来南京市人均产值和人均收入、人均消费（分为人均非文消费与人均文教消费）、人均积蓄增长态势（见图2）。

在南京市人均产值、人均收入、人均非文消费、人均文教消费和人均积蓄的年度增长指数中，选取三对具有特定相关关系的数据项：图中标号（1）柱形系人均产值历年增长指数，（2）带菱形曲线系人均收入历年增长指数，二者相关系数为－0.1017，即历年增长形成10.17%反向同步。图中标号（2）系人均收入历年增长指数，（3）带方形曲线系人均非文消费历年增长指数，二者相关系数为0.1839，即历年增长保持18.39%同步。图中标号（4）带叉形曲线系人均文教消费历年增长指数，（5）带三角形曲线系人均积蓄历年增长指数，二者相关系数为0.2445，构成一定的正相关增长互动关系，但分时间

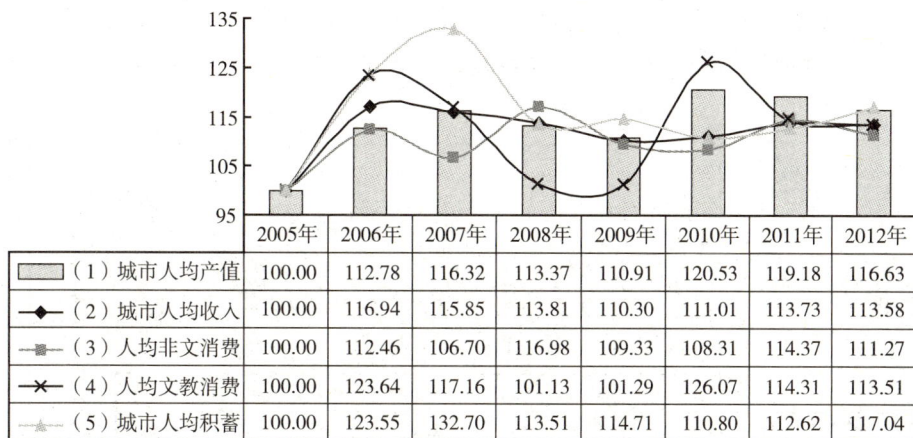

图2 南京人均产值和人均收入、消费、积蓄增长态势

注：年度增长指数（产值为柱形，其余为曲线），上年＝100；2006～2012年增长相关系数（2005年为起点不计）为（1）与（2）－0.1017；（2）与（3）0.1839；（4）与（5）0.2445。其间，2008～2011年为－0.9507，2009～2011年为－0.9999，2010～2012年为－0.7626。文教消费需求的"积蓄增长负相关效应"显著。

段深入考察，2008～2011年为－0.9507，2009～2011年为－0.9999，2010～2012年为－0.7626，构成极显著的反向互动关系。

就南京市人均积蓄与人均文化消费二者历年增长幅度变化的相关性而言，不妨简单理解为，前者每上升1%，后者在2008～2011年下降0.95%，2009～2011年下降1.00%，2010～2012年下降0.76%。对比南京市人均积蓄与人均文教消费两条年度增长曲线，局部年度呈现似"水中倒影"的负相关关系。其中，2010年人均积蓄年度增长跌入低谷，与之对应的是人均文教消费年度增长出现高峰；2007～2009年人均积蓄年度增长形成高峰，与之对应的是人均文教消费年度增长陷入低谷。南京市居民文教消费的"积蓄增长负相关效应"显著。

二 城市文教消费需求背景的增长协调性分析

（一）民生基础系数检测

2005年以来南京市人均产值、人均收入、收入与产值比、省域收入城乡比变动态势见图3，其中将人均收入、人均产值转换为面积比例，二者历年之比形成民生基础系数变动曲线，同时附有所在省域收入城乡比变动曲线。

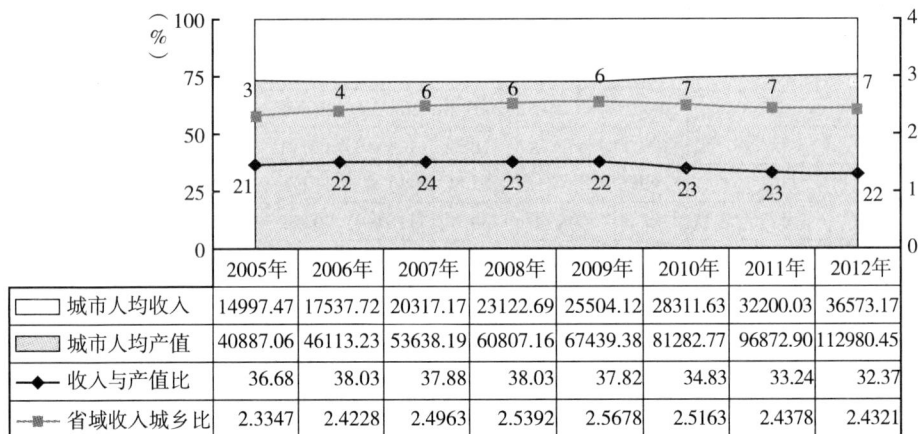

	2005年	2006年	2007年	2008年	2009年	2010年	2011年	2012年
□ 城市人均收入	14997.47	17537.72	20317.17	23122.69	25504.12	28311.63	32200.03	36573.17
▨ 城市人均产值	40887.06	46113.23	53638.19	60807.16	67439.38	81282.77	96872.90	112980.45
◆ 收入与产值比	36.68	38.03	37.88	38.03	37.82	34.83	33.24	32.37
▬ 省域收入城乡比	2.3347	2.4228	2.4963	2.5392	2.5678	2.5163	2.4378	2.4321

图3 南京市人均收入、人均产值、收入与产值比、省域收入城乡比变动态势

注：左轴面积为人均产值、人均收入（元转换为%），二者历年变动呈直观比例；左轴曲线为收入与产值比；右轴曲线为省域收入城乡比（乡村=1）。标明历年中心城市排序。

2005～2012年，南京市居民人均收入年均增长13.58%，人均产值年均增长15.63%，比人均收入增速高出2.05个百分点。7年间，南京市居民人均收入与人均产值之比的最高（最佳）值为2006年的38.03%，最低值为2012年的32.37%。逐年考察，除了2006年、2008年出现上升以外，南京市此项比值逐步下降，由2005年的36.68%降低至2012年的32.37%，比值处于36个中心城市的第22位。民生基础系数呈现降低趋势，意味着在经济增长的同时，"人民共享发展成果"程度逐渐降低。

2000～2012年，南京市所在省乡村人均收入年均增长10.72%，城镇人均收入年均增长13.06%，比乡村增速高出2.34个百分点。城乡综合演算，2012年省域人均收入为23114.85元。12年间，南京市所在省域人均收入城乡比的最小（最佳）值为2000年的1.8915，最大值为2009年的2.5678。逐年考察，除了2010～2012年出现下降以外，所在省域此项城乡比逐步上升，由2000年的1.8915提高至2012年的2.4321，处于31个省域的第7位。收入的城乡差距呈现扩大趋势，意味着在民生基础层面城乡之间"共享发展成果"

的程度有所降低。

如果南京市民生基础系数能够保持 2006 年最佳水平，能够带动所在省域民生基础层面的城乡差距保持 2000 年最低程度，并实现城乡无差距理想状态，那么在"国民收入分配"演算和城乡综合演算当中，南京市及其所在省域人均收入应有很大提高，这样随后逐步推演的一切测算值都会发生变化。

（二）民生消费系数检测

2005 年以来南京市人均收入、人均非文消费、非文占收入比、省域非文城乡比变动态势见图 4，其中将人均非文消费、人均收入转换为面积比例，二者历年之比形成民生消费系数变动曲线，同时附有所在省域非文城乡比变动曲线。

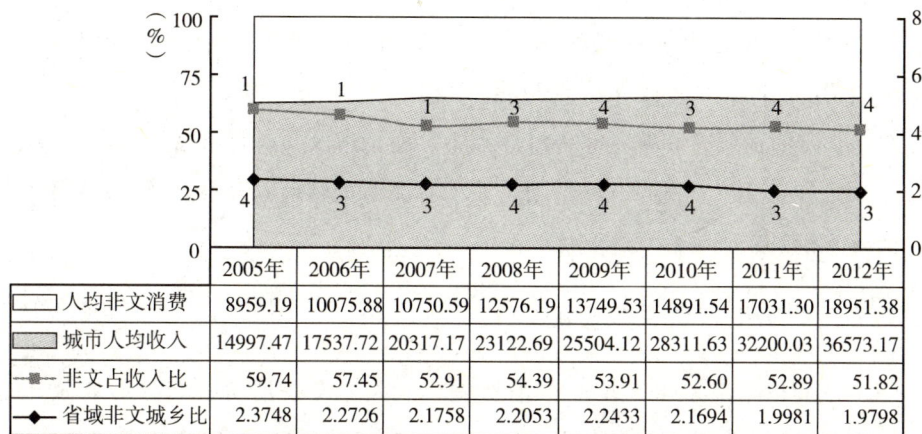

	2005年	2006年	2007年	2008年	2009年	2010年	2011年	2012年
人均非文消费	8959.19	10075.88	10750.59	12576.19	13749.53	14891.54	17031.30	18951.38
城市人均收入	14997.47	17537.72	20317.17	23122.69	25504.12	28311.63	32200.03	36573.17
非文占收入比	59.74	57.45	52.91	54.39	53.91	52.60	52.89	51.82
省域非文城乡比	2.3748	2.2726	2.1758	2.2053	2.2433	2.1694	1.9981	1.9798

图 4　南京市人均非文消费、人均收入、非文占收入比、省域非文城乡比变动态势

注：左轴面积为人均收入、人均非文消费（元转换为%），二者历年变化呈直观比例；左轴曲线为非文占收入比；右轴曲线为省域非文城乡比（乡村 =1）。标明历年中心城市排序。

2005～2012 年，南京市居民人均非文消费年均增长 11.30%，人均收入年均增长 13.58%，比人均非文消费增速高出 2.28 个百分点。7 年间，南京市居民人均非文消费占人均收入比重的最高值为 2005 年 59.74%，最低（最佳）值为 2012 年的 51.82%。逐年考察，除了 2008 年、2011 年出现上升以外，南京市此项比值逐步下降，由 2005 年的 59.74%降低至 2012 年的 51.82%，比值处于 36 个中心城市的第 4 位。民生消费系数呈现出减低趋势，亦即必需消费之外的余钱占收入比重增高，意味着从"基本小康"到"全面小康"建设的民生效应日益得以显现。

2000~2012 年，南京市所在省域乡村人均非文消费年均增长 11.88%，城镇人均非文消费年均增长 10.69%，比乡村增速低了 1.19 个百分点。城乡综合演算，2012 年省域人均非文消费为 12820.94 元。12 年间，南京市所在省域人均非文消费城乡比的最大值为 2003 年的 2.4672，最小（最佳）值为 2012 年的 1.9798。逐年考察，除了 2001 年、2003 年、2008~2009 年出现上升以外，所在省域此项城乡比逐步下降，由 2000 年的 2.2493 下降至 2012 年的 1.9798，处于 31 个省域里第 3 位。必需非文消费的城乡差距呈现缩小趋势，意味着在民生消费层面城乡之间"共享发展成果"的程度有所提高。

如果南京市民生消费系数能够保持 2012 年最佳水平，能够带动所在省域民生消费层面的城乡差距保持 2012 年最低程度，并实现城乡无差距理想状态，那么在必需消费演算和城乡综合演算当中，南京市及其所在省域人均非文消费占收入比重应有较大不同，反转则是人均非文消费剩余应有很大增多，这样随后推演的相关数值也会发生变化。

（三）文化需求系数检测

2005 年以来南京市人均非文消费剩余、人均文教消费、文教与非余比、省域文教城乡比变动态势见图 5，其中将人均文教消费、人均非文消费剩余转换为面积比例，二者历年之比形成文化需求系数变动曲线，同时附有所在省域文教消费城乡比变动曲线。

2005~2012 年，南京市居民人均文教消费年均增长 13.51%，人均非文消费剩余年均增长 16.53%，比人均文教消费增速高出 3.02 个百分点。7 年间，南京市居民人均文教消费与人均非文消费剩余比值的最高（最佳）值为 2006 年的 28.92%，最低值为 2009 年的 22.03%。逐年考察，除了 2006 年、2010~2011 年出现上升以外，南京市此项比值逐步下降，由 2005 年的 28.90% 降低至 2012 年的 24.04%，比值处于 36 个中心城市的第 13 位。文化

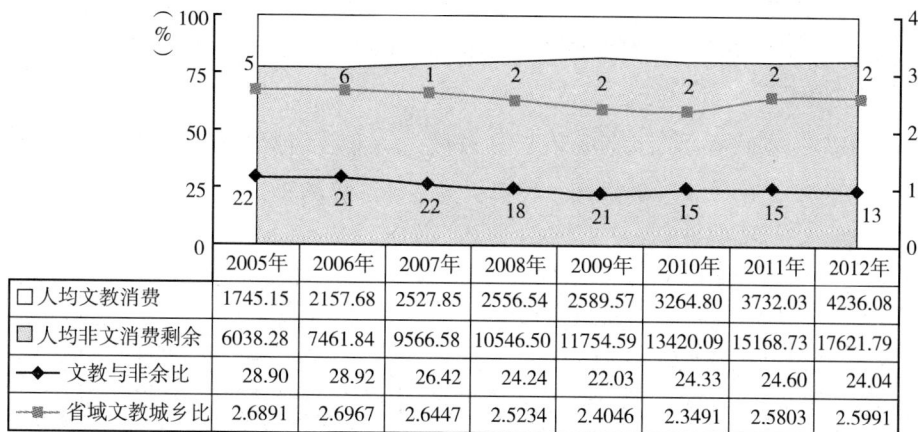

	2005年	2006年	2007年	2008年	2009年	2010年	2011年	2012年
□ 人均文教消费	1745.15	2157.68	2527.85	2556.54	2589.57	3264.80	3732.03	4236.08
▨ 人均非文消费剩余	6038.28	7461.84	9566.58	10546.50	11754.59	13420.09	15168.73	17621.79
◆ 文教与非余比	28.90	28.92	26.42	24.24	22.03	24.33	24.60	24.04
■ 省域文教城乡比	2.6891	2.6967	2.6447	2.5234	2.4046	2.3491	2.5803	2.5991

图 5　南京市人均文教消费、非文消费剩余、文教与
非余比、省域文教城乡比变动态势

注：左轴面积为人均非文消费剩余、人均文教消费（元转换为%），二者历年变化呈直观比例；
左轴曲线为文教与非余比；右轴曲线为省域文教城乡比（乡村 = 1）。标明历年中心城市排序。

需求系数呈现降低趋势，意味着非必需的文教消费需求增长依然受到"积蓄增长负相关效应"的反向牵制。

2000～2012 年，南京市所在省域乡村人均文教消费年均增长 13.15%，城镇人均文教消费年均增长 13.54%，比乡村增速高出 0.39 个百分点。城乡综合演算，2012 年省域人均文教消费为 2366.69 元。12 年间，南京市所在省域人均文教消费城乡比的最小（最佳）值为 2010 年的 2.3491，最大值为 2004年的 2.7616。逐年考察，除了 2001 年、2003 年、2005 年、2007～2010 年出现下降以外，所在省域此项城乡比逐步上升，由 2000 年的 2.4929 提高至 2012年的 2.5991，处于 31 个省域里第 2 位。人均文教消费需求的城乡差距呈现出扩增趋势，意味着在文化需求层面城乡之间"共享发展成果"的程度有所降低。

如果南京市文化需求系数能够保持 2006 年最佳水平，能够带动所在省域文化需求层面的城乡差距保持 2010 年最低程度，并实现城乡无差距理想状态，那么在非必需文教消费占余钱比重演算和城乡综合演算当中，南京市及其所在省域人均文教消费应有很大增长。

三　文教消费增长目标暨文化产业发展空间测算

2012～2020 年南京市辖区及所在省域人均文教消费需求增长测算见图 6，其中提供了文化产业供需协调增长目标的 7 类测算结果。

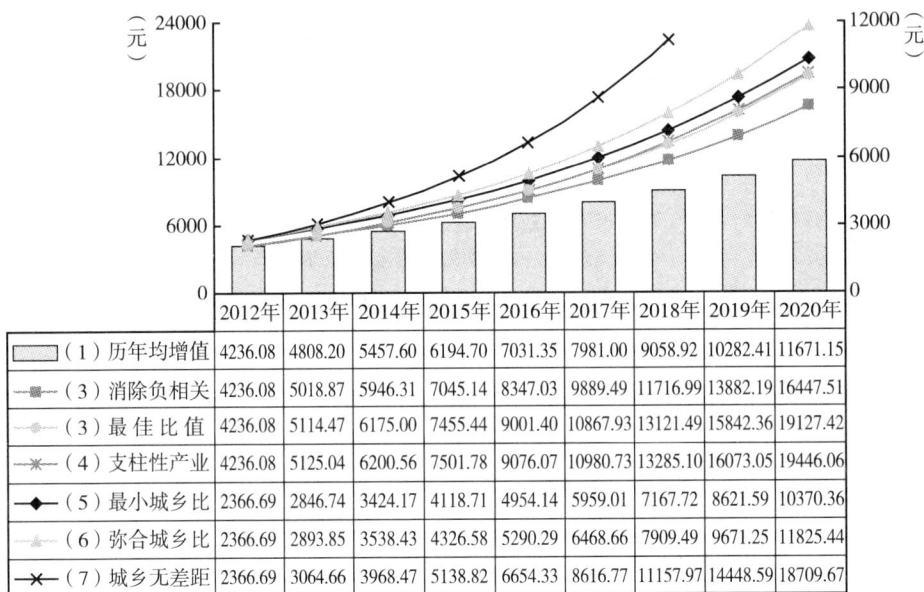

	2012年	2013年	2014年	2015年	2016年	2017年	2018年	2019年	2020年
（1）历年均增值	4236.08	4808.20	5457.60	6194.70	7031.35	7981.00	9058.92	10282.41	11671.15
（3）消除负相关	4236.08	5018.87	5946.31	7045.14	8347.03	9889.49	11716.99	13882.19	16447.51
（3）最佳比值	4236.08	5114.47	6175.00	7455.44	9001.40	10867.93	13121.49	15842.36	19127.42
（4）支柱性产业	4236.08	5125.04	6200.56	7501.78	9076.07	10980.73	13285.10	16073.05	19446.06
（5）最小城乡比	2366.69	2846.74	3424.17	4118.71	4954.14	5959.01	7167.72	8621.59	10370.36
（6）弥合城乡比	2366.69	2893.85	3538.43	4326.58	5290.29	6468.66	7909.49	9671.25	11825.44
（7）城乡无差距	2366.69	3064.66	3968.47	5138.82	6654.33	8616.77	11157.97	14448.59	18709.67

图 6　南京市及所在省域人均文教消费需求增长测算

注：左轴（1）～（4）为城市辖区测算，2012～2020 年各方面增长按 2005～2012 年实际年均增速推算；右轴（5）～（7）为所在省域测算，2012～2020 年各方面增长按 2000～2012 年实际年均增速推算。文教与产值比，城市 2012 年实值为 3.75%，省域 2012 年实值为 3.46%；2020 年测算值为（1）3.23%，（2）4.56%，（3）5.30%，（4）5.39%，（5）4.70%，（6）5.35%，（7）8.47%。2012～2020 年人均文教消费年均增长为（1）13.51%（2005～2012 年实值，以下为测算值）；（2）18.48%，（3）20.74%，（4）20.99%，（5）20.28%，（6）22.27%，（7）29.49%。若产值按年均增长 7% 推算，则 2020 年文教与产值比测算值（增量、增幅不变）为（1）6.01%；（2）8.47%。2020 年人均文教消费（与产值比不变）为（3）10286.07 元，年增 11.73%；（4）10457.43 元，年增 11.96%；（5）5513.73 元，年增 11.15%；（6）6287.37 元，年增 12.99%；（7）9947.59 元，年增 19.66%。

（1）历年均增值测算：以城乡文教消费既往年度年均增长率测算增长目标，可以得出统计概率最高的或然增长结果。如果 2012～2020 年南京市文教消费增长保持 2005～2012 年平均增长率 13.51%（城市间实际增长第 5 位），那么到 2020 年文教消费将达到 11671.15 元。在相关各方面增长均依此推算的情况下，由于文教消费与产值之比在 2005～2012 年呈现下降态势，至 2020 年文教消费增长与产值增长测算值之比将继续降低至 3.23%。

（2）消除负相关测算：以城乡文化需求系数既往年度历年最佳比值测算增长目标，即假设积蓄增长与文教消费增长之间排除负相关关系，必需消费之外余钱增长与精神文化消费需求增长实现同步。如果到 2020 年南京市此项比值实现 2005～2012 年最佳状态，那么城市人均文教消费应达到 16447.51 元，与产值增长测算值之比将上升至 4.56%，年均增长率需达到 18.48%，为以往实际年均增长率的 1.37 倍（城市间目标距离第 6 位）。

（3）最佳比值测算：以城乡民生基础系数、民生消费系数、文化需求系数三项比值既往年度历年最佳值测算增长目标，即假设相关各方面的增长协调性"回复"曾有的三项比关系最佳值。如果到 2020 年南京市三项比值同步实现 2005～2012 年最佳状态，那么城市人均文教消费应达到 19127.42 元，与产值增长测算值之比将上升至 5.30%，年均增长率需达到 20.74%，为以往实际年均增长率的 1.54 倍（城市间目标距离第 5 位）。

（4）支柱性产业测算：摒弃单纯的"文化 GDP 追逐"，通过文教消费需求增长空间反推，以文化生产满足文化需求的终极目的定位测算增长目标，即假设文教消费需求增长切实推动文化生产发展，实现文化产业供需协调增长，达到支柱性产业所需占产值的比重。各城市文教消费需求增长支撑文化产业成为支柱性产业的测算值各有不同，南京市测算值为 5.39%。据此反推，到 2020 年南京市人均文教消费应达到 19446.06 元，年均增长率需达到 20.99%，为以往实际年均增长率的 1.55 倍（城市间目标距离第 5 位）。

（5）最小城乡比测算：在三项最佳比值测算基础上，以人均文教消费城乡比既往年度历年最小值测算增长目标，即假设"回复"原有的文教消费城乡比最小状态，作为缩小以至于消除城乡差距的基础。如果到 2020 年南京市带动所在省域同时实现 2000～2012 年三项最佳比值和文教消费最小城乡比，那么人均文教消费应达到 10370.36 元，与产值增长测算值之比将上升至 4.70%，年均增长率需达到 20.28%，为南京市以往实际年均增长率的 1.50

倍（省域间目标距离第3位）。

（6）弥合城乡比测算：同样在三项最佳比值测算基础上，以人均文教消费城乡比的无差距理想值测算增长目标，即假设文化需求层面的城乡差距得以消除，据此演算校正数值。如果到2020年南京市带动所在省域同时实现2000～2012年三项最佳比值和乡村人均文教消费绝对值与城镇水平持平，那么人均文教消费应达到11825.44元，与产值增长测算值之比将上升至5.35%，年均增长率需达到22.27%，为南京市以往实际年均增长率的1.65倍（省域间目标距离第2位）。

（7）城乡无差距测算：在民生基础层面、民生消费层面、文化需求层面三项城乡比的无差距理想状态下实现既往年度历年最佳比值测算增长目标，即假设此三个层面的乡村人均值加速增长并与城镇水平持平，统一取城镇标准三项比例关系最佳值进行演算。如果到2020年南京市带动所在省域在此三个层面消除城乡差距，实现按城镇标准衡量的2000～2012年三项最佳比值，那么人均文教消费应达到18709.67元，与产值增长测算值之比将上升至8.47%，年均增长率需达到29.49%，为南京市以往实际年均增长率的2.18倍（省域间目标距离第5位）。

如果按照国家"十二五"规划转变发展方式的要求，在"十二五"期间把南京市产值年均增长率控制在7%，并一直延续至2020年，那么（1）历年均增值、（2）消除负相关两类增长测算的绝对值不变，其与产值之比将分别增高至6.01%和8.47%；因其余各类测算与产值增长演算直接相关，增长测算的绝对值相应减小，其所需年均增长幅度（目标差距）将分别降低至11.73%、11.96%、11.15%、12.99%、19.66%（详见图6注），更加容易实现。

呼和浩特：消除负相关增长
目标测算第 5 位

代 丽[*]

摘 要：

呼和浩特市文教消费增长目标暨文化产业发展空间测评：2005～2012 年中心城市实际增长排名，历年均增值为第 6 位；2012～2020 年中心城市目标距离排名，消除负相关测算为第 5 位，最佳比值测算为第 7 位，支柱性产业测算为第 6 位；所在省域最小城乡比测算为第 12 位，弥合城乡比测算为第 13 位，城乡无差距测算为第 10 位。

关键词：

呼和浩特市文化产业 扩大文教消费 需求与共享 增长目标

本文展开 2005～2012 年呼和浩特市（市辖区）居民文教消费相关状态综合分析，对所在省域城乡差距状况的检测则取 2000～2012 年相应数据。

一 城市文教消费需求及相关方面增长态势

2005 年以来呼和浩特市文教消费总量和人均值增长态势见图 1。

2005～2012 年，呼和浩特市文教消费总量由 12.36 亿元增高为 33.73 亿元，增加 21.37 亿元，总增长 172.90%，年均增长率 15.42%。其中，"十一

---

* 代丽，云南省社会科学院信息中心研究实习员，主要从事发展社会学研究。

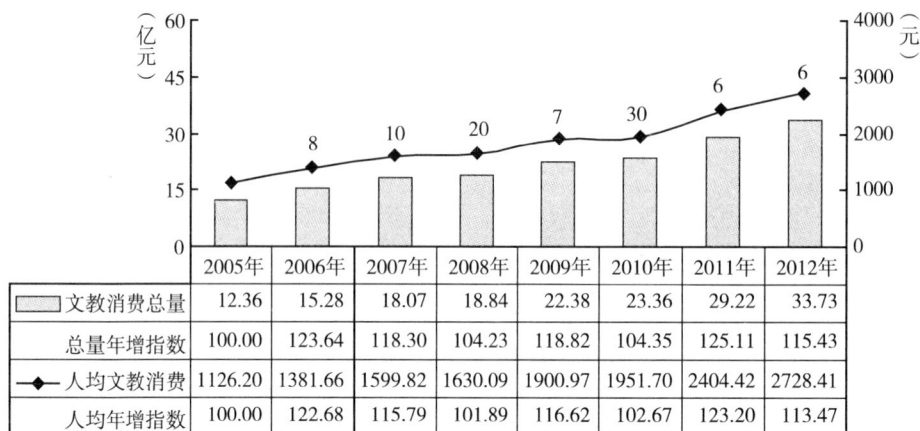

	2005年	2006年	2007年	2008年	2009年	2010年	2011年	2012年
文教消费总量	12.36	15.28	18.07	18.84	22.38	23.36	29.22	33.73
总量年增指数	100.00	123.64	118.30	104.23	118.82	104.35	125.11	115.43
人均文教消费	1126.20	1381.66	1599.82	1630.09	1900.97	1951.70	2404.42	2728.41
人均年增指数	100.00	122.68	115.79	101.89	116.62	102.67	123.20	113.47

图1 呼和浩特市文教消费总量和人均值增长态势

注：左轴为文教消费总量；右轴为人均文教消费，附年度增长指数（上年＝100）。标明历年增
长中心城市排序，起点年度不计。

五"期间总增长 89.00%，年均增长 13.58%；"十二五"头两年总增长
44.39%，年均增长 20.16%，"十二五"以来年均增速比"十一五"年均增速
高 6.58 个百分点。

同期，呼和浩特市文教消费人均值由 1126.20 元增高为 2728.41 元，增加
1602.21 元，总增长 142.27%，年均增长率 13.47%。其中，"十一五"期间
总增长 73.30%，年均增长 11.62%；"十二五"头两年总增长 39.80%，年均
增长 18.24%，"十二五"以来年均增速比"十一五"年均增速高 6.62 个百分
点。

后续各图表将逐步展示呼和浩特市相关背景各方面历年增长数据。在此，
把各项绝对值转换为以上一年数值为 100 的年度增长百分指数，形成 2005 年
以来呼和浩特市人均产值和人均收入、人均消费（分为人均非文消费与人均
文教消费）、人均积蓄增长态势见图2。

在呼和浩特市人均产值、人均收入、人均非文消费、人均文教消费和人均
积蓄的年度增长指数中，选取三对具有特定相关关系的数据项：图中标号
（1）柱形系人均产值历年增长指数，（2）带菱形曲线系人均收入历年增长指
数，二者相关系数为 0.0226，即历年增长保持 2.26% 同步。图中标号（2）系

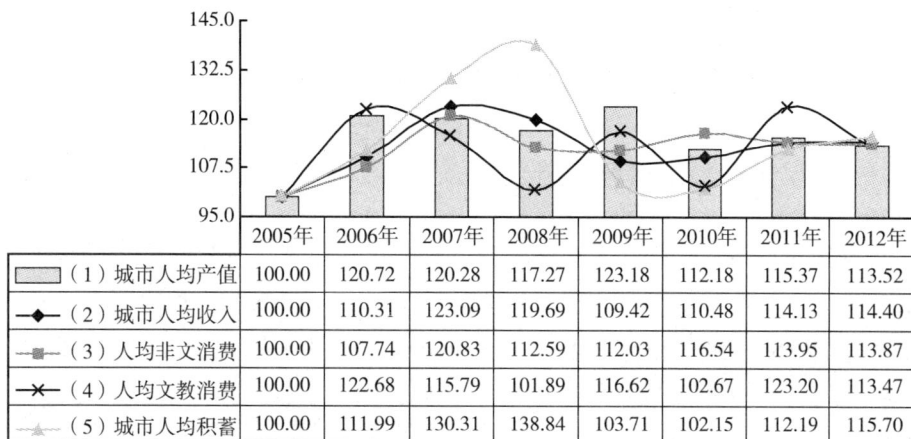

	2005年	2006年	2007年	2008年	2009年	2010年	2011年	2012年
（1）城市人均产值	100.00	120.72	120.28	117.27	123.18	112.18	115.37	113.52
（2）城市人均收入	100.00	110.31	123.09	119.69	109.42	110.48	114.13	114.40
（3）人均非文消费	100.00	107.74	120.83	112.59	112.03	116.54	113.95	113.87
（4）人均文教消费	100.00	122.68	115.79	101.89	116.62	102.67	123.20	113.47
（5）城市人均积蓄	100.00	111.99	130.31	138.84	103.71	102.15	112.19	115.70

图 2　呼和浩特人均产值和人均收入、消费、积蓄增长态势

注：年度增长指数（产值为柱形，其余为曲线），上年 = 100；2006 ~ 2012 年增长相关系数
（2005 年为起点不计）为（1）与（2）0.0226；（2）与（3）0.6173；（4）与（5）- 0.2792。其
间，2006 ~ 2009 年为 - 0.7574，2006 ~ 2008 年为 - 0.9213，2007 ~ 2009 年为 - 0.7234。文教消费
需求的"积蓄增长负相关效应"明显。

人均收入历年增长指数，（3）带方形曲线系人均非文消费历年增长指数，二
者相关系数为 0.6173，即历年增长保持 61.73% 同步。图中标号（4）带叉形
曲线系人均文教消费历年增长指数，（5）带三角形曲线系人均积蓄历年增长
指数，二者相关系数为 - 0.2792，"负相关"程度较低，但分时间段深入考
察，2006 ~ 2009 年为 - 0.7574，2006 ~ 2008 年为 - 0.9213，2007 ~ 2009 年为
- 0.7234，构成明显的反向互动关系。

就呼和浩特市人均积蓄与人均文化消费二者历年增长幅度变化的相关性而
言，不妨简单理解为，前者每上升 1%，后者在 2006 ~ 2009 年下降 0.76%，
2006 ~ 2008 年下降 0.92%，2007 ~ 2009 年下降 0.72%。对比呼和浩特市人均
积蓄与人均文教消费两条年度增长曲线，局部年度呈现似"水中倒影"的负
相关关系。其中，2007 ~ 2008 年人均积蓄年度增长形成高峰，与之对应的是
人均文教消费年度增长陷入低谷；2006 年、2009 年、2011 年人均积蓄年度增
长处于低位，与之对应的是人均文教消费年度增长出现高峰。呼和浩特市居民
文教消费的"积蓄增长负相关效应"明显。

二 城市文教消费需求背景的增长协调性分析

（一）民生基础系数检测

2005 年以来呼和浩特市人均产值、人均收入、收入与产值比、省域收入城乡比变动态势见图 3，其中将人均收入、人均产值转换为面积比例，二者历年之比形成民生基础系数变动曲线，同时附有所在省域收入城乡比变动曲线。

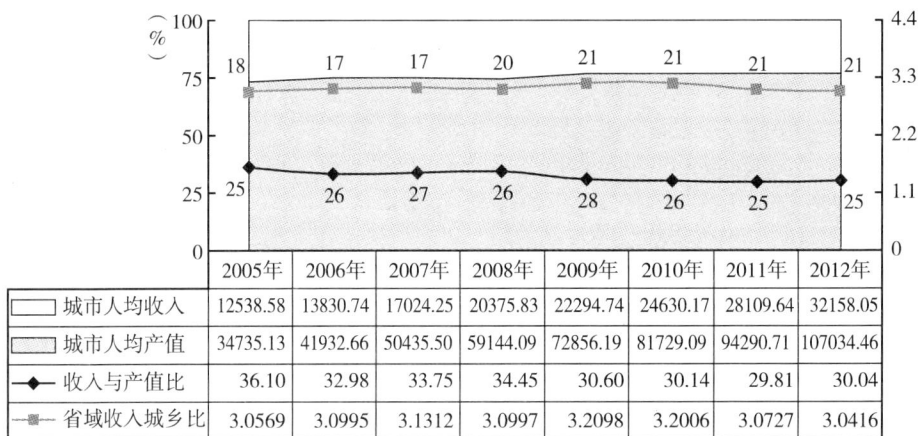

	2005年	2006年	2007年	2008年	2009年	2010年	2011年	2012年
城市人均收入	12538.58	13830.74	17024.25	20375.83	22294.74	24630.17	28109.64	32158.05
城市人均产值	34735.13	41932.66	50435.50	59144.09	72856.19	81729.09	94290.71	107034.46
收入与产值比	36.10	32.98	33.75	34.45	30.60	30.14	29.81	30.04
省域收入城乡比	3.0569	3.0995	3.1312	3.0997	3.2098	3.2006	3.0727	3.0416

图 3 呼和浩特市人均收入、人均产值、收入与产值比、省域收入城乡比变动态势

注：左轴面积为人均产值、人均收入（元转换为%），二者历年变动呈直观比例；左轴曲线：收入与产值比；右轴曲线：省域收入城乡比（乡村＝1）。标明历年中心城市排序。

2005～2012 年，呼和浩特市居民人均收入年均增长 14.40%，人均产值年均增长 17.44%，比人均收入增速高出 3.04 个百分点。7 年间，呼和浩特市居民人均收入与人均产值之比的最高（最佳）值为 2005 年的 36.10%，最低值为 2011 年的 29.81%。逐年考察，除了 2007～2008 年、2012 年出现上升以外，呼和浩特市此项比值逐步下降，由 2005 年的 36.10% 降低至 2012 年的 30.04%，比值处于 36 个中心城市的第 25 位。民生基础系数呈现降低趋势，意味着在经济增长的同时，"人民共享发展成果"程度逐渐降低。

2000～2012 年，呼和浩特市所在省域乡村人均收入年均增长 11.61%，城镇人均收入年均增长 13.38%，比乡村增速高出 1.77 个百分点。城乡综合演算，2012 年省域人均收入为 16496.61 元。12 年间，呼和浩特市所在省域人均收入城乡比的最小（最佳）值为 2000 年的 2.5164，最大值为 2009 年的 3.2098。逐年考察，除了 2005 年、2008 年、2010～2012 年出现下降以外，所在省域此项城乡比逐步上升，由 2000 年的 2.5164 提高至 2012 年的 3.0416，处于 31 个省域里第 21 位。收入的城乡差距呈现扩大趋势，意味着在民生基础层面城乡之间"共享发展成果"的程度有所降低。

如果呼和浩特市民生基础系数能够保持 2005 年最佳水平，能够带动所在省域民生基础层面的城乡差距保持 2000 年最低程度，并实现城乡无差距理想状态，那么在"国民收入分配"演算和城乡综合演算当中，呼和浩特市及其所在省域人均收入应有很大提高，这样随后逐步推演的一切测算值都会发生变化。

（二）民生消费系数检测

2005 年以来呼和浩特市人均收入、人均非文消费、非文占收入比、省域非文城乡比变动态势见图 4，其中将人均非文消费、人均收入转换为面积比例，二者历年之比形成民生消费系数变动曲线，同时附有所在省域非文城乡比变动曲线。

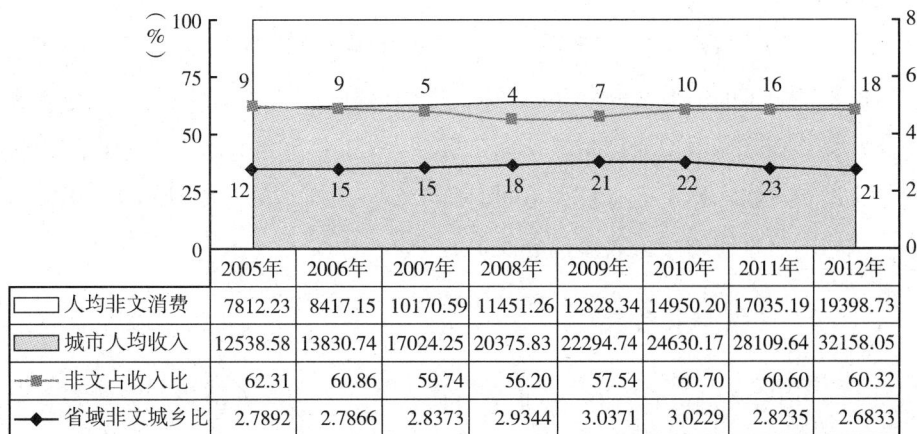

	2005年	2006年	2007年	2008年	2009年	2010年	2011年	2012年
人均非文消费	7812.23	8417.15	10170.59	11451.26	12828.34	14950.20	17035.19	19398.73
城市人均收入	12538.58	13830.74	17024.25	20375.83	22294.74	24630.17	28109.64	32158.05
非文占收入比	62.31	60.86	59.74	56.20	57.54	60.70	60.60	60.32
省域非文城乡比	2.7892	2.7866	2.8373	2.9344	3.0371	3.0229	2.8235	2.6833

图 4　呼和浩特市人均非文消费、人均收入、非文占收入比、省域非文城乡比变动态势

注：左轴面积为人均收入、人均非文消费（元转换为%），二者历年变化呈直观比例；左轴曲线为非文占收入比；右轴曲线为省域非文消费城乡比（乡村 =1）。标明历年中心城市排序。

2005~2012年，呼和浩特市居民人均非文消费年均增长13.87%，人均收入年均增长14.40%，比人均非文消费增速高出0.53个百分点。7年间，呼和浩特市居民人均非文消费占人均收入比重的最高值为2005年的62.31%，最低（最佳）值为2008年的56.20%。逐年考察，除了2009~2010年出现上升以外，呼和浩特市此项比值逐步下降，由2005年的62.31%降低至2012年的60.32%，比值处于36个中心城市的第18位。民生消费系数呈现降低趋势，亦即必需消费之外的余钱占收入比重增高，意味着从"基本小康"到"全面小康"建设的民生效应日益得以显现。

2000~2012年，呼和浩特市所在省域乡村人均非文消费年均增长12.80%，城镇人均非文消费年均增长13.52%，比乡村增速高出0.72个百分点。城乡综合演算，2012年省域人均非文消费为11515.94元。12年间，呼和浩特市所在省域人均非文消费城乡比的最小（最佳）值为2000年的2.4879，最大值为2003年的3.0696。逐年考察，除了2004~2006年、2010~2012年出现下降以外，所在省域此项城乡比逐步上升，由2000年的2.4879提高至2012年的2.6833，处于31个省域的第21位。必需非文消费的城乡差距呈现出扩大趋势，意味着在民生消费层面城乡之间"共享发展成果"的程度有所降低。

如果呼和浩特市民生消费系数能够保持2008年最佳水平，能够带动所在省域民生消费层面的城乡差距保持2012年最低程度，并实现城乡无差距理想状态，那么在必需消费演算和城乡综合演算当中，呼和浩特市及其所在省域人均非文消费占收入比重应有较大不同，反转则是人均非文消费剩余应有很大增多，这样随后推演的相关数值也会发生变化。

（三）文化需求系数检测

2005年以来呼和浩特市人均非文消费剩余、人均文教消费、文教与非余比、省域文教城乡比变动态势见图5，其中将文教消费、人均非文消费剩余转换为面积比例，二者历年之比形成文化需求系数变动曲线，同时附有所在省域文教消费城乡比变动曲线。

2005~2012年，呼和浩特市居民人均文教消费年均增长13.47%，人均非

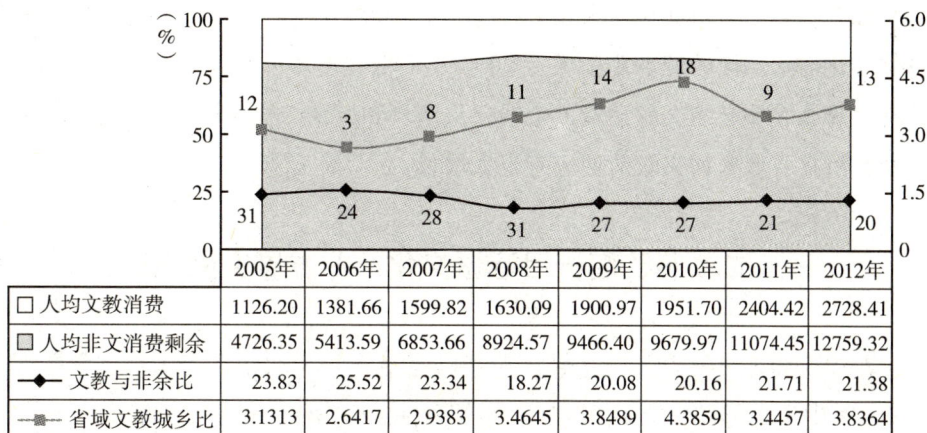

	2005年	2006年	2007年	2008年	2009年	2010年	2011年	2012年
□ 人均文教消费	1126.20	1381.66	1599.82	1630.09	1900.97	1951.70	2404.42	2728.41
▨ 人均非文消费剩余	4726.35	5413.59	6853.66	8924.57	9466.40	9679.97	11074.45	12759.32
◆ 文教与非余比	23.83	25.52	23.34	18.27	20.08	20.16	21.71	21.38
■ 省域文教城乡比	3.1313	2.6417	2.9383	3.4645	3.8489	4.3859	3.4457	3.8364

**图 5　呼和浩特市人均文教消费、人均非文消费剩余、文教与
非余比、省域文教城乡比变动态势**

注：左轴面积为人均非文消费剩余、人均文教消费（元转换为%），二者历年变化呈直观比例；
左轴曲线为文教与非余比；右轴曲线为省域文教城乡比（乡村 =1）。标明历年中心城市排序。

文消费剩余年均增长 15.24%，比人均文教消费增速高出 1.77 个百分点。7 年间，呼和浩特市居民人均文教消费与人均非文消费剩余比值的最高（最佳）值为 2006 年的 25.52%，最低值为 2008 年的 18.27%。逐年考察，除了 2006 年、2009 ~ 2011 年出现上升以外，呼和浩特市此项比值逐步下降，由 2005 年的 23.83% 降低至 2012 年的 21.38%，比值处于 36 个中心城市的第 20 位。文化需求系数呈现降低趋势，意味着非必需的文教消费需求增长依然受到"积蓄增长负相关效应"的反向牵制。

2000 ~ 2012 年，呼和浩特市所在省域乡村人均文教消费年均增长 6.83%，城镇人均文教消费年均增长 12.33%，比乡村增速高出 5.50 个百分点。城乡综合演算，2012 年省域人均文教消费为 1347.56 元。12 年间，呼和浩特市所在省域人均文教消费城乡比的最小（最佳）值为 2000 年的 2.1008，最大值为 2010 年的 4.3859。逐年考察，除了 2004 年、2006 年、2011 年出现下降以外，所在省域此项城乡比逐步上升，由 2000 年的 2.1008 提高至 2012 年的 3.8364，处于 31 个省域的第 13 位。人均文教消费需求的城乡差距呈现出扩增趋势，意味着在文化需求层面城乡之间"共享发展成果"的程度有所降低。

如果呼和浩特市文化需求系数能够保持 2006 年最佳水平,能够带动所在省域文化需求层面的城乡差距保持 2000 年最低程度,并实现城乡无差距理想状态,那么在非必需文教消费占余钱比重演算和城乡综合演算当中,呼和浩特市及其所在省域人均文教消费应有很大增长。

三 文教消费增长目标暨文化产业发展空间测算

2012～2020 年呼和浩特市辖区及所在省域人均文教消费需求增长测算见图 6,其中提供了文化产业供需协调增长目标的 7 类测算结果。

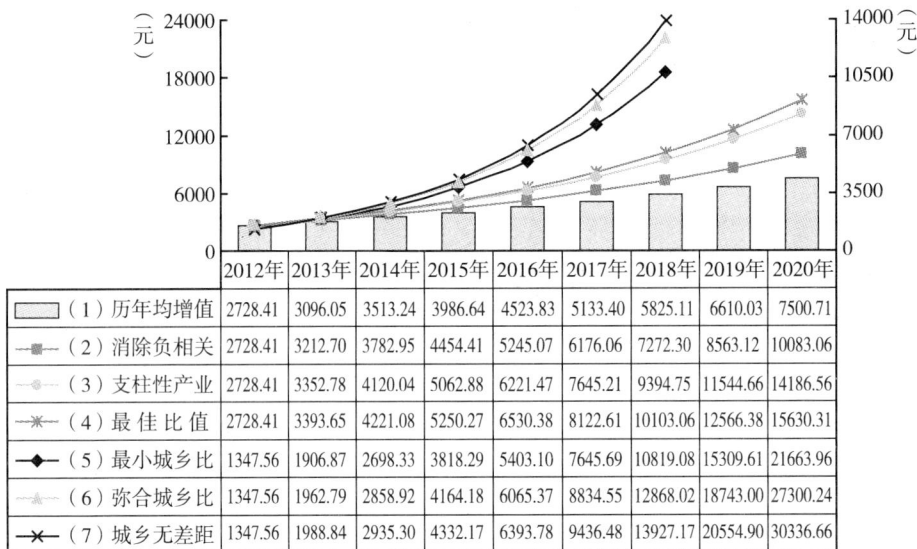

	2012年	2013年	2014年	2015年	2016年	2017年	2018年	2019年	2020年
(1)历年均增值	2728.41	3096.05	3513.24	3986.64	4523.83	5133.40	5825.11	6610.03	7500.71
(2)消除负相关	2728.41	3212.70	3782.95	4454.41	5245.07	6176.06	7272.30	8563.12	10083.06
(3)支柱性产业	2728.41	3352.78	4120.04	5062.88	6221.47	7645.21	9394.75	11544.66	14186.56
(4)最佳比值	2728.41	3393.65	4221.08	5250.27	6530.38	8122.61	10103.06	12566.38	15630.31
(5)最小城乡比	1347.56	1906.87	2698.33	3818.29	5403.10	7645.69	10819.08	15309.61	21663.96
(6)弥合城乡比	1347.56	1962.79	2858.92	4164.18	6065.37	8834.55	12868.02	18743.00	27300.24
(7)城乡无差距	1347.56	1988.84	2935.30	4332.17	6393.78	9436.48	13927.17	20554.90	30336.66

图 6 呼和浩特市及所在省域人均文教消费需求增长测算

注:左轴(1)～(4)为城市辖区测算,2012～2020 年各方面增长按 2005～2012 年实际年均增速推算;右轴(5)～(7)为所在省域测算,2012～2020 年各方面增长按 2000～2012 年实际年均增速推算。文教与产值比,城市 2012 年实值为 2.55%,省域 2012 年实值为 2.11%;2020 年测算值为(1)1.94%,(2)2.60%,(3)3.66%,(4)4.04%,(5)7.39%,(6)9.32%,(7)10.35%。2012～2020 年人均文教消费年均增长为(1)13.47%(2005～2012 年实值,以下为测算值);(2)17.75%,(3)22.88%,(4)24.38%,(5)41.51%,(6)45.66%,(7)47.59%。若产值按年均增长 7% 推算,则 2020 年文教与产值比测算值(增量、增幅不变)为(1)4.08%;(2)5.48%。2020 年人均文教消费(与产值比不变)为(3)6735.51 元,年增 11.96%;(4)7420.98 元,年增 13.32%;(5)8114.01 元,年增 25.16%;(6)10225.02 元,年增 28.83%;(7)11362.28 元,年增 30.54%。

（1）历年均增值测算：以城乡文教消费既往年度年均增长率测算增长目标，可以得出统计概率最高的或然增长结果。如果 2012～2020 年呼和浩特市文教消费增长保持 2005～2012 年平均增长率 13.47%（城市间实际增长第 6 位），那么到 2020 年文教消费将达到 7500.71 元。在相关各方面增长均依此推算的情况下，由于文教消费与产值之比在 2005～2012 年呈现下降态势，至 2020 年文教消费增长与产值增长测算值之比将继续降低至 1.94%。

（2）消除负相关测算：以城乡文化需求系数既往年度历年最佳比值测算增长目标，即假设积蓄增长与文教消费增长之间排除负相关关系，必需消费之外余钱增长与精神文化消费需求增长实现同步。如果到 2020 年呼和浩特市此项比值实现 2005～2012 年最佳状态，那么城市人均文教消费应达到 10083.06 元，与产值增长测算值之比将上升至 2.60%，年均增长率需达到 17.75%，为以往实际年均增长率的 1.32 倍（城市间目标距离第 5 位）。

（3）支柱性产业测算：摒弃单纯的"文化 GDP 追逐"，通过文教消费需求增长空间反推，以文化生产满足文化需求的终极目的定位测算增长目标，即假设文教消费需求增长切实推动文化生产发展，实现文化产业供需协调增长，达到支柱性产业所需占产值的比重。各城市文教消费需求增长支撑文化产业成为支柱性产业的测算值各有不同，呼和浩特市测算值为 3.66%。据此反推，到 2020 年呼和浩特市人均文教消费应达到 14186.56 元，年均增长率需达到 22.88%，为以往实际年均增长率的 1.70 倍（城市间目标距离第 6 位）。

（4）最佳比值测算：以城乡民生基础系数、民生消费系数、文化需求系数三项比值既往年度历年最佳值测算增长目标，即假设相关各方面的增长协调性"回复"曾有的三项比例关系最佳值。如果到 2020 年呼和浩特市三项比值同步实现 2005～2012 年最佳状态，那么城市人均文教消费应达到 15630.31 元，与产值增长测算值之比将上升至 4.04%，年均增长率需达到 24.38%，为以往实际年均增长率的 1.81 倍（城市间目标距离第 7 位）。

（5）最小城乡比测算：在三项最佳比值测算基础上，以人均文教消费城乡比既往年度历年最小值测算增长目标，即假设"回复"原有的文教消费城乡比最小状态，作为缩小以至于消除城乡差距的基础。如果到 2020 年呼和浩特市带动所在省域同时实现 2000～2012 年三项最佳比值和文教消费最小城乡比，那么人均文教消费应达到 21663.96 元，与产值增长测算值之比将上升至 7.39%，年均增长率需达到 41.51%，为呼和浩特市以往实际年均增长率的 3.08 倍（省域间目标距离第 12 位）。

（6）弥合城乡比测算：同样在三项最佳比值测算基础上，以人均文教消费城乡比的无差距理想值测算增长目标，即假设文化需求层面的城乡差距得以消除，据此演算校正数值。如果到 2020 年呼和浩特市带动所在省域同时实现 2000~2012 年三项最佳比值和乡村人均文教消费绝对值与城镇水平持平，那么人均文教消费应达到 27300.24 元，与产值增长测算值之比将上升至 9.32%，年均增长率需达到 45.66%，为呼和浩特市以往实际年均增长率的 3.39 倍（省域间目标距离第 13 位）。

（7）城乡无差距测算：在民生基础层面、民生消费层面、文化需求层面三项城乡比的无差距理想状态下实现既往年度历年最佳比值测算增长目标，即假设此三个层面的乡村人均值加速增长并与城镇水平持平，统一取城镇标准三项比例关系最佳值进行演算。如果到 2020 年呼和浩特市带动所在省域在此三个层面消除城乡差距，实现按城镇标准衡量的 2000~2012 年三项最佳比值，那么人均文教消费应达到 30336.66 元，与产值增长测算值之比将上升至 10.35%，年均增长率需达到 47.59%，为呼和浩特市以往实际年均增长率的 3.53 倍（省域间目标距离第 10 位）。

如果按照国家"十二五"规划转变发展方式的要求，在"十二五"期间把呼和浩特市产值年均增长率控制在 7%，并一直延续至 2020 年，那么（1）历年均增值、（2）消除负相关两类增长测算的绝对值不变，其与产值之比将分别增高至 4.08% 和 5.48%；因其余各类测算与产值增长演算直接相关，增长测算的绝对值相应减小，其所需年均增长幅度（目标差距）将分别降低至 11.96%、13.32%、25.16%、28.83%、30.54%（详见图 6 注），更加容易实现。

沈阳：支柱性产业增长目标测算第7位

赵晗君 *

摘　要：

沈阳市文教消费增长目标暨文化产业发展空间测评：2005～
2012 年中心城市实际增长排名，历年均增值为第 7 位；2012～
2020 年中心城市目标距离排名，消除负相关测算为第 10 位，最
佳比值测算为第 9 位，支柱性产业测算为第 7 位；所在省域最
小城乡比测算为第 6 位，弥合城乡比测算为第 6 位，城乡无差
距测算为第 6 位。

关键词：

沈阳市文化产业　扩大文教消费　需求与共享　增长目标

本文展开 2005～2012 年沈阳市（市辖区）居民文教消费相关状态综合分
析，对所在省域城乡差距状况的检测则取 2000～2012 年相应数据。

一　城市文教消费需求及相关方面增长态势

2005 年以来沈阳市文教消费总量和人均值增长态势见图 1。

2005～2012 年，沈阳市文教消费总量由 51.07 亿元增高为 128.36 亿元，
增加 77.29 亿元，总增长 151.34%，年均增长率 14.07%。其中，"十一五"
期间总增长 137.38%，年均增长 18.87%；"十二五"头两年总增长 5.88%，
年均增长 2.90%，"十二五"以来年均增速比"十一五"年均增速低 15.97 个

---

* 赵晗君，云南民族大学民俗学在读硕士研究生，参与导师主持文化相关研究。

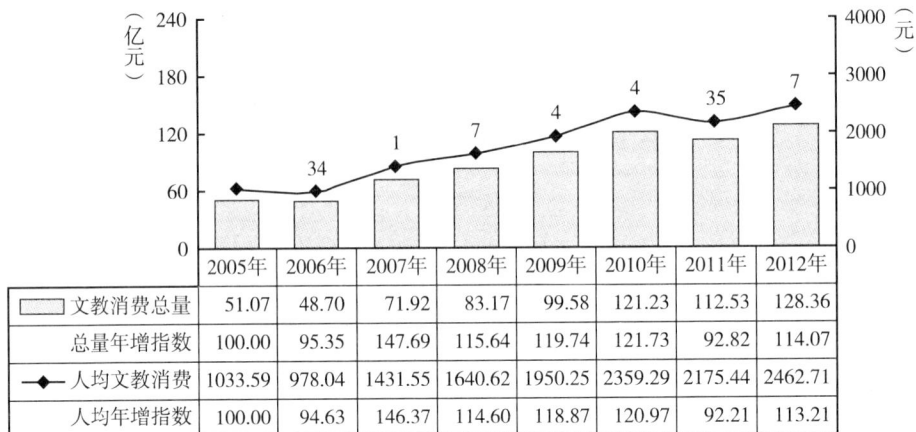

	2005年	2006年	2007年	2008年	2009年	2010年	2011年	2012年
文教消费总量	51.07	48.70	71.92	83.17	99.58	121.23	112.53	128.36
总量年增指数	100.00	95.35	147.69	115.64	119.74	121.73	92.82	114.07
人均文教消费	1033.59	978.04	1431.55	1640.62	1950.25	2359.29	2175.44	2462.71
人均年增指数	100.00	94.63	146.37	114.60	118.87	120.97	92.21	113.21

图1　沈阳市文教消费总量和人均值增长态势

注：左轴为文教消费总量；右轴曲线为人均文教消费，附年度增长指数（上年＝100，小于100为负增长）。标明历年增长中心城市排序，起点年度不计。

百分点。

同期，沈阳市文教消费人均值由1033.59元增高为2462.71元，增加1429.12元，总增长138.27%，年均增长率13.21%。其中，"十一五"期间总增长128.26%，年均增长17.95%；"十二五"头两年总增长4.38%，年均增长2.17%，"十二五"以来年均增速比"十一五"年均增速低15.78个百分点。

后续各图表将逐步展示沈阳市相关背景各方面历年增长数据。在此，把各项绝对值转换为以上一年数值为100的年度增长百分指数，形成2005年以来沈阳市人均产值和人均收入、人均消费（分为人均非文消费与人均文教消费）、人均积蓄增长态势（见图2）。

在沈阳市人均产值、人均收入、人均非文消费、人均文教消费和人均积蓄的年度增长指数中，选取三对具有特定相关关系的数据项：图中标号（1）柱形系人均产值历年增长指数，（2）带菱形曲线系人均收入历年增长指数，二者相关系数为0.8374，即历年增长保持83.74%同步。图中标号（2）系人均收入历年增长指数，（3）带方形曲线系人均非文消费历年增长指数，二者相关系数为0.7382，即历年增长保持73.82%同步。图中标号（4）带三角形曲

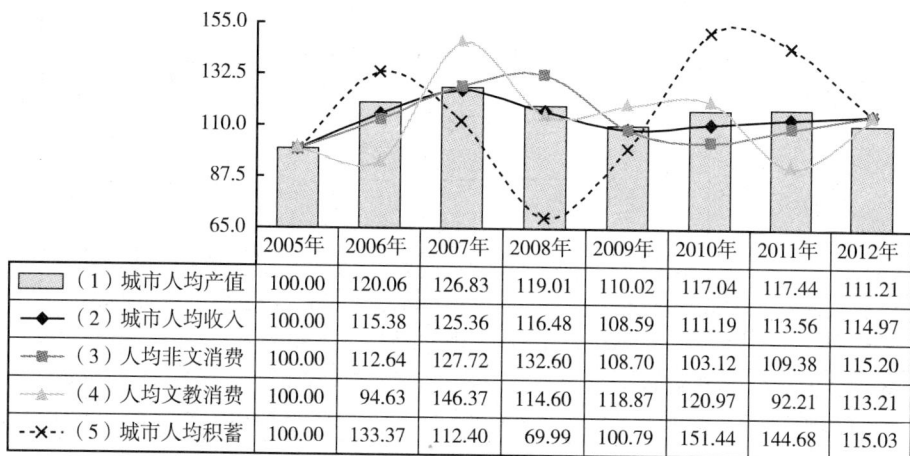

	2005年	2006年	2007年	2008年	2009年	2010年	2011年	2012年
（1）城市人均产值	100.00	120.06	126.83	119.01	110.02	117.04	117.44	111.21
（2）城市人均收入	100.00	115.38	125.36	116.48	108.59	111.19	113.56	114.97
（3）人均非文消费	100.00	112.64	127.72	132.60	108.70	103.12	109.38	115.20
（4）人均文教消费	100.00	94.63	146.37	114.60	118.87	120.97	92.21	113.21
（5）城市人均积蓄	100.00	133.37	112.40	69.99	100.79	151.44	144.68	115.03

图 2　沈阳人均产值和人均收入、人均消费、人均积蓄增长态势

注：年度增长指数（产值为柱形，其余为曲线），上年 = 100，小于 100 为负增长；2006 ~ 2012 年增长相关系数（2005 年为起点不计）为（1）与（2）0.8374；（2）与（3）0.7382；（4）与（5）- 0.3081。文教消费需求的"积蓄增长负相关效应"不明显。

线系人均文教消费历年增长指数，（5）带叉形曲线系人均积蓄历年增长指数，二者相关系数为 - 0.3081，负相关程度较低。

　　但是，深入细致地分析下来，在 2006 年、2010 ~ 2011 年沈阳市积蓄增长处于高峰时，文化消费增长则陷入低谷，甚至出现负增长；在 2007 ~ 2008 年沈阳市文化消费增长处于高峰时，积蓄增长却跌入低谷，甚至出现负增长。分时段局部看来，沈阳市文教消费需求的"积蓄增长负相关效应"同样明显，二者增长曲线局部仍呈现似"水中倒影"的负相关关系。

二　城市文教消费需求背景的增长协调性分析

（一）民生基础系数检测

　　2005 年以来沈阳市人均产值、人均收入、收入与产值比、省域收入城乡比变动态势见图 3，其中将人均收入、人均产值转换为面积比例，二者历年之比形成民生基础系数变动曲线，同时附有所在省域收入城乡比变动曲线。

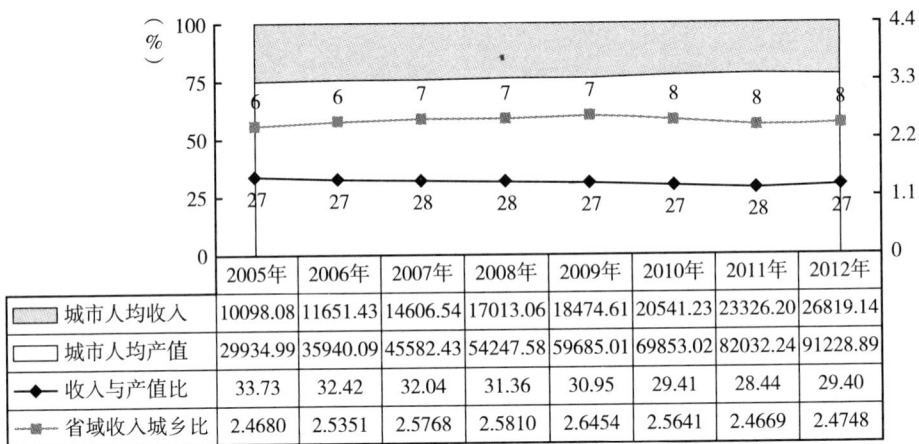

	2005年	2006年	2007年	2008年	2009年	2010年	2011年	2012年
城市人均收入	10098.08	11651.43	14606.54	17013.06	18474.61	20541.23	23326.20	26819.14
城市人均产值	29934.99	35940.09	45582.43	54247.58	59685.01	69853.02	82032.24	91228.89
收入与产值比	33.73	32.42	32.04	31.36	30.95	29.41	28.44	29.40
省域收入城乡比	2.4680	2.5351	2.5768	2.5810	2.6454	2.5641	2.4669	2.4748

图3　沈阳市人均收入、人均产值、收入与产值比、省域收入城乡比变动态势

注：左轴面积为人均产值、人均收入（元转换为%），二者历年变动呈直观比例；左轴曲线为收入与产值比；右轴曲线为省域收入城乡比（乡村＝1）。标明历年中心城市排序。

2005～2012年，沈阳市居民人均收入年均增长14.97%，人均产值年均增长17.26%，比人均收入增速高出2.29个百分点。7年间，沈阳市居民人均收入与人均产值之比的最高（最佳）值为2005年的33.73%，最低值为2011年的28.44%。逐年考察，除了2012年出现上升以外，沈阳市此项比值逐步下降，由2005年的33.73%降低至2012年的29.40%，处于36个中心城市的第27位。民生基础系数呈现降低趋势，意味着在经济增长的同时，"人民共享发展成果"程度逐渐降低。

2000～2012年，沈阳市所在省域乡村人均收入年均增长12.21%，城镇人均收入年均增长13.00%，比乡村增速高出0.79个百分点。城乡综合演算，2012年省域人均收入为18358.35元。12年间，沈阳市所在省域人均收入城乡比的最小（最佳）值为2001年的2.2663，最大值为2009年的2.6454。逐年考察，除了2001年、2004年、2010～2011年出现下降以外，所在省域此项城乡比逐步上升，由2000年的2.2745提高至2012年的2.4748，处于31个省域的第8位。收入的城乡差距呈现扩大趋势，意味着在民生基础层面城乡之间"共享发展成果"的程度有所降低。

如果沈阳市民生基础系数能够保持2005年最佳水平，能够带动所在省域民生基础层面的城乡差距保持 2001 年最低程度，并实现城乡无差距理想状态，那么在"国民收入分配"演算和城乡综合演算当中，沈阳市及其所在省域人均收入应有很大提高，这样随后逐步推演的一切测算值都会发生变化。

（二）民生消费系数检测

2005 年以来沈阳市人均收入、人均非文消费、非文占收入比、省域非文城乡比变动态势见图 4，其中将人均非文消费、人均收入转换为面积比例，二者历年之比形成民生消费系数变动曲线，同时附有所在省域非文城乡比变动曲线。

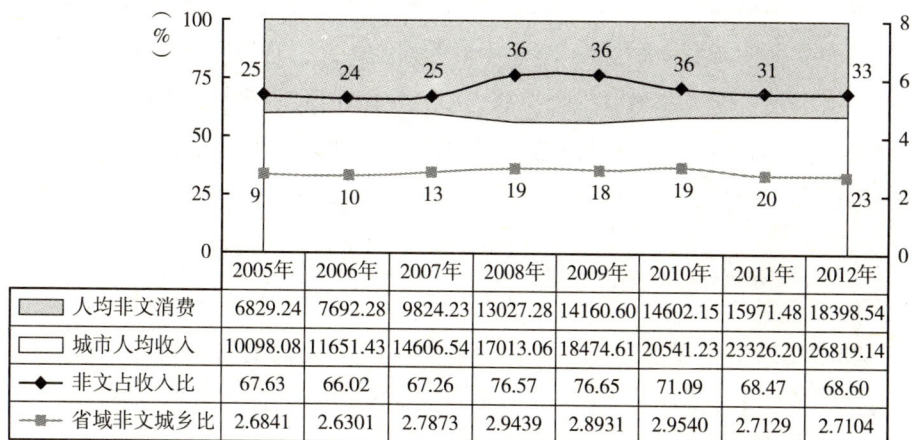

	2005年	2006年	2007年	2008年	2009年	2010年	2011年	2012年
人均非文消费	6829.24	7692.28	9824.23	13027.28	14160.60	14602.15	15971.48	18398.54
城市人均收入	10098.08	11651.43	14606.54	17013.06	18474.61	20541.23	23326.20	26819.14
非文占收入比	67.63	66.02	67.26	76.57	76.65	71.09	68.47	68.60
省域非文城乡比	2.6841	2.6301	2.7873	2.9439	2.8931	2.9540	2.7129	2.7104

图 4　沈阳市人均非文消费、人均收入、非文占收入比、省域非文城乡比变动态势

注：左轴面积为人均收入、人均非文消费（元转换为%），二者历年变化呈直观比例；左轴曲线为非文消费占收入比；右轴曲线为省域非文城乡比（乡村 =1）。标明历年中心城市排序。

2005～2012 年，沈阳市居民人均非文消费年均增长 15.21%，人均收入年均增长 14.97%，比人均非文消费增速低了 0.24 个百分点。7 年间，沈阳市居民人均非文消费占人均收入比重的最低（最佳）值为 2006 年的 66.02%，最高值为 2009 年的 76.65%。逐年考察，除了 2006 年、2010～2011 年出现下降以外，沈阳市此项比值逐步上升，由 2005 年的 67.63% 提高至 2012 年的 68.60%，处于 36 个中心城市的第 33 位。民生消费系数呈现增高趋势，亦即必需消费之外的余钱占收入比重降低，意味着从"基本小康"到"全面小康"

建设的民生效应尚未得以显现。

2000~2012年，沈阳市所在省域乡村人均非文消费年均增长10.98%，城镇人均非文消费年均增长11.81%，比乡村增速高出0.83个百分点。城乡综合演算，2012年省域人均非文消费为11478.04元。12年间，沈阳市所在省域人均非文消费城乡比的最小（最佳）值为2000年的2.4806，最大值为2003年的3.2013。逐年考察，除了2004~2006年、2009年、2011~2012年出现下降以外，所在省域此项城乡比逐步上升，由2000年的2.4806提高至2012年的2.7104，处于31个省域的第23位。必需非文消费的城乡差距呈现扩大趋势，意味着在民生消费层面城乡之间"共享发展成果"的程度有所降低。

如果沈阳市民生消费系数能够保持2006年最佳水平，能够带动所在省域民生消费层面的城乡差距保持2006年最低程度，并实现城乡无差距理想状态，那么在必需消费演算和城乡综合演算当中，沈阳市及其所在省域人均非文消费占收入比重应有较大不同，反转则是人均非文消费剩余应有很大增多，这样随后推演的相关数值也会发生变化。

（三）文化需求系数检测

2005年以来沈阳市人均非文消费剩余、人均文教消费、文教与非余比、省域文教城乡比变动态势见图5，其中将人均文教消费、人均非文消费剩余转换为面积比例，二者历年之比形成文化需求系数变动曲线，同时附有所在省域文教消费城乡比变动曲线。

2005~2012年，沈阳市居民人均文教消费年均增长13.21%，人均非文消费剩余年均增长14.47%，比人均文教消费增速高出1.26个百分点。7年间，沈阳市居民人均文教消费与人均非文消费剩余比值的最高（最佳）值为2009年的45.21%，最低值为2006年的24.70%。逐年考察，除了2007~2009年出现上升以外，沈阳市此项比值逐步下降，由2005年的31.62%降低至2012年的29.25%，比值处于36个中心城市的第5位。文化需求系数呈现降低趋势，意味着非必需的文教消费需求增长依然受到"积蓄增长负相关效应"的反向牵制。

2000~2012年，沈阳市所在省域乡村人均文教消费年均增长9.12%，城

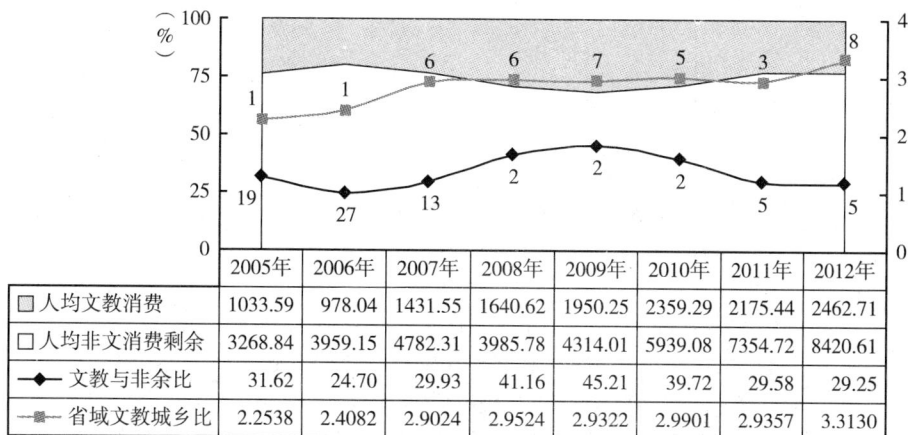

	2005年	2006年	2007年	2008年	2009年	2010年	2011年	2012年
☐ 人均文教消费	1033.59	978.04	1431.55	1640.62	1950.25	2359.29	2175.44	2462.71
☐ 人均非文消费剩余	3268.84	3959.15	4782.31	3985.78	4314.01	5939.08	7354.72	8420.61
◆ 文教与非余比	31.62	24.70	29.93	41.16	45.21	39.72	29.58	29.25
省域文教城乡比	2.2538	2.4082	2.9024	2.9524	2.9322	2.9901	2.9357	3.3130

**图 5　沈阳市人均文教消费、人均非文消费剩余、文教与
非余比、省域文教城乡比变动态势**

注：左轴面积为人均非文消费剩余、人均文教消费（元转换为%），二者历年变化呈直观比
例；左轴曲线为文教与非余比；右轴曲线为省域文教城乡比（乡村 =1）。标明历年中心城市排序。

镇人均文教消费年均增长 11.66%，比乡村增速高出 2.54 个百分点。城乡综
合演算，2012 年省域人均文教消费为 1391.40 元。12 年间，沈阳市所在省域
人均文教消费城乡比的最小（最佳）值为 2005 年的 2.2538，最大值为 2004
年的 3.8787。逐年考察，除了 2005 年、2009 年、2011 年出现下降以外，所在
省域此项城乡比逐步上升，由 2000 年的 2.5122 提高至 2012 年的 3.3130，处
于 31 个省域的第 8 位。人均文教消费需求的城乡差距呈现出扩增趋势，意味
着在文化需求层面城乡之间 "共享发展成果" 的程度有所降低。

　　如果沈阳市文化需求系数能够保持 2009 年最佳水平，能够带动所在省域
文化需求层面的城乡差距保持 2005 年最低程度，并实现城乡无差距理想状态，
那么在非必需文教消费占余钱比重演算和城乡综合演算当中，沈阳市及其所在
省域人均文教消费应有很大增长。

三　文教消费增长目标暨文化产业发展空间测算

　　2012 ～2020 年沈阳市辖区及所在省域人均文教消费需求增长测算见图 6，
其中提供了文化产业供需协调增长目标的 7 类测算结果。

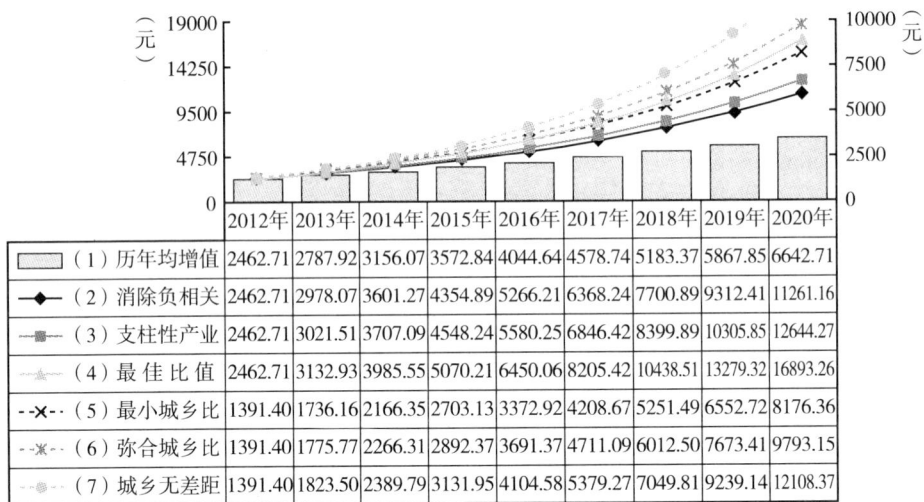

	2012年	2013年	2014年	2015年	2016年	2017年	2018年	2019年	2020年
（1）历年均增值	2462.71	2787.92	3156.07	3572.84	4044.64	4578.74	5183.37	5867.85	6642.71
（2）消除负相关	2462.71	2978.07	3601.27	4354.89	5266.21	6368.24	7700.89	9312.41	11261.16
（3）支柱性产业	2462.71	3021.51	3707.09	4548.24	5580.25	6846.42	8399.89	10305.85	12644.27
（4）最佳比值	2462.71	3132.93	3985.55	5070.21	6450.06	8205.42	10438.51	13279.32	16893.26
（5）最小城乡比	1391.40	1736.16	2166.35	2703.13	3372.92	4208.67	5251.49	6552.72	8176.36
（6）弥合城乡比	1391.40	1775.77	2266.31	2892.37	3691.37	4711.09	6012.50	7673.41	9793.15
（7）城乡无差距	1391.40	1823.50	2389.79	3131.95	4104.58	5379.27	7049.81	9239.14	12108.37

图6 沈阳市及所在省域人均文教消费需求增长测算

注：左轴（1）～（4）为城市辖区测算，2012～2020年各方面增长按2005～2012年实际年均增速推算；右轴（5）～（7）为所在省域测算，2012～2020年各方面增长按2000～2012年实际年均增速推算。文教与产值比，城市2012年实值为2.70%，省域2012年实值为2.46%；2020年测算值为（1）2.04%，（2）3.45%，（3）3.88%，（4）5.18%，（5）4.89%，（6）5.86%，（7）7.24%。2012～2020年人均文教消费年均增长为（1）13.21%（2005～2012年实值，以下为测算值）；（2）20.93%，（3）22.69%，（4）27.21%，（5）24.78%，（6）27.62%，（7）31.06%。若产值按年均增长7%推算，则2020年文教与产值比测算值（增量、增幅不变）：（1）4.24%；（2）7.18%。2020年人均文教消费（与产值比不变）为（3）6079.59元，年增11.96%；（4）8122.58元，年增16.09%；（5）4761.22元，年增16.62%；（6）5702.71元，年增19.28%；（7）7050.90元，年增22.49%。

（1）历年均增值测算：以城乡文教消费既往年度年均增长率测算增长目标，可以得出统计概率最高的或然增长结果。如果2012～2020年沈阳市文教消费增长保持2005～2012年平均增长率13.21%（城市间实际增长第7位），那么到2020年文教消费将达到6642.71元。在相关各方面增长均依此推算的情况下，由于文教消费与产值之比在2005～2012年呈现下降态势，至2020年文教消费增长与产值增长测算值之比将继续降低至2.04%。

（2）消除负相关测算：以城乡文化需求系数既往年度历年最佳比值测算增长目标，即假设积蓄增长与文教消费增长之间排除负相关关系，必需消费之外余钱增长与精神文化消费需求增长实现同步。如果到2020年沈阳市此项比值实现2005～2012年最佳状态，那么城市人均文教消费应达到11261.16元，与产值增长测算值之比将上升至 3.45%，年均增长率需达到 20.93%，为以往实际年均增长率的 1.58 倍（城市间目标距离第 10 位）。

（3）支柱性产业测算：摒弃单纯的"文化 GDP 追逐"，通过文教消费需求增长空间反推，以文化生产满足文化需求的终极目的定位测算增长目标，即假设文教消费需求增长切实推动文化生产发展，实现文化产业供需协调增长，达到支柱性产业所需占产值的比重。各城市文教消费需求增长支撑文化产业成为支柱性产业的测算值各有不同，沈阳市测算值为 3.88%。据此反推，到 2020 年沈阳市人均文教消费应达到 12644.27 元，年均增长率需达到 22.69%，为以往实际年均增长率的 1.72 倍（城市间目标距离第 7 位）。

（4）最佳比值测算：以城乡民生基础系数、民生消费系数、文化需求系数三项比值既往年度历年最佳值测算增长目标，即假设相关各方面的增长协调性"回复"曾有的三项比例关系最佳值。如果到 2020 年沈阳市三项比值同步实现 2005～2012 年最佳状态，那么城市人均文教消费应达到 16893.26 元，与产值增长测算值之比将上升至 5.18%，年均增长率需达到 27.21%，为以往实际年均增长率的 2.06 倍（城市间目标距离第 9 位）。

（5）最小城乡比测算：在三项最佳比值测算基础上，以人均文教消费城乡比既往年度历年最小值测算增长目标，即假设"回复"原有的文教消费城乡比最小状态，作为缩小以至于消除城乡差距的基础。如果到 2020 年沈阳市带动所在省域同时实现 2000～2012 年三项最佳比值和文教消费最小城乡比，那么人均文教消费应达到 8176.36 元，与产值增长测算值之比将上升至 4.89%，年均增长率需达到 24.78%，为沈阳市以往实际年均增长率的 1.88 倍（省域间目标距离第 6 位）。

（6）弥合城乡比测算：同样在三项最佳比值测算基础上，以人均文教消费城乡比的无差距理想值测算增长目标，即假设文化需求层面的城乡差距得以消除，据此演算校正数值。如果到 2020 年沈阳市带动所在省域同时实现 2000～2012 年三项最佳比值和乡村人均文教消费绝对值与城镇水平持平，那么人均文教消费应达到 9793.15 元，与产值增长测算值之比将上升至 5.86%，年均增长率需达到 27.62%，为沈阳市以往实际年均增长率的 2.09 倍（省域间目标距离第 6 位）。

（7）城乡无差距测算：在民生基础层面、民生消费层面、文化需求层面三项城乡比的无差距理想状态下实现既往年度历年最佳比值测算增长目标，即假设此三个层面的乡村人均值加速增长并与城镇水平持平，统一取城镇标准三项比例关系最佳值进行演算。如果到2020年沈阳市带动所在省域在此三个层面消除城乡差距，实现按城镇标准衡量的2000~2012年三项最佳比值，那么人均文教消费应达到12108.37元，与产值增长测算值之比将上升至7.24%，年均增长率需达到31.06%，为沈阳市以往实际年均增长率的2.35倍（省域间目标距离第6位）。

如果按照国家"十二五"规划转变发展方式的要求，在"十二五"期间把沈阳市产值年均增长率控制在7%，并一直延续至2020年，那么（1）历年均增值、（2）消除负相关两类增长测算的绝对值不变，其与产值之比将分别增高至4.24%和7.18%；其余各类测算因与产值增长演算直接相关，增长测算的绝对值相应减小，其所需年均增长幅度（目标差距）将分别降低至11.96%、16.09%、16.62%、19.28%、22.49%（详见图6注），更加容易实现。

B.26
BLUE BOOK

南昌：消除负相关增长目标测算第 4 位

黄海涛*

摘 要:

南昌市文教消费增长目标暨文化产业发展空间测评: 2005~
2012 年中心城市实际增长排名, 历年均增值为第 12 位; 2012~
2020 年中心城市目标距离排名, 消除负相关测算为第 4 位, 最
佳比值测算为第 12 位, 支柱性产业测算为第 12 位; 所在省域
最小城乡比测算为第 14 位, 弥合城乡比测算为第 15 位, 城乡
无差距测算为第 12 位。

关键词:

南昌市文化产业 扩大文教消费 需求与共享 增长目标

本文展开 2005~2012 年南昌市 (市辖区) 居民文教消费相关状态综合分
析, 对所在省域城乡差距状况的检测则取 2000~2012 年相应数据。

一 城市文教消费需求及相关方面增长态势

2005 年以来南昌市文教消费总量和人均值增长态势见图 1。

2005~2012 年, 南昌市文教消费总量由 18.45 亿元增高为 37.78 亿元, 增加
19.33 亿元, 总增长 104.77%, 年均增长率 10.78%。其中,"十一五"期间总增
长 60.49%, 年均增长 9.92%;"十二五"头两年总增长 27.59%, 年均增长
12.96%,"十二五"以来年均增速比"十一五"年均增速高 3.04 个百分点。

---

* 黄海涛, 云南省社会科学院研究实习员, 主要从事民族文化、中国史研究。

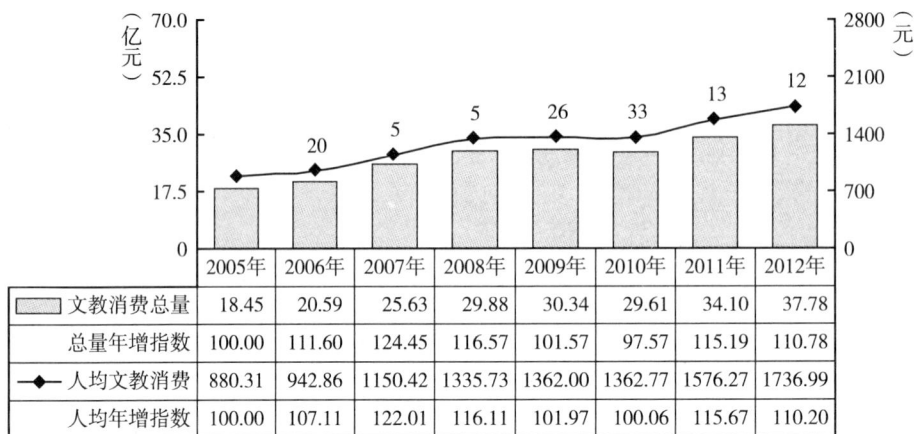

	2005年	2006年	2007年	2008年	2009年	2010年	2011年	2012年
文教消费总量	18.45	20.59	25.63	29.88	30.34	29.61	34.10	37.78
总量年增指数	100.00	111.60	124.45	116.57	101.57	97.57	115.19	110.78
人均文教消费	880.31	942.86	1150.42	1335.73	1362.00	1362.77	1576.27	1736.99
人均年增指数	100.00	107.11	122.01	116.11	101.97	100.06	115.67	110.20

图1 南昌市文教消费总量和人均值增长态势

注：左轴为文教消费总量；右轴为人均文教消费，附年度增长指数（上年＝100，小于100为负增长）。标明历年增长中心城市排序，起点年度不计。

同期，南昌市文教消费人均值由880.31元增高为1736.99元，增加856.68元，总增长97.32%，年均增长率10.20%。其中，"十一五"期间总增长54.81%，年均增长9.13%；"十二五"头两年总增长27.46%，年均增长12.90%，"十二五"以来年均增速比"十一五"年均增速高3.77个百分点。

后续各图表将逐步展示南昌市相关背景各方面历年增长数据。在此，把各项绝对值转换为以上一年数值为100的年度增长百分指数，形成2005年以来南昌市人均产值和人均收入、人均消费（分为人均非文消费与人均文教消费）、人均积蓄增长态势（见图2）。

在南昌市人均产值、人均收入、人均非文消费、人均文教消费和人均积蓄的年度增长指数中，选取三对具有特定相关关系的数据项：图中标号（1）柱形系人均产值历年增长指数，（2）带菱形曲线系人均收入历年增长指数，二者相关系数为0.3495，即历年增长保持34.95%同步。图中标号（2）系人均收入历年增长指数，（3）带方形曲线系人均非文消费历年增长指数，二者相关系数为0.8635，即历年增长保持86.35%同步。图中标号（4）带三角形曲线系人均文教消费历年增长指数，（5）带叉形曲线系人均积蓄历年增长指数，二者相关系数为－0.3604，负相关程度较低，但分时间段深入考察，2006～2010年为－0.6927，

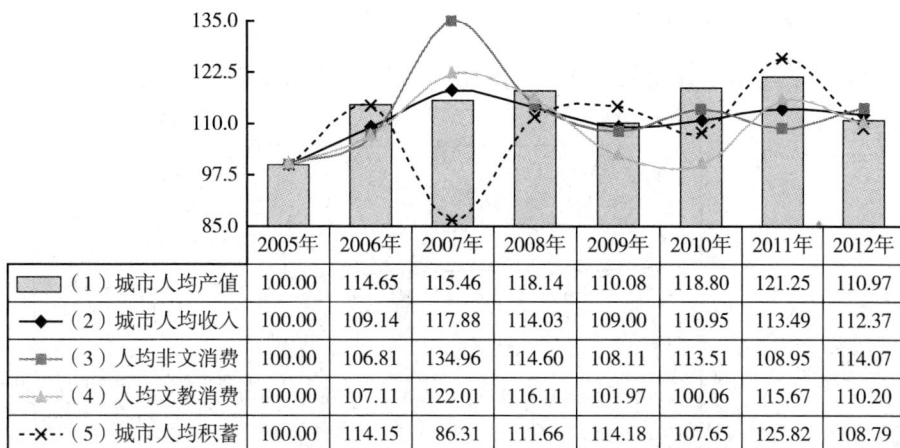

	2005年	2006年	2007年	2008年	2009年	2010年	2011年	2012年
（1）城市人均产值	100.00	114.65	115.46	118.14	110.08	118.80	121.25	110.97
（2）城市人均收入	100.00	109.14	117.88	114.03	109.00	110.95	113.49	112.37
（3）人均非文消费	100.00	106.81	134.96	114.60	108.11	113.51	108.95	114.07
（4）人均文教消费	100.00	107.11	122.01	116.11	101.97	100.06	115.67	110.20
（5）城市人均积蓄	100.00	114.15	86.31	111.66	114.18	107.65	125.82	108.79

图 2　南昌人均产值和人均收入、人均消费、人均积蓄增长态势

注：年度增长指数（产值为柱形，其余为曲线），上年 = 100，小于 100 为负增长；2006 ~ 2012 年增长相关系数（2005 年为起点不计）为（1）与（2）0.3495；（2）与（3）0.8635；（4）与（5）– 0.3604。其间，2006 ~ 2010 年为 – 0.6927，2006 ~ 2009 年为 – 0.8091，2007 ~ 2010 年为 – 0.6941，文教消费需求的"积蓄增长负相关效应"明显成立。

2006 ~ 2009 年为 – 0.8091，2007 ~ 2010 年为 – 0.6941，构成较明显的反向互动关系。

就南昌市人均积蓄与人均文化消费二者历年增长幅度变化的相关性而言，不妨简单理解为，前者每上升 1%，后者在 2006 ~ 2010 年下降 0.69%，2006 ~ 2009 年下降 0.81%，2007 ~ 2010 年下降 0.69%。对比南昌市人均积蓄与人均文教消费两条年度增长曲线，大体呈现为横向镜面对应或俗称"水中倒影"的负相关关系。其中，2007 年人均积蓄年度增长跌入低谷，呈现为负增长，与之对应的是人均文教消费年度增长出现高峰；2009 ~ 2011 年人均积蓄年度增长形成高峰，与之对应的是人均文教消费年度增长陷入低谷。南昌市居民文教消费的"积蓄增长负相关效应"明显。

二　城市文教消费需求背景的增长协调性分析

（一）民生基础系数检测

2005 年以来南昌市人均产值、人均收入、收入与产值比、省域收入城乡比变动态势见图3，其中将人均收入、人均产值转换为面积比例，二者历年之比形成民生基础系数变动曲线，同时附有所在省域收入城乡比变动曲线。

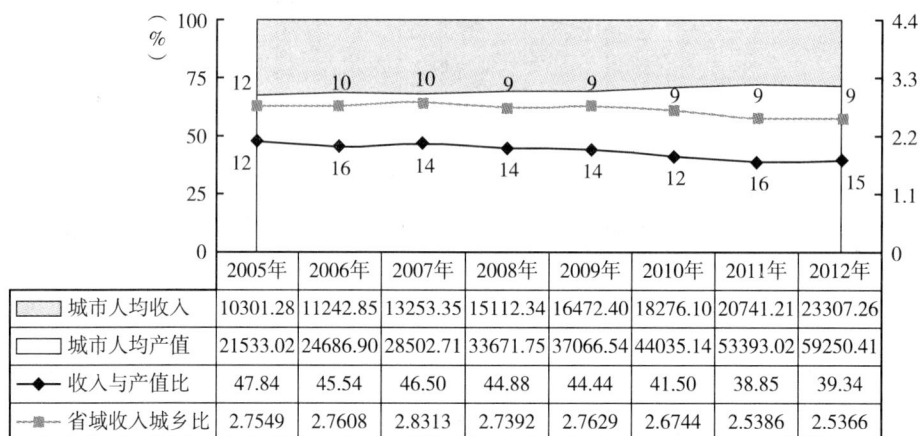

	2005年	2006年	2007年	2008年	2009年	2010年	2011年	2012年
城市人均收入	10301.28	11242.85	13253.35	15112.34	16472.40	18276.10	20741.21	23307.26
城市人均产值	21533.02	24686.90	28502.71	33671.75	37066.54	44035.14	53393.02	59250.41
收入与产值比	47.84	45.54	46.50	44.88	44.44	41.50	38.85	39.34
省域收入城乡比	2.7549	2.7608	2.8313	2.7392	2.7629	2.6744	2.5386	2.5366

图3　南昌市人均收入、人均产值、收入与产值比、省域收入城乡比变动态势

注：左轴面积为人均产值、人均收入（元转换为%），二者历年变动呈直观比例；左轴曲线为收入与产值比；右轴曲线为省域收入城乡比（乡村=1）。标明历年中心城市排序。

2005～2012年，南昌市居民人均收入年均增长12.37%，人均产值年均增长15.56%，比人均收入增速高出3.19个百分点。7年间，南昌市居民人均收入与人均产值比值的最高（最佳）值为2005年的47.84%，最低值为2011年的38.85%。逐年考察，除了2007年、2012年出现上升以外，南昌市此项比值逐步下降，由2005年的47.84%降低至2012年的39.34%，比值处于36个中心城市的第15位。民生基础系数呈现降低趋势，意味着在经济增长的同时，"人民共享发展成果"程度逐渐降低。

2000～2012年，南昌市所在省乡村人均收入年均增长11.44%，城镇人均收入年均增长11.99%，比乡村增速高出0.55个百分点。城乡综合演算，2012年省域人均收入为13436.64元。12年间，南昌市所在省域人均收入城乡比的最小（最佳）值为2000年的2.3901，最大值为2007年的2.8313。逐年考察，除了2004年、2008年、2010～2012年出现下降以外，所在省域此项城乡比逐步上升，由2000年的2.3901提高至2012年的2.5366，处于31个省域的第9位。收入的城乡差距呈现扩大趋势，意味着在民生基础层面城乡之间

"共享发展成果"的程度有所降低。

如果南昌市民生基础系数能够保持 2005 年最佳水平，能够带动所在省域民生基础层面的城乡差距保持 2000 年最低程度，并实现城乡无差距理想状态，那么在"国民收入分配"演算和城乡综合演算当中，南昌市及其所在省域人均收入应有很大提高，这样随后逐步推演的一切测算值都会发生变化。

（二）民生消费系数检测

2005 年以来南昌市人均收入、人均非文消费、非文占收入比、省域非文城乡比变动态势见图 4，其中将人均非文消费、人均收入转换为面积比例，二者历年之比形成民生消费系数变动曲线，同时附有所在省域非文消费城乡比变动曲线。

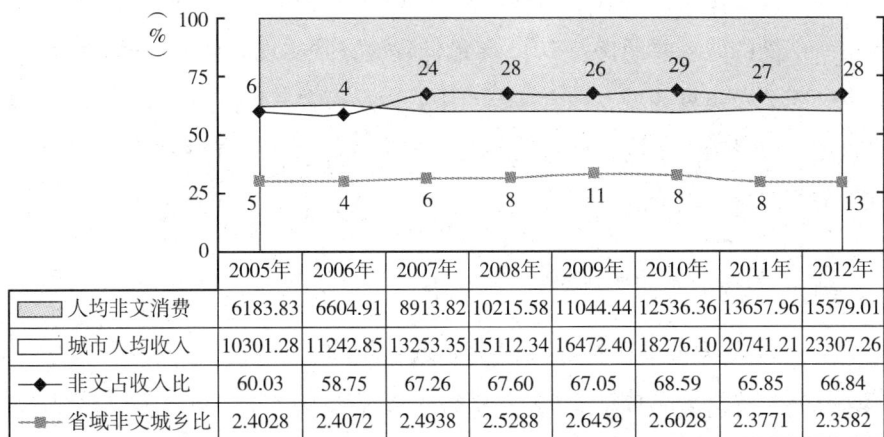

	2005年	2006年	2007年	2008年	2009年	2010年	2011年	2012年
人均非文消费	6183.83	6604.91	8913.82	10215.58	11044.44	12536.36	13657.96	15579.01
城市人均收入	10301.28	11242.85	13253.35	15112.34	16472.40	18276.10	20741.21	23307.26
非文占收入比	60.03	58.75	67.26	67.60	67.05	68.59	65.85	66.84
省域非文城乡比	2.4028	2.4072	2.4938	2.5288	2.6459	2.6028	2.3771	2.3582

图 4　南昌市人均非文消费、人均收入、非文占收入比、省域非文城乡比变动态势

注：左轴面积为人均收入、人均非文消费（元转换为%），二者历年变化呈直观比例；左轴曲线为非文占收入比；右轴曲线为省域非文城乡比（乡村 =1）。标明历年中心城市排序。

2005 ~ 2012 年，南昌市居民人均非文消费年均增长 14.11%，人均收入年均增长 12.37%，比人均非文消费增速低了 1.74 个百分点。7 年间，南昌市居民人均非文消费占人均收入比重的最低（最佳）值为 2006 年的 58.75%，最高值为 2010 年的 68.59%。逐年考察，除了 2006 年、2009 年、2011 年出现下降以外，南昌市此项比值逐步上升，由 2005 年的 60.03% 提高至 2012 年的 66.84%，比值处于 36 个中心城市的第 28 位。民生消费系数呈现增高趋势，亦即必需消费之外的余钱占收入比重减低，意味着从"基本小康"到"全面小康"建设的民生效应尚未得以显现。

2000~2012年，南昌市所在省域乡村人均非文消费年均增长10.41%，城镇人均非文消费年均增长11.04%，比乡村增速高出0.63个百分点。城乡综合演算，2012年省域人均非文消费为7816.94元。12年间，南昌市所在省域人均非文消费城乡比的最小（最佳）值为2000年的2.2023，最大值为2009年的2.6459。逐年考察，除了2004~2005年、2010~2012年出现下降以外，所在省域此项城乡比逐步上升，由2000年的2.2023提高至2012年的2.3582，城乡比数值处于31个省域的第13位。必需非文消费的城乡差距呈现扩大趋势，意味着在民生消费层面城乡之间"共享发展成果"的程度有所降低。

如果南昌市民生消费系数能够保持2006年最佳水平，能够带动所在省域民生消费层面的城乡差距保持2012年最低程度，并实现城乡无差距理想状态，那么在必需消费演算和城乡综合演算当中，南昌市及其所在省域人均非文消费占收入比重应有较大不同，反转则是人均非文消费剩余应有很大增多，这样随后推演的相关数值也会发生变化。

（三）文化需求系数检测

2005年以来南昌市人均非文消费剩余、人均文教消费、文教与非余比、省域文教城乡比变动态势见图5，其中将人均文教消费、人均非文消费剩余转换为面积比例，二者历年之比形成文化需求系数变动曲线，同时附有所在省域文教消费城乡比变动曲线。

2005~2012年，南昌市居民人均文教消费年均增长10.20%，人均非文消费剩余年均增长9.41%，比人均文教消费增速低了0.79个百分点。7年间，南昌市居民人均文教消费与人均非文消费剩余比值的最低值为2006年的20.33%，最高（最佳）值为2008年的27.28%。逐年考察，除了2006年、2009~2011年出现下降以外，南昌市此项比值逐步上升，由2005年的21.38%提高至2012年的22.48%，比值处于36个中心城市的第17位。文化需求系数呈现增高趋势，意味着非必需的文教消费需求增长受"积蓄增长负相关效应"反向牵制的影响有所减弱。

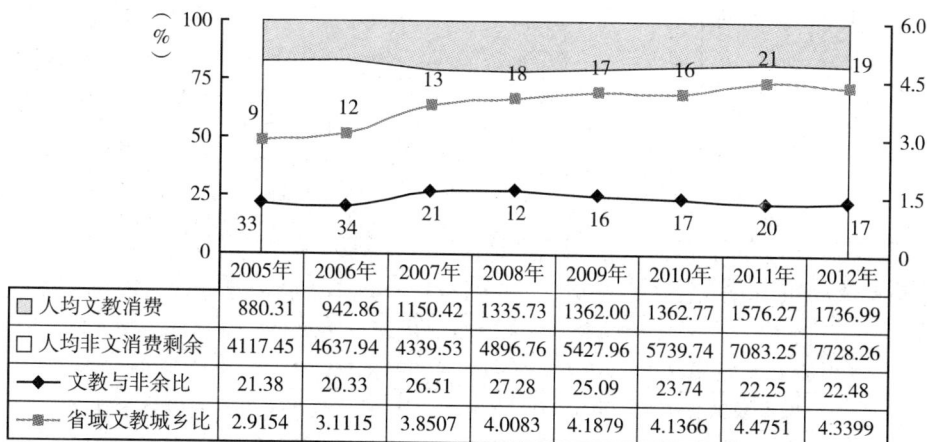

	2005年	2006年	2007年	2008年	2009年	2010年	2011年	2012年
□ 人均文教消费	880.31	942.86	1150.42	1335.73	1362.00	1362.77	1576.27	1736.99
□ 人均非文消费剩余	4117.45	4637.94	4339.53	4896.76	5427.96	5739.74	7083.25	7728.26
◆ 文教与非余比	21.38	20.33	26.51	27.28	25.09	23.74	22.25	22.48
━ 省域文教城乡比	2.9154	3.1115	3.8507	4.0083	4.1879	4.1366	4.4751	4.3399

图 5　南昌市人均文教消费、非文消费剩余、文教与非余比、省域城乡比变动态势

注：左轴面积为人均非文消费剩余、人均文教消费（元转换为%），二者历年变化呈直观比例；左轴曲线为文教与非余比；右轴曲线为省域文教城乡比（乡村 = 1）。标明历年中心城市排序。

2000 ~ 2012 年，南昌市所在省域乡村人均文教消费年均增长 5.31%，城镇人均文教消费年均增长 11.30%，比乡村增速高出 5.99 个百分点。城乡综合演算，2012 年省域人均文教消费为 876.16 元。12 年间，南昌市所在省域人均文教消费城乡比的最小（最佳）值为 2000 年的 2.2347，最大值为 2011 年的 4.4751。逐年考察，除了 2003 年、2005 年、2010 年、2012 年出现下降以外，所在省域此项城乡比逐步上升，由 2000 年的 2.2347 提高至 2012 年的 4.3399，处于 31 个省域的第 19 位。文教消费需求的城乡差距呈现扩大趋势，意味着在文化需求层面城乡之间"共享发展成果"的程度有所降低。

如果南昌市文化需求系数能够保持 2008 年最佳水平，能够带动所在省域文化需求层面的城乡差距保持 2000 年最低程度，并实现城乡无差距理想状态，那么在非必需文教消费占余钱比重演算和城乡综合演算当中，南昌市及其所在省域人均文教消费应有很大增长。

三　文教消费增长目标暨文化产业发展空间测算

2012 ~ 2020 年南昌市辖区及所在省域人均文教消费需求增长测算见图 6，其中提供了文化产业供需协调增长目标的 7 类测算结果。

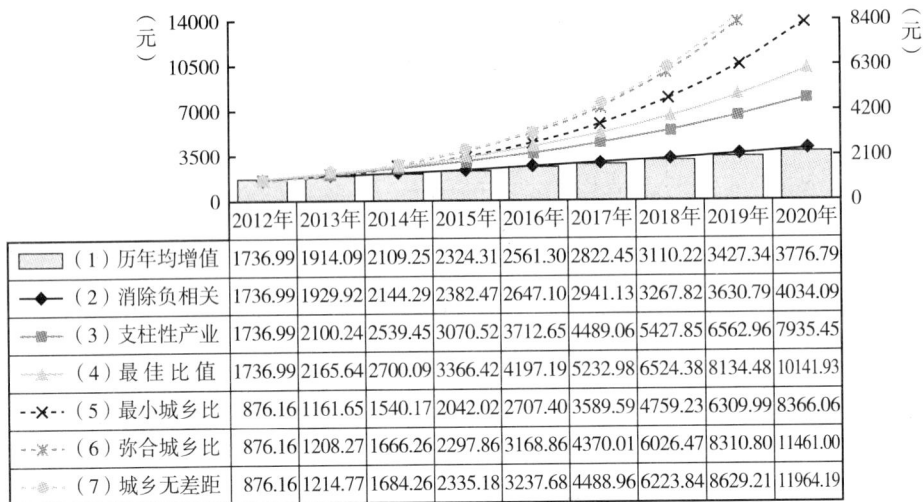

	2012年	2013年	2014年	2015年	2016年	2017年	2018年	2019年	2020年
（1）历年均增值	1736.99	1914.09	2109.25	2324.31	2561.30	2822.45	3110.22	3427.34	3776.79
（2）消除负相关	1736.99	1929.92	2144.29	2382.47	2647.10	2941.13	3267.82	3630.79	4034.09
（3）支柱性产业	1736.99	2100.24	2539.45	3070.52	3712.65	4489.06	5427.85	6562.96	7935.45
（4）最佳比值	1736.99	2165.64	2700.09	3366.42	4197.19	5232.98	6524.38	8134.48	10141.93
（5）最小城乡比	876.16	1161.65	1540.17	2042.02	2707.40	3589.59	4759.23	6309.99	8366.06
（6）弥合城乡比	876.16	1208.27	1666.26	2297.86	3168.86	4370.01	6026.47	8310.80	11461.00
（7）城乡无差距	876.16	1214.77	1684.26	2335.18	3237.68	4488.96	6223.84	8629.21	11964.19

图6 南昌市及所在省域人均文教消费需求增长测算

注：左轴（1）～（4）为城市辖区测算，2012～2020年各方面增长按2005～2012年实际年均增速推算；右轴（5）～（7）为所在省域测算，2012～2020年各方面增长按2000～2012年实际年均增速推算。文教与产值比，城市2012年实值为2.93%，省域2012年实值为3.04%；2020年测算值为（1）2.00%，（2）2.14%，（3）4.21%，（4）5.38%，（5）8.86%，（6）12.14%，（7）12.67%。2012～2020年人均文教消费年均增长为（1）10.20%（2005～2012年实值，以下为测算值）；（2）11.11%，（3）20.91%，（4）24.68%，（5）32.58%，（6）37.90%，（7）38.65%。若产值按年均增长7%推算，则2020年文教与产值比测算值（增量、增幅不变）为（1）3.71%；（2）3.96%。2020年人均文教消费（与产值比不变）为（3）4288.03元，年增11.96%；（4）5480.32元，年增15.45%；（5）4384.13元，年增22.30%；（6）6006.00元，年增27.20%；（7）6269.69元，年增27.89%。

（1）历年均增值测算：以城乡文教消费既往年度年均增长率测算增长目标，可以得出统计概率最高的或然增长结果。如果2012～2020年南昌市文教消费增长保持2005～2012年平均增长率10.20%（城市间实际增长第12位），那么到2020年文教消费将达到3776.79元。在相关各方面增长均依此推算的情况下，由于文教消费与产值之比在2005～2012年呈现下降态势，至2020年文教消费增长与产值增长测算值之比将继续降低至2.00%。

（2）消除负相关测算：以城乡文化需求系数既往年度历年最佳比值测算增长目标，即假设积蓄增长与文教消费增长之间排除负相关关系，必需消费之外余钱增长与精神文化消费需求增长实现同步。如果到2020年南昌市此项比值实现2005～2012年最佳状态，那么城市人均文教消费应达到4034.09元，与产值增长测算值之比将上升至 2.14%，年均增长率需达到 11.11%，为以往实际年均增长率的 1.09 倍（城市间目标距离第 4 位）。

（3）支柱性产业测算：摒弃单纯的"文化 GDP 追逐"，通过文教消费需求增长空间反推，以文化生产满足文化需求的终极目的定位测算增长目标，即假设文教消费需求增长切实推动文化生产发展，实现文化产业供需协调增长，达到支柱性产业所需占产值的比重。各城市文教消费需求增长支撑文化产业成为支柱性产业的测算值各有不同，南昌市测算值为 4.21%。据此反推，到 2020 年南昌市人均文教消费应达到 7935.45 元，年均增长率需达到 20.91%，为以往实际年均增长率的 2.05 倍（城市间目标距离第 12 位）。

（4）最佳比值测算：以城乡民生基础系数、民生消费系数、文化需求系数三项比值既往年度历年最佳值测算增长目标，即假设相关各方面的增长协调性"回复"曾有的三项比例关系最佳值。如果到 2020 年南昌市三项比值同步实现 2005~2012 年最佳状态，那么城市人均文教消费应达到 10141.93 元，与产值增长测算值之比将上升至 5.38%，年均增长率需达到 24.68%，为以往实际年均增长率的 2.42 倍（城市间目标距离第 12 位）。

（5）最小城乡比测算：在三项最佳比值测算基础上，以人均文教消费城乡比既往年度历年最小值测算增长目标，即假设"回复"原有的文教消费城乡比最小状态，作为缩小以至于消除城乡差距的基础。如果到 2020 年南昌市带动所在省域同时实现 2000~2012 年三项最佳比值和文教消费最小城乡比，那么人均文教消费应达到 8366.06 元，与产值增长测算值之比将上升至 8.86%，年均增长率需达到 32.58%，为南昌市以往实际年均增长率的 3.19 倍（省域间目标距离第 14 位）。

（6）弥合城乡比测算：同样在三项最佳比值测算基础上，以人均文教消费城乡比的无差距理想值测算增长目标，即假设文化需求层面的城乡差距得以消除，据此演算校正数值。如果到 2020 年南昌市带动所在省域同时实现 2000~2012 年三项最佳比值和乡村人均文教消费绝对值与城镇水平持平，那么人均文教消费应达到 11461.00 元，与产值增长测算值之比将上升至 12.14%，年均增长率需达到 37.90%，为南昌市以往实际年均增长率的 3.72 倍（省域间目标距离第 15 位）。

（7）城乡无差距测算：在民生基础层面、民生消费层面、文化需求层面三项城乡比的无差距理想状态下实现既往年度历年最佳比值测算增长目标，即假设此三个层面的乡村人均值加速增长并与城镇水平持平，统一取城镇标准三项比例关系最佳值进行演算。如果到 2020 年南昌市带动所在省域在此三个层面消除城乡差距，实现按城镇标准衡量的 2000～2012 年三项最佳比值，那么人均文教消费应达到 11964.19 元，与产值增长测算值之比将上升至 12.67%，年均增长率需达到 38.65%，为南昌市以往实际年均增长率的 3.79 倍（省域间目标距离第 12 位）。

如果按照国家"十二五"规划转变发展方式的要求，在"十二五"期间把南昌市产值年均增长率控制在 7%，并一直延续至 2020 年，那么（1）历年均增值、（2）消除负相关两类增长测算的绝对值不变，其与产值之比将分别增高至 3.71% 和 3.96%；因其余各类测算与产值增长演算直接相关，增长测算的绝对值相应减小，其所需年均增长幅度（目标差距）将分别降低至 11.96%、15.45%、22.30%、27.20%、27.89%（详见图 6 注），更加容易实现。

上海：最佳比值增长目标测算第6位

秦瑞婧*

摘　要：

上海市文教消费增长目标暨文化产业发展空间测评：2005～2012年中心城市实际增长排名，历年均增值为第17位；2012～2020年中心城市目标距离排名，消除负相关测算为第14位，最佳比值测算为第6位，支柱性产业测算为第9位；全域最小城乡比测算为第7位，弥合城乡比测算为第7位，城乡无差距测算为第4位。

关键词：

上海市文化产业　扩大文教消费　需求与共享　增长目标

本文展开2005～2012年上海市（市辖区）居民文教消费相关状态综合分析，对全域城乡差距状况的检测则取2000～2012年相应数据。

一　城市文教消费需求及相关方面增长态势

2005年以来上海市文教消费总量和人均值增长态势见图1。

2005～2012年，上海市文教消费总量由293.10亿元增高为552.46亿元，增加259.36亿元，总增长88.49%，年均增长率9.48%。其中，"十一五"期间总增长53.48%，年均增长8.95%；"十二五"头两年总增长22.81%，年均增长10.82%，"十二五"以来年均增速比"十一五"年均增速高1.87个百分点。

---

* 秦瑞婧，云南省社会科学院研究实习员，主要从事中国传统文化相关研究。

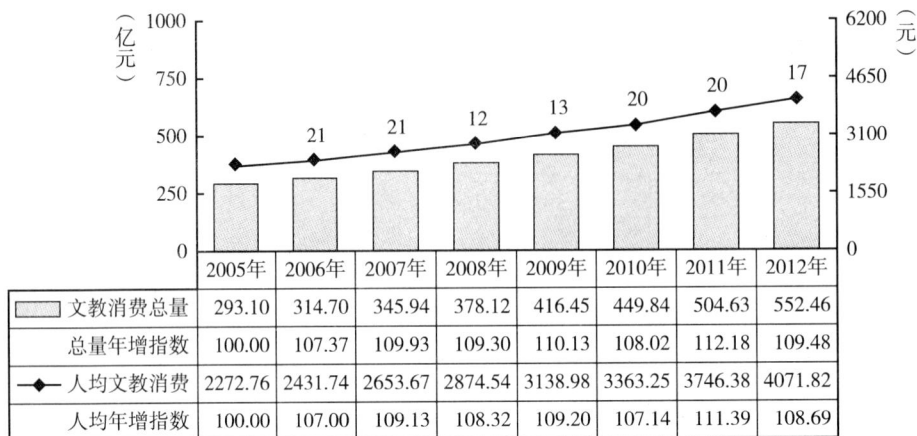

图1　上海市文教消费总量和人均值增长态势

	2005年	2006年	2007年	2008年	2009年	2010年	2011年	2012年
文教消费总量	293.10	314.70	345.94	378.12	416.45	449.84	504.63	552.46
总量年增指数	100.00	107.37	109.93	109.30	110.13	108.02	112.18	109.48
人均文教消费	2272.76	2431.74	2653.67	2874.54	3138.98	3363.25	3746.38	4071.82
人均年增指数	100.00	107.00	109.13	108.32	109.20	107.14	111.39	108.69

注：左轴为文教消费总量；右轴为人均文教消费，附年度增长指数（上年＝100）。标明历年增长中心城市排序，起点年度不计。

同期，上海市文教消费人均值由 2272.76 元增高为 4071.82 元，增加 1799.06 元，总增长 79.16%，年均增长率 8.69%。其中，"十一五"期间总增长 47.98%，年均增长 8.15%；"十二五"头两年总增长 21.07%，年均增长 10.03%，"十二五"以来年均增速比"十一五"年均增速高 1.88 个百分点。

后续各图表将逐步展示上海市相关背景各方面历年增长数据。在此，把各项绝对值转换为以上一年数值为 100 的年度增长百分指数，形成 2005 年以来上海市人均产值和人均收入、人均消费（分为人均非文消费与人均文教消费）、人均积蓄增长态势（见图2）。

在上海市人均产值、人均收入、人均非文消费、人均文教消费和人均积蓄的年度增长指数中，选取三对具有特定相关关系的数据项：图中标号（1）柱形系人均产值历年增长指数，（2）系带菱形曲线系人均收入历年增长指数，二者相关系数为 0.3783，即历年增长保持 37.83% 同步。图中标号（2）系人均收入历年增长指数，（3）带方形曲线系人均非文消费历年增长指数，二者相关系数为 0.5580，即历年增长保持 55.80% 同步。图中标号（4）带三角形曲线系人均文教消费历年增长指数，（5）带叉形曲线系人均积蓄历年增长指数，二者相关系数为 0.4057，形成一带的正相关增长互动关系，但分时间段

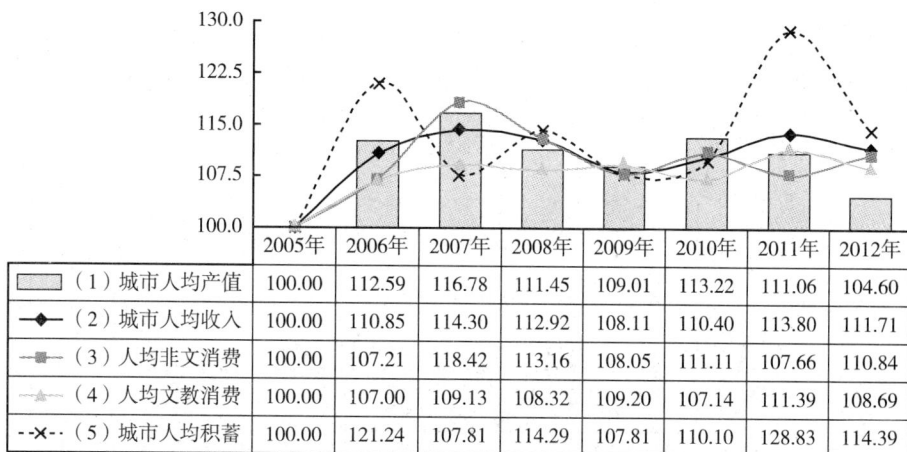

	2005年	2006年	2007年	2008年	2009年	2010年	2011年	2012年
（1）城市人均产值	100.00	112.59	116.78	111.45	109.01	113.22	111.06	104.60
（2）城市人均收入	100.00	110.85	114.30	112.92	108.11	110.40	113.80	111.71
（3）人均非文消费	100.00	107.21	118.42	113.16	108.05	111.11	107.66	110.84
（4）人均文教消费	100.00	107.00	109.13	108.32	109.20	107.14	111.39	108.69
（5）城市人均积蓄	100.00	121.24	107.81	114.29	107.81	110.10	128.83	114.39

图2　上海人均产值和人均收入、人均消费、人均积蓄增长态势

注：年度增长指数（产值为柱形，其余为曲线），上年 = 100；2006～2012 年增长相关系数（2005 年为起点不计）为（1）与（2）0.3783；（2）与（3）0.5580；（4）与（5）0.4057。其间，2006～2010 年为 - 0.7054，2006～2009 年为 - 0.9946，文教消费需求的"积蓄增长负相关效应"显著。

深入考察，2006～2010 年为 - 0.7054，2006～2009 年为 - 0.9946，构成很明显的负相关增长反向互动关系。

就上海市人均积蓄与人均文化消费二者历年增长幅度变化的相关性而言，不妨简单理解为，前者每上升 1%，后者在 2006～2010 年下降 0.71%，2006～2009 年下降 0.99%。对比上海市人均积蓄与人均文教消费两条年度增长曲线，2006～2010 年间大体呈现似"水中倒影"的负相关关系。其中，2006 年人均积蓄年度增长形成高峰，与之对应的是人均文教消费年度增长处在低谷；2007年、2009 年人均积蓄年度增长跌入低谷，与之对应的是人均文教消费年度增长处于高位。上海市居民文教消费的"积蓄增长负相关效应"显著。

二　城市文教消费需求背景的增长协调性分析

（一）民生基础系数检测

2005 年以来上海市人均产值、人均收入、收入与产值比、全域收入城

331

乡比变动态势见图3，其中将人均收入、人均产值转换为面积比例，二者历年之比形成民生基础系数变动曲线，同时附有全域收入城乡比变动曲线。

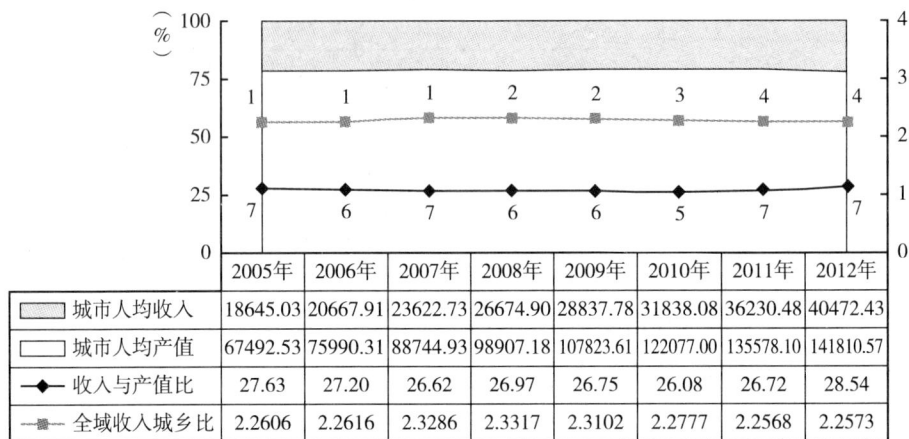

	2005年	2006年	2007年	2008年	2009年	2010年	2011年	2012年
城市人均收入	18645.03	20667.91	23622.73	26674.90	28837.78	31838.08	36230.48	40472.43
城市人均产值	67492.53	75990.31	88744.93	98907.18	107823.61	122077.00	135578.10	141810.57
收入与产值比	27.63	27.20	26.62	26.97	26.75	26.08	26.72	28.54
全域收入城乡比	2.2606	2.2616	2.3286	2.3317	2.3102	2.2777	2.2568	2.2573

图3 上海市人均收入、人均产值、收入与产值比、全域收入城乡比变动态势

注：左轴面积为人均产值、人均收入（元转换为%），二者历年变动呈直观比例；左轴曲线为收入与产值比；右轴曲线为全域收入城乡比（乡村=1）。标明历年中心城市排序。

2005~2012年，上海市居民人均收入年均增长11.71%，人均产值年均增长11.19%，比人均收入增速低了0.52个百分点。7年间，上海市居民人均收入与人均产值之比的最低值为2010年的26.08%，最高（最佳）值为2012年的28.54%。逐年考察，除了2006~2007年、2009~2010年出现下降以外，上海市此项比值逐步上升，由2005年的27.63%提高至2012年的28.54%，比值处于36个中心城市的第7位。民生基础系数呈现增高趋势，意味着在经济增长的同时，"人民共享发展成果"程度逐渐提高。

2000~2012年，上海市全域乡村人均收入年均增长10.12%，城镇民人均收入年均增长10.82%，比乡村增速高出0.70个百分点。城乡综合演算，2012年省域人均收入为37793.15元。12年间，上海市全域人均收入城乡比的最小（最佳）值为2000年的2.0939，最大值为2004年的2.3609。逐年考察，除了2002年、2005年、2009~2011年出现下降以外，全域此项城乡比逐步上升，由2000年的2.0939提高至2012年的2.2573，处于31个省域的第4位。

收入的城乡差距呈现扩大趋势，意味着在民生基础层面城乡之间"共享发展成果"的程度有所降低。

如果上海市民生基础系数能够保持 2012 年最佳水平，能够带动全域民生基础层面的城乡差距保持 2000 年最低程度，并实现城乡无差距理想状态，那么在"国民收入分配"演算和城乡综合演算当中，上海市及其全域人均收入应有很大提高，这样随后逐步推演的一切测算值都会发生变化。

（二）民生消费系数检测

2005 年以来上海市人均收入、人均非文消费、非文占收入比、全域非文城乡比变动态势见图 4，其中将人均非文消费、人均收入转换为面积比例，二者历年之比形成民生消费系数变动曲线，同时附有全域非文城乡比变动曲线。

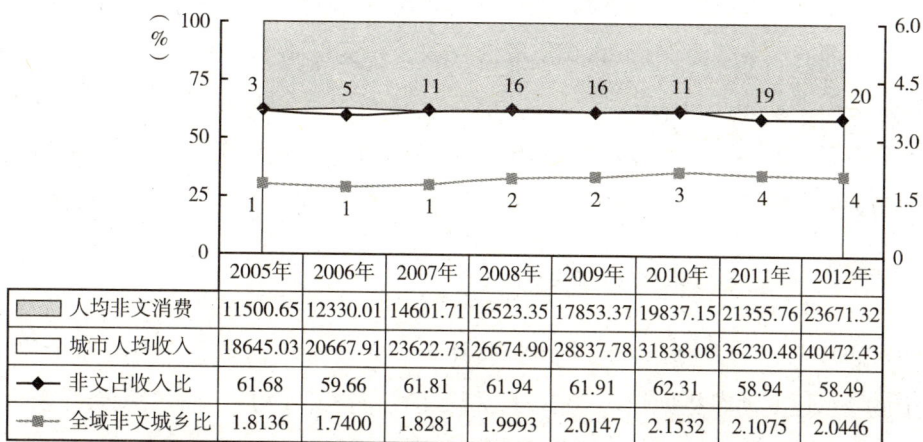

	2005年	2006年	2007年	2008年	2009年	2010年	2011年	2012年
人均非文消费	11500.65	12330.01	14601.71	16523.35	17853.37	19837.15	21355.76	23671.32
城市人均收入	18645.03	20667.91	23622.73	26674.90	28837.78	31838.08	36230.48	40472.43
非文占收入比	61.68	59.66	61.81	61.94	61.91	62.31	58.94	58.49
全域非文城乡比	1.8136	1.7400	1.8281	1.9993	2.0147	2.1532	2.1075	2.0446

图 4 上海市人均非文消费、人均收入、非文占收入比、全域城乡比变动态势

注：左轴面积为人均收入、人均非文消费（元转换为%），二者历年变化呈直观比例；左轴曲线为非文消费占收入比；右轴曲线为全域非文城乡比（乡村 =1）。标明历年中心城市排序。

2005 ~ 2012 年，上海市居民人均非文消费年均增长 10.86%，人均收入年均增长 11.71%，比人均非文消费增速高出 0.85 个百分点。7 年间，上海市居民人均非文消费占人均收入比重的最高值为 2010 年的 62.31%，最低（最佳）值为 2012 年的 58.49%。逐年考察，除了 2007 ~ 2008 年、2010 年出现上升以外，上海市此项比值逐步下降，由 2005 年的 61.68% 降低至 2012 年的 58.49%，处于 36 个中心城市的第 20 位。民生消费系数呈现降低趋势，亦即必需消费之外的余钱占收入比重增高，意味着从"基本小康"到"全面小康"建设的民生效应日益得以显现。

2000 ~ 2012 年，上海市全域乡村人均非文消费年均增长 9.83%，城镇人均非文消费年均增长 9.43%，比乡村增速低了 0.40 个百分点。城乡综合演算，2012 年省域人均非文消费为 21298.11 元。12 年间，上海市全域人均非文消费城乡比的最大值为 2010 年的 2.1532，最小（最佳）值为 2006 年的 1.7400。逐年考察，除了 2004 年、2007 ~ 2010 年出现上升以外，全域此项城乡比逐步下降，由 2000 年的 2.1351 降低至 2012 年的 2.0446，处于 31 个省域的第 4 位。必需非文消费的城乡差距呈现缩小趋势，意味着在民生消费层面城乡之间"共享发展成果"的程度有所提高。

如果上海市民生消费系数能够保持 2012 年最佳水平，能够带动全域民生消费层面的城乡差距保持 2006 年最低程度，并实现城乡无差距理想状态，那么在必需消费演算和城乡综合演算当中，上海市及其全域人均非文消费占收入比重应有较大不同，反转则是人均非文消费剩余应有很大增多，这样随后推演的相关数值也会发生变化。

（三）文化需求系数检测

2005 年以来上海市人均非文消费剩余、人均文教消费、文教与非余比、全域城乡比变动态势见图 5，其中将人均文教消费、人均非文消费剩余转换为面积比例，二者历年之比形成文化需求系数变动曲线，同时附有全域文教消费城乡比变动曲线。

2005 ~ 2012 年，上海市居民人均文教消费年均增长 8.69%，人均非文消费剩余年均增长 12.99%，比人均文教消费增速高出 4.30 个百分点。7 年间，上海市居民人均文教消费与人均非文消费剩余比值的最高（最佳）值为 2005 年的 31.81%，最低值为 2012 年的 24.24%。逐年考察，除了 2007 年、2009 年出现上升以外，上海市此项比值逐步下降，由 2005 年的 31.81% 降低至 2012 年的 24.24%，比值处于 36 个中心城市的第 12 位。文化需求系数呈现降

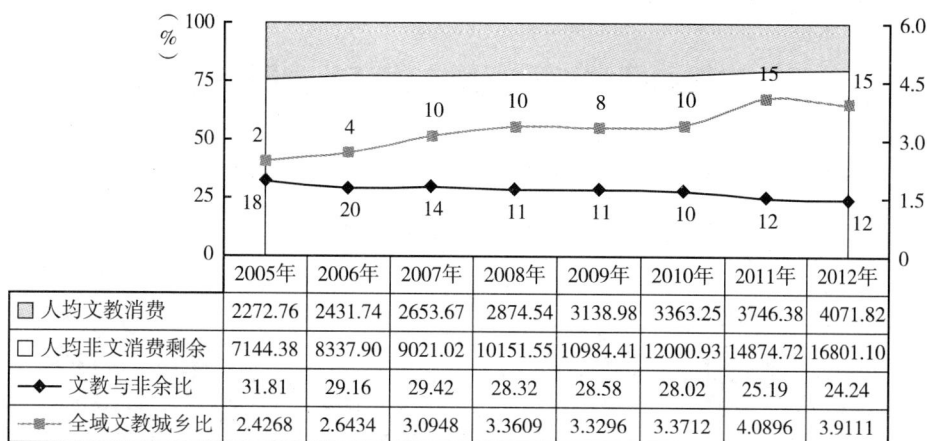

	2005年	2006年	2007年	2008年	2009年	2010年	2011年	2012年
□ 人均文教消费	2272.76	2431.74	2653.67	2874.54	3138.98	3363.25	3746.38	4071.82
□ 人均非文消费剩余	7144.38	8337.90	9021.02	10151.55	10984.41	12000.93	14874.72	16801.10
◆ 文教与非余比	31.81	29.16	29.42	28.32	28.58	28.02	25.19	24.24
■ 全域文教城乡比	2.4268	2.6434	3.0948	3.3609	3.3296	3.3712	4.0896	3.9111

**图5 上海市人均文教消费、人均非文消费剩余、文教与
非余比、全域城乡比变动态势**

注：左轴面积为人均非文消费剩余、人均文教消费（元转换为%），二者历年变化呈直观比例；左轴曲线为文教与非文消费剩余比；右轴曲线为全域文教城乡比（乡村＝1）。标明历年中心城市排序。

低趋势，意味着非必需的文教消费需求增长依然受到"积蓄增长负相关效应"的反向牵制。

2000~2012年，上海市全域乡村人均文教消费年均增长4.54%，城镇人均文教消费年均增长9.69%，比乡村增速高出5.15个百分点。城乡综合演算，2012年省域人均文教消费为3427.17元。12年间，上海市全域人均文教消费城乡比的最小（最佳）值为2001年的2.0212，最大值为2011年的4.0896。逐年考察，除了2001年、2005年、2009年、2012年出现下降以外，全域此项城乡比逐步上升，由2000年的2.1958提高至2012年的3.9111，处于31个省域的第15位。人均文教消费需求的城乡差距呈现扩大趋势，意味着在文化需求层面城乡之间"共享发展成果"的程度有所降低。

如果上海市文化需求系数能够保持2005年最佳水平，能够带动全域文化需求层面的城乡差距保持2001年最低程度，并实现城乡无差距理想状态，那么在非必需文教消费占余钱比重演算和城乡综合演算当中，上海市及其全域人均文教消费应有很大增长。

三 文教消费增长目标暨文化产业发展空间测算

2012～2020年上海市辖区及全域人均文教消费需求增长测算见图6，其中提供了文化产业供需协调增长目标的7类测算结果。

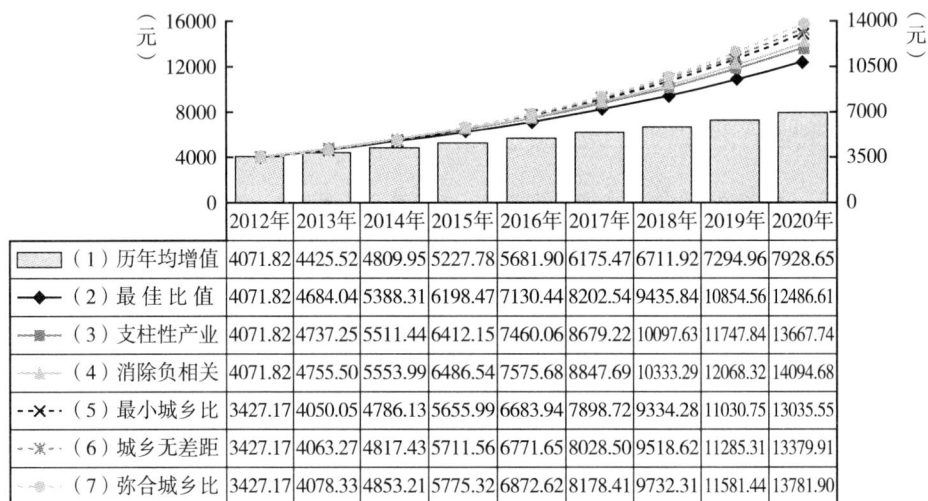

	2012年	2013年	2014年	2015年	2016年	2017年	2018年	2019年	2020年
（1）历年均增值	4071.82	4425.52	4809.95	5227.78	5681.90	6175.47	6711.92	7294.96	7928.65
（2）最佳比值	4071.82	4684.04	5388.31	6198.47	7130.44	8202.54	9435.84	10854.56	12486.61
（3）支柱性产业	4071.82	4737.25	5511.44	6412.15	7460.06	8679.22	10097.63	11747.84	13667.74
（4）消除负相关	4071.82	4755.50	5553.99	6486.54	7575.68	8847.69	10333.29	12068.32	14094.68
（5）最小城乡比	3427.17	4050.05	4786.13	5655.99	6683.94	7898.72	9334.28	11030.75	13035.55
（6）城乡无差距	3427.17	4063.27	4817.43	5711.56	6771.65	8028.50	9518.62	11285.31	13379.91
（7）弥合城乡比	3427.17	4078.33	4853.21	5775.32	6872.62	8178.41	9732.31	11581.44	13781.90

图6 上海市及全域人均文教消费需求增长测算

注：左轴（1）～（4）为城市辖区测算，2012～2020年各方面增长按2005～2012年实际年均增速推算；右轴（5）～（7）为全域测算，2012～2020年各方面增长按2000～2012年实际年均增速推算。文教与产值比，城市2012年实值为2.87%，省域2012年实值为4.01%；2020年测算值为（1）2.39%，（2）3.77%，（3）4.13%，（4）4.25%，（5）7.55%，（6）7.75%，（7）7.98%。2012～2020年人均文教消费年均增长为（1）8.69%（2005～2012年实值，以下为测算值）；（2）15.04%，（3）16.34%，（4）16.79%，（5）18.17%，（6）18.56%，（7）19.00%。若产值按年均增长7%推算，则2020年文教与产值比测算值（增量、增幅不变）：（1）3.25%；（4）5.78%。2020年人均文教消费（与产值比不变）为（2）9183.26元，年增10.70%；（3）10051.92元，年增11.96%；（5）11071.52元，年增15.79%；（6）11364.00元，年增16.16%；（7）11705.42元，年增16.60%。

（1）历年均增值测算：以城乡文教消费既往年度年均增长率测算增长目标，可以得出统计概率最高的或然增长结果。如果2012～2020年上海市文教消费增长保持2005～2012年平均增长率8.69%（城市间实际增长第17位），那么到2020年文教消费将达到7928.65元。在相关各方面增长均依此推算的情况下，由于文教消费与产值之比在2005～2012年呈现下降态势，至2020年文教消费增长与产值增长测算值之比将继续降低至2.39%。

（2）最佳比值测算：以城乡民生基础系数、民生消费系数、文化需求系数三项比值既往年度历年最佳值测算增长目标，即假设相关各方面的增长协调性"回复"曾有的三项比例关系最佳值。如果到2020年上海市三项比值同步实现2005～2012年最佳状态，那么城市人均文教消费应达到12486.61元，与产值增长测算值之比将上升至3.77%，年均增长率需达到15.04%，为以往实际年均增长率的1.73倍（城市间目标距离第6位）。

（3）支柱性产业测算：摒弃单纯的"文化GDP追逐"，通过文教消费需求增长空间反推，以文化生产满足文化需求的终极目的定位测算增长目标，即假设文教消费需求增长切实推动文化生产发展，实现文化产业供需协调增长，达到支柱性产业所需占产值的比重。各城市文教消费需求增长支撑文化产业成为支柱性产业的测算值各有不同，上海市测算值为4.13%。据此反推，到2020年上海市人均文教消费应达到13667.74元，年均增长率需达到16.34%，为以往实际年均增长率的1.88倍（城市间目标距离第9位）。

（4）消除负相关测算：以城乡文化需求系数既往年度历年最佳比值测算增长目标，即假设积蓄增长与文教消费增长之间排除负相关关系，必需消费之外余钱增长与精神文化消费需求增长实现同步。如果到2020年上海市此项比值实现2005～2012年最佳状态，那么城市人均文教消费应达到14094.68元，与产值增长测算值之比将上升至4.25%，年均增长率需达到16.79%，为以往实际年均增长率的1.93倍（城市间目标距离第14位）。由于上海市三项系数比值有的在2012年呈现向好发展态势，这一单项比值测算的目标距离反而大于三项比值测算。

（5）最小城乡比测算：在三项最佳比值测算基础上，以人均文教消费城乡比既往年度历年最小值测算增长目标，即假设"回复"原有的文教消费城乡比最小状态，作为缩小以至于消除城乡差距的基础。如果到2020年上海市带动全域同时实现2000～2012年三项最佳比值和文教消费最小城乡比，那么人均文教消费应达到13035.55元，与产值增长测算值之比将上升至7.55%，年均增长率需达到18.17%，为上海市以往实际年均增长率的2.09倍（省域间目标距离第 7 位)。

(6)城乡无差距测算：在民生基础层面、民生消费层面、文化需求层面三项城乡比的无差距理想状态下实现既往年度历年最佳比值测算增长目标，即假设此三个层面的乡村人均值加速增长并与城镇水平持平，统一取城镇标准三项比例关系最佳值进行演算。如果到 2020 年上海市带动全域在此三个层面消除城乡差距，实现按城镇标准衡量的 2000～2012 年三项最佳比值，那么人均文教消费应达到 13379.91 元，与产值增长测算值之比将上升至 7.75%，年均增长率需达到 18.56%，为上海市以往实际年均增长率的 2.14 倍(省域间目标距离第 4 位)。

(7)弥合城乡比测算：同样在三项最佳比值测算基础上，以人均文教消费城乡比的无差距理想值测算增长目标，即假设文化需求层面的城乡差距得以消除，据此演算校正数值。如果到 2020 年上海市带动全域同时实现 2000～2012 年三项最佳比值和乡村人均文教消费绝对值与城镇水平持平，那么人均文教消费应达到 13781.90 元，与产值增长测算值之比将上升至 7.98%，年均增长率需达到 19.00%，为上海市以往实际年均增长率的 2.19 倍(省域间目标距离第 7 位)。

如果按照国家"十二五"规划转变发展方式的要求，在"十二五"期间把上海市产值年均增长率控制在 7%，并一直延续至 2020 年，那么(1)历年均增值、(4)消除负相关两类增长测算的绝对值不变，其与产值之比将分别增高至 3.25% 和 5.78%；其余各类测算因与产值增长演算直接相关，增长测算的绝对值相应减小，其所需年均增长幅度(目标差距)将分别降低至 10.70%、11.96%、15.79%、16.16%、16.60%(详见图 6 注)，更加容易实现。

B.28
BLUE BOOK

武汉：消除负相关增长目标测算第 8 位

朱建平 *

摘 要：

武汉市文教消费增长目标暨文化产业发展空间测评：2005～2012 年中心城市实际增长排名，历年均增值为第 8 位；2012～2020 年中心城市目标距离排名，消除负相关测算为第 8 位，最佳比值测算为第 11 位，支柱性产业测算为第 10 位；所在省域最小城乡比测算为第 9 位，弥合城乡比测算为第 9 位，城乡无差距测算为第 9 位。

关键词：

武汉市文化产业　扩大文教消费　需求与共享　增长目标

本文展开 2005～2012 年武汉市（市辖区）居民文教消费相关状态综合分析，对所在省域城乡差距状况的检测则取 2000～2012 年相应数据。

一　城市文教消费需求及相关方面增长态势

2005 年以来武汉市文教消费总量和人均值增长态势见图 1。

2005～2012 年，武汉市文教消费总量由 81.05 亿元增高为 114.15 亿元，增加 33.10 亿元，总增长 40.84%，年均增长率 5.01%。其中，“十一五”期间总负增长 5.39%，年均负增长 1.10%；“十二五”头两年总增长 48.87%，年均增长 22.01%，“十二五”以来年均增速比“十一五”年均增速高 23.11 个百分点。

---

* 朱建平，云南民族大学民俗学在读硕士研究生，参与导师主持文化相关研究。

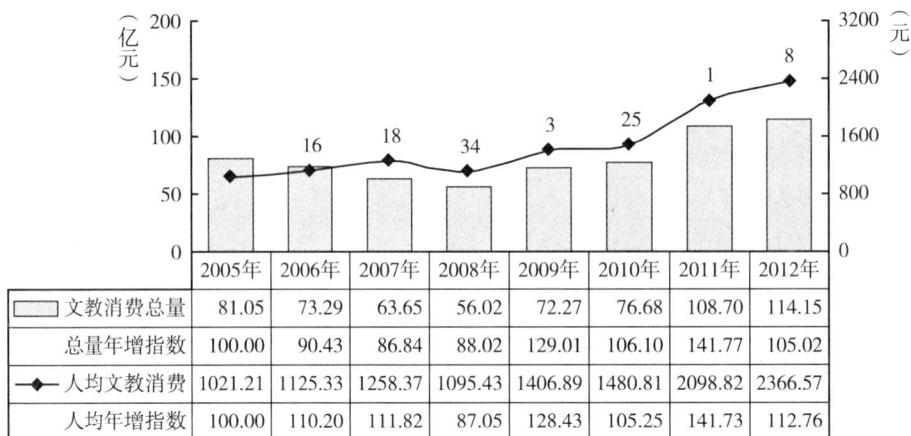

图1 武汉市文教消费总量和人均值增长态势

	2005年	2006年	2007年	2008年	2009年	2010年	2011年	2012年
文教消费总量	81.05	73.29	63.65	56.02	72.27	76.68	108.70	114.15
总量年增指数	100.00	90.43	86.84	88.02	129.01	106.10	141.77	105.02
人均文教消费	1021.21	1125.33	1258.37	1095.43	1406.89	1480.81	2098.82	2366.57
人均年增指数	100.00	110.20	111.82	87.05	128.43	105.25	141.73	112.76

注：左轴为文教消费总量；右轴为人均文教消费，附年度增长指数（上年 = 100，小于 100 为负增长）。标明历年增长中心城市排序，起点年度不计。

同期，武汉市文教消费人均值由 1021.21 元增高为 2366.57 元，增加 1345.36 元，总增长 131.74%，年均增长率 12.76%。其中，"十一五"期间总增长 45.01%，年均增长 7.72%；"十二五"头两年总增长 59.82%，年均增长 26.42%，"十二五"以来年均增速比"十一五"年均增速高 18.70 个百分点。

后续各图表将逐步展示武汉市相关背景各方面历年增长数据。在此，把各项绝对值转换为以上一年数值为 100 的年度增长百分指数，形成 2005 年以来武汉市人均产值和人均收入、人均消费（分为人均非文消费与人均文教消费）、人均积蓄增长态势（见图2）。

在武汉市人均产值、人均收入、人均非文消费、人均文教消费和人均积蓄的年度增长指数中，选取三对具有特定相关关系的数据项：图中标号（1）柱形系人均产值历年增长指数，（2）带菱形曲线系人均收入历年增长指数，二者相关系数为 0.5468，即历年增长保持 54.68% 同步。图中标号（2）系人均收入历年增长指数，（3）带方形曲线系人均非文消费历年增长指数，二者相关系数为 0.4235，即历年增长保持 42.35% 同步。图中标号（4）带三角形曲线系人均文教消费历年增长指数，（5）带叉形曲线系人均积蓄历年增长指数，二者相关系数为 -0.8758，负相关程度很高，分时间段继续考察，2007~2012 年为 -0.8758，

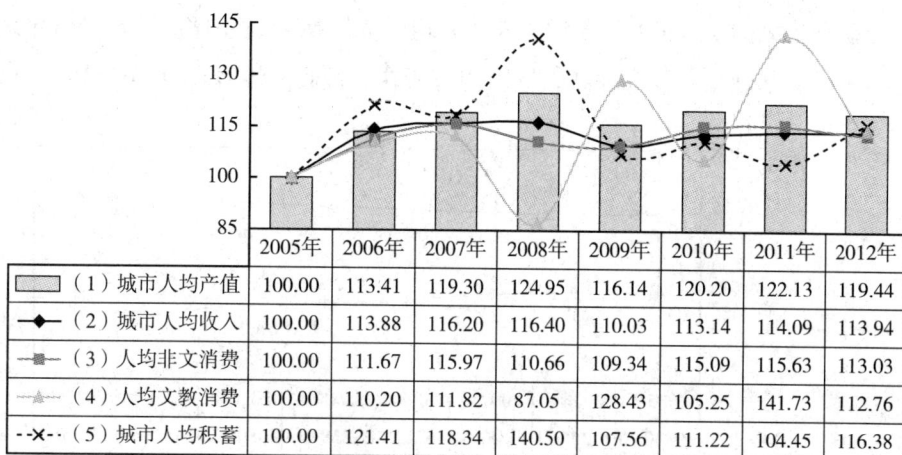

	2005年	2006年	2007年	2008年	2009年	2010年	2011年	2012年
（1）城市人均产值	100.00	113.41	119.30	124.95	116.14	120.20	122.13	119.44
（2）城市人均收入	100.00	113.88	116.20	116.40	110.03	113.14	114.09	113.94
（3）人均非文消费	100.00	111.67	115.97	110.66	109.34	115.09	115.63	113.03
（4）人均文教消费	100.00	110.20	111.82	87.05	128.43	105.25	141.73	112.76
（5）城市人均积蓄	100.00	121.41	118.34	140.50	107.56	111.22	104.45	116.38

图 2　武汉人均产值和人均收入、人均消费、人均积蓄增长态势

注：年度增长指数（产值为柱形，其余为曲线），上年 = 100，小于 100 为负增长；2006 ~ 2012 年增长相关系数（2005 年为起点不计）为（1）与（2）0.5468；（2）与（3）0.4235；（4）与（5）- 0.8758，其间，2007 ~ 2012 年为 - 0.8758，2008 ~ 2012 年为 - 0.8752，2009 ~ 2012 年为 - 0.8162，文教消费需求的"积蓄增长负相关效应"显著。

2008 ~ 2012 年为 - 0.8752，2009 ~ 2012 年为 - 0.8162，构成极显著的反向互动关系。

就武汉市人均积蓄与人均文化消费二者历年增长幅度变化的相关性而言，不妨简单理解为，前者每上升 1%，后者在 2006 ~ 2012 年下降 0.88%，2007 ~ 2012 年下降 0.88%，2008 ~ 2012 年下降 0.88%，2009 ~ 2012 年下降 0.82%。对比武汉市人均积蓄与人均文教消费两条年度增长曲线，明显呈现似"水中倒影"的负相关关系。其中，2008 年人均积蓄年度增长形成高峰，与之对应的是人均文教消费年度增长陷入低谷，甚至为负增长；2009 年、2011 年人均积蓄年度增长跌入低谷，与之对应的是人均文教消费年度增长出现高峰。武汉市居民文教消费的"积蓄增长负相关效应"显著。

二　城市文教消费需求背景的增长协调性分析

（一）民生基础系数检测

2005 年以来武汉市人均产值、人均收入、收入与产值比、省域收入城乡比变动态势见图3，其中将人均收入、人均产值转换为面积比例，二者历年之比形成民生基础系数变动曲线，同时附有所在省域收入城乡比变动曲线。

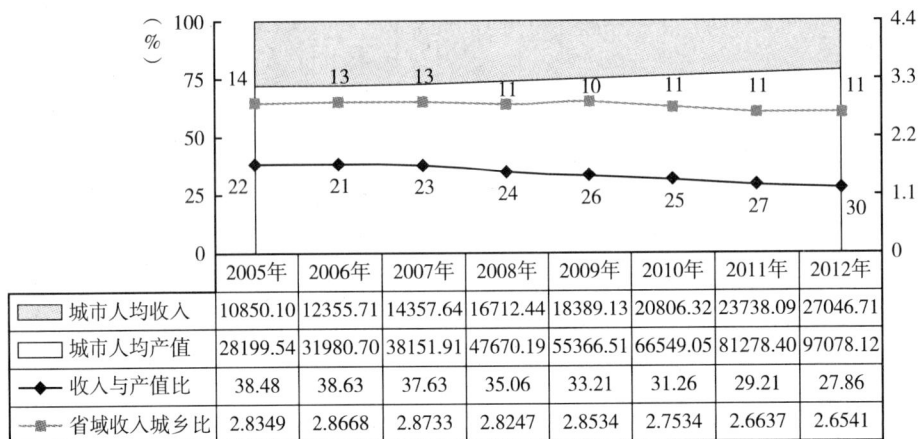

	2005年	2006年	2007年	2008年	2009年	2010年	2011年	2012年
城市人均收入	10850.10	12355.71	14357.64	16712.44	18389.13	20806.32	23738.09	27046.71
城市人均产值	28199.54	31980.70	38151.91	47670.19	55366.51	66549.05	81278.40	97078.12
收入与产值比	38.48	38.63	37.63	35.06	33.21	31.26	29.21	27.86
省域收入城乡比	2.8349	2.8668	2.8733	2.8247	2.8534	2.7534	2.6637	2.6541

图3 武汉市人均收入、人均产值、收入与产值比、省域收入城乡比变动态势

注：左轴面积为人均产值、收入（元转换为%），二者历年变动呈直观比例；左轴曲线为收入与产值比；右轴曲线为省域收入城乡比（乡村 = 1）。标明历年中心城市排序。

2005～2012年，武汉市居民人均收入年均增长13.94%，人均产值年均增长19.32%，比人均收入增速高出5.38个百分点。7年间，武汉市居民人均收入与人均产值之比的最高（最佳）值为2006年的38.63%，最低值为2012年的27.86%。逐年考察，除了2006年出现上升以外，武汉市此项比值逐步下降，由2005年的38.48%降低至2012年的27.86%，比值处于36个中心城市的第30位。民生基础系数呈现降低趋势，意味着在经济增长的同时，"人民共享发展成果"程度逐渐降低。

2000～2012年，武汉市所在省域乡村人均收入年均增长10.90%，城镇人均收入年均增长11.70%，比乡村增速高出0.80个百分点。城乡综合演算，2012年省域人均收入为14691.62元。12年间，武汉市所在省域人均收入城乡比的最小（最佳）值为2000年的2.4352，最大值为2007年的2.8733。逐年考察，除了2004年、2008年、2010～2012年出现下降以外，所在省域此项城乡比逐步上升，由2000年2.4352提高至2012年2.6541，处于31个省域里第11位。收入的城乡差距呈现扩大趋势，意味着在民生基础层面城乡之间"共享发展成果"的程度有所降低。

如果武汉市民生基础系数能够保持 2006 年最佳水平，能够带动所在省域民生基础层面的城乡差距保持 2000 年最低程度，并实现城乡无差距理想状态，那么在"国民收入分配"演算和城乡综合演算当中，武汉市及其所在省域人均收入应有很大提高，这样随后逐步推演的一切测算值都会发生变化。

（二）民生消费系数检测

2005 年以来武汉市人均收入、人均非文消费、非文占收入比、省域非文城乡比变动态势见图 4，其中将人均非文消费、人均收入转换为面积比例，二者历年之比形成民生消费系数变动曲线，同时附有所在省域非文城乡比变动曲线。

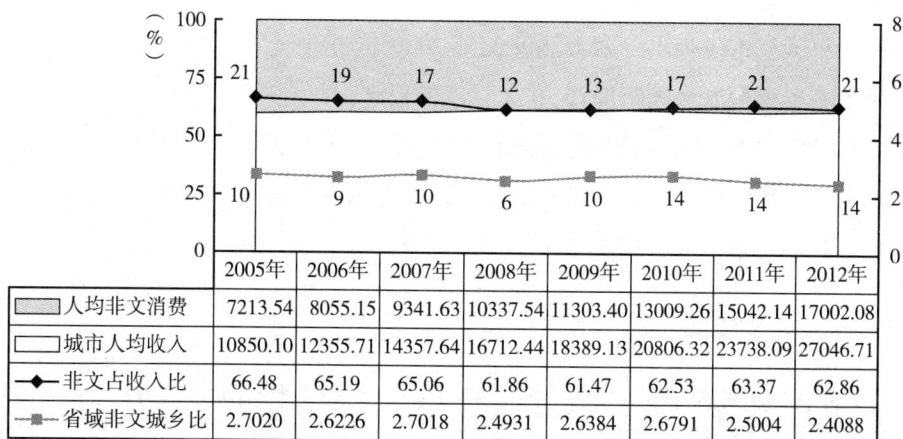

	2005年	2006年	2007年	2008年	2009年	2010年	2011年	2012年
人均非文消费	7213.54	8055.15	9341.63	10337.54	11303.40	13009.26	15042.14	17002.08
城市人均收入	10850.10	12355.71	14357.64	16712.44	18389.13	20806.32	23738.09	27046.71
非文占收入比	66.48	65.19	65.06	61.86	61.47	62.53	63.37	62.86
省域非文城乡比	2.7020	2.6226	2.7018	2.4931	2.6384	2.6791	2.5004	2.4088

图 4 武汉市人均非文消费、人均收入、非文占收入比、省域非文城乡比变动态势

注：左轴面积为人均收入、人均非文消费（元转换为%），二者历年变化呈直观比例；左轴曲线为非文占收入比；右轴曲线为省域非文城乡比（乡村=1）。标明历年中心城市排序。

2005~2012 年，武汉市居民人均非文消费年均增长 13.03%，人均收入年均增长 13.94%，比人均非文消费增速高出 0.91 个百分点。7 年间，武汉市居民人均非文消费占人均收入比重的最高值为 2005 年的 66.48%，最低（最佳）值为 2009 年的 61.47%。逐年考察，除了 2010~2011 年出现上升以外，武汉市此项比值逐步下降，由 2005 年的 66.48% 降低至 2012 年的 62.86%，比值处于 36 个中心城市的第 21 位。民生消费系数呈现降低趋势，亦即必需消费之外的余钱占收入比重增高，意味着从"基本小康"到"全面小康"建设的民生效应日益得以显现。

2000～2012 年，武汉市所在省域乡村人均非文消费年均增长 12.16%，城镇人均非文消费年均增长 10.12%，比乡村增速低了 2.04 个百分点。城乡综合演算，2012 年省域人均非文消费为 9288.18 元。12 年间，武汉市所在省域人均非文消费城乡比的最大值为 2003 年的 3.2449，最小（最佳）值为 2012 年的 2.4088。逐年考察，除了 2002～2003 年、2007 年、2009～2010 年出现上升以外，所在省域此项城乡比逐步下降，由 2000 年的 3.0003 下降至 2012 年的 2.4088，处于 31 个省域的第 14 位。必需非文消费的城乡差距呈现缩小趋势，意味着在民生消费层面城乡之间"共享发展成果"的程度有所提高。

如果武汉市民生消费系数能够保持 2009 年最佳水平，能够带动所在省域民生消费层面的城乡差距保持 2012 年最低程度，并实现城乡无差距理想状态，那么在必需消费演算和城乡综合演算当中，武汉市及其所在省域人均非文消费占收入比重应有较大不同，反转则是人均非文消费剩余应有很大增多，这样随后推演的相关数值也会发生变化。

（三）文化需求系数检测

2005 年以来武汉市人均非文消费剩余、人均文教消费、文教与非余比、省域文教城乡比变动态势见图 5，其中将人均文教消费、人均非文消费剩余转换为面积比例，二者历年之比形成文化需求系数变动曲线，同时附有所在省域文教消费城乡比变动曲线。

2005～2012 年，武汉市居民人均文教消费年均增长 12.76%，人均非文消费剩余年均增长 15.62%，比人均文教消费增速高出 2.86 个百分点。7 年间，武汉市居民人均文教消费与人均非文消费剩余比值的最高（最佳）值为 2005 年的 28.08%，最低值为 2008 年的 17.18%。逐年考察，除了 2009 年、2011 年出现上升以外，武汉市此项比值逐步下降，由 2005 年的 28.08% 降低至

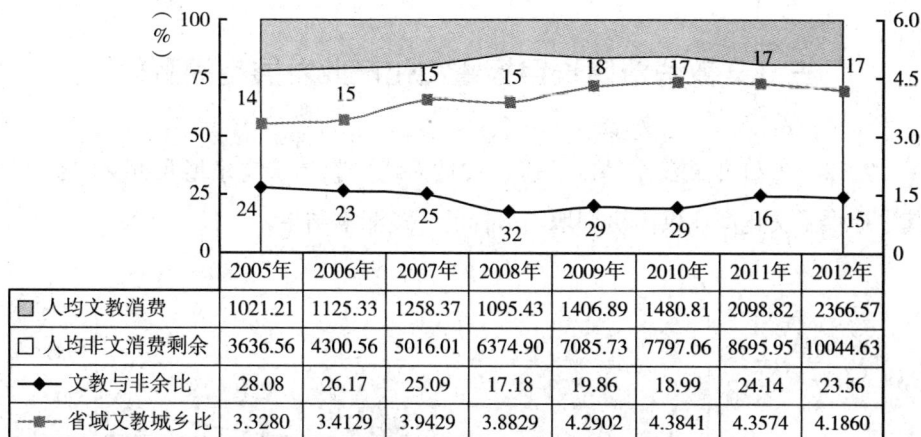

	2005年	2006年	2007年	2008年	2009年	2010年	2011年	2012年
□ 人均文教消费	1021.21	1125.33	1258.37	1095.43	1406.89	1480.81	2098.82	2366.57
□ 人均非文消费剩余	3636.56	4300.56	5016.01	6374.90	7085.73	7797.06	8695.95	10044.63
◆ 文教与非余比	28.08	26.17	25.09	17.18	19.86	18.99	24.14	23.56
■ 省域文教城乡比	3.3280	3.4129	3.9429	3.8829	4.2902	4.3841	4.3574	4.1860

**图5 武汉市人均文教消费、人均非文消费剩余、文教与
非余比、省域文教城乡比变动态势**

注：左轴面积为人均非文消费剩余、人均文教消费（元转换为%），二者历年变化呈直观比例；
左轴曲线为文教与非余比；右轴曲线为省域文教消费城乡比（乡村＝1）。标明历年中心城市排序。

2012 年的 23.56%，比值数值处于 36 个中心城市的第 15 位。文化需求系数呈现降低趋势，意味着非必需的文教消费需求增长依然受到"积蓄增长负相关效应"的反向牵制。

2000～2012 年，武汉市所在省域乡村人均文教消费年均增长 5.40%，城镇人均文教消费年均增长 8.70%，比乡村增速高出 3.30 个百分点。城乡综合演算，2012 年省域人均文教消费为 1056.77 元。12 年间，武汉市所在省域人均文教消费城乡比的最小（最佳）值为 2000 年的 2.8920，最大值为 2010 年的 4.3841。逐年考察，除了 2005 年、2008 年、2011～2012 年出现下降以外，所在省域此项城乡比逐步上升，由 2000 年的 2.8920 扩大至 2012 年的 4.1860，处于 31 个省域的第 17 位。人均文教消费需求的城乡差距呈现出扩增趋势，意味着在文化需求层面城乡之间"共享发展成果"的程度有所降低。

如果武汉市文化需求系数能够保持 2005 年最佳水平，能够带动所在省域文化需求层面的城乡差距保持 2000 年最低程度，并实现城乡无差距理想状态，那么在非必需文教消费占余钱比重演算和城乡综合演算当中，武汉市及其所在省域人均文教消费应有很大增长。

三　文教消费增长目标暨文化产业发展空间测算

2012～2020 年武汉市辖区及所在省域人均文教消费需求增长测算见图 6，其中提供了文化产业供需协调增长目标的 7 类测算结果。

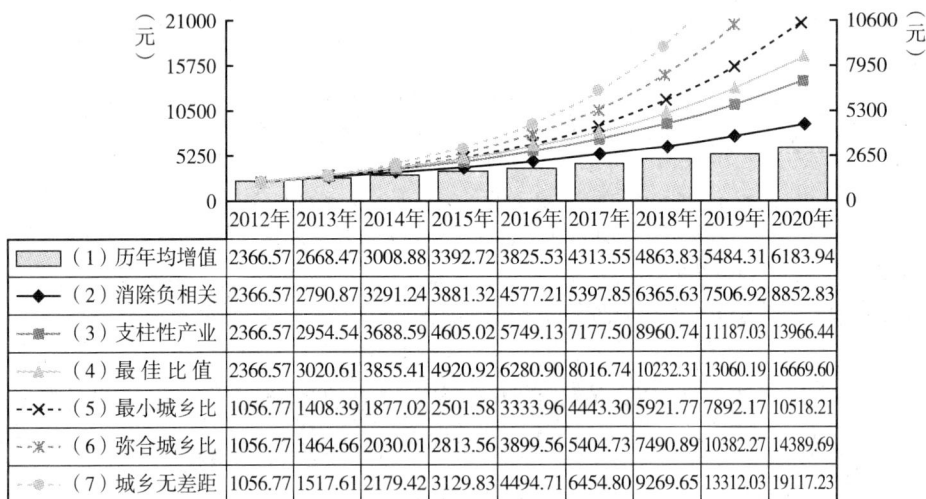

	2012年	2013年	2014年	2015年	2016年	2017年	2018年	2019年	2020年
（1）历年均增值	2366.57	2668.47	3008.88	3392.72	3825.53	4313.55	4863.83	5484.31	6183.94
（2）消除负相关	2366.57	2790.87	3291.24	3881.32	4577.21	5397.85	6365.63	7506.92	8852.83
（3）支柱性产业	2366.57	2954.54	3688.59	4605.02	5749.13	7177.50	8960.74	11187.03	13966.44
（4）最佳比值	2366.57	3020.61	3855.41	4920.92	6280.90	8016.74	10232.31	13060.19	16669.60
（5）最小城乡比	1056.77	1408.39	1877.02	2501.58	3333.96	4443.30	5921.77	7892.17	10518.21
（6）弥合城乡比	1056.77	1464.66	2030.01	2813.56	3899.56	5404.73	7490.89	10382.27	14389.69
（7）城乡无差距	1056.77	1517.61	2179.42	3129.83	4494.71	6454.80	9269.65	13312.03	19117.23

图 6　武汉市及所在省域人均文教消费需求增长测算

注：左轴（1）～（4）为城市辖区测算，2012～2020 年各方面增长按 2005～2012 年实际年均增速推算；右轴（5）～（7）为所在省域测算，2012～2020 年各方面增长按 2000～2012 年实际年均增速推算。文教与产值比，城市 2012 年实值为 2.44%，省域 2012 年实值为 2.74%；2020 年测算值为（1）1.55%，（2）2.22%，（3）3.50%，（4）4.18%，（5）8.14%，（6）11.14%，（7）14.80%。2012～2020 年人均文教消费年均增长为（1）12.76%（2005～2012 年实值，以下为测算值）；（2）17.93%，（3）24.84%，（4）27.64%，（5）33.27%，（6）38.60%，（7）43.61%。若产值按年均增长 7% 推算，则 2020 年文教与产值比测算值（增量、增幅不变）为（1）3.71%；（2）5.31%。2020 年人均文教消费（与产值比不变）为（3）5842.24 元，年增 11.96%；（4）6972.99元，年增 14.46%；（5）5395.97 元，年增 22.61%；（6）7382.08 元，年增 27.50%；（7）9807.36元，年增 32.11%。

（1）历年均增值测算：以城乡文教消费既往年度年均增长率测算增长目标，可以得出统计概率最高的或然增长结果。如果 2012～2020 年武汉市文教消费增长保持 2005～2012 年平均增长率 12.76%（城市间实际增长第 8 位），那么到 2020 年文教消费将达到 6183.94 元。在相关各方面增长均依此推算的情况下，由于文教消费与产值之比在 2005～2012 年呈现下降态势，至 2020 年文教消费增长与产值增长测算值之比将继续降低至 1.55%。

（2）消除负相关测算：以城乡文化需求系数既往年度历年最佳比值测算增长目标，即假设积蓄增长与文教消费增长之间排除负相关关系，必需消费之外余钱增长与精神文化消费需求增长实现同步。如果到 2020 年武汉市此项比值实现 2005～2012 年最佳状态，那么城市人均文教消费应达到 8852.83 元，与产值增长测算值之比将上升至 2.22%，年均增长率需达到 17.93%，为以往实际年均增长率的 1.41 倍（城市间目标距离第 8 位）。

（3）支柱性产业测算：摒弃单纯的"文化 GDP 追逐"，通过文教消费需求增长空间反推，以文化生产满足文化需求的终极目的定位测算增长目标，即假设文教消费需求增长切实推动文化生产发展，实现文化产业供需协调增长，达到支柱性产业所需占产值的比重。各城市文教消费需求增长支撑文化产业成为支柱性产业的测算值各有不同，武汉市测算值为 3.50%。据此反推，到 2020 年武汉市人均文教消费应达到 13966.44 元，年均增长率需达到 24.84%，为以往实际年均增长率的 1.95 倍（城市间目标距离第 10 位）。

（4）最佳比值测算：以城乡民生基础系数、民生消费系数、文化需求系数三项比值既往年度历年最佳值测算增长目标，即假设相关各方面的增长协调性"回复"曾有的三项比例关系最佳值。如果到 2020 年武汉市三项比值同步实现 2005～2012 年最佳状态，那么城市人均文教消费应达到 16669.60 元，与产值增长测算值之比将上升至 4.18%，年均增长率需达到 27.64%，为以往实际年均增长率的 2.17 倍（城市间目标距离第 11 位）。

（5）最小城乡比测算：在三项最佳比值测算基础上，以人均文教消费城乡比既往年度历年最小值测算增长目标，即假设"回复"原有的文教消费城乡比最小状态，作为缩小以至于消除城乡差距的基础。如果到 2020 年武汉市带动所在省域同时实现 2000～2012 年三项最佳比值和文教消费最小城乡比，那么人均文教消费应达到 10518.21 元，与产值增长测算值之比将上升至 8.14%，年均增长率需达到 33.27%，为武汉市以往实际年均增长率的 2.61 倍（省域间目标距离第 9 位）。

（6）弥合城乡比测算：同样在三项最佳比值测算基础上，以人均文教消费城乡比的无差距理想值测算增长目标，即假设文化需求层面的城乡差距得以消除，据此演算校正数值。如果到 2020 年武汉市带动所在省域同时实现 2000~2012 年三项最佳比值和乡村人均文教消费绝对值与城镇水平持平，那么人均文教消费应达到 14389.69 元，与产值增长测算值之比将上升至 11.14%，年均增长率需达到 38.60%，为武汉市以往实际年均增长率的 3.03 倍（省域间目标距离第 9 位）。

（7）城乡无差距测算：在民生基础层面、民生消费层面、文化需求层面三项城乡比的无差距理想状态下实现既往年度历年最佳比值测算增长目标，即假设此三个层面的乡村人均值加速增长并与城镇水平持平，统一取城镇标准三项比例关系最佳值进行演算。如果到 2020 年武汉市带动所在省域在此三个层面消除城乡差距，实现按城镇标准衡量的 2000~2012 年三项最佳比值，那么人均文教消费应达到 19117.23 元，与产值增长测算值之比将上升至 14.80%，年均增长率需达到 43.61%，为武汉市以往实际年均增长率的 3.42 倍（省域间目标距离第 9 位）。

如果按照国家"十二五"规划转变发展方式的要求，在"十二五"期间把武汉市产值年均增长率控制在 7%，并一直延续至 2020 年，那么（1）历年均增值、（2）消除负相关两类增长测算的绝对值不变，其与产值之比将分别增高至 3.71% 和 5.31%；其余各类测算因与产值增长演算直接相关，增长测算的绝对值相应减小，其所需年均增长幅度（目标差距）将分别降低至 11.96%、14.46%、22.61%、27.50%、32.11%（详见图 6 注），更加容易实现。

济南：最佳比值增长目标测算第8位

李珊珊 *

摘　要：

济南市文教消费增长目标暨文化产业发展空间测评：2005～
2012年中心城市实际增长排名，历年均增值为第11位；2012～
2020年中心城市目标距离排名，消除负相关测算为第17位，最
佳比值测算为第8位，支柱性产业测算为第8位；所在省域最
小城乡比测算为第10位，弥合城乡比测算为第10位，城乡无
差距测算为第13位。

关键词：

济南市文化产业　扩大文教消费　需求与共享　增长目标

本文展开2005～2012年济南市（市辖区）居民文教消费相关状态综合分
析，对所在省域城乡差距状况的检测则取2000～2012年相应数据。

一　城市文教消费需求及相关方面增长态势

2005年以来济南市文教消费总量和人均值增长态势见图1。

2005～2012年，济南市文教消费总量由40.73亿元增高为82.84亿元，增
加42.11亿元，总增长103.39%，年均增长率10.67%。其中，"十一五"期
间总增长62.24%，年均增长10.16%；"十二五"头两年总增长25.36%，年
均增长11.97%，"十二五"以来年均增速比"十一五"年均增速高1.81个百

---

* 李珊珊，云南民族大学民俗学在读硕士研究生，参与导师主持文化相关研究。

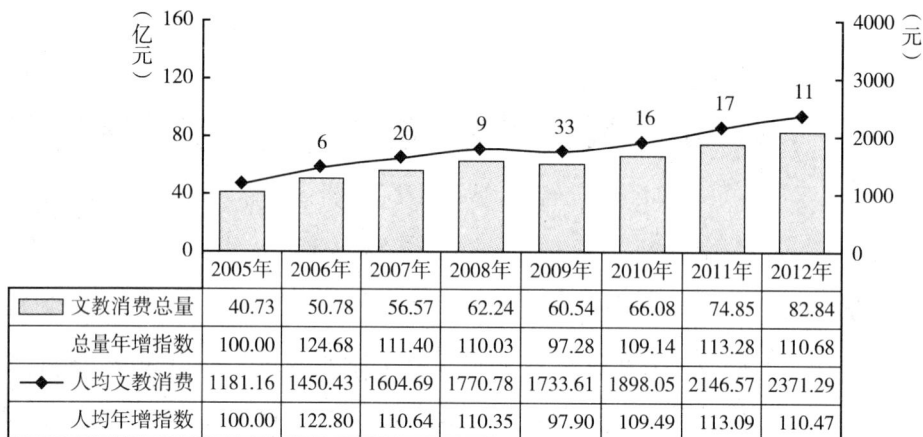

	2005年	2006年	2007年	2008年	2009年	2010年	2011年	2012年
文教消费总量	40.73	50.78	56.57	62.24	60.54	66.08	74.85	82.84
总量年增指数	100.00	124.68	111.40	110.03	97.28	109.14	113.28	110.68
人均文教消费	1181.16	1450.43	1604.69	1770.78	1733.61	1898.05	2146.57	2371.29
人均年增指数	100.00	122.80	110.64	110.35	97.90	109.49	113.09	110.47

图1 济南市文教消费总量和人均值增长态势

注：左轴为文教消费总量；右轴为人均文教消费，附年度增长指数（上年＝100，小于100为负增长）。标明历年增长中心城市排序，起点年度不计。

分点。

同期，济南市文教消费人均值由1181.16元增高为2371.29元，增加1190.13元，总增长100.76%，年均增长率10.47%。其中，"十一五"期间总增长60.69%，年均增长9.95%；"十二五"头两年总增长24.93%，年均增长11.77%，"十二五"以来年均增速比"十一五"年均增速高1.82个百分点。

后续各图表将逐步展示济南市相关背景各方面历年增长数据。在此，把各项绝对值转换为以上一年数值为100的年度增长百分指数，形成2005年以来济南市人均产值和人均收入、人均消费（分为人均非文消费与人均文教消费）、人均积蓄增长态势（见图2）。

在济南市人均产值、人均收入、人均非文消费、人均文教消费和人均积蓄的年度增长指数中，选取三对具有特定相关关系的数据项：图中标号（1）柱形系人均产值历年增长指数，（2）带菱形曲线系人均收入历年增长指数，二者相关系数为0.4200，即历年增长保持42.00%同步。图中标号（2）系人均收入历年增长指数，（3）带方形曲线系人均非文消费历年增长指数，二者相关系数为0.8424，即历年增长保持84.24%同步。图中标号（4）带三角形曲线系人均文教消费历年增长指数，（5）带叉形曲线系人均积蓄历年增长指数，

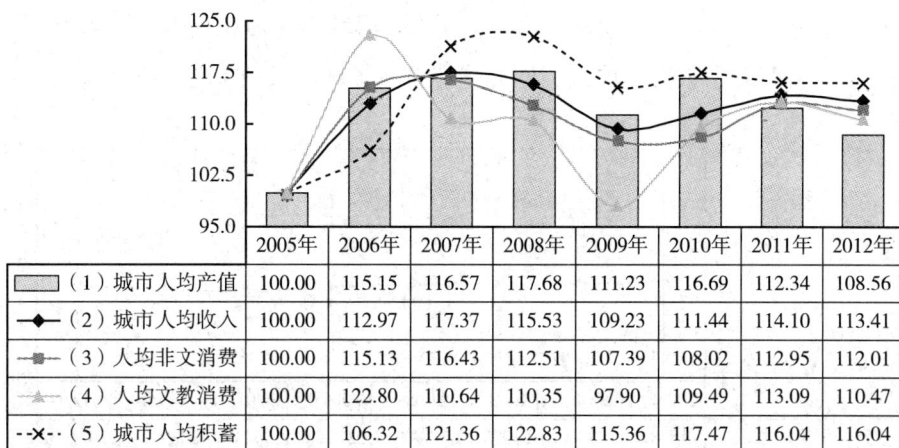

	2005年	2006年	2007年	2008年	2009年	2010年	2011年	2012年
（1）城市人均产值	100.00	115.15	116.57	117.68	111.23	116.69	112.34	108.56
（2）城市人均收入	100.00	112.97	117.37	115.53	109.23	111.44	114.10	113.41
（3）人均非文消费	100.00	115.13	116.43	112.51	107.39	108.02	112.95	112.01
（4）人均文教消费	100.00	122.80	110.64	110.35	97.90	109.49	113.09	110.47
（5）城市人均积蓄	100.00	106.32	121.36	122.83	115.36	117.47	116.04	116.04

图 2　济南人均产值和人均收入、人均消费、人均积蓄增长态势

注：年度增长指数（产值为柱形，其余为曲线），上年 = 100，小于 100 为负增长；2006 ~ 2012 年增长相关系数（2005 年为起点不计）为（1）与（2）0.4200；（2）与（3）0.8424；（4）与（5）- 0.4877。其间，2006 ~ 2008 年为 - 0.9982，2010 ~ 2012 年为 - 0.7135，文教消费需求的"积蓄增长负相关效应"明显成立。

二者相关系数为 - 0.4877，负相关程度较低，但分时间段深入考察，2006 ~ 2008 年为 - 0.9982，2010 ~ 2012 年为 - 0.7135，构成较明显的反向互动关系。

就济南市人均积蓄与人均文化消费二者历年增长幅度变化的相关性而言，不妨简单理解为，前者每上升 1%，后者在 2006 ~ 2008 年下降 1.00%，2010 ~ 2012 年下降 0.71%。对比济南市人均积蓄与文教消费两条年度增长曲线，大体呈现似"水中倒影"的负相关关系。其中，2006 年人均积蓄年度增长跌入低谷，与之对应的是人均文教消费年度增长出现高峰；2007 ~ 2010 年人均积蓄年度增长形成高峰，与之对应的是人均文教消费年度增长陷入低谷，甚至为负增长。济南市居民文教消费的"积蓄增长负相关效应"明显。

二　城市文教消费需求背景的增长协调性分析

（一）民生基础系数检测

2005 年以来济南市人均产值、人均收入、收入与产值比、省域收入城乡比变动态势见图3，其中将人均收入、人均产值转换为面积比例，二者历年之比形成民生基础系数变动曲线，同时附有所在省域收入城乡比变动曲线。

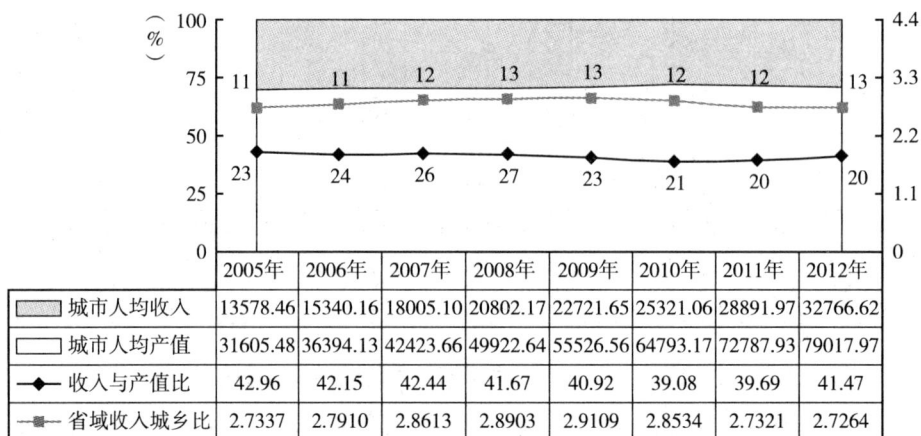

	2005年	2006年	2007年	2008年	2009年	2010年	2011年	2012年
城市人均收入	13578.46	15340.16	18005.10	20802.17	22721.65	25321.06	28891.97	32766.62
城市人均产值	31605.48	36394.13	42423.66	49922.64	55526.56	64793.17	72787.93	79017.97
收入与产值比	42.96	42.15	42.44	41.67	40.92	39.08	39.69	41.47
省域收入城乡比	2.7337	2.7910	2.8613	2.8903	2.9109	2.8534	2.7321	2.7264

图3　济南市人均收入、人均产值、收入与产值比、省域收入城乡比变动态势

注：左轴面积为人均产值、人均收入（元转换为%），二者历年变动呈直观比例；左轴曲线为收入与产值比；右轴曲线为省域收入城乡比（乡村＝1）。标明历年中心城市排序。

2005～2012年，济南市居民人均收入年均增长13.41%，人均产值年均增长13.99%，比人均收入增速高出0.58个百分点。7年间，济南市居民人均收入与人均产值之比的最高（最佳）值为2005年的42.96%，最低值为2010年的39.08%。逐年考察，除了2007年、2011～2012年出现上升以外，济南市此项比值逐步下降，由2005年的42.96%降低至2012年的41.47%，比值处于36个中心城市的第20位。民生基础系数呈现降低趋势，意味着在经济增长的同时，"人民共享发展成果"程度逐渐降低。

2000～2012年，济南市所在省域乡村人均收入年均增长11.14%，城镇人均收入年均增长12.17%，比乡村增速高出1.03个百分点。城乡综合演算，2012年省域人均收入为17876.78元。12年间，济南市所在省域人均收入城乡比的最小（最佳）值为2000年的2.4406，最大值为2009年的2.9109。逐年考察，除了2010～2012年出现下降以外，所在省域此项城乡比逐步上升，由2000年的2.4406提高至2012年的2.7264，处于31个省域的第13位。收入的城乡差距呈现扩大趋势，意味着在民生基础层面城乡之间"共享发展成果"

的程度有所降低。

如果济南市民生基础系数能够保持 2005 年最佳水平，能够带动所在省域民生基础层面的城乡差距保持 2000 年最低程度，并实现城乡无差距理想状态，那么在"国民收入分配"演算和城乡综合演算当中，济南市及其所在省域人均收入应有很大提高，这样随后逐步推演的一切测算值都会发生变化。

（二）民生消费系数检测

2005 年以来济南市人均收入、人均非文消费、非文占收入比、省域非文城乡比变动态势见图 4，其中将人均非文消费、人均收入转换为面积比例，二者历年之比形成民生消费系数变动曲线，同时附有所在省域非文城乡比变动曲线。

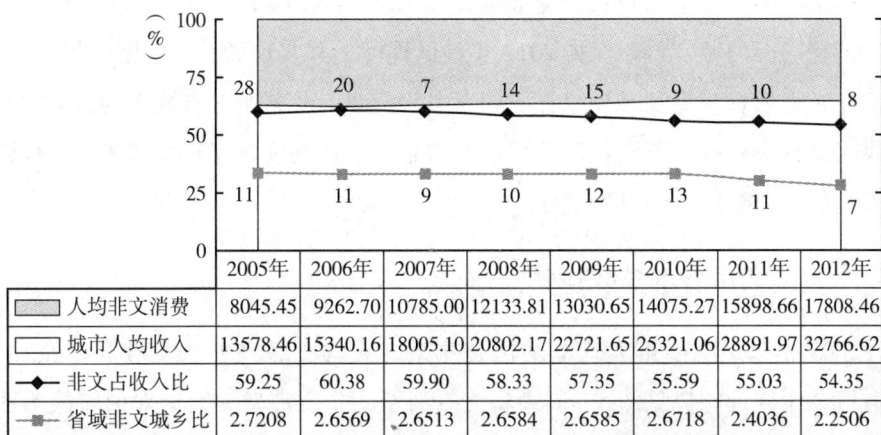

	2005年	2006年	2007年	2008年	2009年	2010年	2011年	2012年
人均非文消费	8045.45	9262.70	10785.00	12133.81	13030.65	14075.27	15898.66	17808.46
城市人均收入	13578.46	15340.16	18005.10	20802.17	22721.65	25321.06	28891.97	32766.62
非文占收入比	59.25	60.38	59.90	58.33	57.35	55.59	55.03	54.35
省域非文城乡比	2.7208	2.6569	2.6513	2.6584	2.6585	2.6718	2.4036	2.2506

图 4 济南市人均非文消费、人均收入、非文占收入比、省域非文城乡比变动态势

注：左轴面积为人均收入、人均非文消费（元转换为%），二者历年变化呈直观比例；左轴曲线为非文占收入比；右轴曲线为省域非文城乡比（乡村=1）。标明历年中心城市排序。

2005～2012 年，济南市居民人均非文消费年均增长 12.02%，人均收入年均增长 13.41%，比人均非文消费增速高出 1.39 个百分点。7 年间，济南市居民人均非文消费占人均收入比重的最高值为 2006 年的 60.38%，最低（最佳）值为 2012 年的 54.35%。逐年考察，除了 2006 年出现上升以外，济南市此项比值逐步下降，由 2005 年的 59.25% 降低至 2012 年的 54.35%，比值处于 36 个中心城市的第 8 位。民生消费系数呈现降低趋势，亦即必需消费之外的余钱占收入比重增高，意味着从"基本小康"到"全面小康"建设的民生效应日益得以显现。

2000~2012 年，济南市所在省域乡村人均非文消费年均增长 12.28%，城镇人均非文消费年均增长 10.40%，比乡村增速低了 1.88 个百分点。城乡综合演算，2012 年省域人均非文消费为 10331.41 元。12 年间，济南市所在省域人均非文消费城乡比的最大值为 2003 年的 2.7895，最小（最佳）值为 2012 年的 2.2506。逐年考察，除了 2002~2003 年、2008~2010 年出现上升以外，所在省域此项城乡比逐步下降，由 2000 年的 2.7575 下降至 2012 年的 2.2506，处于 31 个省域的第 7 位。必需非文消费的城乡差距呈现缩小趋势，意味着在民生消费层面城乡之间"共享发展成果"的程度有所提高。

如果济南市民生消费系数能够保持 2012 年最佳水平，能够带动所在省域民生消费层面的城乡差距保持 2012 年最低程度，并实现城乡无差距理想状态，那么在必需消费演算和城乡综合演算当中，济南市及其所在省域人均非文消费占收入比重应有较大不同，反转则是人均非文消费剩余应有很大增多，这样随后推演的相关数值也会发生变化。

（三）文化需求系数检测

2005 年以来济南市人均非文消费剩余、人均文教消费、文教与非余比、省域城乡比变动态势见图 5，其中将文教消费、非文消费剩余绝对值转换为图形面积比例，二者历年之比形成文化需求系数变动曲线，同时附有所在省域文教消费城乡比变动曲线。

2005~2012 年，济南市居民人均文教消费年均增长 10.47%，人均非文消费剩余年均增长 15.27%，比人均文教消费增速高出 4.80 个百分点。7 年间，济南市居民人均文教消费与人均非文消费剩余比值的最高（最佳）值为 2006 年的 23.87%，最低值为 2012 年的 15.85%。逐年考察，除了 2006 年出现上升以外，济南市此项比值逐步下降，由 2005 年的 21.35% 降低至 2012 年的 15.85%，比值处于 36 个中心城市的第 29 位。文化需求系数呈现降低趋势，

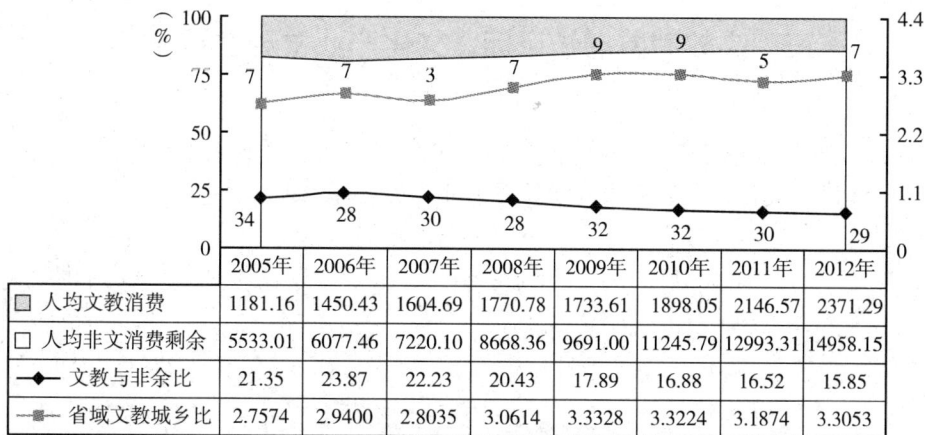

	2005年	2006年	2007年	2008年	2009年	2010年	2011年	2012年
□ 人均文教消费	1181.16	1450.43	1604.69	1770.78	1733.61	1898.05	2146.57	2371.29
□ 人均非文消费剩余	5533.01	6077.46	7220.10	8668.36	9691.00	11245.79	12993.31	14958.15
◆ 文教与非余比	21.35	23.87	22.23	20.43	17.89	16.88	16.52	15.85
■ 省域文教城乡比	2.7574	2.9400	2.8035	3.0614	3.3328	3.3224	3.1874	3.3053

图 5　济南市人均文教消费、人均非文消费剩余、文教与非余比、省域文教城乡比变动态势

注：左轴面积为人均非文消费剩余、人均文教消费（元转换为%），二者历年变化呈直观比例；左轴曲线为文教与非余比；右轴曲线为省域文教城乡比（乡村＝1）。标明历年中心城市排序。

意味着非必需的文教消费需求增长依然受到"积蓄增长负相关效应"的反向牵制。

2000～2012 年，济南市所在省域乡村人均文教消费年均增长 7.61%，城镇人均文教消费年均增长 7.28%，比乡村增速低了 0.33 个百分点。城乡综合演算，2012 年省域人均文教消费为 1097.98 元。12 年间，济南市所在省域人均文教消费城乡比的最大值为 2002 年 3.6256，最小（最佳）值为 2005 年的 2.7574。逐年考察，除了 2001～2002 年、2004 年、2006 年、2008～2009 年、2012 年出现上升以外，所在省域此项城乡比逐步下降，由 2000 年的 3.4272 下降至 2012 年的 3.3053，处于 31 个省域的第 7 位。人均文教消费需求的城乡差距呈现出缩减趋势，意味着在文化需求层面城乡之间"共享发展成果"的程度有所提高。

如果济南市文化需求系数能够保持 2006 年最佳水平，能够带动所在省域文化需求层面的城乡差距保持 2005 年最低程度，并实现城乡无差距理想状态，那么在非必需文教消费占余钱比重演算和城乡综合演算当中，济南市及其所在省域人均文教消费应有很大增长。

三 文教消费增长目标暨文化产业发展空间测算

2012～2020 年济南市辖区及所在省域人均文教消费需求增长测算见图6，其中提供了文化产业供需协调增长目标的7类测算结果。

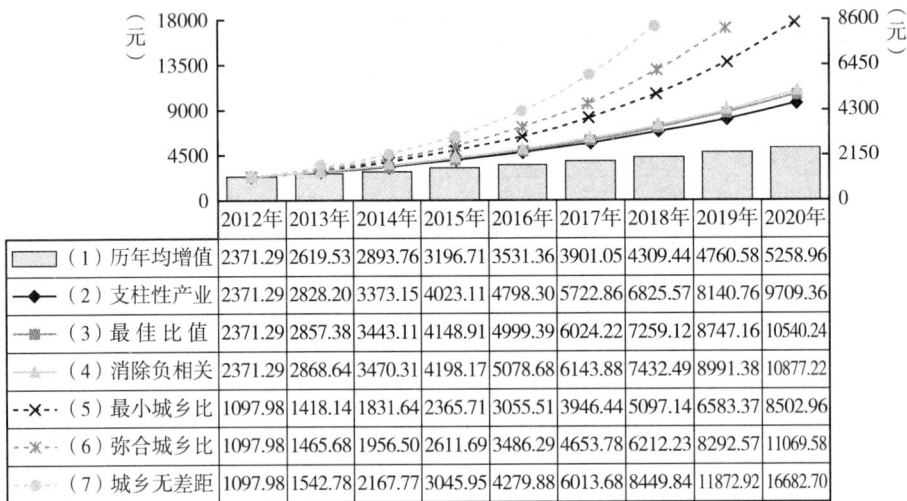

	2012年	2013年	2014年	2015年	2016年	2017年	2018年	2019年	2020年
（1）历年均增值	2371.29	2619.53	2893.76	3196.71	3531.36	3901.05	4309.44	4760.58	5258.96
（2）支柱性产业	2371.29	2828.20	3373.15	4023.11	4798.30	5722.86	6825.57	8140.76	9709.36
（3）最佳比值	2371.29	2857.38	3443.11	4148.91	4999.39	6024.25	7259.12	8747.16	10540.24
（4）消除负相关	2371.29	2868.64	3470.31	4198.17	5078.68	6143.88	7432.49	8991.38	10877.22
（5）最小城乡比	1097.98	1418.14	1831.64	2365.71	3055.51	3946.44	5097.14	6583.37	8502.96
（6）弥合城乡比	1097.98	1465.68	1956.50	2611.69	3486.29	4653.78	6212.23	8292.57	11069.58
（7）城乡无差距	1097.98	1542.78	2167.77	3045.95	4279.88	6013.68	8449.84	11872.92	16682.70

图6 济南市及所在省域人均文教消费需求增长测算

注：左轴（1）～（4）为城市辖区测算，2012～2020 年各方面增长按 2005～2012 年实际年均增速推算；右轴（5）～（7）为所在省域测算，2012～2020 年各方面增长按 2000～2012 年实际年均增速推算。文教与产值比，城市 2012 年实值为3.00%，省域 2012 年实值为2.12%；2020 年测算值为（1）2.34%，（2）4.31%，（3）4.68%，（4）4.83%，（5）5.24%，（6）6.82%，（7）10.28%。2012～2020 年人均文教消费年均增长为（1）10.47%（2005～2012 年实值，以下为测算值）；（2）19.27%，（3）20.50%，（4）20.97%，（5）29.16%，（6）33.49%，（7）40.51%。若产值按年均增长7%推算，则 2020 年文教与产值比测算值（增量、增幅不变）为（1）3.87%；（4）8.01%。2020 年人均文教消费（与产值比不变）为（2）5853.90 元，年增11.96%；（3）6354.85 元，年增13.11%；（5）4660.11 元，年增19.81%；（6）6066.77 元，年增23.82%；（7）9143.08 元，年增30.34%。

（1）历年均增值测算：以城乡文教消费既往年度年均增长率测算增长目标，可以得出统计概率最高的或然增长结果。如果 2012～2020 年济南市文教消费增长保持 2005～2012 年平均增长率10.47%（城市间实际增长第11位），那么到 2020 年文教消费将达到 5258.96 元。在相关各方面增长均依此推算的情况下，由于文教消费与产值之比在 2005～2012 年呈现下降态势，至 2020 年文教消费增长与产值增长测算值之比将继续降低至 2.34%。

（2）支柱性产业测算：摒弃单纯的"文化 GDP 追逐"，通过文教消费需求增长空间反推，以文化生产满足文化需求的终极目的定位测算增长目标，即假设文教消费需求增长切实推动文化生产发展，实现文化产业供需协调增长，达到支柱性产业所需占产值的比重。各城市文教消费需求增长支撑文化产业成为支柱性产业的测算值各有不同，济南市测算值为 4.31%。据此反推，到 2020 年济南市人均文教消费应达到 9709.36 元，年均增长率需达到 19.27%，为以往实际年均增长率的 1.84 倍（城市间目标距离第 8 位）。

（3）最佳比值测算：以城乡民生基础系数、民生消费系数、文化需求系数三项比值既往年度历年最佳值测算增长目标，即假设相关各方面的增长协调性"回复"曾有的三项比例关系最佳值。如果到 2020 年济南市三项比值同步实现 2005～2012 年最佳状态，那么城市人均文教消费应达到 10540.24 元，与产值增长测算值之比将上升至 4.68%，年均增长率需达到 20.50%，为以往实际年均增长率的 1.96 倍（城市间目标距离第 8 位）。

（4）消除负相关测算：以城乡文化需求系数既往年度历年最佳比值测算增长目标，即假设积蓄增长与文教消费增长之间排除负相关关系，必需消费之外余钱增长与精神文化消费需求增长实现同步。如果到 2020 年济南市此项比值实现 2005～2012 年最佳状态，那么城市人均文教消费应达到 10877.22 元，与产值增长测算值之比将上升至 4.83%，年均增长率需达到 20.97%，为以往实际年均增长率的 2.00 倍（城市间目标距离第 17 位）。由于济南市三项系数比值有的在 2012 年呈现向好发展态势，这一单项比值测算的目标距离反而大于三项比值测算。

（5）最小城乡比测算：在三项最佳比值测算基础上，以人均文教消费城乡比既往年度历年最小值测算增长目标，即假设"回复"原有的文教消费城乡比最小状态，作为缩小以至于消除城乡差距的基础。如果到 2020 年济南市带动所在省域同时实现 2000～2012 年三项最佳比值和文教消费最小城乡比，那么人均文教消费应达到 8502.96 元，与产值增长测算值之比将上升至 5.24%，年均增长率需达到 29.16%，为济南市以往实际年均增长率的 2.79

倍（省域间目标距离第 10 位）。

（6）弥合城乡比测算：同样在三项最佳比值测算基础上，以人均文教消费城乡比的无差距理想值测算增长目标，即假设文化需求层面的城乡差距得以消除，据此演算校正数值。如果到 2020 年济南市带动所在省域同时实现 2000 ~ 2012 年三项最佳比值和乡村人均文教消费绝对值与城镇水平持平，那么人均文教消费应达到 11069.58 元，与产值增长测算值之比将上升至 6.82%，年均增长率需达到 33.49%，为济南市以往实际年均增长率的 3.20 倍（省域间目标距离第 10 位）。

（7）城乡无差距测算：在民生基础层面、民生消费层面、文化需求层面三项城乡比的无差距理想状态下实现既往年度历年最佳比值测算增长目标，即假设此三个层面的乡村人均值加速增长并与城镇水平持平，统一取城镇标准三项比例关系最佳值进行演算。如果到 2020 年济南市带动所在省域在此三个层面消除城乡差距，实现按城镇标准衡量的 2000 ~ 2012 年三项最佳比值，那么人均文教消费应达到 16682.70 元，与产值增长测算值之比将上升至 10.28%，年均增长率需达到 40.51%，为济南市以往实际年均增长率的 3.87 倍（省域间目标距离第 13 位）。

如果按照国家"十二五"规划转变发展方式的要求，在"十二五"期间把济南市产值年均增长率控制在 7%，并一直延续至 2020 年，那么（1）历年均增值、（4）消除负相关两类增长测算的绝对值不变，其与产值之比将分别增高至 3.87% 和 8.01%；其余各类测算因与产值增长演算直接相关，增长测算的绝对值相应减小，其所需年均增长幅度（目标差距）将分别降低至 11.96%、13.11%、19.81%、23.82%、30.34%（详见图 6 注），更加容易实现。

北京：最佳比值增长目标测算第 10 位

辉 煌*

摘 要：

北京市文教消费增长目标暨文化产业发展空间测评：2005～2012 年中心城市实际增长排名，历年均增值为第 14 位；2012～2020 年中心城市目标距离排名，消除负相关测算为第 18 位，最佳比值测算为第 10 位，支柱性产业测算为第 11 位；全域最小城乡比测算为第 8 位，弥合城乡比测算为第 8 位，城乡无差距测算为第 7 位。

关键词：

北京市文化产业 扩大文教消费 需求与共享 增长目标

本文展开 2005～2012 年北京市（市辖区）居民文教消费相关状态综合分析，对全域城乡差距状况的检测则取 2000～2012 年相应数据。

一 城市文教消费需求及相关方面增长态势

2005 年以来北京市文教消费总量和人均值增长态势见图 1。

2005～2012 年，北京市文教消费总量由 240.90 亿元增高为 489.84 亿元，增加 248.94 亿元，总增长 103.34%，年均增长率 10.67%。其中，"十一五"期间总增长 58.24%，年均增长 9.61%；"十二五"头两年总增长 28.50%，年均增长 13.36%，"十二五"以来年均增速比"十一五"年均增速高 3.75 个百分点。

---

* 辉煌，旅美留学生，就读于美国加州大学洛杉矶分校。

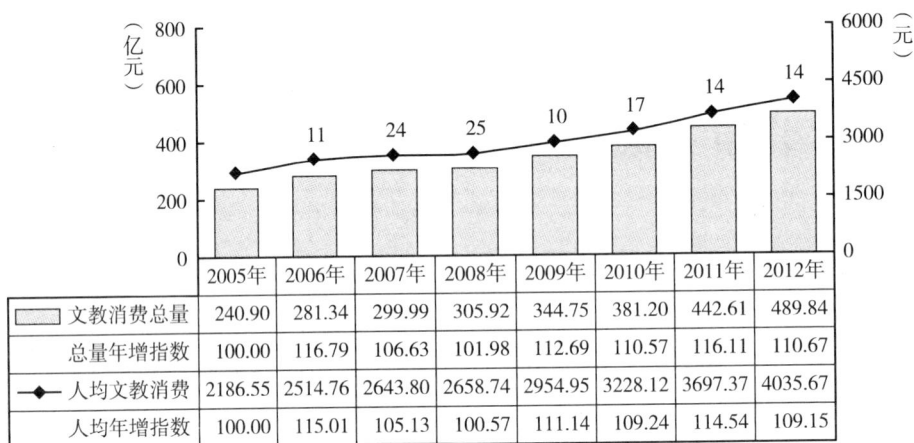

图1 北京市文教消费总量和人均值增长态势

注：左轴为文教消费总量；右轴为人均文教消费，附年度增长指数（上年＝100）。标明历年增
长中心城市排序，起点年度不计。

同期，北京市文教消费人均值由 2186.55 元增高为 4035.67 元，增加
1849.12 元，总增长 84.57%，年均增长率 9.15%。其中，"十一五"期间总增长
47.64%，年均增长 8.10%；"十二五"头两年总增长 25.02%，年均增长
11.81%，"十二五"以来年均增速比"十一五"年均增速高 3.71 个百分点。

后续各图表将逐步展示北京市相关背景各方面历年增长数据。在此，把各
项绝对值转换为以上一年数值为 100 的年度增长百分指数，形成 2005 年以来
北京市人均产值和人均收入、人均消费（分为人均非文消费与人均文教消
费）、人均积蓄增长态势见图2。

在北京市人均产值、人均收入、人均非文消费、人均文教消费和人均积
蓄的年度增长指数中，选取三对具有特定相关关系的数据项：图中标号
（1）柱形系人均产值历年增长指数，（2）带菱形曲线系人均收入历年增长指
数，二者相关系数为 −0.2036，即历年增长形成 20.36% 反向同步。图中标号
（2）系人均收入历年增长指数，（3）带方形曲线系人均非文消费历年增长指
数，二者相关系数为 0.2660，即历年增长保持 26.60% 同步。图中标号（4）带
三角形曲线系人均文教消费历年增长指数，（5）带叉形曲线系人均积蓄历年
增长指数，二者相关系数为 −0.5040，负相关程度较高，分时间段继续考察，

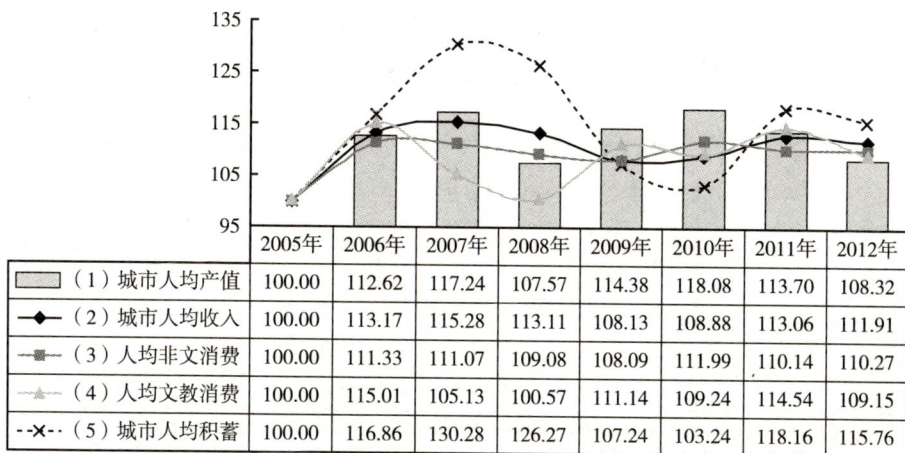

	2005年	2006年	2007年	2008年	2009年	2010年	2011年	2012年
□（1）城市人均产值	100.00	112.62	117.24	107.57	114.38	118.08	113.70	108.32
◆（2）城市人均收入	100.00	113.17	115.28	113.11	108.13	108.88	113.06	111.91
■（3）人均非文消费	100.00	111.33	111.07	109.08	108.09	111.99	110.14	110.27
▲（4）人均文教消费	100.00	115.01	105.13	100.57	111.14	109.24	114.54	109.15
-×-（5）城市人均积蓄	100.00	116.86	130.28	126.27	107.24	103.24	118.16	115.76

图 2　北京人均产值和人均收入、人均消费、人均积蓄增长态势

注：年度增长指数（产值为柱形，其余为曲线），上年＝100；2006～2012年增长相关系数（2005年为起点不计）为（1）与（2）－0.2036；（2）与（3）0.2660；（4）与（5）－0.5040。其间，2006～2009年为－0.7005，2007～2010年为－0.8214，2008～2010年为－0.9452，文教消费需求的"积蓄增长负相关效应"显著成立。

2006～2009年为－0.7005，2007～2010年为－0.8214，2008～2010年为－0.9452，构成极明显的反向互动关系。

就北京市人均积蓄与人均文化消费二者历年增长幅度变化的相关性而言，不妨简单理解为，前者每上升1%，后者在2006～2009年下降0.70%，2007～2010年下降0.82%，2008～2010年下降0.95%。对比北京市人均积蓄与人均文化教育消费两条年度增长曲线，局部明显呈现似"水中倒影"的负相关关系。其中，2007～2008年人均积蓄年度增长形成高峰，与之对应的是人均文教消费年度增长陷入低谷；2009～2010年人均积蓄年度增长跌入低谷，与之对应的是人均文教消费年度增长处于高位。北京市居民文教消费的"积蓄增长负相关效应"显著。

二　城市文教消费需求背景的增长协调性分析

（一）民生基础系数检测

2005年以来北京市人均产值、人均收入、收入与产值比、全域收入城乡比变动态势见图3，其中将人均收入、人均产值转换为面积比例，二者历年之比形成民生基础系数变动曲线，同时附有全域收入城乡比变动曲线。

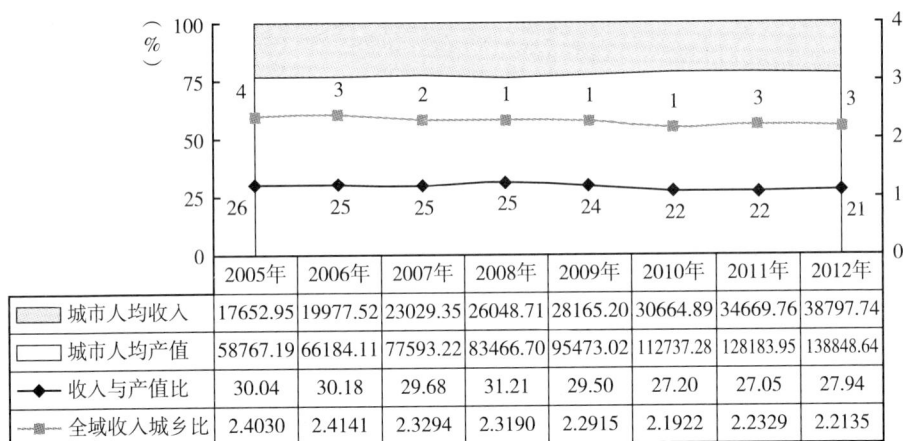

	2005年	2006年	2007年	2008年	2009年	2010年	2011年	2012年
城市人均收入	17652.95	19977.52	23029.35	26048.71	28165.20	30664.89	34669.76	38797.74
城市人均产值	58767.19	66184.11	77593.22	83466.70	95473.02	112737.28	128183.95	138848.64
收入与产值比	30.04	30.18	29.68	31.21	29.50	27.20	27.05	27.94
全域收入城乡比	2.4030	2.4141	2.3294	2.3190	2.2915	2.1922	2.2329	2.2135

图3 北京市人均收入、人均产值、收入与产值比、全域收入城乡比变动态势

注：左轴面积为人均产值、人均收入（元转换为%），二者历年变动呈直观比例；左轴曲线为收入与产值比；右轴曲线为全域收入城乡比（乡村=1）。标明历年中心城市排序。

2005～2012年，北京市居民人均收入年均增长11.91%，人均产值年均增长13.07%，比人均收入增速高出1.16个百分点。7年间，北京市居民人均收入与人均产值之比的最高（最佳）值为2008年的31.21%，最低值为2011年的27.05%。逐年考察，除了2006年、2008年、2012年出现上升以外，北京市此项比值逐步下降，由2005年的30.04%降低至2012年的27.94%，比值处于36个中心城市的第21位。民生基础系数呈现降低趋势，意味着在经济增长的同时，"人民共享发展成果"程度逐渐降低。

2000～2012年，北京市全域乡村人均收入年均增长11.21%，城镇人均收入年均增长11.07%，比乡村增速低了0.14个百分点。城乡综合演算，2012年省域人均收入为33709.72元。12年间，北京市全域人均收入城乡比的最大值为2004年的2.5344，最小（最佳）值为2010年的2.1922。逐年考察，除了2001～2004年、2006年、2011年出现上升以外，全域此项城乡比逐步下降，由2000年的2.2477降低至2012年的2.2135，处于31个省域的第3位。收入的城乡差距呈现缩小趋势，意味着在民生基础层面城乡之间"共享发展成果"的程度有所提高。

如果北京市民生基础系数能够保持 2008 年最佳水平，能够带动全域民生基础层面的城乡差距保持 2010 年最低程度，并实现城乡无差距理想状态，那么在"国民收入分配"演算和城乡综合演算当中，北京市及其全域人均收入应有很大提高，这样随后逐步推演的一切测算值都会发生变化。

（二）民生消费系数检测

2005 年以来北京市人均收入、人均非文消费、非文占收入比、全域非文城乡比变动态势见图 4，其中将人均非文消费、人均收入转换为面积比例，二者历年之比形成民生消费系数变动曲线，同时附有全域非文城乡比变动曲线。

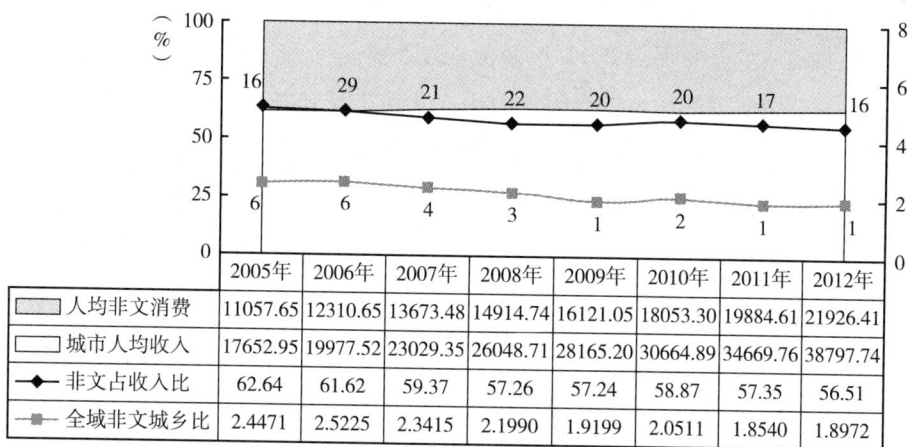

	2005年	2006年	2007年	2008年	2009年	2010年	2011年	2012年
人均非文消费	11057.65	12310.65	13673.48	14914.74	16121.05	18053.30	19884.61	21926.41
城市人均收入	17652.95	19977.52	23029.35	26048.71	28165.20	30664.89	34669.76	38797.74
非文占收入比	62.64	61.62	59.37	57.26	57.24	58.87	57.35	56.51
全域非文城乡比	2.4471	2.5225	2.3415	2.1990	1.9199	2.0511	1.8540	1.8972

图 4 北京市人均非文消费、人均收入、非文占收入比、全域非文城乡比变动态势

注：左轴面积为人均收入、人均非文消费（元转换为%），二者历年变化呈直观比例；左轴曲线为非文占收入比；右轴曲线为全域非文城乡比（乡村 = 1）。标明历年中心城市排序。

2005 ~ 2012 年，北京市居民人均非文消费年均增长 10.27%，人均收入年均增长 11.91%，比人均非文消费增速高出 1.64 个百分点。7 年间，北京市居民人均非文消费占人均收入比重的最高值为 2005 年的 62.64%，最低（最佳）值为 2012 年的 56.51%。逐年考察，除了 2010 年出现上升以外，北京市此项比值逐步下降，由 2005 年的 62.64% 降低至 2012 年的 56.51%，比值数值处于 36 个中心城市的第 16 位。民生消费系数呈现降低趋势，亦即必需消费之外的余钱占收入比重增高，意味着从"基本小康"到"全面小康"建设的民生效应日益得以显现。

2000~2012年，北京市全域乡村人均非文消费年均增长11.39%，城镇人均非文消费年均增长9.03%，比乡村增速低了2.36个百分点。城乡综合演算，2012年省域人均非文消费为19021.82元。12年间，北京市全域人均非文消费城乡比的最大值为2002年的2.7281，最小（最佳）值为2011年的1.8540。逐年考察，除了2001~2002年、2006年、2010年、2012年出现上升以外，全域此项城乡比逐步下降，由2000年的2.4515下降至2012年的1.8972，处于31个省域的第1位。必需非文消费的城乡差距呈现缩小趋势，意味着在民生消费层面城乡之间"共享发展成果"的程度有所提高。

如果北京市民生消费系数能够保持2012年最佳水平，能够带动全域民生消费层面的城乡差距保持2011年最低程度，并实现城乡无差距理想状态，那么在必需消费演算和城乡综合演算当中，北京市及其全域人均非文消费占收入比重应有较大不同，反转则是人均非文消费剩余应有很大增多，这样随后推演的相关数值也会发生变化。

（三）文化需求系数检测

2005年以来北京市人均非文消费剩余、人均文教消费、文教与非余比、全域文教城乡比变动态势见图5，其中将人均文教消费、人均非文消费剩余转换为面积比例，二者历年之比形成文化需求系数变动曲线，同时附有全域文教消费城乡比变动曲线。

2005~2012年，北京市居民人均文教消费年均增长9.15%，人均非文消费剩余年均增长14.36%，比人均文教消费增速高出5.21个百分点。7年间，北京市居民人均文教消费与人均非文消费剩余比值的最高（最佳）值为2005年的33.15%，最低值为2008年的23.88%。逐年考察，除了2009~2010年出现上升以外，北京市此项比值逐步下降，由2005年的33.15%降低至2012年的23.92%，比值处于36个中心城市的第14位。文化需求系数呈现降低趋势，意味着非必需的文教消费需求增长依然受到"积蓄增长负相关效应"的反向牵制。

2000~2012年，北京市全域乡村人均文教消费年均增长7.48%，城镇人

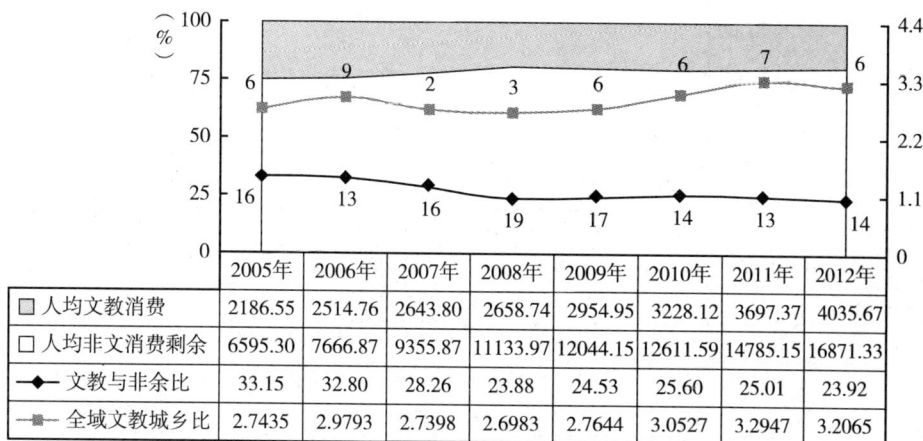

	2005年	2006年	2007年	2008年	2009年	2010年	2011年	2012年
人均文教消费	2186.55	2514.76	2643.80	2658.74	2954.95	3228.12	3697.37	4035.67
人均非文消费剩余	6595.30	7666.87	9355.87	11133.97	12044.15	12611.59	14785.15	16871.33
文教与非余比	33.15	32.80	28.26	23.88	24.53	25.60	25.01	23.92
全域文教城乡比	2.7435	2.9793	2.7398	2.6983	2.7644	3.0527	3.2947	3.2065

图5　北京市人均文教消费、人均非文消费剩余、文教与
非余比、全域文教城乡比变动态势

注：左轴面积为人均非文消费剩余、人均文教消费（元转换为%），二者历年变化呈直观比例；
左轴曲线为文教与非余比；右轴曲线为全域文教城乡比（乡村=1）。标明历年中心城市排序。

均文教消费年均增长 9.21%，比乡村增速高出 1.73 个百分点。城乡综合演算，2012 年省域人均文教消费为 3345.00 元。12 年间，北京市全域人均文教消费城乡比的最小（最佳）值为 2001 年 2.6404，最大值为 2011 年的 3.2947。逐年考察，除了 2001 年、2003 年、2005 年、2007～2008 年、2012 年出现下降以外，全域此项城乡比逐步上升，由 2000 年的 2.6479 提高至 2012 年的 3.2065，处于 31 个省域的第 6 位。人均文教消费需求的城乡差距呈现出扩增趋势，意味着在文化需求层面城乡之间"共享发展成果"的程度有所降低。

如果北京市文化需求系数能够保持 2005 年最佳水平，能够带动全域文化需求层面的城乡差距保持 2001 年最低程度，并实现城乡无差距理想状态，那么在非必需文教消费占余钱比重演算和城乡综合演算当中，北京市及其全域人均文教消费应有很大增长。

三　文教消费增长目标暨文化产业发展空间测算

2012～2020 年北京市辖区及全域人均文教消费需求增长测算见图 6，其中提供了文化产业供需协调增长目标的 7 类测算结果。

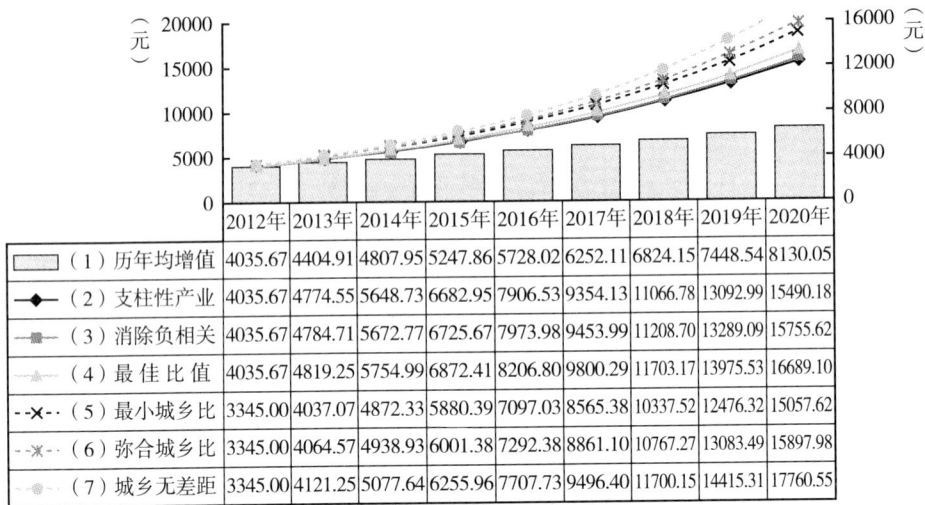

	2012年	2013年	2014年	2015年	2016年	2017年	2018年	2019年	2020年
（1）历年均增值	4035.67	4404.91	4807.95	5247.86	5728.02	6252.11	6824.15	7448.54	8130.05
（2）支柱性产业	4035.67	4774.55	5648.73	6682.95	7906.53	9354.13	11066.78	13092.99	15490.18
（3）消除负相关	4035.67	4784.71	5672.77	6725.67	7973.98	9453.99	11208.70	13289.09	15755.62
（4）最佳比值	4035.67	4819.25	5754.99	6872.41	8206.80	9800.29	11703.17	13975.53	16689.10
（5）最小城乡比	3345.00	4037.07	4872.33	5880.39	7097.03	8565.38	10337.52	12476.32	15057.62
（6）弥合城乡比	3345.00	4064.57	4938.93	6001.38	7292.38	8861.10	10767.27	13083.49	15897.98
（7）城乡无差距	3345.00	4121.25	5077.64	6255.96	7707.73	9496.40	11700.15	14415.31	17760.55

图6 北京市及全域人均文教消费需求增长测算

注：左轴（1）～（4）为城市辖区测算，2012～2020年各方面增长按2005～2012年实际年均增速推算；右轴（5）～（7）为全域测算，2012～2020年各方面增长按2000～2012年实际年均增速推算。文教与产值比，城市2012年实值为2.91%，省域2012年实值为3.82%；2020年测算值为（1）2.19%，（2）4.18%，（3）4.25%，（4）4.50%，（5）7.29%，（6）7.70%，（7）8.60%。2012～2020年人均文教消费年均增长为（1）9.15%（2005～2012年实值，以下为测算值）；（2）18.31%，（3）18.56%，（4）19.42%，（5）20.69%，（6）21.51%，（7）23.21%。若产值按年均增长7%推算，则2020年文教与产值比测算值（增量、增幅不变）为（1）3.41%；（3）6.60%。2020年人均文教消费（与产值比不变）为（2）9962.68元，年增11.96%；（4）10733.78元，年增13.01%；（5）10960.90元，年增15.99%；（6）11572.62元，年增16.78%；（7）12928.44元，年增18.41%。

（1）历年均增值测算：以城乡文教消费既往年度年均增长率测算增长目标，可以得出统计概率最高的或然增长结果。如果2012～2020年北京市文教消费增长保持2005～2012年平均增长率9.15%（城市间实际增长第14位），那么到2020年文教消费将达到8130.05元。在相关各方面增长均依此推算的情况下，由于文教消费与产值之比在2005～2012年呈现下降态势，至2020年文教消费增长与产值增长测算值之比将继续降低至2.19%。

（2）支柱性产业测算：摒弃单纯的"文化GDP追逐"，通过文教消费需求增长空间反推，以文化生产满足文化需求的终极目的定位测算增长目标，即假设文教消费需求增长切实推动文化生产发展，实现文化产业供需协调增长，达到支柱性产业所需占产值的比重。各城市文教消费需求增长支撑文化产业成为支柱性产业的测算值各有不同，北京市测算值为4.18%。据此反推，到2020年北京市人均文教消费应达到15490.18元，年均增长率需达到18.31%，为以往实际年均增长率的2.00倍（城市间目标距离第11位）。

（3）消除负相关测算：以城乡文化需求系数既往年度历年最佳比值测算增长目标，即假设积蓄增长与文教消费增长之间排除负相关关系，必需消费之外余钱增长与精神文化消费需求增长实现同步。如果到2020年北京市此项比值实现2005~2012年最佳状态，那么城市人均文教消费应达到15755.62元，与产值增长测算值之比将上升至4.25%，年均增长率需达到18.56%，为以往实际年均增长率的2.03倍（城市间目标距离第18位）。由于北京市三项系数比值有的在2012年呈现向好发展态势，这一单项比值测算的目标距离反而大于三项比值测算。

（4）最佳比值测算：以城乡民生基础系数、民生消费系数、文化需求系数三项比值既往年度历年最佳值测算增长目标，即假设相关各方面的增长协调性"回复"曾有的三项比例关系最佳值。如果到2020年北京市三项比值同步实现2005~2012年最佳状态，那么城市人均文教消费应达到16689.10元，与产值增长测算值之比将上升至4.50%，年均增长率需达到19.42%，为以往实际年均增长率的2.12倍（城市间目标距离第10位）。

（5）最小城乡比测算：在三项最佳比值测算基础上，以人均文教消费城乡比既往年度历年最小值测算增长目标，即假设"回复"原有的文教消费城乡比最小状态，作为缩小以至于消除城乡差距的基础。如果到2020年北京市带动全域同时实现2000~2012年三项最佳比值和文教消费最小城乡比，那么人均文教消费应达到15057.62元，与产值增长测算值之比将上升至7.29%，年均增长率需达到20.69%，为北京市以往实际年均增长率的2.26倍（省域间目标距离第8位）。

（6）弥合城乡比测算：同样在三项最佳比值测算基础上，以人均文教消费城乡比的无差距理想值测算增长目标，即假设文化需求层面的城乡差距得以消除，据此演算校正数值。如果到2020年北京市带动全域同时实现2000~2012年三项最佳比值和乡村人均文教消费绝对值与城镇水平持平，那么人均文教消费应达到15897.98元，与产值增长测算值之比将上升至7.70%，年均增长率需达到21.51%，为北京市以往实际年均增长率的2.35倍（省域间目标距离第8位）。

（7）城乡无差距测算：在民生基础层面、民生消费层面、文化需求层面三项城乡比的无差距理想状态下实现既往年度历年最佳比值测算增长目标，即假设此三个层面的乡村人均值加速增长并与城镇水平持平，统一取城镇标准三项比例关系最佳值进行演算。如果到2020年北京市带动全域在此三个层面消除城乡差距，实现按城镇标准衡量的2000～2012年三项最佳比值，那么人均文教消费应达到17760.55元，与产值增长测算值之比将上升至8.60%，年均增长率需达到23.21%，为北京市以往实际年均增长率的2.54倍（省域间目标距离第7位）。

如果按照国家"十二五"规划转变发展方式的要求，在"十二五"期间把北京市产值年均增长率控制在7%，并一直延续至2020年，那么（1）历年均增值、（3）消除负相关两类增长测算的绝对值不变，其与产值之比将分别增高至3.41%和6.60%；其余各类测算因与产值增长演算直接相关，增长测算的绝对值相应减小，其所需年均增长幅度（目标差距）将分别降低至11.96%、13.01%、15.99%、16.78%、18.41%（详见图6注），更加容易实现。

Abstract

Based upon the growth from 1991 to 2012, and aiming at the target of extended demotic cultural consumption demand and advanced sharing between urban and rural areas, and among various regions, measuring to the "due space" of the countrywide total cultural consumption demand in urban-rural areas in 2012 are as follows: 1638. 789 billion yuan in the valued pillar industry; 3145. 422 billion yuan in the valued avoiding negative correlation; 3590. 814 billion yuan in the valued optimal proportion; 4602. 958 billion yuan in the valued lowest urban-rural ratio; 5161. 712 billion yuan in the valued closed urban-rural ratio; 8120. 889 billion yuan in the valued without urban-rural gap; 10950. 406 billion yuan in the valued without regional gap. But the actual gross is only 1140. 597 billion yuan. It was just the low increase of cultural consumption demand that resulted in the short growth of cultural production and supply. The development space of China's cultural industry must be exploited from boosting "endogenous motility".

Based upon the growth from 2000 to 2012, ranking of the evaluated distance of growth targets among various provinces to 2020 is as follows: Jiangsu, Liaoning, Henan rank top three in the valued average added value over the years; Jiangsu, Inner Mongolia, Guangdong rank top three in the valued avoiding negative correlation; Jiangsu, Shanghai, Liaoning rank top three in the valued optimal proportion; Jiangsu, Shanghai, Beijing rank top three in the valued lowest urban-rural ratio; Jiangsu, Shanghai, Beijing rank top three in the valued closed urban-rural ratio; Shanghai, Jiangsu, Heilongjiang rank top three in the valued without urban-rural gap; Shanghai, Jiangsu, Liaoning rank top three in the valued pillar industry.

Based upon the growth from 2005 to 2012, ranking of the evaluated distance of growth targets among various key cities to 2020 is as follows: Hefei, Kunming, Fuzhou rank top three in the valued average added value over the years;

Guangzhou, Hefei, Fuzhou rank top three in the valued avoiding negative correlation; Hefei, Kunming, Guangzhou rank top three in the valued optimal proportion; Hefei, Kunming, Fuzhou rank top three in the valued pillar industry.

Keywords: Various Provinces and Key Cities; Cultural Industry; Supply-demand Coordination

Contents

B I   General Report

Abstract: Based upon the growth from 1991 to 2012, and aiming at the target of extended demotic cultural consumption demand and advanced sharing between urban and rural areas, and among various regions, measuring to the "due space" of the countrywide total cultural consumption demand in urban-rural areas in 2012 are as follows: 16387. 89 billion yuan in the valued pillar industry; 31454. 22 billion yuan in the valued avoiding negative correlation; 35908. 14 billion yuan in the valued optimal proportion; 46029. 58 billion yuan in the valued lowest urban-rural ratio; 51617. 12 billion yuan in the valued closed urban-rural ratio; 81208. 89 billion yuan in the valued without urban-rural gap; 109504. 06 billion yuan in the valued without regional gap. But the actual gross is only 11405. 97 billion yuan. It is clear at a glance which the growth distance with regard to countrywide cultural consumption demand in urban-rural areas had two dimensions: on the one hand, that consist in the harmonious difference of economic increase and basic people's livelihood and cultural people's livelihood enhancement; on the other hand, that consist in the statuesque difference of cultural people's livelihood enhancement between urban and rural areas, and among various regions. Based upon the above analysis, the total growth space of countrywide cultural consumption to 2020 are estimated as follows: 33616. 15 billion yuan in the target of average added value over the years; 54838. 25 billion yuan in the target of pillar industry; 117671. 11 billion yuan in the target of avoiding negative correlation; 120158. 23 billion yuan in the target of optimal proportion; 155310. 50 billion yuan in the target of lowest urban-rural ratio; 172284. 35 billion yuan in the target of closed urban-rural ratio; 271746. 66 billion yuan in the target without urban-rural gap; 381147. 04 billion yuan in the target without regional gap.

Keywords: China's Cultural Industry; Expansion of Cultural Consumption; Demand and Sharing; Growth Target

B Ⅱ Reports on Comprehensive Analysis and Evaluation

B. 2 The Growth Space of Coordinated Supply-demand

of Cultural Industry and Cultural Consumption

across the Provinces

—*The Measure from 2000 to 2012 and Estimation to*

2020   *Wang Ya'nan, et al. / 027*

Abstract: To aim at extending demand and advancing sharing, the growth of cultural consumption demand is measured to estimate the development space of cultural industry. Based upon the growth from 2000 to 2012, rankings of the evaluated distance of growth targets among various provinces to 2020 are as follows: Jiangsu, Liaoning, Henan rank the top three in the valued average added value over the years; Jiangsu, Inner Mongolia, Guangdong rank the top three in the valued avoiding negative correlation; Jiangsu, Shanghai, Liaoning rank the top three in the valued optimal proportion; Jiangsu, Shanghai, Beijing rank the top three in the valued lowest urban-rural ratio; Jiangsu, Shanghai, Beijing rank the top three in the valued closed urban-rural ratio; Shanghai, Jiangsu, Heilongjiang rank the top three in the valued without urban-rural gap; Shanghai, Jiangsu, Liaoning rank the top three in the valued pillar industry.

Keywords: Cultural Industry among Various Provinces; Expansion of Cultural Consumption; Coordinated Supply-demand; Growth Target to 2020

B. 3 The Growth Space of Coordinated Supply-demand of Cultural Industry and Cultural Consumption across the Key Cities

—*The Measure from 2005 to 2012 and Estimation to 2020*   *Wang Ya'nan, et al. / 063*

Abstract: To aim at extending demand and advancing sharing, the growth of cultural and educational consumption demand is measured to estimate the development space of cultural industry. Based upon the growth from 2005 to 2012, rankings of the evaluated distance of growth targets among various key cities to 2020 are as follows: Hefei, Kunming, Fuzhou rank the top three in the valued average added value over the years; Guangzhou, Hefei, Fuzhou rank the top three in the valued avoiding negative correlation; Hefei, Kunming, Guangzhou rank the top three in the valued optimal proportion; Hefei, Kunming, Fuzhou rank the top three in the valued pillar industry.

Keywords: Cultural Industry among Various Key Cities; Expansion of

Cultural and Educational Consumption; Coordinated Supply-demand; Growth Target to 2020

B Ⅲ   Reports on Provinces

B. 4   Jiangsu: The Growth Target in the Valued Closed
Urban-rural Ratio Ranks the Top One   *Zhang Lin* / 099

Abstract: The evaluated growth targets of cultural consumption and development space of cultural industry in Jiangsu are as follows: in the ranking of the actual growth among various provinces from 2000 to 2012, Jiangsu is the 1st in the valued average added value over the years; in the ranking of the targets distance among various provinces from 2012 to 2020, Jiangsu is the 2nd in the valued pillar industry; the 1st in the valued avoiding negative correlation; the 1st in the valued optimal proportion; the 1st in the valued lowest urban-rural ratio; the 1st in the valued closed urban-rural ratio; and the 2nd in the valued without urban-rural gap.

Keywords: Jiangsu's Cultural Industry; Expansion of Cultural Consumption; Demand and Sharing; Growth Target

B. 5   Shanghai: The Growth Target in the Valued
Without Urban-rural Gap Ranks the Top One   *Chen Zheng* / 109

Abstract: The evaluated growth targets of cultural consumption and development space of cultural industry in Shanghai are as follows: in the ranking of the actual growth among various provinces from 2000 to 2012, Shanghai is the 16th in the valued average added value over the years; in the ranking of the targets distance among various provinces from 2012 to 2020, Shanghai is the 1st in the valued pillar industry; the 13th in the valued avoiding negative correlation; the 2nd in the valued optimal proportion; the 2nd in the valued lowest urban-rural ratio; the

2nd in the valued closed urban-rural ratio; and the 1st in the valued without urban-rural gap.

Keywords: Shanghai's Cultural Industry; Expansion of Cultural Consumption; Demand and Sharing; Growth Target

B. 6　Liaoning: The Growth Target in the Valued
　　　Optimal Proportion Ranks the Top Three　　*Yang Shaojun* / 119

Abstract: The evaluated growth targets of cultural consumption and development space of cultural industry in Liaoning are as follows: in the ranking of the actual growth among various provinces from 2000 to 2012, Liaoning is the 2nd in the valued average added value over the years; in the ranking of the targets distance among various provinces from 2012 to 2020, Liaoning is the 3rd in the valued pillar industry; the 7th in the valued avoiding negative correlation; the 3rd in the valued optimal proportion; the 6th in the valued lowest urban-rural ratio; the 5th in the valued closed urban-rural ratio; and the 4th in the valued without urban-rural gap.

Keywords: Liaoning's Cultural Industry; Expansion of Cultural Consumption; Demand and Sharing; Growth Target

B. 7　Guangdong: The Growth Target in the Valued
　　　Avoiding Negative Correlation Ranks
　　　the Top Three　　*Tian Juan* / 129

Abstract: The evaluated growth targets of cultural consumption and development space of cultural industry in Guangdong are as follows: in the ranking of the actual growth among various provinces from 2000 to 2012, Guangdong is the 10th in the valued average added value over the years; in the ranking of the targets distance among various provinces from 2012 to 2020, Guangdong is the 5th in the valued pillar industry; the 3rd in the valued avoiding negative correlation; the 4th in the valued optimal proportion; the 4th in the valued lowest urban-rural ratio; the 6th in the valued closed urban-rural ratio; and the 7th in the valued without urban-rural gap.

Keywords: Guangdong's Cultural Industry; Expansion of Cultural Consumption; Demand and Sharing; Growth Target

B. 8　Heilongjiang: The Growth Target in the Valued
　　　Without Urban-rural Gap Ranks the Top Three　　*Fan Gang* / 139

Abstract: The evaluated growth targets of cultural consumption and development space of cultural industry in Heilongjiang are as follows: in the ranking of the actual growth among various provinces from 2000 to 2012, Heilongjiang is the 12th in the valued average added value over the years; in the ranking of the targets distance among various provinces from 2012 to 2020, Heilongjiang is the 6th in the valued pillar industry; the 9th in the valued avoiding negative correlation; the 8th in the valued optimal proportion; the 5th in the valued lowest urban-rural ratio; the 4th in the valued closed urban-rural ratio; and the 3rd in the valued without urban-rural gap.

Keywords: Heilongjiang's Cultural Industry; Expansion of Cultural Consumption; Demand and Sharing; Growth Target

B. 9　Beijing: The Growth Target in the Valued Lowest
　　　Urban-rural Ratio Ranks the Top Three　　*Xiao Yunxin* / 149

Abstract: The evaluated growth targets of cultural consumption and development space of cultural industry in Beijing are as follows: in the ranking of the actual growth among various provinces from 2000 to 2012, Beijing is the 15th in the valued average added value over the years; in the ranking of the targets distance among various provinces from 2012 to 2020, Beijing is the 4th in the valued pillar industry; the 18th in the valued avoiding negative correlation; the 6th in the valued optimal proportion; the 3rd in the valued lowest urban-rural ratio;

the 3rd in the valued closed urban-rural ratio; and the 5th in the valued without urban-rural gap.

Keywords: Beijing's Cultural Industry; Expansion of Cultural Consumption; Demand and Sharing; Growth Target

B. 10   Fujian: The Growth Target in the Valued Optimal Proportion Ranks the Fifth

Abstract: The evaluated growth targets of cultural consumption and development space of cultural industry in Fujian are as follows: in the ranking of the actual growth among various provinces from 2000 to 2012, Fujian is the 9th in the valued average added value over the years; in the ranking of the targets distance among various provinces from 2012 to 2020, Fujian is the 7th in the valued pillar industry; the 6th in the valued avoiding negative correlation; the 5th in the valued optimal proportion; the 8th in the valued lowest urban-rural ratio; the 7th in the valued closed urban-rural ratio; and the 6th in the valued without urban-rural gap.

Keywords: Fujian's Cultural Industry; Expansion of Cultural Consumption; Demand and Sharing; Growth Target

B. 11   Henan: The Growth Target in the Valued Avoiding Negative Correlation Ranks the Fifth

Abstract: The evaluated growth targets of cultural consumption and development space of cultural industry in Henan are as follows: in the ranking of the actual growth among various provinces from 2000 to 2012, Henan is the 3rd in the valued average added value over the years; in the ranking of the targets distance among various provinces from 2012 to 2020, Henan is the 8th in the valued pillar industry; the 5th in the valued avoiding negative correlation; the 7th in the valued optimal proportion; the 11th in the valued lowest urban-rural ratio;

the 12th in the valued closed urban-rural ratio; and the 10th in the valued without urban-rural gap.

Keywords: Henan's Cultural Industry; Expansion of Cultural Consumption; Demand and Sharing; Growth Target

B. 12 Anhui: The Growth Target in the Valued
Avoiding Negative Correlation Ranks the Fourth
Wang Guoai / 179

Abstract: The evaluated growth targets of cultural consumption and development space of cultural industry in Anhui are as follows: in the ranking of the actual growth among various provinces from 2000 to 2012, Anhui is the 5th in the valued average added value over the years; in the ranking of the targets distance among various provinces from 2012 to 2020, Anhui is the 10th in the valued pillar industry; the 4th in the valued avoiding negative correlation; the 9th in the valued optimal proportion; the 14th in the valued lowest urban-rural ratio; the 13th in the valued closed urban-rural ratio; and the 9th in the valued without urban-rural gap.

Keywords: Anhui's Cultural Industry; Expansion of Cultural Consumption; Demand and Sharing; Growth Target

B. 13 Shanxi: The Growth Target in the Valued Lowest
Urban-rural Ratio Ranks the Seventh
Zhang Debing / 189

Abstract: The evaluated growth targets of cultural consumption and development space of cultural industry in Shanxi are as follows: in the ranking of the actual growth among various provinces from 2000 to 2012, Shanxi is the 6th in the valued average added value over the years; in the ranking of the targets distance among various provinces from 2012 to 2020, Shanxi is the 9th in the valued pillar industry; the 11th in the valued avoiding negative correlation; the 11th in the valued optimal proportion;

the 7th in the valued lowest urban-rural ratio; the 8th in the valued closed urban-rural ratio; and the 15th in the valued without urban-rural gap.

Keywords: Shanxi's Cultural Industry; Expansion of Cultural Consumption; Demand and Sharing; Growth Target

Abstract: The evaluated growth targets of cultural consumption and development space of cultural industry in Jilin are as follows: in the ranking of the actual growth among various provinces from 2000 to 2012, Jilin is the 7th in the valued average added value over the years; in the ranking of the targets distance among various provinces from 2012 to 2020, Jilin is the 11th in the valued pillar industry; the 12th in the valued avoiding negative correlation; the 12th in the valued optimal proportion; the 13th in the valued lowest urban-rural ratio; the 10th in the valued closed urban-rural ratio; and the 8th in the valued without urban-rural gap.

Keywords: Jilin's Cultural Industry; Expansion of Cultural Consumption; Demand and Sharing; Growth Target

Abstract: The evaluated growth targets of cultural consumption and development space of cultural industry in Tianjin are as follows: in the ranking of the actual growth among various provinces from 2000 to 2012, Tianjin is the 18th in the valued average added value over the years; in the ranking of the targets distance among various provinces from 2012 to 2020, Tianjin is the 16th in the valued pillar industry; the 10th in the valued avoiding negative correlation; the 13th in the valued optimal proportion; the 9th in the valued lowest urban-rural ratio; the 9th in the valued closed urban-rural ratio; and the 11th in the valued without urban-rural gap.

Keywords: Tianjin's Cultural Industry; Expansion of Cultural Consumption; Demand and Sharing; Growth Target

B. 16 Hebei: The Growth Target in the Valued Lowest
Urban-rural Ratio Ranks the Tenth *Jiang Kunyang* / 219

Abstract: The evaluated growth targets of cultural consumption and development space of cultural industry in Hebei are as follows: in the ranking of the actual growth among various provinces from 2000 to 2012, Hebei is the 19th in the valued average added value over the years; in the ranking of the targets distance among various provinces from 2012 to 2020, Hebei is the 14th in the valued pillar industry; the 14th in the valued avoiding negative correlation; the 10th in the valued optimal proportion; the 10th in the valued lowest urban-rural ratio; the 11th in the valued closed urban-rural ratio; and the 13th in the valued without urban-rural gap.

Keywords: Hebei's Cultural Industry; Expansion of Cultural Consumption; Demand and Sharing; Growth Target

B. 17 Qinghai: The Growth Target in the Valued
Avoiding Negative Correlation Ranks the Eighth *Ning Fajin* / 229

Abstract: The evaluated growth targets of cultural consumption and development space of cultural industry in Qinghai are as follows: in the ranking of the actual growth among various provinces from 2000 to 2012, Qinghai is the 8th in the valued average added value over the years; in the ranking of the targets distance among various provinces from 2012 to 2020, Qinghai is the 15th in the valued pillar industry; the 8th in the valued avoiding negative correlation; the 18th in the valued optimal proportion; the 16th in the valued lowest urban-rural ratio; the 16th in the valued closed urban-rural ratio; and the 22nd in the valued without urban-rural gap.

Abstract: The evaluated growth targets of cultural consumption and development space of cultural industry in Inner Mongolia are as follows: in the ranking of the actual growth among various provinces from 2000 to 2012, Inner Mongolia is the 4th in the valued average added value over the years; in the ranking of the targets distance among various provinces from 2012 to 2020, Inner Mongolia is the 25th in the valued pillar industry; the 2nd in the valued avoiding negative correlation; the 23rd in the valued optimal proportion; the 26th in the valued lowest urban-rural ratio; the 22nd in the valued closed urban-rural ratio; and the 17th in the valued without urban-rural gap.

Keywords: Inner Mongolia's Cultural Industry; Expansion of Cultural Consumption; Demand and Sharing; Growth Target

B IV   Reports on Key Cities

Abstract: The evaluated growth targets of cultural and educational consumption and development space of cultural industry in Hefei are as follows: in the ranking of the actual growth among various key cities from 2005 to 2012, Hefei is the 1st in the valued average added value over the years; in the ranking of the targets distance among various key cities from 2012 to 2020, Hefei is the 2nd in the valued avoiding negative correlation; the 1st in the valued optimal proportion; and the 1st in the valued pillar industry; the province which Hefei located is the 1st in the valued lowest urban-rural ratio; the 1st in the valued closed urban-rural ratio; and the 1st in the valued without urban-rural gap.

Keywords: Hefei's Cultural Industry; Expansion of Cultural and Educational Consumption; Demand and Sharing; Growth Target

B. 20   Guangzhou: The Growth Target in the Valued
          Avoiding Negative Correlation Ranks the
          Top One   *Li Xue* / 259

Abstract: The evaluated growth targets of cultural and educational consumption and development space of cultural industry in Guangzhou are as follows: in the ranking of the actual growth among various key cities from 2005 to 2012, Guangzhou is the 4th in the valued average added value over the years; in the ranking of the targets distance among various key cities from 2012 to 2020, Guangzhou is the 1st in the valued avoiding negative correlation; the 3rd in the valued optimal proportion; and the 4th in the valued pillar industry; the province which Guangzhou located is the 5th in the valued lowest urban-rural ratio; the 4th in the valued closed urban-rural ratio; and the 3rd in the valued without urban-rural gap.

Keywords: Guangzhou's Cultural Industry; Expansion of Cultural and Educational Consumption; Demand and Sharing; Growth Target

B. 21   Fuzhou: The Growth Target in the Valued
          Avoiding Negative Correlation Ranks the
          Top Three   *Meng Lingmei* / 269

Abstract: The evaluated growth targets of cultural and educational consumption and development space of cultural industry in Fuzhou are as follows: in the ranking of the actual growth among various key cities from 2005 to 2012, Fuzhou is the 3rd in the valued average added value over the years; in the ranking of the targets distance among various key cities from 2012 to 2020, Fuzhou is the 3rd in the valued avoiding negative correlation; the 4th in the valued optimal proportion; and the 3rd in the valued pillar industry; the province which Fuzhou located is the 2nd in the valued lowest urban-rural ratio; the 3rd in the valued closed urban-rural ratio; and the 2nd in the valued without urban-rural gap.

Keywords: Fuzhou's Cultural Industry; Expansion of Cultural and Educational Consumption; Demand and Sharing; Growth Target

B. 22　Kunming: The Growth Target in the Valued Optimal Proportion Ranks the Top Two　*Zhang Ge* / 279

Abstract: The evaluated growth targets of cultural and educational consumption and development space of cultural industry in Kunming are as follows: in the ranking of the actual growth among various key cities from 2005 to 2012, Kunming is the 2nd in the valued average added value over the years; in the ranking of the targets distance among various key cities from 2012 to 2020, Kunming is the 7th in the valued avoiding negative correlation; the 2nd in the valued optimal proportion; and the 2nd in the valued pillar industry; the province which Kunming located is the 4th in the valued lowest urban-rural ratio; the 5th in the valued closed urban-rural ratio; and the 8th in the valued without urban-rural gap.

Keywords: Kunming's Cultural Industry; Expansion of Cultural and Educational Consumption; Demand and Sharing; Growth Target

B. 23　Nanjing: The Growth Target in the Valued Optimal Proportion Ranks the Fifth　*Ping Jinliang* / 289

Abstract: The evaluated growth targets of cultural and educational consumption and development space of cultural industry in Nanjing are as follows: in the ranking of the actual growth among various key cities from 2005 to 2012, Nanjing is the 5th in the valued average added value over the years; in the ranking of the targets distance among various key cities from 2012 to 2020, Nanjing is the 6th in the valued avoiding negative correlation; the 5th in the valued optimal proportion; and the 5th in the valued pillar industry; the province which Nanjing located is the 3rd in the valued lowest urban-rural ratio; the 2nd in the valued closed urban-rural ratio; and the 5th in the valued without urban-rural gap.

Keywords: Nanjing's Cultural Industry; Expansion of Cultural and Educational Consumption; Demand and Sharing; Growth Target

B. 24　Hohhot: The Growth Target in the Valued
　　　　Avoiding Negative Correlation Ranks
　　　　the Fifth　　　　　　　　　　　　　　*Dai Li* / 299

Abstract: The evaluated growth targets of cultural and educational consumption and development space of cultural industry in Hohhot are as follows: in the ranking of the actual growth among various key cities from 2005 to 2012, Hohhot is the 6th in the valued average added value over the years; in the ranking of the targets distance among various key cities from 2012 to 2020, Hohhot is the 5th in the valued avoiding negative correlation; the 7th in the valued optimal proportion; and the 6th in the valued pillar industry; the province which Hohhot located is the 12th in the valued lowest urban-rural ratio; the 13th in the valued closed urban-rural ratio; and the 10th in the valued without urban-rural gap.

Keywords: Hohhot's Cultural Industry; Expansion of Cultural and Educational Consumption; Demand and Sharing; Growth Target

B. 25　Shenyang: The Growth Target in the Valued

Pillar Industry Ranks the Seventh　*Zhao Hanjun* / 309

Abstract: The evaluated growth targets of cultural and educational consumption and development space of cultural industry in Shenyang are as follows: in the ranking of the actual growth among various key cities from 2005 to 2012, Shenyang is the 7th in the valued average added value over the years; in the ranking of the targets distance among various key cities from 2012 to 2020, Shenyang is the 10th in the valued avoiding negative correlation; the 9th in the valued optimal proportion; and the 7th in the valued pillar industry; the province which Shenyang located is the 6th in the valued lowest urban-rural ratio; the 6th in the valued closed urban-rural ratio; and the 6th in the valued without urban-rural gap.

Keywords: Shenyang's Cultural Industry; Expansion of Cultural and Educational Consumption; Demand and Sharing; Growth Target

B. 26　Nanchang: The Growth Target in the Valued

Avoiding Negative Correlation Ranks

the Fourth　*Huang Haitao* / 319

Abstract: The evaluated growth targets of cultural and educational consumption and development space of cultural industry in Nanchang are as follows: in the ranking of the actual growth among various key cities from 2005 to 2012, Nanchang is the 12th in the valued average added value over the years; in the ranking of the targets distance among various key cities from 2012 to 2020, Nanchang is the 4th in the valued avoiding negative correlation; the 12th in the valued optimal proportion; and the 12th in the valued pillar industry; the province which Nanchang located is the 14th in the valued lowest urban-rural ratio; the 15th in the valued closed urban-rural ratio; and the 12th in the valued without urban-rural gap.

Keywords: Nanchang's Cultural Industry; Expansion of Cultural and Educational Consumption; Demand and Sharing; Growth Target

B. 27 Shanghai: The Growth Target in the Valued Optimal Proportion Ranks the Sixth *Qin Ruijing* / 329

Abstract: The evaluated growth targets of cultural and educational consumption and development space of cultural industry in Shanghai are as follows: in the ranking of the actual growth among various key cities from 2005 to 2012, Shanghai is the 17th in the valued average added value over the years; in the ranking of the targets distance among various key cities from 2012 to 2020, Shanghai is the 14th in the valued avoiding negative correlation; the 6th in the valued optimal proportion; and the 9th in the valued pillar industry; Shanghai's complete area is the 7th in the valued lowest urban-rural ratio; the 7th in the valued closed urban-rural ratio; and the 4th in the valued without urban-rural gap.

Keywords: Shanghai's Cultural Industry; Expansion of Cultural and Educational Consumption; Demand and Sharing; Growth Target

B. 28 Wuhan: The Growth Target in the Valued Avoiding Negative Correlation Ranks the Eighth *Zhu Jianping* / 339

Abstract: The evaluated growth targets of cultural and educational consumption and development space of cultural industry in Wuhan are as follows: in the ranking of the actual growth among various key cities from 2005 to 2012, Wuhan is the 8th in the valued average added value over the years; in the ranking of the targets distance among various key cities from 2012 to 2020, Wuhan is the 8th in the valued avoiding negative correlation; the 11th in the valued optimal proportion; and the 10th in the valued pillar industry; the province which Wuhan located is the 9th in the valued lowest urban-rural ratio; the 9th in the valued closed urban-rural ratio; and the 9th in the valued without urban-rural gap.

Keywords: Wuhan's Cultural Industry; Expansion of Cultural and Educational Consumption; Demand and Sharing; Growth Target

B. 29　Jinan: The Growth Target in the Valued Optimal
　　　　Proportion Ranks the Eighth　　　　　　　　*Li Shanshan* / 349

Abstract: The evaluated growth targets of cultural and educational consumption and development space of cultural industry in Jinan are as follows: in the ranking of the actual growth among various key cities from 2005 to 2012, Jinan is the 11th in the valued average added value over the years; in the ranking of the targets distance among various key cities from 2012 to 2020, Jinan is the 17th in the valued avoiding negative correlation; the 8th in the valued optimal proportion; and the 8th in the valued pillar industry; the province which Jinan located is the 10th in the valued lowest urban-rural ratio; the 10th in the valued closed urban-rural ratio; and the 13th in the valued without urban-rural gap.

Keywords: Jinan's Cultural Industry; Expansion of Cultural and Educational Consumption; Demand and Sharing; Growth Target

B. 30　Beijing: The Growth Target in the Valued
　　　　Optimal Proportion Ranks the Tenth　　　　　*Hui Huang* / 359

Abstract: The evaluated growth targets of cultural and educational consumption and development space of cultural industry in Beijing are as follows: in the ranking of the actual growth among various key cities from 2005 to 2012, Beijing is the 14th in the valued average added value over the years; in the ranking of the targets distance among various key cities from 2012 to 2020, Beijing is the 18th in the valued avoiding negative correlation; the 10th in the valued optimal proportion; and the

11th in the valued pillar industry; Beijing's complete area is the 8th in the valued lowest urban-rural ratio; the 8th in the valued closed urban-rural ratio; and the 7th in the valued without urban-rural gap.

Keywords: Beijing's Cultural Industry; Expansion of Cultural and Educational Consumption; Demand and Sharing; Growth Target

中国皮书网

www.pishu.cn

发布皮书研创资讯，传播皮书精彩内容
引领皮书出版潮流，打造皮书服务平台

栏目设置：

☐ 资讯：皮书动态、皮书观点、皮书数据、皮书报道、皮书新书发布会、电子期刊
☐ 标准：皮书评价、皮书研究、皮书规范、皮书专家、编撰团队
☐ 服务：最新皮书、皮书书目、重点推荐、在线购书
☐ 链接：皮书数据库、皮书博客、皮书微博、出版社首页、在线书城
☐ 搜索：资讯、图书、研究动态
☐ 互动：皮书论坛

中国皮书网依托皮书系列"权威、前沿、原创"的优质内容资源，通过文字、图片、音频、视频等多种元素，在皮书研创者、使用者之间搭建了一个成果展示、资源共享的互动平台。

自2005年12月正式上线以来，中国皮书网的IP访问量、PV浏览量与日俱增，受到海内外研究者、公务人员、商务人士以及专业读者的广泛关注。

2008年、2011年中国皮书网均在全国新闻出版业网站荣誉评选中获得"最具商业价值网站"称号。

2012年，中国皮书网在全国新闻出版业网站系列荣誉评选中获得"出版业网站百强"称号。

权威报告　热点资讯　海量资源

当代中国与世界发展的高端智库平台

皮书数据库　www.pishu.com.cn

　　皮书数据库是专业的人文社会科学综合学术资源总库，以大型连续性图书——皮书系列为基础，整合国内外相关资讯构建而成。该数据库包含七大子库，涵盖两百多个主题，囊括了近十几年间中国与世界经济社会发展报告，覆盖经济、社会、政治、文化、教育、国际问题等多个领域。

　　皮书数据库以篇章为基本单位，方便用户对皮书内容的阅读需求。用户可进行全文检索，也可对文献题目、内容提要、作者名称、作者单位、关键字等基本信息进行检索，还可对检索到的篇章再作二次筛选，进行在线阅读或下载阅读。智能多维度导航，可使用户根据自己熟知的分类标准进行分类导航筛选，使查找和检索更高效、便捷。

　　权威的研究报告、独特的调研数据、前沿的热点资讯，皮书数据库已发展成为国内最具影响力的关于中国与世界现实问题研究的成果库和资讯库。

皮书俱乐部会员服务指南

1. 谁能成为皮书俱乐部成员？

- 皮书作者自动成为俱乐部会员
- 购买了皮书产品（纸质皮书、电子书）的个人用户

2. 会员可以享受的增值服务

- 加入皮书俱乐部，免费获赠该纸质图书的电子书
- 免费获赠皮书数据库100元充值卡
- 免费定期获赠皮书电子期刊
- 优先参与各类皮书学术活动
- 优先享受皮书产品的最新优惠

卡号：6172938442939158
密码：

3. 如何享受增值服务？

（1）加入皮书俱乐部，获赠该书的电子书

　　第1步 登录我社官网（www.ssap.com.cn），注册账号；

　　第2步 登录并进入"会员中心"—"皮书俱乐部"，提交加入皮书俱乐部申请；

　　第3步 审核通过后，自动进入俱乐部服务环节，填写相关购书信息即可自动兑换相应电子书。

（2）免费获赠皮书数据库100元充值卡

　　100元充值卡只能在皮书数据库中充值和使用

　　第1步 刮开附赠充值的涂层（左下）；

　　第2步 登录皮书数据库网站（www.pishu.com.cn），注册账号；

　　第3步 登录并进入"会员中心"—"在线充值"—"充值卡充值"，充值成功后即可使用。

4. 声明

　　解释权归社会科学文献出版社所有

皮书俱乐部会员可享受社会科学文献出版社其他相关免费增值服务，有任何疑问，均可与我们联系

联系电话：010-59367227　企业QQ：800045692　邮箱：pishuclub@ssap.cn

欢迎登录社会科学文献出版社官网（www.ssap.com.cn）和中国皮书网（www.pishu.cn）了解更多信息

社会科学文献出版社

皮书系列

"皮书"起源于十七、十八世纪的英国，主要指官方或社会组织正式发表的重要文件或报告，多以"白皮书"命名。在中国，"皮书"这一概念被社会广泛接受，并被成功运作、发展成为一种全新的出版形态，则源于中国社会科学院社会科学文献出版社。

皮书是对中国与世界发展状况和热点问题进行年度监测，以专业的角度、专家的视野和实证研究方法，针对某一领域或区域现状与发展态势展开分析和预测，具备权威性、前沿性、原创性、实证性、时效性等特点的连续性公开出版物，由一系列权威研究报告组成。皮书系列是社会科学文献出版社编辑出版的蓝皮书、绿皮书、黄皮书等的统称。

皮书系列的作者以中国社会科学院、著名高校、地方社会科学院的研究人员为主，多为国内一流研究机构的权威专家学者，他们的看法和观点代表了学界对中国与世界的现实和未来最高水平的解读与分析。

自 20 世纪 90 年代末推出以《经济蓝皮书》为开端的皮书系列以来，社会科学文献出版社至今已累计出版皮书千余部，内容涵盖经济、社会、政法、文化传媒、行业、地方发展、国际形势等领域。皮书系列已成为社会科学文献出版社的著名图书品牌和中国社会科学院的知名学术品牌。

皮书系列在数字出版和国际出版方面成就斐然。皮书数据库被评为"2008~2009 年度数字出版知名品牌"；《经济蓝皮书》《社会蓝皮书》等十几种皮书每年还由国外知名学术出版机构出版英文版、俄文版、韩文版和日文版，面向全球发行。

2011 年，皮书系列正式列入"十二五"国家重点出版规划项目；2012 年，部分重点皮书列入中国社会科学院承担的国家哲学社会科学创新工程项目；2014 年，35 种院外皮书使用"中国社会科学院创新工程学术出版项目"标识。

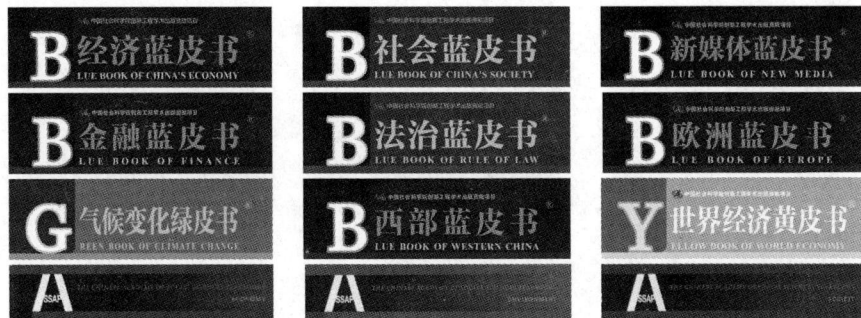

法 律 声 明

　　"皮书系列"（含蓝皮书、绿皮书、黄皮书）由社会科学文献出版社最早使用并对外推广，现已成为中国图书市场上流行的品牌，是社会科学文献出版社的品牌图书。社会科学文献出版社拥有该系列图书的专有出版权和网络传播权，其 LOGO（ ▧ ）与"经济蓝皮书"、"社会蓝皮书"等皮书名称已在中华人民共和国工商行政管理总局商标局登记注册，社会科学文献出版社合法拥有其商标专用权。

　　未经社会科学文献出版社的授权和许可，任何复制、模仿或以其他方式侵害"皮书系列"和 LOGO（ ▧ ）、"经济蓝皮书"、"社会蓝皮书"等皮书名称商标专用权的行为均属于侵权行为，社会科学文献出版社将采取法律手段追究其法律责任，维护合法权益。

　　欢迎社会各界人士对侵犯社会科学文献出版社上述权利的违法行为进行举报。电话：010－59367121，电子邮箱：fawubu@ ssap. cn。

社会科学文献出版社

我们是图书出版者，更是人文社会科学内容资源供应商；

我们背靠中国社会科学院，面向中国与世界人文社会科学界，坚持为人文社会科学的繁荣与发展服务；

我们精心打造权威信息资源整合平台，坚持为中国经济与社会的繁荣与发展提供决策咨询服务；

我们以读者定位自身，立志让爱书人读到好书，让求知者获得知识；

我们精心编辑、设计每一本好书以形成品牌张力，以优秀的品牌形象服务读者，开拓市场；

我们始终坚持"创社科经典，出传世文献"的经营理念，坚持"权威、前沿、原创"的产品特色；

我们"以人为本"，提倡阳光下创业，员工与企业共享发展之成果；

我们立足于现实，认真对待我们的优势、劣势，我们更着眼于未来，以不断的学习与创新适应不断变化的世界，以不断的努力提升自己的实力；

我们愿与社会各界友好合作，共享人文社会科学发展之成果，共同推动中国学术出版乃至内容产业的繁荣与发展。

社会科学文献出版社社长
中国社会学会秘书长

2014 年 1 月

"皮书"起源于十七、十八世纪的英国，主要指官方或社会组织正式发表的重要文件或报告，多以"白皮书"命名。在中国，"皮书"这一概念被社会广泛接受，并被成功运作、发展成为一种全新的出版形态，则源于中国社会科学院社会科学文献出版社。

皮书是对中国与世界发展状况和热点问题进行年度监测，以专家和学术的视角，针对某一领域或区域现状与发展态势展开分析和预测，具备权威性、前沿性、原创性、实证性、时效性等特点的连续性公开出版物，由一系列权威研究报告组成。皮书系列是社会科学文献出版社编辑出版的蓝皮书、绿皮书、黄皮书等的统称。

皮书系列的作者以中国社会科学院、著名高校、地方社会科学院的研究人员为主，多为国内一流研究机构的权威专家学者，他们的看法和观点代表了学界对中国与世界的现实和未来最高水平的解读与分析。

自 20 世纪 90 年代末推出以经济蓝皮书为开端的皮书系列以来，至今已出版皮书近1000 余部，内容涵盖经济、社会、政法、文化传媒、行业、地方发展、国际形势等领域。皮书系列已成为社会科学文献出版社的著名图书品牌和中国社会科学院的知名学术品牌。

皮书系列在数字出版和国际出版方面成就斐然。皮书数据库被评为"2008~2009 年度数字出版知名品牌"；经济蓝皮书、社会蓝皮书等十几种皮书每年还由国外知名学术出版机构出版英文版、俄文版、韩文版和日文版，面向全球发行。

2011 年，皮书系列正式列入"十二五"国家重点出版规划项目，一年一度的皮书年会升格由中国社会科学院主办；2012 年，部分重点皮书列入中国社会科学院承担的国家哲学社会科学创新工程项目。

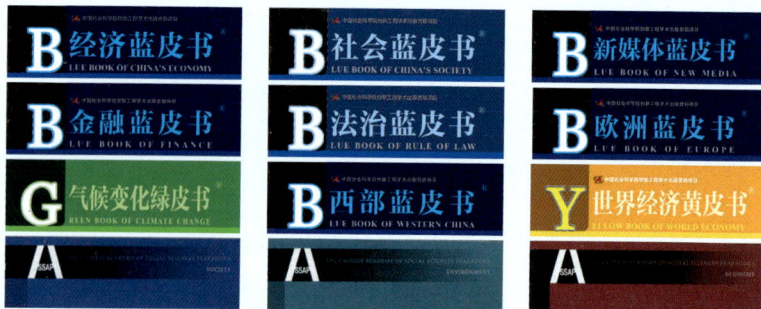

经 济 类

经济类皮书涵盖宏观经济、城市经济、大区域经济，
提供权威、前沿的分析与预测

经济蓝皮书

2014 年中国经济形势分析与预测（赠阅读卡）

李　扬／主编　　2013 年 12 月出版　　估价：69.00 元

◆　本书课题为"总理基金项目"，由著名经济学家李扬领衔，
联合数十家科研机构、国家部委和高等院校的专家共同撰写，
对 2013 年中国宏观及微观经济形势，特别是全球金融危机及
其对中国经济的影响进行了深入分析，并且提出了 2014 年经
济走势的预测。

世界经济黄皮书

2014 年世界经济形势分析与预测（赠阅读卡）

王洛林　张宇燕／主编　　2014 年 1 月出版　　估价：69.00 元

◆　2013 年的世界经济仍旧行进在坎坷复苏的道路上。发达
经济体经济复苏继续巩固，美国和日本经济进入低速增长通
道，欧元区结束衰退并呈复苏迹象。本书展望 2014 年世界经济，
预计全球经济增长仍将维持在中低速的水平上。

工业化蓝皮书

中国工业化进程报告（2014）（赠阅读卡）

黄群慧　吕　铁　李晓华　等／著　　2014 年 11 月出版　　估价：89.00 元

◆　中国的工业化是事关中华民族复兴的伟大事业，分析跟踪
研究中国的工业化进程，无疑具有重大意义。科学评价与客
观认识我国的工业化水平，对于我国明确自身发展中的优势
和不足，对于经济结构的升级与转型，对于制定经济发展政策，
从而提升我国的现代化水平具有重要作用。

金融蓝皮书

中国金融发展报告（2014）（赠阅读卡）

李 扬 王国刚 / 主编 2013 年 12 月出版 定价 :69.00 元

◆ 由中国社会科学院金融研究所组织编写的《中国金融发展报告（2014）》，概括和分析了 2013 年中国金融发展和运行中的各方面情况,研讨和评论了 2013 年发生的主要金融事件。本书由业内专家和青年精英联合编著，有利于读者了解掌握 2013 年中国的金融状况,把握 2014 年中国金融的走势。

城市竞争力蓝皮书

中国城市竞争力报告 No.12（赠阅读卡）

倪鹏飞 / 主编 2014 年 5 月出版 估价 :89.00 元

◆ 本书由中国社会科学院城市与竞争力研究中心主任倪鹏飞主持编写，汇集了众多研究城市经济问题的专家学者关于城市竞争力研究的最新成果。本报告构建了一套科学的城市竞争力评价指标体系，采用第一手数据材料，对国内重点城市年度竞争力格局变化进行客观分析和综合比较、排名，对研究城市经济及城市竞争力极具参考价值。

中国省域竞争力蓝皮书

中国省域经济综合竞争力发展报告（2012~2013）（赠阅读卡）

李建平 李闽榕 高燕京 / 主编 2014 年 3 月出版 估价 :188.00 元

◆ 本书充分运用数理分析、空间分析、规范分析与实证分析相结合、定性分析与定量分析相结合的方法，建立起比较科学完善、符合中国国情的省域经济综合竞争力指标评价体系及数学模型，对 2011~2012 年中国内地 31 个省、市、区的经济综合竞争力进行全面、深入、科学的总体评价与比较分析。

农村经济绿皮书

中国农村经济形势分析与预测 (2013~2014)（赠阅读卡）

中国社会科学院农村发展研究所 国家统计局农村社会经济调查司 / 著

2014 年 4 月出版 估价 :59.00 元

◆ 本书对 2013 年中国农业和农村经济运行情况进行了系统的分析和评价，对 2014 年中国农业和农村经济发展趋势进行了预测，并提出相应的政策建议，专题部分将围绕某个重大的理论和现实问题进行多维、深入、细致的分析和探讨。

西部蓝皮书

中国西部经济发展报告（2014）（赠阅读卡）

姚慧琴　徐璋勇 / 主编　　2014 年 7 月出版　　估价 :69.00 元

◆　本书由西北大学中国西部经济发展研究中心主编，汇集了源自西部本土以及国内研究西部问题的权威专家的第一手资料，对国家实施西部大开发战略进行年度动态跟踪，并对 2014 年西部经济、社会发展态势进行预测和展望。

气候变化绿皮书

应对气候变化报告（2014）（赠阅读卡）

王伟光　郑国光 / 主编　　2014 年 11 月出版　　估价 :79.00 元

◆　本书由社科院城环所和国家气候中心共同组织编写，各篇报告的作者长期从事气候变化科学问题、社会经济影响，以及国际气候制度等领域的研究工作，密切跟踪国际谈判的进程，参与国家应对气候变化相关政策的咨询，有丰富的理论与实践经验。

就业蓝皮书

2014 年中国大学生就业报告（赠阅读卡）

麦可思研究院 / 编著　王伯庆　郭　娇 / 主审
2014 年 6 月出版　估价 :98.00 元

◆　本书是迄今为止关于中国应届大学毕业生就业、大学毕业生中期职业发展及高等教育人口流动情况的视野最为宽广、资料最为翔实、分类最为精细的实证调查和定量研究；为我国教育主管部门的教育决策提供了极有价值的参考。

企业社会责任蓝皮书

中国企业社会责任研究报告（2014）（赠阅读卡）

黄群慧　彭华岗　钟宏武　张　蒽 / 编著
2014 年 11 月出版　估价 :69.00 元

◆　本书系中国社会科学院经济学部企业社会责任研究中心组织编写的《企业社会责任蓝皮书》2014 年分册。该书在对企业社会责任进行宏观总体研究的基础上，根据 2013 年企业社会责任及相关背景进行了创新研究，在全国企业中观层面对企业健全社会责任管理体系提供了弥足珍贵的丰富信息。

社 会 政 法 类

社会政法类皮书聚焦社会发展领域的热点、难点问题，
提供权威、原创的资讯与视点

社会蓝皮书

2014 年中国社会形势分析与预测（赠阅读卡）

李培林　陈光金　张　翼／主编　2013 年 12 月出版　估价 :69.00 元

◆　本报告是中国社会科学院"社会形势分析与预测"课题组 2014 年度分析报告，由中国社会科学院社会学研究所组织研究机构专家、高校学者和政府研究人员撰写。对 2013 年中国社会发展的各个方面内容进行了权威解读，同时对 2014 年社会形势发展趋势进行了预测。

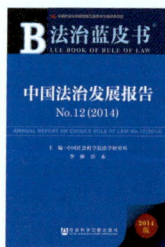

法治蓝皮书

中国法治发展报告 No.12（2014）（赠阅读卡）

李　林　田　禾／主编　　2014 年 2 月出版　　估价 :98.00 元

◆　本年度法治蓝皮书一如既往秉承关注中国法治发展进程中的焦点问题的特点，回顾总结了 2013 年度中国法治发展取得的成就和存在的不足，并对 2014 年中国法治发展形势进行了预测和展望。

民间组织蓝皮书

中国民间组织报告（2014）（赠阅读卡）

黄晓勇／主编　　2014 年 8 月出版　　估价 :69.00 元

◆　本报告是中国社会科学院"民间组织与公共治理研究"课题组推出的第五本民间组织蓝皮书。基于国家权威统计数据、实地调研和广泛搜集的资料，本报告对 2012 年以来我国民间组织的发展现状、热点专题、改革趋势等问题进行了深入研究，并提出了相应的政策建议。

社会保障绿皮书

中国社会保障发展报告（2014）No.6（赠阅读卡）

王延中／主编　2014 年 9 月出版　估价：69.00 元

◆　社会保障是调节收入分配的重要工具，随着社会保障制度的不断建立健全、社会保障覆盖面的不断扩大和社会保障资金的不断增加，社会保障在调节收入分配中的重要性不断提高。本书全面评述了 2013 年以来社会保障制度各个主要领域的发展情况。

环境绿皮书

中国环境发展报告（2014）（赠阅读卡）

刘鉴强／主编　　2014 年 4 月出版　　估价：69.00 元

◆　本书由民间环保组织"自然之友"组织编写，由特别关注、生态保护、宜居城市、可持续消费以及政策与治理等版块构成，以公共利益的视角记录、审视和思考中国环境状况，呈现 2013 年中国环境与可持续发展领域的全局态势，用深刻的思考、科学的数据分析 2013 年的环境热点事件。

教育蓝皮书

中国教育发展报告（2014）（赠阅读卡）

杨东平／主编　2014 年 3 月出版　估价：69.00 元

◆　本书站在教育前沿，突出教育中的问题，特别是对当前教育改革中出现的教育公平、高校教育结构调整、义务教育均衡发展等问题进行了深入分析，从教育的内在发展谈教育，又从外部条件来谈教育，具有重要的现实意义，对我国的教育体制的改革与发展具有一定的学术价值和参考意义。

反腐倡廉蓝皮书

中国反腐倡廉建设报告 No.3（赠阅读卡）

中国社会科学院中国廉政研究中心／主编
2013 年 12 月出版　　估价：79.00 元

◆　本书抓住了若干社会热点和焦点问题，全面反映了新时期新阶段中国反腐倡廉面对的严峻局面，以及中国共产党反腐倡廉建设的新实践新成果。根据实地调研、问卷调查和舆情分析，梳理了当下社会普遍关注的与反腐败密切相关的热点问题。

行业报告类

行业报告类皮书立足重点行业、新兴行业领域，
提供及时、前瞻的数据与信息

房地产蓝皮书

中国房地产发展报告 No.11（赠阅读卡）

魏后凯　李景国 / 主编　　2014 年 4 月出版　　　估价 :79.00 元

◆　　本书由中国社会科学院城市发展与环境研究所组织编写，
秉承客观公正、科学中立的原则，深度解析 2013 年中国房地产
发展的形势和存在的主要矛盾，并预测 2014 年及未来 10 年或
更长时间的房地产发展大势。观点精辟，数据翔实，对关注房
地产市场的各阶层人士极具参考价值。

旅游绿皮书

2013~2014 年中国旅游发展分析与预测（赠阅读卡）

宋　瑞 / 主编　　2013 年 12 月出版　　　定价 :69.00 元

◆　　如何从全球的视野理性审视中国旅游，如何在世界旅游版
图上客观定位中国，如何积极有效地推进中国旅游的世界化，
如何制定中国实现世界旅游强国梦想的线路图？本年度开始，
《旅游绿皮书》将围绕"世界与中国"这一主题进行系列研究，
以期为推进中国旅游的长远发展提供科学参考和智力支持。

信息化蓝皮书

中国信息化形势分析与预测（2014）（赠阅读卡）

周宏仁 / 主编　　2014 年 7 月出版　　　估价 :98.00 元

◆　　本书在以中国信息化发展的分析和预测为重点的同时，反
映了过去一年间中国信息化关注的重点和热点，视野宽阔，观
点新颖，内容丰富，数据翔实，对中国信息化的发展有很强的
指导性，可读性很强。

企业蓝皮书

中国企业竞争力报告（2014）（赠阅读卡）

金 碚 / 主编　　2014 年 11 月出版　　估价 :89.00 元

◆　中国经济正处于新一轮的经济波动中，如何保持稳健的经营心态和经营方式并进一步求发展，对于企业保持并提升核心竞争力至关重要。本书利用上市公司的财务数据，研究上市公司竞争力变化的最新趋势，探索进一步提升中国企业国际竞争力的有效途径，这无论对实践工作者还是理论研究者都具有重大意义。

食品药品蓝皮书

食品药品安全与监管政策研究报告（2014）（赠阅读卡）

唐民皓 / 主编　　2014 年 7 月出版　　估价 :69.00 元

◆　食品药品安全是当下社会关注的焦点问题之一，如何破解食品药品安全监管重点难点问题是需要以社会合力才能解决的系统工程。本书围绕安全热点问题、监管重点问题和政策焦点问题，注重于对食品药品公共政策和行政监管体制的探索和研究。

流通蓝皮书

中国商业发展报告（2013~2014）（赠阅读卡）

荆林波 / 主编　　2014 年 5 月出版　　估价 :89.00 元

◆　《中国商业发展报告》是中国社会科学院财经战略研究院与香港利丰研究中心合作的成果，并且在 2010 年开始以中英文版同步在全球发行。蓝皮书从关注中国宏观经济出发，突出中国流通业的宏观背景反映了本年度中国流通业发展的状况。

住房绿皮书

中国住房发展报告（2013~2014）（赠阅读卡）

倪鹏飞 / 主编　　2013 年 12 月出版　　估价 :79.00 元

◆　本报告从宏观背景、市场主体、市场体系、公共政策和年度主题五个方面，对中国住宅市场体系做了全面系统的分析、预测与评价，并给出了相关政策建议，并在评述 2012~2013 年住房及相关市场走势的基础上，预测了 2013~2014 年住房及相关市场的发展变化。

国别与地区类

国别与地区类皮书关注全球重点国家与地区，
提供全面、独特的解读与研究

亚太蓝皮书

亚太地区发展报告（2014）（赠阅读卡）

李向阳／主编　　2013年12月出版　　定价：69.00元

◆　本书是由中国社会科学院亚太与全球战略研究院精心打造的又一品牌皮书，关注时下亚太地区局势发展动向里隐藏的中长趋势，剖析亚太地区政治与安全格局下的区域形势最新动向以及地区关系发展的热点问题，并对2014年亚太地区重大动态作出前瞻性的分析与预测。

日本蓝皮书

日本研究报告（2014）（赠阅读卡）

李　薇／主编　　2014年2月出版　　估价：69.00元

◆　本书由中华日本学会、中国社会科学院日本研究所合作推出，是以中国社会科学院日本研究所的研究人员为主完成的研究成果。对2013年日本的政治、外交、经济、社会文化作了回顾、分析与展望，并收录了该年度日本大事记。

欧洲蓝皮书

欧洲发展报告 (2013~2014)（赠阅读卡）

周　弘／主编　　2014年3月出版　　估价：89.00元

◆　本年度的欧洲发展报告，对欧洲经济、政治、社会、外交等面的形式进行了跟踪介绍与分析。力求反映作为一个整体的欧盟及30多个欧洲国家在2013年出现的各种变化。

拉美黄皮书

拉丁美洲和加勒比发展报告（2013~2014）（赠阅读卡）

吴白乙 / 主编　2014 年 4 月出版　估价 :89.00 元

◆　本书是中国社会科学院拉丁美洲研究所的第 13 份关于拉丁美洲和加勒比地区发展形势状况的年度报告。本书对 2013 年拉丁美洲和加勒比地区诸国的政治、经济、社会、外交等方面的发展情况做了系统介绍，对该地区相关国家的热点及焦点问题进行了总结和分析，并在此基础上对该地区各国 2014 年的发展前景做出预测。

澳门蓝皮书

澳门经济社会发展报告（2013~2014）（赠阅读卡）

吴志良　郝雨凡 / 主编　2014 年 3 月出版　估价 :79.00 元

◆　本书集中反映 2013 年本澳各个领域的发展动态，总结评价近年澳门政治、经济、社会的总体变化，同时对 2014 年社会经济情况作初步预测。

日本经济蓝皮书

日本经济与中日经贸关系研究报告（2014）（赠阅读卡）

王洛林　张季风 / 主编　2014 年 5 月出版　估价 :79.00 元

◆　本书对当前日本经济以及中日经济合作的发展动态进行了多角度、全景式的深度分析。本报告回顾并展望了 2013~2014 年度日本宏观经济的运行状况。此外，本报告还收录了大量来自于日本政府权威机构的数据图表，具有极高的参考价值。

美国蓝皮书

美国问题研究报告（2014）（赠阅读卡）

黄平　倪峰 / 主编　2014 年 6 月出版　估价 :89.00 元

◆　本书是由中国社会科学院美国所主持完成的研究成果，它回顾了美国 2013 年的经济、政治形势与外交战略，对 2013 年以来美国内政外交发生的重大事件以及重要政策进行了较为全面的回顾和梳理。

地方发展类

地方发展类皮书关注大陆各省份、经济区域，
提供科学、多元的预判与咨政信息

社会建设蓝皮书

2014年北京社会建设分析报告（赠阅读卡）

宋贵伦/主编　2014年4月出版　估价:69.00元

◆　本书依据社会学理论框架和分析方法，对北京市的人口、
就业、分配、社会阶层以及城乡关系等社会学基本问题进行
了广泛调研与分析，对广受社会关注的住房、教育、医疗、
养老、交通等社会热点问题做了深刻了解与剖析，对日益显
现的征地搬迁、外籍人口管理、群体性心理障碍等进行了有
益探讨。

温州蓝皮书

2014年温州经济社会形势分析与预测（赠阅读卡）

潘忠强　王春光　金　浩/主编　　2014年4月出版　估价:69.00元

◆　本书是由中共温州市委党校与中国社会科学院社会学研
究所合作推出的第七本"温州经济社会形势分析与预测"年
度报告，深入全面分析了2013年温州经济、社会、政治、文
化发展的主要特点、经验、成效与不足，提出了相应的政策
建议。

上海蓝皮书

上海资源环境发展报告（2014）（赠阅读卡）

周冯琦　汤庆合　王利民/著　　2014年1月出版　估价:59.00元

◆　本书在上海所面临资源环境风险的来源、程度、成因、
对策等方面作了些有益的探索，希望能对有关部门完善上海
的资源环境风险防控工作提供一些有价值的参考，也让普通
民众更全面地了解上海资源环境风险及其防控的图景。

广州蓝皮书

2014 年中国广州社会形势分析与预测（赠阅读卡）

易佐永　杨　秦　顾涧清 / 主编　　2014 年 5 月出版　估价 :65.00 元

◆　本书由广州大学与广州市委宣传部、广州市人力资源和社会保障局联合主编，汇集了广州科研团体、高等院校和政府部门诸多社会问题研究专家、学者和实际部门工作者的最新研究成果，是关于广州社会运行情况和相关专题分析与预测的重要参考资料。

河南经济蓝皮书

2014 年河南经济形势分析与预测（赠阅读卡）

胡五岳 / 主编　　2014 年 4 月出版　估价 :59.00 元

◆　本书由河南省统计局主持编纂。该分析与展望以 2013 年最新年度统计数据为基础，科学研判河南经济发展的脉络轨迹、分析年度运行态势；以客观翔实、权威资料为特征，突出科学性、前瞻性和可操作性，服务于科学决策和科学发展。

陕西蓝皮书

陕西社会发展报告（2014）（赠阅读卡）

任宗哲　石　英　江　波 / 主编　　2014 年 1 月出版　估价 :65.00 元

◆　本书系统而全面地描述了陕西省 2013 年社会发展各个领域所取得的成就、存在的问题、面临的挑战及其应对思路，为更好地思考 2014 年陕西发展前景、政策指向和工作策略等方面提供了一个较为简洁清晰的参考蓝本。

上海蓝皮书

上海经济发展报告（2014）（赠阅读卡）

沈开艳 / 主编　　2014 年 1 月出版　估价 :69.00 元

◆　本书系上海社会科学院系列之一，报告对 2014 年上海经济增长与发展趋势的进行了预测，把握了上海经济发展的脉搏和学术研究的前沿。

广州蓝皮书

广州经济发展报告（2014）（赠阅读卡）

李江涛　刘江华 / 主编　　2014 年 6 月出版　　估价 :65.00 元

◆　本书是由广州市社会科学院主持编写的"广州蓝皮书"系列之一，本报告对广州 2013 年宏观经济运行情况作了深入分析，对 2014 年宏观经济走势进行了合理预测，并在此基础上提出了相应的政策建议。

文 化 传 媒 类

文化传媒类皮书透视文化领域、文化产业，
探索文化大繁荣、大发展的路径

新媒体蓝皮书

中国新媒体发展报告 No.4(2013)（赠阅读卡）

唐绪军 / 主编　　2014 年 6 月出版　　估价 :69.00 元

◆　本书由中国社会科学院新闻与传播研究所和上海大学合作编写，在构建新媒体发展研究基本框架的基础上，全面梳理 2013 年中国新媒体发展现状，发表最前沿的网络媒体深度调查数据和研究成果，并对新媒体发展的未来趋势做出预测。

舆情蓝皮书

中国社会舆情与危机管理报告（2014）（赠阅读卡）

谢耘耕 / 主编　　2014 年 8 月出版　　估价 :85.00 元

◆　本书由上海交通大学舆情研究实验室和危机管理研究中心主编，已被列入教育部人文社会科学研究报告培育项目。本书以新媒体环境下的中国社会为立足点，对 2013 年中国社会舆情、分类舆情等进行了深入系统的研究，并预测了 2014 年社会舆情走势。

经济类

产业蓝皮书
中国产业竞争力报告（2014）No.4
著(编)者:张其仔　2014年5月出版 / 估价:79.00元

长三角蓝皮书
2014年率先基本实现现代化的长三角
著(编)者:刘志彪　2014年6月出版 / 估价:120.00元

城市竞争力蓝皮书
中国城市竞争力报告No.12
著(编)者:倪鹏飞　2014年5月出版 / 估价:89.00元

城市蓝皮书
中国城市发展报告No.7
著(编)者:潘家华 魏后凯　2014年7月出版 / 估价:69.00元

城市群蓝皮书
中国城市群发展指数报告(2014)
著(编)者:刘士林 刘新静　2014年10月出版 / 估价:59.00元

城乡统筹蓝皮书
中国城乡统筹发展报告（2014）
著(编)者:程志强、潘晨光　2014年3月出版 / 估价:59.00元

城乡一体化蓝皮书
中国城乡一体化发展报告（2014）
著(编)者:汝信 付崇兰　2014年8月出版 / 估价:59.00元

城镇化蓝皮书
中国城镇化健康发展报告（2014）
著(编)者:张占斌　2014年10月出版 / 估价:69.00元

低碳发展蓝皮书
中国低碳发展报告（2014）
著(编)者:齐晔　2014年7月出版 / 估价:69.00元

低碳经济蓝皮书
中国低碳经济发展报告（2014）
著(编)者:薛进军 赵忠秀　2014年5月出版 / 估价:79.00元

东北蓝皮书
中国东北地区发展报告（2014）
著(编)者:鲍振东 曹晓峰　2014年8月出版 / 估价:79.00元

发展和改革蓝皮书
中国经济发展和体制改革报告No.7
著(编)者:邹东涛　2014年7月出版 / 估价:79.00元

工业化蓝皮书
中国工业化进程报告（2014）
著(编)者: 黄群慧 吕铁 李晓华 等
2014年11月出版 / 估价:89.00元

国际城市蓝皮书
国际城市发展报告（2014）
著(编)者:屠启宇　2014年1月出版 / 估价:69.00元

国家创新蓝皮书
国家创新发展报告（2013~2014）
著(编)者:陈劲　2014年3月出版 / 估价:69.00元

国家竞争力蓝皮书
中国国家竞争力报告No.2
著(编)者:倪鹏飞　2014年10月出版 / 估价:98.00元

宏观经济蓝皮书
中国经济增长报告（2014）
著(编)者:张平 刘霞辉　2014年10月出版 / 估价:69.00元

减贫蓝皮书
中国减贫与社会发展报告
著(编)者:黄承伟　2014年7月出版 / 估价:69.00元

金融蓝皮书
中国金融发展报告（2014）
著(编)者:李扬 王国刚　2013年12月出版 / 定价:69.00元

经济蓝皮书
2014年中国经济形势分析与预测
著(编)者:李扬　2013年12月出版 / 估价:69.00元

经济蓝皮书春季号
中国经济前景分析——2014年春季报告
著(编)者:李扬　2014年4月出版 / 估价:59.00元

经济信息绿皮书
中国与世界经济发展报告（2014）
著(编)者:王长胜　2013年12月出版 / 定价:69.00元

就业蓝皮书
2014年中国大学生就业报告
著(编)者:麦可思研究院　2014年6月出版 / 估价:98.00元

民营经济蓝皮书
中国民营经济发展报告No.10（2013~2014）
著(编)者:黄孟复　2014年9月出版 / 估价:69.00元

民营企业蓝皮书
中国民营企业竞争力报告No.7（2014）
著(编)者:刘迎秋　2014年1月出版 / 估价:79.00元

农村绿皮书
中国农村经济形势分析与预测（2014）
著(编)者:中国社会科学院农村发展研究所
　　　　国家统计局农村社会经济调查司 著
2014年4月出版 / 估价:59.00元

企业公民蓝皮书
中国企业公民报告No.4
著(编)者:邹东涛　2014年7月出版 / 估价:69.00元

企业社会责任蓝皮书
中国企业社会责任研究报告（2014）
著(编)者:黄群慧 彭华岗 钟宏武 等
2014年11月出版 / 估价:59.00元

气候变化绿皮书
应对气候变化报告（2014）
著(编)者:王伟光 郑国光　2014年11月出版 / 估价:79.00元

区域蓝皮书
中国区域经济发展报告（2014）
著(编)者:梁昊光　2014年4月出版 / 估价:69.00元

人口与劳动绿皮书
中国人口与劳动问题报告No.15
著(编)者:蔡昉　2014年6月出版／估价:69.00元

生态经济（建设）绿皮书
中国经济（建设）发展报告（2013~2014）
著(编)者:黄浩涛　李周　2014年10月出版／估价:69.00元

世界经济黄皮书
2014年世界经济形势分析与预测
著(编)者:王洛林　张宇燕　2014年1月出版／估价:69.00元

西北蓝皮书
中国西北发展报告（2014）
著(编)者:张进海　陈冬红　段庆林　2014年1月出版／定价:65.00元

西部蓝皮书
中国西部发展报告（2014）
著(编)者:姚慧琴　徐璋勇　2014年7月出版／估价:69.00元

新型城镇化蓝皮书
新型城镇化发展报告（2014）
著(编)者:沈体雁　李伟　宋敏　2014年3月出版／估价:69.00元

新兴经济体蓝皮书
金砖国家发展报告（2014）
著(编)者:林跃勤　周文　2014年3月出版／估价:79.00元

循环经济绿皮书
中国循环经济发展报告（2013~2014）
著(编)者:齐建国　2014年12月出版／估价:69.00元

中部竞争力蓝皮书
中国中部经济社会竞争力报告（2014）
著(编)者:教育部人文社会科学重点研究基地
南昌大学中国中部经济社会发展研究中心
2014年7月出版／估价:59.00元

中部蓝皮书
中国中部地区发展报告（2014）
著(编)者:朱有志　2014年10月出版／估价:59.00元

中国科技蓝皮书
中国科技发展报告（2014）
著(编)者:陈劲　2014年4月出版／估价:69.00元

中国省域竞争力蓝皮书
中国省域经济综合竞争力发展报告（2012~2013）
著(编)者:李建平　李闽榕　高燕京　2014年3月出版／估价:188.00元

中三角蓝皮书
长江中游城市群发展报告（2013~2014）
著(编)者:秦尊文　2014年6月出版／估价:69.00元

中小城市绿皮书
中国中小城市发展报告（2014）
著(编)者:中国城市经济学会中小城市经济发展委员会
《中国中小城市发展报告》编纂委员会
2014年10月出版／估价:98.00元

中原蓝皮书
中原经济区发展报告（2014）
著(编)者:刘怀廉　2014年6月出版／估价:68.00元

社会政法类

殡葬绿皮书
中国殡葬事业发展报告（2014）
著(编)者:朱勇　副主编　李伯森　2014年3月出版／估价:59.00元

城市创新蓝皮书
中国城市创新报告（2014）
著(编)者:周天勇　旷建伟　2014年7月出版／估价:69.00元

城市管理蓝皮书
中国城市管理报告2014
著(编)者:谭维克　刘林　2014年7月出版／估价:98.00元

城市生活质量蓝皮书
中国城市生活质量指数报告（2014）
著(编)者:张平　2014年7月出版／估价:59.00元

城市政府能力蓝皮书
中国城市政府公共服务能力评估报告（2014）
著(编)者:何艳玲　2014年7月出版／估价:59.00元

创新蓝皮书
创新型国家建设报告（2014）
著(编)者:詹正茂　2014年7月出版／估价:69.00元

慈善蓝皮书
中国慈善发展报告（2014）
著(编)者:杨团　2014年6月出版／估价:69.00元

法治蓝皮书
中国法治发展报告No.12（2014）
著(编)者:李林　田禾　2014年2月出版／估价:98.00元

反腐倡廉蓝皮书
中国反腐倡廉建设报告No.3
著(编)者:李秋芳　2013年12月出版／估价:79.00元

非传统安全蓝皮书
中国非传统安全研究报告（2014）
著(编)者:余潇枫　2014年5月出版／估价:69.00元

妇女发展蓝皮书
福建省妇女发展报告（2014）
著(编)者:刘群英　2014年10月出版 / 估价:58.00元

妇女发展蓝皮书
中国妇女发展报告No.5
著(编)者:王金玲　高小贤　2014年5月出版 / 估价:65.00元

妇女教育蓝皮书
中国妇女教育发展报告No.3
著(编)者:张李玺　2014年10月出版 / 估价:69.00元

公共服务满意度蓝皮书
中国城市公共服务评价报告（2014）
著(编)者:胡伟　2014年11月出版 / 估价:69.00元

公共服务蓝皮书
中国城市基本公共服务力评价（2014）
著(编)者:侯惠勤　辛向阳　易定宏
2014年10月出版 / 估价:55.00元

公民科学素质蓝皮书
中国公民科学素质调查报告（2013~2014）
著(编)者:李群　许佳军　2014年2月出版 / 估价:69.00元

公益蓝皮书
中国公益发展报告（2014）
著(编)者:朱健刚　2014年5月出版 / 估价:78.00元

国际人才蓝皮书
中国海归创业发展报告（2014）No.2
著(编)者:王辉耀　路江涌　2014年10月出版 / 估价:69.00元

国际人才蓝皮书
中国留学发展报告（2014）No.3
著(编)者:王辉耀　2014年9月出版 / 估价:59.00元

行政改革蓝皮书
中国行政体制改革报告（2014）No.3
著(编)者:魏礼群　2014年3月出版 / 估价:69.00元

华侨华人蓝皮书
华侨华人研究报告（2014）
著(编)者:丘进　2014年5月出版 / 估价:128.00元

环境竞争力绿皮书
中国省域环境竞争力发展报告（2014）
著(编)者:李建平　李闽榕　王金南
2014年12月出版 / 估价:148.00元

环境绿皮书
中国环境发展报告（2014）
著(编)者:刘鉴强　2014年4月出版 / 估价:69.00元

基本公共服务蓝皮书
中国省域政府基本公共服务发展报告（2014）
著(编)者:孙德超　2014年1月出版 / 估价:69.00元

基金会透明度蓝皮书
中国基金会透明度发展研究报告（2014）
著(编)者:基金会中心网　2014年7月出版 / 估价:79.00元

教师蓝皮书
中国中小学教师发展报告（2014）
著(编)者:曾晓东　2014年4月出版 / 估价:59.00元

教育蓝皮书
中国教育发展报告（2014）
著(编)者:杨东平　2014年3月出版 / 估价:69.00元

科普蓝皮书
中国科普基础设施发展报告（2014）
著(编)者:任福君　2014年6月出版 / 估价:79.00元

口腔健康蓝皮书
中国口腔健康发展报告（2014）
著(编)者:胡德渝　2014年12月出版 / 估价:59.00元

老龄蓝皮书
中国老龄事业发展报告（2014）
著(编)者:吴玉韶　2014年2月出版 / 估价:59.00元

连片特困区蓝皮书
中国连片特困区发展报告（2014）
著(编)者:丁建军　冷志明　游俊　2014年3月出版 / 估价:79.00元

民间组织蓝皮书
中国民间组织报告（2014）
著(编)者:黄晓勇　2014年8月出版 / 估价:69.00元

民族发展蓝皮书
中国民族区域自治发展报告（2014）
著(编)者:郝时远　2014年6月出版 / 估价:98.00元

女性生活蓝皮书
中国女性生活状况报告No.8（2014）
著(编)者:韩湘景　2014年3月出版 / 估价:78.00元

汽车社会蓝皮书
中国汽车社会发展报告（2014）
著(编)者:王俊秀　2014年1月出版 / 估价:59.00元

青年蓝皮书
中国青年发展报告（2014）No.2
著(编)者:廉思　2014年6月出版 / 估价:59.00元

全球环境竞争力绿皮书
全球环境竞争力发展报告（2014）
著(编)者:李建平　李闽榕　王金南　2014年11月出版 / 估价:69.00元

青少年蓝皮书
中国未成年人新媒体运用报告（2014）
著(编)者:李文革　沈杰　季为民　2014年6月出版 / 估价:69.00元

区域人才蓝皮书
中国区域人才竞争力报告No.2
著(编)者:桂昭明 王辉耀　2014年6月出版 / 估价:69.00元

人才蓝皮书
中国人才发展报告（2014）
著(编)者:潘晨光　2014年10月出版 / 估价:79.00元

人权蓝皮书
中国人权事业发展报告No.4（2014）
著(编)者:李君如　2014年7月出版 / 估价:98.00元

世界人才蓝皮书
全球人才发展报告No.1
著(编)者:孙学玉 张冠梓　2013年12月出版 / 估价:69.00元

社会保障绿皮书
中国社会保障发展报告（2014）No.6
著(编)者:王延中　2014年4月出版 / 估价:69.00元

社会工作蓝皮书
中国社会工作发展报告（2013~2014）
著(编)者:王杰秀 邹文开　2014年8月出版 / 估价:59.00元

社会管理蓝皮书
中国社会管理创新报告No.3
著(编)者:连玉明　2014年9月出版 / 估价:79.00元

社会蓝皮书
2014年中国社会形势分析与预测
著(编)者:李培林 陈光金 张翼　2013年12月出版 / 估价:69.00元

社会体制蓝皮书
中国社会体制改革报告（2014）No.2
著(编)者:龚维斌　2014年5月出版 / 估价:59.00元

社会心态蓝皮书
2014年中国社会心态研究报告
著(编)者:王俊秀 杨宜音　2014年1月出版 / 估价:59.00元

生态城市绿皮书
中国生态城市建设发展报告（2014）
著(编)者:李景源 孙伟平 刘举科　2014年6月出版 / 估价:128.00元

生态文明绿皮书
中国省域生态文明建设评价报告（ECI 2014）
著(编)者:严耕　2014年9月出版 / 估价:98.00元

世界创新竞争力黄皮书
世界创新竞争力发展报告（2014）
著(编)者:李建平 李闽榕 赵新力　2014年11月出版 / 估价:128.00元

水与发展蓝皮书
中国水风险评估报告（2014）
著(编)者:苏杨　2014年9月出版 / 估价:69.00元

危机管理蓝皮书
中国危机管理报告（2014）
著(编)者:文学国 范正青　2014年8月出版 / 估价:79.00元

小康蓝皮书
中国全面建设小康社会监测报告（2014）
著(编)者:潘璠　2014年11月出版 / 估价:59.00元

形象危机应对蓝皮书
形象危机应对研究报告（2014）
著(编)者:唐钧　2014年9月出版 / 估价:118.00元

政治参与蓝皮书
中国政治参与报告（2014）
著(编)者:房宁　2014年7月出版 / 估价:58.00元

政治发展蓝皮书
中国政治发展报告（2014）
著(编)者:房宁 杨海蛟　2014年6月出版 / 估价:98.00元

宗教蓝皮书
中国宗教报告（2014）
著(编)者:金泽 邱永辉　2014年8月出版 / 估价:59.00元

社会组织蓝皮书
中国社会组织评估报告（2014）
著(编)者:徐家良　2014年3月出版 / 估价:69.00元

政府绩效评估蓝皮书
中国地方政府绩效评估报告（2014）
著(编)者:贠杰　2014年9月出版 / 估价:69.00元

行业报告类

保健蓝皮书
中国保健服务产业发展报告No.2
著(编)者:中国保健协会 中共中央党校
2014年7月出版 / 估价:198.00元

保健蓝皮书
中国保健食品产业发展报告No.2
著(编)者:中国保健协会
　　　　中国社会科学院食品药品产业发展与监管研究中心
2014年7月出版 / 估价:198.00元

保健蓝皮书
中国保健用品产业发展报告No.2
著(编)者:中国保健协会　2014年3月出版 / 估价:198.00元

保险蓝皮书
中国保险业竞争力报告（2014）
著(编)者:罗忠敏　2014年1月出版 / 估价:98.00元

餐饮产业蓝皮书
中国餐饮产业发展报告（2014）
著(编)者：中国烹饪协会　中国社会科学院财经战略研究院
2014年5月出版 / 估价：59.00元

测绘地理信息蓝皮书
中国地理信息产业发展报告（2014）
著(编)者：徐德明　2014年12月出版 / 估价：98.00元

茶业蓝皮书
中国茶产业发展报告（2014）
著(编)者：李闽榕　杨江帆　2014年4月出版 / 估价：79.00元

产权市场蓝皮书
中国产权市场发展报告（2014）
著(编)者：曹和平　2014年1月出版 / 估价：69.00元

产业安全蓝皮书
中国出版与传媒安全报告（2014）
著(编)者：北京交通大学中国产业安全研究中心
2014年1月出版 / 估价：59.00元

产业安全蓝皮书
中国医疗产业安全报告（2014）
著(编)者：北京交通大学中国产业安全研究中心
2014年1月出版 / 估价：59.00元

产业安全蓝皮书
中国医疗产业安全报告（2014）
著(编)者：李孟刚　2014年7月出版 / 估价：69.00元

产业安全蓝皮书
中国文化产业安全蓝皮书（2013~2014）
著(编)者：高海涛　刘益　2014年3月出版 / 估价：69.00元

产业安全蓝皮书
中国出版传媒产业安全报告（2014）
著(编)者：孙万军　王玉海　2014年12月出版 / 估价：69.00元

典当业蓝皮书
中国典当行业发展报告（2013~2014）
著(编)者：黄育华　王力　张红地
2014年10月出版 / 估价：69.00元

电子商务蓝皮书
中国城市电子商务影响力报告（2014）
著(编)者：荆林波　2014年5月出版 / 估价：69.00元

电子政务蓝皮书
中国电子政务发展报告（2014）
著(编)者：洪毅　王长胜　2014年2月出版 / 估价：59.00元

杜仲产业绿皮书
中国杜仲橡胶资源与产业发展报告（2014）
著(编)者：杜红岩　胡文臻　俞瑞
2014年9月出版 / 估价：99.00元

房地产蓝皮书
中国房地产发展报告No.11
著(编)者：魏后凯　李景国　2014年4月出版 / 估价：79.00元

服务外包蓝皮书
中国服务外包产业发展报告（2014）
著(编)者：王晓红　李皓　2014年4月出版 / 估价：89.00元

高端消费蓝皮书
中国高端消费市场研究报告
著(编)者：依绍华　王雪峰　2013年12月出版 / 估价：69.00元

会展经济蓝皮书
中国会展经济发展报告（2014）
著(编)者：过聚荣　2014年9月出版 / 估价：65.00元

会展蓝皮书
中外会展业动态评估年度报告（2014）
著(编)者：张敏　2014年8月出版 / 估价：68.00元

基金会绿皮书
中国基金会发展独立研究报告（2014）
著(编)者：基金会中心网　2014年8月出版 / 估价：58.00元

交通运输蓝皮书
中国交通运输服务发展报告（2014）
著(编)者：林晓言　卜伟　武剑红
2014年10月出版 / 估价：69.00元

金融监管蓝皮书
中国金融监管报告（2014）
著(编)者：胡滨　2014年9月出版 / 估价：65.00元

金融蓝皮书
中国金融中心发展报告（2014）
著(编)者：中国社会科学院金融研究所
　　　中国博士后特华科研工作站　王力　黄育华
2014年10月出版 / 估价：59.00元

金融蓝皮书
中国商业银行竞争力报告（2014）
著(编)者：王松奇　2014年5月出版 / 估价：79.00元

金融蓝皮书
中国金融发展报告（2014）
著(编)者：李扬　王国刚　2013年12月出版 / 估价：69.00元

金融蓝皮书
中国金融法治报告（2014）
著(编)者：胡滨　全先银　2014年3月出版 / 估价：65.00元

金融蓝皮书
中国金融产品与服务报告（2014）
著(编)者：殷剑峰　2014年6月出版 / 估价：59.00元

金融信息服务蓝皮书
金融信息服务业发展报告（2014）
著(编)者：鲁广锦　2014年11月出版 / 估价：69.00元

抗衰老医学蓝皮书
抗衰老医学发展报告（2014）
著(编)者:罗伯特·高德曼 罗纳德·科莱兹
尼尔·布什 朱敏 金大鹏 郭弋
2014年3月出版 / 估价:69.00元

客车蓝皮书
中国客车产业发展报告（2014）
著(编)者:姚蔚　2014年12月出版 / 估价:69.00元

科学传播蓝皮书
中国科学传播报告（2014）
著(编)者:詹正茂　2014年4月出版 / 估价:69.00元

流通蓝皮书
中国商业发展报告（2014）
著(编)者:荆林波　2014年5月出版 / 估价:89.00元

旅游安全蓝皮书
中国旅游安全报告（2014）
著(编)者:郑向敏 谢朝武　2014年6月出版 / 估价:79.00元

旅游绿皮书
2013~2014年中国旅游发展分析与预测
著(编)者:宋瑞　2013年12月出版 / 估价:69.00元

旅游城市绿皮书
世界旅游城市发展报告（2013~2014）
著(编)者:张辉　2014年1月出版 / 估价:69.00元

贸易蓝皮书
中国贸易发展报告（2014）
著(编)者:荆林波　2014年5月出版 / 估价:49.00元

民营医院蓝皮书
中国民营医院发展报告（2014）
著(编)者:朱幼棣　2014年10月出版 / 估价:69.00元

闽商蓝皮书
闽商发展报告（2014）
著(编)者:李闽榕 王日根　2014年12月出版 / 估价:69.00元

能源蓝皮书
中国能源发展报告（2014）
著(编)者:崔民选 王军生 陈义和
2014年10月出版 / 估价:59.00元

农产品流通蓝皮书
中国农产品流通产业发展报告（2014）
著(编)者:贾敬敦 王炳南 张玉玺 张鹏毅 陈丽华
2014年9月出版 / 估价:89.00元

期货蓝皮书
中国期货市场发展报告（2014）
著(编)者:荆林波　2014年6月出版 / 估价:98.00元

企业蓝皮书
中国企业竞争力报告（2014）
著(编)者:金碚　2014年11月出版 / 估价:89.00元

汽车安全蓝皮书
中国汽车安全发展报告（2014）
著(编)者:赵福全 孙小端 等　2014年1月出版 / 估价:69.00元

汽车蓝皮书
中国汽车产业发展报告（2014）
著(编)者:国务院发展研究中心产业经济研究部
中国汽车工程学会 大众汽车集团（中国）
2014年7月出版 / 估价:79.00元

清洁能源蓝皮书
国际清洁能源发展报告（2014）
著(编)者:国际清洁能源论坛（澳门）
2014年9月出版 / 估价:89.00元

人力资源蓝皮书
中国人力资源发展报告（2014）
著(编)者:吴江　2014年9月出版 / 估价:69.00元

软件和信息服务业蓝皮书
中国软件和信息服务业发展报告（2014）
著(编)者:洪京一 工业和信息化部电子科学技术情报研究所
2014年6月出版 / 估价:98.00元

商会蓝皮书
中国商会发展报告 No.4（2014）
著(编)者:黄孟复　2014年4月出版 / 估价:59.00元

商品市场蓝皮书
中国商品市场发展报告（2014）
著(编)者:荆林波　2014年7月出版 / 估价:59.00元

上市公司蓝皮书
中国上市公司非财务信息披露报告（2014）
著(编)者:钟宏武 张旺 张蕙 等
2014年12月出版 / 估价:59.00元

食品药品蓝皮书
食品药品安全与监管政策研究报告（2014）
著(编)者:唐民皓　2014年7月出版 / 估价:69.00元

世界能源蓝皮书
世界能源发展报告（2014）
著(编)者:黄晓勇　2014年9月出版 / 估价:99.00元

私募市场蓝皮书
中国私募股权市场发展报告（2014）
著(编)者:曹和平　2014年4月出版 / 估价:69.00元

体育蓝皮书
中国体育产业发展报告（2014）
著(编)者:阮伟 钟秉枢　2013年2月出版 / 估价:69.00元

体育蓝皮书·公共体育服务
中国公共体育服务发展报告（2014）
著(编)者:戴健　2014年12月出版 / 估价:69.00元

投资蓝皮书
中国投资发展报告（2014）
著(编)者:杨庆蔚　2014年4月出版 / 估价:79.00元

投资蓝皮书
中国企业海外投资发展报告（2013~2014）
著(编)者:陈文晖　薛誉华　2013年12月出版 / 估价:69.00元

物联网蓝皮书
中国物联网发展报告（2014）
著(编)者:龚六堂　2014年1月出版 / 估价:59.00元

西部工业蓝皮书
中国西部工业发展报告（2014）
著(编)者:方行明　刘方健　姜凌等
2014年9月出版 / 估价:69.00元

西部金融蓝皮书
中国西部金融发展报告（2014）
著(编)者:李忠民　2014年10月出版 / 估价:69.00元

新能源汽车蓝皮书
中国新能源汽车产业发展报告（2014）
著(编)者:中国汽车技术研究中心
　　　　日产（中国）投资有限公司
　　　　东风汽车有限公司
2014年9月出版 / 估价:69.00元

信托蓝皮书
中国信托业研究报告（2014）
著(编)者:中建投信托研究中心　中国建设建投研究院
2014年9月出版 / 估价:59.00元

信托蓝皮书
中国信托投资报告（2014）
著(编)者:杨金龙　刘屹　2014年7月出版 / 估价:69.00元

信息化蓝皮书
中国信息化形势分析与预测（2014）
著(编)者:周宏仁　2014年7月出版 / 估价:98.00元

信用蓝皮书
中国信用发展报告（2014）
著(编)者:章政　田侃　2014年4月出版 / 估价:69.00元

休闲绿皮书
2014年中国休闲发展报告
著(编)者:刘德谦　唐兵　宋瑞
2014年6月出版 / 估价:59.00元

养老产业蓝皮书
中国养老产业发展报告（2013~2014年）
著(编)者:张车伟　2014年1月出版 / 估价:69.00元

移动互联网蓝皮书
中国移动互联网发展报告（2014）
著(编)者:官建文　2014年5月出版 / 估价:79.00元

医药蓝皮书
中国药品市场报告（2014）
著(编)者:程锦锥　朱恒鹏　2014年12月出版 / 估价:79.00元

中国林业竞争力蓝皮书
中国省域林业竞争力发展报告No.2（2014）
（上下册）
著(编)者:郑传芳　李闽榕　张春霞　张会儒
2014年8月出版 / 估价:139.00元

中国农业竞争力蓝皮书
中国省域农业竞争力发展报告No.2（2014）
著(编)者:郑传芳　宋洪远　李闽榕　张春霞
2014年7月出版 / 估价:128.00元

中国信托市场蓝皮书
中国信托业市场报告（2013~2014）
著(编)者:李旸　2014年10月出版 / 估价:69.00元

中国总部经济蓝皮书
中国总部经济发展报告（2014）
著(编)者:赵弘　2014年9月出版 / 估价:69.00元

珠三角流通蓝皮书
珠三角商圈发展研究报告（2014）
著(编)者:王先庆　林至颖　2014年8月出版 / 估价:69.00元

住房绿皮书
中国住房发展报告（2013~2014）
著(编)者:倪鹏飞　2013年12月出版 / 估价:79.00元

资本市场蓝皮书
中国场外交易市场发展报告（2014）
著(编)者:高峦　2014年3月出版 / 估价:79.00元

资产管理蓝皮书
中国信托业发展报告（2014）
著(编)者:智信资产管理研究院　2014年7月出版 / 估价:69.00元

支付清算蓝皮书
中国支付清算发展报告（2014）
著(编)者:杨涛　2014年4月出版 / 估价:45.00元

文化传媒类

传媒蓝皮书
中国传媒产业发展报告（2014）
著(编)者:崔保国　2014年4月出版 / 估价:79.00元

传媒竞争力蓝皮书
中国传媒国际竞争力研究报告（2014）
著(编)者:李本乾　2014年9月出版 / 估价:69.00元

创意城市蓝皮书
武汉市文化创意产业发展报告（2014）
著(编)者:张京成　黄永林　2014年10月出版 / 估价:69.00元

电视蓝皮书
中国电视产业发展报告（2014）
著(编)者:卢斌　2014年4月出版 / 估价:79.00元

电影蓝皮书
中国电影出版发展报告（2014）
著(编)者:卢斌　2014年4月出版 / 估价:79.00元

动漫蓝皮书
中国动漫产业发展报告（2014）
著(编)者:卢斌　郑玉明　牛兴侦　2014年4月出版 / 估价:79.00元

广电蓝皮书
中国广播电影电视发展报告（2014）
著(编)者:庞井君　杨明品　李岚
2014年6月出版 / 估价:88.00元

广告主蓝皮书
中国广告主营销传播趋势报告N0.8
著(编)者:中国传媒大学广告主研究所
　　　　中国广告主营销传播创新研究课题组
　　　　黄升民　杜国清　邵华冬等
2014年5月出版 / 估价:98.00元

国际传播蓝皮书
中国国际传播发展报告（2014）
著(编)者:胡正荣　李继东　姬德强
2014年1月出版 / 估价:69.00元

纪录片蓝皮书
中国纪录片发展报告（2014）
著(编)者:何苏六　2014年10月出版 / 估价:89.00元

两岸文化蓝皮书
两岸文化产业合作发展报告（2014）
著(编)者:胡惠林　肖夏勇　2014年6月出版 / 估价:59.00元

媒介与女性蓝皮书
中国媒介与女性发展报告（2014）
著(编)者:刘利群　2014年8月出版 / 估价:69.00元

全球传媒蓝皮书
全球传媒产业发展报告（2014）
著(编)者:胡正荣　2014年12月出版 / 估价:79.00元

视听新媒体蓝皮书
中国视听新媒体发展报告（2014）
著(编)者:庞井君　2014年6月出版 / 估价:148.00元

文化创新蓝皮书
中国文化创新报告（2014）No.5
著(编)者:于平　傅才武　2014年7月出版 / 估价:79.00元

文化科技蓝皮书
文化科技融合与创意城市发展报告（2014）
著(编)者:李凤亮　于平　2014年7月出版 / 估价:79.00元

文化蓝皮书
2014年中国文化产业发展报告
著(编)者:张晓明　胡惠林　章建刚
2014年3月出版 / 估价:69.00元

文化蓝皮书
中国文化产业供需协调增长测评报（2013）
著(编)者:高书生　王亚楠　2014年5月出版 / 估价:79.00元

文化蓝皮书
中国城镇文化消费需求景气评价报告（2014）
著(编)者:王亚南　张晓明　祁述裕
2014年5月出版 / 估价:79.00元

文化蓝皮书
中国公共文化服务发展报告（2014）
著(编)者:于群　李国新　2014年10月出版 / 估价:98.00元

文化蓝皮书
中国文化消费需求景气评价报告（2014）
著(编)者:王亚南　2014年5月出版 / 估价:79.00元

文化蓝皮书
中国乡村文化消费需求景气评价报告（2014）
著(编)者:王亚南　2014年5月出版 / 估价:79.00元

文化蓝皮书
中国中心城市文化消费需求景气评价报告（2014）
著(编)者:王亚南　2014年5月出版 / 估价:79.00元

文化蓝皮书
中国少数民族文化发展报告（2014）
著(编)者:武翠英　张晓明　张学进
2014年3月出版 / 估价:69.00元

文化建设蓝皮书
中国文化建设发展报告（2014）
著(编)者:江畅　孙伟平　2014年3月出版 / 估价:69.00元

文化品牌蓝皮书
中国文化品牌发展报告（2014）
著(编)者:欧阳友权　2014年5月出版 / 估价:75.00元

文化软实力蓝皮书
中国文化软实力研究报告（2014）
著(编)者:张国祚　2014年7月出版 / 估价:79.00元

文化遗产蓝皮书
中国文化遗产事业发展报告（2014）
著(编)者:刘世锦　2014年3月出版 / 估价:79.00元

文学蓝皮书
中国文情报告（2014）
著(编)者:白烨　2014年5月出版 / 估价:59.00元

新媒体蓝皮书
中国新媒体发展报告No.5（2014）
著(编)者:唐绪军　2014年6月出版 / 估价:69.00元

移动互联网蓝皮书
中国移动互联网发展报告（2014）
著(编)者:官建文　2014年4月出版 / 估价:79.00元

游戏蓝皮书
中国游戏产业发展报告（2014）
著(编)者:卢斌　2014年4月出版 / 估价:79.00元

舆情蓝皮书
中国社会舆情与危机管理报告（2014）
著(编)者:谢耘耕　2014年8月出版 / 估价:85.00元

粤港澳台文化蓝皮书
粤港澳台文化创意产业发展报告（2014）
著(编)者:丁未　2014年4月出版 / 估价:69.00元

地方发展类

安徽蓝皮书
安徽社会发展报告（2014）
著(编)者:程桦　2014年4月出版 / 估价:79.00元

安徽社会建设蓝皮书
安徽社会建设分析报告（2014）
著(编)者:黄家海　王开玉　蔡宪　2014年4月出版 / 估价:69.00元

北京蓝皮书
北京城乡发展报告（2014）
著(编)者:黄序　2014年4月出版 / 估价:59.00元

北京蓝皮书
北京公共服务发展报告（2014）
著(编)者:张耘　2014年3月出版 / 估价:65.00元

北京蓝皮书
北京经济发展报告（2014）
著(编)者:赵弘　2014年4月出版 / 估价:59.00元

北京蓝皮书
北京社会发展报告（2014）
著(编)者:缪青　2014年10月出版 / 估价:59.00元

北京蓝皮书
北京文化发展报告（2014）
著(编)者:李建盛　2014年5月出版 / 估价:69.00元

北京蓝皮书
中国社区发展报告（2014）
著(编)者:于燕燕　2014年8月出版 / 估价:59.00元

北京蓝皮书
北京公共服务发展报告（2014）
著(编)者:施昌奎　2014年8月出版 / 估价:59.00元

北京旅游绿皮书
北京旅游发展报告（2014）
著(编)者:鲁勇　2014年7月出版 / 估价:98.00元

北京律师蓝皮书
北京律师发展报告No.2（2014）
著(编)者:王隽　周塞军　2014年9月出版 / 估价:79.00元

北京人才蓝皮书
北京人才发展报告（2014）
著(编)者:于淼　2014年10月出版 / 估价:89.00元

城乡一体化蓝皮书
中国城乡一体化发展报告·北京卷（2014）
著(编)者:张宝秀　黄序　2014年6月出版 / 估价:59.00元

创意城市蓝皮书
北京文化创意产业发展报告（2014）
著(编)者:张京成　王国华　2014年10月出版 / 估价:69.00元

创意城市蓝皮书
青岛文化创意产业发展报告（2014）
著(编)者:马达　2014年5月出版 / 估价:69.00元

创意城市蓝皮书
无锡文化创意产业发展报告（2014）
著(编)者:庄若江　张鸣年　2014年8月出版 / 估价:75.00元

服务业蓝皮书
广东现代服务业发展报告（2014）
著(编)者：祁明 程晓　2014年1月出版 / 估价：69.00元

甘肃蓝皮书
甘肃舆情分析与预测（2014）
著(编)者：陈双梅 郝树声　2014年1月出版 / 估价：69.00元

甘肃蓝皮书
甘肃县域社会发展评价报告（2014）
著(编)者：魏胜文　2014年1月出版 / 估价：69.00元

甘肃蓝皮书
甘肃经济发展分析与预测（2014）
著(编)者：魏胜文　2014年1月出版 / 估价：69.00元

甘肃蓝皮书
甘肃社会发展分析与预测（2014）
著(编)者：安文华　2014年1月出版 / 估价：69.00元

甘肃蓝皮书
甘肃文化发展分析与预测（2014）
著(编)者：周小华　2014年1月出版 / 估价：69.00元

广东蓝皮书
广东省电子商务发展报告（2014）
著(编)者：黄建明 祁明　2014年11月出版 / 估价：69.00元

广东蓝皮书
广东社会工作发展报告（2014）
著(编)者：罗观翠　2013年12月出版 / 估价：69.00元

广东外经贸蓝皮书
广东对外经济贸易发展研究报告（2014）
著(编)者：陈万灵　2014年3月出版 / 估价：65.00元

广西北部湾经济区蓝皮书
广西北部湾经济区开放开发报告（2014）
著(编)者：广西北部湾经济区规划建设管理委员会办公室
　　广西社会科学院 广西北部湾发展研究院
2014年7月出版 / 估价：69.00元

广州蓝皮书
2014年中国广州经济形势分析与预测
著(编)者：庾建设 郭志勇 沈奎　2014年6月出版 / 估价：69.00元

广州蓝皮书
2014年中国广州社会形势分析与预测
著(编)者：易佐永 杨秦 顾涧清　2014年5月出版 / 估价：65.00元

广州蓝皮书
广州城市国际化发展报告（2014）
著(编)者：朱名宏　2014年9月出版 / 估价：59.00元

广州蓝皮书
广州创新型城市发展报告（2014）
著(编)者：李江涛　2014年8月出版 / 估价：59.00元

广州蓝皮书
广州经济发展报告（2014）
著(编)者：李江涛 刘江华　2014年6月出版 / 估价：65.00元

广州蓝皮书
广州农村发展报告（2014）
著(编)者：李江涛 汤锦华　2014年8月出版 / 估价：59.00元

广州蓝皮书
广州青年发展报告（2014）
著(编)者：魏国华 张强　2014年9月出版 / 估价：65.00元

广州蓝皮书
广州汽车产业发展报告（2014）
著(编)者：李江涛 杨再高　2014年10月出版 / 估价：69.00元

广州蓝皮书
广州商贸业发展报告（2014）
著(编)者：陈家成 王旭东 荀振英
2014年7月出版 / 估价：69.00元

广州蓝皮书
广州文化创意产业发展报告（2014）
著(编)者：甘新　2014年10月出版 / 估价：59.00元

广州蓝皮书
中国广州城市建设发展报告（2014）
著(编)者：董皞 冼伟雄 李俊夫
2014年8月出版 / 估价：69.00元

广州蓝皮书
中国广州科技与信息化发展报告（2014）
著(编)者：庾建设 谢学宁　2014年8月出版 / 估价：59.00元

广州蓝皮书
中国广州文化创意产业发展报告（2014）
著(编)者：甘新　2014年10月出版 / 估价：59.00元

广州蓝皮书
中国广州文化发展报告（2014）
著(编)者：徐俊忠 汤应武 陆志强
2014年8月出版 / 估价：69.00元

贵州蓝皮书
贵州法治发展报告（2014）
著(编)者：吴大华　2014年3月出版 / 估价：69.00元

贵州蓝皮书
贵州社会发展报告（2014）
著(编)者：王兴骥　2014年3月出版 / 估价：59.00元

贵州蓝皮书
贵州农村扶贫开发报告（2014）
著(编)者：王朝新 宋明　2014年3月出版 / 估价：69.00元

贵州蓝皮书
贵州文化产业发展报告（2014）
著(编)者：李建国　2014年3月出版 / 估价：69.00元

海淀蓝皮书
海淀区文化和科技融合发展报告（2014）
著(编)者:陈名杰 孟景伟　2014年5月出版 / 估价:75.00元

海峡经济区蓝皮书
海峡经济区发展报告（2014）
著(编)者:李闽榕 王秉安 谢明辉（台湾）
2014年10月出版 / 估价:78.00元

海峡西岸蓝皮书
海峡西岸经济区发展报告（2014）
著(编)者:福建省人民政府发展研究中心
2014年9月出版 / 估价:85.00元

杭州蓝皮书
杭州市妇女发展报告（2014）
著(编)者:魏颖 揭爱花　2014年2月出版 / 估价:69.00元

河北蓝皮书
河北省经济发展报告（2014）
著(编)者:马树强 张贵　2013年12月出版 / 估价:69.00元

河北蓝皮书
河北经济社会发展报告（2014）
著(编)者:周文夫　2013年12月出版 / 估价:69.00元

河南经济蓝皮书
2014年河南经济形势分析与预测
著(编)者:胡五岳　2014年3月出版 / 估价:65.00元

河南蓝皮书
2014年河南社会形势分析与预测
著(编)者:刘道兴 牛苏林　2014年1月出版 / 估价:59.00元

河南蓝皮书
河南城市发展报告（2014）
著(编)者:林宪斋 王建国　2014年1月出版 / 估价:69.00元

河南蓝皮书
河南经济发展报告（2014）
著(编)者:喻新安　2014年1月出版 / 估价:59.00元

河南蓝皮书
河南文化发展报告（2014）
著(编)者:谷建全 卫绍生　2014年1月出版 / 估价:69.00元

河南蓝皮书
河南工业发展报告（2014）
著(编)者:龚绍东　2014年1月出版 / 估价:59.00元

黑龙江产业蓝皮书
黑龙江产业发展报告（2014）
著(编)者:于渤　2014年10月出版 / 估价:79.00元

黑龙江蓝皮书
黑龙江经济发展报告（2014）
著(编)者:曲伟　2014年1月出版 / 估价:59.00元

黑龙江蓝皮书
黑龙江社会发展报告（2014）
著(编)者:艾书琴　2014年1月出版 / 估价:69.00元

湖南城市蓝皮书
城市社会管理
著(编)者:罗海藩　2014年10月出版 / 估价:59.00元

湖南蓝皮书
2014年湖南产业发展报告
著(编)者:梁志峰　2014年5月出版 / 估价:89.00元

湖南蓝皮书
2014年湖南法治发展报告
著(编)者:梁志峰　2014年5月出版 / 估价:79.00元

湖南蓝皮书
2014年湖南经济展望
著(编)者:梁志峰　2014年5月出版 / 估价:79.00元

湖南蓝皮书
2014年湖南两型社会发展报告
著(编)者:梁志峰　2014年5月出版 / 估价:79.00元

湖南县域绿皮书
湖南县域发展报告No.2
著(编)者:朱有志 袁准 周小毛　2014年7月出版 / 估价:69.00元

沪港蓝皮书
沪港发展报告（2014）
著(编)者:尤安山　2014年9月出版 / 估价:89.00元

吉林蓝皮书
2014年吉林经济社会形势分析与预测
著(编)者:马克　2014年1月出版 / 估价:69.00元

江苏法治蓝皮书
江苏法治发展报告No.3（2014）
著(编)者:李力 龚廷泰 严海良　2014年8月出版 / 估价:88.00元

京津冀蓝皮书
京津冀区域一体化发展报告（2014）
著(编)者:文魁 祝尔娟　2014年3月出版 / 估价:89.00元

经济特区蓝皮书
中国经济特区发展报告（2014）
著(编)者:陶一桃　2014年3月出版 / 估价:89.00元

辽宁蓝皮书
2014年辽宁经济社会形势分析与预测
著(编)者:曹晓峰 张晶 张卓民　2014年1月出版 / 估价:69.00元

流通蓝皮书
湖南省商贸流通产业发展报告No.2
著(编)者:柳思维　2014年10月出版 / 估价:75.00元

内蒙古蓝皮书
内蒙古经济发展蓝皮书(2013~2014)
著(编)者:黄育华　2014年7月出版 / 估价:69.00元

内蒙古蓝皮书
内蒙古反腐倡廉建设报告No.1
著(编)者:张志华 无极　2013年12月出版 / 估价:69.00元

浦东新区蓝皮书
上海浦东经济发展报告（2014）
著(编)者:左学金 陆沪根　2014年1月出版 / 估价:59.00元

侨乡蓝皮书
中国侨乡发展报告（2014）
著(编)者:郑一省　2013年12月出版 / 估价:69.00元

青海蓝皮书
2014年青海经济社会形势分析与预测
著(编)者:赵宗福　2014年2月出版 / 估价:69.00元

人口与健康蓝皮书
深圳人口与健康发展报告（2014）
著(编)者:陆杰华 江捍平　2014年10月出版 / 估价:98.00元

山西蓝皮书
山西资源型经济转型发展报告（2014）
著(编)者:李志强 容和平　2014年3月出版 / 估价:79.00元

陕西蓝皮书
陕西经济发展报告（2014）
著(编)者:任宗哲 石英 裴成荣　2014年3月出版 / 估价:65.00元

陕西蓝皮书
陕西社会发展报告（2014）
著(编)者:任宗哲 石英 江波　2014年1月出版 / 估价:65.00元

陕西蓝皮书
陕西文化发展报告（2014）
著(编)者:任宗哲 石英 王长寿　2014年3月出版 / 估价:59.00元

上海蓝皮书
上海传媒发展报告（2014）
著(编)者:强荧 焦雨虹　2014年1月出版 / 估价:59.00元

上海蓝皮书
上海法治发展报告（2014）
著(编)者:潘世伟 叶青　2014年1月出版 / 估价:59.00元

上海蓝皮书
上海经济发展报告（2014）
著(编)者:沈开艳　2014年1月出版 / 估价:69.00元

上海蓝皮书
上海社会发展报告（2014）
著(编)者:卢汉龙 周海旺　2014年1月出版 / 估价:59.00元

上海蓝皮书
上海文化发展报告（2014）
著(编)者:蒯大申　2014年1月出版 / 估价:59.00元

上海蓝皮书
上海文学发展报告（2014）
著(编)者:陈圣来　2014年1月出版 / 估价:59.00元

上海蓝皮书
上海资源环境发展报告（2014）
著(编)者:周冯琦 汤庆合 王利民　2014年1月出版 / 估价:59.0

上海社会保障绿皮书
上海社会保障改革与发展报告（2013~2014）
著(编)者:汪泓　2014年1月出版 / 估价:65.00元

社会建设蓝皮书
2014年北京社会建设分析报告
著(编)者:宋贵伦　2014年4月出版 / 估价:69.00元

深圳蓝皮书
深圳经济发展报告（2014）
著(编)者:吴忠　2014年6月出版 / 估价:69.00元

深圳蓝皮书
深圳劳动关系发展报告（2014）
著(编)者:汤庭芬　2014年6月出版 / 估价:69.00元

深圳蓝皮书
深圳社会发展报告（2014）
著(编)者:吴忠 余智晟　2014年7月出版 / 估价:69.00元

四川蓝皮书
四川文化产业发展报告（2014）
著(编)者:向宝云　2014年1月出版 / 估价:69.00元

温州蓝皮书
2014年温州经济社会形势分析与预测
著(编)者:潘忠强 王春光 金浩　2014年4月出版 / 估价:69.00元

温州蓝皮书
浙江温州金融综合改革试验区发展报告（2013~2014）
著(编)者:钱水土 王去非 李义超
2014年4月出版 / 估价:69.00元

扬州蓝皮书
扬州经济社会发展报告（2014）
著(编)者:张爱军　2014年1月出版 / 估价:78.00元

义乌蓝皮书
浙江义乌市国际贸易综合改革试验区发展报告
（2013~2014）
著(编)者:马淑琴 刘文革 周松强
2014年4月出版 / 估价:69.00元

云南蓝皮书
中国面向西南开放重要桥头堡建设发展报告（2014）
著(编)者:刘绍怀　2014年12月出版 / 估价:69.00元

长株潭城市群蓝皮书
长株潭城市群发展报告（2014）
著(编)者:张萍　2014年10月出版 / 估价:69.00元